U0548754

经贸院七
建院廿载
贺教务处
主办文简项目
成果之乐

教育部哲学社会科学研究重大课题攻关项目

"十三五"国家重点出版物出版规划项目

司法管理体制改革
基础理论研究

RESEARCH ON THE BASIC THEORY OF JUDICIAL MANAGEMENT SYSTEM REFORM

徐汉明 等著

中国财经出版传媒集团
经济科学出版社
Economic Science Press

图书在版编目（CIP）数据

司法管理体制改革基础理论研究/徐汉明等著．－－北京：经济科学出版社，2020.12
教育部哲学社会科学研究重大课题攻关项目 "十三五"国家重点出版物出版规划项目
ISBN 978－7－5218－2234－2

Ⅰ．①司… Ⅱ．①徐… Ⅲ．①司法制度－体制改革－研究－中国 Ⅳ．①D926.04

中国版本图书馆 CIP 数据核字（2020）第 264087 号

责任编辑：何　宁
责任校对：隗立娜　杨　海
责任印制：范　艳

司法管理体制改革基础理论研究
徐汉明　等著
经济科学出版社出版、发行　新华书店经销
社址：北京市海淀区阜成路甲 28 号　邮编：100142
总编部电话：010－88191217　发行部电话：010－88191522
网址：www.esp.com.cn
电子邮箱：esp@esp.com.cn
天猫网店：经济科学出版社旗舰店
网址：http://jjkxcbs.tmall.com
北京季蜂印刷有限公司印装
787×1092　16 开　32.5 印张　630000 字
2022 年 11 月第 1 版　2022 年 11 月第 1 次印刷
ISBN 978－7－5218－2234－2　定价：136.00 元
(图书出现印装问题，本社负责调换。电话：010－88191545)
(版权所有　侵权必究　打击盗版　举报热线：010－88191661
QQ：2242791300　营销中心电话：010－88191537
电子邮箱：dbts@esp.com.cn)

课题组主要成员

首席负责人 徐汉明
首席专家 汪习根　武　乾
主要成员（以姓氏笔画为序列）
　　　　　　王玉梅　刘　露　刘代华　林必恒
　　　　　　孙逸啸　张　乐　杜人杰　余　敏
　　　　　　邵登辉　周　凌　侯　伟　徐　晶
　　　　　　耿立峰　崔四星　舒晓辉

总　序

哲学社会科学是人们认识世界、改造世界的重要工具,是推动历史发展和社会进步的重要力量,其发展水平反映了一个民族的思维能力、精神品格、文明素质,体现了一个国家的综合国力和国际竞争力。一个国家的发展水平,既取决于自然科学发展水平,也取决于哲学社会科学发展水平。

党和国家高度重视哲学社会科学。党的十八大提出要建设哲学社会科学创新体系,推进马克思主义中国化、时代化、大众化,坚持不懈用中国特色社会主义理论体系武装全党、教育人民。2016年5月17日,习近平总书记亲自主持召开哲学社会科学工作座谈会并发表重要讲话。讲话从坚持和发展中国特色社会主义事业全局的高度,深刻阐释了哲学社会科学的战略地位,全面分析了哲学社会科学面临的新形势,明确了加快构建中国特色哲学社会科学的新目标,对哲学社会科学工作者提出了新期待,体现了我们党对哲学社会科学发展规律的认识达到了一个新高度,是一篇新形势下繁荣发展我国哲学社会科学事业的纲领性文献,为哲学社会科学事业提供了强大精神动力,指明了前进方向。

高校是我国哲学社会科学事业的主力军。贯彻落实习近平总书记哲学社会科学座谈会重要讲话精神,加快构建中国特色哲学社会科学,高校应发挥重要作用:要坚持和巩固马克思主义的指导地位,用中国化的马克思主义指导哲学社会科学;要实施以育人育才为中心的哲学社会科学整体发展战略,构筑学生、学术、学科一体的综合发展体系;要以人为本,从人抓起,积极实施人才工程,构建种类齐全、梯队衔接的高校哲学社会科学人才体系；要深化科研管理体制改革，发挥高校人才、智力和学科优势，提升学术原创能力，激发创新创造活力，建设中国特色新型高校智库；要加强组织领导、做好统筹规划、营造良好学术生态，形成统筹推进高校哲学社会科学发展新格局。

哲学社会科学研究重大课题攻关项目计划是教育部贯彻落实党中央决策部署的一项重大举措，是实施"高校哲学社会科学繁荣计划"的重要内容。重大攻关项目采取招投标的组织方式，按照"公平竞争，择优立项，严格管理，铸造精品"的要求进行，每年评审立项约40个项目。项目研究实行首席专家负责制，鼓励跨学科、跨学校、跨地区的联合研究，协同创新。重大攻关项目以解决国家现代化建设过程中重大理论和实际问题为主攻方向，以提升为党和政府咨询决策服务能力和推动哲学社会科学发展为战略目标，集合优秀研究团队和顶尖人才联合攻关。自2003年以来，项目开展取得了丰硕成果，形成了特色品牌。一大批标志性成果纷纷涌现，一大批科研名家脱颖而出，高校哲学社会科学整体实力和社会影响力快速提升。国务院副总理刘延东同志做出重要批示，指出重大攻关项目有效调动各方面的积极性，产生了一批重要成果，影响广泛，成效显著；要总结经验，再接再厉，紧密服务国家需求，更好地优化资源，突出重点，多出精品，多出人才，为经济社会发展做出新的贡献。

作为教育部社科研究项目中的拳头产品，我们始终秉持以管理创新服务学术创新的理念，坚持科学管理、民主管理、依法管理，切实增强服务意识，不断创新管理模式，健全管理制度，加强对重大攻关项目的选题遴选、评审立项、组织开题、中期检查到最终成果鉴定的全过程管理，逐渐探索并形成一套成熟有效、符合学术研究规律的管理办法，努力将重大攻关项目打造成学术精品工程。我们将项目最终成果汇编成"教育部哲学社会科学研究重大课题攻关项目成果文库"统一组织出版。经济科学出版社倾全社之力，精心组织编辑力量，努力铸造出版精品。国学大师季羡林先生为本文库题词："经时济世　继往开来——贺教育部重大攻关项目成果出版"；欧阳中石先生题写了"教育部哲学社会科学研究重大课题攻关项目"的书名，充分体现了他们对繁荣发展高校哲学社会科学的深切勉励和由衷期望。

伟大的时代呼唤伟大的理论，伟大的理论推动伟大的实践。高校哲学社会科学将不忘初心，继续前进。深入贯彻落实习近平总书记系列重要讲话精神，坚持道路自信、理论自信、制度自信、文化自信，立足中国、借鉴国外，挖掘历史、把握当代，关怀人类、面向未来，立时代之潮头、发思想之先声，为加快构建中国特色哲学社会科学，实现中华民族伟大复兴的中国梦做出新的更大贡献！

教育部社会科学司

序

徐显明[*]

　　党的十八届三中、四中全会《决定》以保证公正司法、提高司法公信力,加快建设公正高效权威的社会主义司法制度为主题,部署全面深化司法体制改革,提出了129项改革清单项目;党的十九大和十九届四中全会部署全面深化司法体制综合配套改革,从"完善审判制度,完善检察制度,全面落实司法责任制,完善律师制度,加强对司法活动的监督,确保司法公正高效权威"方面提出了100项改革清单项目,并将其提升到"坚持和完善中国特色社会主义法治体系,提高党依法治国、依法执政能力"的高度。这意味着在广度上,由完善司法权运行机制、规范司法行为、加强对司法活动监督的体制改革,向适应构建开放型政法工作新格局迫切要求的"政法职业管理体制改革"推进;意味着在司法管理体制改革"共时性"推进上,须全面客观评估第三轮司法管理体制"历时性"改革成效,将改革项目清单"悬空"、存在的"短板""薄弱环节"问题精准检视的基础上,向构建结构科学、功能完善的司法组织体系攻关改革发力;意味着在深度

---

[*] 徐显明,1957年4月出生,山东青岛人。吉林大学法学学士、硕士,武汉大学法学博士。现任全国人大常委、全国人大监察和司法委员会副主任委员,中国法学会副会长,中国人权研究会副会长,中国法理学研究会名誉会长,最高人民检察院专家咨询委员,教育部法学教学指导委员会主任委员,教育部中央政法委卓越法治人才培养计划指导委员会主任委员。历任中国法律史学会执行会长、中国法理学研究会会长、世界法哲学社会哲学协会(IVR)中国主席,中国政法大学校长、山东大学校长,中央综治办专职副主任、中央综治委委员、中央政法委副秘书长,最高人民检察院党组成员、副检察长、二级高级大检察官,第十、十一届全国人大代表、第十二届全国人大法律委员会副主任委员等。主要研究领域包括:近现代中国法律思潮、法治国家的原理、法哲学前沿问题、人权理论、宪政理论等。已出版《人民立宪思想探原》《公民权利义务通论》《生存权论》《人权研究》等学术著作十余部,主编大型法学丛书《法理文库》及《法理学教程》《法理学》等教科书三十余部。

上，由"完善确保依法独立公正行使审判权检察权的制度"向完善审判制度、完善检察制度深入，体现中国特色社会主义法治实施体系特色、释放中国特色社会主义司法制度优势的制度效能方面拓展；意味着在切入点上，由以司法人员分类管理、员额制、司法责任制、省以下人财物实行省级统管"四项改革"重点切入，向全面落实司法责任制、释放制度创新的综合效能着力；意味着在功能上，由优化司法职权配置、推进严格执法、公正司法，保障人民群众参与司法、加强人权司法保障，充分发挥司法"权利救济、定分止争、制约公权"的功能作用，[①]向在坚持和完善中国特色社会主义法治体系中担纲起社会公平正义法治保障的守卫者、践行者、建设者的职责，维护好体现好展示好党在建设法治国家、建设法治体系中"统揽全局、协调各方"这一法治体系的根本特征及其制度优势；亦意味着在效能上，由以"保证公正司法、提高司法公信力"为主题，向以满足新时代人民日益增长的对民主、法治、公平、正义、安全、环境的"法福利"新需求新期待，保证司法公正高效权威，"让人民群众从每一个司法案件中感受到公平正义"的根本评价与检验标准跨越。

司法管理体制改革在加快建设公正高效权威社会主义司法制度，推进国家治理体系和治理能力现代化进程中具有重要意义。"建立符合职业特点的司法人员管理制度，在深化司法体制改革中居于基础性地位，是必须牵住的'牛鼻子'"。[②]如何坚持以习近平法治思想为引领，创造性地贯彻党的十八大以来中央关于深化司法体系综合配套改革部署精神，对司法管理体制"历时性"改革的新鲜经验创新性总结、理论性升华、学术性表达，为第三轮[③]"共时性"司法体制综合配套改革提供智力支持。这不仅是司法实务工作者的应尽之责，法学理论工作者更是责无旁贷。由徐汉明教授领衔，以汪习根教授、谢鹏程教授、

[①] 习近平：《在中央政法工作会议并发表重要讲话》，引自中共中央研究室编：《习近平关于全面依法治国论述摘编》，中央文献出版社2015年版，第77页。

[②] 习近平：《在中央政法工作会议上的讲话》，2014年1月7日。

[③] 第一轮为中央主导司法管理体制改革阶段（2002～2007年）；第二轮为中央推动司法管理体制改革重点突破阶段（2008～2012年）；第三轮为中央全面深化司法管理体制改革阶段，其共分为三个时段：第一时段为2012年11月至2017年10月；第二时段为2017年11月至2022年10月；第三时段为2022年11月至今。本书仅对第三轮的第一时段、第二时段所取得的成就进行概括总结。

姚莉教授、邓思清研究员、检察业务专家金鑫博士、冯新华研究员、周泽春博士、刘国媛博士、张荣教授、武乾副教授、王玉梅副教授、徐晶副教授、杨中艳博士、孙逸啸博士、张乐讲师、杨伦华检察官等组成的专家团队，担纲教育部哲学社会科学研究重大课题攻关项目"司法管理体制改革研究"（项目编号14JD024），完成了《司法管理体制改革基础理论研究》重大成果。这一成果坚持以习近平法治思想为引领，聚焦"新时代司法管理体系和能力现代化"重大命题，从理论与实践结合上探讨司法管理体制的价值理念和基本原理；坚持问题导向，深刻剖析影响和制约传统司法管理的体制性障碍、机制性困扰、保障性束缚的深层次问题；在对第三轮全面深化司法管理体制改革系统性总结、创新性转化、学理性表达的基础上，提出构建新时代司法管理的理论模型。这一成果的显著特点是：宏观层面，课题组立足于新时代以习近平同志为核心的党中央统筹推进改革与法治"双轮驱动"战略决策为指导，以司法体制改革渐进式推动的宏大场域为模本，运用马克思主义的立场观点方法，贯通历史、现实、未来，对遵循中央顶层制度设计所渐进式推进、项目实施司法管理体制的改革速度、力度、效度进行观察、总结和评估。中观层面，课题组坚持系统思维、辩证思维、守正创新思维，对中国式司法体系和能力现代化建设70多年尤其是10年来取得的历史性成就创新性总结，对中华文明数千年司法管理文化创新性挖掘，对域外司法管理优秀成果创造性转化，抽象概括与型构包括基础理论、组织管理、人员管理、司法责任、案件管理、财物管理、伦理规范、域外比较等的司法管理理论体系，型构了具有历史逻辑、辩证逻辑、实践逻辑的司法管理"三大体系"。微观层面，课题组紧扣司法人员分类管理、员额制、司法责任制、司法人财物实行省级统管的"四项改革"与其后中央部署的司法机关内设机构等综合配套改革，从理论与实践结合上对标中央统筹推进司法管理改革"目标任务项目化、项目实施清单化、主体责任明晰化、试点实施渐进化、落实时间节点化"的"五化"实施方式进行跟踪调查，使得这一成果体系不仅具有鲜明的理论特色，而且具有源于司法改革实践、虚实结合、以实见长、理论与实践结合、以理论创新为先的特点。这一成果是近40年来我国法学界、实务界对司法管理体制改革重大问题攻关研究最具代表性的一部力作，她不仅填补了国内司法管理体制改革研究的理论空白，而且为深化司法体制综合配套改革、推进司法体系和司法能力现代化提供了智力支持。

伟大的导师马克思恩格斯曾指出："一切划时代的体系的真正内容都是由于产生这个体系的那个时期的需要而形成起来的"。党的十八大以来，以习近平同志为主要代表的中国共产党人把马克思主义法治理论同中国实际结合，系统回答了新时代坚持和发展什么样的中国特色社会主义，怎么坚持和发展中国特色社会主义这个重大时代课题，创立了"习近平新时代中国特色社会主义思想""习近平法治思想"。在此大背景下，全面深化司法体制改革、建设公正高效权威社会主义司法制度，被纳入这一宏大布局之中；科学系统地回答了要不要、怎么样全面深化司法体制改革、加快建设公正高效权威的社会主义司法制度等一系列重大理论、制度与实践问题，由此形成了"习近平关于司法改革的重要论述"。这一系列重要论述的产生和发展有着深刻而特定的背景，即破解人民群众对"法福利"需求日益增长与司法"公共品"供给不充分的难题，是这一系列重要论述产生发展的客观基础；消解司法能力与国家治理现代化不完全适应的矛盾是这一系列重要论述产生发展的现实依据；弥补全面深化司法体制改革实践先行与司法理论创新滞后不协调的短板是这一系列重要论述产生发展的重要条件。"习近平关于司法改革的重要论述"具有体系完备、结构严密、鲜明实践面向的特点。其特征呈现出科学性、人民性、实践性和时代性的有机统一。其科学性体现为，她深刻揭示了中国特色社会主义司法道路、制度、理论及其实践的发展规律，形成了具有把握规律性、体现科学性的理论品质；人民性体现为，她始终强调广泛听取人民群众意见、了解人民群众到底在期待什么，把解决了多少问题、人民群众对问题解决的满意度作为评判司法改革成效的标准，努力让人民群众在每一个司法案件中都感受到公平正义；实践性体现为，她为第三轮中央全面深化司法管理体制改革及其综合配套改革提供了磅礴力量；时代性体现为，她始终以与时俱进的眼光，关注人类社会司法文明发展的进程，牢牢把握我国社会主要矛盾转化后"司法公共品"供给与人民群众对公平、正义、民主、法治、安全、环境等"法福利"需求不平衡不充分的矛盾，紧紧扭住破除影响和制约"保证公正司法、提高司法公信力"的体制性障碍、机制性困扰、保障性束缚的难题，在总结新时代司法新实践、新经验、新方法的基础上，对我国数千年司法文化的优质基因进行创新性挖掘，对人类司法文明的优秀成果创造性转化，对新中国70年司法制度运行进行系统总结。"习近平关于司法改革的重要论述"的价值集中体现在：她是对马克思主义经典作家关于司法基本原理的继承与发展；是中国特色社会主义司法制度、理论与实践的创新发展；是新时代建设公正高效权威社会主义司法制度的行动指南。

司法管理体系是司法机关依托一定的制度结构、运行机制通过计划、组织、指挥、协调、控制及创新等手段，对司法机关所拥有的人力、物力、财力、信息等资源优化配置，以优质精准高效保障和服务司法活动的一系列制度、实施、监督、保障的结构系统。如何对标司法管理体制"深化""综合""配套"的"共时性"改革，其前提是须在对第三轮司法管理体制第一时段的"历时性"改革新鲜经验凝练概括总结的同时，对存在的"若干短板""薄弱环节"进行检视，这包括：管理模式层面，"分权控制与重心上移相结合"的"混合管理模式"与改革预期目标存在差距；内设机构改革不到位，一定程度制约了司法人员分类管理、员额制、司法责任制改革的整体效能；司法人员分类管理层面，呈现层级多元多头、程序烦琐化的管理现象；员额管理层面，法官检察官员额管理体系不健全；财物管理层面，"省级统管"改革绩效呈现"差异化"现象；管理机制运行层面，司法管理决策、执行、监督程序亟待规范，等等。加快推进第二时段司法体制改革的"深化""综合""配套"，还须直面第一时段司法管理体制改革进程中存在的"诸多短板"和"薄弱环节"，以完善审判制度、检察制度，全面落实司法责任制，以保证司法公正高效权威为增长点，以人民群众从每个司法案件中感受到公平正义作为检验司法管理体制"深入""综合""配套"改革的根本尺度，法律界、法学界须围绕下列理论问题集中攻关研究。

其一，司法管理权范畴体系方面。司法权从本质上说是中央司法事权，她同中央行政事权、中央财税事权、中央人事事权、中央监察事权、中央国防军事事权构成了中央事权权能体系。而司法管理权不仅同中央司法事权构成一体两面，而且同中央财税事权、中央人事事权密不可分。科学界定司法管理权，须围绕中央司法事权与保障服务中央司法事权统一公正高效行使来探讨司法管理权，厘清司法管理权同行政管理权、立法管理权、监察管理权、党和国家机构组织管理权的界线，厘准司法管理权质的规定性，厘实司法管理权的权能体系及其运行机制，由此构建起司法管理权的核心范畴、基本命题、重要概念、相关系列子概念，实现由司法管理法律、法治、法理向哲理的升华。这要求学者们运用管理学、组织学、行政学、经济学、司法管理学和党内法规学多视角进行跨学科研究；在比较分析司法管理权与司法权、行政权、立法权的区别和联系的基础上，科学界定司法权与司法管理权、司法管理权与行政管理权的内涵与外延，提出和解释司法管理的本体论、认识论和价值论；论证司法管理的主体、客体和权能"三位一体"司法管理权的性质；构建作为司法管理权统辖位阶下，具有结构严密、整体协调的指令权、确认权、许可权、保障权、分配权、案管权、综合权、信息权、涉外权及奖惩权的司法管理权能体系。

其二，司法管理权性质的反思定位方面。传统理论对司法管理权与司法权、司法管理权与行政管理权概念内涵、性质等方面未做清晰厘定，以致多年司法管理实践存在误区。为此，在对司法管理体制多轮改革创新性总结的基础上，需要从理论上探源、逻辑体系上辨明，尤其是须对司法管理权的质的规定性进行深刻反思与重新定位，即司法管理权本体性反思，即以司法组织性为主，辅之以行政组织性；司法管理权规定性反思，即以跨行政区划为主、辅之以地方性；司法管理权能体系性反思，即以结构性为主，辅之以层级性；司法管理权功能性反思，即以配置司法资源为主，辅之以配置行政资源，等等。为此，须厘准司法管理权与其他权力之间的边界，避免和克服司法管理权与其他权力之间的内涵模糊甚至混同之局限，科学设定司法管理权的权力边界，对其予以理性论证与科学定位；厘清司法管理权与司法权、行政管理权、立法管理权等相关权力的关系；厘准相互之间的边界及其自身的内涵与外延；厘实司法管理权在制度安排、体制机制表达、实践运行状态及其改革完善的路径。唯有如此，才能全面推进司法管理体制改革，深化司法体制综合配套改革，重塑司法权具有

"定分止争、权利救济、制约公权"的功能,释放司法管理权对于司法权依法公正高效行使的保障功能作用。

其三,司法管理权内涵丰富发展方面。在中华法系悠久绵长的司法文化宝库中,探寻司法管理的历史奥秘,对悠久传统司法管理文化进行创新性挖掘,为现代司法管理提供优秀的思想传承。这是法学学术共同体的共同职责,需要着力在中华司法管理文明创新转化方面取得新成果。不难发现,探求中国古代司法与行政合一的集权管理体制导致司法管理高度集中的制度属性,并不意味着其没有可资借鉴之处。恰恰相反,应当看到我国古代司法管理中依稀折射出的些许为外界屏蔽的理性光芒,即司法管理的基础性与司法审判本身的适度分离;司法行政管理与司法审判以及监督之间适度分工的体制在古代中国已然显露端倪,等等。尽管自近代之始,国人曾以极大的热情拥抱西式法治与"三权分立"的制度模式。但是,其与中国文化发展脉络和当时四分五裂的国情明显无法相容。自革命根据地时所创立的党、政、法合一与分工的司法管理模式,通过法制对革命胜利被实践验证起到了重大作用。当然,从司法行政管理权与司法权的分离到合一再到分离与合一,中国司法管理体制机制的演进历经坎坷。诚然,无论如何,在质性上分清两者的权属与权能,已经具有一定文化基础和积淀。这正是司法体制"深化""综合""配套"管理改革的历史条件与厚重而不可多得的司法管理文化资源,值得深入挖掘转化。

其四,司法管理权模式创建方面。纵观人类司法管理与司法文明相伴而生的历史进程,从来没有一个放之世界而皆准的普世司法管理模式。众多学者在比较分析当今各国伴随司法权运行的司法管理可概括为"他治型""自治型""共治型"的多种司法管理模式,这些模式各有所长、各有所短,对其模式的产生发展更替起决定作用的依然是其本国自身的社会物质文化生活条件及其相关环境。梳理总结我国百年近现代司法管理制度"引进""克隆"的历史轨迹,无一不存在"水土不服"的状况。根植于中国特色社会主义物质生活条件语境下,发展完善具有保障服务及制约功能的司法管理"中国模式",具有三个逻辑理路:本体方面,须采取以保障司法权公正高效统一行使为根本,以监督、制约、服务为关键,以专业化规范化相协调的"司法管理"模式；横向方面，须采用司法权、司法辅助权和司法行政管理权"一分为三"的管理模式；纵向方面，须采用"中央司法事权"统一行使，与按照行政区划设置中央、省（自治区、直辖市）、市（州）、县（区）司法分级管辖行权与跨行政区划专门司法管辖行权的"统分结合"管理模式。

其五，司法组织体系方面。司法组织体系是基于宪法法律的统一授权以确保中央司法事权统一正确公正高效行使所设置结构科学、功能完善、运行有序的层级组织系统。其基本特质在于将具有专门法律知识的人员及其相关资源按照官署化、程序化、国家人格化的理念与方式，使之置于一定的组织结构、层级体系与制度安排之中。基于司法权属于中央事权的本质属性，其层级的司法机关之间行使司法权尽管在案件管辖、适用程序、裁断效力等方面存在差异性，但都是基于法律统一授权，行使的司法权毫无例外地具有中央司法事权的统一属性，而不因地方发展的差异或者诉讼主体所争讼标的不同使其性质异化。基于对传统司法组织体系的检讨及对前两轮与第三轮司法管理体制改革第一时段仍然存在"诸多短板"的反思，法学学术共同体须借鉴徐汉明教授领衔团队的研究成果，聚力聚焦聚神探讨司法组织体系发展完善的若干理论与现实问题，这包括：完善保证依法独立行使审判权检察权位阶下的法官、检察官依法独立办案的组织体系；建立与司法组织综合配套改革相匹配的法官、检察官基准权力清单体系；建立司法能力等级指标体系与评定标准；按照"精简、效能"的原则和"一条边、扁平化、专业化"模式，科学设置司法行政事务组织机构，形成以专业与技术管理标准为基础的专门化、专业化、规范化管理系统；整合法官惩戒委员会、检察官惩戒委员会与纪检监察的机构职能。

其六，司法管理文化体系方面。司法管理文化是以社会主义核心价值观为引领，有关保障、服务、制约司法事权统一正确行使所构成的管理理念、管理制度、管理行为、管理物态表征之总和。中国式司法管理文化内容丰富，需要从文化学层面对司法管理文化及其基本要素与功能进行研究，这包括：司法管理文化的内在构造及其关联要素，从文化的观念意义来解构司法管理文化；准确界定司法管理文化的内涵，揭示司法管理主体在司法管理活动中所形成的反映司法管理规律，进而优化司法管理资源配置，有效预测预警预防司法管理过程中可能面临的风险，以增强司法管理的效率。必须关注到：一方面，司法管理既是一定社会文化在司法管理领域的具体体现，又是人们在司法管理领域所结成的一定的管理关系并构成特定的管理生活方式。对司法管理的特征在于区别行政管理，凸显其价值理念与反映司法管理规律而外在化的制度安排，以及与司法制度密不可分的又具有自身相对独立性的规范司法活动的行为模式，其行为模式的实践化、规范化、职业化乃至法律化是司法管理体系和能力现代化的必然选择。另一方面，司法管理活动的实质必然体现和反映同时代相洽的观念、精神、价值的管理理念并蕴含在其特定的管理模式、管理方式和制度安排之中，因而它是非物质性、非器物性的。另外，这种管理的价值理念又基于特定的载体，它通常表现为外化的制度安排、行为模式及其实践活动以及器物标识标记等物态表征，因而它又是物质性、规范性和制度化的存在物。必须明了，司法管理的实现形式是通过文化观念的制度化、规范化和现实化，以特定的行为、活动或物态表征（如服饰、标识、法槌、技术装备、房屋建筑等）加以承载或表现，从而将文化观念、文化规范与文化物态连为一体。司法管理文化具有人本性、主体性、时代性、责任性的本质特征，其蕴含并承载着社会主义核心价值观与忠诚、公正、担当、清廉、文明的社会主义司法价值，必然具有导向、约束、凝聚、激励、协调、辐射之功能。在实践中，司法管理文化所要回应的社会挑战主要是，制度文化之"进"与价值理念之"退"、行为失范与公信不张、形式化的理论构建与社会实效的欠佳。后者可以现实化地归纳为，对司法管理文化建设紧迫性的认识急需提高，对理想信念作为司法文化政治灵魂有待增强，法治的使命感责任感尚待强化，严格执法的风纪与文化自觉亟待养成，司法能力建设的文化氛围有待大力营造。

  总之，深化司法管理体制综合配套改革，加快建设公正高效权威社会主义司法制度，必须以"习近平法治思想"和"习近平关于司法改革的重要论述"为引领，不断总结新经验，发现新问题，把推进司法管理体系和能力现代化，保障严格公正司法，让人民群众从每一个司法案件中感受到公平正义，作为新时代司法管理体制综合配套改革的发力点和生长点，科学构建相对独立、协调统一的司法管理体系；结构科学、功能完善的司法组织体系；系统完备、科学合理的司法职能体系；权责统一、规范有序的司法权运行体系；综合配套、机制健全的司法保障体系；激励约束、严密规范的司法监督体系，并在人类司法文明乃至司法管理文明互鉴中展示中国经验，提供中国模式，分享中国智慧。

值此《司法管理体制改革基础理论研究》付梓出版之际，是以为序。

2022 年 8 月 25 日

摘 要

《司法管理体制改革基础理论研究》始终坚持以"马克思主义经典作家"关于"国家与法""人民司法"的基本原理、中国特色社会主义司法理论、习近平法治思想及其"习近平关于司法改革的重要论述"为引领，回顾和贴近党领导亿万人民开探、开辟、开拓、开创中国式司法现代化道路及其实践，对党领导百年司法现代化的伟大成就进行创新性总结，对中华数千年司法文明优秀文化创新性发掘，对人类司法文明成果"坚持以我为主、突出特色、兼收并蓄"，予以创新性转化。其旨在从法哲学视角深层次探讨司法管理体制的价值、理念及其基本原理，为构建现代司法管理体系奠定理论基础，为全面深化司法管理体制改革提供智力支持，为推进司法管理体系和能力现代化提供磅礴力量。

第一，构建现代司法管理权能体系。从管理学、行政学、经济学和司法管理学多学科视角对司法权和司法管理权两个基本范畴阐释的基础上，对司法管理权与司法权，司法管理权与行政权的区别及联系比较分析，试图揭示司法管理权的内涵与外延，构建司法管理的本体论、认识论和价值论；建立涵盖"主体""客体""权能"三要素并构成"三位一体"之司法管理权范畴体系；将司法管理权划分为指令权、确认权、许可权、保障权、分配权、案管权、综合权、信息权、涉外权和奖惩权十个方面的权能形态；对司法管理权的权源和权能属性进行剖析。进而构建现代司法管理权能体系。

第二，运用历史分析与比较分析方法对古今中外司法管理制度研究。基于纵向历史视角，对我国司法管理制度的历史演进行简要梳理，试图对我国数千年司法管理优质文化创新性挖掘。基于横向比较视角，对大陆法系、英美法系代表国家的司法管理制度进行了差异化分析，秉持开放的立场，对域外国家司法管理制度的技术方法，坚持以我为主、创新性转化。

第三，对新中国70年来尤其是新时代司法管理体制改革的理论与实践进行了概括性总结。本书着重对改革开放以来40年我国司法管理体制改革的理论与实践进行了梳理，并对历经了恢复重建、最高人民法院、最高人民检察院自主改革、中央主导两轮包括司法管理在内的司法体制改革进行了系统分析。尤其是对党的十八大以来以习近平同志为核心的党中央立足于统筹推进"五位一体"总体布局，协调推进"四个全面"战略布局，加快推进建设公正高效权威的社会主义司法制度，以"司法人员分类管理、员额制、司法责任制、省以下人财物统一管理"改革为切入点，以顶层设计、典型试验、波浪式推进为实践样态的第一时段司法管理体制改革进行了深刻剖析。这一时段取得的成就可概括为：以"员额制"改革为重心，促使法官、检察官回归办案本位的目标任务基本实现；以"司法责任制"为抓手，符合审判权、检察权运行规律的办案责任制体系基本建立；以监督制约为关键，全方位的司法监督体系运行良好；以"人财物省级统管"改革发力，司法保障体系建设有序发展；以法官、检察官和司法辅助人员的职务工资、绩效奖励、综合考评为切入点，激励约束相容的职业保障制度改革运行基本到位；以财物省级统管目标为取向，"类型化"的财物省级保障体系初步建立；以跨行政区划法院、检察院改革试点为抓手，司法组织体系建设发展完善。第二时段则是党中央领导和推动将改革与法治"双轮驱动"战略实施重大成就尤其是司法体制、监察体制、刑事法治、行政执法体制以及经济、文化、社会、生态文明体制改革叠加推进的重大成果进行创新性总结，领导和推动修订宪法和相关法律，使司法体制及司法管理体制改革成果制度化，推动司法制度定型化成熟化。党的二十大《报告》对新时代新征程的司法综合配套改革作出战略布局，吹响了开创中国式司法现代化新道路的进军号。为此，必须以习近平法治思想领航第四个时段的司法体制改革，以发展完善中国特色社会主义制度，推进国家治理体系和治理能力现代化为总目标，以第一、第二时段司法管理体制改革为样本，认真分析其存在诸多短板和薄弱环节，提出全面深化司法体制综合配套改革的新举措新思路，推进司法管理体系和能力现代化。

第四，提出完善司法管理体系的路径。适应新时代的形势与任务要求，完善司法管理体系须坚持以"习近平关于司法改革的重要论述"为导引，坚定加快推进司法管理体系和能力现代化的正确方向。推进司法管理体系和能力现代化，其要旨是坚持以"习近平关于司法改革的重要论述"领航开创中国式司法现代化道路的进程中，须构建现代化的组织体系，明晰化的管理职能，员额化的管理主体，扁平化的管理平台，清单化的管理责任，信息化的管理效能，发展完善相对独立与协调统一的司法管理体系；结构科学与功能完善的司法组织体系；系统完备与科学合理的司法职能体系；权责统一与规范有序的司法权运行体系；综合配套与机制健全的司法保障体系；激励约束与严密规范的司法监督体系。

第五，挖掘司法管理文化的价值功能。建立司法文化的核心范畴；界定司法文化的基本内涵、价值功能及其逻辑结构。在此基础上，对司法管理文化面临现实挑战、深层次根源进行系统剖析；从现代司法理念之植入、制度文化环境之优化、司法行为之重塑、现代司法物态方面予以构建，以增强对司法管理文化的理论认同、制度认同与行动自觉。

总之，科学的司法管理理念、制度是实现司法管理价值功能的前提。构建现代司法管理学术体系、学科体系、话语体系，从关注司法管理的"实际问题"出发，以科学理论与辩证方法观察、思考、回应司法管理的"中国问题"，构建主体性、原创性司法管理的知识体系，为人类司法管理文明提供中国范式，不仅是全体司法人员义不容辞的责任更是法律职业共同体的天职。

Abstract

　　Research on the basic theory of judicial management system reform always adheres to the fundamental principles of "state and law" and "people's justice" as outlined by "classic Marxist writers", the judicial theory of socialism with Chinese characteristics, Xi Jinping Thought on the Rule of Law, and his "Xi Jinping's important discourse on judicial reform". It critically examines and follows the Party's leadership in exploring, pioneering, and developing a uniquely Chinese path towards judicial modernization, as well as its practical implications. Moreover, it innovatively summarizes the significant achievements made by the Party in judicial modernization over the past century. Furthermore, it strives to explore and creatively unearth the rich cultural heritage of Chinese judicial civilization spanning thousands of years. By centering on self-reliance, emphasizing distinctiveness, and embracing inclusivity, it seeks to transform the accomplishments of human judicial civilization in an innovative manner. Its main goal is to thoroughly explore the value, concept, and fundamental principles of the judicial administration system from the perspective of legal philosophy. This will establish a theoretical foundation for constructing a modern judicial administration system, provide intellectual support for comprehensively deepening the reform of the judicial administration system, and offer immense power for advancing the modernization of the judicial administration system and its capabilities.

　　First of all, this book builds a modern system that empowers judicial administration. Based on the exposition of such two fundamental categories as judicial power and judicial administration from various interdisciplinary perspectives including management, administration, economics, and judicial administration, this book aims to reveal the essence and extension of judicial administration, and construct the ontology, epistemology, and axiology of judicial administration through comparative analysis of the distinctions and connections between judicial administration and judicial power, as well as judicial administration and administrative power. This book also seeks to establish a three-in-one category system of judicial administration that encompasses the three elements of "subject" "object" and "power". The ten functional forms of judicial administration include instruction right, confirmation right, permission right, guarantee right, distribution right, case management right, comprehensive right, information right, foreign-related right, and reward and punishment right. Additionally, this book critically analyzes the source and functional attributes of judicial administration, and subsequently constructs a modern judicial administration system.

Secondly, this book applies historical analysis and comparative analysis approaches to study the judicial administration systems in ancient and modern China as well as abroad. Based on a longitudinal historical perspective, this book briefly organizes the historical evolution of China's judicial administration system and strives to explore innovatively its longstanding high-quality culture. Taking a horizontal comparative perspective, this book conducts differentiated analysis of the judicial administration systems in representative countries of the civil law system and Anglo-American law system. Adhering to an open approach, the book insists on self-oriented and innovative transformation of the technical methods of foreign judicial administration systems.

Thirdly, this book provides a comprehensive summary of the theoretical and practical aspects of judicial administration system reform in the past 70 years since the founding of the People's Republic of China. This book extensively examines the theory and practice of China's judicial administration system reform over the past 40 years since the reform and opening-up. It systematically analyzes two rounds of judicial system reform, which encompass restoration and reconstruction, independent reform by the Supreme People's Court and the Supreme People's Procuratorate, and reform led by the Central Government. Since the 18th National Congress of the Communist Party of China, the CPC Central Committee with Comrade Xi Jinping at its core has focused on promoting the overall layout of the "five-in-one", coordinated the promotion of the strategic layout of the "four comprehensives", and accelerated the construction of a fair, efficient, and authoritative socialist judicial system. The reform of the "classified management of judicial personnel, post system, judicial responsibility system, unified management of people, property and materials below the provincial level" was taken as the breakthrough point, with top-level design, typical experiments, and wave-like promotion serving as the practical forms in the first period of the judicial administration system reform. The achievements during this period can be summarized as follows: Focusing on the reform of the "post system", the goal and task of promoting judges and prosecutors to prioritize case handling have been mostly achieved; Taking the "judicial responsibility system" as the foundation, a case handling responsibility system in line with the operating rules of the judicial and procuratorial powers has been largely established; With supervision and restraint as the main focus, an all-around judicial supervision system operates effectively; Through the reform of "provincial unified management of personnel, property, and materials", the construction of the judicial security system has progressed in an orderly manner; The reform of the occupational security system, which incorporates incentives and constraints, is basically in place, starting from salaries, performance rewards, and comprehensive evaluations of judges, prosecutors, and judicial auxiliary personnel; Guided by the goal of provincial unified management of property, a "typed" provincial property security system has been initially established; The judicial organization system has been improved by starting with the pilot reform of cross-administrative courts and procuratorates. The second period is an innovative summary of the significant achievements made by the CPC Central Committee in leading and promoting the implementation of the "double-wheel drive" strategy of reform and the rule of law. This includes the superimposed advancement of the reforms in the judicial system, supervisory system, criminal justice, administrative law enforcement system, and the reforms in the economic, cultural, social, and ecological civilization systems. This period is also a period of leading and promoting the revision of the Constitution and relevant laws, institutionalizing the outcomes of the reforms in the judicial system and judicial administration system, and promoting the consolidation and maturity of the judicial system. The Report of the 20th National Congress of the Communist Party of China strategically laid out comprehensive supporting reforms for the judicial system in the new era and on a new journey, sounding the call to open a new path for judicial modernization in China. Therefore, it is necessary to take Xi Jinping' Thought on the Rule of Law as the guide for the judicial system reform in the fourth period, with developing and improving the socialist system with Chinese characteristics and promoting the modernization of the national governance system and capability as the overall goal. This book carefully analyzes the shortcomings and weak links of the judicial administration system reform in the second and third periods, proposes new measures and ideas to comprehensively deepen the supporting reform of the judicial system, and promotes the modernization of the judicial administration system and capability.

Fourthly, it proposes a pathway for enhancing the judicialadministration system. To adapt to the situation and task requirements of the new era, it is necessary to adhere to the guidance of "Xi Jinping's important discourse on judicial reform" and firmly accelerate modernizing the judicial administration system and capability. The key is to adhere to "Xi Jinping's important discourse on judicial reform". In the process of shaping China's path to judicial modernization, it is necessary to establish a modern organizational system, clarify management roles, appoint management entities, create flat management platforms, define management responsibilities, enhance information management efficiency, and develop and improve a relatively independent and coordinated judicial administration system, a structurally sound and perfectly organized judicial system, a comprehensive and scientifically efficient judicial function system, a unified and standardized operational system for judicial power, a comprehensive and robust judicial guarantee system, and an incentivizing, restraining, strict and standardized judicial supervision system.

Fifthly, it uncovers the valuable functions of judicial administration culture. This book establishes the core category of judicial culture and define its basic connotation, value function, and logical structure. On this basis, it systematically analyzes the realistic challenges and deep-rooted causes of judicial administration culture, and constructs it through modern judicial concept implantation, optimization of the system cultural environment, reshaping of judicial behavior, and modern judicial material state, in order to enhance the theoretical identification, institutional identification, and action consciousness of judicial administration culture.

In short, scientific concepts and systems of judicialadministration are the prerequisite for realizing the value function of judicial administration. It is not only the obligation of all judicial personnel but also the natural duty of the legal professional community to establish an academic system, discipline system, and discourse system for modern judicial administration, and observe, contemplate, and respond to the specific problems faced by China's judicial administration starting from addressing the practical issues of judicial administration and by employing scientific theories and dialectics. The objective is to build a subjective and original knowledge system of judicial administration, thus offering China's paradigm for the advancement of global judicial administration civilization.

目 录

第一章 ▶ 司法管理概述　1

　　第一节　司法管理的内涵　1
　　第二节　司法管理的功能　10
　　第三节　现代司法管理体制的理论基础　15
　　第四节　现代司法管理的法理基础　30
　　第五节　现代司法管理模式　37

第二章 ▶ 现代司法管理权的性质　48

　　第一节　司法管理权在国家权力中的定位　48
　　第二节　司法管理权性质的反思与重新定位　55
　　第三节　现代司法管理权的构成　57

第三章 ▶ 我国司法管理制度的历史演进　79

　　第一节　中国古代司法行政管理制度　80
　　第二节　清末与民国司法行政管理制度的近代化　96
　　第三节　新民主主义革命政权的司法行政管理制度　117
　　第四节　中华人民共和国成立以来司法管理的发展　122

第四章 ▶ 域外和我国港澳地区司法管理制度比较及启示　132

　　第一节　大陆法系国家的司法管理制度　132
　　第二节　英美法系国家的司法管理制度　166
　　第三节　我国香港、澳门特别行政区司法管理制度　193
　　第四节　域外和我国港澳地区司法管理制度比较的启示　206

第五章 ▶ 我国司法管理体制改革 40 年理论与实践　209

　　第一节　司法管理体制改革理论综述　209
　　第二节　改革开放以来司法管理体制改革的路径　224

第六章 ▶ 砥砺前行五年的司法管理体制改革　238

　　第一节　全面深化司法管理体制改革　239
　　第二节　司法管理体制改革存在"若干短板"　283
　　第三节　司法管理体制改革存在"若干短板"的制约因素　301

第七章 ▶ 现代司法管理体系的完善　312

　　第一节　现代司法管理体系构建的理论导引　313
　　第二节　现代司法管理体制的架构　341
　　第三节　现代司法管理体系的完善　350

第八章 ▶ 司法管理文化　416

　　第一节　司法管理文化概述　417
　　第二节　司法管理文化面临的挑战　429
　　第三节　司法管理文化建设的路径　432

参考文献　453

后记　475

Contents

Chapter One Overview of the Judicial Administration   1

    1.1 The Meaning of Judicial Administration   1

    1.2 The Functions of Judicial Administration   10

    1.3 Theoretical Foundations of a Modern System of Judicial Administration   15

    1.4 Jurisprudential Foundations of Modern Judicial Administration   30

    1.5 Modern Models of Judicial Administration   37

Chapter Two The Nature of Modern Judicial Administration powers   48

    2.1 Positioning of the Power of Judicial Administration in the Powers of the State   48

    2.2 Rethinking and Repositioning the Nature of Judicial Management Power   55

    2.3 Composition of the Modern Judicial Administration   57

Chapter Three The Historical Evolution of Our Judicial Administration System   79

    3.1 Ancient Chinese System of Judicial Administration   80

    3.2 Modernisation of the Judicial Administration System in the Late Qing and Republic of China   96

3.3　The System of Administration of Justice in the New Democratic Revolutionary Regime　117

3.4　Development of Judicial Administration since the Founding of New China　122

Chapter Four　Comparison of Judicial Administration Systems in the Region and in Hong Kong and Macau in China and Insights　132

4.1　Judicial Administration Systems in Civil Law Countries　132

4.2　Judicial Management Systems in Common Law Countries　166

4.3　The Judicial Administration System in Hong Kong and Macau in China　193

4.4　Insights from a Comparison of Judicial Administration Systems in the Region and in Hong Kong and Macau in China　206

Chapter Five　40 Years of Theory and Practice of China's Judicial Administration System Reform　209

5.1　Overview of the Theory of Reform of the Judicial Administration System　209

5.2　The Path of Reform of the Judicial Administration System since the Reform and Opening Up　224

Chapter Six　Five Years of Reform of the Judicial Administration System　238

6.1　Deepening the Reform of the Judicial Administration System in a Comprehensive Manner　239

6.2　"Several Shortcomings" in the Reform of the Judicial Administration System　283

6.3　Constraints to the Reform by "A Few Shortboards" of the Judicial Management System："Several Shortcomings"　301

Chapter Seven　The Improvement of the Modern Judicial Administration System　312

7.1　A Theoretical Introduction to the Construction of a Modern Judicial Management System　313

7.2　The Structure of a Modern System of Judicial Administration　341

7.3　Improvement of the Modern Judicial Management System　350

Chapter Eight　The Culture of Judicial Administration　416

    8.1　Overview of the Culture of Judicial Administration　417

    8.2　Challenges to the Culture of Judicial Administration　429

    8.3　The Path to a Culture of Judicial Administration　432

References　453

Postscript　475

第一章

司法管理概述

司法管理是司法权运行的保障。司法管理体制改革是司法体制综合配套改革的一项核心任务。党的十八届四中全会决定指出:"必须完善司法管理体制""改革司法机关人财物管理体制,探索实行法院、检察院司法行政事务管理权和审判权、检察权相分离"[1]。习近平总书记在党的十九大报告中强调指出:"深化司法体制综合配套改革,全面落实司法责任制,努力让人民群众在每一个司法案件中感受到公平正义。"[2] 全面加强司法管理、深化司法管理体制改革,对于顺利实现中央"四个全面"战略布局,确保司法改革取得预期成效、切实提升司法权威和司法公信力具有重大的现实意义和深远的历史意义。而要实现司法管理体制改革实践的飞跃,就必须创新法学基础理论,丰富和发展关于司法管理方面的法治理论体系,强化司法管理基础理论研究,为司法管理改革供给科学而充分的理论资源。

第一节 司法管理的内涵

管理(management),始于人类群体生活中的共同劳动,是人类各种组织活

---

[1] 《中共中央关于全面推进依法治国若干重大问题的决定》,参见《中共中央关于全面推进依法治国若干重大问题的决定(辅导读本)》,人民出版社2014年版。

[2] 习近平:《决胜全面建成小康社会 夺取新时代中国特色社会主义伟大胜利——在中国共产党第十九次全国代表大会上的报告》,载于《党的十九大报告辅导读本》,人民出版社2017年版,第38页。

动中最普通和最重要的一种活动，至今已有上万年历史。几千年来，人们通过不断地实践总结、科学分析管理的基本原理和方法，已形成了一种专门的知识体系。司法管理（judicial administration）作为现代管理的一个分支部门，既有现代管理的一般属性，也有其独有属性。

一、管理的内涵

（一）管理的概念

管理是指为达到组织既定的目标，通过对组织所拥有的人力、物力、财力和信息等资源进行高效地调配，由组织中的管理者实施计划、组织、指挥、协调、控制及创新等一系列手段的过程。

中西方文化对"管理"的理解基本趋于一致。在中文中，"管理"包括"管""理"两个方面的不同内涵。"管"者，旧指乐器[①]，本义泛指筒形、中空而细长的物体。"管"中之物因四周封闭，仅可沿"管"之四壁轴向流动，堵则滞之不前，疏则畅行无阻。因此，"管"有疏、堵两义。"理"者，"治玉也"[②]，是指物质本身的纹路、层次，或是指客观事物本身的次序。此处引申为"按事物本身的规律或依据一定的标准对事物进行加工、处置"。在古法文里，"管理"是"领导、执行的艺术"的意思[③]。在英文中，原意是训练马匹的步法，使它熟练马术上的各种演习。

2500多年前，我国著名军事家孙武通过归纳分析春秋战国时期各国的军事学术和战争实践，编写出著名的《孙子兵法》，从军事活动的角度阐释了管理策略思想。在西方，关于管理的研究不断演进，特别是近现代，在以工厂为单位的社会化大生产背景下，通过大量管理实践，形成了众多管理思想，其中以泰勒提出的科学管理理论和亨利·法约尔提出的组织管理理论为代表：

1. 科学管理理论

1911年，"科学管理之父"弗雷德里克·泰勒（Frederick Winslow Taylor）

[①] 《康熙字典》未集上竹部八画中"管"字词条："《注》管谓吹荡以播新宫之乐"；《尔雅·释乐》："大管谓之篘，其中谓之篞，小者谓之篎。"午集上玉部七画"理"字词条载："《说文》治玉也"。参见《康熙字典》，成都古籍书店1980年版。

[②] 张俊伟：《极简管理：中国式管理操作系统》，机械工业出版社2013年版，第46页；《什么是管理》，百度文库，https://wenku.baidu.com/view/e91ab74033687e21af45a959.html，2017年5月4日。

[③] ［法］亨利·法约尔著，迟力耕、张璇译：《工业管理与一般管理》，机械工业出版社2007年版，第17页。

在《科学管理原理》（Principles of Scientific Management）中提出，科学管理就是使用科学的方法来确定一种完成工作的"最佳方法"。他认为，管理就是将管理者的意图传达给被管理者，确保其准确理解和领会，并在实施过程中帮助其高效、快捷地完成。

2. 组织管理理论

同一时期，"管理理论之父"亨利·法约尔（Henri Fayol）在《工业管理与一般管理》（Administration Industrielle Et Générale）中，提出了对西方管理理论影响深远的管理活动五要素：计划、组织、指挥、协调和控制。特别是在第二次世界大战之后，法约尔开创的这一学派，被孔茨（Koontz）继承和发扬光大，迅速风靡全球。

相比之下，泰勒侧重于一线管理者和科学方法，而法约尔更关注管理者的行为。之后，以此为基础，关于管理的理论研究逐渐深化，出现了行为管理理论、数量管理理论、系统管理理论、权变管理理论、质量管理理论等众多流派，形成了所谓的"管理理论丛林"。

（二）管理的内涵

根据上述定义，管理包含以下四个方面的内涵：

1. 管理是组织行为的重要组成部分

组织作为一个行为的系统，其内部行为中除了主要从事具体活动的操作行为外，还包括专门对各种操作行为进行协调的一般性协调行为，即管理行为。离开了管理，就无法对各种操作行为进行分解、综合和协调。

2. 管理的实质是协调

任何经济活动，都需要对各种要素资源进行调配，通过协调实现预期希望产生的效果。管理因协调的需要而产生。通过有效的管理，从而合理调配各种资源，实现资源的最佳组合。

3. 管理的目的是实现组织目标

任何一个组织都是为实现某种目标而组成的人和技术的系统安排，任何管理活动都是围绕组织目标而进行的。管理活动则必须围绕这一目标来进行，而这一目标又是通过执行相互关联的计划、组织、领导、控制等管理职能来实现的。

4. 管理活动是在特定的环境中进行的

管理始终处于不断变化的内外环境之中，是一个动态调整的过程。组织内外环境的变化，是决定管理成败的重要因素。必须根据环境的变化，审时度势、因势利导、灵活应变，才能对组织形成有效管理，从而实现组织目标。

二、司法管理的内涵

(一) 司法管理的概念

司法管理是指司法机关通过实施计划、组织、指挥、协调、控制及创新等手段,对司法机关所拥有的人力、物力、财力、信息等资源进行有效的调配,以期高效地达到既定司法目标的活动过程。

司法管理属于司法制度极其重要、不可分割的有机组成部分,是一项综合性、全局性的工作,既包括司法业务活动,又包括司法机关的政务活动和事务活动,还包括对司法专业人员、行政管理人员、政工人事、司法警察和后勤管理人员等全体司法工作人员的人事管理。一个好的司法管理制度不仅可以促进司法达成自己的目标,甚至可以在一定程度上对促进司法公正起到积极作用。反之则会减损司法效率,乃至对司法公正产生负面影响。

关于司法管理的概念,学界有狭义的司法管理和广义的司法管理两种观点。

1. 狭义的司法管理

从狭义角度看,司法管理主要指法院、检察院的审判、检察等司法行政事务管理,包括组织管理、人财物管理的管理。[①] 如有学者认为司法管理主要涉及两个领域,一是法院组织和人事的管理,二是诉讼的运行管理。[②] 还有学者认为法院管理与"法院内务管理"相通。美国学者格里克(Henry R. Glick)认为,其主要包括法院的组织管理、审判事务管理(又称诉讼运行的管理)及人财物管理,前述三个方面又共同构成了司法行政事务管理。[③]

2. 广义的司法管理

从广义上说,司法管理指为了实现司法的公正和效率,根据司法规律的要

[①] 司法管理是利用现代科学方法,根据政策与法律,进行计划、决策、沟通、协调、监督和运用司法组织的人力、物力、财力,做适时、适地、适人、适事的处理,以提高司法工作的效率,发展司法业务,完成司法组织的使命(参见顾功耘:《略论司法组织的现代化管理》,载于《上海大学学报》(社会科学版) 1985 年第 1 期);韦群林教授认为司法管理是确定司法管理目标并合理运用各种司法资源,以实现既定司法目标的组织活动或过程(参见韦群林:《司法管理内涵的多维考察》,载于《南通职业大学学报》2007 年第 6 期)。崔卫东教授认为司法管理是指为了实现司法的公正和效率,根据司法规律的要求,通过计划、组织、协调、指导、监督、制约、评价、考核等方法来优化司法资源配置的组织活动(参见崔卫东:《案件管理中的问题及其改善路径》,载于《法治研究》2013 年第 12 期,第 76~80 页)。转引自贺卫方:《中国司法管理制度上的两个问题》,载于《中国社会科学》1997 年第 6 期。

[②] 转引自贺卫方:《中国司法管理制度上的两个问题》,载于《中国社会科学》1997 年第 6 期。

[③] 徐汉明、王玉梅:《司法管理体制改革研究述评》,载于《现代法学》2016 年第 5 期。

求，管理和利用司法资源实现司法目标的活动和过程。其内容涵盖司法权的配置、司法机关外部结构以及内部行政事务管理等方面。① 司法管理着眼于更加广泛的视野，涉及政治制度、宪政体制、立法制度层面，以及律师制度等广义司法制度，研究可能影响司法制度品质的一切因素，范围比法院组织、检察院组织和从事的管理以及诉讼运行的管理要广泛得多。广义司法管理是指为了实现司法的公正和效率，根据司法规律的要求，管理和利用司法资源实现司法目标的活动和过程，是主要以法院管理为核心，涵盖法院管理、检察管理、侦查管理、公证管理、律师管理、仲裁管理、狱政管理、司法教育等多方面的管理活动。

（二）司法管理的内涵

上文有关司法管理的综述对其内涵研究颇丰，呈现出从不同侧面对"司法管理的内涵"进行了具体化表述的特征。域外对司法管理的内涵进行具体化描述具有不同的样态。以美国为例，其在《美利坚合众国法典》第 28 部（title）第 1 编第 15 章中，通过列举的方式，对联邦巡回区上诉法院行政官的司法管理职能予以一一明确："（1）在其被任命的巡回区上诉法院行使对该法院所有非司法活动的行政管控；（2）管理该巡回区上诉法院的人事系统；（3）管理该巡回区上诉法院预算；（4）维系现代会计制度；（5）建立并维系财产管理记录，并承担空间管理计划；（6）实施与该巡回区内法院业务和行政事务相关的研究，并准备恰当的建议和报告给首席法官、巡回司法委员会和司法会议；（7）搜集、编纂并分析统计数据，基于这些数据着眼于报告的准备和陈述，如同可能被首席法官、巡回司法委员会以及合众国联邦法院行政办公室指导的那样；（8）展示该巡回区与该巡回区所在地的各州法院、法警办公室、州和地方的律师协会、公民团体、新闻媒体与其他对该巡回区行政事务有合理兴趣的私人和公共团体保持的联络；（9）组织并出席巡回区法官和巡回司法委员会的会议，包括准备日程安排和担任这些会议的秘书；（10）准备给巡回区和合众国联邦法院行政办公室的上一年的年度报告，包括使该巡回区业务处理更为迅速的建议。"② 在同一法典的第 3 编第 41 章中，对合众国法院的司法管理职能做了更加详细的规定。

在我国，最高人民法院和最高人民检察院在历年全国人民代表大会上所做的工作报告中，对司法管理的内涵均有表述：1997 年任建新院长在报告中强调

---

① 最高人民法院政治部：《域外法院组织和法官管理法律译编》，人民法院出版社 2017 年版，第 99 页。
② 任建新：《最高人民法院工作报告（1997 年）》，1997 年 3 月 11 日，第八届全国人民代表大会第五次会议。报告第四部分标题为："加强队伍建设，提高法官素质"，http://www.gov.cn/test/2015-06/11/content_2877986.htm，2017 年 2 月 12 日。

"加强队伍建设、提高法官素质"①;1998 年张思卿检察长在报告中强调 "努力建设高素质的专业化检察队伍。严格管理,严肃纪律,坚决改变少数地方队伍管理不严、纪律松弛的现象。深入开展自身反腐败工作,认真查办检察人员违法违纪案件,发现一起查办一起,绝不姑息,对管理不严、查办不力的,要追究领导责任,从组织上保证检察队伍的纯洁"②;2000 年肖扬院长在报告中提出 "改革、完善法官管理、选任和培训制度,提高法官队伍素质"③;2000 年韩杼滨检察长在报告中提出 "坚定不移地加强队伍建设,全面提高队伍的整体素质"④。2003 年肖扬院长的报告关于司法管理的内容明显增多,分别从审判流程管理、法官管理和人事分类管理等方面,强调了加强法院管理的重要性⑤;2003 年韩杼滨检察长在报告中提出 "加强检察队伍的专业化和基层检察院的规范化建设"⑥;2004 年肖扬院长在报告中将 "司法管理" 列入标题,在 "完善司法管理,加强队伍建设" 部分,对司法管理做了专章阐述,再一次强调 "要实现裁判公正,提高审判效率,必须加强审判管理、队伍管理和司法政务管理"⑦;2004 年贾春旺检察长在报告中提出:"进一步加强检察队伍建设,提高整体素质和执法水平"⑧,等等。这些表述虽然没有提及或者完整提及 "司法管理的内涵",但均

---

① 张思卿:《最高人民检察院工作报告——1998 年 3 月 10 日在第九届全国人民代表大会第一次会议上》,http://www.spp.gov.cn/spp/gzbg/200602/t20060222_16375.shtml,2018 年 3 月 6 日。

② 肖扬:《最高人民法院工作报告——2000 年 3 月 10 日在第九届全国人民代表大会第三次会议》。报告第四部分第(三)节的起始句为:"改革、完善法官管理、选任和培训制度,提高法官队伍素质",http://www.npc.gov.cn/wxzl/gongbao/2000-12/24/content_5008941.htm,2017 年 2 月 12 日。

③ 韩杼滨:《最高人民检察院工作报告——2000 年 3 月 10 日在第九届全国人民代表大会第三次会议上》,http://www.spp.gov.cn/spp/gzbg/201210/t20121018_16364.shtml,2018 年 3 月 6 日。

④ 肖扬:《最高人民法院工作报告——2003 年 3 月 11 日在第十届全国人民代表大会第一次会议》。报告第二部分第(三)项为:"改革完善审判机制",第(四)项为:"改革完善法官管理制度",http://news.qq.com/a/20100311/002087_1.htm,2017 年 2 月 12 日。

⑤ 韩杼滨:《最高人民检察院工作报告——2003 年 3 月 11 日在第十届全国人民代表大会第一次会议上》,http://www.spp.gov.cn/spp/gzbg/200602/t20060222_16373.shtml,2018 年 3 月 6 日。

⑥ 肖扬:《最高人民法院工作报告——2004 年 3 月 10 日在第十届全国人民代表大会第二次会议》。报告第六部分:"完善司法管理,加强队伍建设",http://www.npc.gov.cn/wxzl/gongbao/2004-04/15/content_5332235.htm,2017 年 2 月 12 日。

⑦ 贾春旺:《最高人民检察院工作报告——2004 年 3 月 10 日在第十届全国人民代表大会第二次会议上》,http://www.spp.gov.cn/spp/gzbg/200602/t20060222_16386.shtml,2018 年 3 月 6 日。

⑧ 最高人民法院 1999 年 10 月 20 日印发《人民法院五年改革纲要(1999~2003)》,其中,第一部分第六点提出:为实现人民法院改革的总体目标,从 1999 年起至 2003 年,人民法院改革的基本任务和必须实现的具体目标是:以落实公开审判原则为主要内容,进一步深化审判方式改革;以强化合议庭和法官职责为重点,建立符合审判工作特点和规律的审判管理机制;以加强审判工作为中心,改革法院内设机构,使审判人员和司法行政人员的力量得到合理配备;坚持党管干部的原则,进一步深化法院人事管理制度的改革,建立一支政治强、业务精、作风好的法官队伍;加强法院办公现代化建设,提高审判工作效率和管理水平;健全各项监督机制,保障司法人员的公正、廉洁;对法院的组织体系、法院干部管理体制、法院经费管理体制等改革进行积极探索,为实现人民法院改革总体目标奠定基础。

从一个或者多个方面对这一概念进行了表述，是司法管理的内涵在实践运用中的具体体现。

从现有文献资料来看，对司法管理内涵的定义，理论界和实务界尚未达成比较一致的观点，但在司法管理核心要素方面则基本形成了一致观点，即第一，司法管理是指管理和利用司法资源的活动。第二，司法管理活动的目标是为了保障司法权目标的实现。围绕上述两个方面展开，司法管理的内涵十分丰富，涉及司法机关人事、财务、装备技术以及其他司法行政事务管理的权力。从司法管理权出发，不妨从以下六个方面对其予以把握：

1. 司法人事管理

司法人事管理是司法管理权的重要组成部分，涉及人事管理的方方面面，主要包括以下七个部分：（1）司法人员分类管理，是指根据司法人员的工作性质、基本职能、岗位特点和工作规律等对其进行分类，并按照不同类别、层级、权限进行区别管理的活动。（2）司法人员员额管理，指司法机关依据相关法规与员额设置比例限制的规定，对法官、检察官、司法辅助人员、司法行政人员实施员额管理，从而实现司法分工的科学化和司法资源的优化配置的管理活动。（3）司法人员职业准入管理，是指司法机关与相关职权机关依据司法职业人员的准入条件与选任程序，由司法遴选委员会统一对司法人员进行遴选，司法机关呈报编制与组织机构等职权机关核批，并对司法人员实施日常管理的活动。（4）司法人员职务序列管理，是指司法机关依据相关法律法规对各类司法人员按照其各自类别进行与职务等级序列管理相适应的任免、培训、考核、晋升、奖惩等活动。（5）司法人员职业保障管理，是指司法机关及其相关职权机关依据相关法律法规，对司法人员提供有关职权保障、身份保障、经济保障等，以保障司法人员公平公正履行职责的管理活动。（6）司法人员奖励与惩戒管理，是指司法机关依据相关奖惩法规规定，对司法人员的履职情况或违反职业道德、法律法规等不当行为予以奖励或处罚的管理活动。（7）司法人员职业教育培训管理，指为了提高司法人员履职能力，适应时代发展，司法机关及其相关职权机关对司法人员尤其是法官、检察官的法学理论、业务技能、相关学科知识等方面进行教育培训的专门活动。

2. 司法财物管理

司法财物管理是指为了保障司法机关正常工作开展，对司法机关的各项财物实施管理的活动。其包括：有关人员经费、公用费、办案费、装备费、设施设备建设费的预算、审核、拨付、使用、监督、审计等方面的管理；土地产权、房屋资产、技术装备、赃款赃物、债务等管理。主要包括以下两个部分：（1）司法财物保障，是指为推进司法活动有序开展，促进社会公平正义，由具备了相应的财力、管理职能的部门机构来对司法机关所需各类经费进行负担的常态化的综合保障制度。(2) 司法财物日常管理，是指为了保障司法工作的有效运转和机构正常运转，在总体经费预算保障前提下，对司法办案所需的各项财物经费开支进行常态化的管理。

3. 司法案件管理

司法案件管理是指对司法机关的办案行为实行严格流程管理，监督规范司法人员的执法行为，从而实现保障案件质量、维护司法公正的目的。主要包括以下三个部分：(1) 司法案件管理模式。考察域外国家主要有两类管理模式，即一类是英美法系国家的管理型司法模式。这类管理模式为了提高效率、降低成本、节省时间，强调案件管理中人的作用，要求审前从立案到开庭的一系列程序，应在法院指派的案件管理人的有效控制之下进行；另一类是大陆法系国家的集中化审理模式。这类管理模式为了达到缩短诉讼时间的目的，往往通过大量的庭前准备工作，使正式的案件庭审活动得以顺利高效进行。我国长期以来实施个人阅卷、集体讨论、院长（检察长）、审判委员会（检察委员会）决定的层级式的传统科层制管理模式。(2) 案件质量考评标准和评价体系。案件质量考评标准，是指按照一定的程序和方法，对司法机关办案活动的各个环节及案件质量、效果的优劣，进行评价和估量所依据的具体标准。案件质量评价是指在具体操作上建立一套系统的体系，包括案件质量评价指标体系，评价的主体、客体、方式、标准、程序，以及评价结果的运用。(3) 案件管理监控程序。案件管理监控程序是指在案件管理软件的基础上，对办理的所有案件进行全程监管。从案件进入司法程序（受理或者立案）之日起，通过建立案件跟踪机制，及时掌握案件办理进度，从而实现全程监管。

4. 司法信息建设管理

司法信息建设管理，是指通过信息化手段在提高司法办案效能、加强司法办案监督、推进司法公开方面的积极作用，确保司法机关办案活动能够顺利有序地开展，主要包括以下三个部分：(1) 信息化建设发展规划。信息化建设发展规划是指通过制定长期和短期的建设规划目标，实现信息建设的不断发展和完善，为提高办案效率、保证办案质量、促进司法公开、践行司法为民提供有力的技术保障。(2) 司法信息化建设标准。司法信息化建设标准包括业务信息内容、基础设施规范和安全标准规范等要素，为网络互联互通、信息资源共享和业务辅助协同提供保障。其中，业务信息内容包括业务应用标准规范、办案信息数据库和司法案例库等。基础设施规范包括业务网络建设、配套环境等。安全标准规范包括信息系统安全和安全防护系统接口。(3) 信息技术应用。其主要目标是利用信息技术推动司法办案的便捷性，优化司法办案模式，实现司法办案事务集约化。

5. 司法综合事务管理

司法综合事务管理，是指为了保障司法机关正常运转，对司法办案之外的综合性事务进行统筹、分配、协调、监督等手段的管理,主要包括以下方面:(1)协助法院院长、检察院检察长,审判委员会、检察委员会、法官检察官委员会、法官检察官考评委员会、法官检察官职业道德委员会,大法官大检察官,高级法官高级检察官及其他负责司法行政事务的院领导组织、协调、处理与司法行政事务相关的事项,承担上述领导人员交办的司法行政管理事项。(2)办理院党组会议、院长检察长办公会议、审判委员会、检察委员会、法官检察官委员会、法官检察官考评委员会、法官检察官职业道德委员会决议,以及大法官大检察官、高级法官高级检察官及其他负责司法行政事务的院领导的决定事项,上级机关批示交办的事项,适时检查督促落实情况。(3)负责重要文件、工作总结、报告等文字的起草,编辑工作简报、情况反映等司法工作信息,及时有效地开展对下指导工作。(4)负责公文处理工作,重点做好上述决议决定的文件、文书处理和党政文件、电报的收发、传阅、交换、归档、定期销毁等工作。(5)负责本院和上级机关及有关领导机关下达的重点项目的调查研究。(6)负责与司法工作密切相关的社会治安综合治理、目标责任制考核、精神文明创建、惩防腐败与党风廉政建设考评、法治建设工作考评等联络工作,协调处理相关综合情况报告事项。(7)负责与本级党的编制、组织、政法综治部门与综合机构、有关组织人事事务、政法综治协调事项的联络工作,协调督办相关职能机构归口办理的事项;(8)负责与人大代表、政协委员的联络工作,根据院领导指示要求和相关规定,督促本院内设职能机构及下级院分类归口办理人大代表建议、政协委员提案及其信函;(9)负责人民陪审员、人民监督员与社会组织的相关事项办理及联络,协调督办相关内设司法职能机构办理接受监督、咨询等事项。(10)负责机关文书、档案的管理工作,重点做好文书档案、诉讼档案、财务档案、资产档案的收集、管理、利用工作,确保档案管理规范有序、归档及时、安全保密、措施妥当。(11)负责图书资料的购置、管理、利用工作。(12)负责本院保密工作,做好印鉴的使用、保管工作。(13)负责安全保卫工作,协调检查督促值班守卫、安全保护等。(14)负责组织协调开展新闻宣传和公布司法裁判文书工作。(15)负责重要会议和重大活动的组织、协调、保障工作。(16)负责司法系统的机要通道、四级专线网、司法大数据及信息化建设的规划、建设、运行工作。(17)负责经费、办公(案)、设施、设备、用房(库房)、水电、车辆、器材等后勤保障工作。(18)办理各项规章制度的起草工作,负责对生效的各项规章制度,适时进行检查监督执行情况。

6. 司法外事管理

司法外事管理,是指根据国际条约或协定,一国司法机关对本部门涉及外国司法机关的司法协助请求、司法合作交流等事项所进行的规范管理。主要包括以下三个部分：(1)涉外司法事务交流合作管理，是指按照规定的程序、相应的规格，对出访交流、来访接待、举办全球性或区域性国际司法会议等涉外司法事务交流合作进行规范管理。(2)涉外司法协助管理。涉外司法协助一般是指一国司法机关根据国际条约、协定或依互惠原则，接受外国司法机关的请求，代为履行某些诉讼行为的制度；涉外司法协助管理的任务是依照相关法律法规规定为法院检察院或者执行国际司法协助职责的法官检察官提供保障、服务等。(3)涉外司法项目管理。涉外司法项目是指不同国家的司法机关之间、司法机关与其他机构之间，为了解决司法理论或实践中的某项具体问题，共同进行研究、探索的学术活动。

第二节　司法管理的功能

司法管理的目的，在于实现司法机关的职能目标，通过科学有效的规划、组织、监督、控制、协调等手段，对司法工作的各个环节进行有效管理，从而增强司法机关的司法能力，提高司法机关的司法水平，切实保障司法机关能够公正、高效司法，树立和巩固司法机关的司法权威。因此，调节、保障和辅助功能是司法管理的应有之义。

一、司法管理的基本功能

相对于行政管理而言，司法管理具有调节功能；相对于司法办案而言，司法管理具有保障功能；相对于领导决策而言，司法管理具有辅助功能，不一而足，但总体来说，司法管理主要有以下五个功能。

1. 司法管理的调节功能

司法管理的调节功能，是指通过司法管理活动，能够对司法资源进行动态调节，以实现司法管理的目标，主要体现在以下五个方面：一是人尽其才。通过科学合理的分工，优化人力资源配置，明确具体岗位职责任务，完善业务实施规范，强化教育培训职能，树立导向明确、健康积极的激励机制，努力提高司法人员的素质水平，建立健全选贤任能的选人用才机制和环境，培育法官检察官、司法辅助人员和司法行政人员的主人翁意识，充分调动法官检察官、司法辅助人员和司法行政人员的主动性、积极性，鼓励创新意识，充分发挥法官检察官、司法辅助人员和司法行政人员的聪明才智。二是物尽其用。通过优化包括各种设备、工具、材料及能源在内的各类物质资源的配置，充分发挥其功能作用，尽可能降低成本消耗，提高利用率。三是厉行节约。通过不断强化成本效益理念，严格执行会计核算制度，收紧开支、精打细算，提高资金运用的性价比，充分利用有限的资金，为司法机关开展各项职能活动提供有力的财务支持。四是节点管理。引入ISO9001国际质量体系认证的管理理念，按照过程控制、节点考核、持续改进的要求，优化内设机构设置，构建科学合理的工作流程、质量指标体系和考核办法及评分标准，破解传统的科层制管理方式方法带来的资源分散、监督制约不力、质量难以提升、效率不高等难题，形成科学完备的司法行政管理体系，促进司法行政管理能力现代化。五是建立司法行政管理"信息资源池"，促进司法信息资源有序流动。运用大数据、云计算等现代信息技术搭建共建共治共享司法信息运行平台，按照类型化的要求将司法案件信息、人财物基本信息、司法行政事务信息、司法文书、诉讼档案、公文档案及其资产设备技术档案信息有效整合，开发统一的司法信息数据库，构建上下一体、内部协调、外部支持、整体统筹，与政府公共信息及社会信息平台无缝对接的司法行政管理"信息资源池"，从而提高司法行政事务决策、执行、监督的科学化、系统化、智能化、专业化水平。

2. 司法管理的保障功能

司法机关作为一个完整的系统，需要通过一系列的司法管理来保障其履行司法职能目标的实现，主要包括以下四个方面：一是司法人事管理。司法人事管理是指以司法机关的人和事的相互关系为管理对象，通过采取组织、协调、控制、监督等方式，实现人与人之间、人与事之间的相互适应，为最大限度发挥人的潜能，提升机关职能工作而进行的管理活动。司法人事管理主要围绕"人"的因素展开，不仅包括司法人员的选拔、录用、调任、晋升、考核、奖惩、罢免以及相关业务的教育培训，还包括司法人员的工资、福利、奖金、津贴的标准制定、核定及其实施管理。二是司法财务管理。司法财务管理是指从司法机关的实际情况出发，根据国家有关法律法规，对司法机关的各类经费如人员经费、公用经费、办案经费、技术装备费、设施设备购置费、基础设施建设费等进行预（决）算编制、指标分配、专门账户、支出核算及其监督审计的过程。三是司法装备物资管理。司法装备物资管理是指对司法机关开展司法办案活动所需各种物资，如办公文具、办案设备、公务车辆等的采购、运输、保管、发放的合理使用和综合利用等一系列计划、组织、控制等管理工作的总称。四是司法信息管理。司法信息管理是指对司法机关办案过程中人、信息、技术和机构等相关因素的信息活动，进行有组织的计划、组织、控制和协调，以实现信息资源的合理开发与有效利用的过程。这种管理既包括信息的收集、储存、检索、运用、服务等微观层面信息内容的管理，还包括对司法机关信息发布、为办案人员办理案件提供辅助支持平台、为律师和社会公众提供适当的法院检察院信息获取途径等宏观层面对信息机构和信息系统的管理。

3. 司法管理的辅助功能

司法机关的核心任务是司法办案。围绕司法办案第一要务，还需要通过司法管理，提供辅助性职能予以保障。这些辅助性职能包括：安全保障、后勤服务、设施维护、印刷文秘、档案管理、车辆交通、信息通信，等等。例如，关于人民法院的审判管理，最高人民法院《人民法院五年改革纲要（1999~2003）》（又称"一五改革纲要"）中提出，审判管理是人民法院中享有审判管理职责的机构和人员，按照司法规律或原则的要求，以实现审判活动公正、高效、廉洁为目的，以审判活动及与审判活动相关事务为对象，对审判权及审判权运行方式进行监督和制约而实施的一系列活动的总称。现阶段，审判管理主要包括两个方面内容：一是审判事务管理，主要是对开庭审理、合议案件、文书制作等直接行使审判权事务的管理。二是审判辅助性事务管理，主要是对除直接行使审判权事务外，其他协助审判权行使的辅助性事务的管理。一般而言，审判辅助性事务，主要包括立案登记、分案承办、庭审排期、诉讼文书送达、财产行为和证据保全、办理委托鉴定评估和审计、调查取证、诉前调解、笔录制作、文书印发、文书上网、上诉移送、案卷归档等一系列与案件实体审判相关、以服务审判工作为宗旨的各类审判辅助性工作。与此同时，根据最高人民法院《关于深入做好司法改革政策解读工作的通知》，准备与案件审理相关的参考资料、起草法律文书等工作也纳入了审判辅助性事务范围。此外，与审判相关的调研、宣传等与审判事务紧密相关的事务性工作，也属于审判辅助性事务。

二、司法管理的载体

司法管理的上述功能需要通过一个个具体的业务部门予以实现。以法院检察院为例，主要通过以下五个部门实现上述功能：

1. 综合办公部门

主要包括以下三类：一是辅助协调类。其职责在于协助法院院长、检察院检察长，审判委员会、检察委员会、法官检察官委员会、法官检察官考评委员会、法官检察官职业道德委员会，大法官大检察官、高级法官高级检察官及其他负责司法行政事务的院领导处理本院司法行政事务，做好对上述负责人的行政管理事项；办理院党组会议、院长检察长办公会议、审判委员会、检察委员会、法官检察官委员会、法官检察官考评委员会、法官检察官职业道德委员会决议，以及大法官大检察官、高级法官高级检察官及其他负责司法行政事务的院领导决定事项，上级机关批示交办的事项，适时检查督促落实情况；承担本院重要会议和重大活动的组织、协调、保障任务，根据工作需要组织开展重点工作项目调研；协调本院各职能机构安排值班工作，做好各项后勤保障工作。二是公文机要类。负责机关文书、档案的管理工作，重点做好文书档案、诉讼档案、财务档案、资产档案的收集、管理、利用工作，确保档案管理规范有序，归档及时、安全保密、措施妥当；负责处理党政文件、电报的收发、传阅、交换工作，承担重要文稿、报告的起草任务，定期编辑工作简报、情况反映等材料，及时有效开展对下指导；负责院图书资料的管理工作；负责本院保密工作，做好院印章管理。三是对外联系类。负责与司法工作密切相关的社会治安综合治理、目标责任制考核、精神文明创建、惩防腐败与党风廉政建设考评、法治建设工作考评等联络，协调处理相关综合情况报告事项；负责与本级党的编制、组织、政法综治部门与综合机构、有关组织人事事务、政法综治协调事项的联络工作，协调督办相关职能机构归口办理的事项；负责与人大代表、政协委员的联络工作，根据院领导指示要求和相关规定，督促本院内设职能机构及下级院分类归口办理人大代表建议、政协委员提案及其信函；负责人民陪审员、人民监督员与社会组织的相关事项办理及联系，协调督办相关内设司法职能机构办理接受监督、咨询等事项；负责组织协调开展新闻宣传和公布司法裁判文书工作。

2. 组织人事部门

组织人事部门负责管理本院内设机构、人员编制、领导职数、职级职务序列，根据工作需要和本院与系统内人员配备情况，开展本级院与系统内统一招录、逐级遴选、按照管理权限有序调配、下派挂职锻炼、考核、任免（交流任职、职务序列与职级晋升）、退休等日常性工作，执行国家关于法院检察院的法官检察、司法辅助人员、司法警察、司法行政人员类型化的工资标准、福利待遇及绩效奖励政策，落实司法人员职业保障；负责本院依职权管理的法院院长、检察院检察长、法官检察官及其他司法辅助人员、司法行政人员的档案管理工作，加强人事管理的数据库建设，不断提高信息化应用水平，为院党组干部调配提供决策支持；负责本院及管辖内司法队伍建设，开展思想政治和宣传教育工作，组织拟制本院及管辖内各类司法人员的培训规划、计划并跟踪抓落实；负责管理本院及管辖内司法警察执勤工作，落实司法警察训练大纲要求，及时组织警务考核并根据考核情况开展警衔评授工作。

3. 司法行政部门

司法行政部门负责本院财务、装备、赃款赃物、诉讼费、国有资产、"两房（办案用房、业务用房）""两庭（法庭、审判庭）"建设、司法科学技术等方面的相关管理工作，并组织、指导辖区内法院检察院按照相关要求落实上述工作；

负责本院及辖区内法院检察院有线保密专网、计算机网络、办公（办案）信息现代化、司法鉴定等司法科学技术的调研，结合各院落实情况和发展需要，拟制相应的信息化发展规划和技术标准，组织、指导、监督下级法院检察院按照相关规划、计划要求落实上述工作；负责制订本院及辖区内法院检察院的基础建设发展规划和实施计划，承担相关项目的申请和组织、协调，核准建设规模、标准、预（决）算、资金调拨、债务化解，确保各项建设任务顺利实施。此外，司法行政部门还要指导、监督本院及所辖下级院的司法辅助、后勤服务等相关工作。

4. 纪检监察部门

纪检监察部门负责本院及辖区内法院检察院的纪检监察工作，监督、检查各法院检察院及其工作人员执行国家法律、法规、政策和纪律的情况；负责对本院及辖区内法院检察院司法人员违法审判、违反检察工作纪律行为的查究工作，受理对法院检察院及其工作人员违法、违纪行为的检举、控告，根据相关线索展开调查，对确有违法、违纪行为的责任人员，依职权做出相应的党政纪处分；负责受理本院及辖区内司法人员不服党政纪处分的申诉，根据调查了解的情况做出相应处理。

5. 党的组织部门

司法机关党的组织部门包括，依据《中国共产党党章》（以下简称《党章》）设立的党组和机关党的工作委员会（简称"机关党委"）。依据《党章》规定，司法机关的党组是党的中央与地方党的组织在中央和地方司法机关所设立的专门机构，其主要任务是负责贯彻执行党的路线、方针、政策；加强对本单位党的建设的领导，履行全面从严治党责任；讨论和决定本单位的重大问题；做好干部管理工作；讨论和决定基层党组织设置调整和发展党员、处分党员等重要事项；团结党外干部和群众，完成党和国家交给的司法任务；领导机关和直属单位党组织的工作。司法机关党组的成员，由批准成立党组的党组织决定。党组设书记，必要时还可以设副书记；党组必须服从批准它成立的党组织领导[①]。机关党委在党组领导下负责提出并实施机关党的建设规划，领导所属党组织搞好党的思想建设、组织建设和作风建设，做好对党员的管理、教育和培训工作；负责审批基层党组织的设置，党总支、支部书记、副书记和支部委员的任免，以及所属临时党委、党总支、支部发展党员和预备党员的转正；负责领导本院机关工会、共青团、妇联等群众组织，负责本院机关及直属单位的统战工作，组织本院干警开展思想、组织、作风建设；监督所属党组织和党员的党风、党纪建设，受理党员、

[①] 参见中国共产党第十九次全国代表大会部分修改，2017年10月24日通过的《中国共产党章程》，第四十八、四十九条。

干部和群众的来信来访，查处违反党纪事项，审批对违反党纪的处分决定并监督执行；执行上级党组织赋予的其他任务。

2013年11月12日，党的十八届三中全会提出，"推动省以下地方法院、检察院人财物统一管理，探索建立与行政区划适当分离的司法管理制度，保证国家法律统一正确实施"①。上海、广东、吉林、湖北、海南、贵州、青海等七省市率先开展试点，其后第二批、第三批试点复制推广至全国，其改革内容是：完善司法人员分类管理制度，建立以法官、检察官为核心的人员分类管理体系；完善司法责任制，建立权责统一、权责明晰、管理有序、权力制约的司法权力运行机制；健全符合法官、检察官及司法辅助人员职业特点的保障体系，促进司法人员的正规化、专业化、职业化发展；初步建立了省以下法院、检察院人财物省级统一管理体制，优化司法资源配置，去除司法地方化，防止司法行政化，提高司法效率。因此，随着司法体制改革的深入推进，法院检察院在人财物方面的司法管理职能不断强化，特别是省级法院检察院对辖区内基层法院检察院的编制管理、干部管理、经费保障等方面的职责任务发生了很大的变化。

第三节　现代司法管理体制的理论基础

一、"权力控制均衡"论

"所谓权力，就是把一个人的意志强加在其他人行为之上的能力"②。这一说法形象地展现了权力最显著的特征——强制性。当你需要对方听从你的建议，但对方并不认可你；当你想战胜对手，但对方很强大你并没有胜算时；当你的上司很难缠，但你没有另谋高就的能力时……这就是我们使用权力的原因：当你的影响力不足以影响你的"目标人物"时，就希望通过权力来增加自己的影响力。权力能给人带来巨大的利益和满足感，往往使人们趋之若鹜，因此常常有被滥用的风险。"一切有权力的人都容易滥用权力，这是万古不变的一条经验。有权力的人们使用权力一直遇到有界限的地方才会休止。"③为了控制权力被滥用的风险，

---

① 樊崇义：《刑事诉讼法哲理思维》，中国人民公安大学出版社2010年版，第76页。
② 杨继绳：《中国当代社会阶层分析》，甘肃人民出版社2006年版。
③ 孟德斯鸠：《论法的精神》，译林出版社2016年版。

分权制衡成为现代国家政治体制的一个基本理念。

制约权力的方式有很多，例如，以道德制约权力、以权力制约权力、以法律制约权力或以权利制约权力。分权制衡原则是关于国家政权机构建制的基本准则，最早由英国的洛克提出，他认为国家权力由立法权、执行权和对外权组成，而立法权位于权力等级的顶端，为达到权力之间相互制约的目的，他认为立法权和行政权不能由同一个主体行使，司法权从属于执行权。孟德斯鸠（Montesquieu）在此基础上阐释了对后世影响巨大的"三权分立"理论，并进一步明确提出了权力制衡理念。孟德斯鸠认为国家的权力分为立法权、司法权和行政权，三项权利分别由不同的机构行使，"当立法权和行政权集中在同一个人或者同一个机关之手，自由便不复存在了。如果司法权不同立法权和行政权分立，自由也不存在了。如果司法权同立法权合而为一，则将对公民的生命和自由施行专断的权力，因为法官就是立法者。如果司法权同行政权合而为一，法官将拥有压迫者的力量。"[①] 因此，立法权由选举产生的立法机构来行使，行政权作为执行国家意志的权力，由国王掌握，而司法权由独立于立法机关和行政机关之外的机关和个人行使，不受立法权和行政权的干预，通过三权之间有效的制衡来保障国家权力的规范运行。美国的三权分立体制就是分权制衡理论的践行，此后大多数西方国家都效仿该制度建立权力机构，虽然各国的政治体制各有不同，但分权制衡的理念深入人心。

法律是制约权力的一大利器。"法律制度最重要的意义之一，就是它可以被视为是一种限制和约束人们的权力欲的一个工具。"[②] 权力和法律相互依存，法律离开了国家强制力的保障就是一纸空文，而权力来源于法律，任何一个民主国家，没有经过法律授权的权力，都是不正当的权力，无法得到人民的支持，任何违背法律规定的权力运行，终将受到法律的制裁。

以权利制约权力是最顺应个体内心需求的。国家权力是一种危险的东西，所以一个政府的法定权力越小，暴政的危险也越小。在任何情况下，都必须把限制政府的权力视为宪法的实质。因此，分权就成为自由的秘诀。显而易见，权力和权利始终成反比例关系，当权力过分膨胀，必然会侵占个人自由的空间。作为一个理性的人，为了维护自己的利益，当自身的权利受到侵犯时，最有动力抵抗权力的侵蚀。因此，应当赋予个体完善的权利，为其行使权利对抗权力滥用提供有利条件，当个体权利受到不正当侵犯时应提供相应的救济措施。

司法权被界定为国家司法机关代表国家行使审判和法律监督的职权。因此审

---

① 孟德斯鸠：《论法的精神》，译林出版社2016年版。
② ［美］E. 博登海默著，邓正来译：《法理学法律哲学与法律方法》，中国政法大学出版社2004年版，第35页。

判权和检察权的行使是法院、检察院的核心职能,但是司法机关要维持自身的运转就必须从外部获得必要的资金、物质资源和人力资源,并且实现上述资源的优化配置,这些虽然不是司法机关的核心职能,但却是审判权和检察权正常运行的必要保障。因此在司法机关内部存在司法权和司法行政管理权双重组织属性,其中司法权是司法机关的本质属性,司法行政管理权是附属属性,是司法机关实现司法职能的必然要求。应该说这两套制度的设置都具有其自身的合理性,但是中国法院存在着行政管理职能和审判职能相混淆的问题,并导致审判职能"行政化",依附于行政管理职能。既然权力天生就具有扩张的本性,那么就应该明确界定、控制权力行使的边界。因此,此轮司法改革我们的重心在于实现司法机关内部司法权和司法行政管理权的职能分工,尊重司法规律,明确司法权的本质属性,切实落实司法行政管理权对司法权的服务、保障功能。

二、"两权适度分离"论

司法行政管理涉及政治学、法学、管理学等多个学科,复杂性可见一斑。"司法行政管理权的外延有广义说和狭义说,广义说认为凡是围绕司法权行使而展开的各项非诉讼性制度安排和相关活动,均属于司法行政管理权的范畴,不仅包括审判机关、检察机关内务管理,还包括司法权的宏观配置、司法组织结构、司法选择、法律职业的组织与培训,以及与司法运行质量密切相关的其他要素管理等造成司法制度好坏的一切因素。""狭义说则认为司法行政管理主要是指司法机关内部的行政管理。"[①] 尽管在司法管理权的含义上学者们无法达成完全一致的观点,但都普遍承认司法权的支配地位,司法行政管理权的辅助、保障功能。

从我国司法机关组织体制的历史沿革来看,长期以来法院、检察院都是按照行政机关的模式来构建的,对司法人员的管理与其他普通公务员并无不同,司法机关人、财、物的保障依赖于地方政府,从而使司法权带有浓厚的地方色彩,司法机关内部的机构设置和职权行使也深深地打上了行政化的烙印。有学者曾指出:"法院按照行政权的行使方式行使审判权,导致司法被行政'格式化'的现象。"[②]

司法权与司法行政管理权混同的弊端主要表现在以下几个方面:第一,对司法独立的影响。在传统的司法权力架构中,承办案件的法官、检察官往往并不是

[①] 徐汉明:《论司法权和司法行政事务管理权的分离》,载于《中国法学》2015年第4期。
[②] 冯之东:《司法改革背景下的专业法官会议制度》,中国社会科学网,2017年1月31日。

做出决定的人，庭长、院长甚至审（检）委会的层层审批或集体研究，都有可能对办案人员的独立判断产生影响。另外，无处不在的绩效考核、人事管理、司法资源供给等使司法行政管理权服务、辅助司法权的功能异化，甚至在相当大程度上颠倒了两者的主次位置。第二，对司法资源的占用。越来越多的行政事务占用了早已捉襟见肘的司法资源。改革前不少司法机关存在这样的现象，一些不愿在一线办案的法官、检察官被调离业务部门，在办公室、政治处、行政科等综合部门另设岗位，这些综合管理部门不断"臃肿"，而一线办案资源更加紧张。业务庭的庭长、副庭长本来应该是办案主力，却不得不将相当一部分精力放在庭室管理、政治会议、部门建设等行政事务中，导致人力资源分配不合理，加剧了人案矛盾。第三，对司法角色的错位。过去由于司法机关依赖于地方的财政供给，因此承担了很多不属于司法机关履行的任务，例如，招商引资、拆迁、联合执法等，导致司法机关的司法属性被行政事务所淡化。2017年2月7日最高人民法院发布《人民法院落实〈保护司法人员依法履行法定职责的规定〉的实施办法》（以下简称《实施办法》），明确规定不得要求法官从事超出法定职责范围的事务，包括招商引资、行政执法、治安巡逻、交通疏导、卫生整治、行风评议等。即便如此，就笔者了解到的情况是，在上述规定出台后，仍然有基层司法机关工作人员被基层政府长期借调参与拆迁、选举、纪检等与司法工作无关的事务。因此在保护司法人员依法履行法定职责的过程中，还需要更多可操作性强的保障性措施，确保《实施办法》落到实处。[①]

目前世界各国的司法机关行政管理模式主要有三种：一是以法国、德国为代表的绝对分立模式。例如，在法国，法院只负责审判，由司法部负责管理司法机关的行政事务。二是以美国、英国为代表的相对分立模式。在美国的联邦法院系统中，由司法会议、司法委员会、联邦法院行政管理局、联邦司法中心以及最高法院首席法官行政助理等机构和人员负责司法行政工作。美国各州的司法制度存在较大差异，但近年来各州的司法行政工作越来越接近于联邦模式。三是以日本为代表的内部分立模式，即在司法机关内部设立"法官会议"来行使司法行政事宜。以上模式各有优劣，但共性是明确司法权和司法行政管理权应分别由不同的机构和人员行使，建立以服务、保障司法权为中心的司法行政组织体系，提高司法行政管理效率。我国的政治、社会、经济发展与国外并不完全相同，因此不能照搬国外的做法，但是可以肯定的是，两权分离是法治发达国家的司法潮流，符合现代司法规律，也是我国实现精细化司法的必由之路。

---

① 徐汉明：《论司法权和司法行政事务管理权的分离》，载于《中国法学》2015年第4期。

三、"优化资源配置"论

资源是经济学里的概念,指一切生产过程中所投入的生产要素。随着社会经济的发展,资源的含义已远远超出了传统的土地、石油、食物等自然资源的范畴,现代社会竞争中争夺的资源更集中在诸如人类智力、技术、信息等社会资源中。诚然,在条件允许的情况下,人们可以随心所欲地购买或获取自己需要的东西,但是在资源稀缺的时候就需要选择、取舍。例如,随着社会的发展,人们逐渐意识到水资源的稀缺性,于是重视利用经济、行政手段来调节水资源的分配,提倡节约用水,以此来满足全社会的可持续发展。资源的有限性与人类需求的无限性矛盾必然导致对资源的争夺,正如美国学者罗伯特·E. 霍尔和马可·利伯曼所言,经济学是研究稀缺条件下如何进行选择的科学。

经济学最关注的就是"分配"问题,它考虑的是如何实现资源优化配置,从而使效率最大化。司法机关要生存、发展也必须获取所需的资源,并进行有效的配置。因此,从某种程度上来说,如何实现科学的司法行政管理,最终可以从经济学的规律中找到答案。从经济学角度分析,不仅可以开阔法律研究视角,从深层次看,经济工具更是检验司法研究的工具,是判断制度可行性的重要标尺。

资源的"有限"是与需求相对应的,因为若不存在需求或需求很少,资源就可以算丰富了。任何一套法律制度的运行都涉及多种资源的投入,包括人力、物力、财力以及时间资源等。当前我国正处于深化改革的关键时期,随着社会的发展,广大人民群众的权利意识不断高涨,社会纠纷化解渠道又相对狭窄,因此司法机关处理的案件逐年激增,不仅如此,案件比以前更加复杂。早在2014年,有学者就认为中国已经进入"诉讼社会"。"如果一个社会每年约有10%的人口涉诉,则该社会即可被认定为'诉讼社会'"①。根据2009年中国的诉讼状况估算,"姑且以每一起案件平均涉及6名当事人及直接利益关联人计算,在1年之内就有将近7千万人(次)涉诉,约占全国人口总数的5.24%"②,而如果将"诉讼、准诉讼、类诉讼所涉人数加在一起,则涉诉人口达到1亿2千万,占全国人口的9.2%;如果再把人民群众诉诸民间组织、行业协会等调处的矛盾纠纷加进来,则涉诉人口比例将更高。以总人口和涉诉人口比例不变来计算,10年之内就有十多亿人(次)与诉讼或曾经与诉讼沾边——被别人起诉(应诉),或

---

① 张文显:《现代性与后现代性之间的中国司法——诉讼社会的中国法院》,载于《中国检察官》2014年第1期。

② 尤陈俊:《"案多人少"的应对之道:清代、民国与当代的比较研究》,载于《法商研究》2013年第3期。

起诉别人（告诉），主动或被动地充当证人，或者因为与案件当事人有直接利益关联而涉诉"。①"诉讼社会"的到来使司法机关"案多人少"的矛盾愈发加剧。"近些年来，'案多人少'已经成为人民法院工作面临的最突出的困难和问题。这一问题，不仅在法院系统尽人皆知，而且在社会上也引起广泛关注，在两会上一再引起热议，中央有关部门更是高度重视，采取增编、加强基层保障等方式予以缓解……'案多人少'已经放大成为反映法院工作困难、压力、难度和挑战的代名词……是新时期人民法院工作面临的一个重大而又迫切需要解决的'瓶颈'问题……是经济社会发展的必然结果，是我国一定程度上进入'诉讼爆炸'、'诉讼社会'的集中表现"。②

要缓解资源的有限性与需求的无限性的矛盾，避免对司法资源争夺产生的不利后果，就需要司法行政管理对资源配置进行合理的干涉，实现资源的优化配置。在经济学上，缓解资源供需矛盾主要有三个途径："开源""节流"以及"优化资源配置"，相比前两种方式而言，第三种方式所受的条件限制最少，也成为改革中最常用的手段。

长期以来我国司法资源的配置存在一定的缺陷。首先，行政级别决定人员待遇。司法机关工作人员的收入与行政级别挂钩，从事一线审判、检察业务岗位的法官、检察官不仅上升空间小，而且工作压力大，因此司法人员更愿意"当官"而不是"当法官""当检察官"，司法行政岗位成为力压审判、检察业务岗位的"香饽饽"。其次，领导意志决定岗位安排。新录用人员通过考试进入司法机关后，其所从事的实际岗位主要由领导决定，程序比较简单。在具体的工作中，只要是工作有需要，领导可以对司法人员随意进行岗位调整，法官、检察官可以轻易被轮岗至司法行政岗位。最后，岗位性质决定管理方式。过去无论是对法官还是书记员、行政人员，都是按照公务员的管理方式进行管理，然而这样的行政化管理方式，不符合司法规律，影响高素质司法队伍的培育。法官、检察官队伍虽无限膨胀，但真正在一线办案的却相当有限，而司法辅助人员长期不足，司法机关内部人员结构不合理。

斯科特曾指出："没有组织是自己的，都要与环境进行交换。所有的组织都是不完整的，都依赖与其他系统的交换。所有的组织都受环境的影响，这是组织生存的条件。所有的组织都必须保证从环境中获得资源供应，包括参与者的供应。"③

---

① 《吉林省高级人民法院院长张文显：我国已提前进入"诉讼社会"》，中国青年报，http://zqb.cyol.com/content/2010-11/12/content_3442641.htm，2022年4月30日。
② 《案多人少的"瓶颈"能否打破》，人民法院报，http://rmfyb.chinacourt.org/paper/html/2011-03/09/content_23991.htm?div=-1，2022年4月30日。
③ W. 理查德·斯科特：《组织理论：理性、自然与开放系统的视角》，中国人民大学出版社2011年版。

现阶段寄希望于大规模地增加司法人员或司法财政供给并不太现实，既然资源总是稀缺的，那么改革就应当聚焦于如何实现司法资源的优化配置，司法资源由谁配置、配置给谁、配置目标以及配置方案将影响甚至决定司法改革的基本格局。

四、"边际成本收益"论

成本—收益理论是一个经济学的基础分析工具，"边际成本是指当实际产量未达到一定限度时，边际成本随产量的提高而减少；当产量超过一定限度时，总固定成本就会递增，边际成本随产量的扩大而递增。""边际收益是指每增加一单位的投入所增加的收益。根据边际收益递减规律，假定技术水平不变，当投入的生产要素增加到一定程度后，再增加生产要素的投入产量是递减的。"[①]因此作为理性的生产者为了实现利润最大化的目标，就会努力使边际收益等于边际成本。

"包括法律在内的所有的制度和规则在运行中都会产生收益和成本的问题"[②]，司法行政管理权在行使的过程中也会产生成本，例如，培养、造就和管理一支高素质的司法队伍就要投入财政成本、人力成本，否则难以满足司法需求或导致人才流失。过去我国拥有一个庞大的法官、检察官队伍，但在这支队伍里真正从事"司法"工作的人数比例并不高，大量的司法人员从事行政管理和后勤保障工作，这一现象不利于让有限的司法资源发挥最大的效益。再如司法大数据建设需要大量的资金、技术、智力保障，因此为了加快法院、检察院的现代化发展，必须积极推动司法信息化建设转型升级，加大对信息化建设的投入，开发大数据蕴藏的巨大潜能。

司法收益是司法成本投入后的产出，它应该是司法效益和社会效益的总和。也就是说，当我们投入司法资源进行司法活动时，不仅仅是为了解决个案纠纷，还需要扩大正义的影响，树立司法权威。此轮司法改革旨在将司法权和司法行政管理权分离，规范两权运行，期待产生以下几个方面的收益：第一，明确司法行政管理权的职能定位，使司法行政管理权更好地服务司法权，提高司法案件的质量和效率。第二，确立法官、检察官的核心地位，满足法官、检察官的精神需求和物资保障，增强其成就感、荣誉感、认同感，从而自觉、努力地投身司法审判

[①] 保罗·萨缪尔森、威廉·诺德豪斯：《微观经济学》，人民邮电出版社2012年版。
[②] 冯涛：《对法律的经济分析及其在我国立法中的作用初探》，载于《甘肃社会科学》1998年第1期。

事业。第三，增强司法公信力，树立良好的司法形象。近年来法院大力推进司法公开的广度和深度，不断提高技术水平，使庭审的过程和裁判结果最大限度地向全社会公开，自觉接受社会的监督，极大地维护了司法权威。

五、"新型管理工具"论

亚里士多德曾说过，"凡显然具有最高能力足以完成其作用的城邦才可算是最伟大的城邦。"① 显然，提高组织的管理能力是组织获取竞争优势、培养核心竞争力的关键，因此加强管理对组织的发展具有重要的作用。此轮司法改革对现有的司法管理模式提出了更高的要求，要实现改革的目标，在司法管理的价值理念、权力结构、管理主体、管理机制等方面都要有扎实的理论支撑。综合利用新型管理工具理论，对先进管理思想进行深入剖析，寻找与中国现代司法管理模式的契合点，是提高司法管理水平的有效路径。

（一）绩效管理

在现代社会中，面对日益激烈的竞争和复杂的管理实践，为了提高组织的核心竞争力，越来越多的管理者意识到，人力资源对组织发展的重要性，于是通过绩效管理不断挖掘组织的无形资产。20世纪70年代后期出现了现代"绩效管理"概念，并迅速发展，应用于多个领域。现代绩效管理理论认为绩效管理包括绩效计划、实施、考核、反馈与沟通、结果应用五个步骤的循环过程。"绩效管理的根本目的是传导、实施企业（组织）战略，绩效管理系统应该与组织的战略和目标相联系，有助于组织总体战略和目标的实现。"②

绩效管理很早就应用于司法管理中，法院、检察院内部都各自有一系列完整的案件质量评估指标，以此来检验司法工作的质量，便于管理者指导实践。最高人民检察院早在1995年就出台了《检察官考核暂行规定》，与之后陆续公布的一系列健全检察机关办案考评机制的指导意见一起基本形成了全国检察机关绩效考评框架。而最高人民法院也于2005年10月在《人民法院第二个五年改革纲要》中提出了要建立科学、统一的审判质量与效率评估体系，之后又出台了多个有关案件质量的指导意见。

借用福柯（Foucault）的理论，绩效考核是一种对人的"规训"手段，"能够通过其各基本构成因素的协调组合而达到最大效果"的机制，是一种关于被管

---

① 亚里士多德：《政治学》，北京大学出版社2012年版。
② 张双：《绩效管理理论溯源》，载于《商场现代化》2007年第1期。

理者的"政治技术学"①。绩效考核管理之所以能够在司法机关内部获得推行，是因为它被官方视为一套有效提升司法工作质量、确保司法公正廉洁的管理工具。它不仅被视为一个有效的激励机制，还被认为是一个严厉的约束机制、良好的选拔机制。然而也有学者指出，将一套奉行"规训逻辑"适用于行政机关的绩效考核拿到奉行"自由逻辑"的司法体制内是不合适的。无处不在的考核指标将会影响法官的自由裁量权的行使，使司法机关成为围绕权力运转的行政组织。2014 年 12 月最高人民法院决定取消对各高级人民法院的考核排名，清理了不符合司法规律的考核指标。最高人民法院的这一举动不表明法院不需要绩效考核，只是在不断完善考核指标，以建立更加科学、合理的考评体系，因为在取消部分考核指标的同时，最高人民法院对法定审限内结案率等约束性指标提出了更严格的要求。

绩效考核和绩效管理是两个不同的概念，绩效考核是对员工履职过程及结果进行科学考察和评价的制度，从微观上看，绩效考核可以作为衡量员工素质、贡献等的重要依据，从宏观上看，绩效考核有利于改善、提高组织的运行。而绩效管理是指为了达到组织目标，通过持续开放的沟通过程，形成组织所期望的利益和产出，并推动团队和个人实施有利于目标达成的行为。② 现阶段，对司法机关绩效管理的基本定位是应与司法体制改革的要求相适应，并强化考评对司法权运行的科学指引。

司法管理应制定明确的战略目标。绩效管理是为司法机关的战略目标服务的，作为实现司法机关战略目标的重要辅助手段，科学的绩效管理可以帮助管理者有效分解目标，使每个目标都切实落实到具体的责任人员身上。为此，司法改革的顶层设计者必须首先对改革目标达成一致，这是绩效管理的前提和基础。自 2013 年启动新一轮的司法体制改革以来，各试点法院先试先行，为全面推进司法改革积累了丰富的经验。2017 年 2 月 16 日，最高人民法院召开了全国高级法院政治部主任会议，会上最高人民法院政治部主任徐家新表示，目前司法改革的顶层设计基本完成，新的司法体制"四梁八柱"初步确立。接下来就要克服困难、坚定信心，强化责任担当，推进司法改革政策措施在各级法院全面落地。

绩效管理应遵循客观的司法规律。一方面司法机关的绩效管理应体现司法机关的工作性质和审判职能，使绩效评价紧紧围绕司法职业属性展开，建立能正确指引司法权运行的考评机制；另一方面司法机关绩效管理应旨在促进司法

---

① ［法］米歇尔·福柯著，刘北成、杨远婴译：《规训与惩罚》，生活·读书·新知三联书店 2003 年版。

② 赫尔曼·阿吉斯：《绩效管理》，中国人民大学出版社 2008 年版。

人员工作能力、工作积极性的提高。例如，将绩效评价与薪酬待遇挂钩，又如将利益相关者纳入评价主体，即被评价者对谁负责、为谁服务，谁就应该成为评价主体。

司法管理应坚持长期的系统管理。在绩效管理中，从管理目标的制定，到管理规则的形成，直至考核实施，最终反馈改进，这是一个长期的、不停地循环。考核结果并不是目的，正确使用绩效管理这一工具的方式是对绩效结果进行合理利用，总结成绩，改进不足，奖惩分明，在符合司法规律的同时汲取管理学的制度精华，从而实现绩效管理的最终目标。

（二）ISO 管理

ISO 是国际标准化的简称，其宗旨"是在全世界促进标准化及有关活动的发展，以便于国际物资交流和服务，并扩大知识、科学、技术和经济领域中的合作"。[①] ISO 制定出来的国际标准经过多年的发展，形成了多套系列标准，并广泛用于公共管理。早在 2004 年初，山东省东营市中级人民法院就将国际通行的 ISO9001 质量管理体系认证应用于法院管理中，成为全国第一家通过 ISO 国际质量体系认证的法院。

ISO 质量管理体系的核心内容包括：顾客第一的主导思想、统一决策的领导方式、全员参与的共同管理、持续改进的过程方法、系统管理的精确度量。虽然法院、检察院与其他组织在质量管理的具体内容上存在差异，但在管理的总体目标上具有一致性，即提供令人满意的产品或服务。

从微观上看，司法机关需要为当事人提供令其信服的裁决或服务，从宏观上看，司法机关应通过公正、高效履职，树立司法权威，让广大人民群众在每个司法案件中都感受到公平正义。因此司法机关在从事司法活动中，要努力回应当事人的合理诉求，将以群众满意为中心的思想贯穿到办案活动中，将提高案件质量的思想贯穿案件管理的全过程，致力于持续不断地改进司法服务的质量，在新常态、新要求和新任务下展现更大作为。司法管理者应建立并保持实用有效的司法质量标准体系，将质量管理与司法改革的目标相联系，针对司法改革的战略目标测量其结果，协调与其他机关的沟通，互相信任、共同努力推动法治进程，让人民群众满意。

---

① 笔者注：国际标准化组织（International Organization for Standardization, ISO），是一个全球性的非政府组织。ISO 一词来源于希腊语"ISOS"，即"EQUAL"——平等之意。国际标准组织成立于 1946 年，中国是 ISO 的正式成员，代表中国参加 ISO 的国家机构是中国国家技术监督局（CSBTS）。ISO 现有 117 个成员，包括 117 个国家和地区。中国于 1978 年加入 ISO，在 2008 年 10 月的第 31 届国际标准化组织大会上，中国正式成为 ISO 的常任理事国。

（三）流程管理

流程管理理论源于企业流程再造的企业管理思想，最初由美国学者迈克尔·哈默与 CSC Index 公司董事长詹姆斯·钱皮所提出，是一种旨在利用信息技术，通过优化业务流程，实行扁平化管理，加强内部沟通，最终提升业绩的管理方法。20 世纪 90 年代以来，美国等西方国家率先将这一研究工具引入公共管理领域。

行政的本质在于执行，效率是其首要的价值选择。流程管理通过重构行政机关职能部门，以提高行政效率。一个完整的流程可分为三大部分——设计模块、运行模块、监督模块。在设计模块中，设计者应根据组织需求设计个性化的工作流程图，在流程中触发执行自定义的脚本，完成特定的业务工作，再将工作分配给具体的人。在运行模块中，每个流程中的责任人员要按照规定的流程完成分配给自己的任务，使流程能顺利进入下一个环节。在监督模块中，一旦流程未按照指定状况运行，管理者可以及时掌握异常情况，了解问题并及时解决。

流程管理是企业现代化信息管理系统中一个不可或缺的管理工具，它的核心在于整合不同职能部门和人员承担的多种程序，实现服务的系统化。它通过定义和控制数据操作规则，管理用户对数据操作过程中人与人之间或流程与流程之间的数据流向，以及在一个流程周期内跟踪所有数据的活动，对提高企业效率具有重要的意义。

司法管理虽然带有司法的色彩，但从本质上说，仍是一种行政行为。为了更好地服务司法权的运行，司法行政管理必须重视效率，依赖强有力的管理组织，建立统一协调的管理机制，因为哪怕小到一个案件材料的整理、归档，都需要投入一定的人力、物力。客观上说，这些工作的完成，需要以高效作为价值追求，一旦司法管理陷入混乱，司法权的运行就得不到及时、有效的保障。

目前，法院内部的案件流程管理已较为成熟。1999 年最高人民法院公布的《人民法院五年改革纲要》就明确规定了要"建立科学的案件审理流程管理制度"，对审理过程中的各个环节进行全程监督。对程序公正的要求在流程管理中被转换成了审判过程中各个环节的数据指标，以信息化技术为依托，对各项指标实时监控。2005 年印发的《人民法院第二个五年改革纲要》提出"改革和完善司法审判管理与司法政务管理制度，健全和完善科学的审判流程管理制度，逐步做到同一级别的法院实行统一的审判流程管理模式。在考虑案件类型、难易程度等因素的前提下建立和完善随机分案制度。"2009 年制定的《人民法院第三个五年改革纲要（2009~2013）》中规定"健全权责明确、相互配合、高效运转的审判管理工作机制。研究制定符合审判工作规律的案件质量评查标准和适用于全国同一级法院的统一的审判流程管理办法。规范审判管理部门的职能和工作程序。"2014 年《人民法院第四个五年改革纲要（2014～2018）》中规定"依托现代信息化手段，建立主审法官、合议庭行使审判权与院、庭长行使监督权的全程留痕、相互监督、相互制约机制，确保监督不缺位、监督不越位、监督必留痕、失职必担责"。2016 年最高人民法院为切实破解执行难问题，与公安部、民政部、自然资源部、交通运输部、人民银行、中国银行业监督管理委员会等 16 家单位和 3 900 多家银行业金融机构联网，建立"总对总"网络查控系统，可以查询被执行人全国范围内的不动产、存款、金融理财产品、船舶、车辆、证券、网络资金等 16 类 25 项信息，基本实现对被执行人主要财产形式和相关信息的有效覆盖，极大提升了执行效率，实现了执行查控方式的根本变革①。开通了人民法院执行案件流程管理系统，该系统融合了司法查控、失信人惩戒、信息公开、流程节点管理等诸多功能，进一步简化了执行流程管理，细化了执行时限，强化了执行监督，使最高人民法院可以直接监控全国各地、各级法院的执行情况，通过督办、排名等方式，倒逼各执行人员及时办案，极大地提高了执行效率和执行工作透明度。

六、"风险防范预警"论

"风险社会"这个概念是由德国学者乌尔里希·贝克在 1986 年首次提出，贝克认为风险是现代化的产物，"风险与人的各项决定紧密相连"②。在现代化阶段，科技进步和全球化发展带来的风险已远远超过了传统工业社会的安全防控系统，世界变得无法预测和控制。当这些风险积累到一定程度时，就会不可避免地辐射到司法工作中，无论是进入司法程序的案件数量剧增，还是司法公信力缺失以及信访等给司法机关带来的压力都是前所未有的，司法机关也步入了风险时代。

总体来看，司法风险的缘由可以从以下五个方面来分析：第一，从社会方面来看，一方面，随着市场经济的飞速发展，我国正在形成社会组织多元、社会价值多元、利益需求多元的复杂社会结构，往往司法个案中蕴涵着多重主体复杂的利益冲突；另一方面，社会公众参与社会管理、参与司法审判的热情不断高涨，在司法公开的基础上，公众很容易对某一具体的个案形成强大的"主流性"意

---

① 参见《最高人民法院关于人民法院解决"执行难"工作情况的报告——2018 年 10 月 24 日在第十三届全国人民代表大会常务委员会第六次会议上》。

② 乌尔里希·贝克：《风险社会》，译林出版社 2004 年版，第 179 页。

见,如果法院引导稍有不慎,容易激发公众情绪的对立。第二,从政府层面来看,转型期诸如企业改制、城市拆迁等很多因政府职能弱化甚至不作为的原因,使本来应由行政机关、社会组织化解的纠纷大量涌入司法机关,司法机关承载着其自身无法承载之重,一旦司法机关的行为无法满足社会群体的心理预期,很可能产生冲突。第三,从司法机关的层面看,个别审判人员司法水平和能力有待提升,司法人员是法律的适用者,也是法律的宣传者,身负实现社会公平的责任。实践中仍存在个别司法人员司法行为不规范的现象,不仅影响司法裁判的公正性,也损害了当事人的合法利益。第四,从当事人的层面来看,我国广大群众的法律意识虽不断提高,但法律素养并没有明显进步,不仅如此,社会缺乏对司法的普遍信任。特别是有些对法律一知半解的当事人,当司法人员的意见与他理解的法律或与他所追求的利益不一致时,就会对司法人员产生不信任,甚至产生信访等不正常维权。第五,从法律制度的层面来看,司法制度还有待进一步完善。制定法固有的局限性就是容易出现实践中无法可依的窘境,抑或是法律之间相互矛盾,而由于不同法官对法律的不同理解,造成同案不同判的情况,也容易引发当事人的误解。

司法机关所遭遇到的这些风险一旦发生,强大的民意不仅会影响法官独立审判,损害司法公信力,严重的可能会被破坏分子利用,对社会秩序构成威胁。因此,现代司法管理必须树立风险意识,建立健全风险预警评估制度,每一个司法人员在办案过程中一旦发现风险点,应及时上报风险管理专门机构,由风险管理机构根据经验对个案的风险划分风险等级,分析评估案件可能发生的风险事件、危害后果,并积极采取有效措施消化风险点,协调各方利益,缓解社会公众与司法人员的价值观冲突,从而消减特定的司法风险。

七、"信息系统支持"论

在人类历史的长河里,信息的沟通与传递无时无刻不在扮演着重要的角色。特别是 20 世纪中期,随着计算机的普及,信息化的发展对社会进步起到了非常重要的作用。随着信息量的疯长以及信息传播速度的提升,信息应用的深度和广度都发生了日新月异的变化。为此,习近平总书记站在国家未来发展的战略高度,明确提出了"没有信息化就没有现代化"[1]的重要论述。在"互联网+"的新时代,加强司法信息化建设,促进司法工作与互联网的进一步融合,是司法改

---

[1] 习近平:《在中央网络安全和信息化领导小组第一次会议上的讲话》(2014 年 2 月 27 日),载于《人民日报》2014 年 2 月 28 日。

革的必然要求和历史选择。

（一）坚持信息化与司法业务相融合，聚焦提高案件质量

提升司法公信力、树立司法权威当然是改革的题中之义，但更为现实的解决之道还是从保证每一起司法个案的公正做起，因为法治信仰源自每一起个案的公正。这不仅是法院检察院工作的重心，也是司法信息化建设服务的核心对象。近年来，最高人民法院、最高人民检察院高度关注司法机关信息化建设，先后制定了一系列关于信息化建设的制度，还不断加强司法机关信息化发展的人力、物力基础，有效推动了各地、各级司法机关信息化建设的可持续发展。截至2018年2月底，中国裁判文书网公开裁判文书超过2 680万份，访问量突破62亿人次，覆盖210多个国家和地区，成为全球最有影响的裁判文书网。[1] 中国执行信息公开网助力建设社会征信体系，累计公布执行案件3 706万件，被执行人信息5 365万条，失信被执行人1 048万人次，不仅成为破解执行难的有力依托，也成为国家征信体系建设的重要组成部分。"法信"平台，这一国内领先、世界一流的东方法律信息服务品牌，可以为法官、律师、学者、社会公众等不同群体按需提供全面、便捷、智能的法律知识资源检索、智推服务，截至目前，法信平台注册用户达60万余人，每月查看使用次数110万余次。全国法院使用"总对总"网络查控系统共查询10.16亿次，成功冻结银行存款2 268.4多亿元；联合信用惩戒系统有效震慑了失信被执行人，截至目前，全国法院累计公布失信被执行人1 048余万名，限制1 105余万人次购买飞机票。[2] 2013年最高人民检察院印发《全国检察机关统一业务应用系统使用管理办法（试行）》的通知，全面推行统一业务应用系统，对每一个办案环节设置明确的流程指引和预警功能，对办案流程进行统一的规范化设计，将执法规范的'软约束'变成网络运行的'硬要求'。[3]

（二）坚持信息化与司法管理相融合，聚焦提高管理水平

依托信息化技术，司法管理日趋科学、规范、精细、深入及全面。从广度上来看，管理者借助大数据分析可以全面收集司法活动的各类数据，实现同步监督司法行为，便于及时发现问题、解决问题。从深度上来看，信息化管理不仅可提

---

[1] 参见《最高人民法院工作报告——2018年3月9日在第十三届全国人民代表大会第一次会议上》。
[2] 人民法院新闻传媒总社：《智慧路上"从头越"——人民法院加强信息化建设综述》，最高人民法院新闻网，2018年4月26日。
[3] 最高人民检察院：《全国检察机关统一业务应用系统使用管理办法（试行）》，2013年11月6日发布。

供较为初级的案件统计、分析以及指标查询等功能,还有利于管理者进行深层次的数据分析。信息化、大数据和云计算的广泛应用大幅提升了司法分析报告的生成效率和准确度,有助于及时发现社会矛盾纠纷的节点、经济发展的障碍、行政管理的漏洞等,成为司法管理者决策的前提和基础,有利于制定科学的决策,便于合理安排工作,实现司法管理创新。如最高人民法院建成了人民法院大数据管理和服务平台,实时收集全国法院收结案数据,每5分钟自动更新一次,每日大约汇聚7万~8万件案件数据,目前已汇集全国法院1.4亿件案件数据,成为全世界最大的审判信息资源库。① 最高人民检察院2014年建成融办案、管理、监督、统计等功能于一体、四级检察院全联通全覆盖的全国统一大数据办案平台,所有办案一个平台、一个标准、一个程序,实现网上录入、网上管理、网上监督,数据自动生成。建成四级检察院全联通全覆盖的全国网上信访信息系统、远程视频接访系统,减少了人民群众信访奔波劳累之苦。探索人工智能在司法办案中的应用,全面推进智能辅助办案系统以及侦查活动监督平台、案管机器人、智能语音办案平台、出庭一体化平台建设,推动司法办案更加高效、规范、公正。②

(三) 坚持信息化与司法公开相融合,聚焦司法便民建设

美国学者戴维斯(Davis)说过:"公开是擅断的敌人,也是打击不公平的盟友。"③ 借助于互联网公开透明、资源共享、开放互动的特性,随着司法信息化建设的不断完善,司法机关让群众更便捷地行使诉权、更直接地监督司法活动,不断提高司法公信力。横向比较信息化建设高速发展的司法机关就会发现,他们多是以便民服务为核心展开司法信息化建设的,通过信息化这一工具,使当事人获取更多的司法服务,减少其诉讼成本,极大地为当事人提供了便利。如最高人民法院已公开审判信息项目106万余个,总访问量达259万余次;中国庭审公开网直播庭审无盲区,累计直播庭审81万余次,点击率超过58亿人次,直观生动地向全社会传播着中国法庭的司法形象。④

(四) 坚持信息化与人才培养相融合,聚焦司法队伍建设

信息化的发展确实提高了工作效率,但是我们仍然应该明白,信息化只是一

---

①④ 人民法院新闻传媒总社:《智慧路上"从头越"——人民法院加强信息化建设综述》,最高人民法院新闻网,2018年4月26日。
② 参见《最高人民检察院工作报告——2018年3月9日在第十三届全国人民代表大会第一次会议上》。
③ Kenneth Culp Davis, Discretionary Justice: A Preliminary Inquiry, Baton Rouge: Louisiana State University Press, 1969: 82.

个载体,最重要的是使用这个工具的人。再智能的审判辅助体系只能自动生成格式化的司法文书,却无法客观、生动诠释裁判者的心证过程。司法辅助系统可以发现司法文书中的错别字,但无法检测出错误的裁决结果。智能系统可以提醒管理人员案件即将超期,却难以发现隐藏很深的错误。法院管理者应当接受培训,也应当知道与司法环境的特殊需要相关的一些必要知识。因此,在大力发展信息化的同时,各地、各级司法机关要注重提高司法工作人员自身的素质,让每一个司法工作人员都能熟练地掌握现代司法信息化工具,不断提高工作效率,为当事人提供便利,在"以人为本"的理念中使信息化可持续发展。如最高人民法院委托河北省高级人民法院研发的智审系统,可以辅助法官一键生成各类通知书、传票、公告、送达回证等制式文书,充分减轻了法官的事务性工作,目前已在河北、吉林、广东、浙江等地的法院广泛应用,减轻法官案头事务性工作30%以上。①

第四节 现代司法管理的法理基础

讨论司法管理的法理基础,就要"从哲理的高度,要以哲学思维的形式,来认识部门法学所涉内容的科学性、合理性、应然性"②。本书认为,可以从本体论、认识论和价值论这三个基本范畴来构造。其中,本体论是第一个层次,即对司法管理的静态认识,包括司法管理的主体、客体和对象;认识论是第二个层次,即对司法管理的动态认识,包括司法管理的运行原理与基本规律;价值论是第三个层次,包括司法管理的功能、目标、任务等内容。

一、司法管理"本体论"

本体论(ontology)是探究世界的本原或基质的哲学理论。本体论这个词虽有各种不同的定义,但对它的一般理解还是相对确定的。在马克思主义问世之前,对哲学所用的本体论一词,存在着广义和狭义两种不同的解释。③ 这里,从

---

① 人民法院新闻传媒总社:《智慧路上"从头越"——人民法院加强信息化建设综述》,最高人民法院新闻网,2018年4月26日。
② 冯契:《外国哲学大辞典》,上海辞书出版社2008年版。
③ 笔者注:在一些跨行政区划设立的检察院,由于没有同级人大常委会,其副检察长、检察委员会委员、检察员一般由上一级检察院检察长向同级人大常委会提请任命,如湖北省人民检察院汉江分院、铁路检察院、监狱检察院等。

司法管理的主体、客体和对象三个方面，分别探讨司法管理的本体论问题。

1. 司法管理的主体

司法管理的主体即司法管理活动的承担者，是指司法机关中，具备一定司法管理专门知识和能力，履行相应决策、指挥及监督等管理职能的组织、机构或个人。在法院中，司法管理的主体包括审判机关、党组会、院务会、审判委员会、法官考评委员会、法官惩戒委员会、法官协会、法官文学艺术联合会、院领导人员（院长、副院长、政治部（处）主任、执行局长、审判委员会专职委员等）、审判业务机构的负责人（庭长、副庭长）以及审判人员（主审法官、法官、法官助理、书记员、法警）；在检察院中，司法管理的主体包括检察机关、党组会、院务会、检察委员会、检察官考评委员会、检察官惩戒委员会、检察官协会、检察官文学艺术联合会、院领导人员（检察长、副检察长、政治部（处）主任、检察委员会专职委员等）、检察业务机构的负责人（主任、副主任）以及检察人员（主办检察官、检察官、检察官助理、书记员、法警）。

2. 司法管理的客体

马克思认为，客体就是主体实践的结果。司法管理的客体应当是司法活动、对司法机关内部的人财物的管理活动、司法机关的公共关系活动以及这三类活动中形成的社会关系。其中，司法管理活动中形成的社会关系包括：案件管理部门和办案部门之间的监督与被监督、保障与被保障、服务与被服务的关系；上下级司法机关之间的纵向关系层面，审判机关上下构成协调统一的监督制约与被监督制约的关系，检察机关构成上下一体、领导与被领导的关系；不同地区司法机关之间的横向协作关系；同一司法机关内部各部门之间的协调合作关系；司法管理者对司法法律关系的参与、协调关系。

3. 司法管理的对象

司法管理的对象是司法机关日常管理活动所直接作用的现象或事物，一般而言，包括案件、人、财、物、行为等。

二、司法管理"认识论"

认识论（epistemology）是研究认识的起源、范围及其客观有效性的哲学理论。理性主义和经验主义，作为哲学史上的两种思潮，同样对司法管理有着深刻的影响。因此，从认识论的角度，对司法管理进行理性主义和经验主义的划分很有必要。厘清司法管理理性主义与经验主义有助于正确认识司法管理的本质和规律，深化对司法管理认识论的研究，更有助于简化对司法管理认识过程，进而以一种高效的方式，在深刻剖析的基础上，批判地吸收各类新的司法管理理论的合理价值。我们在这里要讨论的司法管理认识论，主要反映的是对司法管理的动态认识，是司法管理活动所遵循的原理和规律。这个原理和规律，除了管理的一般基本原理（如系统原理、分工原理、弹性原理等）之外，特别强调司法管理所特有的基本原理或规律。以我国检察机关为例，检察管理活动除应遵循管理的基本原理，还要遵循其所特有的以下基本原理或规律。

1. 检察工作一体化

检察工作一体化的目标是实现上下一体、分工合理、责权明确、运行高效的检察工作体制。可以从以下三个方面予以把握：一是保证检察权行使的整体性。为保证检察机关作为一个整体对外行使检察权，必须落实组织机构和检察权行使的整体独立性。二是实现法律适用的一致性。为了实现法律适用的一致性，从根本上讲，要确保检察机关按统一的执法标准和行为准则行使检察权。三是强化检察机关的内部协同。在行使检察权时，上下级检察机关和同一检察机关的内部各部门要密切配合、协同一致。因此，开展检察管理工作，必须从检察工作一体化原则出发，通过优化检察职权配置，促进检察工作整体性、统一性的实现。

2. 司法业务管理主体和法官检察官管理主体的相对分离

我国遵循一般的司法管理规律，司法业务管理主体和法官检察官管理主体适度相对分离。在我国审判机关、检察机关，法官院长由同级人民代表大会（以下简称"人大"）选举产生；检察长则由同级人大选举，并由上级检察院检察长提请该同级人大常委会批准方能生效，而法院院长仅由同级人大选举产生，无须提请上一级人大常委会审查批准；副院长、审判委员会委员、审判员、副检察长、检察委员会委员、检察员则由该院院长、检察长提请同级人大常委会任命。① 因此，上一级人大常委会对下一级人大常委会选举产生的法院院长没有直接的监督作用，而对检察院检察长的产生则有着直接的监督作用，检察长也可以影响到副检察长、检察委员会委员、检察员的任命。

3. 诉讼业务管理和诉讼监督业务管理相对分离

诉讼业务管理强调分权，应当实现扁平化管理，通过加强一线办案检察官的责任，赋予其更多的诉讼决策权。诉讼监督业务管理强调集权，适用上下一体的管理模式，以促进和实现法律实施的统一性。因此，对检察机关履行的诉讼和诉讼监督职能这两种职能，应当分别管理，以对应诉讼职能和诉讼监督职能的适当分离原则。

4. 案件办理和案件管理的相对分离

将案件管理工作从案件办理工作中适当分离出来，予以专门化分工，符合管

---

① 习近平：《关于〈中共中央关于全面推进依法治国若干重大问题的决定〉的说明》，载于《中共中央关于全面推进依法治国若干重大问题的决定（辅导读本）》，人民出版社2014年版，第57页。

理专业化、专门化的一般管理规律。

除了上述四项基本原理和规律外，还有首长制与合议制相结合的决策原则、双重领导、党管干部原则和中央与地方分级保障经费原则，等等。

三、司法管理"价值论"

价值论（axiology）是关于价值的性质、构成、标准和评价的哲学学说，主要从主体的需要和客体能否满足及如何满足主要需要的角度，考察和评价各种物质的、精神的本质、现象及人们的行为对个人、阶级、社会的意义。管理活动是为了实现既定的目标，或朝着既定的目标发展的动态过程。司法管理是以"公正、高效、权威"为根本目标，通过整合司法有效资源，构建符合司法规律的管理机制，进而提高司法能力，实现社会正义。因此，司法管理的价值取向可以从以下三个方面掌握。

1. 司法公正

司法公正是司法管理的核心价值。司法公正是司法文明的标志，对全面依法治国，建设法治国家具有关键性的意义。"公正是法治的生命线；司法公正对社会公正具有重要引领作用，司法不公对社会公正具有致命破坏作用。"[①] 司法公正，是指在司法权运作过程中，严守实体正义和程序正义的法治原则和标准，根据客观事实和法律规范审理案件、裁断纠纷，以实现权利的救济。司法公正从广义上讲可分为司法权力运作本身的公平正义和为保障司法权公平运作而对司法活动进行管理的各种制度和活动具有公平性。司法管理的目的，是通过计划、组织、领导、控制及服务，为司法机关的有序和高效运转提供有力保障，为实现司法公平和正义提供必要条件，保障司法机关正常履行各项司法职能。是否以及在多大程度上有助于公平正义的实现既是评价司法权运行效能的最根本标准，也是评价司法管理成效的首要标准。司法管理的公正价值体现在以下方面：一方面，司法管理权力配置应充分彰显公正价值。无论是各级党委、人大、政府对司法机关的外部领导、监督、保障与服务等管理关系还是司法机关的内部司法行政管理关系，无论是司法机关内部人、财、物的管理还是思想政治与宣传工作的管理，都必须始终围绕司法公正这一轴心展开，以实现司法公正为核心价值取向。任何违反正义价值准则的管理关系定位和模式选择都必须通过改革予以否定。另一方面，司法管理行为过程应始终服从公正价值。司法管理指令地做出和实施，与一

[①] ［美］理查德·A. 波斯纳著，蒋北庚译：《法律的经济分析》，中国大百科全书出版社1997年版，第31~32页。

般的行政管理不同，必须尊重司法权运行的规律，确保司法权行使的独立性和中立性不受损害。司法管理活动应当保障和服务于司法权运行的公正价值导向，凡是妨碍、干扰甚至破坏依法独立公正行使司法权的司法管理行为都应当予以排除，以确保司法管理的公正价值效能得到最大限度地释放。

2. 司法效率

根据管理学的基本观点，效率就是指在一定时间内，组织的投入与产出之间的比率关系。司法效率，则是指在特定的社会环境下，司法资源的投入与案件质效等因素之间的比例关系。因此，司法效率作为司法管理的另一个重要的价值取向，就是要求在司法活动中，尽可能合理节约司法资源，以最少的司法资源投入，谋取司法价值目标的最大化，从而最大限度地保障社会公平和正义，保护社会成员的合法权益。一方面，在司法资源投入总量不变的前提下，通过优化管理与组合、健全组织内部的结构、理顺各种内外关系、调整司法资源配置模式和方法，对不同时间、空间和主体所占有的司法资源进行重新调配，从而切实提升司法管理效能，使司法资源的边际效益最大化。另一方面，增大司法资源投入量，以更为充足的司法管理投入获取更大的司法正义结果。必须正视司法资源在某些环节和地区投入严重不足的现实，改革传统的人财物保障体制和运行机制，摒弃地方按照"分灶吃饭、分级负担"的传统思维定势，维护中央司法事权统一性、规范性和权威性；通过编制、人员、财物保障标准和保障水平的提高，纠正分散性、失范性和泛权威性的种种偏差。按照确保中央司法事权的统一、规范、权威，推进省以下人财物保障体制改革的目标要求，加大在重点领域、薄弱环节、落后地区的人财物等司法资源配置力度，以应对案多人少、诉讼爆炸、人才流失与缺位带来的挑战。具体来说，可以分解为以下三个方面：一是主体层面，优化司法组织体系与司法人才队伍结构，通过深化省以下人财物等司法行政管理体制改革，明确优化司法组织体系与司法人才队伍结构是建设高素质法治人才队伍的核心，是深化司法体制改革、建立科学完备的司法管理体制的重要组成部分。为此，需要提高司法管理效能，打造一支具有一定规模的高水准的司法管理人才队伍。二是客体层面，加大司法管理的物质保障力度。当下推进司法管理体制改革，需以科学完备的省以下人财物保障体制和运行机制为目标选择，以员额制、分类管理、司法责任制为核心，以编制、机构、人员、经费、设施、技术、保障标准的明晰化、保障方式的规范化、保障水平的相对精准化、保障制度的科学化法定化，从而有效破解长期存在的地方挪用挤占中央司法人员专项编制，组织机构过多过滥，司法人员"超编混编缺编"三滥问题并举，经费保障水平差距大、形成同工不同酬、助长司法人才"孔雀东南飞"，技术设施设备落后等难题。三是能力层面，增加司法管理的知识保障供给。司法管理既体现为命令与服从的关系，也体现为服务与协作的关系。通过对司法专业人员供给新理念、新知识、新思维，尤其是注重以信息技术为核心的高科技技术知识的学习、运用，把大数据、云计算、信息"资源池"平台与司法办案、司法行政管理有机结合，从而提升司法队伍的政治素质、法治素养和智能化、专业化的办案水平。为此，只有通过深化改革法治队伍职业培养与教育管理体制，构建统一、高效、科学的体制机制，才能不断提升司法效率，以司法的高效率增进司法公正价值的实现。

3. 司法权威

司法权威是指司法的内在说服力和外在强制力得到尊重、认同、彰显和实现。强制力是司法权威的基础和基本表现形式，司法权威立足于司法的强制力，在对司法判断的遵守和服从中得以实现。但是，仅有外力的强制是远远不够的，真正的司法权威应当根源于社会主体的内心认同与自觉服从，以司法裁判的合理性和合法性为根本前提。只有值得服从的司法裁判才经得起历史的检验并具有恒久的权威。司法管理活动与司法权本身的运行一样，应当以司法权威为重要价值准则，致力于实现和维护司法的权威性。司法管理虽然不同于司法裁判本身，但是在维护司法权威这一重要价值上具有相同的目标定位。司法管理视野下的司法权威包括两个方面：一是内部关系层面，司法管理活动本身具有一定的权威性并通过其内在的权威传导到外部的司法裁判以强化司法权威。司法管理自身权威性表现为司法管理活动的命令服从性，任何司法管理规范和依其所做出的管理指令都必须得到遵守和执行，无论是肯定式的决定还是惩戒性的命令都释放出了司法管理的权威效应。无论是司法管理中的命令与指导，还是监督与检查，抑或强制与惩罚，都彰显了司法管理的权威性，为司法审判的权威性提供了有力保障。二是外部关联层面，通过深化司法管理体制改革，建立健全司法管理运行机制来提升司法裁判权威。司法权威是司法权公正高效运行的有力保障，是全面推进依法治国、建设社会主义法治国家的重要力量之基。通过对司法人员进行以员额制为基石的分类管理体制改革，可以有效约束司法人员切实严守法治原则公正司法，使司法裁判获得社会大众的真正认可、信服与接受，自觉维护司法权威。同时，通过对司法机关财物管理体制改革，为更好地维护司法权威奠定牢固的物质基础，确保司法裁判得到强制执行。

4. 司法人本

以人为本是司法管理的根本价值理念。司法管理虽然不同于一般的行政管理，但作为管理的一种特殊形式，在治理现代化的新时代，应当融入人本化的治理理念。具体体现为以下四点：一是人性化管理。奉行以人为本的价值理念，在司法管理中严格遵守有关组织法、法官法、检察官法等主体法以及其他相关管理法律法规和政策规范的前提下，对不同的司法主体在坚持法律面前人人平等的同时实行人本化的管理，建立健全科学的司法责任机制、考评机制和激励与约束机制，激发司法活力、凝聚司法力量、充分调动司法人员以饱满的热情投身司法改革和公正司法伟大事业之中的积极性和主动性，纠正和防止司法权运行与司法行政管理活动中不公、不严、不廉等突出问题和其他偏差。在实践中，通过改革单纯地以办案数量和是否发回重审为标准的考评管理体系，确立起单独职务等级序列与单独职务工资、福利、廉政金等职业保障、职业保护与职业奖惩制度，形成职责职权行使与贡献大小相一致的政治经济地位与物质待遇的科学管理机制，从而提升司法管理效能。二是个性化管理。个性化在一定意义上体现了对于不同主体按照其个性特征与职业特点进行分类管理的必要性和重要性。司法管理应当对于司法权力的行使者和司法活动的参与者进行类型化并在此基础上分类施策和分别管理。对司法办案人员、办案辅助人员、行政管理人员和服务人员，根据其自身的特点采取不同的原则与方式进行差序化管理。从理论上讲，应当认清两对关系：司法权和司法行政权的关系；司法决定权、司法协助权和司法执行权之间的关系。对司法裁判权、司法裁判协助权、司法裁判执行权和司法行政管理权这四种不同权力的行使者进行分别归类和分类管理，对这四者之中的每一种主体内部的不同群体和个体也应当在一定程度上进行个性化管理。三是服务化管理。改变命令与服从的单向度管理模式，以服务和保障为价值理念，提升司法管理水准。在服务对象上，向司法主体倾斜，明确司法管理的最根本价值在于保障司法人员独立公正行使职权。在服务标准上，不断提高所提供服务的质量，加强财物和劳务的品质管理。四是权利化管理。司法管理既要以命令和秩序的安定为基本价值，更要尊重人格、保障权利、切实维护司法管理对象和服务主体的人权。加强司法人员的职业保障离不开人本化的司法管理，而维护职业安全和职业权利是其中的基本要求。世界上大凡法治发达的国家都以高水准的法官检察官收入高于普通公务员及从业的终身化为根本保障。因此，司法人员的人格权、行使职权的依法独立地位、财产权、安全权和职业终身保障权应当得到切实的尊重和落实，而司法管理直接关系到这些权利的实现与否和实现状况，所以，必须遵循以人为本、人性化管理和维护人权的司法管理价值准则。从外部来看，司法管理不仅致力于对司法主体的人本化管理，而且更为重要的是，应当充分尊重司法活动的参与者和社会大众的程序性和实体性权利，坚持人民主体地位原则，贯彻司法为了人民、依靠人民、保护人民和造福人民的人权法治保障精神，切实实现人民的自由和权利。可见，只有以人权为根本价值取向，司法管理才能找准方向、认清道路，为提高司法公信力创造积极条件。

综上所述，公正、效率、权威和以人为本四者共同构成了司法管理的价值目标。司法公正是司法管理的最终目标，但没有效率的公正，不是真正的公正。公正在法律中的第二含义是指效率。①司法权威与司法效率相辅相成，共同促进司法公正的实现。一方面，司法权威是公正、高效价值目标得以顺利实现的基本保证；另一方面，司法权威的树立依赖法官检察官群体的整体素质和司法机关对个案的公正处理与裁判。此外，以人为本的司法管理对激活和激发司法主体的司法能量、促进司法公正具有不可忽视的重要意义。而所有这些价值，在终极意义上都是为了实现人权的司法救济，保障人民群众的美好生活。

第五节　现代司法管理模式

真正的、现代意义上的管理，都要通过管理模式（management model）来实现。司法管理也不例外。一般而言，司法管理模式可分为外生借鉴嵌入类与内生结构类等。

外生借鉴嵌入类是指将公共管理与企业管理模式的合理要素借鉴嵌入司法管理体制和运行机制之中，使司法资源得以优化配置、管理的绩效得以增强、管理的过程精准规范、管理的目标长效。对司法管理进行审视，不少司法机关引入了绩效管理模式、ISO 管理模式和文化管理模式。具体包括以下几个方面。

一、"绩效管理"模式

绩效是指对应职位的工作职责所达到的阶段性结果及其过程中可评价的行为表现。

绩效管理则是指在管理者与被管理者就目标及目标实现途径达成共识的前提下，通过激励和帮助被管理者取得优异绩效，从而实现组织目标的管理方法。绩效管理的目标在于激发被管理者的工作热情和提高员工的能力和素质，以达到改善单位绩效的效果。从这一概念，可以得出实施绩效管理首先应当解决好以下三个方面的问题：一是管理者与被管理者之间应当就目标及如何达到目标达成共识；二是绩效管理不等同于简单的任务管理，它强调管理者与被管理者之间的沟通，重视被管理者能力的提高；三是结果导向只是绩效管理的一个方面，达成目标的过程也是绩效管理的重要内容之一。

---

① 中共湖北省委组织部、湖北省人力资源和社会保障厅、湖北省公务员局：《湖北省公务员考核实施办法（试行）》2012 年 12 月 26 日。

实施绩效管理有以下四个方面的作用。

(一) 绩效管理有利于实现管理目标

绩效管理的目标是根据单位发展需要来制定的，通过将单位的目标责任层层分解变为部门和个人的目标，在此基础上确定部门和个人的绩效目标，通过绩效评价，对个人的工作结果进行反馈，及时发现工作中存在的问题并进行修正，通过提升个人的业绩从而达成单位的业绩，实现单位的目标，使单位进入良性循环。

(二) 满足个人的发展需求

因个人发展阶段的不同，表现出不同的层次个人主因需求。当温饱等个人基本需求满足后，尊重和自我实现的需求进而上升为个人主因需求，具体到绩效管理中的表现就是，希望通过绩效管理，知道自己的绩效水平到底如何，以及努力提高的方向。如果没有考核或考核不准确，个人就会处于盲目状态，失去努力的目标和方向。

(三) 解决管理中存在的问题

个人绩效水平的高低与其自身的素质和努力程度有关，更与单位管理制度、管理理念和文化、管理风格有关。通过绩效评价和反馈，可以看到单位管理中存在的问题并能及时解决，使单位顺利地向前发展。

(四) 配合人事管理体系的运行

绩效管理系统与其他人力资源管理系统的关系十分密切，为单位的招聘方向和培训计划提供了决策依据，更为直接的是决定了个人的薪酬待遇。

在现阶段，我国司法机关的绩效管理比照公务员岗位职责、能力席位标准和所承担的工作任务的模式，在推进司法体制改革过程中，正在建立以公正、质量、高效、权威为核心，全面考核司法人员的德、能、勤、绩、廉的绩效考核模式，重点考核工作实绩。[1]

1. "德"

德，即品德、道德。在司法人员考核中，是指思想政治素质及个人品德、职

---

[1] 国家标准化管理委员会：《质量管理体系要求》，中国标准出版社 2017 年版；参见高永贵：《文化管理学》，北京大学出版社 2012 年版。

业道德、社会公德等方面的表现。主要是理想信念、宗旨观念、政治立场、政治敏感性和政治鉴别力；世界观、人生观、价值观；职业观念、职业态度、职业纪律和职业作风；社会行为准则等。

2．"能"

能，即能力或才能、才干、本领。在司法人员考核中，是指履行职责的业务素质和能力。主要是政策理论水平、专业知识；理解判断能力、规划预测能力、组织协调能力、领导管理能力、科学决策能力、调研综合能力、团结协作能力、开拓创新能力等。

3．"勤"

勤是工作态度的基本体现。在司法人员考核中，是指责任心、工作态度、工作作风等方面的表现。主要是对本职工作的热爱程度、责任感和奉献精神；工作的主动性、积极性、纪律性；群众观念等。

4．"绩"

工作实绩是综合反映个人工作能力、水平和努力程度的一个标志，是业务活动和管理过程中表现出来的执法办案与保障执法办案活动正常进行的物质或精神的成果。在司法人员考核中，是指完成工作的数量、质量、效率和所产生的效益。主要是完成办案任务的情况、司法效率、工作实绩、突出贡献等。

5．"廉"

所谓"公生明，廉生威"，讲的就是道德操守对于人的重要性。在司法人员考核中，是指廉洁自律等方面的表现。主要是遵守各项廉政规定的情况，重点考核司法人员执行党和国家清正廉洁的有关规定和严格要求自己的情况，有无违纪现象。

二、"ISO 管理"模式

一个组织的管理体系可能包括若干个不同的管理体系，如 ISO9000 质量管理体系、ISO14001 环境管理体系、OHSAS18001 职业健康和安全管理体系、BS7799/ISO27001 信息安全管理体系、TS16949 汽车供应行业的质量管理体系、TL9000 电信行业的质量管理体系、HACCP 食品安全管理体系，等等。

ISO 规范化管理中的管理思想和管理原理，对于司法管理具有一定的借鉴意义。在司法管理实践中，将 ISO9000 族标准引入司法机关的业务管理、事务管理和队伍管理，建立质量管理体系，制定质量管理体系文件，依据管理体系文件实现质量管理和过程控制，通过审核发现合格项、不合格项或潜在不合格项并采取纠正措施和预防措施，实现质量管理体系的持续改进。

近年来，一些地方的司法机关对这类管理模式做出了一些有益的探索，主要有以下三个方面的收获，值得借鉴。

（一）ISO 管理模式对理论与实践的结合度提出了更高的要求

在引入 ISO9000 族标准规范化管理时，准确把握好司法诉讼流程规划与行政管理规范相衔接之间的"度"，必须结合司法诉讼程序的法定流程（如受理、立案、移送、审理、上诉、再审、抗诉、申诉、送达、时效等）节点与 ISO 管理模型节点考核的原理相洽，形成易于操作评价的管理指标体系与考核标准，使诉讼程序运行既符合法律规定的条件，又形成可计量、可视化、可操作的运行规范，切忌违反法律规定的条件，取决于 ISO 管理模式及其经验的移植，又防止依赖于传统的司法管理模式而裹足不前，从而彰显 ISO 模式作用于司法流程控制所显现的质量、效率、安全、稳定的比较优势。

（二）妥善处理好 ISO 管理模式与人本文化的关系

ISO9000 规范化管理立基于对人的不信任，与现代管理理念所倡导的人本文化相排斥。将 ISO 管理模式引入司法办案和司法行政管理过程中，应当强调人本化管理，厘清司法办案所应用的诉讼程序（民事诉讼程序、行政诉讼程序、刑事诉讼程序）与 ISO 管理模式的过程控制、节点考核、持续改进、集约增效的理念具有相适性和一定程度的一致性。但两者的根本区别在于，前者适用诉讼程序所调节的关系是社会关系并且依照法定的程序进行，其本质是司法主体依据一定的程序与实体法规则对某一和某类涉讼案件进行受理诉求以达到定纷止争、权利救济、制约公权、保障人权、守卫公平、彰显正义、保障社会安定的目的，ISO 管理模式在植入司法办案考核过程中只能保障、服务和实现这一价值目标，任何唯 ISO 管理至上论的观点和做法都是不妥当的。而 ISO 管理模式是后工业时代现代管理模式作用于企业管理而逐步兴起的。其最高的价值目标在于节省管理成本、保证产品质量、化解企业风险、提高管理效益、增强企业的竞争活力，其关键节点在于解决人与机器之间的关系，抑或通过降低或者裁减企业人员用现代技术与 ISO 管理模式替代人力资本的投入，其管理模式本身不以公平正义为价值目标选择。但其作为司法管理的辅助手段，尤其是引入诉讼流程的案件管理在某些方面能够对防止超期羁押、违反办案法定时限、界分个人办案、集体讨论，司法团队负责人决定在办案时限、办案效率、法律责任分担等方面起到积极作用，这是值得充分肯定的。

(三) 正确认识文本化和文件控制对司法管理的积极作用

ISO 流程管理模式的 5W1H，即做什么、为什么做、谁来做、何时做、哪儿做、做到什么程度，其主要特征就是通过文件约束和控制，要求每一个人知道 5W1H。在司法实践中，一方面，必须引导广大司法人员接受这种管理文本化和文件控制的先进管理理念，不能将文本约束和控制等同于机械化；另一方面，需要培养严守法治精神、熟悉法律程序、遵守法定时限、熟练掌握信息技术、真懂善用 ISO 管理模式的大批司法人员，使 ISO 管理理念与严格公正文明执法互补。

三、"文化管理"模式

文化管理模式[①]，简言之就是"以人为本"的管理模式。

文化管理模式发端于第二次世界大战后的日本。20 世纪中叶，战败后的日本社会经济停滞不前，人们深陷战争的阴影，精神低迷。日本企业家们从这一客观实际出发，不再坚持传统科学管理理论关于"资本"的绝对中心主义，在国内大力推行企业文化，管理理论由单纯地追求资本效益的最大化，扩展为重视人的全面发展，鼓励员工在实现社会价值最大化的同时，实现个人价值的最大化。

文化管理模式在日本国内取得了成功，对企业发展起到了巨大的推动作用，使战后的日本经济得以迅速发展。20 世纪 70 年代末至 80 年代初，文化管理模式经由美国人推广，迅速席卷全球。这一管理模式迎合了当时以及现代社会生活多元化、差异化和个性化需求。随着国际竞争日趋激烈，企业家们更加深信，文化阶段的竞争是赢得市场的新的制高点。

文化管理是"以人为本"管理模式的最高层次，其特点是通过组织文化的培育，来实现管理模式的提升。普遍认为，文化管理以人的全面发展为目标，在系统内部营造一种健康和谐的文化氛围，通过共同价值观的培育，使全体成员自觉融入组织系统，形成共同的价值观和共同的行为规范，变被动管理为自我约束，在实现社会价值最大化的同时，实现个人价值的最大化。换句话说，文化管理真正地关注人和实现人的正当、合理的需求和欲望，不再将成员视为管理的对象，体现了组织发展和成员个人发展相统一，体现了以人为本。相较于其他管理模式，文化管理具有以下独特内涵：一是重新定位企业的存在概念。在文化管理模式下，不再将企业视作传统意义上单纯生产产品，充满各种生产设备和生产资料

[①] 徐汉明等著:《当代中国检察文化研究》，知识产权出版社 2013 年版，第 57、392~394 页。

的地方，而是从文化的角度要求企业家在市场竞争中既要赚取利润，还要培养员工的文化素质，增加员工对企业价值观的认同。二是寻求管理制度与企业文化的有机结合。在文化管理模式下，人文关怀与制度刚性不再是截然对立的两个方面，强调文化是制度的润滑剂，再好的制度如果没有文化的润滑则难以成为自觉的人格行为，难以内化成为习俗，努力通过文化建设使企业制度演变为员工自觉遵守的一种习俗。三是树立员工的主人翁意识。在文化管理模式下，不再沿袭传统企业在管理过程中要求员工"能做什么、不能做什么""要什么、不要什么"的表达语言，而是通过感情和价值观的渗透，变员工的被动为主动，使人人都有主人翁意识。此外，随着实务界对文化管理的不断探索和实践，文化管理的内涵还将不断丰富。

司法机关实施文化管理，就是从组织文化的层次上管理司法工作，为司法组织行为和广大干警行为带来可预测性、秩序性和一致性。实践过程中，需要注意以下三个方面的问题。

（一）准确把握司法文化的内涵及结构

司法文化的内涵非常深刻，对其理解既要全面又要简洁。司法文化是司法人员群体在司法活动中所持有的信念、价值观念以及形成的外在表现，其结构包括两个方面：司法文化价值（精神文化）和司法文化模式（物质文化）。从本质上讲，司法文化体现为司法的功能。对外而言，司法文化又表现为一系列法律规章制度。

（二）清晰把握司法文化价值的层次

司法文化具有一定的层级性，反映出了司法文化价值体系。第一个层次反映司法人员"对待自己的人生应当持有的一种态度"，体现为司法人员作为普通人或者"社会人"的要求。第二个层次反映司法人员"对待自己的司法职业应当持有的态度"，体现司法人员的专业化要求，对司法人员提出更高层次的要求。第三个层次则是对前两个层次确定的价值标准，与具体的工作、学习和生活行为相结合，确定的更为形象具体的行为标准和行为方式方法。

（三）正确把握司法文化的建设过程

构建司法文化，实现文化管理是一个长期实践的过程。在实施司法文化建设的过程中，首先要确定前述三个层次的价值观念，选择与之相匹配的文化模式；其次是要开展有目的的培训教育，使组织成员系统地接受和强化所提倡的组织精神和文化,强化认同感;最后是要组织总结司法机关的价值观念和文化模式,并不断地发展和丰富司法文化。

四、"外生结构类"管理模式

"外生结构类"管理模式是指以遵循政治权力运行规律为导引,有效整合政治资源、行政资源、司法资源和其他要素资源,在政治资源优化配置过程中对司法职权配置与保障资源供给予以适度控制、调节的管理模式。它包括"外部行政控制型"管理模式、"外部混合控制"管理模式、"一元化层级分权控制"管理模式、"重心上移分权控制与地方协同的混合型"管理模式。

(一)"外部行政控制"管理模式

"外部行政控制"管理模式坚持司法权和司法行政事务管理权外部分离控制管理,司法行政事务管理权通常由行政机关(司法部)享有。如德国由联邦和州两个层级的司法部对司法机关进行管理。其司法行政事务管理权由司法部任命的最高行政长官行使,具体负责司法机关的司法人员任免、财务管理、书记员管理等行政性事务,保障司法权的正常运行。[①] 这一模式下司法行政事务由外部行政机关管理,司法机关仅承担司法职能,具有专注司法业务的比较优势。其不足表现为:一方面,司法行政机关作为行政权行使的主体,常常通过对司法行政事务的管理间接影响司法活动,导致对司法权运行的不当干扰;另一方面,司法的专业性大多为司法行政机关所不熟悉,制度运行摩擦掣肘所增加的协调成本、监督执行成本的增长处于难以控制的状态。

(二)"外部混合控制"管理模式

"外部混合控制"管理模式由行政机关(多为司法部)和集体委员会(司法委员会)作为司法行政事务管理决策权力主体,表现为不同的机关从外部对司法人员的任职资格、职业准入、职业保障、晋升及惩戒、经费保障等进行控制。[②] 例如,法国由最高司法委员会统一负责法官、检察官管理。该委员会下设法官事务委员会、检察官事务委员会,对法官检察官的职业准入、见习、任职资格、职务晋升、转任、遴选、职务待遇等进行管理。司法行政系统所需经费由中央财政

---

① 李哲:《中国检察机关组织机构设置研究——以各国检察机关组织机构设置模式为基础》,载于《中国刑事法杂志》2010年第9期。

② 宗会霞:《法院行政事务管理权的路径探幽》,载于《社会科学辑刊》2011年第9期。

统一保障，司法部负责全国普通法院系统的经费预算编制和管理。① 此种模式的优势在于强调司法权为中央事权，司法官由最高司法委员会负责管理，司法行政事务由国家司法部统一管理，地方不享有司法行政事务管理权，地方政府无法通过经费、人事任免等影响司法权。但是，此种模式下司法行政事务由多个部门管理，容易造成管理机构臃肿、权力发生冲突的现象。该模式在地方没有对应的司法行政机构，这对司法机关规模较大、数量较多的国家也是难以适用的。

（三）"一元化层级分权控制"管理模式

"一元化层级分权控制"管理模式是适应我国国情对司法资源进行优化配置所逐步形成的一种制度安排。所谓"一元化层级分权控制"管理模式是指在党的统一领导下按照中央、省（自治区、直辖市、新疆生产建设兵团）、市（州、自治州）、县（自治县、区）行政区划设置层级司法机关，由层级行政区划的党组织实施对司法机关的思想、政治、组织领导，由层级行政机关对其所辖司法机关的人财物按照"分灶吃饭，分级负担"的原则，由各级政府的发改委、公共财政、人力资源社会保障、住房和城乡建设、公共卫生、审计等部门对司法机关的人财物实行分权控制和提供保障与监管的制度安排。我国"一元化层级分权控制"管理模式最大的优势在于贯彻了中国共产党对中央司法事权的统一领导，其实现形式是党通过对司法机关行使审判权、检察权所需人财物保障的最高决策权、选人用人的决定权以及司法方针政策的指导权，从司法层面实现党对国家法治生活的统一领导。这一制度安排根源于当时我国特定的物质生活条件。在我国经济尚不发达、中央财力有限、公共设施十分薄弱的大背景下，这一制度安排对于巩固新生的人民政权，方便群众诉讼，利用司法手段调解经济社会关系，激发社会活力，促进地方经济社会事务协调发展发挥了历史性作用。随着改革开放的深入，社会主义市场经济体制的建立，经济社会加速发展，交通等公共设施全面改善，以互联网为代表的高科技的广泛应用，人民群众对公平、正义、民主、法治、安全、环境有更高质量、更高水平的要求和期待，保证公正司法，提高司法公信力不因行政区划、财政状况、公共设施建设等物质条件的限制，而需一体化提供的要求被急迫地提上了司法改革的议程上来。因此，传统司法管理体制的缺陷日渐凸显。这表现在：中央司法事权因"分层控制"与"分权控制"以及"分灶吃饭，分级负担"使得中央司法事权被"分层截断""分权肢解"，从而滋生"司法权的地方化""司法权的行政化"，成为司法领域长期存在"地方保护

---

① 梁三利：《法国混合型法院管理模式探析及其启示》，载于《太原理工大学学报》（社会科学版）2008 年第 12 期。

主义""部门保护主义",利用司法权插手经济纠纷,办案为钱、为钱办案的司法不公不严不廉的体制性障碍、机制性困扰、保障性束缚的根源之一。

(四)"重心上移分权控制与地方协同的混合型"管理模式

所谓"重心上移分权控制与地方协同的混合型"管理模式,是指以破除地方对司法机关人财物分权控制为起点,以人财物省级统管为目标,形成以人财物管理重心上移,省级多部门分权控制与地方协同管理相结合的"混合型"管理模式。所谓省级统管的分权控制与地方协同管理,是指司法机关的人财物实行由"地方分权管理"上收至省级党的编制组织部门为主导,省级政府发改委、人力资源社会保障、财政、住房和城乡建设、卫生等部门对司法机关人财物分权控制、监督与管理,司法机关协助,层级地方协同管理的"混合型分权控制"模式。这种模式虽然增加了省级党政机关对司法机关人财物管理的主导权权重,释放了省级司法机关就司法人财物管理的统一协调与监督管理的潜能,又关照到了地方层级党政机构保障司法机关人财物的积极性。但这一改革仍未突出法院检察院主导管理的地位,仍未破解行使司法权的法院检察院不能主导人财物的管理、管理人财物有关职能部门又不直接行使司法权的相脱节难题。从本轮司法管理体制改革样本观察分析,其改革不仅加重了司法人财物保障管理的决策成本、执行成本,而且增加了监督执行与协调执行的成本。其改革的积极效应在逐步降低,而其弊端正在逐步显现。如何使本轮司法管理体制改革再深化,则有待进一步观察论证。

五、"内生结构类"管理模式

"内生结构类"管理模式是指以遵循司法权运行规律为导引,有效整合司法资源,优化司法职权配置而协调处理司法权与司法行政事务权互动制衡关系的司法管理模式。它包括"司法委员会"管理模式、"司法自治型"管理模式、"司法权与司法行政事务权适度分离"管理模式。

(一)"司法委员会"管理模式

"司法委员会"管理模式由一个独立于立法和行政机关的独立机关即一般情况下是司法委员会作为司法行政事务管理决策权力归属主体。司法委员会人员由法官、检察官、律师、司法部长、总统等组成,专司司法行政事务管理。如荷兰司法委员会管理除最高法院以外的全国各级法院,负责法官的招收、任免、晋升、培训以及制定办案标准规则等工作;司法机关经费由司法委员会负责提出预算并分配。① 这一模式的优势是司法委员会与各级司法机关之间直接发生管理关系,能有效地维持司法权的独立行使,防止司法权受到不当干扰;司法行政事务管理权能够更好地为司法权服务。其不足是由司法机关之外的第三主体对司法行政事务进行管理,可能出现司法资源配置掣肘,产生司法保障"时滞"现象,形成不当干扰司法独立的一个源头。

(二)"司法自治型"管理模式

"司法自治型"管理模式强调以法官、检察官为主体与司法权为中心的参与民主式"自治型管理",其司法行政事务如人员、经费、装备、设施设备等方面由司法机关自主独立管理。② 如美国,其法院行政管理局负责联邦及州司法系统的司法行政管理,包括人事、工资及类似活动,提供项目管理和行政支持,制订长期计划和预算等。③ 其检察管理系统实行联邦、州和市镇"三级双轨、相互独立"体系,由总检察长行使司法行政事务管理的职权,每一司法管辖区设立联邦检察官办公室,全权负责本办公机构的行政管理、人事管理和财务管理。④ 我国澳门特别行政区也实行"自治型"管理模式,其法院、检察院设办公室负责司法行政事务管理。办公室负责提供技术和行政性质的辅助,统筹司法机关的人事和财政管理工作及其他行政辅助工作。该模式优点是更好地保障司法独立,避免多部门权力掣肘和利益冲突,提高司法管理的效率。但在现实运行过程中容易导致司法机关内部的行政化,造成封闭官僚性,影响法官、检察官依法独立行使职权。

(三)"司法权与司法行政事务权适度分离"管理模式

"司法权与司法行政事务权适度分离"管理模式选择依托中共中央与省(自治区、直辖市、新疆生产建设兵团)政法委设立司法委员会,设立国家及省级司法委员会,与党委政法委合署实行"一套班子两块牌子"的运行模式,即党委政法委受中央和省委委托,统一管理省以下司法机关人财物等司法行政事务,对外作为国家机构代表国家统一管理司法事务。司法委员会(政法委)的主要职责为:受中央委托对司法机关人财物事务统一管理;支持和监督司法机关严格执

---

① 姜明川:《关于荷兰、奥地利司法制度的考察报告》,载于《山东审判》2007年第2期。
② 梁三利:《法院管理模式研究》,南京理工大学博士学位论文,2008年,第76页。
③ 梁三利:《法院管理模式研究》,南京理工大学博士学位论文,2008年,第77~78页。
④ 樊崇义等主编:《域外检察制度研究》,中国人民公安大学出版社2008年版,第32页。

法、公正司法；排除地方、部门和个人干预司法；查究司法人员违规违法行为；协调国际司法合作等司法事务；不再介入司法个案。① 这一管理模式的优势在于：由司法委员会管理（内部通过政法委）司法行政事务，既坚持了党对司法工作绝对领导的原则，又优化了国家权力结构，改革后的国家权力结构将是党中央统一领导下的人大监督"一府两院三委"，即政府、法院、检察院、中央军委、国家监察委员会、全国人民代表大会监察和司法委员会，国家权力结构更加完善、更加科学，国家治理体系与治理能力现代化建设迈出关键性一步。其功效在于实现中央司法事权运行的协调统一，发展完善科学完备的司法管理体制。相对于审判机关而言，其上下属于审级监督关系，其改革的最优目标选择在于实现一审重在解决事实认定和法律适用，二审重在解决事实法律争议、实现二审终审，再审重在解决依法纠错、维护裁判权威，最高人民法院负责法律实施的解释指导工作，从而有效维护我国两审终审制的审级监督体制和审判权运行机制。② 相对检察机关而言，构建"上下统一、横向协作、两权分离、整体统筹"的现代检察制度体系，确保法律监督权公正高效行使，其更适宜运用"两权适度分离"的模式。因此，"两权适度分离"的管理模式既适合中国"一元政治权力结构"下的行政权、监察权、审判权、检察权、军事权适度分离控制与协调统一的国家权力结构，又吸收了人类司法管理的义明成果。③

①②③　徐汉明：《论司法权与司法行政事务权的分离》，载于《中国法学》2015 年第 4 期。

第二章

现代司法管理权的性质

公权力因其主体、客体、对象、内容不同而在性质上有所区别。司法管理权既不同于一般的行政管理权,也有别于司法权本身,作为特定主体所行使的一种特殊权力,其具有自身的特点。要进行司法管理体制改革,必须首要厘清司法管理权的内在特质与基本属性。科学界定司法管理权的性质,对于理性地界定司法管理权的主体、客体、权能构成,充分认识和运用司法运行规律,构建公正、高效、权威的司法体制具有重大的理论意义和现实意义。

第一节 司法管理权在国家权力中的定位

司法管理权在整个国家权力体系中究竟应如何定位,是正确理解和行使司法管理权的前提和基础。本节重点阐述司法管理权在国家权力中的定位。

一、司法管理权的内涵

随着司法体制改革不断向纵深推进,理论界和实务界对司法管理的相关概念进行了剖析和定位。但对司法管理权,目前并没有统一、明确的概念。一些学者结合审判管理权或检察管理权角度进行了阐释,有的认为,审判管理权是法院负有管理职责的人员和机构对审判活动的监督和管理职权,是基于法院自身管理和监督审判活动的需要,在实践中产生并不断完善的衍生性、辅助性权能,包括监督和管理两个层面[①]。还有学者从检察管理的视角揭示司法管理权,认为检察管理是指人民检察院为了实现检察职能和检察活动的目标,依法运用组织领导、计划调控、决策指挥、沟通保障、激励创新等手段,对各种检察资源进行调控和运用的活动[②]。检察管理权正是基于这种组织领导、计划调控、决策指挥、沟通保障、激励创新的权力[③]。这些对司法管理权关联概念的阐释,有助于我们科学界定司法管理权的内涵。

管理是指对于规模较大的共同劳动所进行的有关组织、决策、指挥、协调和监督等的活动[④]。我们认为,司法管理权首先应当是一种行政管理权,即是一种关于组织、决策、指挥、协调和监督的行政管理权力,具有行政属性。其次是一种立足和服务于司法工作的管理权,其管理和服务对象包括司法机关人、财、物、案件办理、内部组织机构等,以及涉及司法人员和司法事务的一系列内外部行为,具有司法属性。广义的司法管理权是指有关机关对与司法相关的人财物、组织机构、司法行为等进行管理、规范的权力。由于广义的司法行为被认为包含了公安、检察、法院和司法行政机关执行和实施法律的行为,因此,在广义的司法管理权概念中,行使权力主体、客体、对象、内容都相对广泛。狭义的司法管理权,是指以实现司法公平正义、提高司法工作效率和质量为目的,对涉及行使监察权和审判权的司法人员和司法事务的一系列行为和事项所进行的组织、决策、指挥、协调和监督等管理的权力。本书采用狭义的司法管理权这一定义。

纵览英美法系和大陆法系国家,从大的体例上看,司法管理权的模式一般可以分为分离模式、混合模式和自治模式。分离模式是指司法管理权与司法机关相分离,由司法机关之外的部门进行管理,主要包括外部行政管理体制、外部联合管理体制、司法委员会管理体制。混合模式是指司法管理权由司法机关与其之外的人事、编制、财务等部门进行统筹管理。自治模式是指司法管理权由司法机关独立管理。具体而言,各国司法管理主要以以下五种管理体制为代表。

(一) 外部行政机关管理体制

外部行政机关管理体制下,外部行政机关管理(司法部)领导司法机关,司法管理权由外部行政机关管理(司法部),司法机关仅承担司法职能和日常管理。

[①] 向泽选:《检察管理与检察权的公正行使》,载于《政法论坛》2015年第33期。
[②] 赵喜臣:《宪法学词典》,山东大学出版社1989年版,第877页。
[③] 徐汉明:《论司法权和司法行政事务管理权的分离》,载于《中国法学》2015年第4期。
[④] 李哲:《中国检察机关组织机构设置研究——以各国检察机关组织机构设置体制为基础》,载于《中国刑事法杂志》2010年第9期。

如德国由联邦和州两个层级的司法部对司法机关进行管理。

（二）外部联合管理体制

外部联合管理体制下，行政机关（多为司法部）和集体委员会（司法委员会）领导司法机关，司法管理权由司法部和司法委员会（或者相应的领导机关）行使，负责司法人员的任职资格、职业准入、职业保障、晋升和惩戒，以及司法机关的经费保障管理。

（三）司法委员会管理体制

司法委员会管理体制下，由一个独立于立法和行政机关的独立机关（一般情况下是司法委员会）作为司法管理决策权的行使主体。

（四）自治型管理体制

自治型管理体制下强调以法官、检察官为主体与司法权为中心的参与民主式"自治型管理"，其司法行政事务如人员、经费、装备、设施设备等方面由司法机关独立管理。

（五）内外部混合管理体制

内外部混合管理体制下，按照人财物由相应的人事、财物行政机构统筹管理，案件由司法机关内部管理，并负责人财物的内部日常管理。这种典型代表就是我国的管理体制。在我国，司法机关的人事管理权由对应的组织部门、编制部门会同司法机关共同管理，且主要以组织部门、编制部门统筹管理为主，司法机关内部日常管理为辅；财物、经费等管理权由对应的财政部门、人力资源社会保障部门会同司法机关共同管理，且以财政部门、人力资源社会保障部门统筹管理为主，司法机关内部日常管理为辅；案件管理则主要以司法机关内部管理为主。

对司法管理权的内涵，我们可以从以下七个方面进行界定，或者说司法管理权具有以下七个特性。

1. 事权性

"事权"可解释为：处理事情的权力、职位。司法管理权是一种典型的事权，是处置司法管理相关事务的权力。这里有必要对司法管理权的事权属性到底是中央事权，还是地方事权进行探讨。目前，国内一些学者对司法权是属于中央事权，还是地方事权，存在一定的分歧。如最高人民法院副院长贺小荣提出，"司法权是判断权和裁量权""司法权是中央事权""让人民群众在每一个司法案件中都感受到公平正义"是人民法院四五改革纲要的理论基点。① 陈瑞华教授则认为在联邦制国家,法院设置实行"双轨制",实行的是中央和地方分权机制;在单一制国家中,将司法权全部收归中央统一行使难度很大,可以采取一种折中的办法,在中央与省级行政区之间实行一种适当的两级分权机制。② 对司法管理权的中央或地方事权属性,鲜有明显观点或论述。基于对司法权的认识,我们认为司法管理权的事权属性不能一概而论,在不同的国家、不同的体制下存在差异性。如在联邦制国家中,司法管理权就是典型的中央和地方分权机制。值得一提的是,在单一制国家中,在各方面条件成熟的情况下,司法管理权可以朝着中央事权的方向进行改革,由中央收回。我国目前正在进行的司法体制改革,将地方司法机关人财物管理权实行省级统管,应该说是回归中央事权属性、实现中央统管的前奏。

2. 服务性

司法权公正理性地运行永远是司法机关的中心工作。司法管理权始终是以司法权为中心③,围绕司法人员和司法事务运行的,其目的是推动司法机关更加有序、高效地履行司法职责,辅助、服务、保障司法权统一公正高效行使。基于这个特性,防止司法管理维度扩大化的问题,行使司法管理权时要处理好管理和服务的关系,把握好管理的度,防止影响司法权依法独立行使,推动由约束性管理模式向服务性管理模式的转化。总之,司法管理权的服务性,要求管理者不能以管理者自傲、以考核部门自居,要把角色定位为协助和服务司法办案工作,寓服务于管理之中,在管理中做好服务,在服务中进行管理,履行好上传下达、参谋助手的职责,确保司法机关政令畅通,各项工作高效运转。

3. 动态性

司法管理权并不是天然存在的,它是在司法现代化进程中,随着司法机关职能、层级的扩充而产生的。正是基于这种发展性,我们认为司法管理权的内涵和范围并不是一成不变的。司法管理权建立在管理主体、管理对象、管理要求以及管理制度构架等基础上,这些基础性因素即使在一个国家的不同时代、不同时期往往有所不同,司法管理权的内涵和范围也将随之发生调整。同时,随着社会经济的不断进步和司法理念的转变,司法管理权的内容和范围也将不断地补充、丰富、更新,其行使方式、手段也随之发生变化。

---

① 陈瑞华:《司法改革的理论反思》,载于《苏州大学学报》(哲学社会科学版)2017年第1期。
② 韦群林:《司法管理内涵的多维考察》,载于《南通职业大学学报》2007年第21期。
③ 汪翰章:《法律大辞典》,大东书局1934年版,第280页,转引自孙业群:《论司法行政权》,载于《中国司法》2005年第10期。

4. 开放性

首先，包括司法机关和司法人员在内的司法系统，并不是孤立存在整个社会系统之外的，都是存在于一定的社会环境之中，与外界社会环境不可分割。可以说司法管理权的行使需要外部支撑，如财物、资产、人员管理与行政机关、代议机关和党委密不可分。其次，行使司法管理权时必然对司法权的运行产生影响，甚至直接影响到司法裁决结果和办案效果，这种影响会通过司法权传导至社会外界。此外，无论是从司法管理权的管理属性，还是从司法管理权属于国家权力的性质上看，其都受到一国的国家政治体制、行政管理理念和传统、管理思维与文化等外部多重因素影响。因此，司法管理权具有开放性的特性。

5. 层级性

司法管理权的层级性是基于司法管理的层级性的界定。但凡管理，均存在层级性。司法管理权的层级性可从两个方面加以分析：（1）体现在司法管理权的权限方面。司法管理权的配置上，既有中央事权，也有地方事权。从本质上说，地方事权也应从属于中央事权，或者说司法管理权中的地方事权是在中央授权的情况下运行的。这种权限配置和授权机制中存在着典型的层级性，地方事权不能超越中央事权。（2）体现在司法机关系统设置和内部设置上。无论是在大陆法系还是英美法系，一般来说司法机关的设置都存在层级性，分为不同级别的司法机关。如我国内地实行的四级司法机关。不同级别司法机关的管理上一般都存在领导或指导与监督的关系。从司法机关的内部机构设置上看，司法管理权的层级性更加明显。如我国内地法院的内部设置，从法院院长、副院长、审判委员会、各业务庭委办，再到各个合议庭和法官，层级性非常明显，行使司法管理权，一方面必须贯彻到这些层级并通过这些层级实现；另一方面，这种传统的层级性往往制约法官依法独立办案，影响司法裁断的公正性与效率性，因而"去行政化""减少层级"对司法办案的制约，推行让主审法官独立办案、让裁判者负责，成为本轮司法体制改革的重心之一。

6. 命令性

司法管理要求与行政管理一样，推崇上令下从，追求效率快捷。因此，司法管理权具有命令性，这一点与司法权具有较大区别。司法权，尤其是在审判权中存在双方的交互性和协商性。司法管理权的双方关系是管理者对应被管理者，上级司法机关对应下级司法机关，如果都只是采取协商管理或者在管理中一味反复交互沟通，那势必会影响管理的效率和效果。因此，在司法管理过程中更多的是强调命令性。当然，我们说的强调命令性，不是指完全没有协商的场景，这就涉及管理的技巧和方法问题。

7. 独立性

司法管理权具有独立性，是指该权力在整个国家权力体系中具有相对独立的地位。相对于司法权强调的忠于法律的绝对独立的理想状态，司法管理权的独立性应该来说是一种相对性，而非绝对的独立。其相对独立性主要体现在两个方面：（1）独立于司法权而衍生的一种公共管理权力，这种独立性主要是基于司法管理与司法办案职能的适当分离理论而形成的。"当行使司法权时，常有关联之行政行为，以求司法权活动之圆满，而辅佐司法权行使之行政事务，谓之司法行政。换言之，司法行政者，乃附随于司法事务之行政也。"[1]（2）独立于司法机关而自成体系[2]。这种独立性是指相对于其他国家权力机关而言，司法管理权是依司法机关而生。无论是在大陆法系还是英美法系，司法管理权一般都有独立的管理体系和保障体系。

二、司法管理权与司法权、行政权、立法权的比较

要对司法管理权在国家权力中进行准确定位，有必要对司法管理权进行内外部比较，正确理解司法管理权的权力属性。这里，主要将司法管理权与司法权、行政权和立法权进行对比分析，并通过反向比较与观测，以期洞悉内在特质。

（一）司法管理权与司法权的比较

西方国家普遍认为，司法权是一种"依照法律以及依法律的运用和法律的原则建立起来的方法决定'案件'和'争议'的权力"[3]。司法管理权与司法权密切相关，但其"权"的本质和外延却各不相同。（1）两"权"的性质不同。如前所述，司法管理权从本质上说是一种管理权，是关乎组织、决策、指挥、协调和监督的权力，其具有本体性、规定性、层级性、命令性、辅助性、效率性、职业性、公开性等特性。而司法权从本质上说是一种裁断权，其具有公正性、独立性、职业性、被动性、公开性、交涉性、中立性、程序性、受制约性及终局性特点。[4]（2）两"权"的功能不同。司法权作为国家权力的重要构成，承担着定纷止争、权利救济、制约公权、守卫公平、实现正义等价值功能。司法行政事务管理权承担着辅助、服务和保障司法权统一正确、公正高效地行使的功能，是司法机关得以组织、运行和运转的管理行为。（3）两"权"行使方式不同。司法权

---

[1] 孙业群：《论司法行政权》，载于《中国司法》2005年第10期。转引自樊崇义：《诉讼原理》，法律出版社2003年版，第433页。
[2] 汪习根：《司法权论》，武汉大学出版社2006年版，第26页。
[3] 应松年、薛刚凌：《论行政权》，载于《政法论坛》2001年第4期。
[4] 刘婷婷：《我国司法机关"法规制定权"探讨》，载于《法学评论》2004年第1期。

的行使主要通过诉讼裁判、检察监督等方式行使。司法管理权则是通过对人财物等进行组织、决策、指挥、协调和监督的方式行使。

当然，司法管理权作为为司法权服务的一种权力，立足于司法权，与司法权有着天然的联系。一方面，司法管理权的行使服务于司法权，是围绕保障司法权的正常行使来开展的；另一方面，司法管理权的行使制约着司法权的行使。如果司法管理权配置或者行使不当，就会对司法权的行使产生制约和影响，有损司法权的独立性、降低司法权行使的效率甚至破坏公正司法。可以说，司法权与司法管理权是司法机关内部不可分割的权力，二者既相互依赖、相互促进又相互协作、相互制约。

（二）司法管理权与行政权的比较

行政权、司法权、立法权来源于西方国家三权分立思想，一般来说行政权是相对于三权分立制衡理论中的其他两权即"司法权""立法权"而言的。在我国政治制度及国家权力结构语境下，所谓行政权是指由国家或其他行政主体担当的执行法律，对行政事务主动、直接、连续、具体管理的权力，是国家权力的组成部分，它与国家监察权、审判权、检察权在党的集中统一领导与人大监督下构成相互平行与制约的权力结构体系。司法管理权与行政权的相同点是都具有行政属性，都是一种国家事务管理权。但司法管理权主要是针对司法机关、司法人员和司法行为的管理。行政权主要是针对行政机关、行政人员和行政事务的管理，两者在主体、对象和权能构成上都不相同。简而言之，行政权的主体是行政机关，对象包括下级行政机关以及行政事务涉及的社会大众，权能构成主要是由各个行政机关的职权组成，这里不一一展开论述。至于司法管理权的主体、对象和权能构成将在后文进行详细阐述。

（三）司法管理权与立法权的比较

立法权与司法管理权，实质上是存在交叉的。从主体上看，立法权由立法机关行使，司法管理权由司法或行政机关行使，但实际上立法机关可以行使部分司法职能，司法机关也可以行使一定的立法权。实践中，一些英美法系国家的立法机关被赋予了弹劾权、调查权、赦免权、审理选举诉讼权、惩治藐视国会罪权、地方争议的裁决权，等等，可以在不同程度上行使司法职能；一些在推崇立法权优越的国家立法机关往往还拥有违宪审查权等，如英国的上议院更是该国的最高司法机关。又如我国的最高人民法院、最高人民检察院作为典型的司法机关，却能够行使司法解释权——"司法立法权"。并且，近年来，随着司法机关制度化、规范化、法治化管理的意识日益增强，我国司法机关"司法立法权"的行使有愈加活跃的趋势①。立法权与司法管理权的这种交叉，使两者在行使权力主体上会出现重叠交叉，但这种交叉也仅仅是在立法机关行使司法职能、司法机关在行使有关司法机关适用法律时所涉司法解释层面的立法事项这一特定职责时存在。

就立法权和司法管理权各自的权力系统来看，两者还是存在明显差异的。无论是从广义还是狭义角度来看，立法权管理的行为对象是立法行为，而司法管理权的管理对象是司法行为。两者的管理方式也存在较大差异。立法权主要通过修改、修订、废除和宣布实施等方式进行，体现在法律法规文件中。而司法管理权主要通过组织、决策、指挥、协调和监督等进行，体现在具体管理行为中。最高人民法院、最高人民检察院在履行司法解释职责中虽带有对立法规定的扩张功能，但这种扩张功能是最高立法机关授予的，仍属于有效管理和监督司法的性质。

第二节　司法管理权性质的反思与重新定位

加快推进司法管理体系和管理能力现代化，保证公正司法、提高司法公信力，是丰富发展中国特色社会主义司法道路、制度、文化、理论及其实践之重大课题。司法权是指审判机关、检察机关等特定的国家机关通过开展依其法定职权和一定程序，以裁断、审判的形式将相关法律适用于具体案件的专门化活动而享有的权力。作为保证实现和促进司法公正和司法效率的司法管理权，其质的规律性是指对司法资源进行有效整合、规范管理、合理利用的权力，其权力构成是多元的复合型权能体系。司法管理权在确保司法权依法有序高效行使，保证公正司法、提高司法公信力方面具有不可替代的地位和作用。司法权作为中央事权的本质属性，尽管其层级司法机关之间行使司法权在案件管辖、适用程序、裁断效力等方面存在差异性，但其因源于宪法法律的统一授权所具有中央司法事权的统一属性，而不因地方发展的差异或者诉讼主体所争讼标的不同而使其性质异化。与此相适应，司法管理权一方面具有国家公共事务管理权的属性，另一方面基于保障公正司法的主旨，又具有与中央司法事权的密不可分性。同时，因其管理主体、客体、对象的限定性，使这项职权带有专业性、专门性的特点。基于对传统司法管理体制的检讨与对前三轮司法管理体制改革存在的"诸多短板"进行反思，司法管理权的性质值得重新定位。

---

① 史春娅：《审判管理权与审判权的"博弈"》，重庆法院网，2018年1月8日。

一、本体性反思：以司法组织性为主，辅之以行政组织性

传统"司法工具论"导致司法管理权在国家公共管理权力结构中的定位、司法组织设置、内设机构设定与行政机关同质化，司法权与司法行政事务权不分，"科层制"管理方式削弱甚至漠视法官检察官作为办案主体的地位及其职责权限，导致岗位混同、权责不清、司法错（冤）案无法追责等弊端。因而，须按照以司法组织性为主、辅之以行政组织性的理念和方式深化司法管理体制改革，以优化司法组织结构，形成科学的司法组织体系的理论重构与制度创设被提上了司法改革的议程。故此，司法管理权属性之一在于以司法组织性为主，辅之以行政组织性。

二、规定性反思：以跨行政区划为主、辅之以地方性

确保中央司法事权统一公正高效行使，其改革创新的路径在于寻找有效防止和纠正司法地方化，司法地方保护主义的最佳实现形式在于，反思司法机关按行政区划设置带来不少诟病。其制度创新的选择在于以跨行政区划为主，辅之以地方性的理念和方式，科学设置跨行政区划的法院检察院，优化司法组织机构的设置，以形成科学的司法组织体系亦被急迫地提上了司法改革的重要议题。故此，司法管理权属性之二在于以跨行政区划为主、辅之以地方性。

三、体系性反思：以结构性为主，辅之以层级性

司法权作为一种独立的判断权、裁断权的秉性，决定了司法事务管理权必须体现和彰显"谁办案谁决定、谁决定谁负责""让审理者裁判、让裁判者负责"的司法价值功能。它必然要求法官检察官作为司法的主体与官署的法律地位和组织形态来表达，即法官检察官本身就是司法组织，它是以法官检察官四等十二级以职务等级为核心的司法组织体系，它是作为司法主体与作为自然人主体和唯一的最佳表达方式，并能够以自身的政治法律素养、人格品质以及职业信守保证其以"忠诚、公正、担当、清廉、文明"作为履行职责的保障。因而，"科层制"的内设机构体系对于其不仅是一个羁绊，而且是对司法资源与行政资源的严重浪费。因此，按照法官检察官与司法内设机构合二为一的理念方式设置司法办案组织，不仅可以根除传统司法理念，优化司法职权配置，破解内设机构林立导致的

司法协调、执行及其监督执行成本无控制增长的难题，而且可以有效激活法官检察官的潜能，确立法官检察官依法独立办案的主体地位，使其既作为司法的主体又作为内设机构的管理者承担司法责任和过错责任。把法官检察官作为一个官署组织机构被推到了司法管理体制改革的前台。故此，司法管理权属性之三在于以结构性为主，辅之以层级性。

四、功能性反思：以配置司法资源为主，辅之以配置行政资源

司法功能的体现是通过优化司法资源使司法权在设定的司法组织框架内与运行程序之中实现的。破解"司法地方化""司法行政化"难题，确保中央司法事权本质属性不被异化，既须尊重司法规律，又须通过科学的司法管理体系和管理运行机制来保障。因而，以推进司法权与司法行政事务权适度分离改革为前提，需要明晰层级司法机关各自的职责权限，防止角色错位、职责混淆；还需要建立健全以法官检察官"四等十二级"单独职务序列等级为核心的法官检察官、司法辅助人员的权力清单、责任清单、负面清单体系，辅之事中控制、事后评价、违规违法监察方式，通过推进司法管理体系和管理能力现代化，确保司法资源配置的优化，因此，司法权公正高效行使已成为司法管理体制改革的中心议题。所有这些是新一轮司法管理体制改革必须直面的重点、难点、热点及其薄弱点问题。故此，司法管理权属性之四在于以配置司法资源为主，辅之以配置行政资源。

第三节　现代司法管理权的构成

司法管理权的构成，可以从三个方面来理解：一是司法管理权的主体，即执掌者、行使者。二是客体，即司法管理的对象。主体和客体是构成司法管理权的基本要素。三是司法管理权的权能构成。在不同国家、不同体制、不同时期具有不同的内容。

一、司法管理权的主体

司法管理权的主体是指依法享有司法管理权力的机构。司法管理体制，与一

国的国家体制、制度架构、法律渊源、法律传统等密不可分，不同国家基于本国国情而采取不同司法管理体制，不同的司法管理体制下其行使司法管理权的主体也不尽相同。因此，在前文提到的五种司法管理体制中司法管理权由不同的主体履行管理职责。

在外部行政机关管理体制下，司法管理权行使的主体以外部行政机关（司法部）为主，以司法机关为辅。除了外部行政机关（司法部）外，司法机关内部还要承担司法机关内部的人事、财务、案件等相关事务的日常管理，这也是司法管理权的一部分。

在外部联合管理体制下，司法部、司法委员会与司法机关为司法管理权的共同主体。当然，三者各有分工。司法委员会负责人事管理，司法部负责财务经费管理，司法机关履行日常管理职责。

在司法委员会管理体制下，司法管理权的行使主体以司法委员会为主，以司法机关为辅。

在自治型管理体制下，司法管理权的主体为司法机关。

在内外部混合管理体制下，司法管理权的主体按照人事、财政、案件管理三条线，分别为不同行政部门和具体司法机关。

我们认为，无论采取哪一种管理体制，司法管理权的主体都应当具有一定的独立性。即使由司法机关如法院、检察院直接行使司法管理权，也应当在司法机关内部区隔司法裁断和司法管理这两种不同属性的权力主体，在它们之间划出一道不可逾越的界限，绝不可主体混同、角色错位、任意对换。否则，势必违背权力分工与权力制约的法治原则。

究竟是选择由独立的行政机关或专门特设的机关行使司法管理权，还是由司法机关自身作为其行政事务的管理主体，应当根据一国的国家体制、经济社会状况和文化传统进行甄别。在一个政治经济体制单一而且人口规模小、面积不大的国家，无论选择哪一种都没有太大的现实障碍，关键是要看其法治文化与社会现实基础如何并以此进行选择。而对于国家体量巨大、经济社会发展极不平衡、法治欠发达国家，可以采取中央和地方统分结合的模式。在中央一级，由司法机关或赋予特别职能的行政机关行使全国的司法管理权，负责全国范围的司法行政管理决策、资源配置和执行监督检查；在地方一级，只设一个统一管理各级地方司法事务的集中的管理平台。既可以是一个集成的主体群，由司法机关和行政机关按照职能分工的原则共享司法行政管理权，也可以直接交由专门负责人财物和事务处理的行政机关行使。当然，这不是静止不变的，随着经济社会和政治发展以及司法文明水平的提高，不同模式是可以转化的。

二、司法管理权的客体

关于司法管理权的客体,目前学界并没有明确的界定。一些学者从不同角度对检察管理或审判管理的客体进行了界定。有学者认为审判管理权的客体为法院的审判工作、审判流程。[①] 还有学者认为检察管理客体是指能够被检察管理主体影响、控制的客观事物,从管理资源的角度看,检察管理客体主要有人、财、物、信息、时间等;从管理对象的性质看,检察管理客体大致可分为人员、业务和行政事务三大部分。[②] 以上对检察管理权或审判管理权的客体界定主要区别在于,一种认为是社会关系,另一种认为是管理的对象。那么,究竟什么是客体?客体在法律上是指主体的权利和义务所指向的对象,包括物品、行为等。[③] 根据这个释义,客体一般意指对象。综合以上分析,我们认为司法管理权的客体是指司法管理所指向的对象,主要包括三大类:人事、财物、司法行为。这里需要指出的是,人事、财物、司法行为这三大类管理客体都应广义上地进行定义。人事包括司法人员的进出、晋升、思想、能力、培训、组织、薪酬及其所衍生出来的综合行政事务等。财物包括司法机关的各种经费、装备、设备及其所衍生出来的综合行政事务。司法行为包括法院的审判业务工作和检察机关的法律监督业务工作及其所衍生出来的综合行政事务。

三、司法管理权的权能

司法管理权的权能构成是指一国或地区依据国家(地区)体制和国家(地区)权力配置原则,对司法管理权的具体权能内容进行的分配。各国(地区)司法管理权在具体权能构成上不可能完全一致,这里主要以我国内地的司法管理权为主要分析对象,部分地方借鉴其他国家和地区的共性内容,进行综合评析。

(一)指令权

管理原指命令与服从。指令,是上级对下级属官针对职务上的事项所做的一

---

① 王琼、万伟岭:《浅谈检察管理》,载于《人民论坛》2011年第2期。
② 林钰雄:《检察官论》,法律出版社2008年版,第29页。
③ 转引自谭世贵、梁三利:《法院管理模式研究》,法律出版社2010年版,第12~13页。

般或者个别的指示；能够行使该指令的权能，则被称为指令权[①]。司法事务指令权，是指享有司法管理权的主体针对司法事务管理所做出的一系列指令的权力。司法事务指令权与司法指令权不同，主要体现在以下几个方面：一是行使指令权的主体不同。行使司法指令权的主体在我国内地一般包括司法机关享有司法决断权的高级司法官与内设机构享有决定权的行政负责人，即享有司法决断权的高级司法官，包括法院院长、大法官、高级法官、主审法官，检察院检察长、大检察官、高级检察官、主办检察官；内设机构享有决定权的行政负责人包括法院、检察院的党组、综合文秘、人事政工、纪检监察、行政装备、绩效考评、职业惩戒与教育培训等机构的负责人。即使是在外部行政机关管理体制或外部联合管理体制下，为保护司法独立性，外部行政机关也不能对司法人员的案件办理发出任何指令。而司法事务指令权的行使主体，除了司法机关两类主体外，则还包括外部相关职权机关。在我国内地包括党的机关、行政机关；而在其他国家和地区则仅包括类似司法部、司法委员会等行政机关。这些外部行政机关基于其对司法机关的人事、财物等管理权能，可以对司法机关的司法事务做出指令。二是指令权的规制对象不同。司法指令权所要规制的对象是具体案件的办理，可以分为一般指令权和个案指令权，前者是针对一般性法律问题发布指示和命令，后者是针对具体个案的处理做出指示和命令，包括：其一是上级司法机关对下级司法机关就某类案件或个案的办理所发出的直接指令；其二是本级司法机关的负责人对本级法官、检察官办理某类案件或个案发出的指令。司法管理体制改革需要直面回应和破解的难题是如何有效规制上级司法机关与本级司法机关的负责人行使司法指令权，纠正和防止其失规失范行为，确保司法机关依法独立公正行使司法权，与法官检察官依法独立公正行使办案权有机统一。而司法事务指令权所要规制的对象是司法机关内部的人事、财物、司法行为，这里所说的司法行为，不是司法办案本身，而是司法人员办案是否规范、是否达到质量要求、是否符合职业标准等。三是指令权的目的不同。司法指令权的目的主要是通过对司法办案进行审批审核，来实现对司法办案的领导、指导、监督。司法事务指令权的目的是通过司法事务管理，提高整个司法机关和司法人员的工作效率、工作质量，为司法办案服务。

以我国内地为例，司法事务指令权主要通过以下几种形式的指令行使。一是规范性文件的指令。如中共中央组织部、最高人民法院、最高人民检察院下发的《公开选拔初任法官、检察官任职人选暂行办法》，中央机构编制委员会办公室下

[①] 转引自南东方、孙亚楠、陈国璋、王建华：《检察人员分类管理改革及其工作运行机制研究》，载于《人民检察》2008年第18期。

发的《关于政法专项编制内部挖潜和创新管理的若干意见》，最高人民检察院印发的《检察人员纪律处分条例（试行）》等。二是日常书面指令。这类指令形式繁多，主要体现为日常公文形式，如命令（令）、决定、指示、公告、通告、通知、通报、报告、请示、批复、函、会议纪要等。这类指令既可以是组织部门、编制部门、财政部门、人力资源社会保障部门等外部行政单位依据司法管理权做出的，也可以是司法机关内部做出的。三是口头指令。在司法事务指令权行使过程中，尤其在司法机关内部较为常见的还有口头指令，一般表现为司法机关内部领导直接口头指示，命令下属开展某项具体工作。

（二）确认权

确认司法权力在不同主体之间以及同一主体的不同构成成员之间的配置关系，是司法管理权的重要权能。莫里斯·罗森伯格说："司法是人和制度的集合体。"[①] 而司法管理最重要的就是对人的管理。司法管理权中的确认权在具体范围上可分为两个方面：

1. 对司法主体职业类别的确认权

"管理科学之父"泰勒创立了职位分类管理，这种分类管理首先是在一些大企业中广泛推行的。在20世纪初，美国联邦及州政府将该制度加以改进后用于对公职人员的管理。"从管理学的角度看，分类是管理的前提。划分职位分类的标准不仅要依据职位的性质和特点，还要取决于管理的需要。"[②] 1923年，美国颁布实施《职位分类法》，首次以法律的形式明确了美国公职人员按照职位的特点进行分类管理。"职位分类是以事为中心，按照工作性质、难易程度、责任大小和素质要求等对职位进行科学分类，在因事设位的基础上，再以位择人、以位定级、以位给薪。"[③] 司法人员分类管理是指根据司法人员的工作性质、基本职能、岗位特点和工作规律等对其进行分类，并按照不同类别进行区别管理。司法人员分类管理务必遵循司法规律和司法职业特点，树立以司法人员为本的管理理念，建立以职位分类为中心的选人、用人、育人、留人的科学而有效的管理体制，同时要充分重视专业人才，尊重司法人员的个性和创造性，在司法机关内部营造公平竞争的工作环境，营建和打造司法机关尊重人、满足人、激励人和开发人的科学制度空间。实行司法人员分类管理，首先，要明确司法人员的类别。对司法人员类别，各国基于本国国情和法律传统，均有所区别。（1）英美法系国

[①] 莫里斯·罗森伯格：《司法的品质》，亚利桑那州曼尼科巴高等法院编《法官手册》附5页。
[②] 转引自孙谦、郑成良主编：《司法改革报告：中国的检察院、法院改革》，法律出版社2005年版，第177页。
[③] 徐汉明、金鑫、姚莉：《检察官职务序列研究》，中国检察出版社2017年版，第26页。

家。美国将法院工作人员分为法官、法院书记官、法庭助理、记录员、法庭传达员、行政人员[①]。将检察院按联邦中央与地方层面做不同确认区分,即联邦中央层面,其名称按职位高低分别为联邦总检察长、常务副总检察长、联邦首席政府律师;司法部下属的反垄断司、刑事司、国家安全司、税务司等属于检察业务范畴的事项,各司由一名助理总检察长负责日常工作,归联邦副总检察长领导;联邦地方层面,其称谓为联邦检察官、助理联邦检察官,每个州根据人口多少设置1~4个联邦地方检察区,分别由州检察长、县检察官、市(镇)检察官独立负责检察工作,地区三级检察官与联邦检察官之间没有隶属关系。英国将检察机关分为中央与地方层面的检察官,即中央层面为总检察长、副总检察长、刑事检控专员、首席执行官/副刑事检控专员;地区层面设首席皇家检察官、副首席皇家检察官、地区皇家检察官、特别检察官、资深皇家检察官、皇家检察官、助理检察官;在地区设若干检察区,每个检察区设2~4名副首席皇家检察官,其领导若干名皇家检察官,首席皇家检察官则领导特别检察官、资深检察官、皇家检察官以及检察辅助人员、行政辅助人员。[②](2)大陆法系国家。日本根据《检察厅法》将检察机关工作人员分为检事总长、次长检事、检事长、检事和副检事五类。检事总长、次长检事为最高检察厅的长官;检事长为高等检察厅的长官;地方检察厅和区监察厅分别设检事正和首席检事,检察辅助人员有检事总长秘书、技术官、技术员,司法行政人员有事务官、事务员、厅务员等。[③]德国分设联邦总检察院、州立总检察院、州地方检察院。联邦检察官职务分别为联邦总检察长、联邦检察官、高级检察官、检察官;州总检察院检察官分别为总检察长、高级检察长、高级检察官、检察官、见习检察官;州地方检察官分别为高级检察长、高级检察官、检察官、见习检察官,检察辅助人员,行政人员等。[④](3)转型国家的检察官设立。苏联解体后的俄罗斯,其检察官管理体制同其政治体制、司法体制实现了以西方国家为坐标系的转型,检察官设置有两套体系称谓,即联邦检察院的检察官分别为总检察长、第一副总检察长、副总检察长、高级检察官、中级检察官、初级检察官,俄罗斯联邦主体检察院(共和国、边疆区、州、直辖市、自治州、自治专区)及区(市)的检察官分别为检察长、第一副检察长、副检察长、高级检察官、中级检察官、初级检察官、助理检察官、初级助理检察官等,检察辅助人员和行政人员。[⑤]保加利亚的检察官称谓分别为最高检察

[①] 徐汉明、金鑫、姚莉:《检察官职务序列研究》,中国检察出版社2017年版,第30~31页。
[②] 徐汉明、金鑫、姚莉:《检察官职务序列研究》,中国检察出版社2017年版,第37~38页。
[③] 徐汉明、金鑫、姚莉:《检察官职务序列研究》,中国检察出版社2017年版,第51~52页。
[④] 徐汉明、金鑫、姚莉:《检察官职务序列研究》,中国检察出版社2017年版,第56页。
[⑤] 徐汉明、金鑫、姚莉:《检察官职务序列研究》,中国检察出版社2017年版,第60页。

院总检察长、检察长、检察官,最高行政检察院检察官,最高上诉检察院检察官、上诉检察官,上诉军事检察院检察官、区域军事检察官、区军事检察官;区域检察官、区检察官,检察辅助人员有专业化管理人员,行政人员包括行政领导和一般行政人员等。① 哈萨克斯坦检察官称谓为总检察长、常务总检察长、副总检察长、检察长、副检察长、高级检察官、检察官、初级检察官;检察辅助人员有总检察长高级助理、总检察长助理、法律顾问、专门助理、检察长高级助理、检察长助理、专门助理以及行政人员等。②(4)我国港澳地区。香港特别行政区设立之前律政司署设总检察长和检察官。律政司署在律政专员之下分设首席检察官、副首席检察官、助理检察官。香港回归后改为律政司,设立律政司长、律政专员(刑事检控专员)、首席政府律师、副首席政府律师、助理首席政府律师、高级政府律师、政府律师及行政人员。③ 澳门特别行政区设立检察长、助理检察长、检察官、书记长、助理书记长、主任书记员、司法文员等辅助人员与行政人员。④(5)我国内地正在开展的司法体制改革中,将司法人员分为司法官(法官、检察官)、司法辅助人员和司法行政人员,其中,根据《中华人民共和国法官法》《中华人民共和国检察官法》的规定,首先,对法官检察官按照四等十二级分设为:首席大法官大检察官;一级大法官大检察官,二级大法官大检察官;一级高级法官高级检察官、二级高级法官高级检察官、三级高级法官高级检察官、四级高级法官高级检察官;一级法官检察官、二级法官检察官、三级法官检察官、四级法官检察官、五级法官检察官。其次,建立各自的职务序列和管理规范。完成分类后,必须要建立各类人员在本类别内的职务发展通道,以及各个类别人员日常管理规范。如果有必要,还可建立不同类别人员之间的转任交流机制。

2. 司法人员规模的确认权

主要体现在对司法人员员额的核定。员额管理是司法制度科学化发展的重要标志。⑤ 司法人员员额,是指一个国家或地区关于司法人员的员额比例限制,从总体上或者分层级规定司法人员的员额比例,它对一个国家或地区的司法人员保障机制、培训机制以及司法队伍建设等机制体制产生一系列的影响。无论是大陆法系还是英美法系,很多国家(地区)都根据本国(地区)的政治、经济、文化等基本情况,建立了符合本国(地区)国情的司法人员员额制度,尤其是法官检察官员额制度。一般来说,实行法官检察官员额管理的国家或地区都推崇法官

---

① 徐汉明、金鑫、姚莉:《检察官职务序列研究》,中国检察出版社2017年版,第67页。
② 徐汉明、金鑫、姚莉:《检察官职务序列研究》,中国检察出版社2017年版,第64页。
③ 徐汉明、金鑫、姚莉:《检察官职务序列研究》,中国检察出版社2017年版,第161页。
④ 刘美伶:《检察院如何应对司法人员分类管理制度——以员额制改革为视角》,载于《法制博览》2016年第17期。
⑤ 高瑜:《司法改革背景下法官助理制度有关问题探析》,载于《法制博览》2015年第25期。

检察官精英化思想，认为法官检察官应当是年长而富有经验的精英，将有着丰富法学理论和司法实践经验的优秀法律人才选任为法官检察官。这里需要指出的是，在实行法官检察官员额管理的国家或地区中，一般都建立了健全的司法辅助人员制度，体现司法分工的科学化和司法资源的优化配置。通过庞大、专业的辅助人员队伍协助法官检察官办理案件，这也是在日益繁重的办案压力下实行法官检察官员额管理的重要前提。如英国的主事法官就是法官的助手、美国专门设立法官助理制度、日本配备法官秘书[①]，让法官检察官从烦琐的程序性事务中解脱出来，提高法官检察官办案效率。

考察英美法系、大陆法系、转型国家、我国港澳地区的检察机关实行司法员额制有各自的特色。

（1）英美法系国家检察机关的员额制度。

美国无规范的员额制，而是实行检察官配置法定制。无论是联邦还是地方，每个检察官办事处只设一名检察官。在联邦司法部，联邦总检察长、常务副总检察长、副总检察长、联邦首席政府律师等职务实际上也各由1人担任，助理总检察长则由与检察业务相关的若干个部门的负责人担任。检察官带领若干助理检察官开展工作，助理检察官由检察官雇用，提交联邦总检察长或州检察长任命；检察官办事处的工作人员一般都称为助理检察官，包括检察官办公室内设部门的负责人；他们虽然有职务和工资上的差别，但是没有"职务层次"上的差别，无论是局长还是处长，都是"检察官（长）的助理"。如新泽西州联邦检察官办公室下设3个分支办公室，负责该辖区21个县，共有1名联邦检察官，135名助理联邦检察官。美国联邦与州检察系统的检察官、检察辅助人员与司法行政人员的员额比例各有差异。[②] 美国联邦与各州检察官配置人数较少，是与其司法管理体制、检察官职权、诉讼制度密切联系的。第一，检察官享有对刑事案件的自由裁量权、与律师及其诉讼当事人的辩诉交易权，大多数案件通过辩诉交易处置，大幅减轻了检察官工作量。第二，涉及重大刑事案件交由律师负责起诉。第三，大量违警案件由警察直接向治安法院起诉，大大分担了检察官的办案工作量。[③]

英国检察官的员额比例。根据高级文官（SCS）序列员额编制情况分析，皇家检察署法务类的资深检察官配备7人；高级检察官配备60人；其他高级行政人员配备5人，其比例分别为：10%、83%、7%。中低级别序列中，检察官配备1 813人，其比例约为32%；行政管理人员配备2 525人，其比例约为46%。

[①] 徐汉明、金鑫、姚莉：《检察官职务序列研究》，中国检察出版社2017年版，第27~28页。
[②] 徐汉明、金鑫、姚莉：《检察官职务序列研究》，中国检察出版社2017年版，第34~35页。
[③] 徐汉明、金鑫、姚莉：《检察官职务序列研究》，中国检察出版社2017年版，第48~49页。

英国皇家检察署的检察官人员配置与员额比例受其司法体制、诉讼制度、检察官的职权以及司法传统的诸多因素的制约。[①]

（2）大陆法系国家检察机关的员额制度。

日本最高检察厅共有工作人员 111 人，其中检察官 19 人（检事总长 1 人、次长检事 1 人、检事 16 人、检事总长秘书 1 人），占 17.1%；检察辅助人员（包括事务官、技术官、事务员）85 人，占 76.6%；司法行政人员（包括技术员、厅务员）7 人，占 6.3%。日本设东京、大阪、名古屋、广岛、福冈、仙台、札幌、高松 8 个高等检察厅，共有工作人员 644 人，其中检察官 130 人（检事长 8 人、检事 122 人），占 20.2%；检察辅助人员（包括事务官、技术官、事务员）485 人，占 75.3%；司法行政人员（包括技术员、厅务员）29 人，占 4.5%。日本地方检察厅（50 个，支部有 203 个）和区检察厅（438 个）共有工作人员 11 041 人，其中检察官 2 573 人（检事 1 674 人、副检事 899 人），占 23.3%；检察辅助人员（包括事务官、技术官、事务员）8 353 人，占 75.7%；司法行政人员（包括技术员、厅务员）115 人，占 1%。[②]

德国员额比例。根据 2011 年的数据统计，德国联邦总检察院有工作人员 245 人，其中检察官人数 69 人，占 28.2%，包括联邦总检察长 1 人、联邦检察官 26 人、高级检察官 42 人；检察辅助人员、司法行政人员约为 176 人，占 71.8%。德国 16 个州每个州设置 1～3 个州总检察院，全国共设置 24 个州总检察院，有工作人员约 915 人，其中检察官人数约为 387 人，约占 42.3%；检察辅助人员约为 199 人，约占 21.7%；司法行政人员约为 329 人，约占 36%。德国共设置 117 个地方检察院，约有工作人员 18 741 人，其中检察官人数约为 5 692 人，约占 30.37%；检察辅助人员约为 1 708 人，约占 9.11%；司法行政人员约为 11 342 人，约占 60.52%。由于德国司法体制、职权配置、检察官在刑事诉讼、民事诉讼、行政诉讼的地位与作用不同于英美法系国家，其检察官与检察辅助人员、司法行政人员配置总量大大超过英美法系国家的配置规模，而员额比例也与英美法系国家有很大区别，特别是根据层级不同的检察院承担检察职能任务的差异而配置检察官与司法辅助人员、司法行政人员的员额比例不同。例如，联邦检察院、州总检察院、州检察院检察官的员额分别约为 28%、42%、30%。这与我国目前检察官、法官员额比例配置改革采用"一刀切"的办法有着较大区别。[③]

（3）转型国家俄罗斯、保加利亚、哈萨克斯坦等国家检察机关的员额制度。俄罗斯联邦总检察长，负责领导俄罗斯联邦检察系统工作。俄罗斯联邦总检察长

---

① 徐汉明、金鑫、姚莉：《检察官职务序列研究》，中国检察出版社 2017 年版，第 39～42 页。
② 徐汉明、金鑫、姚莉：《检察官职务序列研究》，中国检察出版社 2017 年版，第 52 页。
③ 徐汉明、金鑫、姚莉：《检察官职务序列研究》，中国检察出版社 2017 年版，第 57 页。

在划配所属的定员编制与劳动报酬基金范围内,确定俄罗斯联邦总检察院人员编制与机构设置,明确隶属机构的职权范围,规定下级检察院及所属机构的定员编制与机构设置。①

保加利亚根据2007~2012年保加利亚共和国检察机关功能、结构、程序和组织分析报告,检察机关工作人员员额管理制度,该国的员额实行分层级组织体系规定。其中,最高检察机关检察官员额比例为67.21%、检察辅助人员和司法行政人员员额比例为32.79%;最高行政检察机关检察官员额比例为63.49%、司法辅助人员员额比例为23.81%、司法行政人员员额比例为12.70%;地方检察机关分设检察一局、检察二局、检察三局,其中检察二局、三局由检察官组成,其员额比例高达71.28%,检察一局由司法辅助人员和司法行政人员组成,其员额比例仅为28.72%。②

哈萨克斯坦根据宪法法律规定,哈萨克斯坦检察机关由哈萨克斯坦总检察院,哈萨克斯坦各市、区检察院等构成。与检察官类别相适应,其辅助人员的划分和任免及其员额都有规定。③

(4) 我国港澳地区法官检察官的员额制度。香港特别行政区员额比例。截至2012年12月31日,香港律政司政府律师共计376人,其中律政专员5人,首席政府律师15人,副首席政府律师50人(含2个编外职位),助理首席政府律师14人,高级政府律师190人,政府律师102人(含2个编外职位);法律辅助人员共计203人;其他人员614人,政府律师人数在全部工作人员人数中的比例为31.5%。④ 澳门特别行政区员额比例。按照《澳门司法组织纲要法》规定,检察院司法官的编制为检察长1人、助理检察长13人、检察官27人。⑤

(三) 许可权

主要是指对司法人员职业准入的审查权和批准权。司法人员职业准入管理是司法制度这一个整体系统中一个十分重要的子系统,也是司法人员专业化、职业化建设的重要内容。职业准入管理主要包括两个方面的重点内容:一是规定司法人员选任的条件,如年龄、学历、素质、品性、能力等。二是按照规定的条件和程序,由专业的遴选组织机构对司法人员进行选任。由于司法人员分类管理后,

---

① 徐汉明、金鑫、姚莉:《检察官职务序列研究》,中国检察出版社2017年版,第60页。
② 徐汉明、金鑫、姚莉:《检察官职务序列研究》,中国检察出版社2017年版,第63页。
③ 徐汉明、金鑫、姚莉:《检察官职务序列研究》,中国检察出版社2017年版,第65页。
④ 徐汉明、金鑫、姚莉:《检察官职务序列研究》,中国检察出版社2017年版,第67页。
⑤ 樊清华、黄日强:《德国"两阶段"法律教育模式研究及对我们的启示》,载于《东华理工学院学报》(社会科学版) 2007年第2期。

法官检察官的职业准入门槛明显高于其他人员。因此司法人员职业准入管理的重点应当放在法官检察官的职业准入上。要想成为一名法官检察官必须具有一定的法律从业资格、深厚的法学素养、较高的专业能力，并经专门的遴选组织机构通过严格遴选程序遴选产生。

学界和实务界一般认为，对司法职业的准入必须建立法定的标准和严格的程序，但对入职后的教育培训管理则不与职业资格挂钩。其实，即使获得准入，如果在职业生涯中无法达到法治能力的及时升级，也应当承担一定的不利后果。为此，应当加强对司法人员职业教育培训管理。

司法人员职业教学培训，是指为了提高司法人员履职能力，适应时代发展，对司法人员尤其是法官检察官的法学理论、业务技能、相关学科知识等方面进行培训。从目前发展趋势来看，司法人员职业教育培训有以下两个方面特点：一是重视职前培训。如前所述，大多数国家在法官检察官选任时都规定了严格的条件，其中之一就是参加职前培训。如德国法官职前培训包括3年半左右的大学法律专业学习并通过第一次法律专业考试、两年半的司法职业培训，并经过第二次法律专业考试。二是重视继续教育。如法国要求在职法官在任职的前8年内，每年必须有15天时间在法官学校受训；8年后，可以自由选择受训。司法人员职业教育培训是提高司法人员素质能力，推动司法机关工作的重要手段，其核心要义就是要促进司法办案人员掌握必要的基础技能，具有一定的专业知识和能力，提高独立思考问题的能力，增强认识和解决社会问题的敏锐性，不断开拓思想境界和更新知识结构，从而促使司法人员能够运用这些知识与技能办好各类案件。

（四）保障权

保障司法职业是司法管理权的基础性权力形态。司法人员职业保障是一个国家为了保障司法人员公平公正履行司法职责而制定的关于职权保障、身份保障、经济保障等一系列保障制度的总和。司法人员职业保障是司法独立的重要前提，是司法制度科学化的重要内容。一般来说司法人员职业保障包括以下几个方面内容：一是职权保障。为确保司法人员能够独立自主处理案件，在法律许可的范围内让司法人员享有一定的处理案件的自由，通过合理授权，体现司法人员办案的亲历性、独立性。这种职权保障一般包括，司法人员在依法处理案件时非因徇私舞弊、玩忽职守以及故意或重大过失等原因并给当事人造成严重损失的，不承担任何形式的法律责任，所实施的行为和发表的言论不受指控或者法律追究。有的还建立了禁止新闻媒体评议规则，即对于媒体在案件办理的过程中抢先判断案情的行为，司法人员有权予以制止。二是身份保障。法官检察官一经合法任命，除正常工作变动外，非因法定事由、非经法定程序，任何机关不得将法官检察官调离、辞退或者做出免职、降级等处分，以保障法官检察官地位和身份的稳定性。三是经济保障。建立司法人员专业职务序列薪酬，使司法人员，尤其是法官检察官与其他公务员的薪酬待遇区别开来，实行高薪制，为司法人员依法履职提供经济保障。

（五）分配权

对司法机关的财物进行配置与管理直接关系到司法机关能否正常有序运行。司法财物管理权，是指为了保障司法机关正常工作开展，对司法机关的各项财物经费管理，包括预算、审核、拨付、使用、涉案款物等方面的管理，以及司法机关的装备、资产、债务等进行规范管理。司法财物管理权可以分为司法财物保障、司法财物日常管理两大部分。

1. 司法财物保障

联合国《关于司法机关独立的基本原则》第7条规定："向司法机关提供充足的资源，以使之得以适当地履行其职责，是每一会员国的义务"[①]，这里所说的资源，就包括司法机关办案办公的财物保障。司法财物保障，是指为推进司法活动有序开展，促进社会公平正义，由具备了相应的财力、管理职能的部门机构来对司法机关所需各类经费进行负担的常态化的综合保障制度。尽管各国立法权和行政权都存在着如何在中央政府与地方政府之间配置的问题，从司法权的发展趋势来看，世界大多数国家的司法权要么已经实现了由中央依法设立和直接管理的司法机关独立行使，要么正在朝着这个方向改革探索，尽量避免地方政府干预。为确保国家司法权的统一，各国在司法管理体制设置构架上采取了一定的强制性规定，以确保各级司法机关能独立、公正地行使司法权，不受地方权力机关的影响。一般而言，在各主要国家，全国各级司法机关的经费开支都由中央财政负担，并以法律的形式确保司法机关经费的充足[②]。比较常见的做法是由国家最高司法机关独立编制全国各级司法机关经费的总预算，由行政机关汇总，交由立法机关审议批准，最后再由最高司法机关根据预算在全国司法系统内部统一分配使用。如美国于1939年设立了联邦法院司法行政管理局，专门担任联邦司法系统的行政管理职责，由它制定并向国会提出联邦法院预算，审核并分配各联邦法院的经费。美国联邦各级法院的经费都由联邦政府拨给，由联邦最高法院统一分

---

① 李贤华：《域外保障法院运行经费的法律制度》，载于《人民法院报》2015年7月17日。
② 张洪松：《论美国州初审法院经费保障体制及其借鉴意义》，载于《四川大学学报》（哲学社会科学版）2010年第4期。

配使用。日本早在1947年的《裁判所法》中明确规定：裁判所的经费是独立的，应计入国家预算内。俄罗斯为了推动法官独立审判，做到只服从法律，对法院财政的分级管理体制进行了改革，实行联邦政府一级财政管理。俄罗斯《宪法》第124条规定：法院的经费只能来自联邦预算，应能保障按照联邦法律充分而独立地进行审判。德国联邦司法部负责管理联邦法院、联邦检察院的经费。每年年初，联邦各法院及检察院提出经费预算送司法部，由司法部审查，商财政部综合平衡后，报请联邦议会批准。法国司法部负责全国普通法院系统的经费预算编制和管理。各基层法院向上诉法院提出每年所需经费预算，上诉法院汇总后报司法部，司法部对最高法院和上诉法院的经费预算进行审查，并商财政部综合平衡，最后报议会批准。总体上看，世界上大多数单一制国家都将司法机关的财物经费独立出来，单独列入国家预算，由中央财政统一划拨，联邦制国家联邦司法机关的财务经费由中央政府负责，州司法财物经费由州政府负责。

2. 司法财物日常管理

司法财物的日常管理是司法机关为了保障司法工作的有效运转和机构正常运转，在总体经费预算保障前提下，对司法办案所需的各项财物经费开支进行常态化的管理。一般来说，司法财物日常管理的主体为司法机关，管理的对象包括人员经费、公用经费、办案经费、特勤经费、装备经费、信息化建设经费、办案用房与业务房等基础设施经费、国际交流合作经费等。因各国情况不一，司法机关的内部管理形式也略有不同，但总体来看，都是由专门的内部行政财务机构和人员进行日常管理。如美国设立法院行政总管负责满足法院以及发放经费机构的财务要求，负责预算的编制、管理和申报，以及法院内部设施管理。[①] 法国最高法院的日常财物工作由司法部管理的司法行政人员具体负责，上诉法院及其司法管辖区的各基层法院的经费由司法部部长授权上诉法院院长和总检察长共同管理[②]。

（六）案件管理权

案件管理权即司法案件管理权，是指为保障案件质量，维护司法公正，对司法办案实行严格流程管理、监督规范司法人员的执法行为的权力。司法案件管理在本质上是一种组织活动，其管理的对象是司法机关承办的各类案件，管理的手段是控制、组织、协调和处理，管理的目的是加强自我监督，保证案件质量和办案效率。加强对司法案件的管理，建构完善的司法案件管理机制，是司法机关对

[①] 梁三利、郭明：《法院管理模式比较——基于对英国、德国、法国的考察》，载于《长江师范学院学报》2010年第1期。

[②] 江必新：《域外案件管理改革的借鉴与启示》，载于《比较法研究》2013年第4期。

司法办案活动实施内部监督管理、提升办案效率和案件质量的有效手段。

1. 司法案件管理模式

总体上看,司法案件管理模式可以分为以下两种:一是英美法系国家的管理型司法模式。管理型司法模式强调案件管理人的作用,要求从立案到开庭的审前程序应在法院指派的案件管理人的控制之下,以提高效率、缩短时间、降低成本。美国、英国、加拿大等英美法系国家推行管理型司法模式的案件管理改革,不过各国大同之下也有小异,如美国建立的是专门的案件管理人制度,英国则强调案件分流和多元化管理,可谓在管理型司法模式之下各有侧重。二是大陆法系国家的集中化审理模式。大陆法系国家集中化审理模式,指的是通过庭前的工作使正式的庭审活动顺利进行,达到缩短诉讼时间的目的。大陆法系的集中化审理模式也因不同的国家或地区而有所不同,如德国,从1976年的《有关简化审判程序及加快审理进程的法律》(以下简称《简略化法》)开始,按照"斯图加特模式"推行集中审理;而日本则是推行计划性审理。

总体来看,我国内地的司法案件管理模式采用和英美法系国家相类似的管理型司法模式。在这种模式下,我国司法机关的职能定位是管理、监督、服务、参谋。司法案件管理,主要是指案件流程管理、文书管理、涉案款物管理、案卷管理、移送送达管理等。司法案件监督,主要是指办案期限监督、办案规范监督、办案质量监督等方面。司法案件服务,主要是指为司法办案提供的一系列保障性的服务。司法案件参谋,主要是指办案整体情况分析、领导决策参谋等方面。[①]

2. 案件质量考评标准和评价体系

案件质量管理,是司法案件管理中的重中之重。要实现案件质量管理,有必要建立案件质量考评标准和评价体系。一是建立案件质量考评标准。为了随时消除执法办案过程中易引发质量偏差的因素,需要对具体办案环节和流程进行标准化控制。建立案件质量考评标准是标准化控制的第一步,也是整个司法案件动态管理体系的研发基础。案件质量考评标准是指在司法机关办案活动的各个环节,按照一定的程序和一定的方法,对案件质量的优劣进行评价和估量所依据的具体标准。为契合司法办案流程的动态性,案件质量考评标准除了遵循诸如公开、公正、定量与定性相结合等传统原则外,还应遵循执法环节的细化、量化原则,执法规范化的可行、适应原则及办案绩效的结合条块考核原则。[②] 二是建立案件质量评价体系。案件质量评价在具体操作上应当建立一套系统的体系,包括案件质量评价的主体、客体、方式、标准、程序,以及评价结果的运用。

---

① 江必新:《域外案件管理改革的借鉴与启示》,载于《比较法研究》2013年第4期。
② 石京学:《案件管理机制的理论基础》,载于《检察实践》2005年第4期。

3. 现代案件管理监控程序

大多数国家的司法案件管理都设置专门的案件管理人员，开发案件管理软件，实行流程管理。尤其是英美法系国家大部分已经广泛使用案件管理软件。案件管理软件使公众、当事人、律师、法官和助理都可以接触、提交、接收诉讼材料。如公众可以通过软件参与和了解案件的情况；律师和当事人可以通过软件提交诉讼材料；法官可以在网上受理案件，等等。当然，每个国家软件系统的水平不同，有的国家软件制作非常细致，简易案件的裁判文书自动生成，有的国家相对就要粗糙一些。但无论怎样，在信息化社会，通过信息技术来加强案件管理是一种重要途径。[1] 在案件管理软件的基础上，对办理的所有案件进行全程监管，从受理或者立案之日起，通过建立案件跟踪机制及时掌握案件办理动态，实现全程监管。[2]

（七）综合管理权

综合管理权即司法综合事务管理权，是指为了保障司法机关正常运转，对司法办案之外的综合性事务进行统筹、分配、协调、监督等管理的权力。司法综合事务范围非常广泛，包括秘书、文书、机要、信息、档案、督办、外事等一系列工作，是司法机关得以正常运转的中枢。从域外的实践来看，域外国家司法综合事务管理的制度模式主要有以下两种。一种是大陆法系国家的外部分离模式，即主要由政府的司法行政机关（司法部）来承担司法机关综合事务的管理，司法业务与司法综合事务完全分离。另一种是英美法系国家的内部分离模式，即由司法机关内部的司法综合部门来承担司法综合事务的管理。目前我国的司法综合事务管理基本也是由司法机关内部综合部门承担，但在最近的司法体制改革中，从中央到地方提出并在探索司法权和司法行政事务管理权相分离。还有学者提出了司法权和司法行政事务管理权由司法机关"内部混同管理"模式向"适度分离、自治管理"模式，再向国家司法委员会"统分结合现代管理"模式跨越，是司法管理体制规范化、制度化、科学化的必然要求，是司法管理体制由低级向高级、由尚不成熟向成熟过渡的渐进过程，是推进司法管理体系和司法管理能力现代化的必然选择。[3]

因各国政治体制和司法管理体制等国情不一样，司法综合事务管理权的内涵也不一样。下面以我国为例，对其司法综合事务管理权的主要权限、特征和制度保障等进行剖析。

---

[1] 徐汉明：《论司法权和司法行政事务管理权的分离》，载于《中国法学》2015 年第 4 期。
[2] 李德文：《法院信息化建设》，载于《法制与社会》2016 年第 1 期。
[3] 江国华、何盼盼：《数据共享与中国司法现代化》，载于《中国高校社会科学》2017 年第 1 期。

1. 司法综合事务管理权的主要权限

司法综合事务管理权主要包括：协助院领导组织、协调、处理司法政务；督办院党组会议、院长检察长办公会议决定事项和中央领导、院领导批示交办的事项，适时督促、检查各项规章制度的执行情况，查办、催办院领导批示和交办工作的落实情况①；负责重要文件、报告的起草；负责简报、情况反映等信息的编辑及对下指导工作；负责重大工作部署的调查研究和上级机关联络通信工作；负责与本级人大代表联络工作；督办本级人大代表建议和政协委员提案及其来信；负责重要会议和重大活动的组织协调工作；负责公文处理工作；负责图书资料管理工作；负责院领导秘书的行政管理工作；负责院值班、院印章管理、传达和收发工作；负责机关档案的收集、管理、利用工作，做到档案管理规范有序，归档及时，安全保密，措施妥当②；负责新闻宣传和公布司法裁判文书的组织协调工作；负责院党组文件理文和党政文件、电报的收发、传阅、交换工作。

2. 司法综合事务管理的特点

司法综合事务管理具有自身的特点，至少包括以下四个方面。第一，具有专业性。众所周知，司法办案活动可以说具有高度专业性的工作，要求司法人员具有专业的法律知识、法律思维和适用法律的能力。而司法综合事务管理是围绕保障、服务司法办案活动有序进行，或者说其服务的对象就是司法办案活动。这必然要求从事司法综合事务管理的人员需具有一定的法律专业知识、管理知识和管理能力，不能外行管内行。第二，具有规范性。司法办案工作对程序性、规范性要求、时效性都很高。这必然要求司法综合事务管理规范需与办案规范协调一致，形成有序高效的运行体系，确保司法办案活动公正高效运行，不能使综合事务管理规范阻碍、制约或者影响司法规范的依法有序运行。第三，具有严谨性。司法无小事，无论是其日常性的工作还是临时性任务，都需注重依法依程序，注重法定的环节与细节，确保办案的公正性。这必然要求司法综合事务管理必须贯彻过程控制、精细化管理、流程管理的理念、方式与方法，通过精细化、流程化、规范化的综合事务管理，保障、服务和促进司法活动的精准性、公正性，纠正和防止因司法综合事务管理的偏差导致的司法办案工作陷入被动的现象。第四，服务性。检验司法综合事务管理绩效的标准之一是司法办案活动保障和服务的质量，因此服务性是司法综合事务管理的属性之一。司法管理人员在履行综合事务管理职能过程中需强化"服务第一、质量优先、以人为本"的理念，始终围绕保障司法活动正常运转，围绕司法办案中心任务和重点工作，不断改进方式方

---

① 李德文：《法院信息化建设》，载于《法制与社会》2016年第1期。
② 江国华、何盼盼：《数据共享与中国司法现代化》，载于《中国高校社会科学》2017年第1期。

法，提供优质高效、精准规范的服务。

3. 司法综合事务管理权的制度保障

由于司法机关工作的特殊性，司法综合事务管理要求高，如前所述：优质高效、精准规范。仅仅依靠行政手段来搞好司法综合事务管理是不够的，要通过建立健全制度规范为司法综合事务管理权的高质高效行使提供保障。

第一，要建立有序运行的工作制度。在日常工作处理流程和操作规程、督办规程、政务处理中的问题发现与反馈机制、调查研究机制等方面，研究制定切实可行的工作细则以及实施办法，并严格实施推进，从而促进办文、办会、办事的规范、严谨与高效。第二，要建立司法部门内部管理的激励约束制度。在整体思路上，可以优化组织机构的设置、建立以"定职权、定岗位、定人员"为核心的职权清单体系、责任清单体系、负面清单体系，实行全员岗位目标管理责任制，全面落实工作质量与效率服务承诺制、竞争上岗与末位淘汰的激励约束机制，推动"能者上、庸者下、劣者汰"的选人用人机制的建立健全，优化管理资源配置，激发管理活力，创新管理机制，形成事事有人负责、人人有权有责、层层感受压力的工作格局。在管理人员绩效考核方面，可以推行与目标管理责任制相配套的个人业绩登记制度，实行量化管理和考核。第三，要建立健全有别于普通公务员、与法官检察官职业保障相协调、相匹配的职业保障机制。司法机关综合管理部门应保障和服务司法办案工作的密切性、不可分性，使其成为保证公正司法、提高司法公信力的一个主体之下的两个有机组成部分。尽管司法与司法综合管理工作具有主从的地位属性之分，但其"一体两翼"的工作格局使得司法综合保障工作的作用不能小觑。正在推进法的省以下人财物保障体制改革的实践表明，将司法综合管理人员与普通公务员的职级职务待遇简单画等号，不能及时出台适应深化司法体制改革、建立公正高效权威的社会主义司法制度战略目标任务要求的有别于普通公务员的工资福利保障制度，法官检察官工资福利待遇与司法综合管理人员工资福利待遇差距过于悬殊，以至于司法综合管理部门人才流失的情况时有发生，从而致使司法保障管理服务一定程度上形成对严格公正文明司法的掣肘。因此，有必要建立适合中国国情、与现代司法体制协调配套的司法综合事务的保障机制。第四，要建立完善上下级司法机关在司法综合事务管理方面的联动机制。加强上级机关对下级机关综合事务管理部门的指导监督，及时发现问题，便于整改提高。

（八）信息技术管理权

信息技术管理权是司法管理权不可缺少的形式。本来，信息技术管理权也是综合管理权的一部分，但由于其在信息时代大数据、人工智能、云计算加速应用于经济管理、政治管理、文化管理、社会管理、生态管理司法办案乃至与司法综合事务管理的独特关联,故单列出来进行分析。司法信息化主要是指司法机关利用互联网、大数据和音视频等现代信息技术建设成的供司法人员使用的计算机网络的硬件平台,开发和应用各类应用软件,收集、传递、处理、保存和运用各种司法机关各类工作信息,从而实现信息资源的交流共享和有效利用,促进司法办案质量和效率的提高,为实现司法机关各项工作的现代化提供科技支撑的过程。司法信息化也是国家和社会信息化的重要组成部分之一,其目的就是要为提高办案效率、保证办案质量、促进司法公开、践行司法为民提供有力的技术保障。

1. 信息化建设发展规划

司法信息化是一项系统工程,不可能一步到位,也不能一劳永逸,它是一个不断发展和完善的过程,需要司法机关分别制定一个长期系统的规划和短期的建设规划目标,以确保司法信息化稳步健康推进。这种长期系统的规划,一般需要有高级别的司法机关进行整体谋划布局,并且随着时代发展而不断调整、更新;而短期建设规划,可以由具体执行的司法机关在推进落实具体项目过程中谋划制定,以保证信息化项目能够及时高效完工,能够为司法办案所用。总体上来看,信息建设发展进行规划是十分有必要的。

2. 司法信息化建设标准

司法信息化的规划与标准建设紧密相关,司法信息化规划的重要功能就是要使信息化建设在一定区域和时期内标准一致,相互通用,提高信息化项目的使用率。司法信息化标准一般包括以下四个方面:第一,强化业务应用标准规范,包括司法机关代码规范统一,司法办案业务信息流程及各类案件数据格式规范统一,为业务协同提供技术保障。第二,在司法办案信息数据库、案例库等业务信息的采集、编排上尽量标准一致,为网络互联互通、共建共享提供便利。第三,在司法办案业务网络建设、信息化配套项目等基础设施建设上尽量规范统一端口,实现信息资源共享。第四,在当前网络环境下,需高度重视信息保密工作,司法机关都要按照要求研究制定信息系统安全、安全系统接口等安全标准规范。

3. 信息技术应用

当前信息技术发展日新月异,司法信息化建设也应与时俱进。总体而言,利用信息技术推动司法工作,或者说司法信息化建设应当包含以下目标:一是利用信息技术提供司法办案的便捷性[①]。从业务应用实际和需求出发,在系统设计时广泛听取司法人员和管理人员意见,不断优化操作针对性、便携性和实效性,使

[①] 黄风:《关于追缴犯罪所得的国际司法合作问题研究》,载于《政治与法律》2002年第5期。

操作者感受到信息技术不是简单、冰冷的束缚，而是人性化的小助手。二是利用信息技术优化司法办案模式。通过"互联网法院""网上办案"建立电子卷宗、电子庭审笔录、文书模板自动生成等技术，提高了工作效率并节省资源。三是利用信息技术实现司法办案事务集约化。通过对司法事务性工作集约化管理，将信息技术充分运用到具体的司法事务中，如办案数据集中收集分析、案卷集中扫描、裁判文书、检察文书集中上网等工作实行专业技术人员负责，努力把法官检察官从繁杂的事务性工作中解放出来。司法智能化的广泛运用不仅会大大提高司法裁判的效率，将法官检察官和司法辅助人员从大量简单的程序性事项和行政事务中解放出来，还将在司法的检察领域、审判领域辅助法官检察官进行司法认定与司法裁断，驱动传统司法工作模式的变革。[①] 还有学者结合我国司法实践提出了应利用信息技术建立包括统一的审判流程管理系统、完善的案件实体信息管理系统、互联互通的执行信息系统和联动系统、实用的数字化庭审系统、司法办案辅助系统、决策支持系统、司法便民服务系统以及内容翔实的审判信息资源库等在内的应用系统立体网络。

（九）涉外事务管理权

涉外事务管理权即司法外事管理权，是指根据国际条约或协定，一国司法机关对本部门涉及外国司法机关的司法协助请求、司法合作交流等事项进行规范管理的权力。司法外事管理主要包括规范管理司法机关的对外交流和有关国际司法协助，指导下级司法机关开展国际交流的工作；负责与外国司法机关合作协议或议定书的文本起草、谈判及签订等对外协调、管理工作；编译有关资料，掌握有关国际司法动态信息等。随着经济全球化，国家交流频繁，司法外事合作领域不断拓宽。主要体现在以下三个方面。

1. 涉外司法事务交流合作管理

改革开放 40 年来，我国司法机关涉外司法实务交流与合作取得斐然成就。据时任我国最高人民法院国际合作局局长郃中林 2016 年在新闻发布会上介绍，在过去的 30 年间，最高人民法院先后组派了近千批团组出访交流；接待了数百批来访团组，其中包括 180 多位外国最高法院院长、首席大法官或副院长、大法官来华访问。最高人民法院多次成功举办全球性或区域性国际司法会议，包括第十四届和第二十二届世界法律大会、第六届亚太首席大法官会议、中国—东盟大法官论坛、金砖国家大法官论坛等。最高人民法院倡议建立了上海合作组织成员国最高法院院长会议机制并成功主办首届和第七届上海合作组织成员国最高法院

---

① 曹建明：《最高人民检察院工作报告（2018 年）》，http://news.jcrb.com/jxsw，2018 年 3 月 12 日。

院长会议,为上海合作组织成员国之间开展司法交流与合作创建了重要平台。据最高人民检察院外事局介绍,2012~2017年,围绕服务大国外交方面,最高人民检察院组织出访团组29个,190人次,出访国家51个;围绕交流互访方面,最高人民检察院接待来自20多个国家的司法检察机关的高级访问团组57个,575人次;围绕加强司法协助方面,最高人民检察院已与95个国家和地区执法司法机关签署了145份双边合作协议,在反恐、追逃追赃和打击电信网络犯罪、毒品犯罪等领域紧密合作,2013年以来办理刑事司法协助案件675件[1],成功办理了一批涉外职务犯罪案件,从境外追逃174人,追缴涉案资产人民币19亿元;围绕对接战略平台方面,先后组织承办了包括国际反贪局联合会第六至第九次年会暨会员代表大会、第九届中国—东盟成员国总检察长会议、第十四次上海合作组织成员国总检察长会议、2016金砖国家总检察长会议等在内的一系列具有重大国际影响的会议和活动,来自全球150多个国家的最高法院院长、总检察长、司法部长、内政部长、反腐败委员会主席等高官先后出席上述国际会议,巩固和加强了我国检察机关在这些多边检察国际合作机制中的主导地位和作用。[2] 这些涉外司法事务交流合作都是按照相关规定程序、相应的规格进行组织;我国最高人民法院和最高人民检察院均成立了国际合作局,就是旨在加强这方面的规范管理[3]。

2. 涉外司法协助管理

涉外司法协助一般是指根据国际条约或协定,或依互惠原则,一国司法机关接受外国司法机关的请求,代为履行某些诉讼行为的制度。涉外司法协助请求根据提出的途径不一样可以分为以下几个方式[4]:一是外交方式。外交方式又包括正式外交和使领馆方式。这里说的正式外交方式一般是指请求国司法机关通过本国外交部递交请求,并由司法机关进行具体实施的方式。而使领馆方式一般是指请求国司法机关通过被请求国的使领馆递交请求,并由司法机关进行具体实施的方式。二是司法机关途径。即由请求国司法机关直接委托被请求国司法机关进行司法协助的方式。三是其他方式。即请求国的中央机关向被请示国的中央机关递交请求,并由司法机关进行具体实施的方式。按照我国司法实践中的普遍操作,一个司法协助案件的完成,一般包括请求的提出、审查、执行和回馈四个阶段[5]。目前,我国在国际司法协助工作方面已经涵盖了对外贸易、海事运输、涉外婚

---

[1] 最高人民检察院:《为世界法治建设贡献中国检察力量——党的十八大以来检察国际交流合作成果》,http://www.spp.gov.cn/zdgz,2018年3月12日。

[2] 2016年5月5日召开中国—中东欧国家最高法院院长会议新闻发布会,时任最高人民法院国际合作局局长郃中林介绍了中国法院开展国际司法交流与合作的有关情况。

[3][4] 司法部司法协助与外事司:《三十年以来的司法协助工作》,载于《中国司法》2014年第6期。

[5] 朱顺:《论司法惩戒与司法职业保障》,载于《广西政法管理干部学院学报》2014年第29期。

姻、走私贩毒、贪污贿赂、洗钱、盗窃等诸多领域，并在许多重大涉外腐败案件的国际合作领域发挥了重要作用。合作的方式也越来越丰富，主要有涉外司法事务交流合作、涉外司法项目合作和涉外司法协助。其中涉外司法协助包括司法文书送达、调查取证、犯罪资产分享、民商事裁决承认和执行、刑事诉讼移转、被判刑人移管等。

各类国际司法协助条约的谈判及对各类司法协助案件进行规范审查及办理，这两个方面是涉外司法协助管理的重点。此外，近年来司法机关还比较注重运用信息化技术推进国际司法协助工作升级。如我国法院司法协助案件管理系统自2016年1月1日起在全国四级法院同时启用。司法协助管理平台的上线，对司法协助案件进行了统一案号管理，将司法协助案件首次纳入审判管理及案件统计。实现了四级法院司法协助案件的实时监控、信息共享和数据分析，进一步提升了司法协助案件的办理质效。

3. 涉外司法项目管理

涉外司法项目是指不同国家的司法机关之间、司法机关与其他机构之间，为了解决司法理论或实践中的某项具体问题，共同进行研究、探索。2016年时任我国最高人民法院国际合作局局长郃中林介绍，近30年来，我国最高人民法院与联合国开发计划署等40多个国际组织、外国政府机构和司法机关建立了项目合作关系，开展了近百个国际司法合作项目。[①] 同时，司法机关还将国际司法协助工作和国际法学术理论研究有机结合，与一些高校合作，设立国际司法协助研究基地和研究中心，对国际司法协助工作的相关热点、难点问题进行研究，提升国际司法协助工作的国际影响力。[②]

（十）奖励与惩戒权

司法人员奖励与惩戒管理，对于促进司法人员依法高效履职、保障司法公正具有重要现实意义。司法人员的奖励，是指依据司法人员的履职情况，如参照案件数量、质量、贡献度等因素对司法人员在经济待遇、职务晋升等方面予以奖励。司法人员的惩戒，是指对司法人员违反职业道德或违反法律法规等不当行为而进行的处罚。因所属法系的不同，不同国家对法官检察官惩戒的解释也不同。在英美法系国家，把对法官检察官的惩戒称为弹劾；在大陆法系国家，则分情况称为对法官检察官的弹劾或惩戒。总的来看，无论是在大陆法系，还是英美法

[①]《中外首席大法官探讨专车等法律问题相互借鉴加强合作》，中国长安网，http：//chinapeace.gov.cn/chinapeace/c53553/2016－05/06/content_11742137.shtml，2022年4月30日。

[②] 红色部分，参见"中国—中东欧国家司法领域合作进入新的历史时期"，人民法院报，http：//rmfyb.chinacourt.org/paper/html/2016－05/06/content_111499.htm?div=－1，2022年4月30日。

系，对司法人员的惩戒都体现了法定化、规范化、严格化等特点，做到既能严肃查处法官检察官不当行为问题，又推动被惩戒法官检察官的救济程序由行政化走向司法化，通过惩戒调查和审理程序，充分保障被惩戒法官检察官的辩护权利，切实维护法官检察官的合法权益。

第三章

我国司法管理制度的历史演进

司法行政权，就是对与司法活动有关的行政事务的管理权。中国古代的司法与行政不分，既应当包括宏观国家权力架构中司法权对行政权的附属，也应当包括广义司法中司法审判与司法行政管理的混合。改革开放以来，对中国司法行政管理制度史的研究通常集中于监狱、律师、法官等管理制度史以及晚清司法行政权与司法权的分离与纷争方面[1]。但上述研究大都缺乏贯通的或综合性的宏观性，如关于司法统计、司法机关内部的行政管理研究，犹未之有也。本章试对中国历代司法管理制度史的历史演进进行宏观综述。

---

[1] 薛梅卿主编：《中国监狱史》，群众出版社1986年版；白焕然：《中国古代监狱制度》，新华出版社2007年版；王申：《中国近代律师制度与律师》，上海社会科学出版社1994年版；郭润涛：《官府、幕友与书生——绍兴师爷研究》，中国社会科学出版社1996年版；高浣月：《清代刑名幕友研究》，中国政法大学出版社2000年版；鲍永军：《绍兴师爷汪辉祖》，人民出版社2006年版；胡铁球：《明清歇家研究》，上海古籍出版社2015年版；[日]夫马进：《明清时期的讼师与诉讼制度》，引自滋贺秀三、王亚新、梁治平等主编：《明清时期的民事审判与民事契约》，法律出版社1998年版；戴建国：《宋代的公证机构——书铺》，引自戴建国著：《宋代法制初探》，黑龙江人民出版社2002年版；巩富文：《中国古代法官责任制度研究》，西北大学出版社2002年版；党江舟：《中国讼师文化——古代律师现象解读》，北京大学出版社2005年版；陈景良：《讼学、讼师与士大夫——宋代司法传统的转型及其意义》，载于《河南大学学报》2002年第1期；张从容：《部院之争：晚清司法改革的交叉路口》，北京大学出版社2007年版；邱澎生：《以法为名：讼师与幕友对明清法律秩序的冲击》，引自范忠信、陈景良主编：《中西法律传统》，北京大学出版社2008年版；毕连芳：《北京民国政府司法官制度研究》，北京大学出版社2009年版；刘长江：《中国封建司法行政体制运作研究》，中国社会科学出版社2014年版；蒋楠楠：《唐宋法律考试研究》，中南财经政法大学博士论文，2015年。

第一节 中国古代司法行政管理制度

一、汉代分散的司法行政管理体制

在清末司法改革之前,中国古代的司法权从来就没有统一过,通常是多个机关都享有司法权。汉代享有司法权的机关就有丞相、御史大夫、廷尉、中都官、黄门寺、京兆尹及其所属各县、郡(王国)县(侯国),这些机关同时也具有司法行政管理权。所谓中都官,颜师古注《汉书·宣帝纪》云,"中都官,谓在京师诸官也"。"朝廷列卿对本部门人员或专管领域的犯罪行为负有纠察审判的责任"[1]。

(一)御史大夫及廷尉对法律的保管与稽核权

宋代以前的成文法均为手抄。为保证各级行政与司法机关严格依据国家法律行政与司法,必须保证各级政府兼司法机关所抄录的成文法律副本与中央的正本完全一致,因而至晚在秦代,就形成了由御史保管国家成文法律并定期写廷尉核对的司法行政制度。《秦简·尉杂》载:"岁雠辟律于御史"。即廷尉"每年都要到御史处去核对刑律"[2]。

(二)廷尉的司法统计权

汉代廷尉除掌中央司法审判事务外,还负责全国刑事案件的司法统计。"孝文皇帝既益明习国家事,朝而问右丞相勃曰:'天下一岁决狱几何?'勃谢曰:'不知。'……汗出沾背,愧不能对。于是上亦问左丞相平。平曰:'有主者。'上曰:'主者谓谁?'平曰:'陛下即问决狱,责廷尉;问钱谷,责治粟内史。'"[3]

(三)附属于丞相府等国家机关的法学私学教育

秦朝取消了除法律以外的所有教育,"今天下已定,法令出一,百姓当家则

---

[1] 宋杰:《汉代监狱制度研究》,中华书局2013年版,第65页。
[2] 《睡虎地秦墓竹简》整理小组:《睡虎地秦墓竹简·尉杂》,文物出版社1978年版,第109~110页。
[3] 《史记·陈丞相世家》。

力农工，士则学习法令辟禁。""若欲有学法令，以吏为师"①。此所谓"学习法令"虽然指的是对百姓进行的民众法律教育，而不是对官吏的司法教育，但官吏既可为民之师，则可推断其对国家法律应当都是非常熟悉的。

汉代虽然在"官学中没有设立专门的法律教育机构"②，但仍一定程度保留了秦代民"以吏为师"的传统。景帝时期，蜀君太守文翁，选"郡县小吏开敏有材者张叔等十余人亲自饬厉，遣诣京师，受业博士，或学律令"③。"严延年，……其父为丞相掾，延年少学法律丞相府，归为郡吏。"④ 这种在国家机关内的父子相传"实际上是一种家学，不是政府主办的，是私学形式的法学教育。通过这种学习或直接担任政府的低级官吏或是参加政府组织的考试合格后再选授为官"。由此，两汉"出现了三大法律世家"，分别是"颍川的郭氏""河南吴氏""沛国陈氏"⑤，法官任用出现了家族化、世袭化的倾向。

（四）多元的监狱管理体制

汉代监狱管理体制分为六大系统，分别为廷尉狱、后宫狱、中都官狱、首都监狱、黄门北寺狱与郡（国）县狱。其中廷尉狱为中央司法机关廷尉附设的监狱，"囚禁犯罪的公卿与地方长吏"，后宫狱"主要拘禁对象从普通宫人扩大到废黜后妃姬妾以及失势的外戚成员"，中都官狱为西汉时期"在国家常设的最高法庭——廷尉诏狱之外，另建一套由皇帝直接操纵的特别司法审判组织"，"泛指朝廷列卿所辖的特别监狱"，东汉光武帝时取消；首都监狱则是指西汉时期的"长安县狱""京兆尹狱""长安市狱"和东汉时期的"洛阳狱"，黄门北狱是由宦官控制的监狱，郡、县（王国、侯国）监狱则为郡县或王国、侯国地方政府附设的监狱。⑥ 各个不同系统的监狱，其内部管理制度也有所不同。没有统一的狱政管理机构的分散监狱管理体制，反映出汉代司法行政权以及司法权的分散性。上述各机构既有独立的司法权，也有独立的司法行政管理权。丞相、御史大夫没有自己的直辖监狱，但他们有权对地方各监狱官吏进行行政考核。"其令郡国岁上系囚以掠笞若瘐死者所坐名、县、爵、里，丞相御史课殿最以闻。"⑦ 即各郡

---

① 《史记·秦始皇本纪》。
② 汤能松、张蕴华、王清云、阎亚林：《探索的轨迹——中国法学教育发展史略》，法律出版社1995年版，第19页。
③ 《汉书·循吏列传》。
④ 《汉书·酷吏列传》。
⑤ 汤能松、张蕴华、王清云、阎亚林：《探索的轨迹——中国法学教育发展史略》，法律出版社1995年版，第19、21页。
⑥ 参见宋杰：《汉代监狱制度研究》，中华书局2013年版，第1、58、66、75、98、113、148、176页。
⑦ 《汉书·宣帝纪》。

国每年必须要将因拷打或虐待致囚犯死亡的地方官信息上报,由丞相和御史进行考核。依此记载可以推断,汉代地方监狱官管理官员的考核是由丞相、御史负责,而不是廷尉;其他各监狱管理系统官员的考核应当是由各相应的政治机关负责,而不是丞相与御史。

二、魏晋南北朝时期的司法行政管理

(一) 廷尉 (大理寺) 的司法培训与监狱管理职能

魏、晋、北魏的主要中央司法机关沿袭秦汉仍称为廷尉,北齐改为大理寺,北周沿袭之。此外,享有司法权的还有由汉代尚书台下有司法权的各曹发展而来的都官曹、三公曹、比部等机构,这些机构也兼有司法行政权。

1. 廷尉 (大理寺) 之下的司法教育与培训机构——律博士

曹魏时,法律教育成为正式官学。魏明帝太和元年(公元227年),"觊奏曰:'九章之律,自古所传,断定刑罪,其意微妙。百里长吏,皆宜知律。刑法者,国家之所贵重,而私议之所轻贱。狱吏者,百姓之所县(悬)命,而选用者之所卑下。王政之弊,未必不由此也。请置律博士,转相教授。'事遂施行"[①]。律博士设于廷尉之下,因曹魏时之"律"已异于秦汉时期包含了各种主要法规的"律",单指刑律,因而律博士的职能主要是对行政兼理司法的官员及狱吏教授曹魏的《新律》。因而作为中央最高司法机关的廷尉及其律博士同时为兼具刑事司法教育的司法行政机关。其后南朝的宋、齐、梁、陈,以及北朝的北魏均在廷尉之下设有律博士。北齐将廷尉改为大理寺后,北齐及北周便将律博士设于大理寺之下了[②]。十六国之一的后秦甚至还在首都长安设立了专门培养司法官员的法律学校。"召郡县散吏以授之,其通明者还之郡县,论决刑狱"[③]。

2. 廷尉 (大理寺) 的监狱管理、囚犯押送职能

《隋书·百官志(中)》载,后(北)齐"大理寺,掌决正刑狱。正、监、评各一人,律博士四人,明法掾二十四人,槛车督二人,掾十人,狱丞、掾各二人,司直、明法各十人"。其中"正"为审判官;"监"与"狱丞、狱掾"为监狱管理机关;"评"即"平"之义,为平反冤狱的法官;律博士为司法教育与培

---

① 《三国志·魏书·王卫二刘傅传》。
② 冯婧:《魏晋南北朝律博士考》,引自中国政法大学法律古籍整理研究所编:《中国古代法律文献研究》(第七辑),社会科学文献出版社2013年版。
③ 《晋书·姚兴上》("载记"第十七)。

训机构；槛车督大致为负责囚犯押送事宜的机关；司直为北魏永安二年创设，"隶廷尉，位在廷尉正、监之上，负责审理御史举劾的案件"①，唯其"明法"所司何职不详耳。由是可知，廷尉（大理寺）的司法行政职能是管理直属监狱、押解囚犯等。

（二）三公曹、都官曹、比部——刑部的雏形

关于三公曹、都官曹、比部的渊源，《唐六典》有非常清楚和权威的表述。"汉成帝始置三公曹，主断狱事。后汉以三公曹掌天下岁尽集课事，又以二千石曹主中都官水、火、盗贼、辞讼、罪法事。晋初，依汉置三公尚书，掌刑狱；太康中，省三公尚书，以吏部尚书兼领刑狱。宋始署都官尚书，掌京师非违得失事，兼掌刑狱。齐、梁、陈、后魏、北齐皆置都官尚书。……隋初曰都官尚书，开皇三年改为刑部。皇朝因之。"；比部郎中注"魏氏置，历晋、宋、齐、后魏、北齐皆有郎中。……梁、陈、隋皆为侍郎，炀帝曰比部。晋、宋、齐、梁、陈，皆吏部尚书领比部。后魏、北齐是及隋，都官尚书领之"②。汉魏以来，作为外朝司法机关廷尉的司法权先后被列卿所属之中都官以及内朝尚书（台）属下的三公曹所侵夺。光武帝时设中都官曹隶于尚书台之下，成为六曹之一。至宋时，三公曹、都官曹并为都官尚书。到隋朝，尚书省下的都官曹与比部等机构合并为刑部。

比部"所掌何事，史弗能详"，《隋志》言北齐比部，沈家本云，"掌诏书、律令、勾检等事"。沈家本认为"似法制非专属刑狱之法制，律令亦便为司检之一端，当是立法之事，而非司法之事"。③ 这应当是沈家本的误解。所谓"掌诏书、律令、勾检"，固非司法之事，然亦非立法之事，而是对诏令、律令的保管、核对，类似汉代廷尉每年去保管刑律的御史台核对刑律的工作，属司法行政工作。

魏晋南北朝时期的狱政管理体制较之于汉代有所减并。东汉光武帝"建武省中都官狱，但留廷尉及洛阳二所，自是遵以为法""晋初京师惟有（廷尉、洛阳）二狱""梁武廷尉、建康二所，亦其制也""陈氏一用梁法，廷尉寺为北狱，建康县为南狱""元魏京师亦止二狱"。④ 汉代的中都官、后宫监狱及黄门寺诸监

---

① 张兆凯：《中国古代司法制度史》，岳麓书社2005年版，第27页。
② 《唐六典》卷六"刑部"。
③ 沈家本：《历代刑法考·狱考》，引自《沈家本全集》（第四卷），中国政法大学出版社2010年版，第19~20页。
④ 沈家本：《历代刑法考·狱考》，引自《沈家本全集》（第四卷），中国政法大学出版社2010年版，第18~20页。

狱均被取消，郡县监狱依然如汉制。

三、隋唐时期的司法行政管理

（一）大理寺的司法行政管理职能

隋时中央主要司法机关为大理寺，设"大理卿、少卿各一人，丞二人，主簿二人，录事二人""又有正、监、评各一人，司直十人，律博士八人，明法二十人，狱掾八人"①。与北齐朝相比，其司法行政职能仅有监狱管理与司法培训，少了职司囚犯押运的槛车督一职。

唐代，"在京诸司，则徒已上送大理，杖已下当司断之。若金吾纠获，亦送大理"②，即京师地区徒刑以上案件以及京师警察部门当场拿获之现行犯罪案件，均由大理寺直接审判。大理寺设"卿一人，少卿二人，正二人，丞六人，主簿二人，录事二人，府二十八人，史五十六人，狱丞四人，狱史六人，亭长四人，掌固十八人，问事一百人，司直六人，史十二人，评事十二人，史二十四人"③。"正掌参议刑辟，详正科条之事。凡六丞断罪不当，则以法正之。丞掌分判寺事。主簿掌印，省署抄目，勾检稽失。录事掌受事发辰。狱丞四人，掌率狱吏，检校囚徒，及枷杖之事。……问事……，掌决罪人"④。除刑事审判事务外，大理寺还负责其所属监狱管理、笞杖刑行刑以及死刑的执行。

唐代大理寺不再设律博士，国子监中设"律学博士一人，从八品下。太宗置。助教一人，从九品上。学生五十人。博士掌教文武官八品已下及庶人子为生者。以律令为专业，格式法例亦兼习之"⑤。这表明法学从大理寺的司法培训项目变成了国家教育科目，大理寺的司法培训职能被取消了。唐代大理寺对吏部选任司法官有同意权，"（大理寺）卿之职，……凡吏曹补署法官，则与刑部尚书、侍郎议其人可否，然后注拟"⑥。

（二）刑部的司法行政管理职能

隋代三省六部制已然初具，分别为吏、度支、礼、兵、都官与工部。开皇三

---

① 《隋书·百官志下》（卷第二十八）。
② 《旧唐书·职官志二》（卷四十三，志第二十三）。
③⑥ 《唐六典》卷十八"大理寺"。
④⑤ 《旧唐书·职官志三》（卷四十四，志第二十四）。

年（公元583年），"改度支尚书为户部尚书，都官尚书为刑部尚书"[1]，下辖（小）刑部、都官、比部、司门四司。司门为掌全国关禁，比部掌审计，仅（小）刑部为刑事司法机关。"开皇三年改都官尚书曰刑部，其都官郎曹遂改掌簿录，配没官私奴婢并良贱诉竞，俘囚之事"[2]，刑部属下之都官曹的司法行政职能为负责被罚配为官、私奴婢刑罚的执行及囚犯的管理。

依《唐六典》所载，唐代"刑部尚书、侍郎之职，掌天下刑法及徒隶、勾覆、关禁之政令。其属有四：一曰刑部，二曰都官，三曰比部，四曰司门"[3]。《旧唐书·职官志》载，"在京者，行决之司，皆五覆奏；在外者，刑部三覆奏"。"凡在京诸司见禁囚，每月二十五已前，本司录其所犯及禁时月日，以报刑部"，都官"郎中、员外郎之职，掌配役隶，簿隶俘囚以给衣粮药疗，以理诉竞雪冤"[4]。显然，"唐代刑部所承担的审判职能，应该是比较少的。除了审判本部门内的犯罪案件（如同工部、太常寺等机关一样）之外，几乎不再承担其他审判职能"[5]。因而，刑部主要不是司法机关，其主要职责在于汇编、整理国家刑事法规，管理全国监狱与刑徒（但刑部之下不设监狱），对大理寺判决进行复核以及对地方死刑判决的执行向皇帝三覆奏等司法行政工作。

（三）御史台的监狱管理职能

"故事，台中无狱。须留问，寄系于大理寺。至贞观二十二年二月，李乾祐为大夫，别置台狱。由是大夫而下。已各自禁人。"[6] 自是，御史台始自设监狱。此狱主要为防止"泄漏狱情"，仅相当于看守所而已。

（四）法官管理制度

前述吏部在选任法官时必须经大理寺与刑部共同同意的规定，说明唐代已有比较明确的"法官"观念与概念。事实上，唐代已初步形成专门的法官管理制度，其主管部门有礼部、吏部、刑部和大理寺。

1. 礼部、吏部先后主持的法律考试

礼部主持的科举考试为任官资格考试，考试科目中有进士、秀才、明经、明法、明算诸科。其中"明法试律、令各一部。识达义理、问无疑滞者为通；粗知纲例、未究指归者为不通。所试律、令，每部试十帖，策试十条；律七条、令三

---

[1] 《隋书·百官志下》（卷第二十八）。
[2][3] 《唐六典》卷六"刑部"。
[4] 《旧唐书·职官志二》（卷四十三，志第二十三）。
[5] 陈灵海：《唐代刑部研究》，法律出版社2010年版，第233页。
[6] 《唐会要·御史台上》（卷六十）。

条。全通者为甲,通八以上为乙,以下为不第"①。高宗永隆二年(公元681年)始,明法科增试儒学经义和策论,但到唐玄宗时期又取消了。为使明法科考试的阅卷录取标准明细化,唐高宗还组织大臣对《永徽律》进行了详细地注解,于是有了著名的《永徽律疏》(即《唐律疏议》。当然,明确科考录取标准只是疏解唐律的原因之一)。获得任官资格后,士子们还要接受吏部主持的任官考试。任官考试的重要科目之一就是依据法律法令处理各种行政与司法事务,即所谓"试判"。

2. 专职法官任职必须经刑部与大理寺同意

通过了礼部与吏部考试者,如果要获得专职法官职位,还必须征得大理寺卿和刑部尚书同意,已如前述。但明法科考试只是法官任职的充分条件,尚未成为必要的资格条件。因为明法科或新科明法的地位相对于进士科的地位较低,唐宋时期明法科每届录取者人数不多,因而并不是所有的司法职务都由通过了明法科考试的人担任。

3. 法官的责任

秦汉以来的刑法就专门对作为特殊主体的法官规定了相应的法律责任,如秦始皇三十四年(公元前213年)"适治狱吏不直者,筑长城及南越地"②,云梦秦简中有专适用于法官的罪名"论狱不直"和"纵囚"③;汉代亦有"故纵死罪""故不直""杀无辜"和"受赇枉法"等罪名④。《唐律疏议》中有很多专条规定了法官违法的刑事责任。如《斗讼律》规定的对法定不应受理的案件而受理或应受理的案件而不受理;《断狱律》规定的法官违法刑讯,"于本状之外,别求他罪""断罪不具引律令格式",不准被告人申诉,故意或过失出入人罪的,对被判处流刑犯人不及时送交执行的等行为等,均为犯罪行为,并分别规定了相应的处罚⑤。

(五) 京兆府、都督府(中央最高军事机构)及各州的司法行政管理职能

1. 民事调解

《唐六典》载,各州刺史下设之司户参军事,除掌管民事行政、"剖断人

---

① 《唐六典》卷二。
② 《史记·秦始皇本纪》。
③ 《睡虎地秦墓竹简·法律答问》,文物出版社1978年版,第165页。
④ 《汉书·昭帝纪》《汉书·功臣表》《后汉书·顺帝纪》《汉书·恩泽侯表》如淳注。
⑤ 《唐律疏议·斗讼》"投匿名书告人"条、"以赦前事相告言"条、"越诉"条,《唐律疏议·断狱律》"依告状鞫狱"条、"断罪不具引律令格式"条等。

之诉竞"（民事诉讼裁判）外，"凡井、田利害之宜，必止其争讼以从其顺"。显然，司户参军还有负责调解民事纠纷，以阻止当事人诉讼的职能。各县则设有司户。

2. 执行赦免

《唐六典》载，各州刺史下之司法参军事，除依法司法审判外，还有负责执行朝廷大赦令，并要求其执行赦免时，"赦从重而罚从轻，使人知所避而迁善远罪"。

3. 贡举明法科举人才

州刺史每年均有义务向中央贡举各类人才参加科举考试，包括明法人才。"凡贡举人，……通达律令者，为明法。"

4. 管理监狱

唐代京兆府、都督府（大、中、下）及各州、县均设有监狱，并分别设有专门的"典狱"之职①。

（六）刑罚的执行（以死刑为例）

唐代制度完备，在《狱官令》与《唐六典》中对各类刑罚的执行规定得极为详细。以死刑执行为例，"决大辟罪皆防援至刑所，囚一人防援二十人，每一人加五人。五品已上非恶逆者，听乘车并官给酒食，听亲故辞诀。宣告犯状，仍日未后乃行刑"。"其大祭祀及致斋、朔望、上下弦、二十四气、雨未晴、夜未明、断屠月日及假日，并不得奏决死刑"。"凡京城决囚之日，尚食进蔬食。内教坊及太常皆彻乐"，以表示皇帝对死囚的哀痛之心。死刑执行须有监刑，"官爵五品以上，在京者大理正监决，在外者上佐监决，余并判官监决。在京者，亦皆有御史、金吾监决"。"其死囚无亲戚者，皆给棺，于官地内权殊，于京域七里外，量置地一顷拟埋。诸司死囚埋讫，仍下本属，告家人令取。"②

四、宋代的司法行政管理

宋代刑部、大理寺的司法行政管理基本继承了唐朝制度，宋代司法行政管理最具特点的主要有在法官、讼师、司法胥吏、司法衙役以及代书、公证、司法鉴定方面的管理制度已初具雏形。

---

① 《唐六典》卷三十"府尹、都督、州刺史及列曹属吏之职掌"；《旧唐书·职官三》（卷四十四，志二十四）。

② 《唐六典》卷六"刑部郎中员外郎"，中华书局1992年版，第189页。

（一）法官管理制度

宋代是中国古代最重法的朝代，甚至可以说已经初步形成了与普通文官具有明显区别的法官管理制度。

1. 各类法律考试与法官任用制度

（1）礼部主持的"明法科"或"新科明法"考试。宋初，"凡明法，对律令四十条，兼经并同《毛诗》之制"①。真宗朝时，明法科考试七场，其中五场试律令，两场试经义，经义考试必须在疏义和经注十道中通六道方为合格，即所谓"六通"。仁宗朝则提高到"七通"始合格。到仁宗时，在律令考试之外，还增加了案例分析，让考生运用相关律令进行拟判。

熙宁六年（公元1073年），神宗创置"新科明法"，废除了儒学经义考试科目，仅考律令、《刑统》大义及断案，反映出司法考试的更加专业化倾向。神宗之后的哲宗，废除"新科明法"，恢复传统"明法科"，重新设置儒家经义的考试科目，回归了汉以来司法必须接受儒家思想指导的传统。南宋时，"新科明法"又重新复辟。

与唐朝一样，通过明法科考试只是任司法官的充分条件而非必要条件。宋真宗咸平三年（公元1000年）五月丙寅，皇帝发布诏令："法官之任，人命所悬，……今吏部拟授之际，但问资历相当，精律令者或令捕盗，懵章程者或使详刑，动至纷挐，即议停替，小则民黎民负屈，大则旱暵延灾。欲望自今司理、司法，并择明法出身者授之，不足，即于见任司户、簿、尉内选充，又不足则选娴书判、练格法者考满无私过，越资拟授。"②

（2）吏部的试判考试。与唐代的吏部试判考试主要以处理行政事务考试为主相比，宋代书判拔萃科之考题已经开始涉及刑狱以及民生细故案件的处理问题，类似于司法职业准入。

（3）就在职官吏中选拔法官的考试——试刑法。除礼部、吏部主持的法律考试外，刑部、大理寺或审刑院亦可在现任官吏中主持本部门的法官招聘考试，即所谓"试刑法"考试。被录取者即可在本部门任职。这一考试"改变了中央高级法官多出身于吏人的状况，逐渐形成了以'试中刑法人'为主体的法官后备群体"。③

（4）法官禁任条件。宋代法官任用除具备充要条件外，还有禁止性要件。如

---

① 《宋史·选举一》。
② 《续资治通鉴长编》（2），中华书局2004年版，第1021页。
③ 《唐六典》卷六"刑部郎中员外郎"，中华书局1992年版本，第189页。

以捐纳、恩荫得官者不能担任法官。庆历七年（公元1047年），政府规定："应纳粟授官人，不除司理、司法参军洎上州判官。"① 熙宁四年（公元1071年）规定："任子年及二十，听赴铨试。其试不中或不能试，选人满三岁许注官，惟不得入县令、司理、司法。"②

2. 法官的责任

宋代在继承法官犯罪种类的基础上，又增加了法官在尸体检验与案件审理方面的专门罪名。前者诸如"诸尸应验不验""受差过两时不发""不亲临视""不定要害致之因""定要害致死之因不当"③，后者诸如"州县官不亲听囚而使吏鞫讯者"④ 等。

（二）对讼师的禁止性管理

春秋末年，邓析开创了职业性诉讼代理的先河，但由于其"以是为非，以非为是"的诡辩术以及同时代理双方的恶意代理行为而被郑国执政刑杀，这一职业性诉讼代理还没有来得及发育成制度便夭折了。先秦和秦朝时代法家重视专门的法律知识与法律运用技术，但其国家主义的法律观决定了法律只是国家支配、管理民众的手段，绝不会允许出现与国家权力相抗辩的职业律师制度。汉代以循吏治国，以道德长老治理基层社会，因而形成了贱讼、息讼观念，更不可能由国家层面创制律师制度。

到宋代，江南地区商品经济的发展使得该地区的诉讼观念一变而为"健讼"与"好讼"。成文法到宋代也已经形成了非常庞大而复杂的体系，非专业人士不能了解和运用。因此，江南社会对专业法律服务有了极大的需求，一种新生的法律职业——讼师便在民间应运生了。为谋取法外利益，他们代人写作法律文书，提供法律咨询，帮助当事人与法官疏通关系，因而在其产生之初就为政府所禁止。《唐律疏议·斗讼律·为人作辞牒加状》规定："诸为人作辞牒，加增其状，不如所告者，笞五十；若加增罪重，减诬告一等。""教令人告事虚"条规定："诸教令人告事虚应反坐，得实应赏，皆以告者为首，教令为从。"前一条是打击代书人夸大其词，不如实书写诉状；后一条则是打击讼师教唆词讼。宋代将唐律中的两条合并为一条，并禁止代理他人诉讼。景德二年（公元1005年）诏：各类人物告讼与己无关的事处以杖刑或枷项令众10日的处罚。经常为人告讼，情节严重的，要上报皇帝，决杖之后配为军籍。南宋时，传授讼学也构成犯罪。南

---

① 《续资治通鉴长编》卷一百六十，仁宗庆历七年二月丁未。
② 《宋史》卷一百五十八"选举四"。
③ 《庆元条法事类·检验·杂敕》。
④ 《文献通考》卷一百六十七。

宋绍兴十三年（公元1143年）皇帝发布敕令："诸聚集生徒教辞讼文书，杖一百，许人告。再犯者不以赦，前后邻州编管。从学者各杖八十。今《四言杂字》皆教授词讼之书，有犯合依上条断罪。"① 禁止教唆他人诉讼、代人书写诉状中增减事实诬告他人，代理诉讼以及传授讼学，但并未没完全禁断讼师代人如实书写诉状。

（三）司法胥吏、衙役的管理

秦汉时期公务人员即便是最低级别的办事人员均有官秩与国家发给的俸禄。《汉书·百官公卿表》颜师古注云："《汉官名秩簿》云斗食月奉十一斛，佐史月奉八斛。一说，斗食者，岁奉不满百石，计日而食一斗二升，故云斗食也。"魏晋南北朝时期官分九品，隋唐将官员分为流内官和流外官，低级公务人员犹有官等。隋唐行科举之后，国家重科举而轻杂途，非科举出身的各机关低级办事员虽然仍为国家公务人员，但其社会地位越来越低下，基本上被堵塞了升任为官的机会而成为吏。另外，由于财政上的原因，唐中期以后，国家只负责流内官员的俸禄，将担任农村基层公务人员与政府最低级的公务员变成了强制摊派而且没有报酬的"职役"义务。于是，困扰中国古代司法千余年的胥吏、衙役之弊形成了。

胥吏与衙役的主要职能就是执行各种低级行政事务，包括司法行政事务。宋代胥吏执行的法定司法行政事务主要有帮助法官检索法条、制作各种司法文书②。但事实上，宋代各级司法主官往往不亲自推鞫审问而委胥吏自代，因而胥吏具有了事实上的辅助司法权。衙役执行的司法行政事务主要是传唤、拘捕、送达、维持法庭秩序及司法执行等司法警察事务，其地位较之于吏更低。

从事司法行政工作的胥吏都有专门的名称，如州县司法胥吏的名称有虞侯、节级、厅子、长行、押司、录事、书手等③，刑部胥吏的名称有主事、令史、书令史、守当官、贴司等，大理寺胥吏的名称有胥长、胥史、胥佐、贴书、楷书等④。熙宁变法时期，"对中央法司法吏的选拔也制定了专门的法律考试"⑤。除哲宗元祐三年（公元1088年）至六年（公元1091年）短暂地废除过这一制度

---

① 徐松：《宋会要辑稿》刑法三之二六。又李心传《建炎以来系年要录》卷一四九："绍兴十有三年七月丁未，度支员外郎林大声言：江西州县百姓好讼，教儿童之言，有如四言杂字之类，皆词诉语，乞禁示刑部，请不以赦，前后编管邻州，从之。"是所谓"臣僚札子"，乃度支员外郎林大声所上。
② 张正印：《宋代狱讼胥吏研究》，中国政法大学出版社2012年版，第152~160页。
③ 林煌达：《南宋吏制研究》，中正大学2001年博士论文，第40页。转引自张正印：《宋代狱讼胥吏研究》，中国政法大学出版社2012年版，第32页。
④ 张正印：《宋代狱讼胥吏研究》，中国政法大学出版社2012年版，第40页。
⑤ 蒋楠楠：《唐宋法律考试》，中南财经政法大学博士论文，2015年。

外,北宋后期及南宋一直定期举行这一考试。此外,"针对一般的胥吏也制定有相应的法律考试"①。吏在宋代的社会地位非常之低,端拱二年(公元989年),太宗诏令:"自今中书、枢密、宣徽、学士院、京百司、诸州系职人员,不得离局应举。"②甚至其子孙亦不能参加科举考试。熙宁十年(公元1077年),神宗诏令宗亲不得与胥吏通婚。宋代胥吏是有薪俸的,如嘉祐二年(公元1057年)十月,仁宗政府就曾颁布有内外吏兵俸禄之制——《禄令》,但其俸禄非常低,因此胥吏便将对利用其征税与司法行政职权对民众进行法外勒索作为收入的主要来源。

作为比胥吏地位更低的司法警察——衙役,其名称有阍人或牌司(接受词状人)、弓手或承行人(拘捕人)、杖直(笞杖刑行刑人)、笔针笔人(刺字人)、节级或狱卒(看守)、仵作(法医)等。在宋代,衙役没有编制与定额,完全由地方官吏自行向农村中的上等户派充,完全是没有报酬的义务职。因之,"有孀母改嫁,亲族分居;或弃田与人,以免上等;或非命求死,以就单丁"③。更多的情况是富户利用各种手段将此差役转移给贫户,因此,实际充当衙役的通常是地位低下的贫民。如仵作大抵是从事殡葬、屠宰行业的人担任,也应当属于衙役的性质。由于衙役没有报酬,因而只能通过勒索诉讼当事人、证人获取利益。元代法医学著作《无冤录》云:"其仵作行人南方多系屠宰之家。不思人命至重,暗受凶首或事主情嘱,捏合尸伤供报。"④

(四)代书、代办、公证与司法鉴定管理

宋代是中国古代代书、公证与司法鉴定活动最为发达的朝代。文书鉴定通常由独立第三方机构即所谓"书铺"进行(尸体检验通常由法官或专业仵作进行),可以作为司法机关审判的直接证据;书铺负责代理当事人起草诉状并对当事人供状的真实性负责;由书铺证明的婚约具有法律效力,可以作为法官判案的依据。此外,经礼部与吏部授权,书铺负责认证科举投考人以及参加吏部铨选候选人身份的真实性与有效性,同时书铺还可以代办各种应考手续。书铺"是民办而非官设机构","它的公证职能得到国家承认","是收取报酬的,具有营利性质"。

由于书铺的代书、公证与司法鉴定活动对司法审判与行政活动影响甚巨,因此,政府对书铺的管理也很严格。首先,"开设书铺得有保人,开设者须不

---

① 蒋楠楠:《唐宋法律考试》,中南财经政法大学博士论文,2015年。
② 《文献通考》卷三十五之"选举"八。
③ 《宋史·食货志》(卷一百七十七)。
④ 《无冤录》上卷格例"省府立到检尸式内二项"。

曾犯有徒刑等前科，年老病弱者、有官荫者及与本处官吏系亲戚者均不准开设"；"如书铺不遵照规章乱写诉状"，"替人作假证或教唆他人作假证，则受法律制裁"①。

五、明清时期的司法行政管理

（一）刑部

明清刑部为中央最高司法机关兼最高司法行政机关。明代刑部仿唐代之设，"初曰宪部、曰比部、曰司门部、曰都官部，后改为十三清吏司"②。其中宪部的职责为"问拟刑名"（即审判），除拨官吏（即本部人事）和会计粮储（即本部财务后勤）；比部则负责收藏各省布政司上缴赃物，制作统一司法文书，处决重囚，统计全国刑事案件；司门部负责管理全国军流刑罚执行、皂隶狱卒以及刑部监狱的营造、维修；都官部负责监狱官员的管理、徒刑犯人的管理，审理死刑犯罪案件；十三清吏司（部）即分别负责十三省刑名之事，同时兼负某一专项司法行政之责，如广西部（清吏司）负责所有贪官污吏、玩法顽民的申明诫谕兼将犯公罪之官吏报吏部考核，山东部（清吏司）则负责保管并维修刑部司狱司的狱具等③。

清代刑部设有十八清吏司（十七省清吏司和一个督捕清吏司）、赎罪处、清档房、汉档房、司务处、督催所、当月处、秋审处、律例馆、提牢厅、赃罚库、饭银处。除赎罪处、秋审处属纯粹的审判机构外，其他机构的职掌均属司法行政性质。其中十七省清吏司分别复核各省判决的刑事案件，接受规定的中央机关和地方御史机构之移送的相关公文；督捕清吏司"督捕旗人逃亡之事"；律例馆负责《大清律例》的修纂；提牢厅"掌管（刑部监）狱卒，稽查南北所之罪囚，支衣粮药物而散给之"；罚赃库"掌收储现审赃款及其支放之处"；饭银处"掌收储（刑部工作人员）饭银及其支放之事"；清档房"掌守册档缮清字、汉字之奏折。凡各司已结未结之案，三月而一奏。凡本衙门旗员之升补皆掌焉"，同时兼有司法统计与刑部旗员人事管理职能；汉档房"掌缮清字、汉字之题本"；司务厅"掌治吏役，收外省衙门之文书，记其号而分于司。解犯到，移司以收禁，

---

① 戴建国、郭东旭：《南宋法制史》，人民出版社 2011 年版，第 236~242 页。
② 《明会典·刑部一》（卷一百五十九）。
③ 《诸司职掌·兵刑工都通大职掌·刑部》，引自杨一凡点校：《皇明制书》第二册，社会科学文献出版社 2013 年版，第 589~607 页。

给以批回";督催所"掌催十八司题咨现审之件,而督以例限";当月处"掌监用堂印,收在京衙门之文书以付于各司,现审则呈堂而分司焉"①。其罚赃库所掌之"赃罚追贷之数,各司(各省按察使司——引者注)以达于部"②,各省上缴之罚没收入全部归于刑部;而提牢厅则仅负责刑部监狱的管理。

(二)提刑按察使的司法行政职能

明代提刑按察使司主要是司法监察机关,隶属各道。依《明会典》,提刑按察使司下设经历司、照磨所和司狱司。其中经历司、照磨所几乎在所有机构都有设置,经历司主要负责文案,照磨所则是检察本机关公文的司法监察机构,司狱司则为省一级监狱管理机关,属司法行政机构。

清代称按察使司,"仍然是省级政权的一个以司法审判为主要事务的官员,同时兼管其他若干方面的事务"③,其中包括监狱和罚没收入的管理。与明朝一样,按察使司下设司狱司,负责一省监狱管理事务。依《大清会典》,"直省赃罚银,汇解按察使司。除解刑部公用外。余亦解(户)部,均入库收存"④。

(三)法官制度

1. 监察官的专门管理制度

在中国古代,监察官不仅有监督司法之权,而且还有直接参与司法之权,因而也被视为法官。对其考选亦有专门规定,如其官服上通常绣有表示司法公平的"獬豸"的图案;在清代的《钦定台规》中,对监察官的考选、升转和礼仪规范都有专门规定。乾隆《大清会典则例·都察院》"则例二"之"直宿""验看月官""掌印""升转""书吏","则例四"之"补授掌道""补授给事中"综合了关于都察院组织机构、员额设置与监察官管理的内容。

2. 特殊的助理法官制度——刑名师爷制度

元代以后,取消了进士科考试中的法律科目,也取消了明法科,科举考试仅考儒家四书五经,通过了科举考试并被任命的官员基本不懂法律,因而必须聘请没有科举功名但熟悉法令、章程的刑名幕友处理司法事务。明清时代虽然没有官办的法律学校,但民间则有刑名幕友,刑名幕友必须有所师承。因此,可以说刑名幕友是体制外的专职法官。所以谓之"幕友",是因为刑幕与主官之间仅为主

---

① 《大清会典·刑部》卷五十六、五十七。
② 《大清会典·刑部》卷五十三。
③ 郑秦:《清代司法审判制度研究》,湖南教育出版社1988年版,第40页。
④ 《钦定大清会典事例》卷一百八十二"户部·库藏银库、缎疋库"。

客关系，而无隶属关系，相当于而今的法官助理，其薪酬由主官而不是政府支付。明清中央政府完全认可了这一奇特的司法管理体制，并制定有规范这一体制的各项制度。1725年，雍正谕令吏部："各省督抚衙门事繁，非一手一足所能办，势必延请幕宾相助，其来久矣。"① 清代道光以前，咸丰以后，法令还允许各省督抚保荐幕宾进入体制为官。幕友亦须遵守官吏任职回避家乡的规定，不得与官员交结，主官必须对幕友的违法行为负连带责任，等等。

3. 法官的责任

明清刑法对专适用于法官的罪名更有所增加，如"应回避而不回避""淹禁囚犯"（超期羁押）等。

（四）讼师管理制度

明清时期是讼师活动的鼎盛时期，尤其是在江南地区，因而政府对讼师的控制性管理也更加严厉。

《大明律例·刑律·诉讼》中"教唆词讼条例"规定，"凡教唆词讼及为人作词状增减情罪诬告人者，与犯人同罪。（至死者减一等。）"，"其见人愚而不能申冤，教令得实，及为人书写词状而罪无增减者，勿论"。既禁止教唆词讼、为人写作不实诉状，同时对讼师等为人作词状仍予以肯定。《大清律例·刑律·诉讼》规定："凡教唆词讼，及为人作词状、增减情罪，诬告人者，与犯人同罪。"加重了教唆词讼、代人作状增减事实诬告他人犯罪的刑期。乾隆七年（公元1742年），清政府发布法令，规定"坊肆所刊讼师秘本，如《惊天雷》《相角》《法家新书》《刑台秦镜》等，一切构讼之书，尽行查禁销毁，不许售卖。仍有行撰造刻印者，照淫词小说例杖一百，流三千里；将旧书复行重印刊及贩卖者，杖一百，徒三年；买者杖一百。藏匿旧版不行销毁，减印刻一等治罪；藏匿其书，照违制律治罪，其该管失察各官，分别次数，交部议处。"②

乾隆二十九年（公元1764年），清政府根据江苏按察使钱琦所奏《请严积惯讼棍例》制定了一项新条例，规定"若系积惯讼棍串通胥吏，播弄乡愚恐吓诈财，一经审实，即依棍徒生事扰害例问，发云、贵、两广极边、烟瘴充军"。从而将讼师犯罪提升到死刑以下的最高刑罚，显然打破了《大清律例》的正式律文。凡是被判"积惯讼棍"充军的，其在充军之地的子孙后代，均不能参加科举考试。清政府还立法厉行督促地方官员严查教唆词讼的讼师，如地方官员失察，给予罚俸或降级的处分。

---

① 《清世宗实录》卷五。
② 《钦定大清会典事例》卷六百三十七"教唆词讼"。

嘉庆二十二年（公元1817年）进而定例："凡有控告事件者，其呈词俱责令自作，不能自作者，准其口诉，令书吏及官代书，据其口诉之词，从实书写。如有增减情节者，将代书之人，照例治罪。其唆讼棍徒，该管地方官实力查拿，从重究办。"按此条例，法律留给讼师的最后一点空间即代为书写诉状都被堵死了。

（五）胥吏、衙役——司法辅助人员的管理

明清时代，胥吏、衙役为害司法的现象更加严重，政府对其的管理制度则除将衙役从职役改为雇佣之外，其他方面并无变化。

明清时期，胥吏的名称较为统一，通常称为"书吏"或"承差"，载于会典中。州县政府下设吏、户、礼、兵、刑、工六房中，刑房"经管人命、盗、逃、词讼、保甲、捕役、监仓、禁卒等项"[①]。除监仓外，其他各项均为司法行政事务。在省级督抚层面，"督抚衙门虽然没有正式建制，但对应于六部，也要设置相应的办事机构，即吏、户、礼、兵、刑、工六科或六房"[②]。刑科或刑房书吏或承差自然就成为督抚之下负责司法行政事务的胥吏。省级司法机关按察使司之下亦有法定的书吏员额。刑部设"司务厅，……掌治吏役，收外省衙门之文书，记其号而分于司。犯解到，移司以收禁，给以批回"[③]。

（六）调解与仲裁的管理——官批民调[④]

小农出身的朱元璋做了皇帝之后，志在将农村建立一个封闭、静态而道德纯朴的社会，在各里除设立行政化的里、甲长外，还设立了里老这一教化职务，共同负责本里的道德教化、纠纷调解与仲裁，并规定："民间户婚田土、斗殴相争一切小事，须要经由本里老人、里甲断决。若系奸、盗、诈伪、人命重事，方许赴官陈告。"[⑤]将里老与里甲主持的调解或仲裁作为刑事自诉和民事起诉的前置程序。

自宋代以来，尤其是明清，农村宗族自治、城市的行会自治已经形成，宗族及行业内部的民事纠纷通常首先由宗族与行会组织自行调解与仲裁。很多族规与

[①] 黄六鸿：《福惠全书》卷二"看须知"。
[②] 关晓红：《从幕府到职官：清季外官制的转型与困扰》，生活·读书·新知三联书店2014年版，第76页。
[③] 光绪《大清会典·刑部》（卷五十六）。
[④] 陈会林：《国家与民间解纷联接机制研究》，中国政法大学出版社2016年版，第85~101页。
[⑤] 杨一凡、曲英杰、宋国范点校：《中国珍稀法律典籍集成》乙编第一册《洪武法律典籍》，科学出版社1994年版，第639页。

行规不仅规定了宗族与行会的仲裁或调解权,甚至还规定了仲裁、调解是宗族、行会成员向官府提起诉讼的前置程序,从而使得宗族、行会的仲裁、调解权优于政府的司法管辖权。"会馆相互间在工商业上发生纠纷时,须由会馆董事仲裁;事情重大者,更召集全体会员来公同证券是非曲直,以处理之。会员若不把纷争案件交与会馆办理,而一开首就直接诉之于法庭,那会馆便要处罚他。"① 如汉口的"会馆设有会长及商董会,负责抽捐。……如果出现争执,则请会长仲裁,他的决定是最终的裁决"②。令人意外的是政府不仅不会禁止这类族规、行规的发布,而且还会应宗族、行会的要求批准这类族规、行规,从而赋予其以法律上的效力。甚至在宗族或行会成员直接向官府提起诉讼时,官府通常不会直接依据法律判决,而是将其批给其本宗族或本行会,由宗族或行会自行调解或仲裁。在宗族或行会将调解或仲裁结果报告给官府,官府认可之后,召集诉讼双方共同"具结"结案。这一惯行程序称为"官批民调"。"官批"相当于指定调解或仲裁;"民调"之后将调解或仲裁结果报告官府,相当于当今法院的司法确认;双方具结则相对于自愿接受调解。

第二节 清末与民国司法行政管理制度的近代化

一、晚清近代司法行政管理制度的形成

(一)司法行政权的独立以及权力定位

1. 司法行政权与司法权的分离

1906 年 10 月,清政府颁布上谕:"刑部著改为法部,专任司法;大理寺著改为大理院,专任审判。"这里所说的"司法",实际上是指司法行政。从此,中国几千年来司法审判机关和司法行政机关合一的体制改为了分立体制。1907 年 7 月 7 日,清廷颁布上谕,将各省提刑按察使司改为提法司。1907 年 7 月 7 日颁布《各直省官制通则》,规定"各省设提法司,置提法使,管理司法行政,监

---

① 全汉升:《中国行会制度史》,食货出版社 1935 年版,第 118~119 页。
② 《海关十年报告·第一期十年报告(1882-1891)》,引自彭泽益主编:《中国工商行会史料集》(下),中华书局 1995 年版,第 632 页。

督各级审判厅，调度检察事务，设立高等、地方和初级审判厅"，实现了省级司法行政权与审判权的分离。至于省级以下审判厅内部的司法行政事务则暂由各级审判厅兼为行使。

2. 院部之争及司法行政机关职权的确立

由于清末中央官制改革中的各项法规对法部与大理院的权限划分不清，从而引起了晚清司法改革中的部院权限之争。法部力图沿袭刑部旧有的司法权，要求取得对死刑案件的最终复核权，对各级司法审判机关的监督权，对各级司法官吏的任免权，刑事判决的执行权，使执掌最高审判权的大理院成为法部的下属机关。大理院则强调审判权应该包括对案件的受理、审判、复审、复核各项权力，基于司法独立原则，大理院在行使这些权力时不受包括法部在内的任何行政机关的干预。在清廷的干预下，法部与大理院进行会商，于1907年4月20日共同提出了《遵旨和衷妥议部院权限折》上奏朝廷，获得批准并被采入1910年颁布的《法院编制法》及《法官考试任用暂行章程》《司法区域分划暂行章程》和《初级暨地方审判厅管辖案件暂行章程》3个附属法规。至此，法部的司法行政权限基本定型。

根据《法院编制法》及所附各项章程，作为中央司法行政机关的法部享有的权限主要有：（1）负责大理院和各省检察官、法官及其他事务官员的编制及人事任免。（2）向皇帝奏定各法院管辖区域。（3）组织法官考试事务。（4）对大理院判处死刑案件实行复核。（5）负责刑罚执行，管理全国的监狱。（6）负责对各级审判、检察机构的监督。（7）负责指挥、领导检察事务。（8）法律的起草权。（9）对部分司法行政章程的制定、修改与解释权。

各省提法司管理各省司法行政事务，包括地方各级审判厅、检察厅、监狱应设各员之补署、升降、文件收发、档籍编纂以及司法经费预决算，草拟现行各项法律疑义解释及请示，各级审判厅的设立、废止及管辖区域的更改，编纂刑民事案件的统计，稽核司法警察，改良监狱，推广习艺所，编纂监狱的统计，监督本省司法机关，等等。连各级审判厅、检察厅的书记官、翻译、承发吏（负责执行及送达）都必须由法部组织考试并"由法部及提法司派充"。依《法院编制法》，各府、县的司法行政事务分别由地方与初级审判厅兼理。

法部与提法司已经很大限度地承揽了各级法院的司法行政事务，由法院自行负责的司法行政事务通常是与审判业务无法分割或极不重要之事务，前者如合议庭的组成、庭长庭员之配置，后者如"庭丁（负责导引案件关系人出庭——引者注）之雇用、撤换，各审判衙门长官行之"。①由司法行政机关负责司法机关内

---

① 《法院编制法》（宣统元年十二月二十八日颁行），引自怀效锋主编：《清末法制史变革史料》（上卷），中国政法大学出版社2009年版，第495、502页。

部的行政事务有助于近代法院审判活动的职业化、专门化与高效化。司法行政机关职权过大,又妨碍了司法权的独立。

(二) 近代检察制度的形成

《大理院审判编制法》第一次规定了近代检察制度。此后的《各级审判厅试办章程》《法院编制法》及《检察厅调度司法警察章程》都有关于检察职权的规定。从上述法规关于检察机构的设置、管理体制以及职权等规定来看,检察权本质上不属于司法权,而属于司法行政权。

大理院及以下各级审判厅内分别配置总检察厅、高等检察厅、地方检察厅和初级检察厅。各级检察厅统属法部大臣,独立行使检察权。总检察厅厅丞、高等检察厅检察长、京师地方检察厅检察长为皇帝直接任命的简任官,其他地方检察厅、初级检察厅厅长和检察官为法部奏补官。检察机关实行上级领导下级的一体化管理体制。检察厅的职权包括:指挥司法警察官行使侦查权;收受司法警察部门转来的诉状(受害人呈词),决定交付预审或交付公判;提起刑事公诉并监督、指挥刑事判决的执行;担当民事诉讼当事人或公益代表人;监督审判并纠正其错误。其监督审判可视为司法行政权对司法权的监督,"关于法律及司法行政事宜,如法部及有监督权之审判官或检察官有所询问,应陈述其意见",但"不得限制审判上所执事务,及审判官之审判权"。连各省审判厅"开厅时刻及开庭日期",亦由各省提法司"发布命令"决定。

(三) 法官与检察官的管理制度

1. 法官的考试与任用

1910年初,清政府颁行《法院编制法》《法官考试任用暂行章程》,初步建立了中国近代的法官制度。依《法院编制法》,凡初任推事(即法官)、检察官应按《法官考试任用章程》,经过两次考试合格后,方可任用。凡参加第一次考试必须要有三年制法政法律学堂以上毕业文凭。第一次考试合格,可以分发到地方以下审判厅、检察厅学习一年,期满合格者,可由所在学习审判厅、检察厅派令掌理特定司法或检察事务,并参加第二次考试。第二次考试合格者可以作为候补推事、候补检察官,分发地方以下审判厅、检察厅听候补用。京师法科大学毕业或外国法政大学或法政专门学堂毕业并由学部考试给予进士、举人出身者,可以免试直接作为候补推事、检察官。凡候补者,遇有缺出,即由司法行政机关奏补。

大理院正卿、少卿为特简官,总检察厅厅丞、大理院推丞、高等审判厅厅丞、高等检察厅检察长、京师地方审判厅厅丞为请简官;其他法官、检察官均为奏补官。除初任法官、检察官外,其他法官、检察官无须参加法官考试。

《法官考试任用暂行章程》对参加第一次考试应试者的资格,较之《法院编制法》有所放宽,副拔选贡以上出身者,旧充刑幕,确实品端学裕者也可以参加考试。同时,该章程还规定了第一次考试的笔试科目包括五门:奏定宪政纲要,现行刑律,现行各项法律及暂行章程,各国民法、商法、刑法及诉讼法,国际法。前四门为主要科目,由考生任选至少两门参加考试,考试及格方能录取。作为非主要科目的国际法也是必考科目。除笔试外,还有口试。

上述法官考试、任用的资格限制较严,而清末法学专业的毕业生人数不多,且多有转就他职者,故法部后来又不得不放宽资格标准。1910年,清朝举行了第一次司法考试,录取五百六十余名。

2. 对法官的特别限制与权利保护

为保证法官公正判案,《法院编制法》规定,推事、检察官任职期间,不得为下列事宜:(1)于职务外干预政事;(2)为政党员、政社员及中央议会或地方议会之议员;(3)为报馆主笔及律师;(4)兼任非本法所许之公职;(5)经营商业及官吏不应为之业务。除法定理由外,法部对推事、检察官不得有勒令调任、借补、停职、免职及减俸等事。

检察官的考试、任用以及检察官的任职保障与法官相同。

(四) 从狱讼差役到司法警察

衙役之害,历代有识之士深恶之。但因专制制度的顽固与因循,无由革之。1898年戊戌变法时,湖南巡抚陈宝箴与按察使黄遵宪与湖南地方绅士共创近代地方警察制度,以代替传统狱讼差役。变法失败,湖南警政亦被废除。光绪二十七年(公元1901年)六月初四日,刘坤一、张之洞联名上呈的《遵旨筹议变法谨拟整顿中法十二条折》建议"去差役",改设警察。光绪二十七年(公元1901年)七月三十日,清廷发布裁汰各省制兵、防勇,精选若干转为常备兵和巡警的上谕,要求各省建立近代警察。光绪三十一年(公元1905年)九月十日,清廷发布上谕,宣布成立巡警部(1906年11月6日,上谕改巡警部为民政部)。民政部门的权责非常广泛,包括对地方幕佐人员的荐举任用官的注册、地方官吏的考核、地方行政机构的设立、地方官吏的培训、疆理(土地)、户口、赈济、慈善、城市工程建设、地方自治、风教、移民、征兵、宗教以及警政等事务,相当于西方国家的"不管部"。其中警政事务包括行政警察、司法警察和高等警察(负责保安、新闻出版审查及集会、结社批准事项)等事务。

光绪三十三年(公元1907年)十二月二十四日,法部奏定《司法警察职务章程》。该章程规定,司法警察由民政部巡警兼任,主要负责逮捕人犯、搜查证据、护送人犯、取保传唤、检验尸伤、接收呈词等司法行政工作。在执行上述司法行政任务时，接受检察厅长官调度指挥。宣统二年（1910年）四月四日，经法部奏定颁行《检察厅调度司法警察职务章程》。

晚清司法制度的改革尚未将传统狱吏狱卒改造为近代司法狱警。

（五）晚清监狱制度改革

1901年，两江总督刘坤一、湖广总督张之洞联名上奏著名的《江楚会奏变法三折》，提出了有关监狱改良的三条主张：整修监房，对囚徒进行职业技工训练，政府设专官管理监狱。修律大臣沈家本认为，"刑罚与监狱相为表里""设狱之宗旨，非以苦人辱人，将以感化人也""借监狱之地，施教诲之方"[①]。

从成立修订法律馆开始，清政府就开始制定一些有关监狱改革的法令，如1903年的《各省通设罪犯习艺所章程》，1906年法部制定的《处置配犯新章》《咨各省申明遣军流犯到配所习艺定章文》、1907年清廷批准的《法部奏议实行改良监狱折》《习艺所办法》等。此外，《法院编制法》中也有少量关于看守所的条款。1910年由日本的监狱学专家小河滋次郎起草了《大清监狱律草案》，但此草案并未公布实施。依上述法规及监狱法草案，清末对监狱制度的改革主要有以下几个方面。

1. 改造监狱，实行看守所与监狱相分离

（1）设立新式监狱。1909年，法部要求各省在1912年以前一律按西式监狱模式设立新监。清朝灭亡时，全国已建成的模范监狱的省份主要有京师、奉天、湖北、江宁与江西等地，正在施工的模范监狱有云贵、山东、广东等，但大多数省份没有设立新监。这些监狱大都仿日本监狱式样，京师模范监狱则完全由日本监狱学家小河滋次郎设计建造。

（2）设立罪犯习艺所。1903年清政府根据刑部建议，将各地判处的徒、流、军、遣犯人不再流放，就地组织罪犯习艺所强迫其学习工作技能。这是中国近代对罪犯进行职业训练的开始。后来这些习艺所大多改造为监狱。

（3）保留旧监狱。其他没有财力以及因其他原因暂时不能改造的旧监狱仍予保留。

（4）实行看守所与监狱相分离。古代看守所与监狱没有严格分工，监狱常常作为未决人犯以及刑民事案件证人的关押场所。由于积案较多，牵连人员多，监狱无法完全容纳。因此，很多非监狱场所也成为临时看守所，如衙役的值班室

[①] 沈家本：《监狱访问录序》，引自《沈家本全集》第四卷，中国政法大学出版社2010年版，第753页。

（俗称"班房"），甚至有私人开设的旅店（俗称"歇家"）。1875年，贵州巡抚黎培敬提出由官府专门设立"待质公所"，即看守所。1906年《大理院审判编制法》规定，各级审判厅各设待质所一所，大理院辖下称看守所，均置于各审判机关管辖，后来通称为看守所。这是中国法制史上首次将看守所与监狱分开。

2. 监狱管理体制趋向统一

清末改革前，刑部负责中央监狱。此外，中央政府各机关还有自己的监狱系统，如内务府、宗人府、步军统领衙门监狱。地方各省、府、州县的监狱则分别归各地方政府管理。监狱的管理权不能统一，狱制较为混乱。

清末司法改革后，法部对全国的监狱业务享有管理与指导权，但除原刑部监狱外，对其他中央各机关及地方所属监狱的人事及财务行政，尚无直接管理权，如罪犯习艺所归民政部管辖。地方各级监狱仍隶属各省、府、州县。

3. 培养新型监狱管理人才

1907年，沈家本创办京师法律学堂，设置监狱专修科，并聘请日本监狱学家主讲监狱学。各省法政学堂也一律增设监狱学专科，新监狱也附设监狱学堂等培训机构。但是，还没来得及从制度上对传统狱卒制度进行近代文官制度性质的改造，清政府就灭亡了。

二、北洋政府时期的司法行政管理制度

（一）司法行政管理体制

1. 司法部之司法行政权

1912年7月18日，南京临时政府公布《司法部官制通则》，规定"司法总长管理民事、刑事、非讼事件、户籍、监狱及出狱人保护事务并其他一切司法行政事宜，监督所辖各官署及司法官"。其中司法部总务厅负责"法院之设置、废止及其管辖区域之分划、变更""司法官及其他职员之考试、任免"、律师管理、"稽核罚金、赃物""司法经费"管理；民事司负责"民事""非讼事件""民事诉讼审判及检察事务""公证"管理、户籍登记管理；刑事司负责"刑事""刑事诉讼审判及检察事务""国际交付罪犯事项""赦免、减刑、复权及执行刑事事项"；监狱司负责"监狱之设置、废止及管理事项""监督监狱官事项""假释、缓刑及出狱人保护事项""犯罪人异同识别事项"。相比于晚清法部，南京临时政府司法部增加了律师、公证、户籍登记等项职能。1914年7月10日，北洋政府修订《司法部官制》，取消了其户籍登记职能，增加了司法统计。

司法部秉承清代刑部及清末法部之传统,权限极大,以至于"大理院制度,隶于行政部而听其进退"①。

2. 省级司法行政权

"省级司法行政机关当民国初成立时,各省有的未设,有的设置'司法司'"。1913年1月8日公布《划一现行中央直辖特派行政区厅组织令》,22日公布要求各省一律增设或改设司法筹备处,由司法部总长委任。"司法筹备处所办省内司法行政,主要是筹设法院、监狱"。"二年九月二十三日,因财政困难,即明令裁撤;所掌事务,由司法部就高等审判厅或高等检察厅两厅长中遴选人员呈请兼管。其后复经司法部呈准,将所掌按其性质分别划归高等审判厅或高等检察厅办理,或由两厅会同办理"②。此后,少数省份如广东、江苏设有专职司法厅③。

1914年7月1日,袁世凯公布《巡按使委任道尹监督司法行政事务办事权限暂行条例》,由省政府委任各道尹公署管理所属各县的司法行政事务④。所谓巡按使是袁世凯任命的各省行政长官,道为省、县之间的政权。

3. 省以下之司法行政权

民国初,地方审判厅、初级审判厅兼理同级司法行政事务。1914年4月5日,北洋政府公布《县知事兼理司法事务暂行条例》,规定凡未设审判衙门地方,所有民刑案件的审理与司法行政事务(包括检察事务),均由县知事兼理。1916年2月2日修正公布的《法院编制法》,从法律上取消了初级审、检厅。

1917年5月1日,北洋政府颁布《县司法公署组织章程》,县司法公署设在县行政衙门内,由审判官一人或二人及县知事组织之,是一个半独立的县司法机关。"审判官由高等审判厅长依《审判官考试任用章程》办理,呈由司法部任命之","审判事务概由审判官完全负责,县知事不得干涉"。"检举、缉捕、勘验、递解、刑事执行等"司法行政事务,均由县知事办理。其他司法行政事务,由县知事和审判官共同负责。

(二) 法官管理制度

北洋政府时期有关法官的立法已经粗具体系,形成了较为系统的法官管理制度。

---

① 《司法经费问题》,载于《法律评论》1933年第10卷第42期。
② 钱实甫:《北洋政府时期的政治制度》(上册),中华书局1984年版,第132、133页。
③ 《广东改组司法厅暂行规则》,载于《司法月报》1916年第1期;《江苏巡按使公署批第693号》,载于《江苏省公报》1914年第294期。
④ 《司法公报》1913年第10号。

1. 司法官考试

关于司法官的考试，北洋政府颁布有《司法官考试令》（1915年10月1日公布，1918年5月修订）、《司法官考试规则》（1917年12月10日）。

（1）主持考试机构。司法官考试由典试委员会组织并主持，典试委员会分两种：一种为甄录试及初试典试委员会，另一种为再试典试委员会，均为司法部总长于司法部、大理院、总检察厅、高等审判厅、高等检察厅、法律馆等机构官员中选任。

（2）考试资格。随着《司法官考试令》的修改，应试资格逐渐严格，到1919年时，除《文官高等考试令》规定之毕业学生之修习法律专科并有毕业证书者外，还包括在国立或经教育部或司法部认可之公立私立大学或专门学校教授司法官考试主要科目继续三年以上、经报告教育部备案者，或在外国大学或专门学校学习速成法律法政一年半以上得有毕业文凭并曾充推事检察官办理审判检察事务一年以上者，或在国立或经教育部或司法部认可之公立私立大学专门学校教授司法官考试主要科目继续两年以上经报告教育部备案者，或曾任推事或检察官继续办理审判或检察事务三年以上者，或曾应前清法官考试及格者方可报考。凡在国立大学或专门学校本科修法律之学三年以上、获得毕业证书并精通外语者，在外国大学修法律之学三年以上毕业成绩卓著的，在日本法科毕业并精通欧洲一国语言者，曾在国立大学或专门学校教授司法官考试主要科目任职五年以上并精通外语者，均可免试获得司法官资格。

（3）司法考试分为甄录试、初试和再试三道程序。甄录试原是1915年《司法官考试令》规定的同等学力的应试资格考试，1917年以后，取消了同等学力的报考资格，将甄录试变成了所有应考人员的第一试，其考试科目为国文、法学通论。通过甄录试者，始得进入初试。初试分笔试、口试两种，笔试科目有宪法、行政法、刑法、民法、商法、民事诉讼法、刑事诉讼法、法院编制法、国际私法；口试科目有民法、商法、事法、民事诉讼法、刑事诉讼法。初试及格者，授以司法官初试及格证书，依学习规则之所定分发各审判厅、检察厅或司法讲习所学习，学习期满后由监督长官送再试。再试分笔试与口试两种，及格者授以司法官再试及格证书，等候任用为法官或检察官；不及格者得补行学习六个月，期满后由监督长官呈请特试，特试仍不及格者，取消其司法官初试及格资格。

2. 司法官的任用与培训

（1）司法官的任用。1915年7月22日，司法部呈请颁布《简任法官资格》（1923年修订）、《荐任法官资格》，分别规定了大理院、高等审判厅、地方审判厅及相应检察厅司法官的任用资格。其中简任法官的任职资格除注重任职经历外，还要求必须具备司法官考试资格。此后公布的《暂行法院编制法》(1915年6月20日)、《司法官任用现行办法》(1915年11月22日)、《司法行政官与司法官互相任用办法》(1916年4月27日)、《县司法公署审判官考试任用章程》(1917年12月10日) 等法规也规定了各等级审检厅及县司法公署司法官的任用资格，大体"采取'老人老办法''新人新办法'的做法，也就是说，在司法官考试以前已经取得司法官资格的人员，仍予以承认；司法考试开始后，考试合格方可取得司法官任用资格""司法官考试虽举行多次，但考试合格并不是任用司法官的唯一资格，这与清末'法官非经考不得任用'相比，显得有些保守和落后。……从实际情况看，当时无论中央的大理院还是京师及各地高等、地方审检厅，仍是旧法官占多数，考试及格人员甚少。有了清末的经验教训，北洋政府能够更加理智地看待西方的一些制度，也能够比清朝更清楚地认识当时中国的国情和社会，较多地考虑到各项制度的可行性，而不像清末那样盲目照搬西方制度。与清末相比，北洋政府的做法虽然有些因循守旧，但更适合当时的中国社会"。①

(2) 司法官的培训。1914年10月15日，司法部颁布《司法讲习所规程》，规定司法讲习所隶属于司法部，宗旨为植养司法人才；其入所学员资格为获得司法官甄拔资格但未获实缺的各类人员；学习科目分为学科修习和实务修收，前者为课程学习，后者为实务学习；经考验合格者可获得审、检厅实缺。② 此外，依《司法官考试令》，已通过司法官初试者，亦可入所学习，考试合格可进入司法官再试，已如前述。1919年3月10日，司法部修正公布《司法讲习所规程》。

1921年，司法讲习所因经费欠缺而停办。1926年9月，国际联盟调查法权委员会对中国实行治外法权现状进行调查，批评中国严重缺乏经过训练的司法官，故1926年10月12日司法部颁布《司法储才馆章程》(同年11月加以修正)，成立司法储才馆接续司法讲习所。

3. 司法官的官等和俸禄

1918年7月17日，大总统以教令公布《司法官官等条例》与《司法官官俸条例》(1920年11月5日、1925年5月16日先后两次修正公布两项条例)。1925年修改后的《司法官官等条例》依文官等级将司法官分为特任、简任与荐任三类，其中特任司法官为大理院院长，简任官分为一、二、三等，荐任官则分为三、四、五等，如表3-1所示。

---

① 毕连芳：《北京民国政府司法官制度研究》，中国社会科学出版社2009年版，第156、157页。
② 《司法讲习所规程》，载于《司法公报》1914年第3卷第1期。

表3-1　　　　　　　　　　修正司法官官等

等别		大理院	总检察厅	高等审判厅	高等检察厅	地方审判厅	地方检察厅	初级审判厅	地方检察厅
特任		院长							
简任	一等	庭长	检察长、首席检察官	厅长					
	二等	庭长、推事	检察长、首席检察官	厅长		厅长（京师）	检察长（京师）		
	三等	推事	检察官						
荐任	三等			庭长、推事	首席检察官、检察官	厅长	检察长		
	四等			庭长、推事	首席检察官、检察官	厅长、庭长、推事	检察长、首席检察官、检察官	厅长	检察长
	五等								

依《司法官官俸条例》，司法官官俸分为14级。其中特任官大理院院长月俸1 000圆，简任一、二、三等官官俸共分10级，分别为600圆、550圆、500圆、450圆、400圆、360圆、340圆、320圆、300圆、280圆；荐任三、四、五等官官俸共分13级，分别为360圆、340圆、300圆、280圆、260圆、240圆、220圆、200圆、180圆、160圆、140圆、120圆、100圆。相对中央行政官简任、荐任及委任官的薪俸，司法官明显要更高。依1912年10月17日北洋政府公布的《中央行政官官俸法》，中央行政官官俸分别为12级共22个梯次，分别为600圆、500圆、400圆、360圆、340圆、300圆、280圆、240圆、220圆、200圆、150圆、140圆、130圆、115圆、105圆、95圆、80圆、75圆、70圆、60圆、55圆、50圆。[①]

除司法官外，北洋政府还为法院书记官制定了《法院书记官官等条例》（1918年8月15日）、《法院书记官官俸条例》（1917年8月15日）。

[①]《政府公报》1912年10月17日，第169号。

4. 司法官的职业保障与义务

《中华民国临时约法》首次以宪法形式规定了法官的独立审判权,"法官独立审判,不受上级官厅之干涉"。同时临时约法还规定了对法官独立审判的保障,"法官在任中不得减俸或转职,非依法律受刑罚宣告,或应免职之惩戒之处分,不得解职。惩戒条规,以法律定之"。在物质利益方面,北洋政府将司法官的官俸标准从文官系列中独立出来并优于文官,已如上述;其退休及伤亡抚恤则适用《文官恤金令》。

北洋政府直接继承了清末的《法院编制法》,要求推事与检察官在职期间必须遵守不干预政治、不参加政党、社团及各级议会,不担任报馆主笔、律师,不经营商业等义务。此外,司法部还以部令的形式禁止司法官与律师来往,规定辞职、退职之法官、检察官三年内不得在原辖区内执行律师业务[①]。作为正义化身,北洋政府对司法官有着更高的道德要求,司法部先后发布《守法奉公束身自爱令》《司法官吏不得沾染嗜好令》《告诫法官令》等训令,要求司法官洁身自爱、不得沾染不良嗜好,应"杜绝酬应""屏绝一切,专心办案""不宜滥交外界"[②]。

5. 司法官的惩戒

1915年10月16日,北洋政府公布《司法官惩戒法》,将对司法官的惩戒从对文官的惩戒中单独分离出来。此后,还颁布了《司法官惩戒处分执行令》(1918年5月10日)、《司法官惩戒委员会审查规则》(1915年12月22日)、《司法官惩戒法适用条例》(1921年2月17日)。

司法官凡有违背或废弛职务、有失官职上威严或信用等21种行为,应受惩戒。惩戒处分由司法官惩戒委员会议决,惩戒委员会由大总统在大理院长及推事、总检察厅及检察官、平政院长及评事中遴选任命,任期3年,每年改选1/3。惩戒程序包括惩戒请求的提出和受理、调查事实、审查、评议、制作议决书和执行。其中惩戒请求由各监督长官认为某司法官有符合惩戒事由的行为时,应报请司法总长,司法部长认为确有惩戒事由时,依法呈请大总统交惩戒委员会惩戒;被惩戒人可以阅读相关的案卷材料并允许其申辩;惩戒议决书由惩戒委员会呈交大总统核准后,交司法部执行。立法没有规定当事人对惩戒不服的救济措施,致

---

① 《法官不得与律师来往或同居一所令》(1920年12月31日),载于《司法公报》1921年1月31日,第131期;《司法部训令四八四号》(1918年9月6日),载于《政府公报》1918年9月8日,第942号。

② 《守法奉公束身自爱令》(1920年2月18日),载于《司法公报》1920年3月1日,第118期;《司法官吏不得沾染嗜好令》(1920年8月21日),载于《司法公报》1920年9月30日,第125期;《告诫法官令》(1920年12月26日),引自余绍宋:《改定司法例规》(上册),司法部1922年编印,第340页;《法官宜杜绝酬应令》(1921年5月7日),载于《司法公报》1921年6月15日,第141期。

使受惩戒人的权利得不到保护。

(三) 司法经费管理

1913 年，北洋政府财政部曾拟定过中央与地方财政支出划分标准草案，司法费被列入国家支出项目。民国历年的预算案也将司法费列入国家支出项目，但这些预算案常常形成于预算财政年度之后，属明日黄花，实际上均未能施行。各省地方司法经费预算均由省司法行政部门编制，列入本省财政预算。1913 年 4 月，浙江省司法筹备处处长范贤芳训令第 132 号中即有"财政司咨请编造司法费预算，当将审检所经费令行各县造送核办"等语①。

北洋政府时期的司法收入项目有诉状费、诉讼费及罚没等项。1914 年 9 月 5 日，司法部发布部令——《整理司法收入规则》。根据该规则，状面费由司法部和各级审判厅、县五五分成，诉讼费一律解缴司法部，凡各级审判厅经收之罚没收入一律解部，县知事经收罚没收入一律留用；凡关于各级审判厅留用经费非由司法部核准不得动支，凡县留用者，应由高等厅商承巡按使统筹支配；司法部得随时派员至各级厅及各县稽核簿籍及考查司法收入情形。② 1920 年 6 月 20 日，司法总长朱深呈大总统批准发布修订《整理司法收入规则》③。该规则在原有收入项目上新增登记费、监狱作业收入及其他关于司法之杂项收入，民事审判费用及刑事罚金、没收并诉讼状纸费由司法部按年编列预算充添建厅、监之用，经征各官署应尽数解部；登记费及监狱作业收入两款，暂作为推广登记及监狱作业之用，得由经征各官署自行存储。执行、抄录、送达各费，经征各官署得留备弥补经费不敷，但于运用时各厅处须呈报司法部核准；各县须呈报该管高等厅处核准并转报司法部备案。各审检厅处管理出纳人员姓名、履历，应于任职时呈报司法部备案，非经司法部核准，各厅处长不得擅行撤换。

(四) 律师管理制度

1912 年 9 月 16 日，北洋政府公布《律师暂行章程》(1913 年 3 月 4 日、1917 年 11 月 23 日修正公布)。这是中国历史上正式公布的第一部律师管理法规。此外，关于律师的立法还有《律师甄别章程》(1914 年 4 月 20 日)、《律师登录

---

① 《浙江公报》1913 年第 415 期。
② 《整理司法收入规则》(民国三年九月二十五日)，载于《司法公报》第三年 1914 年第一号。
③ 《司法总长朱深呈大总统修订整理司法收入规则缮单呈请鉴核文（附规则）》，载于《政府公报》1920 年第 1564 期。

暂行章程》（1912年9月19日）、1913年12月27日，北洋政府公布《律师惩戒会暂行规则》（1916年10月25日修订公布），上述法规规定了取得律师资格的条件、律师的登记、律师的权利与义务、律师行业组织及对律师的惩戒等内容。

取得律师资格，必须为"中华民国人民满二十岁以上之男子"，或依律师考试令考试合格，或依现行司法官任用法令具有司法官资格，或有免试之资格。应律师与司法官资格考试，必须受过一定的法学专门教育并有证书或毕业文凭。免试资格包括"在外国大学或专门学校修法律之学三年以上得有毕业文凭者""在外国大学或专门学校修法政之学三年以上得有毕业文凭者""在国立公立大学或专门学校修法律之学三年以上得有毕业文凭者""依法院编制法及其施行法曾为判事官、检事官或试补及学习判事官、检事官者""在国立公立私立大学或专门学校充律师考试章程内主要科目之一教授满三年者""在外国专门学校学习速成法政一年半以上得有毕业文凭并曾充推事、检察官、巡警官或曾在国立公立私立大学或专门学校充律考试章程内主要科目之一之教授满一年者"。因为免试资格太低，导致"律师资格的取得太宽太滥"，"结果是给一些学疏品劣、投机钻营的人提供了进入律师职业的机会"[①]。1917年10月18日，公布《律师考试令》，规定律师考试与司法官考试合并行之。

律师证由司法总长签发，由各高等审判厅和律师公会管理。省高等审判厅设置律师名簿，凡登录于该高等审判厅的律师在该厅管辖区内执行职务时，以一地方审判厅管辖区域为限，如要在其他地方审判厅内执业须该高等审判厅同意。律师应于地方审判厅或高等分厅附近设地方分庭所在地设立律师公会，律师非加入公会不得执行职务；律师公会受所在地方检察长或高等分厅监督检察官之监督；律师有违反章程及律师公会会则之行为者，律师公会会长应依常任评议员会或总会议之决议，声请所在地方检察长得将该律师交付惩戒，地方检察长得以职权呈请惩戒；惩戒应由地方检察长呈请高等检察长提起惩戒之诉于该管高等审判厅；被惩戒人或高等检察长，对于惩戒裁判有不服者，得提起上诉于大理院；惩戒分为戒、五百元以下之罚款、二年以下之停职、除名四种。

（五）商事仲裁管理

1913年1月28日，北洋政府司法、农商两部会订《商事公断处章程》（同年7月28日、1914年11月19日先后修正）；1914年9月21日公布《商事公断

---

① 王申：《中国近代律师制度与律师》，上海社会科学院出版社1994年版，第42、43页。

处办事细则》（同年 11 月 22 日修订）。该章程总则规定："商事公断处附设于各商会，公断处对于商人间商事之争议立于仲裁地位以息讼和解为主旨。"公断处对两类案件有仲裁权：一是当事人起诉于法院之前先由商事纠纷双方当事人同意自行申请仲裁的案件；二是于起诉后由法院委托仲裁。第二类仲裁是对古代传统官批民调制度的直接继承，在西方国家的仲裁制度中，极少有国家司法机关在受理商事纠纷后再委托给行会仲裁的。公断结果必须争得双方同意方可有效，如有一方不同意，该结果即为无效，双方或一方当事人仍有权向法院起诉。对双方都接受的公断结果，公断处无强制执行权，只能由当事人申请法院强制执行。《商事公断处章程》颁布后，各地商会纷纷创立商事公断处或改组原有理案处、评议处等机构。

（六）监狱管理制度

1913 年 12 月 1 日，司法部将清末《大清监狱律草案》删改为《监狱规则》，成为北洋政府时期最基本的监狱法规。"《监狱规则》作为我国正式颁行的第一部比较完备的监狱法规还是具有一定历史意义的。这个规则后来又被国民党政府所承袭，一直沿用到新中国成立之前。"[①] 此外，北洋政府还公布有许多单行监狱法规，大体可以分为三个方面：一是关于监狱的管理体制，如 1914 年 9 月 17 日《监狱官制》、1922 年 4 月 1 日的《监狱官补习所章程》《监狱学校章程》；二是关于监所官员的管理制度，包括 1912 年 12 月 7 日的《监狱看守教练规则》《监狱看守考试规则》、1913 年 1 月 13 日的《监狱教诲老师医士药剂士处务规则》、1919 年 4 月 2 日《监所职员任用暂行章程》《监所职员奖励暂行章程》、1919 年 6 月 20 日的《监狱官考试暂行章程》、1919 年 9 月 4 日的《监所职员官等法》《监所职员官俸法》等；三是关于犯人的管理制度，包括 1913 年 7 月 10 日的《划一监狱看守所名称办法》、1913 年 1 月 13 日的《监狱处务规则》、1913 年 1 月 15 日的《监狱参观章程》、1913 年 2 月 22 日的《视察监狱规则》、1917 年 1 月 23 日《县知事疏脱人犯扣修监章程》、1919 年 5 月 11 日的《各县监狱看守所规则》、1920 年 12 月 7 日的《监犯保释暂行条例》、1923 年 2 月 15 日的《假释管理规则》、1925 年的《监狱作业余利给奖规则》等。

1. 监狱管理体制

统一监狱、看守所名称，将罪犯习艺所一律改称为监狱。"立法者强调监狱执法的独立性，……明确监狱管理体制与官员权限，给予了其相对独立的地

[①] 薛梅卿主编：《中国监狱史》，群众出版社 1986 年版，第 221 页。

位"①,使监狱由原各级司法机关的附属机构变为司法部的所属机构。司法部可临时派员视察各监狱,各高等检察长由司法部委任监督该区域各监狱。新监狱及分蜒之设置旧监狱之存废由司法部定之;各监狱典狱长受司法部及高等检察长之监督掌理监狱事务,指挥督率所属职员;京师各新监狱及外省容额500人以上监狱之典狱长为司法总长推荐、大总统任命之荐任官,其他各监狱之典狱长、看守长、看守所长及旧狱员为司法部委任官,教诲师、技士、药剂师等为委任待遇官。监狱与看守所彻底分离,同受司法部管辖。看守所由地方检察厅检察长委任检察官监督之。

2. 专门的监所官制度与进步的监区管理制度

北洋政府时期已在文官系列中初步形成了专门的监所官制度,包括监狱官的考试、任用、岗位设置、官等、官俸、教育、培训、奖惩等,基本上废除了旧式的狱卒制度。

北洋政府的监狱立法对监区与犯人形成了收监、监禁、戒护、劳役、教诲、教育、给养、卫生、考核、释放等一系列近代管理制度,"大都是抄袭外国资产阶级的监狱法的条文""较之旧监所实行的野蛮的、愚昧的管理制度,具有了一定的进步意义"。②

三、南京国民政府的司法行政管理制度

(一) 司法行政管理体制

1. 司法行政部及其归属

南京国民政府的司法行政机关在1928年五院成立以前为司法部,直属国民政府。1928年11月17日,五院成立时隶属司法院,更名为司法行政部,属司法机关序列。1931年12月,改属行政院,为行政机关序列。1934年10月,重隶司法院。1942年12月,又改隶行政院。从此,司法行政权隶属行政机关。

司法行政部的职能非常广泛。根据《司法行政部组织法》,该部管理全国的司法行政事务。其主要职权有:法院的设置与废止、司法管辖区域划分的变更(后取消了这一职能)、各级司法机关职员的编制、任免、考核、奖惩、抚恤、考绩、训练、教育与惩戒,全国司法经费的收支管理,律师与公证管理,监狱管理,民、刑事诉讼之行政事项(如规定民、刑诉讼中有关费用的征收、案卷的移

---

① 于连涛、许国忠:《中国监狱文明的进程研究》,中国社会科学出版社2007年版,第168页。
② 薛梅卿主编:《中国监狱史》,群众出版社1986年版,第240页。

送等），特赦、减刑及复权事项，执行刑罚及缓刑事项，等等。此外，司法行政部就主管事务对于各地方最高级行政长官之命令或处分，认为有违背法令或逾越权限者，得提经行政院会议议决后，停止或撤销之。

依《法院组织法》，"司法行政部部长监督最高法院所设之检察署及高等法院以下各级法院及其分院"。监督方法包括对被监督人职务上的事项发命令使之注意，对被监督人废弛职务、侵越权限或行止不检的行为加以警告，并有权对有上述行为的被监督人依《公务员惩戒法》办理。依《刑事诉讼法》，司法行政部对死刑的执行有最后复核权。

依《法院组织法》，最高法院内部的司法行政事务由院长负责。

2. 省高等法院院长

南京国民政府建立之初，各省都设有司法厅。1927年11月，国民政府发布第43号训令，据司法部提议，裁撤各省司法厅，实行高等法院院长制度。司法部在述其理由时认为，各省在省政府之下设司法厅将使全国司法不能统一。"司法行政权，应完全属于中央，由中央司法部分寄其权之一部于各省高等法院院长，在此制度之下，其职权系完全受成于中央，凡由中央通盘筹划事项，交高等法院执行，事较易办"，为防止高等法院院长司法行政权过大，可以将其"院外行政权，为之严定权限"。"所云各省高等法院院外行政权者：例如（1）关于所属各法院之推检遴请派署及荐署荐补事项；（2）关于所属法院核转其成绩书类事项；（3）关于所属职员之官俸呈请核叙等级事项；（4）编制各法院及各县司法经费之预算，既核转其决算事项；（5）考核各法院各县之司法收入事项；（6）对于各县办理命盗案件之审限，记功记过，及交付惩戒事项；（7）关于承审员、管狱员之任免及惩奖事项；（8）关于监督各监所一切事项；（9）关于疏脱人犯呈请惩戒事项；（10）关于监督律师及其惩戒事项。凡此种种，皆属各该高等法院秉承中央赋予之职权"[1]。至此，"全省基层法院即南京国民政府地方法院的人财物由该省高等法院'统一管理'"[2]。

依《法院组织法》，高等法院院长还负责院内司法行政事务。

3. 各级法院院长及县长

除上述所谓院外司法权外，根据《法院组织法》，地方法院院长还负责院内的司法行政事务，如案件的登记与分配、院内司法统计、司法警察、庭丁的使用等。因司法人才与财政的原因，很多县暂时无力设立地方法院，因而司法部于

---

[1] 《司法部提议裁撤各省司法厅实行高等法院院长制之意见书》（1927年10月12日），载于《司法公报》1927年第1期。

[2] 唐华彭：《司法行政权的合理配置与地方"两院"省级统管——以南京国民政府时期为例》，载于《法学》2015年第5期。

1927年6月颁布《暂行各县地方分庭组织法》和《县司法公署组织章程》，在没有设立地方法院的各县实行审判官与县知事共同组成的县司法公署，审判官行使司法权，县长行使司法行政权。1936年4月9日颁布《县司法处组织暂行条例》，规定"凡未设法院各县之司法事务，暂于县政府设县司法处处理之"。县司法处亦由审判官和县长共同组成，但其书记官亦由高等法院院长遴选委派并报司法行政部备案。1936年6月22日，司法行政部公布《县司法处书记官任用规则》。与县司法公署相比较，县司法处体制下，司法行政部、高等法院对县司法行政的决定权有所扩大，而县长的司法行政权有所减小。

（二）司法官管理制度

南京国民政府时期基本沿用清末民初的法官制度，其最大的变化就在于法官的党化。1927年初武汉国民政府颁布的《新司法制度》明确规定，"非有社会名誉之党员，兼有三年以上法律经验者，不得为司法官"。这一规定将司法机关置于党的控制之下。南京国民政府的相关法律虽然不再将国民党党员作为提供法官的必备条件，但在司法官的考试与任用制度中继承了武汉国民政府法官党化的特点。

首先是在司法官考试的科目中增加了"党化"内容。1930年12月27日，考试院公布了《高等考试司法官律师考试条例》。该条例规定了司法官初试科目中有"党义"，包括三民主义、建国大纲、建国方略、国民党重要宣言及决议案。此后数次修正公布的司法考试条例均保留了"党义"考试科目。

其次是为保证国民党对司法的领导以及对党员的特殊照顾，南京国民政府在普通的司法官考试外，创设了专门针对国民党党员的司法考试种类。1935年2月28日，国民党第四届中央执行委员会第一六○次常务会议通过《中央及各省市党部工作人员从事司法工作考试办法大纲》，"为使中央及各省市工作同志得实际从事司法工作，特举行现任工作人员考试"。该大纲的规定几乎由国民党中央执行委员会包办了这类特殊的司法考试，规定"凡现任中央及各省市党部工作人员志愿从事司法工作者均得应考。省市党部工作同志由省市党部保送之""考试委员会置委员五人至九人，由中央执行委员会推定""考试委员会文书记录等事务由中央秘书部指派人员兼办""中央各处会及省市党部主管人员对于所属工作人员之被考取者如认为有留部服务之必要时得，呈请中央暂缓发交训练"。1936年7月16日，国民党第五届中央常务委员会第十七次会议通过《中央及各省市党部工作人员从事司法工作考试及格人员分发办法》，规定对国民党工作人员的司法考试再试亦由国民党中央执行委员会包办。

最后是国民党党员在法官任用中享有优先地位。1932年4月11日司法部呈准公布的《司法官任用暂行标准》第二条规定,"简任庭长、推事、检察官须就具有下列资格之一者遴任之:……得有第三款毕业证书曾于民国有特殊功勋或致力国民革命十年以上而有勋劳并曾任司法官三年以上者";第四条规定,"荐任司法官须就具有下列资格之一者遴任之:,……曾有第三款毕业证书,曾于民国有勋营或致力于国民革命七年以上而有成绩并曾任司法官者"。前述《中央及各省市党部工作人员从事司法工作考试办法大纲》规定,党员专门司法官考试"及格人员交由司法院法官训练所训练后分发各司法机关尽先任用"。1936年7月16日,国民党第五届中央常务委员会第十七次会议通过《中央及各省市党部工作人员从事司法工作考试及格人员分发办法》,规定"乙种承审员考试及格在司法院法官训练所毕业者,以各省司法处审判官尽先任用""现在党务工作人员其原支生活费超过司法官俸薪者,适用党务工作人员转任政府官吏叙俸办法之规定"。

(三)律师管理制度

1927年7月23日,南京国民政府公布《律师章程》和《律师登录章程》;1941年9月11日,公布《律师惩戒规则》;1939年3月10日公布《公设辩护人条例》,1941年9月12日公布《律师公会平民法律扶助实施办法大纲》;1945年4月5日公布《律师法》。以上基本立法确立了南京国民政府的律师管理制度。

南京国民政府基本继承了北洋政府的律师制度,如律师资格的取得,可以经由考试和甄拔两种途径;律师考试与司法官考试合并进行;律师由各省高等法院和两个地方法院登录管理,并在登录法院所在区域执行职务;等等。其对律师制度最大的发展在于确立了公设辩护人与法律援助制度。《公设辩护人条例》规定,"高等以下各级法院所在地置公设辩护人",由法院为无资力聘请辩护人的被告人指定辩护人;公设辩护人应就现任或曾任推事、检察官或候补推事、检察官成绩优良者遴选,应在法院内办公,亦不得充任选任辩护人(即职业律师),属国家公务人员。《律师公会平民法律扶助实施办法大纲》则规定,平民在民刑诉讼、非讼事件以及请求法律咨询方面无资力聘请律师的情况下,可以请求律师公会为该平民无偿提供法律服务。平民法律扶助之必要费用,由律师公会负担。承办律师应每月向律师公会理事会提出报告,经律师公会监事会审核后呈报地方法院首席检察官转呈司法行政部。承办法律扶助之成绩优异的律师,由司法行政部给予奖状;其不力者,由地方法院首席检察官送请惩戒。

(四)公证管理制度

民国的公证制度,"于民国九年首先推行于东省特区法院",但并没有普及推行。1935年7月30日,司法院公布《公证暂行规则》。这是中国第一部公证法规。1936年2月14日,司法行政部公布《公证暂行规则施行细则》与《公证费用规则》。至此,南京国民政府的公证制度初步建立起来。1943年3月31日,国民政府公布《公证法》;12月25日,司法部公布《公证法施行细则》。1943年7月1日,国民政府公布《公证费用法》。

公证处的最高主管部门为司法行政部,地方主管部门为高等法院与地方法院。公证处设于地方法院,初期的公证人由院长指定法官专办或兼任,后期由司法行政部就有下列资格之一的人中遴选:经公证人考试及格者,曾任事、检察官或县司法处审判官者,曾执行律师业务者,曾任法院书记官三年以上成绩优良者,在教育部认可之国内外专科以上学校修习法律学科得有毕业证书者,亦可由所在地方法院推事兼任。推事兼任公证人者,应由地方法院院长开具衔名,由高等法院呈请司法行政派充之;设立专职公证人或佐理员,应由公证处声叙理由,呈由高等法院转呈司法行政部核准任用之。公证人及佐理员之俸给,适用关于书记官俸给之规定。显然,公证人属于公务人员,其所需的资格要求与俸给均低于法官与律师。之所以不允许"公证人自设事务所",而设于地方法院中,是担心"我国教育落后,一般人民知识水准不高,如准公证人自设事务所,恐怕流弊很多。……该法所以作如此规定,盖为求适应我国国情也"[①]。

(五) 调解与仲裁制度

南京国民政府时期的调解分为民间调解和法院调解两种。

1. 民间调解

1931年4月3日,司法行政部与内政部会同公布《区乡镇坊调解委员会权限规程》。该章程规定,各县之区、乡、镇及各市之坊、所,设调解委员会,分别受区、乡、镇、坊公所之监督,办理轻微刑事案件和民事纠纷的调解。凡法院受理或由法院附设之民事调解处调解的纠纷,调解委员会不得办理。调解委员会调解事项,以当事人双方同区为限;如不同区,民事纠纷以被告所在地,刑事案件以犯罪所在地调解委员会调解。调解委员会调解事项,应于调解以前,报告于主管机关。其不能调解时,也应报告之。调解成立后,应将情况报告主管机关并转呈县市政府及该管法院。调解以双方自愿为原则,不得收取费用。该法没有规定调解协议的效力。

2. 法院调解

1932年1月20日,国民政府公布《民事调解法》。该法要求在第一审法院

[①] 《民国公证制度介绍》(1947年10月行政院新闻局编印),引自湖北省司法行政史志编纂委员会编:《清末民国司法行政史料辑要》,1988年印,第328页。

设立民事调解处，民事纠纷非经民事调解处调解不成立者，不得起诉。法院调解为诉讼的必经前置程序。

民事调解以推事为调解主任，双方当事人各推举一人为调解人，但司法官或律师不得为调解人。当事人无正当理由不于调解日期到场者，可处罚款。调解成立与法院确定判决有同等之效力。

（六）司法经费管理

南京国民政府建立之初，即便是司法院的经费也得不到保障。"司法院经费，依目前预算，每月不下六万，而司度支者以库藏未裕之故，分文不发给；司法院赖以支持者，为诉讼费用之收入，月约二万；此外，则司法行政部以售状纸之收入项下，协助二万二千而已，其不足者，每月犹近二万"①。至于地方，"各省司法机关归中央直辖，而经费仍相沿由省库负担"②。"各省财政厅发给之司法经费，因各省财政现状不一，其情形颇为复杂：其富庶之省，拖欠司法经费，仅至数月，或减成发给，无按月照数发给者；其贫瘠之省，或以低落之纸币，略为拨付少许，或指拨各县应解省款额，由法院自行催提以为搪塞，故其结果实等于不拨。但此尚有指拨之名义存在，犹未可厚非者。乃竟有自民国成立至今十九年之久，对司法经费毫不闻问，任法院自行筹款，且对司法收入亦加以攘夺妨害者，此各省筹拨司法经费之情形如此。"③

1940年，国防最高委员会"接准（国民）政府核转司法行政部及财政部呈报会同办理四川等九省二十九年度司法经费改由国库负担情形，造送九省司法收支概算"，并交财政专门委员会审查，审查报告认为，各省司法经费，向由地方支付，年来政府……决意排除困难，充实司法机构，已于二十九年度中央总预算内，核列充实各省司法机关经费五百万元。……本年度，先就四川、云南、贵州、西康、陕西、甘肃、广西、宁夏、青海九省实施，其余均暂从缓。国防最高委员会第25次会议决议，照审查意见通过。3月18日，国民政府发布《司法院、行政院、监察院等》，"自应照办"。④ 自此，地方各省司法经费陆续由中央负担。

---

① 《司法经费问题》，载于《法律评论》1933年第10卷第42期。
② 楼章日：《确定司法经费及整顿司法收入》，载于《现代司法》1935年第1卷第5期。
③ 李浩儒：《司法制度的过去与将来》，载于《平等杂志》1931年第1卷第3期。
④ 国民政府训令（渝文字第二八〇号，二十九年三月十八日）：《令司法院、行政院、监察院等：国防最高委员会关于四川等九省二十九年度司法经费改由国库负担情形及九省司法收支概算暨司法院请领本年度一月份九省司法经费各案分别备案核准令仰转饬查照由》，载于《国民政府公报》1941年，渝字241号。

有学者认为,"高等法院负责管理国库向基层法院拨付经费"①。这一说法并不准确,实际上只有部分省份在特定情况下才由省高等法院统管一省司法经费收支,而大部分省份则是由司法行政部将司法经费直接拨发至县。1941年2月26日,司法行政部发布《令各省高等法院院长、首席检察官》。训令所附《关于各省司法经费拨发办法》规定,"川、康、黔、滇、桂、陕、甘、宁、青、冀、闽、湘、粤等省法院、监狱暨县司法经费全部由财政部直接拨汇。其边远县份汇兑不通地方,得汇由各该省高等法院代领转拨并得酌量情形,一次汇发三个月,以免接济中断而省手续""浙、鄂、赣、皖、豫、绥、晋、苏、察、鲁等省或已沦为游击区域或正接受战区,除各该省高等法院、地方法院及看审所、监狱等经费仍由财政部迳拨外,其各该县司法处及各县旧式监狱经费由财政部、司法行政部商请省政府按月由各该省府依照分配数代为拨交各该县应用,于次月内开具清单报请财政部核明照数拨还。如各该县司法处改组为地方法院时,自改组月分起,其经费亦即改由财政部直接拨汇""以上各省司法收入由司法行政部令知各该高等法院负责督催,务须按照预算解足,不得短少。其第二项向省府垫发县司法经费,地方所有收入得就近按月解交各该省高等法院汇解国库收账"。②

(七) 监狱制度

南京国民政府的监狱立法很多都是直接继承北洋政府的监狱法规,如1928年10月4日的《监狱规则》、1928年4月6日的《监所职员官俸条例》、1928年9月21日的《监狱处务规则》、1932年2月29日的《视察监狱规则》、1932年6月3日的《监狱官任用暂行标准》《监狱学校规程》等。另外,新公布了《看守所暂行规则》(1928年7月14日)、《高等考试监狱官考试条例》(1931年1月)、《普通考试监狱官考试条例》(1933年6月9日)、《监狱行刑法》《羁押法》《监狱条例》《看守所条例》《行刑累进条例》等。这些新法规在继承北洋政府的各项狱政管理制度的同时,还"大量抄袭了当时盛行于欧美资本主义各国的刑罚原则和监狱制度,因而不仅内容更加完备,而且增加了维护犯人权益、改判犯人生活待遇的条款"③。

南京国民政府监狱制度不同于北洋政府的特点,首先在于将北洋政府时期监狱、看守所由检察长监督改为由各级法院院长监督,南京国民政府时期,"监狱

---

① 唐华彭:《司法行政权的合理配置与地方"两院"省级统管——以南京国民政府时期为例》,载于《法学》2015年第5期。
② 司法行政部训令(训会字第七零一号,三十年二月二十六日):《令各省高等法院院长、首席检察官:关于各省司法经费拨发办法》,载于《司法公报》1941年第442~447期。
③ 薛梅卿主编:《中国监狱史》,群众出版社1986年版,第254页。

统一由司法行政部管辖，司法行政部得委任各高等法院院长为各该省监狱之中间监督长官。……一省的有关监狱管理的具体事务由该省高等法院院长负责。各县监狱之管理事务，由各该县县长负责"①；看守所隶属于高等以下各级法院，由各省、市高等法院院长监督之。

其次是新创设少年监、反省院、集中营和保安处分执行制度。国民政府于1930年颁布的《训政时期之司法行政工作大纲》中，要求在全国筹设少年监。在"国民党政府执政的二十二年间，仅建立了山东少年监和武昌少年监，收容的总数不到600人"②。1929年12月公布的《反省院条例》还创设了一种新的监禁形式——反省院。反省院分中央与地方各省两种，分别由国民党中央和各省党部管辖，其与普通监狱的区别在于注重对被监禁人进行三民主义思想改造。反省院设立于1931年，抗战开始后撤销，代之以秘密集中营。保安处分是1935年新刑法仿欧洲新刑法制度创设的，这一制度主要针对按法律规定不构成犯罪但对社会存在重大危害或威胁，或刑罚已经执行完毕仍有犯罪之虞者，必须将其拘禁于一定的场所，强制与社会隔离进行治疗或劳动，以保卫社会的安全。包括对未满14岁或心神丧失者（精神病人）有危害社会行为的人，犯有吸毒、故意传播性病及麻风病等罪的人，因酗酒、游荡或懒惰成习而犯罪者，有犯罪习惯或以犯罪为常业的人。上述各种处分措施的执行与撤销由法院决定，其期限分别有三年以下、六个月以下、三个月以下。

第三节　新民主主义革命政权的司法行政管理制度

一、中华苏维埃共和国的司法行政管理制度

（一）司法行政体制

"中华苏维埃临时中央政府成立后，实行审判权和司法行政权在中央分立，在地方合一的原则。在中央设立司法人民委员部，领导全苏区的司法行政工作，

---

① 薛梅卿主编：《中国监狱史》，群众出版社1986年版，第264页。
② 于连涛、许国忠：《中国监狱文明的进程研究》，中国社会科学出版社2007年版，第172页。

包括干部的任免、奖惩、教育、培训等"①，地方司法行政权则由各级裁判部负责。

1. 司法人民委员会部

依1934年2月17日公布的《中华苏维埃共和国中华苏维埃组织法》第二十六条规定，作为中央行政机关的人民委员会下设立司法人民委员会部。司法人民委员会部的司法行政权极为广泛，其基本的职能有：（1）建立地方各级司法机关；（2）建立审判制度和审判程序；（3）检查和指导审判工作；（4）起草法律，颁布法令；（5）培训司法干部；（6）宣传苏维埃法制；（7）领导和管理劳动感化院和看守所。② 与清末及民国的司法行政机关比较，司法人民委员会部增加了"建立审判制度和审判程序""检查和指导审判工作""起草法律，颁布法令"，不仅具有对司法审判的检查、指导权，甚至还有立法权。

2. 地方各级裁判部兼理同级司法行政权

苏维埃共和国地方各级临时司法机关为省、县、区三级裁判部，行使审判权和司法行政权，上下级裁判部之间有着直接的隶属关系，上级裁判部有委任和撤销下级裁判部部长及其工作人员之权。各级裁判部在审判方面均受临时最高法庭节制，在司法行政方面则受中央司法人民委员部指导。

司法人民委员会部的行政权力极大，不仅有委任、撤销各级裁判部部长及其工作人员之权，而且还可以直接干预除最高法院外各级裁判部的审判工作。1933年6月1日，司法人民委员会部对各级裁判部发布《关于执行"对裁判机关工作的指示"》，不仅检查、批评了各级裁判部在司法行政工作上的错误，而且直接要求执行阶级路线，对豪绅、地主、富农、资产阶级之反革命犯予以重判，对贫苦工农从轻；执行群众路线，应当吸收群众旁听审判并到各种群众会议上去做报告等③。司法人民委员会有权对各级裁判部发布训令，并召集各级裁判部召开各种会议，从而使各级裁判部完全成为司法人民委员会部的下属机构。

（二）裁判官的培训

苏维埃时期废除了清末及民国形成的官吏职位分类制度，实行干部制度。所谓干部，即全部公务员的混一称呼，没有行政官与司法官的专业差别，取消职业法官制度，干部之间可以任意调换岗位。但因为审判工作实际存在的专业性，中

---

① 张希坡主编：《革命根据地法制史》，法律出版社1994年版，第291页。
② 参见《中华苏维埃共和国时期司法行政机构简介》，引自范佑先主编：《中华苏维埃共和国司法行政史料选集》，江西省司法厅编，1993年版，第36~38页。
③ 参见《关于执行"对裁判机关工作的指示"》，引自范佑先主编：《中华苏维埃共和国司法行政史料选集》，江西省司法厅编，1993年版，第263~272页。

华苏维埃共和国也有对裁判工作人员进行培训的制度。

司法人民委员部没有设立专门的裁判培训机构，对裁判工作人员的培训通常是司法人民委员部、各级裁判部自行举办训练班，或在苏维埃大学设立司法班。如江西省裁判部在1933年10月之前，就已经举办了四期训练班，培训的科目以政治课与审判业务课并重，政治课有目前政治形势与裁判部的中心任务、苏维埃政权、中国共产党与中国共产主义青年团、红军问题、肃反问题、查田问题、经济建设，反苏拥苏、职工运动，业务课有各种法庭的性质和组织、审判程序、审判术、违反劳动法的惩办条例、看守工作、解送人犯问题、分别人犯问题、判决书的做法、裁判部与保卫局的关系、没收人犯财物的手续、拘票、传票、搜查票的用法、惩办反革命条例草案、刑法、惩治反革命条例等①。苏维埃大学司法班的培训课程有"刑事犯、政治犯、军事犯以及在农村怎样开展工作，怎样办案和处理案子等""学习期满后，回到本县，由各县分配"②。

（三）监狱管理制度

劳动感化院是土地革命战争时期苏维埃政权的监狱。1932年6月9日中华苏维埃共和国中央执行委员会发布《裁判部暂行组织及裁判条例》，它规定"在各级裁判部下可设立看守所，以监禁未审判的犯人或判决短期监禁的犯人。县省两级裁判部除设立看守所外，还须设立劳动感化院，以备监闭判决长期监禁的犯人"。同年8月10日，中央司法人民委员部颁布《中华苏维埃共和国劳动感化院暂行章程》，规定劳动感化院属隶属同级裁判部，"目的是看守、教育及感化违犯苏维埃法令的一切犯人，使这些犯人在监禁期满之后，不再违犯苏维埃的法令"。1933年，中央国民经济人民委员部和司法人民委员部共同决定设立劳动感化院企业管理委员会，由劳动感化院所在地的国民经济部长、裁判部长、劳动感化院院长、劳动感化院工厂厂长、劳动感化院营业部经理五人组成，指导劳动感化院工厂的生产与销售，从而将劳动感化院经济纳入国民经济计划序列。裁判部与劳动感化院负责罪犯改造业务。

劳动感化院通过对犯人实行强迫无报酬的劳动以改造其犯罪恶习，培养其劳动习惯与劳动技能。在强迫劳动的同时，对犯人实行政治教育与文化教育。劳动感化院的收入除实现自给外，还有剩余上交国家。这一制度成为中华人民共和国劳动改造制度的发端。

---

① 《江西省裁判部训练新干部的计划》，引自范佑先主编：《中华苏维埃共和国司法行政史料选集》，江西省司法厅编，1993年版，第340页。

② 何发茂：《苏维埃大学司法班情况》，引自范佑先主编：《中华苏维埃共和国司法行政史料选集》，江西省司法厅编，1993年版，第339页。

二、抗战时期各边区的司法行政管理制度

(一) 司法行政管理体制

1. 各大边区的司法行政事务由高等法院兼理

各抗日边区不设专门的司法行政机关，司法行政事务均由高等法院院长兼理。如 1939 年陕甘宁边区参议会通过、1946 年第三届参议会修订的《陕甘宁边区高等法院组织条例》（以下简称《条例》）均规定，边区司法行政事宜由高等法院院长兼理。"高等分庭除行使审判权外，还行使过司法行政权。这是由于《条例》未做明确规定而造成的。实践证明，分庭行使司法行政权诸多不便。1945 年 12 月，高等法院规定高等分庭不得行使司法行政权。……1946 年 6 月 24 日，绥德分庭兼庭长杨玉亭就此问题请示高等法院院长马锡五和乔松山，两位院长当天答复了他提出的问题，提出：'高等分庭系高等法院法庭所分设，不同于分院，在性质上仅系审判机关。'因此，去年司法会议决定，分庭不兼管司法行政，现在仍应继续执行。"[①]

2. 县级司法行政权由地方法院或县长行使

各边区有条件的县，设地方法院；设立地方法院尚不成熟的县，依国民政府的相关规定设立县司法处。"其中地方法院院长综理全院行政事务，设县司法处（科）者，其司法处（科）的行政事务由县长兼理。"[②]

(二) 调解制度

第二次国内革命战争时期的《苏维埃地方政府暂行组织条例》中就规定了苏维埃政府的调解职能，但对调解制度尚未做进一步的规定。抗战时期各边区的调解工作有了很大发展，从组织形式、调解内容到调解程序都日趋完善。从 1941 年开始，各边区政府在总结实践经验的基础上，先后制定并颁布了一系列适用于本区域的调解法规。如 1941 年 4 月山东省公布的《山东省调解委员会暂行组织条例》、1942 年 3 月晋西北公布的《晋西北村调解暂行办法》、1942 年 4 月晋察冀边区公布的《晋察冀边区行政村调解工作条例》、1943 年 6 月陕甘宁边区公布的《陕甘宁边区民刑事案件调解条例》等。上述调解法规的主要内容有：

[①] 杨永、方克勤：《陕甘宁边区法制史稿》（诉讼狱讼篇），法律出版社 1987 年版，第 16、27~28 页。
[②] 张希坡主编：《革命根据地法制史》，法律出版社 1994 年版，第 511、514 页。

1. 调解的基本原则

调解的基本原则有：（1）自愿原则。（2）合法原则。调解的内容不得违背政府法律法令，或有碍道德风俗，亦不得涉及迷信，否则，政府或司法机关可以宣布调解无效而予以撤销。（3）调解不是诉讼必经程序的原则。当事人若不愿调解，可以径向司法机关起诉，任何个人和机关不得干涉与阻挠，司法机关亦不得以未经调解为理由拒绝受理。这一原则是自愿原则的自然延伸。但也有少数边区的调解法规将调解作为必经程序。如《山东省战时工作推进委员会关于民事案件厉行调解的通知》规定，凡不经调解或未持调解不成证明书者，司法机关概不受理其诉讼。

2. 调解的案件范围

民事纠纷除法律另有规定以外，均可实行调解；轻微刑事案件（其范围一般由法律予以规定）也可进行调解。

3. 调解的组织形式

调解的组织形式主要有三种：（1）民间调解。这一类调解通常由双方当事人邀请相邻、亲友或群众团体，评议曲直，提出调解方案，劝导双方息争。（2）政府调解。基层人民政权有主持调解的职能。除陕甘宁边区外，其他大多数边区都在村、区两级政府设有专门的调解委员会或民政委员会主持调解。（3）司法调解。凡起诉到司法机关的刑民事案件，如属法律规定调解的案件范围，由司法机关主持调解。政府调解和司法调解于调解成立后，其调解协议即具有与判决同等的法律效力。

（三）看守所与监狱管理体制

各边区的看守所与监狱管理体制不尽相同。"在大多数抗日根据地，从边区（省）、行署，到专署和县，都分别设立公安局（科）看守所和高等法院及其分院、分庭、县司法处（科）或地方法院看守所"[1]。如陕甘宁边区法院系统的"看守所有两级，一是高等法院看守所，二是各县看守所"[2]。"监狱主要设置在各边区高等法院和某些独立性较大的行署法院（司法处），县级法院（司法处）都未设置监狱"[3]。《陕甘宁边区高等法院组织条例》规定："高等法院看守所所长及看守员服从法院院长之领导，均隶属于同级司法机关，执行其职务。"各县司法处设立看守所，"所长在审判员领导下负责看守所的全面工作"。陕甘

---

[1] 张希坡主编：《革命根据地法制史》，法律出版社1994年版，第568页。
[2] 杨永、方克勤：《陕甘宁边区法制史稿》（诉讼狱篇），法律出版社1987年版，第269页。
[3] 张希坡主编：《革命根据地法制史》，法律出版社1994年版，第569页。

宁边区监狱分两级，一是高等法院监狱，二是行政督察专员公署高等法院分庭监狱①。

三、解放战争时期各解放区的司法行政管理

解放战争前期，各解放区的司法行政管理均沿用抗战时期边区体制。1948年，"华北人民政府成立后，实行了司法行政和审判的'分立制'。华北人民政府设立司法部，专掌司法行政事宜；华北人民法院，掌管审判工作。1949年3月，中原临时人民政府成立，也设立了司法部，但在一段时间内，在省市以下则实行审判与司法行政合一制，由人民法院兼管司法行政事宜"②。"据当时法律、法令的规定，司法行政主要有以下几项内容：（1）关于民事、刑事的行政事项；（2）关于人民法院判决重大案件的复核事项；（3）关于司法法规的编拟事项；（4）关于人民法庭的组织与领导事项；（5）关于监所犯人的教育管理事项；（6）关于各级司法人员的铨叙、教育等事项；（7）关于法院、监所的设置与变更事项；（8）关于司法经费的预算、审核、开支、报销事项；（9）其他有关司法行政事项"。③ 其他各解放区基本沿用抗战时期司法行政管理体制。

第四节　中华人民共和国成立以来司法管理的发展

从中华人民共和国成立到改革开放之前我国司法行政事务管理体制经历了曲折的发展阶段。

中华人民共和国的成立，结束了半个世纪以来与半封建、半殖民地的晚清封建政权、北洋军阀、国民政府的反动政权相匹配的司法管理体制与运行模式，新生的社会主义司法制度及其司法管理体制逐步确立和不断完善。1949年2月，中共中央宣布执行《关于废除国民党伪六法全书与确定解放区的司法原则的指示》，按照规定，新中国废除了"伪法统"和国民党"六法全书"。在当时新政权法律不完备的情况下，司法原则是，有纲领、法律、命令、条

---

① 杨永、方克勤：《陕甘宁边区法制史稿》（诉讼狱讼篇），法律出版社1987年版，第269、271页。
② 张希坡主编：《革命根据地法制史》，法律出版社1994年版，第736页。
③ 张希坡主编：《革命根据地法制史》，法律出版社1994年版，第737页。

例、决议规定者从这些规定，没有的就按照新民主主义政策办理。司法机关对待"六法全书"及国民党的法律、资本主义国家等反人民法律、法令应当进行批判，并以马列主义、毛泽东思想及新民主主义的政策、法律等来教育和改造司法干部。按照《中国人民政治协商会议共同纲领》和《中华人民共和国中央人民政府组织法》的规定，逐渐建立中央人民政府司法部、中央人民政府最高人民法院、中央人民政府最高人民检察署等司法机构。司法行政管理体制与运行机制可划分为以下阶段。

一、司法行政事务管理实行司法行政机关与审判机关、检察机关"适度分离与商同管理"模式的阶段（1949~1953年）

  伴随着中华人民共和国的成立、人民司法制度的创建，审判机关和检察机关逐步分立成为相对独立的国家机关，司法行政事务管理权配置则实行外部的司法行政机关与审判机关、检察机关"适度分离与商同管理"的模式。中国人民政治协商会议于1949年9月27日在第一届全体会议审议通过了《中华人民共和国中央人民政府组织法》。其中第十条规定：政务院下设司法部，并作为国家的司法行政管理机关，负责国家司法行政事务。国家成立之初，司法体制上不健全，更难以谈到系统化的管理模式。司法部是在原华北人民政府司法部的基础上改组建立为中央人民政府司法部的。因此，根据革命根据地的司法工作经验，司法审判与司法管理实行"分立制"，即行政管理与审判相互分立、互不干涉。同年12月20日，《中央人民政府司法部试行组织条例》（以下简称《司法部组织条例》）颁布施行。按照该条例司法部设置一厅一室五司：一厅即办公厅，负责机关行政性事务；一室即专门委员室；五司分别是：一司主管法院、检察机关的司法行政性事务；二司主管公证、律师的工作；三司主管监狱工作；四司主管司法系统内部的干部教育、任免的工作；五司主管宣传巡视工作。这一时期的法律行政法规明确规定司法部负责法院、检察署的机构设置、人员编制、干部任命、干部培训、办公楼建设、物资装备及财政保障等司法行政管理事务；还规定其负责"地方审检机关之设置、废止或合并及其管辖区域之划分与变更事项。但是，司法部行使上述行政管理职权时应商同最高人民法院、最高人民检察署及大行政区政府或省（市）人民政府办理"，并具体承担管理司法机关15项具体行政事务，建立起审判机关、检察机关依法行使审判权、检察权，与司法行政机关行使司法行政事务管理权这一"适度分离与商同管理"的模式。[①] 与此相匹配，《中华人民

---

  ① 徐汉明：《论司法行政权和司法刑侦事务管理权的分离》，载于《中国法学》2015年第4期。

共和国人民法院暂行组织条例》（以下简称《暂行组织条例》）、《中央人民政府最高人民检察署试行组织条例》（以下简称《试行组织条例》）分别赋予审判机关、检察机关承担部分司法行政事务管理的职责。例如，《暂行组织条例》规定省级以下法院设秘书处长（县级设秘书）或主任秘书承担10余项司法行政事务管理职能；《试行组织条例》规定最高人民检察署设秘书长、办公厅主任承担10余项检察行政事务管理职能；其后的《试行组织条例》及《各级地方人民检察署组织通则》就检察署业务系统、办公系统、人事系统、研究系统等司法行政事务管理进一步做了类型化的划分与制度设计。由此建立起中央控权下的审判权、检察权与部分司法行政事务管理权混合管理体制。①

二、司法行政事务管理权实行"统"与"放"模式并存运行的阶段（1954～1959年）

随着1954年《中华人民共和国宪法》（以下简称《宪法》）、《中华人民共和国人民法院组织法》《中华人民共和国人民检察院组织法》的颁布，最高人民法院、最高人民检察院与国务院同为地位平等的国家机构（俗称"一府两院"），从而建立起中国共产党统一领导、由全国人民代表大会及其常务委员会产生、向其负责并接受其监督的审判权、检察权与行政权分离制约的新型国家权力运行结构。1954年，全国人大一届一次会议审议通过了《中华人民共和国宪法》《中华人民共和国法院组织法》《中华人民共和国检察院组织法》。这一时期，法院的司法行政管理仍由司法行政机关统管。1955年4月18日，财政部、司法部发出《关于司法业务费决定由司法部直接管理，并颁发司法业务费管理暂行办法的通知》，确定了最高人民法院的司法经费需要向司法部领报，高级人民法院、中级人民法院、基层人民法院均向省、自治区、直辖市司法厅（局）直接领报，从制度层面规定了法院系统经费管理实行司法行政统管的模式。1956年12月29日，司法部和最高人民法院联合下发了《关于目前省、市、自治区高级人民法院和司法厅（局）分工合作的暂行规定（草案）》（以下简称《草案》）。《草案》的基本主旨是建立法院依法行使审判权，与司法行政机关行使审判事务管理权分离的管理体制和运行模式。根据《草案》的规定，法院依法独立行使审判职权的内容是，高级人民法院主管审理一审、上诉案件；复核死刑案件；审理依照审判监督程序提起的案件，并负责辖区内的检查错案和平反冤狱的工作；接待人民来访和处理人民的申诉案件；主持总结本院和所属下级人民法院（即中级人民法院和基

---

① 徐汉明：《论司法行政权和司法刑侦事务管理权的分离》，载于《中国法学》2015年第4期。

层人民法院）的审判经验，包括执行政策、法令（实体法）和审判程序（程序法）方面的实践经验等工作。有关总结审判经验等审判事务，明确规定主要由省高级法院负责，但如果司法厅（局）有力量，在与高级人民法院协商后，也可分工总结下级人民法院的某些（类）审判经验。司法行政机关（司法厅、局）行使审判行政事务职权的内容是：（1）有关所属司法机关（包括所属下级人民法院和司法行政组织）在各个时期工作中的主要思想问题，即在政策思想上、思想作风上以及法制思想上带普遍性的问题，由司法厅（局）主持，并会同高级人民法院加以解决。（2）经省级人民政府批准，主管下级人民法院的设置、编制、内部机构及其制度建设。（3）主持并组织对所属下级人民法院的全面检查工作。（4）协助党政机关了解和调配应由自己管理的司法干部（包括下级人民法院和司法行政机关的干部）；组织和领导在职干部的教育和轮训工作，培养和表扬优秀司法工作者，处理某些司法干部的违法乱纪问题，并根据司法部的委托管理政法院校的工作。（5）研究和指导下级人民法院做好书记员、执行员、法警的管理工作，以及法院档案、赃物、证物的管理工作。（6）司法统计、法令编纂和财务等司法行政的相关工作。同时，《草案》规定高级人民法院和司法厅（局）共同掌管审判行政事务事项有：全省、自治区、直辖市的司法工作计划，先由司法厅（局）提出草案，与高级人民法院商定，经省、自治区、直辖市领导机关同意后下达，司法厅（局）应帮助下级人民法院制订工作计划；有关司法工作如何为国家经济建设服务的部署，双方可根据每项工作的具体内容，共同商定某项工作由谁主持；有关全省性的工作会议（包括专业会议），可根据某次会议主要问题的性质，共同商定由谁主管；共同编印内部业务指导性的刊物；组织和处理有关本省、自治区、直辖市内的各种鉴定工作（包括司法、法医、会计等鉴定）；《草案》还规定了建立联席会议、请示报告等联系制度。这一时期，检察机关实行垂直领导的管理体制。根据《宪法》第八十一条规定，"中华人民共和国最高人民检察院对于国务院所属各部门、地方各级国家机关、国家机关工作人员和公民是否遵守法律，行使检察权。地方各级人民检察院和专门人民检察院，依照法律规定的范围行使检察权。地方各级人民检察院和专门人民检察院在上级人民检察院的领导下，并且一律在最高人民检察院的统一领导下，进行工作。"检察机关实行垂直领导体制，建立起检察权与检察行政事务管理权"上下一体、内部统筹"的混合管理模式。① 随后发生的"反右"运动，检察机关的垂直领导体制受到批判，一般监督的职能被搁置不用，但检察机关自行管理行政事务的模式尚无改变。

---

① 徐汉明：《论司法行政权和司法刑侦事务管理权的分离》，载于《中国法学》2015 年第 4 期。

三、审判机关、检察机关自行管理司法行政事务阶段（1959~1966 年）

随着我国经济社会发生的"左"的冒进倾向，司法组织机构受到削弱。1959 年 4 月 28 日，第二届全国人民代表大会第一次会议通过关于撤销司法部的议案。随后由司法部主管的审判行政事务交由审判机关自行管理，从中央到地方审判行政事务工作与审判工作长期"分立制"变成"合一制"。检察机关的检察行政事务则继续实行系统内混同管理模式。从而形成了司法行政事务外部的"统"与"放"管理模式向内部司法权与司法行政事务管理权"混同管理"的模式转型。1960 年，中央政法小组提出"公、检、法"合署办公、受中共公安部党组领导，法院、检察院的职权大为削弱，司法行政管理出现依附于公安机关的不正常状况。①

四、"文化大革命"时期司法权与司法行政事务权两权"军管"替代阶段（1967~1977 年）

从 1967 年初开始，中共中央决定介入地方的"文化大革命"，实行"军管"。1968 年上半年，全国公、检、法均被"军管"或者派驻军代表。法院的审判职能由公安机关的军管会下属的"审判组"代为履行，实际上使法院沦为公安机关的附庸，检察机关更是直接被宣布撤销。1968 年 12 月 11 日，经毛泽东批准，撤销高检院、内务部、内务办三个单位，公安部、最高法院仅仅留下少数人进行工作，同时还取消了检察机关。② "文化大革命"期间，审判机关、检察机关的职能被军管委（会）接管，不仅审判机关、检察机关的组织体系被破坏，审判职能、检察职能被军管委（会）替代，与审判权、检察权相伴而生的司法行政事务管理权亦不复存在。③

五、司法权与司法行政事务管理权"统"与"放"并存模式恢复运行阶段（1979~1982 年）

伴随改革开放、民主法制建设的推进，检察院、司法部恢复重建。司法部重新履行审判机关的机构设置、人员编制、办公机构、干部任命、物资装备、经费

①②③ 徐汉明：《论司法行政权和司法刑侦事务管理权的分离》，载于《中国法学》2015 年第 4 期。

保障等司法行政管理职能。1979年6月15日，中央政法小组向党中央报送《关于恢复司法部机构的建议》（以下简称《建议》），《建议》提出："关于法院的组织机构，特别是经济法院等各类专门法院的机构设置、司法干部的管理；法律干部的培训，包括高等政法院校的设置和管理；在职干部的轮训提高；而人民法院是国家的审判机关，担负着行使审判权的重任，它不适宜并且也确实难以兼顾上述各项工作。因此，建议恢复司法部。"依据1979年7月1日第五届全国人民代表大会第二次会议通过的《中华人民共和国人民法院组织法》第十七条规定"各级人民法院的司法行政工作由司法行政机关管理"；第三十七条规定"各级人民法院助理审判员由司法行政机关任免"；第四十二条规定"各级人民法院的设置、人员编制和办公机构由司法行政机关另行规定。"1979年9月17日，时任司法部部长的魏文伯在答新华社记者问时指出，司法部在国务院的领导下承担的职责是：对人民法院的设置、人员编制、办公机构加以规定及法院其他司法行政工作；管理和培训司法干部；协同有关部门，管理政法院、校，培养各类司法专业人员等八项。同年10月28日，中共中央、国务院发出《关于迅速建立地方司法行政机关的通知》指出，各地司法行政机关"负责管理本地区人民法院的设置、机构、编制；有关司法制度的建设；管理和培训司法干部等项工作。"1980年7~8月，全国司法行政工作座谈会进一步明确了司法行政机关管理审判行政事务的职责；国务院在批转《关于全国司法行政工作座谈会的报告》中予以确认这一管理模式，从而使司法行政管理机关对法院审判行政事务实行统管的体制和运行机制在中断20年之后又得以恢复。随着"四人帮"反革命集团的被粉碎，我国民主法制建设步入了正常的轨道。1978年3月1日，在第五届全国人民代表大会第一次会议上，时任中共中央副主席叶剑英同志做了《关于修改宪法的报告》，他在报告中指出："鉴于同各种违法乱纪行为作斗争的极大重要性，宪法修改草案规定设置人民检察院。国家的各级检察机关按照宪法和法律规定的范围，对于国家机关、国家机关工作人员和公民是否遵守宪法和法律，行使检察权。"会议通过的《宪法》明确规定重新设立人民检察院。1979年7月，第五届全国人大二次会议通过的《中华人民共和国人民检察院组织法》，明确规定人民检察院是国家的法律监督机关。随着检察机关的全面恢复与重建，实行法律监督职能与检察行政事务内部混同管理的模式也得以恢复。

六、司法权与司法行政事务权"两权混同"自行管理阶段（1982~2014年5月）

以司法行政机关将审判行政事务管理权交由法院自行管理为标志，法院检察院实行司法权（审判权、检察权）与司法行政事务权（审判行政事务、检察行政事务）内部自行混同管理的模式和运行机制长期并存。

1982年8月6日，最高院和司法部联合发布的《关于司法厅（局）主管的部分任务移交给高级人民法院主管的通知》指出，根据中央批准司法部的八项任务和国务院《关于司法部机构编制的复函》提出的要求，司法部主管审批的地方各级人民法院、各类专门人民法院的设置、变更、撤销，拟定人民法院的办公机构、人员编制，协同法院建立各项审判制度，任免助理审判员以及管理人民法院的物资装备（如囚车、枪支、司法人员服装等）、司法业务费等司法行政事项移交最高人民法院；各省（自治区、直辖市）司法厅（局）的相应工作也移交各地的高院；原先由司法部管理的职能又回归法院。这一改革，使得审判行政事务与审判权实现了外部的部分分离。有学者认为这种模式是"一元控制下的分层交叉管理型"[①]。这种管理模式中，司法行政事务管理权包括了外部地方层级行政机关对司法机关行政事务的管理，也包括了司法机关内部行使司法行政事务的职能。在编制、机关、干部人事管理等方面由各级党委的组织系统、人事部门统一管理；而经费预算、医疗保障、房屋建制等均由各级行政机构管理；2002年开始实行的国家司法考试即审判人员、检察人员的任职资格考试均由司法行政机关负责；在司法权力的运行方面，审判权、检察权则由审判机关、检察机关行使，对司法人员的监督则由司法机关内部的纪检机构和地方纪检机构共同管理。这种党委领导和多元管理的模式旨在确保党对司法的人民属性的确定，是由当代中国的政治、社会、物质生活等多方面原因决定的。在这种"一元控制下的分层交叉管理型"的情况下，司法机关，即审判机关和检察机关的内设机构处理日常的司法管理事务。各地法院设立诸如政治部（处）、办公室、研究室、监察室、法警队、司法行政处（科）等近10个非审判业务机构。而检察院则设立综合文秘、政工人事、法律政策、纪检、监察、计划、财务、装备、后勤、司法检察、检察技术、教育培训等10多个非检察业务部门。1982年，中共中央政法委员会、中共中央组织部、劳动人事部、财政部联合下发《关于公安、检察、法院、司法行政系统编制和经费若干问题的联合通知》，指出检察院、法院的编制需要单列，并实行统一领导，中央和省、自治区、直辖市分级管理；中央、国务院负责核定各省、自治区、直辖市的编制人数以内统一掌握，具体分配；检察院、法院编制，不得挪作他用。分配结果，应报告中央政法委员会、劳动人事部、财政部备查，同时抄送最高检察院、最高法院，时称"中央政法编制"或"政法专项编

---

① 徐汉明、李满旺、刘大举等著：《中国检务保障理论与应用研究》，知识产权出版社2013年版，第62~63页。

制"。在人员级别管理上，直接套用政府行政人员的等级管理制度。根据1985年9月1日《中共中央办公厅关于加强地方各级法院、检察院干部配备的通知》的精神，基层人民法院院长和县（市、市辖区）人民检察院检察长一般配备副县长一级干部，审判员、检察员一般配备科一级和股一级干部；中级人民法院院长和省、自治区、直辖市人民检察院分院，自治州、省辖市人民检察院检察长一般配备副专员一级干部，审判员、检察员一般配备副处一级和科一级干部；省、自治区、直辖市高级人民法院院长和人民检察院检察长一般配备副省长一级干部，审判员、检察员一般配备处一级干部；地方各级人民法院、人民检察院要按照上述要求配备干部，并按照干部管理权限审批。1995年，第八届全国人大常委会第十二次会议颁布了《中华人民共和国法官法》（以下简称《法官法》）和《中华人民共和国检察官法》（以下简称《检察官法》）要求从事该类司法工作的人员应当具有一定的资格，但法官和检察官的录用、考核、等级评定、任免、奖惩体系都与普通公务员无异，一同纳入公务员的考核。2001年，第九届全国人民代表大会常务委员会第二十二次会议对这两个法律做了修改。其中《中华人民共和国法官法》增加了两条，即对人员比例的配置方法修改为"最高人民法院根据审判工作需要，会同有关部门制定各级人民法院的法官在人员编制内员额比例的办法"；对任职要求增加了条件："国家对初任法官、检察官和取得律师资格实行统一的司法考试制度，国务院司法行政部门会同最高人民法院、最高人民检察院共同制定司法考试实施办法，由国务院司法行政部门负责实施。"但这些法律制度安排都不能破解司法行政管理权与司法权内部混同使用的难题。由于长期以来司法管理推行"科层制"的行政管理模式，导致法官、检察官的法律职务成为一种行政职级待遇，司法行政人员往往以办案人员的身份参与司法办案，使得法官、检察官与司法行政人员出现专业混同、职权混同、岗位混同、职级待遇混同的尴尬现象。司法行政人员与法官、检察官，司法行政管理部门与业务部门之间始终未能建立起科学完备的员额制、人员分类管理、单独职务序列与职务等级工资、司法责任制的现代司法管理模式。其表现在以下几个方面。

1. 组织结构行政化

由于受苏联模式的影响，我国司法机关确立了司法行政化的管理模式，在法院确认了以院长为核心，在检察院确认了以检察长为核心的管理结构。人财物和其他日常司法事务的管理均由法院或检察院自身自主决定和进行。从上到下，与行政层级完全对应，分别设立各级司法机关，每一级司法机关的管理完全按照行政管理的方式进行。在司法机关内部，由法院和检察院负责本院的内部事务管理；在外部，则由同级党委组织部门管理本级司法人员，人民代表大会（以下简称"人大"）依法任免法官检察官，政府负责经费财物分配等事项，司法系统行政化和层级化的特征十分突出。

2. 人员结构科层化

长期以来，我国对法院检察院的组织与人员管理实行与党政机关科层制管理模式。组织机构层面，内设机构层面设置分别为带有行政层级性的厅（部、室）、处、科（股），配备的是厅长、处长、科长与行政机关的干部管理类同，即均实行以部级、厅级、处级、科级、科员的25类身份等级的管理模式，并与职权配置、政治前途、工资福利待遇、绩效奖惩挂钩。司法人员考核层面，依据的是《公务员考核规定》，套用行政机关干部的考核方法和等次，分为优秀、称职、基本称职和不称职；对法官和检察官的惩戒处分同样是警告、记过、记大过、开除等行政性的处罚方式。干部的调配方面，法院检察院的人员入职、遴选、晋升、交流等也受到党政机关公务员管理模式的影响和制约。尽管颁行的《中华人民共和国法官法》《中华人民共和国检察官法》都明确规定了法官、检察官的四等十二级的法律职务序列，但是，这一遵循司法权运行规律，确保司法权公正高效行使的司法人员职业保障法律制度的运行长期空转，体现法官、检察官单独职务序列的工资福利、退休等职业保障制度未能建立；尽管2001年国家建立了统一司法考试制度，为司法职业准入建立了严格规范的通道，但有别于普通公务员职业保障制度的法官检察官、司法辅助人员、司法行政人员的职业保障制度始终未能建立，形成了司法人员入职门槛高，但职业保障体系不健全，保障水平不高的尴尬状态。

3. 财物配给计划指标化

财物配给制度是司法资源优化配置的重要组成部分，是保障司法公正的物质基础和技术条件。司法财物保障资源作为社会资源的重要组成部分，具有多样特征：(1) 依附性，即其随着司法工作发展需要而产生和发展；(2) 可控性，即司法资源保障主体根据司法的职责、目的、任务，对司法财物资源配给过程中，对其使用方向和用途进行调节与控制；(3) 不均衡性，即司法资源保障的内在需求与外在需求或者不同层级司法机关的工作发展需求的不平衡性带来司法保障资源供给的不平衡性。[①] 长期以来，法院、检察院财物供给分配体制受到中央与地方财政"分灶吃饭、分级负担"的财政管理体制的制约，法院检察院的经费财物保障由地方政府管理与监督。这种"分灶吃饭、分级负担"的保障体制造成了司法地方化问题。为了破解司法保障难题，中央和最高人民法院及最高人民检察院于1998年、2004年、2008年推行三轮司法体制改革，将经费财物保障体制改革

---

① 徐汉明、李满旺、刘大举等著：《中国检务保障体制改革研究》，知识产权出版社2013年版，第5~13页。

纳入其中，形成了初步的改革成果，即司法经费保障水平逐年提高，经费收入支出结构基本稳定，赃款返还在经费收入中的比例有所下降，中央和省级转移支付、专项补贴投入比重逐年加大，"收支两条线"的财政管理制度有效执行，县级公共经费保障标准逐步落实，技术装备得到加强，基础设施建设发展较快。①2009年7月23日中共中央办公厅、国务院办公厅印发了《关于加强政法经费保障工作的意见》，明确将"分灶吃饭、分级负担"的经费保障体制改革为"明确责任、分类负担、收支脱钩、全额保障"的体制。这项管理体制改革具有以下特点：（1）管理体制上，建立"明确责任、分类负担、收支脱钩、全额保障"的新体制，不是单纯地增加资金投入，而是通过创新体制机制和管理制度，使各级政府的司法经费保障责任更加明确，负担更加均衡合理。（2）在政策上，建立分项目、分区域、分部门的政法经费分类保障政策，重点提高中西部地区县级、维稳任务重的地区及经济困难地区市（地）级司法机关的经费保障水平，重点保障办案（业务）经费、业务装备经费和业务基础设施建设经费；财政资金的分配充分体现不同司法机关在工作职责、业务特点、工作量等方面的差异，保证各司法机关履行职责的实际需要。（3）在投入上，除各级政府都要按照规定的司法经费保障责任，加大对政法机关的经费投入外，中央和省级财政将大幅度增加政法转移支付。（4）在管理上，注重建立健全适应改革需要的资金使用管理制度和监督制度，规范、完善、制定公用经费保障标准、业务装备配备标准和业务基础设施建设标准，同时健全政法机关计财装备机构，充实管理人员，提高管理水平。②这项管理体制的推行，其现实意义在于拓展司法保障经费的渠道，加大了中央和省级财政转移支付保障基层司法经费的支持力度，推动了上下、区域司法机关之间保障水平差距的逐步缩小；同时有利于促进司法保障资源的优化配置，使司法经费增长常态化。③由于这一管理体制改革未能彻底突破"分灶吃饭、分级负担"的传统财政保障体制，其仍然存在严重缺陷。这表现在：司法经费保障地方化的制度根源尚未彻底根除，司法人员经费在经费保障结构中的地位未能凸显，体现司法权运行规律的单独职务工资序列、福利、退休等保障制度未能建立，司法公用经费的正常增长机制未能有效建立，司法经费增长幅度与国家财力增长幅度不匹配，整体保障水平偏低，制约了司法职能的有效发挥。④

---

① 徐汉明、李满旺、刘大举等著：《中国检务保障理论与应用研究》，知识产权出版社2013年版，第142页。
② 徐汉明、李满旺、刘大举等著：《中国检务保障理论与应用研究》，知识产权出版社2013年版，第146~148页。
③ 谭世贵、梁三利等：《法院管理模式研究》，法律出版社2010年版，第33页。
④ 韩苏琳编译：《美英德法四国司法制度概况》，人民法院出版社2008年版，第395页。

第四章

域外和我国港澳地区司法管理制度比较及启示

基于不同的政治制度、法律体系、历史传统等原因,不同国家和地区的司法管理制度存在不同的特点。本章拟通过比较法的视角对不同法系有代表性的国家和我国港澳地区的司法管理制度进行分析,通过比较不同国家和我国港澳地区在司法管理模式、管理主体和管理内容上的共同点与差异,为我国内地地区司法管理制度改革提供启示。

第一节 大陆法系国家的司法管理制度

国际社会对于司法管理体制的认识主要是以法院为核心展开的。对此,形成不同的观点和实践模式,即一是"两类说",即将法院体制分为行政集权化体制模式和法院控制体制模式。[1] 二是"三类说",即以法院与外部机构的关系为标准,把法院管理归纳为司法行政型、司法自治型及司法委员会型三种模式。[2] 三是"五类说",即分为司法模式、行政型模式、行政司法共享模式、多部门综合

---

[1] 谭世贵、梁三利等:《法院管理模式研究》,法律出版社2010年版,第32页。
[2] 谭世贵、梁三利等:《法院管理模式研究》,法律出版社2010年版,第33页。

管理模式以及中央与地方分离独立模式。① 四是"七类说",即认为法院管理体制可以分为行政模式、独立委员会模式、伙伴模式、行政/监护人模式、有限自治模式、有限自治和委员会模式、司法模式。② 如果从司法机关与行政管理机构以及其他组织的相互关系来分析司法管理权力配置,则主要采行三类说,即以美国、第二次世界大战后日本为代表的由法院自身统一管理其行政事务的"司法管理自治说",以北欧和拉美为典型的"专门司法委员会管理说",以德国、法国为代表的"外部司法行政管理说"。在德法的司法行政管理型体制下,行政权与审判权在法院组织之外分离开来,政府行政部门负责管理法院的行政事务,为法院运行提供必要的人、财、物等资源。当然,德国和法国的具体管理机制和管理方式存在一定的差异。第二次世界大战后尤其是20世纪80年代以来,随着经济全球化、治理多元化、法治现代化的迅猛推进,对世界各国的司法制度改革与司法行政制度创新既带来机遇,也带来挑战。"两大法系"的法治理念、法治文化在分庭抗礼数百年之后,在欧洲经济、政治、外交、审计、警察管理一体化条件下出现了相互交融的趋势,反映到司法制度方面则出现相互借鉴与改革并行的方向发展。作为行政权制衡司法权的检察权及其制度安排,则呈现出相对独立性的特点,并在欧盟框架下出现了"检察一体化"的趋势。大陆法系的典型国家如法国则出现检察官事务管理委员会与法官事务管理委员会平起平坐并隶属于国家司法委员会管理的格局,以此为起点欧盟及其泛欧国家则出现"两大法系"司法一体化的趋势。中国大陆地区则将检察机关与审判机关同等被定义为司法机关,其司法管理体制两者完全等同。有鉴于此,对域外的司法管理体制研究仍将检察院行政管理纳入其中,并将检察院的司法行政管理作为研究对象一并考察。虽然,这种研究方法存在对法院与检察院两者管理制度所依赖的社会物质生活条件如政治、经济、文化、社会制度尤其是立法、行政、司法"三权分立"政治体制的大背景未着重点交代与描述,而对影响和制约两者司法管理制度所依赖的社会物质生活条件存在诠释解读不足的问题。但将这两者作为同一研究对象统一观察,为我国司法管理制度在吸收借鉴域外立法技术过程中进行创新性转化较为便宜。故本章研究对象既指法院的司法行政管理,也包括检察院的司法行政管理。

一、德国司法管理制度

第二次世界大战后德国实行联邦总统制下立法、行政、司法的政治体制。

---

① 萧文哲:《现代德国司法制度》,载于《中德法学论坛》2007年第5期。
② 曲广娣:《德国司法行政制度的构造和职能探析——兼谈对我国司法行政制度的改革》,载于《天津法学》2015年第1期。

1990年,"两德"统一后,联邦德国对"基本法"做了重大修改,发展完善了"两德"统一后的司法制度及其司法管理体制。

(一) 管理模式

德国作为一个联邦制国家,其司法权由联邦和各州共同行使。虽然,德国也有联邦法院和州法院之分,但与美国实行互不隶属的"双轨制"司法管理模式不同,其联邦法院是州法院的上级审法院。其司法系统是依据《德意志联邦共和国基本法》(以下简称《基本法》)和《法院组织法》而建立起统一的全国司法系统。这种管理模式又区别于欧洲大多数国家采取的"二元制"法院管理模式(即普通法院和宪法法院),而是建立五个类型司法系统及其司法行政管理系统,即除宪法法院外,设置普通法院(专利法院也属于普通法院系统)、行政法院、财政法院、劳工法院、社会福利法院及其司法行政管理系统。此外德国还设立了多个独立的纪律法院。除宪法法院以外,五类法院为彼此协调工作,还设立了"联邦法院联席会议"。[①] 每一个法院序列按照审级分为初审法院、上诉法院及最高上诉法院。德国唯一的联邦法院是这五个司法管辖区的最高上诉法院。因此,德国司法管理模式采用的是"复合式之下的五头并列"的司法体制及其司法行政管理模式。其优点在于对某些特殊的法律权益争议和法律事务由具有专门的知识和经验的法官审理,有助于提高审判水平。[②] 德国检察机关的设置则是由《法院组织法》和《德国刑事诉讼法典》规定的,实行审检合署的管理模式,检察机关都设在相应级别的法院内,包括联邦检察院、州检察院和地方检察院。个别地方有地区检察院。[③]

(二) 管理主体

德国对各种专业机构广泛采用"专业人自治原则"进行管理。法院作为司法机关也不例外。基于权力分立原则和司法权的独立性,德国为法官在司法审判领域提供多重独立性保障,在涉及法官各种非司法审判事务中亦采用"法官自治"原则,而不是采用公务员体制中通行的"上峰决定"原则。这是法官区别于一般公务员的重要特征。基于体现法官自治制度的基石也为独立于法院行政部门的司法管理主体的法官代表机关即"法官委员会"(Richterrat) 和"法官院长会议"

---

① 张卫平、郭翔等著:《外国司法体制若干问题概述》,法律出版社2005年版,第6页。
② 肖扬主编:《当代司法体制》,中国政法大学出版社1998年版,第132页。
③ 樊崇义、吴宏耀、种松志著:《域外检察制度研究》,中国人民公安大学出版社2008年版,第172页。

(Präsidialrat)。这种管理主体具有鲜明的德国特色。根据《德国法官法》第49条的规定：法官委员会参与法官的一般性和福利事务，而法官院长会议参加法官任命。这两种代表机关是德国法官自治管理的重要制度基础，通过它们，法官可以参与所有涉及自身利益事务的决策过程中来。

1. 法官委员会

法官委员会每四年遴选一次。法官委员会由该院的全体法官（不包括行政人员）由不记名的秘密方式直接选出。选举的准备工作由该院院长召集，进行选举的法官大会由该院最年长的法官主持。法官委员会管理职能是处理"一般性事务"和"福利事务"。其中管理"一般性事务"包括：改善法官工作环境的措施；监督有利于法官的法律法规、工作合同等的执行状况；受领法官的建议和申诉并在其为正当的前提下通过与法院协商促使其得以落实，推动残障人士以及其他需要保护的人员的融入和职业发展；维护性别平等；制定对法院内部办公以及法官行为的管理规定；对办公场地的安排和调整；法官深造进修名额的分配；制定法院内部对法官的评价标准；规划提升法官工作效率和优化工作流程的措施，等等。其管理"福利事务"主要包括：法官福利的发放；法院所有住房的分配和取回；法官休假计划和时间；法官社会福利设施的设立和调整；法官劳动保护和风险预防等措施。凡涉及上述事务的措施，必须获得"法官委员会"的同意方可施行；其实施程序是，法院行政部门事先通知"法官委员会"，并申请其同意；"法官委员会"须在10个工作日内给出答复；在紧急情况下，答复期缩短到3个工作日；逾期未做答复的，视为同意。若双方达不成共识，任一方皆可将争议提交至上级机关。

2. 法官院长会议

法官院长会议的职能是参与法官的任命。在德国，没有统一的法官任命模式，各州有权自行决定。在联邦层面，大体而言，法官是由联邦司法部或者其他相关的部提名，然后由一个专门成立的法官选举委员会选举。其中，（1）联邦行政法院法官院长会议。其同时也是联邦军事法院的法官院长会议。根据《德国法官法》第54条的规定，联邦法院的法官院长会议由作为主席的院长、他的常务代表、两个法院主席团（präsidium）成员和三个其他非主席团成员组成。（2）联邦最高法院的法官院长会议。其由作为主席的院长、他的常务代理人、一个来自主席团的核心成员和两个其他非主席团成员组成。如果院长没有常务代理的话，则由从事职务时间最长的法官作为常务代理人。如果从事职务时间一样长，年纪最大的法官视为院长的常务代理人。（3）联邦专利法院的法院院长会议。其组成与联邦法院相同。法官院长会议的任职时间为4年。

(三) 管理内容

1. 法院司法行政管理

(1) 法院组织。第一，法院组织系统。依据《基本法》及《德意志联邦共和国法院组织法》第92条及其相继条款规定，在联邦层面设置了作为最高法院的联邦最高法院、联邦行政法院、联邦财税法院、联邦劳动法院、联邦社会法院、联邦专利法院、联邦军事刑事法院，除联邦宪法法院外，分别行使普通（即民事、刑事）诉讼管辖、行政诉讼管辖、财税诉讼管辖、劳动诉讼管辖、社会诉讼管辖、工业产权事务管辖和武装部队刑事管辖等职能。各州相应设立了普通法院、行政法院、财税法院、劳动法院和社会法院。① 第二，法院管辖分工。其中主要包括：①普通法院。包括作为联邦层面的联邦法院，作为州层面的普通法院包括基层法院、州法院、州高等法院。普通法院负责审理刑事案件和民事案件。②劳动法院。德国的劳动法院分为三级：基层劳动法院、州劳动法院和联邦劳动法院；其负责审理劳动合同纠纷、劳动者和管理者之间的纠纷以及违反劳动法的案件。③行政法院。德国的行政法院也分为基层行政法院、州行政法院和联邦行政法院三级，其行政法院审理有关行政案件，但社会法院和财政法院所管辖的行政案件除外。④社会法院。即又称为福利法院，其分为基层社会法院、州社会法院和联邦社会法院，其审理有关社会保险方面的诉讼案件。⑤财政法院。财政法院分为州财政法院和联邦财政法院，审理税务方面的案件。⑥联邦专利法院。其为德国最年轻、专业化程度最高、规模最大的一个法院，下设27个委员会，其负责审理专利、实用新型、商标申请案、地形学、设计和植物新品种保护等知识产权方面的案件。⑦联邦宪法法院。负责审理德国国家机关行为是否违宪的事务，例如，联邦是否干涉了州的权利，司法机关的审判行为是否侵犯了《基本法》所规定的公民的基本权利等事务。第三，裁判机构。法院的裁判机构为审判庭。其主要包括：①基层法院审判庭。基层法院设有专门处理听审案件的家事法庭、参审法庭；其由1名职业法官、2名参审员组成，由职业法官担任审判长。②州法院审判庭。其主要包括州法院民事审判庭、刑事审判庭；其中民事审判庭包括审判长在内的3名法官组成；刑事审判庭一类为大刑事审判庭，由3名职业法官、两名参审员组成，由职业法官担任审判长；另一类为小刑事审判庭，由审判长和两名参审员组成，设在监狱或保安处分等刑法执行机构的地区，州法院设立刑法执行庭、商事审判庭，商事审判庭审理州法院辖区或者毗邻地区的商事案

---

① 邵建东：《德国司法制度》，厦门大学出版社2010年版，第38~39页。

件。① ③州高等法院审判庭。其主要包括州高等法院民事审判庭和刑事审判庭，其通常由3名法官组成；其中启动一审程序案件的审判庭则由5名法官组成。④联邦最高法院审判庭。其主要包括联邦最高法院设有的13个民事审判庭和若干刑事审判庭；民商事审判庭分别审理相关法律领域的案件；而刑事审判庭则管辖有关州高等法院辖区上诉的法律审刑事案件。⑤联邦最高法院大审判庭。其主要包括联邦最高法院设有的1个民事大审判庭、1个刑事大审判庭，其由院长和每个刑事审判庭各派出2名代表组成（每个民事审判庭各派出1名），由院长主持、出席的每个成员按照简单多数的原则分别对各审判庭所提起的法律问题进行投票表决，其所做出的决定对所提请的审判庭具有约束力。第四，联邦最高法院联合大审判庭。其主要由院长、民事大审判庭和刑事大审判庭的庭长组成，其仅就所提出的法律分歧问题做出决定。②

（2）法官管理。主要包括：第一，法官地位与职权。德国的《基本法》《法官法》对法官的法律地位及管理做了原则性规定。这包括：司法权由法官行使③；法官在事务上和人身上具有独立性④；法官法定原则、依法听证原则、罪刑法定原则、一事不再罚原则等；⑤法官的任职资格、任用条件和法律形式，法官的解聘、休假和退休，法官的独立性、特别义务，荣誉法官，内部管理以及法官职业监察、纪律惩戒等制度⑥。此外，对于普通法院之外联邦宪法法院的组织制度和法官管理、行政法院的组织制度和法官管理、财税法院的组织制度和法官管理、劳动法院的组织制度和法官管理、社会法院的组织制度和法官管理，则分别由《联邦宪法法院法》《行政法院法》《财税法院法》《劳动法院法》和《社会法院法》予以规定。⑦ 第二，法官任职条件。法官又包括职业法官和荣誉法官。德国职业法官任职条件：申请法官职务须申请人获得大学法学专业文凭，并通过第一次国家考试；随后参加见习期须通过第二次国家考试。德国的见习期时间为两年，而这两年时间必须分别在一个民事法院、检察院或刑事法院、行政机关或律师事务所见习，还应该至少在一个或多个选择性见习单位见习。在每个见习的地方必须至少见习3个月，其中律师事务所9个月。联邦德国境内的大学普通法学教授都具有任职法官的资格。

（3）法官薪酬待遇。主要包括：第一，法官薪酬等级待遇。以联邦为例，德国联邦法官实行薪酬十个等级待遇。其中，联邦专利法院的法官、军事法院的主

---

① ② 邵建东：《德国司法制度》，厦门大学出版社2010年版，第41页。
③ 《德意志联邦共和国基本法》第九十二条规定。
④ 《德意志联邦共和国基本法》第九十七条和第九十八条规定。
⑤ ⑦ 邵建东：《德国司法制度》，厦门大学出版社2017年版，第39页。
⑥ 参见德国1961年颁行的《法官法》。

审法官、军事法院的副院长为薪酬等级二级人员 R2；联邦专利法院的主审法官、军事法院的院长、联邦法院的高级律师为薪酬等级三级人员 R3；联邦专利法院的副院长为薪酬等级四级人员 R4；联邦劳动法院的法官、联邦财政法院的法官、联邦法院的法官、联邦社会法院的法官、联邦行政法院的法官为薪酬等级六级人员 R6；联邦劳动法院的主审法官、联邦财政法院的主审法官、联邦法院的主审法官、联邦社会法院的主审法官、联邦专利法院的院长、联邦劳动法院的副院长、联邦财政法院的副院长、联邦法院的副院长、联邦社会法院的副院长和联邦行政法院的副院长为薪酬等级八级人员 R8；联邦劳动法院的院长、联邦财政法院的院长、联邦法院的院长、联邦社会法院的院长和联邦行政法院的院长为薪酬等级十级人员 R10。第二，法官基本工资等级加浮动等次标准。以联邦为例，一级薪酬待遇的法官月基本工资分为八个等次，即一等为 4 154.43 欧元/月；二等为 4 554.54 欧元/月；三等为 4 955.88 欧元/月；四等为 5 311.02 欧元/月；五等为 5 664.91 欧元/月；六等为 6 020.03 欧元/月；七等为 6 372.72 欧元/月；八等为 6 730.26 欧元/月。二级薪酬待遇人员月基本工资分为八个等次，即一等为 5 048.29 欧元/月；二等为 5 307.36 欧元/月；三等为 5 565.19 欧元/月；四等为 5 917.88 欧元/月；五等为 6 272.97 欧元/月；六等为 6 626.90 欧元/月；七等为 6 982.02 欧元/月；八等为 7 337.15 欧元/月。三级薪酬待遇人员月基本工资为 8 069.25 欧元/月。四级薪酬待遇人员月基本工资为 8 538.69 欧元/月。五级薪酬待遇人员月基本工资为 9 077.47 欧元/月。六级薪酬待遇人员月基本工资为 9 589.49 欧元/月。七级薪酬待遇人员月基本工资为 10 083.24 欧元/月。八级薪酬待遇人员月基本工资为 10 600.09 欧元/月。九级薪酬待遇人员月基本工资为 11 241.02 欧元/月。十级薪酬待遇人员月基本工资为 13 801.08 欧元/月。各州法官的基本工资，因各州的经济发展不平衡，其工资薪酬待遇有所差异。第三，法官津贴补助待遇。德国法官除了基本工资以外，还可以比照公务员的津贴标准获得各种津贴补助。一是家庭津贴。以 2014 年法官享受联邦公务员家庭津贴标准为例，其职务序列 A2 至 A8 的家庭津贴分为两个等级，第一等级（《联邦公务员薪酬法》第 40 条第 1 款）为每月 123.96 欧元，第二等级（《联邦公务员薪酬法》第 40 条第 2 款）为 235.25 欧元。其他序列的家庭津贴也分为两个等级，第一等级为每月 130.18 欧元，第二等级为每月 241.47 欧元。如果家庭中有两个或两个以上未成年子女，对于家庭中第二个未成年子女每月增加补贴 111.29 欧元，对第三个以上的未成年子女每人每月增加补贴 346.75 欧元。二是节假日及夜间工作津贴。以联邦为例，法定节假日及周日每小时 3.2 欧元，周六 13 点至 20 点每小时 0.77 欧元，其他日期在夜间 20 点至早上 6 点每小时 1.51 欧元。三是加班费。以联邦为例，根据《加班费条例》第 4 条第 1 款规定，职务序列 A2～A4

每小时 11.73 欧元，职务序列 A5~A8 每小时 13.86 欧元，职务序列 A9~A12 每小时 19.02 欧元，职务序列 A13~A16 每小时 26.19 欧元。四是服职满一定年限津贴。以联邦为例，法官服职满一定年限者，即满 25 年、40 年及 50 年时，依《联邦公务员法》第 80 条 b 之规定，可获得津贴。服职满一定年限的津贴具体规定在《联邦服职津贴条例》当中，联邦津贴的具体数额如下：服职 25 年的津贴为 350 欧元、服职 40 年的津贴为 500 欧元、服职 50 年的津贴为 600 欧元。第四，年度津贴（圣诞节津贴和度假津贴）。联邦和每个州的具体规定不同。以联邦为例，年度津贴为基本工资的 5%，柏林为固定金额 640 欧元，而汉堡年度津贴则高达 1 000 欧元。度假津贴在德国已经逐步取消了，但是在汉堡 A4~A8 职务序列除年度津贴外还可获得 400 欧元的度假津贴。第五，法官其他福利。主要包括工作时间限定与享受休假待遇：①工作时间限定。联邦和各州的法官比照公务员的工作时间，每周为 40~41 小时；因为照顾未成年子女等原因可以申请每周缩短 1 小时工作时间；年龄超过 60 岁的可以申请非全职工作，并且拿原有薪水的 60%；法官的退休年龄按照公务员的标准通常为 67 岁。②休假待遇。法官按照公务员的待遇每年享有带薪假期；休假时长随年龄及休假等级逐年增加；根据特殊理由，主管部门可以批准其特别休假。③出差和搬迁补贴。法官因为履行职务的原因而出差或者进行住所搬迁，依照《基本法》第三十三条第五款的规定，主管部门对其给予特费补偿；出差和搬迁补贴的具体补偿款项由特别法规定。④医疗保险。德国的法官的医疗费用一半由国家支付，另一半则必须由自己支付。对于必须由自己支付的那一半医疗费用可以另外购买商业医疗保险，这是因为商业医疗保险公司针对法官及其他公务员制定了更加优惠的保险费率。⑤退休养老体制。德国法官退休后可获得养老保障，根据 2001 年修正的《养老保障法》，退休养老工资比率最高为原工资的 71.75%（工作年限最高按照 40 年计算）。第六，纳税待遇。德国的法官和其他公务员须缴纳工资税，在收入相同的情况下其比企业雇员缴纳工资税高，如两者月收入均为 3 000 欧元，企业雇员月须缴纳 471.50 欧元，而法官和其他公务员须缴纳 516.66 欧元，法官月缴纳工资税比企业雇员高 9.6%。第七，贷款优惠。银行专门针对法官和其他公务员实行优惠贷款利率。第八，受照顾和保护权利。按照《基本法》第三十三条第四款基于公法上的公务关系和忠诚关系，法官在职或退休都有获得受照顾和受保护权利，并且还包括其家属。

（4）法官惩戒。德国对法官职务违规违法行为的惩戒设有专门的职务法庭。是由德国联邦法院的特别法院审判委员会，专门行使对法官的纪律惩戒职能。第一，职务法庭的组成人员。职务法庭由 1 名庭长、2 名常务法官及另外 2 名非常务法官组成。法院的院长以及其常务代理人不能作为职务法庭的组成成员。职务法庭视为《法院组织法》第132条意义上的民事审判委员会。第二，职务法庭的职能。按照《德国法官法》第62条的规定，职务法庭的主管事务主要包括：职务法庭最终决定法官（包括退休法官）的纪律惩戒案件；涉及司法行政利益的法官转调职；对终身法官和任期法官的任命无效、任命撤回；免职事项；因不具履职能力命令退休事件；因履职能力不足而限制任用；此外包括有关措施的撤销，即关于改变法院组织的措施；根据《德国法官法》第37条第3款的法官派遣事件；试用法官或者委任法官免职、撤回任命、被认定缺乏履职能力而命令退休事件；提出法官的兼职；根据《德国法官法》第26条第3款的职务监督措施；根据《德国法官法》第48条a至第48条c的规定决定法官部分时间任职或度假。第三，职务法庭管辖事务的类型及程序。德国将职务法庭的管辖程序分为三类，即"惩戒程序""调职程序"以及"审查程序"，并对它们的处理依据、流程和后果分别做出了规定。对于惩戒程序中的事项适用《德国惩戒法》；对临时解职、降薪的决定以及上述决定的撤销，由最高职权机关向职务法庭提出申请，其后惩戒法庭依法做出裁决决议，并将该裁决决议通知最高职权机关和该涉案法官。第四，惩戒程序效力。惩戒程序对提出的申请仅能做出警告、罚款或调离职位的处分；对于调职程序则适用行政法庭的规则，即最高职权机关申请调职程序之后开始该程序，职务法庭仅能就《德国惩戒法》第31条规定的调职，包括调往最终工资一样的其他法官办公室工作，做出批准或者驳回临时退休或退休申请的决定。而审查程序则根据不同的情况做出不同的决定，即对于《德国惩戒法》第62条第1款第3项第a目的情况，确认申请无效或驳回申请；对于《德国惩戒法》第62条第1款第3项第b目至第d目的情况下，法庭裁决同意免职或驳回免职申请；对于《德国惩戒法》第62条第1款第4项第a目至第d目的情况下，可决定裁决或驳回撤销申请措施；法官对职务法庭所做出的决定或裁决不满的，可以提出上诉。

（5）经费管理。德国法院经费管理制度的特点是：第一，管理体制层面。德国法院经费实行联邦和州两级保障和管理的体制，联邦法院的经费由联邦财政承担，州各级法院的经费由州财政统一负担。第二，预算管理层面。各法院负责起草本法院的经费概算，并提交给司法部审核；司法部完成编制法院经费预算方案后，报请议会审议批准；财政部门根据议会通过的经费预算决定，将法院经费拨付给司法部，由司法部具体分配给法院使用。德国司法行政部门在法院经费管理中起主导作用。法院经费预算的标准化、管理的精细化以及监督的严密化，是保障德国法院经费良性运行的重要基础。德国法院的司法行政工作，包括法院经费预算和管理事务在内，都由政府的司法行政部门，即司法部负责承担。联邦法院经费预算和管理工作由联邦司法部负责，各州法院经费预算和管理工作由各州司法部承担。

也有极少数州,如巴伐利亚州,其法院经费管理工作由州内务部承担。①但无论是联邦法院,还是各州法院,其内部都设立有司法行政机关,具体负责包括法院经费管理在内的司法行政事务。法院院长既是法官,也是法院司法行政工作的负责人,他要对法院经费管理负责。法院司法行政机关在管理法院经费时,要听从法院院长做出的决定。这样做的主要目的是避免和防止外界对法院独立审判案件产生干扰。因此,严格说来,德国法院经费的管理和分配实行的是双轨制。②第三,专门法院经费管理独特。德国行政法院、财政法院、劳工法院和社会福利法院等专门法院的经费管理,分别由行政部门、财政部门、劳动部门和社会福利部门等专门机构负责。第四,经费监督控制层面。德国法院经费监督的严格化和周密化,是保障德国法院经费良性运行的重要基础。不仅法院内部有严格的监督制约机制,而且议会设有审计委员会,负责审计检查法院经费预算执行情况。同时,德国联邦和州都设有专门的审计监督部门,依法独立地对包括法院经费在内的所有公共财政预算的落实情况进行审计。这些审计监督部门要定期向议会报告法院经费预算的执行情况。此外,德国法院经费的使用还要接受来自新闻媒体、社会中介机构,甚至社会公众的调查或者监督。德国非常注重社会公众对公共财政收支的监督。德国法院经费主要来源于公民的纳税,所以公众对法院经费的使用情况十分关注。经议会批准的法院经费预算必须向社会公众公布;法院经费支出报表必须对社会公开;专门的审计监督部门要定期通过公开出版物公布实际发生的所有公共财政收支数据,其年度财政审计报告和议会批准的财政决算必须向社会公开,接受公众监督。③

2. 检察官管理

(1) 检察组织体系设置。主要包括:第一,检察制度沿革。德国检察制度的沿革具有特殊性与复杂性。德国于19世纪才从法国引入了检察制度。德国检察机构的设置最早见于19世纪二三十年代南德几个诸侯国的《刑事诉讼改革法(草案)》。巴登大公国于1831年11月28日通过法律,第一次规定设置检察院,赋予检察院履行强迫和侮辱案件起诉的职能。检察机关于1832年1月26日正式成立;根据法律规定检察官的主要任务是准备和提出起诉,参加法院的判决。1837年8月3日,检察官的权力进一步扩大,即检察官获得对监督刑事审判与法院判决实施的职权,但不享有犯罪调查和移送犯人的权力。普鲁士王国于1846年7月17日通过了一部含有公开性和口头性诉讼程序的刑事诉讼法,检察制度被正式引入。④北德联邦帝国议会于1868年3月30日提出了制定统一刑事诉讼

---

①②③ 陈春梅:《德国:精细化管理的法院经费制度》,载于《人民法院报》2015年12月25日。
④ 周遵友:《德国的检察制度》,引自何家弘教授主编:《检察制度比较研究》,中国检察出版社2008年版,第151~196页。

法的请求;1873年1月完成《刑事诉讼法(草案)》,这标志着各邦国刑事诉讼改革的结束,德国从此有了一部统一的《刑事诉讼法典》;与《刑事诉讼法》同日生效的有《法院组织法》《民事诉讼法》《破产法》和《律师法》,这些法律被统称为"帝国司法化"。[①]《刑事诉讼法》规定检察官在刑事诉讼中的地位和作用;《法院组织法》规定检察院的组织结构和运行方式;这两部法律是德国检察制度的主要依据。第二,检察组织体系。根据《法院组织法》,德国各级检察机关分别设置于同级法院中,与普通法院系统的设置相对应。检察系统分为联邦总检察院对应联邦最高法院,州级总检察院对应州高等法院,州级检察院对应州法院。但是基层法院通常没有相对应的检察院,基层检察官通常在州级检察院工作。德国只有两个州分别设立了一个基层检察院,即柏林的柏林基层检察院和黑森州的法兰克福基层检察院。德国联邦总检察院受联邦司法部领导,州级总检察院和州级检察院受州司法部领导。联邦总检察院对各州的检察机关没有领导和管理权,联邦总检察院不是州级总检察院的领导机关,二者之间只有业务上的合作关系,没有行政上的隶属关系。而州级总检察院负责本辖区内所有检察院的管理。

(2)检察院职能。主要包括:第一,联邦总检察院职能。根据德国《基本法》,司法属于各州事务。联邦总检察院管辖危及德国内外安全的刑事案件(如恐怖、间谍和叛国案件等)以及上诉到联邦最高法院的刑事案件。同时,联邦总检察院又是联邦的"律师"(德语中检察官一词staatsanwalt中的anwalt就是律师的意思,staat为国家的意思,因此staatsanwalt检察官就是国家律师的意思),它在行政和审判程序(如联邦最高法院、联邦行政法院和联邦金融法院)中代表联邦。联邦总检察院只负责处理涉及联邦整体利益的案件,绝大部分案件都由州检和州检察系统承担。从行政上来说,联邦总检察院接受联邦司法部长的领导,并听从其指令。第二,州总检察院职能。根据《法院组织法》142条第1款第2项州级总检察院是辖下各检察院和州司法部的中间机构,它有权对其辖区内的检察院和检察分院进行监督。州总检察院有权以建议和申请的方式参与州级高等法院的审判活动。例如,总检察院有权决定对基层法院的刑事判决提出上诉;有权对州级法院刑庭和刑事执行庭的决定提出控告;有权决定延长未决犯的羁押期限;有权在地方检察院做出不起诉决定后提出提起公诉的申请;有权允许引渡罪犯到外国起诉和执行;有权决定在罪犯被引渡前对其进行羁押;有权对基层法院在违反诉讼程序的决定进行上诉。此外,总检察院还有权参与刑事调查程序中的国际司法协助,启动引渡程序,起诉故意违反职业规范的律师和税务顾问,以及代表

---

① Kissel, Mayer, Gerichtsverfassungsgesetz Kommentar, 4. Auflage, Verlag C. H. München 2005, S. 68.

本州起诉和应诉。第三，州检察院职能。根据《法院组织法》142条第1款第2项规定，州检察院是刑事侦查程序中的领导机关，审判程序中的起诉和监督机关，以及执行程序中的职能机关。检察院的主要任务是侦查和起诉犯罪，预防犯罪不是检察院而是警察部门的职责范围。除非法律另有规定，检察院有权也有义务在有足够的事实根据时追究犯罪行为。检察院在获悉发生了犯罪行为时，应当决定立案调查；其不仅应当调查对犯罪嫌疑人不利的事实，也应调查对其有利的事实；在审判程序中，检察院有权参与所有的诉讼环节，并对一些重要决定发表意见；有时，它有权提出程序上的请求，并且在法官做出判决后，通过提出上诉而启动救济程序；检察官在刑事案件的审理中，对程序的合法性进行监督；在执行程序中，检察院负责刑事判决的执行；检察院应确保罚金和诉讼费用的支付，以及自由刑的执行。但在自由刑的执行过程中，具体的决定是由在机构上独立于检察院的执行机构负责做出。此外，检察院还负责国际刑事司法协助。第四，基层检察院职能。德国只在柏林和黑森州的法兰克福分别设有一个基层检察院。根据《法院组织法》142条第1款第1项之规定，基层检察院的职权由检察官和基层检察官行使。基层检察官的职权范围的法律依据首先是《法院组织法》的142条第1款第3项和第2款之规定。同时，联邦不同的州在有关法律中对基层检察官的职责做出了不同的具体规定。首先，基层检察官履行对盗窃、欺诈和人事伤害等一类轻微和中型刑事案件的审查起诉工作；其次，基层检察官享有侦查权，代表检察院提前诉讼；大多数联邦的州规定基层检察官只能担负对基层法院刑事法官单独审理案件的起诉，但是在巴登州、汉堡地区，州检察院检察长可以通过提升基层检察官办案级别，使其能够负责由合议庭审理案件的起诉工作，如基层检察官享有对诸如纵火、性侵害等严重犯罪的刑事案件的起诉工作。

（3）检察官分类管理。在德国检察人员主要包括检察官、检察辅助人员和行政人员。主要包括：

第一，检察官分类管理依据。根据德国《法院组织法》规定，德国的检察官属于公务员序列，其绝大多数检察辅助人员、部分行政人员均为公务员，部分从事公共服务的人员为雇员；但这些人员都属于国家公职人员。因此，德国检察人员管理体制是德国公职人员管理体制的一部分。德国有《法官法》和《警察法》，但是没有一部单独的《检察官法》。有关德国检察官管理的规定散见在相关法律当中。一方面，由于德国检察官是公务员，因此当没有特殊规定的情况下，有关公务员的规定也适用于检察官。另一方面，由于检察官担任司法职能，其工作的内容、性质与法官有着共同性。德国《法官法》规定的许多内容也适用于检察官，例如，有关任职资格的规定，有关惩戒程序的规定适用于检察官；在工资待遇保障标准方面,检察官与法官属于同一个类别。[①] 由于德国实行联邦制,德国检察官也分为联邦检察官和州属检察官。

第二,检察官分类管理属性。德国检察官管理体制具有"双重属性",即行政管理属性与司法管理属性合二为一。由于检察官管理是公职人员管理的一部分,因此,检察官管理的立法权也分别属于联邦和州。联邦有权规定联邦检察官的相关制度,而州则对州总检察院检察官、州检察院检察官以及基层检察院检察官的管理有立法权。但是关于检察官最基本的规定还是在联邦制定的法律中,如《法院组织法》。虽然检察官具体工资标准由各个州规定,但是检察官的工资级别分类是按照《联邦工资条例》的附件3执行的。州检察系统的人员编制由各州司法部统一控制,根据各地发生案件的数量决定每年调配检察官,其办案工作量是配备检察官的客观依据。

第三,检察官职务序列管理。主要包括:一是联邦高级别检察官职务序列管理。①总检察长职位管理。根据《法院组织法》142条第1款第1项规定,联邦总检察院的职责由总检察长、联邦检察官和高级检察官行使。联邦总检察长是联邦总检察院的负责人,属于"政治公务员",其首要职责是贯彻联邦政府制定的刑事政策,在其权限范围内保护国家的安全利益。联邦总检察长是经联邦司法部建议,联邦参议院同意,由联邦总统任命的;其职务等级为高级公务员即公务员R9级。②联邦检察官。为联邦检察院、州检察院履行相应职务的检察官,其经联邦司法部建议,联邦参议院同意,由联邦总统任命的,其为高级公务员级和普通公务员R6级。③高级检察官。其是各州派往联邦总检察院并代表该州履行相应职务的检察官,其一般须在联邦总检察院工作三年,其任命无须得到州议会的同意,其为高级公务员R3级。④检察官。其是各州派往联邦总检察院并代表该州的检察官,其一般在联邦总检察院工作三年,其为高级公务员,分为11个等级,其在任职内每两年晋升一个等级。二是州级总检察院检察官管理。①州高级别检察官管理。州总检察院检察官分为总检察长、高级检察长、高级检察官、检察官和见习检察官共五类。其中总检察长为总检察院负责人,职务等级为高级公务员,辖区内检察官编制在100人以内的职级为公务员R5级,超过100人为公务员R6级。②高级检察长为部门负责人(abteilungsleiter),为高级公务员R3级。③高级检察官为业务主管(dezernent),高级公务员R2,共分为1~11个不同等级,在任职时间内每两年升一个等级。④检察官为高级公务员R1级,共分为3~11共9个不同等级,在任职时间内每两年升一个等级。⑤见习检察官,高级公务员R1级(等级1)。三是州检察院检察官和基层检察官管理。在州范围

---

① 参见德国《公务员工资法》的规定,德国法官和检察官工资类别归在R类。

内，检察官分为高级检察长、高级检察官、检察官、见习检察官。其中：①高级检察长。其为担任州检察院的负责人，职级为高级公务员，辖区内检察官编制在10人以内为R2级，超过11~40人为R3级，超过40人为R4级。②高级检察官。其为担任州检察院部门主管，其职级为高级公务员R2级的1~11个不同等级，其任职时间内每两年升一个等级。③检察官。其为高级公务员R1级，并分为R1级的3~11共9个不同等级，其任职时间内每两年升一个等级。④见习检察官。其为高级公务员R1级等级1。四是基层检察官管理。基层检察官在德国事实上不属于检察官这个类别，而是单独属列为一类。基层检察官可以成为基层检察院院长、基层检察院副院长、部门负责人。从联邦总检察长到检察长都属于高级职务，而基层检察官属于中高级职务。基层检察官的任职条件和承担的工作任务与联邦检察院、州总检察院、州检察院的检察官不同；基层检察官不能通过晋升途径成为检察官。基层检察官分为中高级公务员的3个级别，即只在巴登州和柏林地区设置首席高级基层检察官A14级、高级基层检察官A13级、基层检察官A12级；其他地区基层检察官属于州检察院管理，但是在柏林和法兰克福设有单独的基层检察院。

（4）检察官工资福利待遇。有关检察官的薪酬等级待遇、基本工资等级加浮动等次标准、津贴补助、工作时间、休假、出差和搬迁、医疗保险、纳税、贷款优惠等待遇、受照顾和保护权利等与法官相同。对此，在前述法官工资待遇中已做描述，故不再赘述。但其还享有其他福利待遇主要包括：第一，结婚和抚育。德国政府对每个居民结婚和生育小孩给予相关补贴，检察人员也享受这些国家津贴。如结婚的一方有工作而另一方没有工作，婚后可办理纳税等级证书，纳税等级越高，缴纳税收的起点越高。第二，生育补贴。从2010年起，夫妻双方所生的第一个孩子从出生起每月补贴184欧元，第二个孩子从出生起每月补贴184欧元，第三个孩子从出生起每个月领取补贴190欧元，第四个孩子即以后每人领取215欧元。所有的孩子都可以领取津贴到18岁；其18岁以后继续读书的，可以领取到25岁；18岁之后尚未继续读书也未工作的领取到21岁；18岁之后的孩子若年收入达7 680欧元的，则不能再继续领取津贴了。

（5）检察官招录、培训和考核。主要包括：第一，实习检察官职位招录。在德国，一名公民在通常情况下不可能直接被任命为检察官。若被任命为检察官，必须首先成为实习检察官。因此申请实习检察官的职位是从事检察官职业的开始。主要内容包括：一是实习检察官候选人条件。按照《德国法官法》第122条的规定，只有具备担任法定职务资格的人才能被任命为德国检察官。《德国法官法》第5~7条对检察官的任职资格做出了具体规定。德国有严格的司法考试制度。只有在大学里学习法律专业的学生，通过德国第一次国家考试，并且在经历两年的见习期之后通过第二次司法考试才有资格申请实习法官职位。德国学生通过第二次国家司法考试的平均年龄在 28~30 岁。通过第二次国家司法考试的学生自动具有"候补高级官"的头衔，可以申请成为法官或检察官。但是在德国只有很少一部分通过司法考试的学生可以成为检察官，例如，在黑森州，这个比例在 1%~2% 之间。各州也对实习检察官职位提出了更高的要求，例如，要求申请人的司法考试成绩必须达到中等以上水平；黑森州则对第二次司法考试分数提出了具体要求，要求两次考试都超过 8.5 分，或者两次相加超过 17 分，并且第二次司法考试成绩不低于 8 分。在德国一般只有 15% 的考生成绩被评定为中等以上水平。二是申请机构和程序。在德国，实习检察官的选拔与检察官的任命是州司法行政的管辖事项。因此实习检察官职位的申请通常是向州司法部提交。在德国有的州设立了检察官遴选委员会，在设立了该委员会的州，对于实习检察官的遴选是由司法部和遴选委员会共同决定；在没有设立遴选委员会的州，由司法部单独决定。各州遴选委员会的人员构成也不尽相同。但是在决定哪个候选人可以获得实习检察官的职位的时候，通常要对候选人进行评价。各州评价标准基本相同，即包括职业资格、道德水准和个人能力等方面。对于遴选机构的决定，申请人可以根据《基本法》第三十三条的规定提起司法审查。

第二，实习检察官考核培训。其主要包括：一是实习。根据《德国法官法》第 12 条第 2 款并参照第 10 款的规定，通过遴选程序成为实习检察官之后，必须经过至少 3 年的见习期才可以被任命为检察官。见习检察官在见习期间可以正式执行检察事务；见习检察官在资深检察官的指导下工作。二是考核。对实习检察官通常每 6 个月会进行一次阶段性评价，评价通常是由检察院检察长做出，但是通常需要实习检察官一起协助进行。评价根据提交的案件材料和实习检察官的工作表现做出。考核结果是确定实习检察官能否在今后被任命为正式检察官的重要依据。三是培训。实习检察官需接受在职培训，特别是针对刚刚上任实习检察官的培训的内容是，让其接受学习使用各种办公设备、如何有效组织工作等。

第三，检察官正式任命。其主要内容包括：①申请人的条件。在实习期满 3 年后，实习检察官可以提出申请，要求被任命为检察官，即终身公务员。②任命的机构和程序。州司法部通过检察院对该申请人承办的案件进行考核。检察院再将评分提交州司法部，司法部根据提交的材料，通过面试和考核选择最优秀的实习检察官任命为检察官。③检察官在职培训。虽然德国检察官没有接受在职培训的一般法律义务，但是对德国检察官来说，接受培训是一项工作义务。该项义务不是规定在德国法官法中，而是规定在联邦和各州制定的《公务员法》中。由于不断出现新的法律和旧法的不断修订，检察官的在职培训具有重要意义。在地区、州和联邦三个层次上都有组织在职培训。检察官通常每个月都要参加地区组织的培训活动。德国检察官平均每年要参加 3~4 天的培训课程的学习。在联邦层面上设立有德国法官学院,两个培训基地分别位于特里尔和乌斯特劳。法官学院培训项目在每年年初公布,将名额分配到各州,各州接受申请并决定参加培训的人选。德国法官学院每年大概提供 150 个培训课程。各个联邦州也设立了培训机构,作为联邦培训项目的补充。

第四,检察官考核。对检察官的考核是州司法部的管理事项,所有州都有关于工作考核的规定。考核分为常规考核和特殊考核。需要进行特殊考核的情况是在检察官申请担任更高级别职务的时候。常规考核通常是 4~5 年一次,超过 50 或 55 岁的检察官一般不需要再接受常规考核。

第五,基层检察官管理。一是参加基层检察官培训的申请条件。按照德国各个州基本统一的规定,申请人必须先通过了司法助理的考试,并且根据其个人能力和以往工作表现来分配职位。[①] 也就是说,通常只有表现优秀的司法助理可以申请基层检察官培训。二是申请的机构和程序。申请通常直接向州总检察院检察长递交,由其决定。三是基层检察官培训。其在德国各州都为 15 个月。从 2015 年 1 月开始,各州统一规定,培训前 4 个月的专业知识培训都在北莱茵州的司法助理职业学校进行。接下来的 9 个月的实习培训在申请人任职的检察院进行。最后两个月申请人仍然回到北莱茵州的司法助理职业学校进行第二阶段的专业知识学习。四是考核。在两个阶段的专业知识学习中申请人一共要参加 3~5 次测试。考核分为笔试和口试两个部分。第二阶段专业知识学习结束后申请人要参加最终的笔试考核。笔试考核一共有四科,如果在笔试当中有两科成绩在合格以上,可以参加一周以后举行的口试。

(6)检察官晋升。

第一,平等晋升权利。在德国,检察官是终身职务,非因法定事由不得被免职。在检察官职务设置相对简单的情况下,检察官在其职业生涯中的晋升机会非常有限。按照法治原则要求,检察官不分党派、性别、民族、籍贯,都有获得晋升的平等权利。为了保障检察官享有公平晋升的权利,检察长、主任检察官出现空缺以后,实行公开选拔。德国法律没有要求检察官职务逐级晋升。例如,州总检察院总检察长出现空缺,从理论上讲每个检察官都有资格报名。但事实上,主管部门通常要求参选者具有下一级职位的工作经历,越级晋升是不可能的。法律并不禁止检察官跨州晋升,但实际上到其他州竞争州总检察院总检察长或州检察院检察长职位的情况很少。同时州检察官也可以申请晋升到州总检察院。州总检察院的检察官大部分是从州检察院检察官中遴选出来的。虽然都是检察官,但是

---

① 德国《北莱茵州官员基层检察官职业的规定》,第 2 条。

州总检察院检察官的级别比州检察院检察官要高一级。州检察院检察官一般可以申请在总检察院实习一段时间（如半年），其在晋升评估时，该实习被作为非常重要的考虑因素。第二，晋升管理机构。在德国，州检察官的任命职务由州司法部决定，而不是由检察长决定。在州设立有州检察官遴选委员会的情况下，则由州司法部和检察官遴选委员会共同决定。第三，晋升程序。其主要内容包括：一是公告。晋升职位出现空缺时，须公布空缺职位。主任检察官或检察长职位空缺的消息属于公共信息，一律刊登在每月一期的州司法部公报上，以防止未经公开绕过法定程序而任用。司法部公报向社会公开，任何人都可以订阅或索取。二是申请。检察官职务晋升，须由本人向其所在检察院的检察长提出申请。三是鉴定。德国检察官职务晋升以鉴定的方式进行选拔，无须面试。检察长对申请职务晋升的候选人进行工作鉴定后，上报州总检察院总检察长，后者在附加鉴定意见后上报州司法部。州司法部人事主管部门根据工作鉴定选拔他们认为最优秀的人作为晋升人选。四是考察。在有的州，被晋升为检察院检察长的检察官，必须经过一定的考察阶段。在考察阶段，司法部可以随时取消其晋升决定。只有在考察阶段结束后，才能获得最终任命。五是异议。对于司法部的晋升决定，未获得晋升的检察官有权向行政法院提出异议，请求取消对被晋升者的任命。在行政法院做出最终决定之前，有关职位保持空缺。在德国，经常有检察官对晋升决定提出异议，而行政程序所需时间很长，因此导致高级职位空缺的情况相当多，这在一定程度上削弱了有关检察院的工作能力。

（7）检察官监督与惩戒。德国有严格的检察官惩戒制度。由于检察官是公务员，没有法官同样的独立地位，作为检察官同样要服从上级的指示和命令。因此在涉及纪律关系和惩戒的时候，适用于法官的特殊规定并不适用于检察官。在涉及检察官纪律和惩戒制度上更多的是适用公务员的法律规定。

第一，检察官违纪的调查程序。在德国，如果有针对检察官的投诉，联邦司法部或州司法部会转到被投诉检察官所在州检察院调查处理。如果被投诉的是检察院的高级官员，则由司法部任命官员进行调查。往往是由检察长任命一个独立调查员进行调查，收集证据，调查属实后报告检察长，做出处罚决定，告知人事部门，并报司法部确认批准，记录归档。第二，检察官惩戒的类别。包括：一是纪律惩戒措施。纪律惩戒措施包括警告、训诫、罚款、减工资、调低岗位级别和免职。在严重案件中，纪律惩戒也可能针对退休的检察官。检察长只有权决定警告或训诫，在实践中，轻微的不正当行为由检察院检察长通过警告或训诫方式予以惩戒。对于重大的不正当行为，都是由司法部启动职务法庭的正式纪律惩戒程序。其他措施必须由法官职务法庭决定。根据《德国法官法》的规定，检察官的纪律惩戒措施也由法官职务法庭做出。在州检察官的纪律惩戒措施由州法官纪律法庭做出。同时在德国还设有联邦职务法庭,作为州职务法庭的上诉机构。值得指出的是,联邦职务法庭并不是联邦一级的机构,并不管辖联邦检察官的纪律惩戒措施。如果州法律规定就纪律程序可以向联邦职务法庭提起法律审上诉,只有经州职务法庭同意,才可提起法律审上诉。只有法律事项具有重大意义,或判决偏离联邦职务法庭的一项决定而且是基于该偏离做出的,才能同意提议法律审上诉。对不同意上诉的决定可以在判决送达后的两个星期内提出抗告。在抗告书中,应对法律事项的重大意义做出阐释,或者说明判决所偏离的联邦职务法庭的决定。抗告的提出使得判决的法律效力中止。如果抗告未获成功,联邦职务法庭以裁定的方式做出决定。如果抗告被一致驳回,则裁定中无须载有理由。一旦联邦职务法庭驳回抗告,判决产生法律效力。如果法律审上诉是基于程序上的重大瑕疵,则无须事先获得上诉许可。程序上的重大瑕疵包括进行审理的法院没有依据条款组成,或者在判决时有依法被排除履行法官职务或因担心偏见而被成功拒绝的法官参与,或者判决中没有说明理由。二是刑事措施。对检察官的犯罪行为则由刑事法庭审判,如被判刑一年以上就不能再做公务员。判刑一年以下的,由司法部门决定是否继续担任职务。

二、法国司法管理制度

(一)管理模式

法国的司法体制管理实行"复合式"管理模式。法国大革命之后,受孟德斯鸠"三权分立"思想的影响,1790 年 8 月 16 日和 24 日法律正式将司法权和行政权进行了分离,禁止司法权干涉行政权。法官不能将行政机关传讯到法庭,否则便构成失职[①]。正是基于这项原则,法国出现了司法法院体系和行政法院体系分离的"二元体制"及其"二元司法管理体制"[②]。司法法院体系负责审理民事、刑事案件[③];行政法院体系负责行政机关和行政相对人之间产生的行政案件的管辖[④]。在这种"复合型"司法制度结构下,法国对司法行政管理主要目的体现为,在保障司法正常运转的同时,确保司法的独立性。法国司法管理模式的功效是确保司法的独立性,防止行政权干预司法权;同时对司法权保持高度警惕,防止司法权干预立法权和行政权。为了确保司法独立性,法国设立了司法官高等委

[①] 金邦贵:《法国司法制度》,法律出版社 2008 年版,第 94 页。
[②] 金邦贵:《法国司法制度》,法律出版社 2008 年版,第 59 页。
[③] "Présentation de l'ordre judiciaire",法国司法部官网,https://www.justice.gouv.fr/organisation-de-la-justice-10031/lordre-judiciaire-10033/,2022 年 4 月 30 日。
[④] Francis Kernaleguen,Institutions judiciaires,LexisNexis 2015:169。

员会，负责司法官任命及惩戒。同时，为了确保司法良好运转，司法部也扮演着重要的角色。因此，法国司法管理模式具有明显的复合型、互补型特点，在实践中运行效果良好。但是，法国的司法改革一直没有停止，其主要目的就是在政治利益平衡中确保司法良好运转与司法的独立性。

（二）管理主体

法国为保证司法权独立行使，其建立起了司法行政管理权与行政机关管理司法事务适度分离，又注重与行政机关对司法行政事务统一管理相弥合的多元主体管理的运行模式。

1. 司法官高等委员会

根据《法兰西共和国宪法》（以下简称《法国宪法》）第六十四条规定，共和国总统承担保障司法独立的职责。司法官高等委员会是总统领导下的司法独立保障机构[①]。《法国宪法》第六十五条规定司法官高等委员会的组成和职责；其任期为4年，不可延长；司法官高等委员会主要承担司法官的任命和纪律惩戒职责[②]。其内容包括：（1）任命法官[③]。司法官高等委员会直接推荐任命最高法院法官、上诉法院院长、大审法院院长；对其他法官则由司法部长提出任命建议，由司法官高等委员会确认。（2）任命检察官。司法官高等委员会对司法部的任免只有提出意见、建议的权力。1997年以后，法国持续推行的司法改革的实践表明，司法部长一般都尊重司法官高等委员会的意见。实践中，司法部长反对司法官高等委员会任命法官、检察官的情况很少。司法官高等委员会下设法官高等委员会和检察官高等委员会。①法官高等委员会。法官高等委员会由15名成员组成。其中，最高法院院长为法官高等委员会主席，法官高等委员会包括由5名法官、1名检察官、1名最高行政法院法官、1名律师，并由共和国总统、议会参议院主席、众议院主席分别任命的2名成员（共6名成员）不得来自立法机关、司法机关和行政机关等组成。②检察官高等委员会。检察官高等委员会同样由15名成员组成。其中，最高法院总检察长为检察官高等委员会主席，检察官高等委员会由包括5名检察官、1名法官、1名最高行政法院法官、1名律师和其他6名成员组成，这6名成员的任职办法和法官高等委员会6名成员的任职办法相同。[④]

[①] Michel le Pogam, Le Conseil supérieur de la magistrature, LexisNexis, 2014。

[②③] "nos-missions"，法国最高司法委员会官网，http：//www.conseil-superieur-magistrature.fr/le-csm/nos-missions，2022年4月30日。

[④] "Composition & Organisation"，法国最高司法委员会官网，http：//www.conseil-superieur-magistrature.fr/le-csm/composition-et-organisation，2022年4月30日。

2. 司法部

司法部是政府重要组成部分，其不仅在国家管理中扮演着重要角色，而且还担负着司法行政管理的职能。一方面，司法部长被称为"掌玺大臣"。司法部职能包括：负责起草相关法案，例如，家庭、国籍、民事、刑事方面的法案；负责司法的日常管理，例如，人员、办公设备、办公场所、信息化建设等。另一方面，司法部还承担着限制人身自由场所的管理，例如，监狱、拘留所；制定涉及司法领域的公共政策，例如，刑事犯罪受害人援助、刑事政策、打击有组织犯罪等职能。另外，司法部承担有关法院、检察院涉及的人、财、物等职能。为了确保正确有效管理，司法部相关管理职能部门负责人都由熟悉司法运转的司法官担任，防止外行管理内行的情况出现。①

（三）管理内容

1. 法院行政管理

（1）法院组织机构设置。从法院设置上看，司法法院呈现一种"金字塔"结构。最高法院位于金字塔顶部，上诉法院位于金字塔中部，底部由一审民事法院和刑事法院组成。一审民事法院包括大审法院、小审法院、近民法院、商事法院、劳资争议委员会、农村租约对等法院、社会保险法院；一审刑事法院包括违警罪法院、轻罪法院、重罪法院、未成年人法院、军事法院、海商事法院。从审理程序上看，法国民事、刑事案件大体采用二审终审制，部分案件实行一审终审；最高法院仅负责法律复核审（不进行事实审）②。同时，法国司法制度设置中民事法院与刑事法院是一体的。法国司法法院体系中共有1 732个，但实际上很多民事和刑事法院都是同一个法院，只是在审理民事案件和刑事案件时的称谓不同。③ 例如，大审法院和轻罪法院是同一法院，在民事案件审理中被称为大审法院，在审理刑事案件时被称为轻罪法院。另外，法国很多法院不具有单独的办公场所，而设在其他法院内。例如，农村租约对等法院设在小审法院，海商事法院设在大审法院。相比中国法院而言，法国司法法院体系中的很多"法院"应当被理解为一个审判组织。这些审判组织有些具有单独办公场所，有些不具有单独的办公场所；有些审判组织是常设性的，有些审判组织是非常设性的，例如，重罪法院。截至2018年，在司法法院体系中，除最高法院之外，法国设有上诉法院36个，上诉高等法院1个（海外省），大审法院164个，少年法院155个，社

---

① 法国最高司法委员会官网，http：//www.justice.gouv.fr/，2022年4月30日。
② 金邦贵：《法国司法制度》，法律出版社2008年版，第94页。
③ "Références Statistiques Justice"，法国司法部官网，http：//www.justice.gouv.fr/statistiques - 10054/references - statistiques - justice - 12837/references - statistiques - justice - 34256.html，2022年4月30日。

会保险法院114个，小审法院304个，劳资争议委员会210个，商事法院137个。在行政法院体系中，除最高行政法院之外，法国设有8个行政上诉法院，42个行政初审法院。①

（2）法官职权。按照司法官任职条件和任职期限，可以分为职业司法官和非职业司法官，职业司法官负责适用法律裁判案件。按照他们具体负责案件的性质（民事或刑事），其岗位有所区分：①在民事审判领域，大审法院（tribunal de grande instance）的法官负责审理民事案件；而对于标的在 4 000 ~ 10 000 欧元的民事案件，则由小审法院法官独任审理；家事法官（juge aux affaires familiales）负责审理离婚和亲权纠纷案件；儿童法官（juge des enfants）负责处理未成年人犯罪并根据具体情况对其优先采取教育措施。②在刑事领域，预审法官（juge d'instruction）负责指挥刑事案件调查、监督警察侦查，并决定是否起诉；自由与羁押法官（juge des libertés et de la détention）负责决定是否释放被羁押人员或者采取临时羁押措施；而刑罚适用法官（juge de l'application des peines）负责确定判决之后对于罪犯的具体适用，他们还负责司法监督以及对附条件释放人员的追踪。② 非职业司法官负责包括商事审判的商事法官③，负责劳资争议的劳动纠纷法官（类似于中国的劳动仲裁委员会仲裁员），是负责争议标的小、案情简单的民事诉讼和极轻微刑事案件审理的近民法官④。根据法国司法部官方网站司法统计数据，2016 年法国司法法院体系审结刑事案件共计 1 200 575 件，其中最高法院审理 7 967 件、上诉法院审理 104 361 件、重罪法庭审理 3 280 件、轻罪法院审理 621 216 件、治安法院审理 48 898 件、近民法院审理 358 934 件、少年法院审理 55 919 件。审结民商事案件共计 2 677 253 件，其中最高法院审理 20 398 件、上诉法院审理 250 609 件、大审法院审理 960 061 件、小审法院审理 648 976 件、少年法官审理 354 874 件、商事法院审理 163 212 件、社会保险法院审理 129 317 件、

---

① "Les chiffres clés de la Justice"，法国司法部官网，http：//www.justice.gouv.fr/statistiques-10054/chiffres-cles-de-la-justice-10303/，2022 年 4 月 30 日。

② "Magistrat/Magistrate"，法国青年信息及资料中心网，http：//www.cidj.com/article-metier-magistrat-magistrate，2022 年 4 月 30 日。

③ 商事法官由商事法院管辖区域的商人选举产生，成为商事法官须满足以下条件：（1）年龄 30 岁以上；（2）从事商业活动至少 5 年以上；（3）具有法国国籍。实践中，候选人应当具备相当的商事经验，但有破产经历的商人不具有被选举人的资格，不能被选举为商事法官。初次被推选的商事法官任期为 2 年，再当选任期为 4 年。

④ 有关近民法官的规定：近民法官不是从职业司法官队伍中遴选，而是从以下公民中选任：（1）司法法院体系和行政法院体系退休司法官；（2）年龄至少 35 岁以上，具有相应学历要求且至少 4 年以上工作经验的专业人员；（3）在司法领域至少从事 25 年工作经验的人员；（4）在司法领域 A 级或 B 级公务员；（5）具有 5 年工作经验的司法调解员。近民法官由共和国总统直接任命，任职前需要在国家司法官学院进行培训。近民法官在审判活动中与职业法官具有同样的法律地位，任期为 7 年且不得连任。近民法官负责审理一些简单民事或刑事案件，有效减轻了职业法官的审判压力。

劳资争议委员会审理149 806件。除非职业法官审理案件之外，法国职业法官年人均审理案件高达350件左右。除了职业司法官和非职业司法官之外，司法辅助人员协助司法官完成大量的司法日常工作，有力地减轻了司法官的工作负担。书记官除负责见证和庭审准备之外，还负责法院行政事务，在保障法院正常运转过程中扮演着重要的角色；执达员负责诉讼文书送达及执行工作；司法警察负责法院安保工作。目前，法国没有固定的司法官与辅助人员的员额比例，法国司法部按照工作量大小分配相应的人员。我们以法国最高法院为例，最高法院有大法官88名、助理大法官65名、初级法官8名；总检察官24名，书记员250人，行政秘书若干。[1]

（3）法官独立性保障。在任何情况下，法官均应站在中立客观的立场上审查证据或听取当事双方陈述对案件做出判决，独立确定处罚期或者损害赔偿数额。法官在裁判中的独立性也享有多重保障。具体体现在以下几个方面：①法官任职终身制[2]。根据法律规定，未经法官本人同意，不能传唤法官或对法官进行职务调整，不论是职务晋升还是增加新职务。[3] 这一原则的具体实施由司法官高等委员会负责监督。②法官正常履职行为受到法律保障。一方面，法官并不为其做出的判决承担民事赔偿责任；另一方面，威胁或侮辱法官以及针对法官人身和财产的暴力行为将受到刑事处罚，并且法官不能从刑事犯罪人处获得的民事赔偿部分将由国家负责补足。③法律规定对于某些在审理过程中的敏感案件，尤其是某些刑事案件，为避免当地民众舆论影响法官审判，可由检察官向最高法院提出申请，由后者将案件移送至地域上相距较远的同级法院审理。④建立保障司法审判免受媒体舆论影响的措施，尤其是某些涉及名人的案件，为保障司法审判不受媒体骚扰，以向法官和证人施压为目的而对诉讼程序发表的任何评论或侮辱性言论理论上均被禁止。此外，对司法机关做出的判决本身的评论，如果被最高法院认定已超过正常行使信息自由权的限度，理论上也将被禁止。

2. 司法分类管理

（1）法官分类。在法国，法官（juge）与检察官（procureur）被统称为司法官（magistrat），人们将法官形象比喻为"坐着的司法官"（magistrat assis），检察官则被称为"站着的司法官"（magistrat debout）。按照司法法院体系和行政法院体系划分，可分为司法法院体系司法官和行政法院体系司法官。在司法法院体系中，按照司法官任职条件和任职期限，可以分为职业司法官和非职业司法官。

---

[1] 金邦贵：《法国司法制度》，法律出版社2008年版，第100页。
[2] 1958年法国宪法第64条。
[3] 1958年法国第58～1270号法令。

（2）法官来源与选任。法国司法体系司法官主要有两种来源形式：一是由国家司法官学院负责招录、培训，被称为内部选拔模式；二是极其少量司法官可以被直接任命，被称为外部选拔模式，例如，最高法院的临时大法官的选任①。虽然司法官有内部选拔和外部选拔两种形式，但由国家司法官学院组织的内部选拔仍是法国司法官的主要来源。外部选拔制度的建立，主要是为了解决法国职业司法官人员不足的矛盾。

　　1）内部选拔模式。司法官内部选拔模式由国家司法官学院负责。该学院成立于1958年，总部设在波尔多，负责司法官的任前培训；该学院在巴黎设有分部，负责司法官的在职培训②。按照候选人的来源，内部选拔也分为考试选拔和资格选任。①考试选拔。根据相关规定，候选人应当符合下列条件：具有法国国籍，享有民事权利和公民权，有良好的道德素养；满足公务法典中规定的条件；身体健康。针对报考者的身份、年龄、工作经验等不同情况，入学考试分为三种类型，即针对大学毕业生的考试、针对公务员的考试和其他在职人员的考试。国家司法官学院每年提前公布每种考试拟录取人数，但无论参加哪种考试，报名者最多只有3次报考机会。选拔方式是：第一，针对大学毕业生的选拔考试。除符合上述一般招考条件之外，候选人的年龄应当在31岁以下，拥有大学本科文凭、法国政治学院文凭或法国高等学校文凭。第二，针对国家公务员的选拔考试。除符合上述一般招考条件之外，年龄应在48.5岁以下，在国家、地方行政单位或公共事业团体法人单位工作4年以上的。第三，针对其他非国家公务人员的选拔考试。除符合上述一般招考条件之外，年龄在40岁之下，且具有8年的工作经历。2015年，法国全国参加国家司法官学院报考人数为2 935人，共录取413人，其中第一种考试录取350人、第二种考试录取50人、第三种考试录取13人。根据统计，大学毕业生在选拔考试录取中一直占有较高的比例。②资格选任。对于一些具有职业经验的人，可以不经考试直接进入国家司法官学院，但对候选人职业经历、学历均有一定的要求。候选人在司法、经济、社会领域中从事司法工作超过4年，且具有法律硕士学位；或者候选人具有法学博士学位且同时拥有另一高等教育文凭。候选人年龄在31～40岁之间。通过资格选任的人员总数原则上不得超过经考试选拔人数的1/4。例如，2014年通过上述①、②两种途径录取人数总计为263人，其中考试选拔为204人，凭资格选拔的为59人。③补充选拔。除了上述两种录取方式之外，根据有关法律规定，国家司法官学院针对其他具有实务经验的社会人员组织不定期的补充考试选拔。而且，候选人可以根

---

① 法国最高法院临时大法官任期为7年，不可连任。
② http：//www.enm.justice.fr/？q＝Devenir－magistrat－etudiants，2018年12月28日。

据自身条件直接选择报考二级司法官或一级司法官。报考二级司法官至少需要具有 10 年以上法律工作经历，年龄至少在 35 岁以上；报考一级司法官至少需要具有 15 年以上法律工作经历，年龄至少在 50 岁以上。参加补充考试选拔的候选人应具有大学本科学历、政治学院文凭或其他高等学校文凭。①

　　在以上三种选拔模式中，除了资格选任之外，其他两种选拔模式的候选人应当参加由国家司法官学院组织的统一考试。相对一般考试选拔，补充选拔考试内容相对比较简单。这三种选拔模式最大的区别在于，通过考试选拔和资格选任进入国家司法官学院的学员任前培训的时间均为 2 年零 7 个月（31 个月）；通过补充选拔进入国家司法官学院的学员任前培训时间为 5 个月，这主要考虑到参加补充选拔的候选人在法律领域均具有丰富的实务经验，从而缩短了任前培训时间。从 2008 年开始，针对来自城市贫穷郊区、少数民族和非洲移民的后代担任法官的短缺问题，国家司法官学院设立"机会平等"预备班，国家司法官学院每年招收 3 个预备班，共 45 人。司法官学院为预备班学生提供奖学金，为每名考生选派一名司法官担任导师。预备班以准备初试为主要学习任务，学习内容包括备考方法、法律知识、法律文化等。为了保证考试公平，辅导班由大学教授领导，教师由大学教师担任，而不是司法官学院的教师。

　　2）外部选拔模式。外部选拔是法国司法官选任的一种特殊形式。为了确保对司法官选拔高标准的要求，法国宪法委员会提出一些必须遵守的原则。例如，比例限制，即通过外部选拔的司法官不得超过司法官总人数的合理比例。为了确保司法独立和公正，外部选拔必须对候选人的法律知识、能力等方面提出明确具体恰当的要求。司法官高等委员会行使外部选拔最终任命权。外部选拔可以再分为直接任命司法官和通过考试选拔两种方式。①直接任命的司法官。直接被任命的司法官，是指不需要进入国家司法官学院培训的司法官。这种选任方式主要针对一些有司法实务经验和司法教学经验的从业人员，如律师、书记员、公证员和大学教师。这种特殊的选任制度早在 1960 年就建立起来，但实际选任工作很少使用它。随着近年来法官数量不能满足现实办案的需要，且一些年轻法官缺少办案经验导致办案质量不高等原因，使得这种选任制度才得到重视并多次使用。有关司法官编制问题，根据 1958 年颁行的法令第 22～25 条、第 40 条规定，所直接任命的司法官分为常设编制的司法官和暂时编制的司法官两种。这包括：第一，直接被任命为具有常设编制司法官。其适用于有本科或相当于本科文凭、工作 7 年以上的律师、总书记官、司法部 A 类公务员等。每年依此方法选任的法官为 10～30 名，从 1986～2004 年共计有 575 人通过这种途径成为法官。第二，直

---

①　http：//www.enm.justice.fr/? q = Devenir - magistrat - pro，2018 年 12 月 28 日。

接被任命为有暂时编制的司法官。根据1958年法令第40条规定,下列人员可以成为具有暂时编制的司法官:一是通过国家行政学院选拔成为国家公务员的人员、大学教授可以担任挂职法官,任期5年,不可连任。挂职调动必须经过司法官晋升委员会的同意,期限届满后恢复原有身份。这种选任方法的优点在于,被临时任命的司法官已有的工作经验能够被充分体现;但不足之处也很明显,因被临时任命人员与原工作单位保持着联系,司法官的独立性可能会受到影响。从1995~2004年通过这种途径有30人成为司法官。二是具备一般条件基础上,有25年法律工作经验的人员通过特别认可程序可以在最高法院担任法官职务。到最高法院挂职必须经过司法官高等委员会同意。通过这种方式任命的司法官数量不得超过最高法院司法官数量的1/20。从1995~2004年有11人通过这种途径成为最高法院法官。三是司法部从法院职员、律师或其他法律职业从业人员中直接选拔一审法院法官。该选拔须首先通过司法官晋升委员会审查,然后经过司法官高等委员会同意。这种方式从1995年开始实施,在实践中影响有限。从1995~2004年只有16人通过了这种选拔。四是一审法院或者上诉法院达到退休年龄(65岁)的法官如果愿意,可以继续工作3年,但不得担任院长或检察长。②考试选拔途径。国家制定专门法令,对满足年龄、学历、从业经验等方面要求的报名者组织笔试和面试。根据1995年1月颁布的第64号有关组织法的法令和1996年5月颁布的第214号有关组织法实施的法令规定,1999年12月31日以前通过特别考试招录上诉法院法官,要求申请者的年龄为50~60岁,具有硕士学位学历,且至少具有15年的职业经验。1998年2月颁行的第105号有关组织法的法令规定,将计划招收的人数从30人增加到50人,任期从5年增加到10年;该法令生效后,有10余人依照此法令被任命为上诉法院法官。这些法令颁行实施对于缓解上诉法院案多人少的局面起到了相当重要的作用。

(3)法官遴选。法国围绕司法官遴选建立了严格的选拔标准、考试程序、任前培训等管理制度,这包括以下几点。

1)法官遴选标准。国家司法官学院为了保证司法官的质量,确立了司法官应当具备的13种能力,即掌握职业道德规则并适用的能力;分析、归纳特定案情或卷宗的能力;掌握程序规则、运用并尊重程序规则的能力;适应能力;根据环境变化适应领导位置或者下级位置的能力;考虑国内和国际制度环境的能力;联系、倾听和交流的能力;准备和驾驭庭审、司法调查的能力;调解和促成当事人达成一致的能力;基于法律和事实做出正确、可执行的决定的能力;论证、说明、解释决定的能力;团队工作能力。①

---

① http://www.enm.justice.fr/?q=Pedagogie-ENM, 2018年12月11日。

2）遴选程序。国家司法官学院组织的选拔考试分为初试和复试，由笔试和面试构成。① 初试笔试由四场考试组成，即①社会现实问题及法律等知识运用。针对当今法国社会现实问题，从司法、法律、社会、政治、历史、经济、哲学和文化的视角写一篇论文。本科目考试的目的是测试考生分析和理解社会的能力。考试时间为 5 个小时。②民法。题型为论文和案例分析。论文考试时间为 5 个小时，案例分析考试时间为 2 个小时。考试内容：法律渊源、自然人、婚姻形式、亲属关系、亲权、财产、债、夫妻财产制、继承、证据、时效、诉讼、法律文书、期限、民事诉讼指导原则、证据管理、诉讼程序、和解程序、既判力、救济程序、民事执行程序。③刑法、公法或者欧盟法。题型为论文和案例分析。论文考试时间为 5 个小时，案例分析考试时间为 2 个小时。法律问题的处理意见书。④面试。面试组成包括特定主题面试、一般面试和外语面试（英语或第二外语）。特定主题面试范围通常是商法或者行政法，刑法、公法或者欧盟法，司法组织或者诉讼法。复试包括综述、外语、欧盟法和国际私法、社会法和商法。综述考试是根据大概 30 页司法文件、行政文件、司法判决、学说、法律条文、新闻报道、数据、资料摘要、报告等形式材料，撰写一篇关于特定司法、法律或行政问题的综述。综述考试时间为 5 个小时。除综述外复试的其他科目均为面试形式，考试时间 20~30 分钟。不同类型考试内容总体一致。

3）法官任前培训。培训分为一般培训与专门培训两个阶段。①一般培训。以熟悉司法事务和了解其在任职期间必须知道的经济、社会生活中重要问题为目标。培训内容如下：在政府、地方行政单位、企业、外国或欧盟司法机构实习 13 个月；在国家司法官学院学习基本理论知识、司法礼仪、职业道德等内容，培训时间为 7 个月；在律师事务所实习 2 个月；在法院、检察院实习 14 个月。实习期间，司法官学员可以参加预审案件的审理，协助检察官出庭。除重罪法院审理的案件外，学员在合议时有发言权，但没有表决权。一般培训结束后，司法官学员将参加一次考试，以检测其知识掌握情况，评委将对学员进行评估、推荐其适合从事的职务。如岗位可能，司法学员可以在法官或是检察官两个职业之间进行选择。②专门培训。针对司法官学员毕业后将从事的工作，安排司法官学员在其将要工作的司法机构进行 6 个月的专门实习。按照有关规定，对于凭资格直接进入司法官学院的司法学员，学习期限可以适当缩短。学员要在国家司法官学院 8 个中心学习不同的内容：司法人文、民事裁判思维和形成、刑事裁判司法和形成、司法管理、司法环境、司法交流、司法的国际化、法与经济中心。通过各

---

① https://www.enm.justice.fr/sites/default/files/infos-concours-scolarite/Notice-information-concours-ENM-2019.pdf，2018 年 12 月 17 日。

中心的培训，重点培养学员的组织、管理和创新能力。

4）任前培训内容。其培训内容包括：司法文化、司法历史、司法官历史、司法礼仪、司法习惯、司法经典著作、司法结构、律师职业的组织；司法当事人的期望、司法要求；司法官职业道德；誓言、责任、职业道德规范和习惯、纪律处分程序；司法伦理、司法独立、司法公正；律师职业道德和职业规范；司法官职业、身份。通过培训要让学员认同职业伦理价值和职业道德规范并内化为自己坚定的信念。各培训中心教授的内容如下：①民事裁判思维和形成培训。包括分析卷宗并确定相关的诉讼程序；诉讼指导性原则和程序公正；辩护权利；证据制度；合议制度；判决书撰写原则。通过培训要让学员掌握民事裁判的方法并熟悉一审民事审判的流程，特别是程序启动、案情分析、做出裁判、裁判执行环节。②刑事裁判思维和形成培训。包括分析卷宗并确定相关的诉讼程序；诉讼指导性原则和程序公正；辩护权利；证据制度；合议制度；判决书撰写原则。通过培训要让学员掌握刑事裁判的方法并熟悉一审刑事审判的流程。③司法交流培训。包括发言、聆听、管理自身压力和内心冲突；司法官定位；掌握与脆弱的人的交流方式；宣布和解释司法裁决；合议制管理。通过培训让学员掌握交谈技巧、司法对话技巧以及庭审技巧。④司法管理培训。包括能够明确自己在法院的角色，成为法院管理积极参与者和本职工作管理者；与辖区有关合作方（如警察）建立联系，并建立合作关系；学习新技术和新方法。为了让学员深入掌握司法官工作所使用的技术和信息新工具，中心组织关于刑事审判信息化、无纸化培训、刑事审判流程管理软件（CASSIOPEE）培训等主题培训。⑤司法国际化培训。包括国际司法合作的技术与实践；欧盟统一司法；比较司法的理论和实践。2014 年 11 月 2014 级 100 名学员到欧盟其他国家访学，另外 100 名学员在国家司法官学院和来自国外的 50 名司法官进行了为期一周的关于打击贩卖人口的讨论。⑥司法环境培训。其中心教授内容主要包括：精神病学和心理学、法医学、社会学、犯罪学、外国文化。通过培训使学员在做出司法决定时能够充分考虑以上因素。⑦法与经济培训。其中心教授内容主要包括：经济文化的构成要素、企业、社会对话；税收制度和各种所得。培训的目的是让学员掌握经济和社会条件。

（4）法官晋升。法国司法官的等级分为三级：二级、一级和特级。其中，每个等级被细化成若干的层级，二级司法官被分为 5 档，一级司法官被分为 14 档，特级司法官被分为 10 档，共计 29 档。根据 2014 年法国高等司法官委员会年度报告，司法官的平均年龄为 47.6 岁，法官平均年龄 48.5 岁，检察官平均年龄 45.02 岁，特级司法官平均年龄 60.9 岁，一级司法官平均年龄 50.7 岁，二级司法官平均年龄 38.4 岁；特级司法官比例为 12.01%，一级司法官为 60.01%，二级司法官为 27.98%。① 为确保司法官晋升制度的公开和公正，法国司法官的晋升由司法官高等委员会下设的司法官晋级委员会专门负责。该委员会综合考察司法官的职业能力、考核状况、资历及个人意愿。每年晋级委员会制定出晋升司法官的晋级名册，司法官若想获得晋升，其必须出现在晋级名册中。为保障此项工作的公平与公正，法国法律对于被列入晋级名册的条件、司法官晋级的工作年限及年龄限制以及非司法官转入司法官队伍的晋级对等条件等，均有详细的规定。

司法官的晋升主要有两种方式，即选拔晋升和特殊人才晋升。①选拔晋升。这是普通司法法院法官晋升的主要方式。为避免徇私，法律详细规定了不同级别之间法官晋升的条件和程序，其规则并不相同。负责法官晋升的晋升委员会由20名成员组成，其中最高法院院长担任主席，还包括最高法院总检察长、司法服务处总监察长与该处处长、最高法院的特级法官和特级检察官各1名，上诉法院院长和检察长各2名。另外，还包括10名由选举产生司法法院法官（其中3名一级法官、7名二级法官）。每年委员会将符合晋升条件的法官写入晋升名册。法官的晋级分为四个阶段，即审阅有关材料阶段、异议辩论阶段、公布晋升名单阶段和法令任命阶段。晋升委员会首先通过审阅法官的档案和上级机关对法官的评语，对于这些评语，涉及的法官本人也知晓，如果法官对于上级对他的评语存有不同意见，可以向委员会发表自己的意见。其次，一旦晋升名册确定后，会向涉及的法官公布，并张贴在每个法院。未列入晋升名册的法官可以向晋升委员会提出异议，异议如被拒绝，其还可向司法部长申诉。②特殊人才选拔。除了晋升名册以外，还存在特殊才能选拔名册。该名册是为某些特定职务确定的合适法官人选的名单。如根据1993年1月第21号法令规定，对大审法院院长和最高法院助理大法官的晋升，必须通过司法官晋升委员会制定的特殊办法才能在选拔名册中予以确定；对所有二级法官任命为一级法官以及对所有新职务的任命，均由共和国总统根据司法部长的提名，并在听取司法官高等委员会的意见后，以法令的形式任命。

（5）法官在任培训。

①法官培训规模。按照司法官高等委员会要求，职业司法官每年必须至少完成5天的在职培训任务，根据法国司法服务监察总局（Inspection Générale des Services Judiciaires）2012年和2013年连续两年的年度报告，只有大约57%的司法官完成了每年至少5天的培训任务。但是，司法官参与在职培训的人数却持续增加，2013年为78.24%，2014年为80.56%。根据2008年的问卷调查，84%的

---

① RAPPORT D'ACTIVITÉ 2014，法国最高司法委员会，第26页。

司法官认为在职培训对工作有帮助。②法官培训机构。法国有两个层面的司法官在职培训,即一是由法国司法官学院巴黎分部负责全国司法官在职培训,既包括职业司法官,也包括非职业司法官。二是各上诉法院针对辖区内司法官的在职培训。③法官培训内容。法国司法官培训形式较为丰富,包括专家讲座、小组讨论、实习进修等。培训内容既包括法律方面的培训,也包括司法管理、司法交流等内容。

(6) 法官工资福利待遇。法国法官采用同一薪酬体系,薪酬对应相应的等级与档次。薪酬由几个部分组成:基本工资、住房补贴、职务津贴、奖金。其中,住房补贴为基本工资的1%~3%,2013年公布的法官住房补贴为工资标准确定为1%,职务津贴为基本工资的34%~39%,2013年公布的司法官的职务津贴为工资标准的37%,奖金为基本工资的32%。按每月净收入统计,二级法官(检察官)工资为2 677.44~3 662.56欧元不等(共5档);一级法官(检察官)工资为3 893.32~6 597.33欧元不等(共14档);特级法官(检察官)工资为6 597.33~8 881.26欧元不等(共10档)。相比普通公务员,司法官工资较高。根据2012年统计,法国普通公务员月平均工资为2 465欧元,而最低层级司法官月工资为2 677.44欧元,其比公务员月平均工资高8%。法国法院一般性质的书记官属于公务员B类序列,其执业之初工资为1 560欧元,最高可以达到2 500欧元;书记长属于公务员A类序列,工资最高可达3 500欧元。[①] 司法官的退休制度。一般情况下,司法官退休年龄为63岁,可以延长5年退休;最高法院司法官退休年龄最多可延长至71岁。

(7) 法官惩戒。法官与检察官惩戒管理适用于相同的规定(见检察官惩戒管理)。

(8) 经费管理。法国法院的经费管理体制与内容有其特点。这包括:①经费管理的体制。法国法院经费实行预算制管理,由中央财政统一供给,不受地方行政机关的干预和控制。无论法院经费预算编制还是法院经费管理,都由司法部统一实施。法院经费预算方案由司法部提出,经国家议会审议表决通过,由国家财政部门统一拨付。财政部派驻监察专员监督。法国财政部门向司法部门派驻财政监察专员,负责对司法经费预算支出进行监督检查。财政监察专员要检查法院经费支出的合法性,即经费支出是否与法律法规和议会审批要求相一致。如检查法院雇用的职员是否符合法律规定;法院购买合同是否符合政府采购法规;各项支出是否用于法定的预算项目;预算拨款是否足够用于支付;不同经费科目之间的调剂是否在规定的权限范围之内等。司法机关的每项经费支出都必须经过财政监

[①] Ecole nationale greffes: Ministère de la Justice. http://www.eng.justice.fr, 2022年4月30日。

察专员的签字才能进行支付。公共会计的责任就是审核经费拨款是否合乎相关规定。如果经费拨款出现差错,应当由公共会计个人承担责任。内部监督机制。法院在保证司法经费安全运行方面承担更大的责任。1997 年法国上诉法院和大审法院成立了司法经费监管机构。每一名法官都应当认真登记和报告其公共经费开支情况,并接受内部监管机构的检查。②基础建设经费管理。地方法院所需基础设施建设经费,须逐级向上级法院提出经费需求。其程序为,下级法院所提出的经费预算报告,由上级法院向司法部提出报告,再由司法部向国家议会提出经费预算申请;国家议会专门进行审议,在该项预算申请获得批准后,由司法部交由法院系统自上而下启动实施。法院需修建新办公设施,须另行向司法部提出申请,司法部再向议会报告,该申请得到议会批准后,司法部负责法院建设的具体设计、规划和预算实施。其程序是,司法部与法院及有关计划、设计等部门共同协商研究制订设计方案,并通过社会公开招标,邀请有关专家评估与确定设计及施工单位。其间,司法部在编制法院经费预算和管理经费过程中,须充分听取法院的意见建议,严格遵守法国宪法规定法官独立的原则;司法部不得利用法院经费管理权干预司法独立;法院内部设立有专门的司法行政机构,具体负责法院包括法院经费在内的司法行政管理事务。

3. 检察行政事务管理

(1) 检察院的性质定位。依据法国 1804 年《法国民法典》、1807 年《民事诉讼法典》、1808 年颁行的《重罪法典》之规定,检察官既是刑事诉讼的原告,又是参与民事诉讼的当事人,其作为独立的公诉机关被定位为司法机关。①

(2) 检察活动原则。法国的检察官履行职务活动需遵循两个原则:一是内部"上令下从"的等级管理体制。全国检察官均处于司法部长(garde des sceaux)的领导下。在刑事领域,司法部长作为公诉机关的最高行政首长,其在罪案与赦免总局的帮助下进行司法管理,如确定具有一般导向性的刑事政策适用、指导犯罪调查的手段和监督刑事司法体制的良性运作。各检察长收到司法部长刑事司法总政策的指令后,在各自的管辖范围之内协调检察官执行,每年还需就执行情况做出报告。这种体制在 20 世纪 90 年代初期得到改革,即时任法国的司法部部长冀古夫人向国会提出了司法改革的"三项原则"法案,该法案的主旨是,有关司法部长所做出的刑事司法政策,在上诉法院的检察官可以拒绝执行,并且赋予检察官对司法部长履行发布刑事政策的指令实施监督的职权。这标志着法国的检察官制度自此改革之后,其自身履行职权的独立性的制度保障得到确立,并且与司法行政权适度的分离与制约,成为大陆法系国家推进司法体制改革建立现代检察

---

① 樊崇义、吴宏耀、种松志主编:《域外检察制度研究》,中国人民公安大学出版社 2008 年版。

官制度、弱化检察权的行政权属性的一个亮点。二是行使职权的"一体性"原则。在诉讼中，检察官做出的决定被认为是整个检察机关做出的决定。检察官受理案件之后，其与本院其他检察官可以相互替代工作。从这个意义上讲，每个检察机关都被视为是一个整体，检察长有责任在其检察院内确保执法工作的完整性。

（3）检察官职权。在法国，检察官的数量远远低于法官的人数，全法国大约1 900名。检察官是公共秩序的捍卫者，他们虽不做出具体判决，但在其中扮演控告者的角色。他们负责受理控告；并独立负责起诉工作，自主决定对于被控告的当事人提起公诉或不予起诉；对于继续起诉的情况，检察官还负责向法庭请求判决犯罪嫌疑人何种刑罚。这是检察官最为主要的一项司法权力。但派驻不同法院的检察官的职权也有所区别，一是驻大审法院的检察官由共和国检察官领导，后者在代理检察官和副检察官的协助下开展工作。法国大审法院的管辖范围极为广泛，因此共和国检察官在整个国家检察系统中占有十分重要的地位。根据法律规定，在其权限范围内，共和国检察官是唯一有权决定是否提起公诉的人，无论是司法部长，还是最高法院总检察长均不能将其取代。二是共和国检察官的具体职权主要有：①在前期阶段指挥司法警察进行调查；决定是否将案件移送至预审法官审理，并对于预审活动中采取的措施进行法律监督。②代表国家提起公诉并监督审判活动。③监督判决的执行。④在特定案件中，共和国检察官还可以代表国家和公共利益参与某些民事诉讼。⑤执行刑事司法政策，在违警罪法院，检察官也对5级违警罪行使检察权。⑥检察官有权对公证人和律师等人员的活动进行法律监督。三是驻上诉法院的检察官负责所有上诉案件以及由重罪法庭审理的案件。驻上诉法院的检察长处于承上启下的中间地位，直接受司法部长领导，负责刑事司法政策的具体落实，同时在自己辖区内协调和监督检察官的行动。四是驻最高法院检察官的主要职责则是保障全国范围内法律解释和法律适用的一致性。其中，最高法院总检察长及检察官主要是对司法裁决给出是否合乎刑法的意见、主持针对检察官的纪律委员会的工作。

（4）检察官独立行使职权的保障。尽管法国法律规定检察院内部实行"上令下从"的管理体制，法国检察官并不享有与法官同样的行使职权的"完全独立性"，但是为了保障检察官行使职权的相对独立性，法律也对这种体制进行了一定程度的限制。司法部长对下级检察官做出的刑事政策适用指导仅是宏观层面的指导，而并不涉及具体案件的指示。虽然法国《刑事诉讼法典》第36条规定司法部长可以指示检察长接受或调查某一案件，或就某一案件向法院起诉，但同时也规定这种指示必须是书面的，且其内容不得涉及案件的定性，更不得做出对于某一案件不予起诉的指令。检察官在刑事诉讼过程中一旦做出某种行为及指令，即被视为具有有效性和合法性。尽管上级检察官可以对下级检察官的职务行为进行监督，但在下级检察官拒绝其干预的情况下，上级检察官在任何情况下均无法取代下级检察官行使其职权，也没有任何权利控制下级检察官的刑事裁判权。只要下级检察官的职位不变，这种不可替代性就不会改变。在服从国家刑事政策和上级检察官干预的前提下，法国检察官也享有一定的自由裁量权。例如，虽然司法部长或上诉法院检察长有权要求下级法院检察官对某一案件进行起诉，但无权停止共和国检察官已经启动的诉讼。此外，如果上级检察官指令下级检察官对某一案件提起公诉，但下级检察官有异议，或者下级检察官在案件审理过程中认为证据显示被告人无罪或者没有足够证据证明其有罪，虽然他必须执行上级指令进行起诉，但其有权在陈述公诉意见之外提出个人看法，即"书面服从，言辞自由"的原则。

（5）检察官管理。

①检察官类别。法国检察院设在法院系统内，按照法院的级别分为三级：驻最高法院检察院、驻上诉法院检察院、驻大审法院检察院。在比较法上，法国普通法院的检察官具有代表意义。法国的检察官分为三类：普通法院系统的检察官、行政法院系统的检察官以及特殊法院系统的检察官。

②检察官职务序列。法国检察机关没有独立的办公场所，各级检察官被派驻到最高法院、上诉法院和大审法院行使检察职权。法国的检察官称谓为总检察长、驻最高法院检察官、驻上诉法院检察官、驻大审法院检察官。其中，驻最高法院检察院的检察官职务名称由高到低分别是：总检察长、常务副总检察长、副总检察长，都属于最高级检察官。驻上诉法院检察院的检察官职务名称由高到低分别是：检察长、副检察长、检察长助理，其中，检察长、副检察长属于最高级检察官，检察长助理属于一级检察官。驻大审法院检察院的检察官职务名称较为复杂，主要职务名称由高到低分别是：共和国检察官、共和国副检察官、首席共和国检察官助理、共和国检察官助理等，包括三个等级的检察官，根据职能素养决定检察官等级。新上任的检察官由总统在司法部部长的提议下，以法令的形式予以任命。法国普通法院的检察官分为三级，从高到低分别为最高级检察官、一级检察官、二级检察官。①

③检察官遴选。法国检察官的来源途径有两种：一是法学院毕业的学生，通过选拔考试录取。二是因满足法定条件而获准成为检察官，包括已在法律院校任教两年以上或从事三年以上律师职业的法学博士以及具有法学本科学历的，从事

---

① 徐汉明等：《检察官单独职务序列、工资、福利与退休制度系列研究》，中国检察出版社 2015 年版，第 51 页。

司法、经济和社会领域职业的公务员等。检察官候选人除应具有法学文凭外，还须满足以下基本条件，即五年以上的法国国籍；有权享受法律赋予的公民权利，具有良好的道德品行；履行法律规定的服兵役义务；健康状况良好。通过考试产生的候选人应在国家司法官学院接受 31 个月的培训，结业考试合格后到司法机构工作。

④检察官职务晋升。检察官有和法官类似的晋升程序。国家制定了专门的章程规定被列入"晋级名单"的条件、司法官晋级的工作年限和年龄限制，以及非司法官（法学院教师、律师、公证员等）转入司法官退伍的晋级对等条件等。检察官在晋升前应在晋升委员会所制定的晋升名单中登记，未被列入此名单的检察官都不得晋升到上一等级的职位。各个检察院一旦出现检察官职位空缺，采取公开的方式，由符合任职条件的人员竞争。法国对检察官的晋升基本适用法官规则。与法官的任命规则相比，法国对检察官的任命有两点区别：一是检察官由二级晋升至一级，须由总统依司法部部长提名，以法令的形式做出决定；最高司法会议可以对一级和二级检察官提出任命意见，但该意见对政府没有约束力。二是检察官从一级晋升至最高级，必须首先经过 2 年法定人事调动期，其可在行政部门、国有或私营企业、欧洲或国际机构履职，而非必须从事检察工作。另外，最高级检察官一般根据最高司法会议的意见任命；对于驻最高法院的检察长、驻巴黎法院的检察长等最重要的职位，则由部长会议决定任命；前述最高级检察官均由总统签署任命法令方可生效。检察官职位等级固定，即检察官职位只能由具有相同等级的检察官担任，如无相应等级的空缺职位，下一级的检察官则不能晋升至上一等级。①

（6）检察官工资福利待遇。法国检察官工资水平高于普通公务员。法国的检察官职务等级工资制度有自身特点，即：①以检察官等级档次为基础。检察官分为三级，即二级、一级和最高级。其中，每个等级被细化成若干的层级，二级检察官工资分为 5 档，一级检察官工资分为 14 档，最高级检察官工资分为 10 档，共计 29 档。②薪酬构成对应职务等级档次。法国检察官和法官采用同一薪酬体系，薪酬对应相应的等级与档次。其构成是：基本工资、住房补贴、职务津贴及绩效奖金。津贴标准按基本工资幅度确定。其中，住房补贴为基本工资的 1% ~ 3%；职务津贴为基本工资的 34% ~ 39%；职务津贴为基本工资的 37%，绩效奖金为基本工资的 32%。

（7）检察官培训。为保证检察官更好地履行职责，国家设立司法官学校，专

---

① 徐汉明等：《检察官单独职务序列、工资、福利与退休制度系列研究》，中国检察出版社 2015 年版，第 51 页。

门负责对司法官的职业培训。国家司法官学校的人员组成、职责范围、规章制度等均由法令加以规定。国家司法官学校每年组织一次选拔考试以招收新的司法官候选人,招收名额由司法部部长按实务部门的编制空缺加以确定。所有在国家司法官学校研修的学员都将获得国家所提供的薪金及补贴。司法官培训主要分成两个阶段:第一个阶段为实习培训。学员将在各法院、检察院、律师事务所甚至在公共行政部门从事司法实践,积累经验。第二个阶段则是专业培训。总的培训时间为 31 个月。对于满足法定条件而获准成为检察官的学员,培训期限仅为 10 个月。所有学员完成培训后将参加第二次考试。考试成绩连同本人意愿以及实际的职位空缺将决定学员的工作岗位。如果成绩不合格,则学员可能被剥夺从业资格或必须重新进行培训。

(8) 检察官惩戒。

①惩戒的种类。依 1958 年《司法官身份法之规定》,检察官符合以下条件之一的,将受到纪律惩戒:任何有违检察官就职誓言的行为;任何违背国家所负之义务,有损司法官荣誉、公正、尊严的行为;获得荣誉称号的检察官,其行为与其称号不符的;违反其他检察官业务的行为。对检察官违纪惩处的方式主要有:训诫并记入档案;调离现职;解除某些职权;降级;降职;强迫离职或终止其职务;撤职或附加取消其享受退休金的权利。除法律规定的惩戒措施之外,检察长有权对其下级检察官的违纪行为予以警告。除了上述纪律责任外,检察官如有违背职责、义务、职业道德的行为,还将可能被追究刑事责任、民事责任。对违纪检察官的惩处可由司法部长提起或总检察长在权限范围内提起,对检察官违纪的惩处决定由司法部部长根据最高司法委员会的意见做出。检察官不服违纪惩戒的可向行政法院提起行政诉讼。①

②惩戒主体。检察官(法官)纪律监督和惩戒由司法官高等委员会组成惩戒委员会负责,设在最高法院。司法官高等委员会依据 1946 年《法兰西共和国宪法》成立,包括 23 名成员。其中总统和司法部长属于法定成员,分别担任主席和副主席,其他成员还包括 10 名司法官和 11 名外界人士。司法官高等委员会下设两个部门分别负责法官和检察官的任命、晋升、纪律监督和惩戒事务。负责检察官监督惩戒的部门包含 5 名检察官和 1 名法官,由最高法院总检察长领导;对于检察官惩戒由惩戒部门提出意见,由司法部长决定。②

③惩戒措施。根据法国《司法官组织法》的相关规定,对于检察官(法官)的处罚措施主要包括训诫并记入档案、调离现职、解除部分职权、降低薪金等

---

① http://www.conseil-superieur-magistrature.fr/publications/rapports-annuels-dactivite,2018 年 1 月 10 日。

② http://www.conseil-superieur-magistrature.fr/le-csm/nos-missions,2018 年 1 月 10 日。

级、暂时解除职务，其最高期限为 1 年并可附加剥夺全部或部分司法官待遇、降职、强制退休或者终止其职务，中止或不中止退休金撤职，即视违纪情节的严重程度可附加剥夺其享受的退休金权利，被撤职的检察官（法官）此后将不得再从事司法官工作以及撤销名誉头衔（仅适用于退休司法官）等。

（9）检察官（法官）退休制度。一般情况下，司法官退休年龄为 63 岁，可以延长 5 年退休；最高法院司法官退休年龄最多可延长至 71 岁。

（10）检察经费管理。检察机关经费管理同法院经费管理一致。（见前法院经费管理）

第二节　英美法系国家的司法管理制度

英美法系国家主要由英国以及前英国殖民地独立建国，继承了英国基本法律制度框架的那些国家组成。其主要代表性国家包括英国、美国、澳大利亚、加拿大、印度等。美国作为英美法系典型代表，采用"司法双轨并立的自治型"管理模式，原则上由法院管理自身的行政事务，而不是由法院以外的行政机关或组织管理。1939 年，美国通过了《联邦法院行政办公室法案》。根据该法案设立了法院行政办公室这一机构，作为主要负责联邦法院日常行政事务管理的执行机构。由此，形成以法院独立业务管理为主，以行政办公室日常行政管理为辅的"内控式二元管理模式"。英美法系国家尤其是美国，由于严守"三权分立"的政治原则，其对国家机构的划分与大陆法系国家一个重要的区别是，将作为"司法机构"的检察公诉机关，划分为行政机构之列。因此，在英美法系语境下讨论"司法管理体制"实际上仅指法院系统的管理体制，而以联邦检察官系统（美国）和皇家检察官系统（英国）为代表的检察公诉机构的内部管理体制，则是按照行政管理体制及其运行模式建构的，这是需要加以区分的。当然，考虑到我国将检察机关作为司法机构的组成部分对待，因此，本章对英美法系国家司法制度的介绍中将其检察公诉机构内部管理体制机制的内容一并纳入研究。

一、美国司法管理制度

美国的司法体系的主体是由联邦司法与 50 个州各自独立互不隶属的法院系统组成的。在我国国内常见文献资料中若无特指，对美国司法制度的概略性介绍实际上仅仅是对其联邦法院系统的描述。而根据美国宪法，美国 50 个州各自拥有其相对独立的政治架构，各州根据其州宪法建立的法院体系与联邦法院体系，其并非如其他单一制国家的地方法院与中央法院那样的隶属关系所形成的上下一体的审级关系，而是互不管辖而相对独立存在的法院系统。各州法院系统的建构不受联邦法院系统建构模式的约束，不论是结构、功能划分还是管理体制，基本上均是自行其是的。为避免混淆，在下文中，笔者将联邦司法管理体制与各州的司法管理体制分开描述。

（一）管理模式

1. 法院司法行政管理模式

美国司法行政管理模式实行的是联邦与州"双轨并立的自治型"管理模式。主要包括以下几种。

（1）联邦法院司法行政事务自治管理模式。不同于大陆法系国家如德国、法国以司法部为主导的司法管理体制，其在"三权分立""司法独立"的政治权力构架内，美国联邦司法部仅作为行政权的组成部分，被排除在体现和保障司法权独立运行的司法管理体制之外。其司法管理体制的形成经历了一个曲折发展的过程，直到 20 世纪上半叶才初步成型。首先，法院的司法活动保持高度独立，因此与司法审判活动密切相关的司法政策制定（除法官任免之外的）、司法人员管理、案件流程管理等司法事务管理权力从一开始就被牢牢控制在主要由各级法院首席法官、首席大法官组成的法院核心管理层手中。其次，随着司法统一化的发展，一些涉及司法宏观性、政策性的权力被集中于主要由资深高级法官组成的联邦司法会议、司法理事会等合议机构。因此，在司法核心业务管理层面，"法官治院"是美国联邦法院体系的基本模式。但是，随着法院规模不断扩大及司法活动的不断拓展，法院作为一个机构的日常运作成为其核心司法活动之外日益复杂和重要的管理内容，仅靠首席法官（大法官）的个体化操作日渐难以应对，于是专门性的日常行政管理功能被从司法业务管理功能中独立出来，交由专设机构负责。1849 年之前，联邦法院的行政事务管理权归属联邦财政部。自 1849 年始，则由联邦内政部负责联邦法院体系的行政事务工作[①]。1870 年，联邦司法部接管了联邦法院的行政管理工作。但这一制度设计将法院的行政管理交予政府行政部门之手，被法院认为带有行政权力干涉司法权力之嫌。直到 1939 年，联邦立法机构颁布了《联邦法院行政办公室法案》，确定设立法院行政办公室。尽管该专设机构工作性质带有行政色彩，但相对独立于国家行政权，仍被认为是司法体系

[①] Fish P. Graham, The Politics of Federal Judicial Administration, Princeton University Press, 2015: 26。

内部的辅助性机构，接受联邦司法会议领导①。由此，既保证了法院系统日常行政事务管理的专业性，又维护了司法系统与行政系统之间的相对独立性，这一司法行政管理模式得到美国社会的广泛接受，而一直延续至今②。至此，美国联邦法院系统的"内控自治式的二元司法管理模式"基本形成。这一司法管理模式的核心要义之一是建立联邦法官的高薪酬、终身制的职业保障机制；其核心要义之二是，建立司法经费供给与使用相对独立的管理机制；其核心要义之三是，各司法管理部门和机构各司其职且拥有独立的地位。这些对于保证司法独立与司法公正具有极为重要的意义与作用。

（2）各州法院司法行政事务自治管理模式。美国各州的司法管理虽然各有差别，但其主流依然是联邦司法体系及其司法行政自治体系的传统。其宏观架构上共性大于差异，主要在细节上体现各州的特色。一般而言，最后的行政管理权属于最高上诉法院或其首席法官，并且最终由1名行政助理具体负责。传统上，州各级法院没有统一的司法行政管理机关。近年来，大多数州都在尝试设立全州性的司法管理机构。因美国50个州各自的司法体系之间往往大同小异，各具特色，鉴于篇幅，难以全面覆盖，仅以典型的得克萨斯州法院体系为例加以评析。

得克萨斯州的司法行政管理模式。得克萨斯州有初审法院、上诉法院、最高法院，其三级法院的司法行政管理模式具有鲜明的特点。③

①州最高法院行政管理职责。州最高法院对于司法系统的行政管理具有宪法上的责任，并有权制定法院的管理规则。其除了有权颁布和修改上诉法院的管理程序规则以及证据规则以外，州最高法院首席法官，刑事上诉法院主审法官，州14个上诉法院的首席法官和州每个初审法院的法官一般负责各自法院的行政管理。

②县辖区行政法官的行政管理职责。州在县一级的每个县都设有一个地方行政区的法官；若县辖范围内设立了两个以上的地方法院，则从这两个县级地方法院的法官中选举出担任地方行政区的行政法官，其任期不得超过两年；若在县辖内有两个以上法定县级法院，则由法定县级法院法官选举产生法定行政法官，其任期同样不得超过两年。地方行政法官具有执行地方行政法规、快速处理监督法庭案件等的行政责任。

③州司法委员会的行政管理职责。州司法委员会的行政管理职责是司法机构的主要决策机构，它负责研究和建议改革的内容，以完善司法行政事务。在州法

---

① Fish P. Graham, The Politics of Federal Judicial Administration, Princeton University Press, 2015：36。
② James C. Duff, Director's Annual Report 2017, Washington：Administrative Office of the U. S. Courts。
③ 美国得克萨斯州法院管理局主页，"executive‐administration"，http：//www.txcourts.gov/oca/executive‐administration/。

院设有司法行政办公室，行政主任担任理事会执行主任，履行司法行政的职责。

④州最高法院和首席大法官的行政管理职责。州最高法院和首席大法官享有监督与行政管理职责。在州最高法院和首席大法官的监督下，州法院行政办公室向各司法部门和法院提供信息和研究、技术服务、预算和法律支持以及其他行政援助。该办公室由最高法院任命的行政主任领导，向首席大法官报告。

2. 联邦与各州检察院"双轨并行的检察权与检察事务权分离管理"模式

如联邦法院与州法院系统司法行政管理模式所述大体相同，在美国的政治体系中，检察公诉机构（在联邦为联邦检察官办公室，在各州一般为州检察官加地区检察官系统）是作为行政机构的特殊组成部分，而非以司法机关存在的。一般来说，美国政治制度语境中的"司法系统"（judicial system）仅指法院系统，而检察公诉机构与各级警察机构，共同被称为"执法机关"（law enforcement），并且被看作是行政机关（administration）的一部分。这与我国传统上将法院和检察院共同称为"司法机关"的分类是有所区别的。但是，检察公诉体系与其他行政机关相比又有其特殊性，这主要体现在检察人员具有比一般公务员高得多的法律专业准入要求，检察公诉机关维护法治的工作性质也在一定程度上要求其具有比一般国家行政机关更高的独立性。因此，美国的检察公诉机关管理模式体现为公务员管理与司法人员管理的混合模式。一方面，在员额管理上将检察公诉体系纳入联邦或州公务员的统一体系之中；另一方面，在检察公诉业务管理上保持其相对独立性。其具体表现形式就是"司法部—检察官办公室"对检察事务权与检察权分离控制管理模式，即司法部主导员额与行政管理，检察官办公室主导检控业务管理。在联邦一级，这种"两权分离控制管理"的职责划分相对而言不太明显。这是因为，司法部对联邦检察官办公室有直接领导权。但在州一级，由于地区检察官普遍采取选举制，地检署相对州司法部就有了相当大的独立性，这种"两权分离控制管理"的职责划分及其运行机制就体现得尤为明显。

（二）管理主体

1. 司法管理主体

（1）联邦司法管理主体。第一，如前所述，美国联邦法院司法管理体制将以司法部为代表的行政权排除在外。第二，由于美国联邦法院的法官由总统提名，议会通过，而总统的决策主要依靠联邦司法部的推荐与建议。因此，从司法人事管理角度看，司法部就法官的遴选、提名（或者不提名）对总统的建议发挥着重要的作用。这种由行政权的总代表总统就法官的任免向议会的提名，构成了美国式行政权对司法权的制约作用，因此美国的所谓立法权、司法权、行政权的"三权分立"也不是纯而又纯的,仅就联邦法官的提名、任免事项这一事关法官的司法资格、权利获得以及高薪酬享有、终身制的任期与立法权一道,构成了天然的有力的严密的制衡机制。第三,这种对法官候选人的遴选职责并不足以使司法部成为严格意义上的司法管理主体,而仅仅成为总统提名决策的辅助咨询的地位。第四,国会"参众两院"的司法委员会,尽管其在联邦各级法官任命的国会审议流程中发挥着关键性作用,但并不足以使其成为严格意义上的司法管理主体,"参众两院"的司法委员会同样作为参议院、众议院对联邦法官是否票决总统的提名而使其获得通过,并使被提名的法官能否获得最终的任命而提供确认的辅助决策作用。上述两个机构分别作为行政权力和立法权力制衡司法权力的主要渠道,其作用在于彰显立法、司法、行政作为联邦政治权力结构的平衡性与其政治性的功能,而不是作为一种对行使司法权的主体进行管理而存在的相对独立的管理体制和运行机制。

在司法独立原则之下,联邦司法管理各主体均为司法权力体系的内部机构,主要包括六个层次①。

①美国联邦司法会议(the Judicial Conference of the United States)。联邦司法会议处于美国联邦司法管理体制金字塔的顶端,其成员为联邦最高法院首席大法官、联邦各巡回上诉法院和国际贸易法院的首席法官以及每个巡回审区一名联邦地区法院法官的代表。

②巡回审区司法理事会(judicial councils of the circuits)。司法理事会为各巡回法院司法辖区的最高司法管理机构,由巡回法院全体在职法官组成。

③巡回审区司法会议(judicial conference of the circuit)。与联邦司法会议不同,巡回审区司法会议为各巡回审区全体法官的议事机制并接纳部分执业律师参与。

④联邦法院行政办公室(Administrative Office of the U.S. Courts)。这是一个受联邦司法会议直接领导的专门性行政管理与服务机构。

⑤联邦司法中心(Federal Judicial Center)。这是另一个接受联邦司法会议领导的专门性机构,与行政办公室相比,其功能上更侧重于法官的培训和司法理论研究。

⑥各级法院司法行政管理机构。各级法院作为整个法院体系开展日常司法业务的基本单位,以首席法官(大法官)为管理核心,相对独立地行使司法管理职责,同时在很大程度上自行开展其日常行政管理。

---

① 美国联邦法院行政管理办公室主页,https://www.uscourts.gov/about-federal-courts/judicial-administration。

（2）州法院管理主体。美国50个州各自有其独立的法院体系，在其框架内司法管理职权的配置是各不相同的。不过，各州的司法管理体制在总体上沿袭英美法系以法院为中心的建构原则，同时也都面临现代司法审判活动日益复杂化、专业化和系统化的发展形势。因此，其在以下三个基本特征上往往趋同，①最高法院主导下的司法管理体制。②体现"法官治院"的审判业务管理。③日益依赖专门性附属行政机构的日常行政管理。因此在管理主体上，各州尽管不尽相同，但基本上都拥有类似的管理主体配置，即州最高法院首席大法官依托司法会议的领导核心；各级法院法官以及审区司法会议（或理事会）为主干的司法业务管理体系；行政办公室或文员系统为基础的行政管理体系。在这一基本管理体制下，各州在一些具体细节如不同管理主体的名称、产生方式、成员组成或权限设定等细节上有所区别，本章受篇幅所限，不再全面详细评析，仅在后面选取一些典型州做举例说明。

纽约州的司法行政管理模式①。其主要特点是该州除司法庭以外的所有法院，都是由州政府的预算拨款支撑运转。根据2009年数据，纽约州司法系统中有1 300名法官，经手460万起案件，预算超过25亿美元。

①法官规模。最新数据显示，系统内共有3 600名纽约州上诉法院和地方法院法官，以及超过15 000名的司法辅助工作人员，分布在全州300多个办公地点。

②法官产生方式。纽约州法院体系法官一般有几种不同的产生方式，即由州长任命、纽约市长任命、直接选举产生等方式。州上诉法院法官由司法提名委员会推荐，经州参议会同意，由州长任命。而此外的州各地区初审法院的全体法官均为直接选举产生。由于纽约市在纽约州的特殊地位，纽约市刑事法庭、纽约市家事法庭和一些其他城市法庭的法官都是由纽约市市长任命的。

③司法人员分类管理。除法官外，法院系统内的司法辅助人员主要包括：郡县文员、法警、法院分析员、法庭书记员、法庭口译员等，这些人员均由法院行政官在法院预算内实行合同制管理，进行酌情选聘或者延聘，并接受主审法官及行政官的日常管理。

2. 联邦与州检察管理主体

（1）联邦检察官办公室管理主体。联邦检察官办公室根据《1789年司法法案》设立。从时间上，联邦检察官之存在早于美国司法部。因此，美国联邦检察官体系在相当长时间内独立于之后成为司法部部长的总检察长自主运作，一直到1870年，随着司法部的设立，才被置于总检察长的监督与管理权限之下。而联

---

① 美国纽约州统一法院系统网站，Court Administration，http：//ww2.nycourts.gov/admin/index.shtml。

邦检察官行政办公室则是于 1953 年根据总检察长的命令设立的,其目的是为华盛顿的司法部与分散于联邦 93 个司法辖区的联邦检察官公署之间提供制度化的联络渠道及行政管理资源。各司法辖区的联邦检察官接受司法部联邦检察官行政办公室的监督、指导以及行政管理支持。联邦检察官行政办公室统一协调对于全国各司法辖区的助理联邦检察官、检察辅助人员以及司法行政人员的人事管理制度的设计与执行。

(2)州检察管理主体。各州的检察官管理体制尽管依州宪法规定各不相同,但在基本框架上多数是大同小异的,一般采取"司法部—地检署"双重管理模式。因此在管理主体上,司法部长、总检察长、公诉副检察长、地方检察官及其下设行政办公室是州检察体制的管理核心架构。在州司法部层面主要统筹检察系统财政预算、员额管理及宏观政策,而在地检署层面则主要负责检察公诉业务开展以及日常行政管理。

(三) 管理内容

1. 联邦法院司法行政管理内容

(1) 联邦司法自治管理体系及其职权。

1) 联邦各级法院(大)法官及首席(大)法官的自治管理职权。在初审法院,因实行独任法官制,个案范围之内的司法流程及相关事务管理由分配负责案件的法官全权负责。一般来说,法官可在其业务预算内自行雇用文员协助其处理案件的各项相关事务。而在上诉法院及最高法院,则实行合议制,因此首席(大)法官在案件司法流程管理上就会发挥更大作用。联邦各级法院首席法官(以及最高法院首席大法官)除了承担与所在法院其他法官相同的司法审判职责外,还有管理本法院内部司法行政事务的特定职责,包括主持法院内部会议,安排案件进度与存档,雇用和任命司法辅助人员,以及监督预算执行[1]等。一般情况下,除司法业务管理及宏观决策工作之外,法院的日常非司法性行政事务会交由法院任命的文员负责。但文员仅有执行之职责,其职权行使来自法院的授权,首席法官以其职位对文员的行为负责。[2]

2) 联邦法院行政办公室的管理职责。依据国会立法联邦法院行政办公室成立于 1939 年,其办公室主任和副主任都由联邦最高法院首席大法官任命。[3] 联邦法院行政办公室是美国联邦法院系统内的辅助性行政管理机构。联邦法院行政办

---

[1] 王公义:《中外司法体制比较研究》,法律出版社 2013 年版,第 55 页。
[2] 徐显明等:《外国司法体制若干问题概述》,法律出版社 2005 年版,第 231 页。
[3] 徐显明等:《外国司法体制若干问题概述》,法律出版社 2005 年版,第 261 页。

公室下设13个部门,主要包括：法律顾问处、联邦司法会议执行秘书处、公共事务处、立法事务处、法官事务处、法院行政事务处、人事管理处及财务和预算处等。联邦法院行政办公室在联邦司法会议的监督和指导下,履行法定职责和其他相关职责,并同时接受其他司法管理机构的指令和建议提供相应服务和行政事务支持。其主要职责：①执行联邦司法会议的政策并为其运行提供必要的人员、物资等支持,为其项目的运行提供实质性的分析帮助和建议;②协助联邦法院系统内的法官的工作,包括上诉法院、地区法院的法官和裁判法官等;③向法院行政人员就程序和行政事项提供建议;④负责联邦法院工资、人事和会计等工作;⑤制定联邦法院的预算并交国会通过,执行预算并为地方预算的执行提供指导;⑥为司法机关提供法律咨询服务;⑦收集并分析法院工作量的详细统计数据;⑧开展针对司法行政职能的教育培训活动。⑨监控美国法警服务的司法设施安全计划,包括法院安全人员的执行情况并执行司法部门的安全政策。除了联邦一级,联邦法院行政办公室还在各巡回审区设立联邦法院职员办公室,向联邦法院系统提供秘书和其他支持服务。①

3）联邦司法中心的管理职责。如前所述,联邦司法中心是联邦法院的研究教育机构。其主要职责为：①开展并推动针对联邦法院体系运行的观察和研究。②向联邦司法会议提供联邦法院行政管理改善的建议。③采取有效措施开展司法人员的教育和培训活动。联邦司法中心下设主管办公室、研究办公室、联邦司法历史办公室、教育办公室和国际司法关系办公室等。

4）巡回审区司法理事会与司法会议的管理职责。每一个联邦巡回审区均设立一个司法理事会,通常由巡回审区的首席法官和同等数量的巡回法院的法官以及地区法院的法官共同组成。司法理事会的职责主要是为其巡回审区制定适当必要的规则以确保司法管理的及时有效进行,具体包括：司法惩戒、巡回审区政策的制定、联邦司法会议的政策指令的执行、向联邦法院行政办公室提交关于司法不当行为的数量和性质的年度报告等。

5）联邦司法会议的管理职责。国会于1922年成立了联邦司法会议,旨在为法院体系的行政管理工作建立起政策框架指导。联邦司法会议由最高法院首席大法官领导,由13个联邦巡回上诉法院的首席法官、每个巡回区的1位地区法官以及国际贸易法院的首席法官组成。联邦司法会议下设5个常设的咨询委员会,分别负责草拟以下法案的修订,即联邦民事诉讼程序、联邦刑事诉讼程序、联邦破产诉讼程序、联邦上诉程序和联邦证据规则。咨询委员会成员主要由法官、司法部代表人员、法学教授和职业律师组成。巡回区司法会议每年开会,会议成员

---

① 牛淑贤：《英国近现代司法改革研究》,山东人民出版社2013年版,第153页。

包括该巡回区的地区法院法官、巡回法院法官和律师界人士,讨论巡回区法院的一般行政管理问题,为改进司法行政提供建议。

(2) 司法人员分类管理。

1) 宪法第三条法官的管理。在美国,联邦法院法官的头衔有以下意蕴:一名法官如果是宪法第三条所规定的法官,那么他是由美国总统提名后经美国参议院审核确认的。这是由美国宪法第二条的任命条款所规定。每一位被任命至法院任职的法官都可被称作为联邦法院法官,包括最高法院的首席法官和大法官、上诉法院的巡回法官、每个地区法院的地区法官;而只有在最高法院任职的法官才可称"justice",其他的法官只可称"judge",以示区别。以上提及的所有法官都被称作宪法第三条法官(Article Ⅲ judges),因为他们属于联邦政府的组成部分的司法部门,行使宪法第三条授予的司法权力。另外,国际贸易法庭的法官也是依据宪法第三条之规定与授权履职。所以他们也可归于宪法第三条法官之列。一般来说,宪法第三条法官为终身任职,作为其依据的制度一般称为良好行为制(good manner),意思是指法官一经任命,除非他们因行为不检遭到弹劾并辞职或退休,需得终身任职。历史上只有一位法官曾被众议院弹劾(塞缪尔·蔡斯,1804 年 3 月),但他被判无罪。目前,尚没有任何机制可以辞退因疾病或受伤而永久丧失能力但又不能(或不愿意)辞职的联邦法官[①]。

2) 非宪法第三条法官的管理。宪法第三条法官并不足以涵盖所有联邦司法系统的法官,在此之外还有一个被称为"非宪法第三条法官"的法官序列[②]。①非宪法第三条法官范围。包括美国治安法官和美国破产法院法官、税务法院的法官、联邦索赔法院和属地法院的法官,有时他们也会被称为"联邦法院法官"。②非宪法第三条法官的授权法律依据。非宪法第三条法官的授权法律依据既不是由总统任命,也不是由参议院确认。他们的权力虽来源于宪法,但其来源于宪法第一条而不是来源于第三条。另外在依据宪法第三条建立的联邦地区法院中,为分担作为宪法法官的地区法官的工作负担,以国会立法形式设立了联邦司法裁判官职位(magistrate judge),这一职位也是非宪法第三条法官。③非宪法第三条法官的收入保障与任职期限。与宪法第三条法院的法官不同,非宪法第三条法官是根据指定的任期任命的,且不享受宪法第三条所规定的收入保障。非宪法第三条法官没有终身任期,根据其所在司法机关不同,一些法官职务有任期限制,一般为 15 年,而有些法官职位尽管可无限连任,但总统有权对其进行撤换,

---

① Vicki C. Jackson, Packages of Judicial Independence: The Selection and Tenure of Article Ⅲ Judges, Georgia Law Journal, 2006 (95): 965。

② Vicki C. Jackson, Packages of Judicial Independence: The Selection and Tenure of Article Ⅲ Judges, Georgia Law Journal, 2006 (95): 314。

从而在事实上称为有限任期。④非宪法第三条法官的员额管理。联邦法院体系内法官人数有较严格的员额限制，在职法官的总数并不固定，但只有国会有权加以调整。而国会一般基于一地区内人口总数的变化来相应地调整需要任命的法官的数量。在历史上，更多时候都是增加员额，只有少数时期是减少的。2012 年 5 月，总共有 3 294 人被任命为联邦法官（包括宪法第三条法官和非宪法第三条法官），其中有 2 758 名地区法院的法官、714 名上诉法院的法官、95 名巡回法院的法官和 112 名最高法院法官。2015 年联邦法官人数增加至 3 679 名。

（3）法官薪酬制度。

联邦法院体系法官的薪酬由美国国会通过立法形式直接规定，因此高度统一和透明。同时法律规定，各级法官薪酬应逐年调整。其中联邦最高法院首席大法官收入最高，其 2015 年年薪为 258 100 美元，最高法院其他八名大法官 2015 年年薪平均为 246 800 美元。在 2015 年，所有联邦上诉法院法官统一年薪为 213 300 美元。最初，各联邦地区法院法官薪酬高低不一，但在 1891 年之后，已经在全国范围内统一。根据 2017 年数据，美国地区法院法官（宪法第三条法官）年薪为 205 100 美元。除此之外，所有人每年最多都可以获得 21 000 美元的教学费。非宪法第三条法官的薪酬与宪法第三条法官相比稍低，具体数额也是由国会相关立法加以直接规定。①

（4）法官退休制度。

联邦法官一旦被任命，可终身任职。但是允许法官在达到特定服务年限后自行选择退休。其退休后，可享受与在职时薪资相当的退休年金（annuity）。联邦法官退休年龄并非采取"一刀切"方式，而是与该法官在联邦法院任职年限挂钩计算的；该任职期限的最低年限为 10 年，若退休时连续任职时间不到 10 年的，则仅可以受领退休时薪资一半的年金。规定这一计算方法的是《美国法典》第 28 章 371 条 c 段，被称为"80 规则"。规则中所规定的年龄和服务年限要求，是一一对应的。比如说，如果一名法官到了 65 岁退休年龄，只满足此一点还不足以达到退休要求，还需在岗位供职达 15 年（不论是连续或不连续）之久。而一名在岗位供职年限 10 年的法官则必须在满 70 岁后方可退休。一名依法任职的联邦法院法官如果达到了"80 规则"所规定的退休年龄和服务年限要求，即可退休并享受全额年金。另外，任何合法任职的联邦法院法官，在任期内因履行职责而永久丧失能力的，可自主选择退休，届时总统应在参议院的建议和同意下任命一名继任人，并希望根据这一事由退休的美国联邦法官应出具书面材料向总统证

---

① 美国联邦司法中心网页，"Judicial Salaries"，https：//www.fjc.gov/history/judges/judicial-salaries-supreme-court-justices。

明其残疾。

（5）法官惩戒制度。

针对一位法官的惩戒发起的程序很简单——任何人都可以向其所在法院提交指控书。《美国法典》第351条a段规定，任何人宣称法官从事有损法院的业务有效和迅速的管理，或声称该法官由于身体或者精神疾病的原因已经无法正常履职，都可以对上诉法庭的书记员进行书面呈交诉状，起诉状的内容应当包含对于认为法官行为构成以上指控的理由以及相关事实的简短陈述。但是，为了达到有效和迅速地管理法院业务的目的，并且首席法官在有案件相关资料可审阅的情况下，他可以自行做出关于被诉法官是否行为不当的裁定，确定受理起诉，从而免除起诉人书面呈交诉状，这是第351条b段之规定。巡回法院的首席法官不驳回申诉或结束诉讼程序，那么案件即进入惩戒程序，则他必须迅速任命包括自己在内的巡回法院法官和地区法官成立一个特别委员会，以调查诉状中的事实和指控。在决定采取何种行动时，特别委员会可进行有限的调查，以便确定：①是否有必要采取适当的纠正措施，或者不需要进行正式调查；②申诉中陈述的事实是否明显不真实，或无法通过调查确定。为此，特别委员会可要求其行为被提出申诉的法官提出书面答复。除非由法官做出答复，否则不得向申诉人提供这种答复。特别委员会或其指定人可以同申诉人进行书面或口头沟通，也可同其行为被提出申诉的法官以及任何有可能知情、有可能接触到相关案卷材料或副本的人员进行书面或口头沟通。特别委员会进行必要的调查之后，须迅速向有关巡回法院的司法委员会提交书面的调查报告。收到该报告后，有关巡回法院的司法委员会可进行其认为必要的任何其他调查，并可驳回申诉。其行为被提出申诉的法官仍是在其任职期内，司法委员会采取的行动可能包括出具该法官的伤残证明。司法委员会可以在其自由裁量权范围内，将任何《美国法典》第351条规定范围内的诉状、连同任何相关程序和采取适当行动建议的书面记录移交至美国司法大会。③司法大会职权。美国司法大会可以根据宪法中的司法纪律规定行使职权，也可以通过首席法官任命的常设委员会行使职权。①

（6）法官保险与福利制度。

美国联邦法院体系内的所有雇员，包括法官与司法辅助人员均享受来自"联邦司法福利计划"提供的一揽子保险与福利待遇。② 该福利计划中既包括全员通行的基本保险福利，也包括根据职位类别分级别的福利项目。另外，还提供可由司法工作人员在特定时间段自行选择参加的一些附加保障与福利项目。联邦司法

---

① Ben F. Overton, Grounds for Judicial Discipline in the Context of Judicial Disciplinary Commissions, Chicago‑Kent Law Review, 1977, 54: 59.

② 美国联邦法院行政管理办公室主页，"Benefits"，https://www.uscourts.gov/careers/benefits。

福利计划内包含的基本福利项目主要包括以下内容：①医疗保险。医疗保险又具体分为一般医疗保险、牙科保险及眼科保险。前者为全员覆盖，后二者为自选参加。各项保险的金额有不同档次，供司法工作人员在特定的开放选择时段内自愿选择，并根据其选择档次在其周薪或月薪中扣除。另外，当面临特定健康状态变化如患病或残疾时，还可以对其参保内容做出临时性调整。②退休财务计划。司法工作人员任职到达一定年限后，可自愿参与退休理财投资计划，通过将工资的一部分交由特定理财项目参与投资来为未来退休后提供额外的收入来源。该理财计划一般会得到法院的匹配金额补充并享受免税待遇。③大病及意外保险。司法工作人员可自愿选择参与福利计划所提供的一个或多个大病及意外保险计划。其中，还包括一个伤残护理保险，可为伤残后的参保者提供长期护理服务的资金支持。④浮动开支账户项目。该项目为参与者用于特定开支的收入部分提供税收减免，通过开设浮动开支账户并将部分收入放入该账户，从其中支出的金额可免征所得税。⑤带薪休假项目。主要有政府假日项目和年度休假项目，供联邦司法工作人员带薪休假或短暂离职参与培训或深造。

（7）各州司法自治管理体系及其职权。美国各州法院体系所涉内容大都有共同之处，由于州数量之多，内容之庞杂且重复故选取典型州做分析。

1）管理主体及基本职责范围。以纽约州为例，①首席大法官。纽约州的司法系统中的首要人物是纽约州上诉法院的首席大法官。他负责全面监管纽约州上诉法院的日常运转，且是州法院行政管理委员会的主席。该管理委员会由首席大法官和上诉法院各分庭主管法官组成。首席大法官与行政管理委员会磋商，并经上诉法院会议同意后，可设定执行标准和行政政策。②首席行政法官。另一个关键性管理职务则是由首席大法官提名，经管理委员会同意任命的首席行政官（chief administrator，若被任命者为法官则称首席行政法官 chief administrative judge）。首席行政官在管理委员会的建议下，负责整个法院系统的司法管理与行政管理之日常开展。③司法会议。纽约州还设有司法会议（The Judicial Conference of the State of New York）负责监管州法院的行政事务运行，采集业务数据并提出立法与规范建议。④法院体系。纽约州法院体系当前被分为13个司法审区；7个上州审区，每个审区由5~11个郡县组成，5个与纽约市行政辖区内的大区或郡相对应的审区，和1个长岛审区。在纽约市以外的审区，由行政官（administrator）或行政法官（administrative judge）负责监管所有法院相关机构；而在纽约市内，行政官（行政法官）负责监管主要法院机构。⑤主管法官。辅助行政官进行工作的是主管法官，他们主要负责基层法院各审判庭的日常事务管理，包括案件流程、人事任免、预算控管等，基本上采取一人一庭的独任制。⑥审区执行官办公室。纽约市区以外设审区执行官（district executives），在纽约市各区则设主管文员（chief clerks）协助当地的行政官对各审判庭的日常运营进行监管。审区行政办公室负责人事、财务预算、税收、计算机自动化、法庭口译、法庭安保、案件管理等事务。

又如得克萨斯州，①州最高法院首席法官。得克萨斯州最高法院对于司法系统的行政管理具有宪法上的责任，并有权制定法院的管理规则。②三级法院主管行政管理的法官。除了颁布和修改上诉法院的管理程序规则以及证据规则，最高法院首席法官、刑事上诉法院主审法官、14个上诉法院的首席法官和每个初审法院的法官一般负责各自法院的行政管理。每个县都有一个地方行政区的法官，每个县都有一个法定县级法院的地方行政法官。在县内有两个以上的地方法院，从县级地方法官选举出的地方行政区法官，任期不得超过两年；在县内有两个以上法定县级法院，地方行政法定县级法院法官由法定县级法院法官选举，任期不得超过两年。地方行政法官具有执行地方行政法规、快速处理监督法庭案件等行政责任。③州司法委员会。得克萨斯州司法委员会是司法机构的主要决策机构。它负责研究和建议改革的内容，以改善司法行政。法院行政办公室行政主任担任理事会执行主任。④州法院行政办公室。在得克萨斯州最高法院和首席大法官的监督下，得克萨斯州法院行政办公室向各司法部门和法院提供信息和研究、技术服务、预算和法律支持以及其他行政援助。该办公室由最高法院任命的行政主任领导，向首席大法官报告。

2）司法人员分类管理。美国各州人员分类管理所涉内容大都有共同之处，由于州数量之多，内容之庞杂且重复故选取典型州做分析。选取典型州如得克萨斯州进行分析：①法官分类管理。得克萨斯州的司法人员体系中，有三类承担司法审判职能的法官：法官、和平法官与地方法官。法官通过地方选举来选任。审判法官任期为4年，上诉法庭法官任期为6年。总督可以填补空缺，直到下一次选举开始；法官在上一届任期结束之前，一般需要离职。法官在选举中可以被选民、陪审团或者通过立法宣告或国家法官的弹劾来罢免。在重要的选举或者大选中，一些在职的法官或司法人员必须打败其他人才能在此当选。在地区法院和上诉法院中可能发生选举上的逆人员流动的情况是受选举性质（presidential or mid-term）和党派潮流的影响，至少是存在在竞争越来越激烈的县和上访地区，如达拉斯和哈里斯县/休斯敦（县级）和圣安东尼奥（上诉地区）。②地区法官分类管理。性质地位方面，"地方法官"是一种主要处理审判之外事务的基层司法官员。其可以由任何完全资格的法官或和平法官担任，也可以在上述序列人员之外任命。职权方面，地方法官主要职责包括设定保释金、提起被告、发出搜查和逮捕令，并主持刑事没收的听证会；可以在某些情况下开除县级官员、普通法市政府官员和市法院法官；还可以任命和监督县级稽核员、监督成年和少年缓刑办公室的运作情况,并拥有县级官员的"监督"管辖权。此外,得克萨斯州地方有五个县(贝克萨、达拉斯、拉伯克、塔兰特和特拉维斯)设有地方法院裁判官行使类似地方法官的职责,这些官员由地方法院法官任命,但不从事审判活动。资格管理方面,地区法院法官必须有律师执照。除了拥有司法权外,地区法官也有行政职务。县法官不需要拥有律师执照,因此县法官大多数都不是律师。"得克萨斯州政府法典"第5条第15~17款以及第25章和第26章概述了县法院的法官职务。第15条规定,县级法官"懂得国家法律""和平维护者",任期四年。县法官还负责主持委员会法院(县级主要行政机关和立法机关)。③和平法官的分类管理。性质地位方面,和平法官是一种基于社区通过选举产生的非专业性职位,一般由当地有一定声望和权威的地方人士担任,行使日常轻微案件的审判职能。任职资格方面,得克萨斯州相关法律没有要求和平法官拥有律师执照。"得克萨斯州政府法令"规定,和平法官在首次选举后一年内,需要参加80小时课程,包括执行日内瓦职务和每年20小时课程。此外,和平法官是当然资格的公证人。

3)法官薪酬及退休制度。美国各州法官薪酬及退休制度所涉内容大都有共同之处,由于州数量之多,内容之庞杂且重复故选取典型州做分析。以得克萨斯州为例,其地区法官工资水平与纽约州相比存在一定差距。①地区法官工资与郡级公共财政资金相结合。自2013年9月1日起,地区法官的年度州级工资从125 000美元升至140 000美元,但与纽约州2013年160 000美元相比其工资水平略低约14%。根据政府法典第32章的规定,允许利用郡级公共财政资金对地区法院法官的州级工资进行补充,一名地区法官从州和郡所得的年度工资总额不能超过一定上限,该上限比上诉法院法官从州和郡所得的年度总工资低5 000美元。②上诉法院工资高于全州法官平均工资水平。上诉法院法官的年度州级工资是地区法官年度州级工资的110%。上诉法院首席法官的工资比本法院普通法官的工资高2 500美元。政府法典第31章规定上诉法院所在辖区内的各郡可以对上诉法院法官的工资进行补充,上诉法院法官从州和郡所得的工资总额不能超过一定上限,该上限比最高法院法官的州级工资低5 000美元。③上诉法院首席法官工资低于最高法院首席法官工资。州法律规定上诉法院首席法官的综合工资比最高法院首席法官所得的州级工资低2 500美元。因此,最高法院或刑事上诉法院的法官所得的年度州级工资是地区法官所得年度州级工资的120%。这些法院的首席法官比此类法院普通法官的工资高2 500美元。该州法官每工作一年,其每月州级工资会增加3.1%,工作16年后计入退休金账户。由于上述的工资限额,工龄工资未包含在法官从州和郡所得的综合工资之内。

4)纪律与惩戒制度。美国各州纪律惩戒制度所涉内容大都有共同之处,由于州数量之多,内容之庞杂且重复故选取典型州做分析。以纽约州为例,主要包括：①规则依据。纽约州对司法人员的行为约束主要来自两个规范性文件：《纽约州司法行为规则》和《纽约州司法法》。②规则内容。《纽约州司法行为规则》（以下简称《规则》）规定了纽约州法官、司法职位候选人，及法院体系中的某些准司法人员如司法听证人员的道德行为标准。这些规则主要基于美国律师公会的"司法行为示范守则"，旨在帮助维护司法机构的完整性，并确保法官维护其作为中立仲裁人的职责；违反规定可能受到纽约州司法行为委员会的制裁，但是并不是每一个过失都要会受到处分，因为该"规则"作为"理性规则"，对过失行为的严重性、频次、恶行影响等都需进行考量，从而决定应否予以制裁；《规则》"第100-3条"规定了法官必须"公正地，勤勉地"履行法官公职，如判决案件、执行任用人员等行政职务；履行纪律处分责任如报告他人的不当行为、遵守关于退休等规定的义务等；其余部分都旨在限制法官的司法外活动，指示法官如何避免司法行为和非司法行为之间的冲突，如《规则》"第100-4条"规定的禁止与司法义务相冲突的司法外活动，包括可能对法官保持公正的能力产生影响，减损法院尊严或妨碍正当履行司法义务的活动等；《规则》"第100-5条"规定除了在个别情况下，法官不被允许参加政治活动，以保持法院的公正性，防止政治偏见或党派利益动摇法官的决策。《纽约州司法法》的某些章节也规定了法官的道德行为，如该法第二条规定了取消资格、兼职法官执业、司法职务冲突、法律监护人的任命等内容。③规则执行与解释。《纽约州司法法》规定设立"司法行为委员会"和"司法伦理咨询委员会"，用以执行和解释有关法官道德操守的规则。

（8）司法经费管理。主要包括联邦法院经费管理。

①经费管理体制。美国法院系统的财政预算在每个财政年度均须提交国会参众两院的拨款委员会审议，并最终由国会两院以年度拨款法案的方式批准。获得批准的预算拨款交由联邦司法会议制订详细预算支出计划。

②经费自治管理方式。自1990年以来，联邦各上诉法院、地区法院、破产法院以及法院下属的辅助机构的财政经费均以一种去中心化的方式管理和支出，其管理与使用责任由各个法院的首席法官在其行政官的协助下履行。这种去中心化的财政制度保证了各个法院可以根据其自身需要灵活地使用其分配到的财政经费。

③经费资源共享机制。归属各法院支配的财政经费在一个司法辖区范围内可以在一定程度上实现资源共享，这进一步保证了各法院可以在司法独立原则指导下，在符合各项财务政策要求的基础上因地制宜地开展司法业务。

④经费管理的透明性。为了保证财政经费使用的合理性与合法性，美国的司法财政制度非常强调经费使用的透明性，各法院一方面独立支配其财政经费，但

同时要求保持经费使用的公开性以便各方面的有效监管。

2. 联邦检察官体系

（1）检察管理机构。

美国司法部既属于美国联邦政府的组成部门，同时也是美国最高检察机关和最高执法机关。[①] 美国司法部部长负有监督司法行政管理的职责。司法部下属的部门拥有部分司法管理的权力，包括：1）法律政策办公室。其主要负责制定和实施部门的重大政策、为总检察长和副检察长的首席政策顾问提供咨询意见、审查和协调部门出台的规定等。2）司法管理局。其主要针对人员管理和培训、采购、平等就业机会、通信和安全等事项向高级政府管理人员提供咨询建议。3）司法项目办公室。其领导全国范围内的防控犯罪工作，与联邦、州和非营利组织等机构合作组织并实施预防犯罪和少年司法项目等。主要包括：①联邦检察官公署。在司法部的统一监督和指导下，联邦检察官体系的真正管理核心是93位联邦检察官，作为全国93个联邦司法辖区联邦检察官公署的首长，联邦检察官具有相对独立的检察公诉执法权力，同时在其办公室行政主管的协助下全面负责联邦检察官公署的日常行政管理。[②] ②联邦检察官行政办公室。联邦检察官行政办公室是联邦检察官体系日常行政管理的中枢，涉及公诉人员管理的职责包括：第一，协调联邦检察官体系与司法部内部其他职能部门之间的工作；第二，评估各联邦检察官公署的工作表现，提交相应报告并在适当时间采取必要的应对措施；第三，出版并更新联邦检察官工作手册以及联邦检察官公报，为联邦检察官体系以及司法部内其他职能部门提供诉讼工作的内部指导；第四，监督法律教育办公室的工作，保证司法部内部所有法务工作人员以及其他联邦法务工作人员的职业培训与进修高效进行；第五，向副总检察长提供有关联邦检察官任命的相关信息支持；第六，向联邦检察官提供有关助理联邦检察官以及特别助理联邦检察官任命的相关信息支持；第七，向全国94个联邦检察官公署提供人事以及安全管理服务以及联邦人事政策与程序指导，其中包括设计并执行联邦检察官序列的行政性厘定工资制度；第八，向全国的联邦检察官公署提供有关公平雇用以及平权法案执行的集中领导、协调与评估服务；第九，向各联邦检察官公署提供与其工作有关的立法案的基本信息与应对指导，并帮助联邦检察官公署准备提交国会质询听证及财政拨款听证的材料等。[③]

---

① 美国联邦司法部网站主页，"Organizational Chart"，https：//www.justice.gov/agencies/chart，2018年12月28日。

② 美国联邦检察官行政办公室主页，"U. S. Attorneys Listing"，https：//www.justice.gov/usao/us-attorneys-listing。

③ 美国联邦检察官行政办公室主页，"Mission"，https：//www.justice.gov/usao/mission。

(2) 人员分类管理。

①等级管理。联邦检察官序列包括两个基本层级：联邦检察官与助理联邦检察官。由于联邦检察官头衔仅授予全国 93 个联邦司法辖区联邦检察官办公室首长，因此真正具有实施意义的检察官职务序列等级制度仅针对助理联邦检察官。

②入职模式。与美国文官制度的整体构建类似，联邦检察官序列也是采取开放式入职模式，即一方面吸收新近取得律师执业资格的新人加入从最基层职级做起；另一方面也允许具有在其他司法专业部门或私人律师机构从业经验者直接从较高职级开始其晋级通道。

③助理检察官的等级管理。司法部对联邦助理检察官序列执行单独的等级制度，该等级体系挂钩行政性厘定工资级别等级，从 AD21 ~ AD40 级共 19 个级别（其中存在一些空白级别，在晋级时一般直接跳过）。从 AD21 ~ AD29 级，每个级别对应检察官的入职年限，其中初入职至入职 3 年为 AD21，而入职第 4 年自动晋级为 AD24。入职满 9 年者，自动晋级为 AD29，该级别是与工作年限挂钩的最高级别。AD30 级以上是高级别联邦助理检察官的层级管理，取得这一层级者一般为主管、资深或特别助理联邦检察官，同时其任职与晋升不再以服役年限为基础，而完全以业务能力与工作绩效为考量准绳。①

④非检察官序列管理。司法部以及联邦检察官办公室任职的非检察官序列文官包括检察辅助人员与司法行政人员，其均适用联邦政府统一的通用工资级别表（GS），其是与 AD 工资职务序列管理相对独立的单独管理体系。GS 工资职务序列也设定了固定的晋级年限，但是与 AD 级别制不同，GS 级别制在每一个级别中均设定了进阶式的固定薪酬标准，达到该级别与层阶者自动执行该标准；另外 GS 级别制允许表现优异的员工不受进阶年限之限制提前进阶，从而保证了优秀员工的快速上升通道。②

(3) 薪酬福利制度。

检察官序列采用独立于司法部其他文官序列的单独薪酬制度③。①浮动工资与绩效工资相结合模式。该制度规定每一级别不设固定的进阶式工资标准，而是允许该级别工资的上限与下限，并将工资的浮动范围与绩效考核联系起来。②规范晋级与考核晋级相结合。在 AD 工资级别管理体系中，凡 AD29 以下级别检察官的级别与待遇直接与工作年限挂钩，不允许以工作表现优异为理由的破格提前晋级；（在工作年限基础上）初入职及考评合格者的年薪范围应在该 AD 级别的

---

①② Richard T. Boylan and Cheryl X. Long, Salaries, Plea rates, and the Career Objectives of Federal Prosecutors, The Journal of Law and Economics，2005，48 (2)：627 - 651.

③ 美国联邦雇员管理局主页，"Pay & Leave"，https：//www.opm.gov/policy - data - oversight/pay - leave/salaries - wages/.

最低年薪至四级年薪之间确定；考评优秀者的年薪范围应在该 AD 级别的二级年薪至最高年薪之间确定；考评不合格的检察官的年薪可以在其所处 AD 级别最低年薪之下确定（称为绿圈薪级）；另外入职前已有联邦政府工作经验者可在其所处 AD 级别最高年薪之上确定（称为红圈薪级）。凡晋升 AD30～AD40 级别的检察官，对其不再考查工作年限。而仅对法律工作经验满 9 年以上者，对其聘任仅以职位需要而直接决定等级，这一认定方式有助于吸引来自检察官序列之外的优秀资深律师加入高级检察官的行列。③检察官薪酬高于普通公务员。联邦检察官序列的起步基础年薪（AD21 级）大致相当于联邦公务员第 9～10 级之间，远高于初入职普通联邦公务员（GS1－1 阶），但略低于非检察官序列联邦律师的起步基础年薪（GS11－1 阶）。

（4）纪律与惩戒制度。

联邦检察官作为联邦公务员体系的一个组成部分，实行与联邦政府其他机构相同的纪律与惩戒制度。这方面的工作主要由几个专门的联邦机构负责：联邦劳工关系管理局是一个独立的准司法机构，主要负责对与文官改革法案有关的劳动争议如集体合同、劳动待遇不公投诉以及劳工代表权申诉等做出裁决。绩效体制维护理事会则专注于对文官体制所倚重的绩效考核制度之公平性的维持。其职责包括对涉及绩效考核问题的投诉与上诉的裁断、对绩效考核制度违反及滥用的调查，以及对提出上述诉求的联邦雇员的保护。

（5）保险与福利制度。

联邦检察官体系的员工福利与保险制度由司法部统一安排，适用于所有联邦检察公诉体系内的检察官与非检察官序列员工。① 这一福利与保险制度主要由两部分组成：联邦雇员统一福利和司法部内部特别福利。其中联邦雇员除享有法官的保险与福利制度外还包括特别福利项目。司法部还以部门特别福利项目的名义为其雇员提供联邦统一福利之外的其他福利，主要包括以下内容：①助学贷款代偿项目。所有司法部雇用的具有律师资格的员工均可申请司法部代为偿还部分攻读法律学位时的助学贷款。②工作生活环境项目。在该项目下，司法部提供一系列帮助其员工平衡工作压力与生活负担的福利，包括家庭便利休假、儿童及家人看护服务、弹性工时项目等，以最大程度保证员工的生活质量与工作表现。③交通补助。司法部为鼓励员工使用大众交通工具，为乘坐大众交通工具上下班的员工提供特殊交通补助。④部门医疗与健身服务。司法部在其各机构办公地点建设专门的内部医疗服务设施，为员工日常工作需要提供方便快捷和免费的一般性医

---

① 参见美国联邦司法部网站，"salaries/promotions/benefits"，https：//www.justice.gov/legal－careers/attorney－salaries－promotions－and－benefits。

疗与健康咨询服务。同时，司法职业健康组织为司法部员工提供优惠的健身房会员资格，其健身设施遍布司法部各个机构的主要办公地点。

二、英国司法管理制度

（一）管理模式

（1）多元司法组织体系及其多元司法管理模式。英国的司法传统按地域划分为英格兰、威尔士、北爱尔兰及苏格兰多个区域，形成现行多元的司法管理模式及其组织体系。为此，有关法院司法行政管理模式仅以英格兰、威尔士地区为蓝本。其法院组织体系一方面深受历史沿革的影响，另一方面在当代增进组织运作效率的大时代背景下其不断地演进变化。自英国"光荣革命"确立君主立宪制以来，其400多年一直没有设立最高司法机关，而是由国会上院、贵族院行使最高司法裁判权，这种状况一直延续到20世纪的90年代。英国为此不断推动司法管理模式的改革创新。1918年，时任霍尔丹政府曾提出创设司法院未被通过。1977年时任首相卡拉汉向国会提出改革司法管理体制的议案，直到1986年由时任首相撒切尔夫人才得以完成，其提请国会通过颁布了《刑事起诉法》，设立皇家检察官，创设皇家检察院。2003年，时任首相布莱尔提出"宪法改革法案"，直到2005年才由英国女王批准生效。2007年英国设立司法部；2009年10月众议院、参议院两院通过设立联邦最高法院，英国才弥补了司法管理体制中最大的缺陷——无最高司法机关，由此英国才建立起了司法事务管理由最高法院自治管理与其他普通法院司法实务由司法部管理的"自治+外部合作管理相结合"的司法管理模式[①]。

（2）检察管理模式。英国的英格兰、威尔士地区近现代刑事诉权分配制度构建多元化的诉讼主体，其数百年来一直主张当事人的诉讼模式，而履行公诉职能主要由警察承担，即警察通过侦查收集犯罪证据后，做出是否提起公诉的决定，然后再直接由警方雇用的律师向刑事法院起诉。伴随刑事司法现代化浪潮的冲击，20世纪80年代，撒切尔夫人着手推进司法改革，主要包括：①提请国会通过《刑事起诉法》，将大陆法系职权主义诉讼理念及其模式与当事人主义诉讼理念及其模式进行嫁接。②创建皇家检察院（皇家公诉署），在英格兰、威尔士地区设立检察院，配备约6 000多名检察官，根据刑事起诉法赋予检察官公诉的职能，使得警察主导公诉的职能开始向检察官移转。③在苏格兰地区，一直实行检

---

① 参见牛淑贤：《英国近现代司法改革研究》，山东人民出版社2013年版，第153页。

察官垄断起诉的职责，根据苏格兰的法律规定，任何刑事犯罪案件非经检察官垄断起诉，其他任何组织和个人都无权行使起诉的职能。苏格兰地区之所以实行有别于英格兰、威尔士地区乃至北爱尔兰地区的诉权多元化的制度安排，其根源于苏格兰司法文化传统来源于大陆法系的传统。1297～1707 年，苏格兰曾经为法国统辖，在这 500 年间的法律制度安排与法国的司法制度同源，苏格兰后来作为英国英联邦的一个部分，但其司法制度体系却形成与大陆法系一体的状态。在英格兰、威尔士地区的司法管理体制中，检察公诉人员的定位更加侧重其作为律师的专业性色彩而不似在大陆法系国家那样强调其作为政府公职人员的权威性色彩。司法管理体制方面，改革后的检察官从警察部门剥离出来，被纳入皇家政府体制而具备了文官地位。但是在管理上仍然主要强调其律师的职业定位，其入职、晋升以及待遇各方面均以特定类型律师资格的取得、法律执业年限以及执业绩效为重要考查要素。另外，作为英美法国家的一个重要传统做法，允许以外聘方式使用非文官体系的自主执业律师承担公诉职责。为了规范外聘律师的操作，又专门设立了"皇家大律师团"制度，以该制度为框架实现对外聘公诉人的规范化分类管理。

（二）管理主体

1. 法院实行多元的管理主体

由于英国存在着三种不同的司法体制，即按照地理区域的划分存在着英格兰和威尔士、苏格兰、北爱尔兰三种不尽相同的司法体制。因此，英国的司法行政事务没有一个统一的主体进行管理。在英格兰和威尔士，2007 年新设立的司法部为管理最高法院以外所有司法机构行政事务的主体，而最高法院的行政事务管理主体则为首席大法官及其领导下的首席行政官[①]；在苏格兰，没有统一的专门司法行政部门管理司法相关的事务，主要由苏格兰各普通法院、特别法院和一个苏格兰政府机构负责管理苏格兰地区的普通法院和特别法院的司法行政事务；在北爱尔兰，司法管理权仍归属于北爱尔兰的大法官部，即司法权与司法管理权的"同体运行"。

2. 检察管理主体

英国检察管理也是实行多元主体的。英格兰和威尔士地区，检察机关管理实行"分级设置、上下一体、垂直管理"的体制[②]。在英格兰和威尔士地区，代表

[①] P. S. 阿蒂亚，R. S. 萨默斯著，金敏、陈林林、王笑红译 .《英美法中的形式与实质——法律推理、法律理论和法律制度的比较研究》，中国政法大学出版社 2005 年版，第 284 页。

[②] The Crown Prosecution Service, CPS Annual Report 2017 - 2018, London。

英国检察机构的是由以总检察长为首长的中央法律事务部、刑事检察署以及区检察署。中央法律事务部的首脑称总检察长和副总检察长；中央政府的检察机关由内政大臣任命一位出庭或诉状律师担任检察官；检察官分为首席检察官、分部检察官、助理分部检察官、高级检察官和检察官；检察长领导指挥检察官的工作。检察长和副检察长除了主持对重要案子的起诉外，还是英国国王的法律顾问，王室的首席法务官，出席有关英王权利案件的审判，有时还参加内阁，有权向议会和内阁提出法律问题的咨询。

（三）管理内容

1. 法院管理内容

其主要包括司法管理机构、人员分类管理、工资薪酬、司法人员道德规范等方面。

（1）司法管理机构。司法部担负除最高法院司法自治管理之外的普通法院的司法行政管理。这种管理通过下设的多个部门并且也与多个公共机构和组织进行合作管理，主要包括：1）执行机构。包括：①刑事损害赔偿机构，其主要负责制定刑事损害赔偿标准和数额的具体规则，处理身体或精神受到伤害的受害者的赔偿请求等。②法律援助机构，主要负责确保公众获得来自律师和非营利机构提供的法律援助服务，在英格兰和威尔士地区提供民事和刑事法律援助，其每年帮助超过 200 万人解决他们的法律问题。③陛下法院和法庭服务机构，负责管理英格兰和威尔士地区的民事法院、刑事法院和家庭法院的行政管理事务，同时也负责苏格兰和北爱尔兰地区的非移送法庭的事务管理。④陛下监狱服务机构，负责关押罪犯和缓刑等监管工作。⑤公共监护办公室，主要为因心智问题而生活不能自理的困难人群提供健康和经济方面的帮助。2）非政府部门的公共执行机构。主要包括：①儿童和家庭法院咨询和援助服务机构，独立于法院体系而存在，依据家庭法院和相关的法律法规，主要负责在家庭诉讼中为法院提供儿童权益保护的最佳建议，从而保护儿童的权益。②刑事案件审查委员会，主要负责案件的上诉。③司法人员任命委员会，主要负责通过公平和公开的程序提名司法人员的候选人，这一权力也扩展到了苏格兰和北爱尔兰的部分法院。④法律服务委员会，主要负责确保法律服务部门的工作在符合公共利益和消费者利益的框架内进行。⑤假释委员会，主要负责对囚犯进行评估以确定他们是否符合被安全释放的条件。⑥英格兰和威尔士青少年司法委员会，是主要负责监管英格兰和威尔士地区的青少年司法体系。3）非政府部门的公共咨询机构。主要包括：①治安法官咨询委员会，主要通过面试候选人为大法官提供治安法官的建议人选。②民事司法委员会，负责监督和协调民事司法制度的现代化发展。③民事诉讼规则委员会，为上诉法院、高等法院及郡法院制定法院民事程序规则。④刑事诉讼规则委员会，管理刑事案件诉讼程序并且制定刑事诉讼程序规则。⑤家庭司法委员会，在各地设立了30个分支机构以确保家庭诉讼案件的顺利进行。⑥家庭司法程序规则委员会，遵循高等法院和家庭法院制定家庭诉讼程序的相关规则。⑦监禁人员死亡独立咨询小组，为政府关于监禁和拘留的决策提供相关信息收集、分析服务。⑧法律委员会，负责法律的审查工作以确保法律公平公正和明确有效，并对法律改革提供必要的建议。⑨监狱服务工资审查机构，提供英格兰和威尔士地区以及北爱尔兰地区的监狱服务部门工作人员工资的独立意见。⑩英格兰和威尔士量刑委员会，在维持司法独立的同时确保量刑的一致性，为司法人员提供量刑指引并增进公众对量刑的理解。⑪审判程序委员会，就一审和二审的审判程序制定相应的规则。4）其他机构。主要包括：①社会正义研究院，其主要职责是通过分析、总结并传播良好的司法实践促进司法正义，为司法人员提供教育和发展培训活动等。②陛下监狱监察委员会，主要提供监狱条件和运行情况的报告等。③陛下缓刑监察委员会，主要向政府报告其旨在防范未成年人再次犯罪的监察工作情况。④监狱、移民、移民处置中心和短期拘留独立监察委员会，由志愿者组成，主要在监狱和移民处置中心通过交谈和监督的方式确保他们正常的生活条件和需要得到满足。⑤司法人员任命和行为监察官，负责调查处理有关司法人员任命的投诉，同时处理涉及司法纪律或行为的投诉。⑥司法办公室，为英格兰和威尔士的司法系统提供培训、法律和政策咨询、人力资源、信息和行政管理等方面的服务。⑦法律监察官，主要负责以公平和有效的方式处理并解决针对律师的投诉并协助推动法律服务工作的改善。⑧政府律师和公共受托人，主要负责帮助精神方面存在问题和年龄较小的弱势群体，为他们提供法律服务以防止其受到社会排挤。⑨监狱与缓刑监察官，调查囚犯、缓刑犯和移民处置中心的投诉，及维护证人的利益。

（2）人员分类管理。

英国的英格兰和威尔士地区的法官分类管理是通过高等法院、上诉法院、下一级法院、在郡巡回法官对法官分类管理而实现的①。其高级法官则由高等法院和上诉法院的法官组成，并在全国范围内行使一般管辖权或上诉管辖权。其分类包括前述司法首长（或称御前大臣，lord chancellor）、首席大法官（lord chief justice，王座法庭和民诉法庭庭长）、掌卷法官（master of the rolls，上诉法院院长），11位上议院常任上诉法官（lords of appeal），18位上诉法院法官（lords

---

① Diana, Woodhouse, United Kingdom The Constitutional Reform Act 2005—Defending Judicial Independence the English way, International Journal of Constitutional Law, 2007, 5 (1): 153–165.

justices of appeal)、副司法首长（或称副御前大臣，vice chancellor，高等法院衡平分庭的资深法官）、高等法院家事分庭庭长、80位高等法院的其他法官，共计114位。除此之外，其司法系统的下一等级则由刑事法院（crown court）审理刑事案件和在郡法院审理民事案件的巡回法官（circuit judges）组成，且巡回法官的数目不到400名。英国法律规定，所有高级法官必须执业担任出庭律师至少10年。另外，还有一项严格的惯例，即委任对象必须在律师界执业多年才有可能被任命为法官，这一规定一直约束着英国法官任命程序。由于英格兰、威尔士地区传统的口头辩论式法律程序，许多判决需要当场做出而没有深思熟虑的时间。因此，缺乏实际庭审经验的学者也被认为难以胜任初审法官的职务，学者们被提请任命为上诉法官的情形鲜有发生。

（3）法官薪酬制度。

①多元薪酬管理主体。英格兰与威尔士地区法院系统的薪酬管理机构为高级薪酬评估委员会①。英格兰与威尔士法院系统的法官薪酬总体上分为7级9等。法院系统中司法人员薪酬水平及其调整均是基于独立的高级薪酬评估委员会的建议确定的。该委员会负责向国会、首相、上院议长（御前大臣）及其他内阁官员就英国国会两院成员、司法、行政及武装部队高级官员薪酬做出建议。总之，司法人员的平均薪酬水平高于英国全国公务员平均薪酬水平。但是法院法官的薪酬水平却远远低于具有同等水平与资历的律师。在苏格兰地区，有其相对独立的法院体系；在北爱尔兰地区，其法院体系与英格兰和威尔士地区的法院系统有所不同；而苏格兰、北爱尔兰地区有关法官薪酬级别实行统一设定，不同职位按照级别分划形成比较固定的对应关系。

②多元的薪酬等级档次。英格兰和威尔士法院系统法官各个级别的薪酬及其调整均由国会立法予以规定。在同一级别上的不同职位法官原则上薪酬相等，但不排除特殊情况下某个职位在立法特殊规定下的暂时或永久性浮动。法官级别越高，其同级别薪酬的统一度越高，基层法院与低级法官薪酬则呈现出多样化的特点②。英格兰、威尔士和苏格兰、北爱尔兰地区的法官薪酬概括分为9个档次，即：1级（group 1）：首席大法官，兼上诉法院刑庭庭长，年薪249 583英镑；1级1等（group 1.1）：案卷主事官，或称上诉法院民庭庭长、最高法院院长，年薪222 862英镑；2级（group 2）：最高法院副院长、最高法院大法官、高等法院各庭庭长，年薪215 256英镑；3级（group 3）：上诉法院法官，年薪204 695英镑；4级（group 4）：高等法院法官以及其他委任官员，年薪179 768

---

①② 英国司法部网页，"Judicial salaries and fees"，https：//www.gov.uk/government/publications/judicial-salaries-and-fees-2017-to-2018。

英镑；5 级（group 5）：部分特殊委任，包括巡回法院资深法官，年薪 144 172 英镑；6 级 1 等（group 6.1）：巡回法院普通法官及其他委任官员，年薪 133 506 英镑；6 级 2 等（group 6.2）：一些特殊职位法官，年薪 125 689 英镑；7 级（group 7）：地区法官，裁判庭法官以及其他委任官员，年薪 107 100 英镑。

（4）司法职业道德规范。当今社会，法官们享有较高的社会地位，他们不仅被赋予了相当大的司法自由裁量权，并且他们的职务行为会给参与庭审的各个当事人带来重大影响。因此，对于司法职务人员特别是法官设置了极高的职业道德规范，且这种规范衍射范围不仅限于法官参与法庭内部活动，还包括其在法庭外部甚至社会生活之中。英国司法系统对于司法职务人员的职业道德规范要求十分严苛。以苏格兰地区司法部为例，苏格兰司法系统一直以其高标准的司法职务规范传统为傲。实施、维持如此严苛的职业道德标准，对于增加社会大众对司法公正的信赖感有较好的促进作用。为了使广大民众与法官能够更好地了解英国司法职业的道德标准，也为了明确指引法官能够通过清晰的职业道德标准来规范其个人行为和职业行为，苏格兰地区司法部于 2010 年 4 月首次颁布了《苏格兰司法部司法职业道德规范说明》（以下简称《职业道德规范》），并于 2013 年、2015 年多次进行完善修改，最终于 2016 年形成了结构清晰、内容完备、条理分明的《职业道德规范》，以帮助苏格兰地区的司法职务人员能够更为清晰、便捷地开展工作。

（5）经费管理。

①管理体制。英格兰、威尔士地区的法院经费预算由司法部负责制定财政预算方案，之后提交议会进行审议，由议会批准通过。法院的经费由中央财政统一保障，不依赖于地方财政。②保障标准。法院经费中关于法院人员薪酬类经费通常有固定的标准，不得随意更改。③考核监督。对于法院经费使用情况，国家建立了考核评估制度和监督制度。④内部监督。法院内部还设立了专门对经费使用进行监督的人员，以保证其经费的合理使用。

2. 检察管理

（1）管理主体及职责。

①总检察长（attorney-general）的职权。在英格兰与威尔士，总检察长是一名刑事司法大臣以及皇家大臣，其主要职责是代表国会履行检察公诉职责。[①] 总检察长本身不是内阁成员，但是当涉及其职责范围内事务的讨论时其可出席内阁会议。他需要是一名资深执业律师并可为皇家在面临诉讼时担任代理人出庭。总

[①] 英国司法部网站，"Crown Prosecution service"，http：//www.politics.co.uk/reference/crown-prosecution-service。

检察长的职责的准确内涵近来经历了反复评估。目前，总检察长是国家最高司法长官，政府的首席法律顾问，主管或领导英格兰与威尔士全部检察公诉机构，同时其履行一些涉及独立公共利益的职能。总检察长需要保证所有检察官在执行公诉决定时的独立性并对于检察官如何履行其职务做出指导。

②副总检察长（solicitor-general）的职权。副总检察长在英格兰与威尔士是一名刑事司法大臣，其具有资深执业律师的资格。副总检察长的角色在很大程度上取决于总检察长的角色。副总检察长为次席司法长官并在总检察长职责范围内支持其行使职权。根据《1997年司法官员法案》第一部分规定，副总检察长可以履行总检察长的全部职责，其行为效力与总检察长完全一致。

③皇家检察院（Crown Prosecution Service）职权。在英格兰与威尔士地区，皇家检察院（CPS）是负责对警察侦查终结的刑事案件提起公诉的政府部门。[①]作为国家主要检察机构，皇家检察院的职责包括：向警方就其所侦办的可能提起公诉的案件提供法律建议；对警方提交的案件进行审查；对于除轻微案件之外的所有案件做出公诉决定；准备案件材料提交庭审；在庭审时提出检控。皇家检察院的负责人为检察长（director of public prosecutions）。

④首席执行官。检察长得到一名首席执行官的辅助，其职责是负责皇家检察院的日常运作。这种职责分工使检察长可以专注于检察公诉业务、法律事务以及刑事司法政策问题。在英格兰和威尔士地区，皇家检察院被分为13个辖区。每一个辖区有一名首席皇家检察官（CCP）领导。每一名首席皇家检察官会得到一位地区行政经理（ABM）的支持，上述二者的职责分工效仿检察长与首席执行官之间的分工。在每个辖区的行政后勤支持由区域运营中心提供。另外，还有一个"第14辖区"，即皇家检察院直辖区，也由一名首席皇家检察官领导。

（2）人员分类管理。

①检察官职务序列管理。英国检察官类别主要包括总检察长、副总检察长、主任检察长、皇家检察官、皇家大律师、辅检察官。不同的检察官类目中又被划分为不同的等级，其目的是以明确清晰的层级制度规范各类别检察官的职权活动，提高履行公诉职责的效率。总检察长、副总检察长和主任检察长实际上均为高级政府官员。因此，皇家检察官、皇家大律师以及辅检察官才是检察官分类管理的主要对象。皇家检察官是英国国家检察公诉体制的核心力量，负责英国绝大多数刑事案件的公诉及上诉的文书证据审查、起诉、上诉、应诉以及在相当部分案件中出庭支持公诉。[②]

---

① 英国皇家检察院网站，"About CPS"，https：//www.cps.gov.uk/about-cps。
② 英国皇家检察院网站，"Legal professional careers"，http：//www.cps.gov.uk/careers/legal_professional_careers/crown_prosecutors/。

②检察官职务等级管理。皇家检察官内部分为三个等级：皇家检察官、资深皇家检察官以及首席皇家检察官。首席皇家检察官一级为高级文官；皇家检察官序列中的高级成员在皇家检察院总部以及各地分支办公室担任管理职务，与配套的高级行政人员共同负责公诉机关的日常管理与运营。

③律师职务等级管理。皇家大律师为皇家检察官序列中的一个特殊群体，由取得了大律师资格（barrister）的皇家律师担任。皇家大律师内部分为三个等级：皇家大律师、资深皇家大律师和首席皇家大律师。在传统的英国律师专业分工体制中，书案律师（solicitor）负责诉讼及非讼案件的书案处理及法律咨询工作，但无资格出庭应诉；而大律师则接受书案律师的委托及报告，承担出庭应诉的责任。英国传统公诉体制继承了这一传统，由皇家检察官承担书案责任而另外由大律师负责出庭。皇家大律师具有丰富的庭审经验并擅长临场辩论与应变，其待遇一般要高于同级别的皇家检察官。

④辅检察官职务等级管理。辅检察官不具备律师资格。辅检察官内部分为两个等级：辅检察官1阶与辅检察官2阶。辅检察官一般不能以皇家检察官身份执行职务。但是在得到主任检察长之授权后，辅检察官可以办理一些简单的刑事案件程序，如刑案之保释程序以及在裁判官法庭（magistrates' courts）进行的刑事追诉。辅检察官虽然不具有律师资格，但因可以直接处理一些简单的公诉案件，也属于检察官序列。

⑤检察辅助人员、司法行政人员职务序列管理。除了内容丰富的检察官职权划分以外，检察辅助人员及司法行政人员也是英国检察人员体制不可或缺的重要组成部分。英国皇家检察院为其编制内的所有非检察官序列人员设立单独的级别制度，该制度与英国国家统一的文官级别体系存在一定程度的对应关系。与检察官序列人员的等级及待遇相比，非检察序列人员的入职起点相对较低，而且其最高级别仅为普通文官的最高级别（6级文官），也就是说非检察官序列人员将无法在皇家检察院体制内晋级为资深文官。检察辅助人员以及司法行政人员的级别为：A1级：对应文官体系下的行政助理级（AA），这一级别为入门级。A2级法务助理：对应文官体系下的行政官级（AO）。A2级专务秘书：对应文官体系下的行政官级（AO）。在此法务助理与专务秘书均为A2级，但从职务名称上可以推出，法务助理是专为检察辅助人员设立的职务，而专务秘书则是针对司法行政人员设立的职务。B1级：对应文官体系下的执行官级（EO）。B2级：对应文官体系下的高级执行官级（HEO），同时对应检察官序列的辅检察官级。由此可以看出，检察官序列起步级比非检察官序列高出三个档次，体现了对检察官序列人员专业性的认可。B3级：对应文官体系下的资深执行官（SEO），同时对应检察官序列的皇家检察官。D级：对应文官体系下的7级文官，同时对应检察官序列

的资深皇家检察官与皇家大律师。E级：为非检察官序列体制内正常晋升的最高级别，对应文官体系下的6级文官，同时对应检察官序列的资深与首席皇家大律师。

（3）检察官薪酬管理。英国检察系统内人员薪酬严格按照国会及内政部相关标准统一执行。其薪资标准的基本原则是在与检察官或公务员级别对应的区间内有限浮动，并允许特殊地区（主要是伦敦地区）执行特殊工资标准。其特点是：①薪酬体系多元化。英国皇家检察官职务序列工资薪酬制度有英格兰及威尔士、苏格兰多套体系，相互平行，互不替代。在英格兰及威尔士地区，实行检察官职务序列薪酬相对应的系统；在伦敦地区因为物价指数与消费水平等因素，又实行高于其他地区检察官职务序列薪酬标准的相对独立体系。②薪酬标准等级化。在检察官职务序列工资制度安排方面，英格兰及威尔士地区按照皇家检察院的助理皇家检察官（1阶和2阶）、皇家检察官、资深皇家检察官、特别检察官、皇家大律师、资深皇家大律师、首席皇家大律师、副首席皇家检察官、首席皇家检察官和刑事检控专员11个职务等级设置工资等级标准，并且与公务员职务等级的高级执行官（HEO）、资深执行官（SEO）、7级公务员（7级）、6级公务员（6级）、资深公务员1档（5级）、资深公务员1A档（4级）、资深公务员2档（3级）、资深公务员3档（2级）和资深公务员4档（1级）9个职务工资标准等级相对应。③薪酬薪级起步高于普通公务员。助理检察官（1阶）属于初等薪级，其起步年薪为28 296英镑，比司法行政人员的16 437英镑高72.1%，比警察的19 191英镑高47.4%，比公务员行政助理的15 529英镑高82.2%。特别检察官属于中等薪级，其下限薪酬为50 560英镑，比同级公务员43 654英镑高15.8%；首席皇家检察官（伦敦区）属于高等薪级，其下限年薪为115 000英镑，其上限比同级公务员144 985英镑高34.5%。综合折算，皇家检察官的年薪标准是普通公务员的168.9%。苏格兰地区检察官工资体系特点是：第一，工资标准等级化。在检察官职务序列工资制度安排方面，苏格兰地区按照总检察长、首席检察长、皇家特派员、副检察长、地方检察长、主办地区检察官、资深地方检察官、地方检察官、实习检察官2年、实习检察官1年、法务学员2年、法务学员1年12个年薪工资等级标准，并且分别与公务员职务等级的MSP（苏格兰议会议员）、SCS2、AD、SCS1、G薪级、F薪级、E薪级、D薪级、C薪级、B薪级等12个职务工资标准等级相对应。第二，工资薪级起步高于普通公务员。实习检察官1年属于初等薪级，其起步年薪为30 098英镑，比政务辅助人员的起步年薪16 586英镑高81.5%。①

---

① 徐汉明等：《检察官职务序列研究》，中国检察出版社2017年版，第113~119页。

第三节　我国香港、澳门特别行政区司法管理制度

一、香港特别行政区司法管理制度

(一) 管理模式

香港回归祖国后,其司法行政管理实行"一元主导的分权管理"模式,即司法行政管理由中华人民共和国香港特别行政区(以下简称"香港特区")主导下的财政司、律政司的分权控制管理。《中华人民共和国香港特别行政区基本法》(以下简称《香港基本法》)第六十条第二款规定:香港特别行政区政府设政务司、财政司、律政司和各局、处、署。律政司作为政府的一个专门的法律部门,其职能涵盖了立法、司法行政等多个方面,其人员任免受制于特别行政区政府乃至中央政府,其经费预算等受制于财政司。

(二) 管理主体

香港特区法院法官、检控官的管理主体较为复杂。

1. 法官管理主体

其终审法院首席法官、律政司司长均须行政长官提名后,由中央政府任命。香港终审法院首席法官是香港特区法官系统的首脑,在香港特区司法管理体系中具有核心作用,其不仅可以出任司法人员推荐委员会的当然主席,而且有权管理法律专业人士、制定法规(如法官行为指引);有权委任高等法院、区域法院、裁判法院、各审裁处的暂委法官、暂委裁判官或者相关司法常务官等司法人员;有权依法为下级法院制定相关法律程序规则;其在一定程度上与特别行政区行政长官拥有并立的司法人员委任权;其还领导司法机构的行政事务;司法机构设有政务处,负责管理司法机构的资源、处理公共关系事务、由政务长领导而政务长必须向终审法院首席法官负责;终审法院首席法官还有权参与下级法院的管理工作;高等法院、区域法院的首席法官和总裁判官,最终向终审法院首席法官负责。[①]

[①] 陈陟云:《法院人员分类管理改革研究》,法律出版社2014年版,第183页。

2. 检控事务管理主体

香港特区律政司司长是行政会议的成员，也是香港特区政府的首席法律顾问，并对香港特区所有案件的检控负有最终责任。律政司设有法律政策科、民事法律科、法律草拟科、刑事检控科和国际法律科五个专门负责法律工作的科别。检控事务管理主体是以律政司司长为领导、政务及发展科为主导、刑事检控科协助的多元管理格局。

（三）管理内容

按照我国内地的划分标准，香港特区的司法机构包括法院组织机构与检察组织机构。具体包括：关于法院司法行政管理，主要包括组织机构及人员配备管理、司法管理、司法人员的资格管理、法官的任免管理、经费管理等。

1. 法院司法管理

（1）组织机构及人员配备。截至 1998 年 10 月，香港特区法院组织机构包括：①终审法院。内有首席法官 1 人、法官 4 人。②高等法院。内有首席法官 1 人、上诉法庭法官 9 人、初审法庭法官 25 人、司法常务官 1 人、副司法常务官 9 人。③区域法院。首席法官 1 人、法官 33 人。④土地审裁处。内有审裁委员 2 人。⑤东区、西区、北九龙、观塘、荃湾、粉岭、沙田、新蒲港、屯门、南九龙 10 个裁判法院（其中九龙城裁判法院于 2001 年 7 月 3 日启用，取代新蒲港裁判法院；东区、观塘、荃湾、屯门、沙田裁判法院均设少年法庭；南九龙裁判法院于 2000 年 7 月 1 日起停止服务），内有总裁判官 1 人、主任裁判官 10 人、裁判官 53 人、特委裁判官 11 人。⑥死因裁判法庭。内有裁判官 3 人。⑦劳资审裁处。内有主任裁判官 1 人、裁判官 8 人。⑧小额钱债审裁处。内有主任审裁官 1 人、审裁官 6 人。⑨淫秽物品审裁处。其审裁委员不属于司法人员。[①]

（2）司法管理。

①终审法院的司法管理。《香港基本法》于 1997 年 7 月 1 日正式运行。依据《香港终审法院条例》，其主要履行民事包括当然权利上诉、酌情上诉的管辖权，刑事司法管辖权。其可以确认、推翻或者更改上诉所针对法院的决定。其限制是对涉及国防、外交的行为无司法管辖权。终审法院由首席法官、常任法官、非常任香港法官、受邀请参加终审法院审判的其他普通法使用地区的法官。首席法官是香港特区司法机构的首长，负责香港特区司法机构的行政管理及执行合法的授予他的其他职责，在其因患病或者其他原因缺席时，香港特区行政长官必须委任一名有资格的法官担任代理首席法官。

[①] 尤少华：《香港司法体制沿革》，知识产权出版社 2012 年版，第 4~7 页。

②高等法院的司法管理。依据《高等法院条例》的规定，高等法院具有无限的民事和刑事司法管辖权，其包括初审法庭的司法管辖权和上诉法庭的司法管辖权。①

③区域法院的司法管理。2000年修订的《区域法院条例》对1953年香港地区的地方法院条例进行系统修改，其司法管辖分为一般司法管辖权、民事司法管辖权和刑事司法管辖权。②

④裁判法院的司法管理。依据2000年修订的《裁判官条例》的规定，裁判法院由常任裁判官、特委裁判官、暂委裁判官组织，其由行政长官任命。截至1998年，全港共设有10个裁判法院。依据《少年犯条例》的规定，在5个裁判法院设有少年法庭。其享有刑事司法管辖，裁判官可审理多种公诉罪行及简易程序罪行的案件。依据《裁判官条例》，其仅享有强制执行民事债务的管辖权力。③

⑤特种法庭的司法管理。特种法庭包括香港特区回归前的4个审裁处和1个死因审判法庭。依据2000年《劳资审裁处条例》《土地审裁处条例》《小额钱债审裁处条例》《死因裁判处条例》等规定，特种法庭享有土地审裁、劳资审裁、小额钱债审裁、死因审裁管辖权。④

（3）法官资格管理。

①终审法院法官的资格管理。依据《香港终审法院条例》的规定，其分别对首席法官、常任法官、非常任法官以及其他普通法实施地区法官的资格做了规定。其中首席法官必须由在外国无居留权的、有香港特别行政区永久居留权的中国公民担任，其范围包括具有高等法院首席法官、上诉法庭法官或者初审法庭法官或者以大律师或者律师身份执业至少10年以上的大律师等。非常任法官的资格包括以大律师或者律师身份执业至少10年的大律师，或者已退休的终审法院首席法官、常任法官、高等法院首席法官，现职或已退休的上诉法庭法官等。其他普通法适用地区法官的资格包括现职或已退休的法官，或者从未担任过高等法院法官、区域法院法官或者常任裁判官且长居香港以外地区的法官。

②高等法院司法人员专业资格管理。其主要内容包括：一是担任过律师和辩护人的；二是担任过香港特区司法或者法律机构职务的；三是律师转任香港特区司法或者法律事务的，其从业时间至少为10年，或者官方雇用及从事法律事务前后合并10年的。

③区域法院司法人员专业资格管理。主要内容包括：一是在民事或刑事方面

---

① 尤少华：《香港司法体制沿革》，知识产权出版社2012年版，第16~20页。
② 尤少华：《香港司法体制沿革》，知识产权出版社2012年版，第21~24页。
③ 尤少华：《香港司法体制沿革》，知识产权出版社2012年版，第25~29页。
④ 尤少华：《香港司法体制沿革》，知识产权出版社2012年版，第32~35页。

有无限管辖权的法院担任过法院律师和辩护人的；二是担任过该等法院律师、辩护人的；三是律师转任香港特区司法或者法律事务的，其从业时间至少为5年，或者官方雇用及从事法律事务前后合并5年的。

④特种法庭司法人员专业资格管理。主要内容包括：一是担任审裁处庭长曾具有高等法院初审法庭法官从业经历的；二是曾在区域法庭担任过法官的；三是在民事或刑事方面有无限管辖权的法院担任过律师或辩护人的。①

（4）法官的任命。

根据《香港基本法》的规定，香港特别行政区法院的法官由独立委员会推荐，由行政长官任命。该委员会是一个独立的法定机构，依据《司法人员推荐委员会条例》设立，由地方法官、法律界人士和其他部门的知名人士组成。香港法院的法官必须是香港或普通法系司法管辖权下合格的法律从业人员且具有丰富的专业经验。香港法官只有在无力履行职责或行为不检的情况下才可能被免职。香港法院内设有司法常务官负责协助法官处理开庭前和开庭后等程序涉及的工作。香港司法制度保留了英美法系普通法的传统，其也高度重视司法独立。从司法人员任命方式和任期保障及律政司对司法行政事务的分类管理等方面可以看出，香港致力于在制度上和制度实际运作方面保障司法独立。其任命依据和程序主要有以下几个方面。

①终审法院法官的任命依据和程序。依据《香港终审法院条例》的规定，其分别对首席法官、常任法官、非常任法官以及其他普通法实施地区法官的任命做了规定。其程序一是首席法官、常任法官、非常任法官及其他普通法适用地区法官必须由香港特别行政区行政长官根据司法人员推荐委员会的推荐任命；二是首席法官、常任法官、非常任法官及其他普通法适用地区法官的任命和免职须征得立法会同意并报全国人大常委会备案；三是终审法院法官在香港地区不得担任律师或辩护人；四是终审法院司法常务官须由行政长官任命。

②高等法院法官的任命依据和程序。依据《高等法院条例》的规定，其分别对首席法官、初审法庭特委法官、任何上诉庭法官、初审法庭暂委法官任命做了规定。其程序一是高等法院初审法庭特委法官、首席法官、任何上诉庭法官由总督任命；二是初审法庭暂委法官在终审法院首席法官职位空缺或需要增加时，由终审法院首席法官任命。

③区域法院法官的任命依据和程序。依据《区域法院条例》的规定，区域法院法官、司法常务官等由香港特别行政区行政长官任命。

④裁判法庭及特种法庭法官的任命依据和程序。依据相关规定，其程序一是

---

① 尤少华：《香港司法体制沿革》，知识产权出版社2012年版，第193~199页。

土地审裁处、小额钱债审裁处、劳资审裁处等机构的裁判官可由香港特别行政区行政长官任命并经政府公报公布,或由终审法院首席法官任命;二是死因裁判官、暂任审裁官可由香港特别行政区行政长官任命并经政府公报公布,或由终审法院首席法官任命并经政府公报公告;三是常任审裁官及特任裁判官由香港特别行政区行政长官任命并经政府公报公布。

(5)经费管理。

①管理体制。香港特区司法机构的司法行政管理实行一元化管理体制,即所有法院、审裁处和裁判法庭的司法行政事务均由香港特区司法机构政务处负责。司法机构政务处由政务长领导。

②经费预算构成。香港特区司法机构的年度预算通常由基于上年度的常规经费需要和下一年度的新增项目需求两部分组成。

③预算审批程序。司法政务长与高等法院、区域法院、裁判处的首席法官或裁判长经协商沟通,制定出下一年度的经费需求,报终审法院首席法官审定,并报香港特区政府;特区政府对终审法院首席法官提请经费预算进行审查并提请香港特区立法会(以下简称"立法会")审议;立法会对特区政府提请的法院经费预算草案进行审议;特区政府根据立法会审议通过的法院经费预算向司法机构拨款。

④预算执行。法院经费预算的执行统一由香港特区司法机构政务处负责。[①]

2. 检控官管理

(1)检察机构管理。香港特区的律政事务及检控事务管理由律政司司长办公室、法律政策科、民事法律科、法律草拟科、刑事检控科、国际法律科、政务及发展科7个机构负责。

①律政司司长办公室。其作为律政司主管部门,专门负责政府的法律事务,包括对大部分刑事案件提出检控、草拟政府提出的所有法律草案以及为政府提供法律咨询意见。

②法律政策科。与律政司司长办公室一同负责提供各种专项的法律服务,以促进律政司司长执行职责。此外,法律政策科还就政府的所有法律政策提供相关资料,就司法、法律制度、人权、香港特区基本法律、政治制度发展、选举事务及内地法律等问题提供咨询意见。此外,该科还负责为法律改革委员会进行各项研究。

③民事法律科。其职责是负责向政府提供民事法律意见、草拟商业合约及专营权文件,并代表政府进行民事诉讼、仲裁及调停。对于相关民事法律的草拟和

[①] 郭丰、韩玉忠:《域外法院经费体制概览及启示》,载于《中国应用法学》2018年第1期。

制定，该科也负责提供相关法律意见。民事法律科内部设有调解小组，调解小组和法律政策科的仲裁组一同负责推动政府仲裁，提升香港作为在亚太地区主要国际法律及解决争议服务中心的地位。

④法律草拟科。负责以中英文草拟所有由政府建议的法例，并在立法过程中向决策局提供专业协助，并就立法过程中的法律问题进行解释说明。此外，该科还负责制定《香港法例》，维持一个可以通过互联网查阅的法例资料库。2016年9月，法律草拟科另增建一个法例资料库，新资料库具有一定的法律地位。

⑤刑事检控科。其主要职责是负责做出检控决定，包括是否提出检控；若提出检控，检控的具体内容、审讯的法庭等。刑事检控科的律师向执法机关就检控相关事项提供法律意见，负责出庭检控，并处理大部分的刑事上诉案件（包括在终审法院提出的上诉）。

⑥国际法律科。负责就国际公法相关的问题向政府提供相关的法律意见。该科内部的律师也参与其他司法管辖区洽谈协议的工作，并处理外地或香港特别行政区提出的国际司法合作请求。对于作为中国代表团的身份参与的涉及国际法的协定或条约的谈判，该科也负责提供专门的法律意见。该科内设有司法互助组，负责提出或处理收到的司法互助的请求，并就与司法互助相关问题提供专门的法律意见。

⑦政务及发展科。主要负责律政司内部相关的行政管理及财务、人力资源等相关的事务。①

（2）检控官制度的性质与地位。香港特别行政区检控官制度受英国影响深远。香港刑事诉讼实行控诉与审判职能上的分工，检察系统独立于法院系统，成为代表香港特别行政区政府追诉罪犯、行使检控职能的重要法律机构。香港特别行政区律政司承担着对可控告罪行和严重罪行的检控工作。根据《香港基本法》第六十条、第六十三条的规定，香港律政司作为特别行政区政府的职能机构，主管刑事检察工作，不受任何干涉。其职权涉及草拟法律草案、司法行政、检控、民事代理、法律政策制定以及律师等多项职能。律政司除了要全权负责香港刑事案件的检控之外，在所有起诉政府的民事诉讼（含行政诉讼）中均以被告身份参与诉讼，在法庭上代表政府。②

（3）检控官的职权。

①刑事诉讼审前权力。检控官在刑事诉讼中审前程序的职权是：决定是否提出检控；决定指控罪名；决定免于指控的权力。

---

① 资料来源：香港特别行政区律政司网站，https://www.doj.gov.hk/sc/recruitment/counsel.html，2015年10月25日。

② 徐汉明、金鑫、姚莉等著：《检察官职务序列研究》，中国检察出版社2017年版，第62页。

②一审程序的决定权。检控官在一审程序中的职权是：参加预审；参加庭审；决定终止检控和改变检控的内容；同意辩方的签保安排。

③上诉程序的上诉权。检控官在上诉程序中的职权是：对裁判不服提请的上诉；对区域法院和高等法院判决不服提起上诉；向终审法院提出上诉。

④民事诉讼参与权。检控官在民事诉讼中的职权是：在所有控告政府的民事诉讼中，律政司司长以被告的身份参与诉讼；在法庭上代表政府及公众利益参与诉讼。

⑤其他权力。包括：检控官干预自诉的权力；统一检控的权力；重新提出检控的权力。①

（4）检察官职务名称与职务层次管理。香港回归前，律政司署（香港回归后，改称"律政司"）长官称为总检察长，律政司法律专业人员称为"检察官"。据统计，1996年3月香港整个检察官职系的人数为263人，其中律政司署的检察官为254人，占检察官总人数的96.56%。② 其他的检察官则分散于廉政公署和警务署等检控机关。按律政司署的检察官系列，在律政专员以下检察官职务名称由高到低分别称为首席检察官、副首席检察官、助理首席检察官、高级检察官、检察官、助理检察官。香港回归后律政司的法律专业人员统称为"政府律师"，但其所担负的检控职能仍没有改变，属香港政府的公务员，职务名称从高到低分别是：律政司司长、律政专员（刑事检控专员）、首席政府律师、副首席政府律师、助理首席政府律师、高级政府律师和政府律师。③

（5）检控人员的员额管理。截至2012年12月31日，香港特别行政区律政司（以下简称"律政司"）政府律师共计376人，其中律政专员5人，首席政府律师15人，副首席政府律师50人（含2个编外职位），助理首席政府律师14人，高级政府律师190人，政府律师102人（含2个编外职位）；法律辅助人员共计203人；其他人员614人，政府律师人数在全部工作人员人数中的比例为31.5%。④

（6）检控官职务等级序列管理。受英国司法制度及司法委员会的影响及制约，香港地区形成了具有英国司法模式与香港特点的制度体系。其职务等级也没有制定专门的检察官职务等级制度，而是采用检察官职务名称与职务等级合二为一的方式，并且职务等级层次通过其工资等级来体现。⑤

---

① 资料来源：香港特别行政区律政司网站，https://www.doj.gov.hk/sc/recruitment/counsel.html，2015年10月25日。
② 香港政府编：《律政司1996》，香港政府印务局1996年印，第16页。
③ 徐汉明、金鑫、姚莉等著：《检察官职务序列研究》，中国检察出版社2017年版，第62页。
④ 徐汉明、金鑫、姚莉等著：《检察官职务序列研究》，中国检察出版社2017年版，第63页。
⑤ 徐汉明、金鑫、姚莉等著：《检察官职务序列研究》，中国检察出版社2017年版，第64页。

（7）检控官晋升管理。律政司政府律师晋升选拔是以品格、能力及经验作为准则。根据个人才干，政府律师一般可在数年内晋升为高级政府律师；但要晋升为助理首席政府律师以上职位，则需要较长年限，时间不固定。获取录为政府律师的人士按公务员试用条款受聘，试用期为三年；成功通过试用期的人员，可获考虑按当时适用的长期聘用条款受聘。对于初入职政府律师，律政司会安排各类型的培训课程，协助其掌握工作所需的知识及技巧，以便更有效地履行职务，并为日后晋升做好准备。此外，律政司还设置见习律政人员，作为政府律师的后备人选，分为见习律师和见习大律师两类，见习律师参加见习律政人员计划为期两年，见习大律师参加见习律政人员计划为期一年。

（8）经费管理。其主要包括：①管理体制。香港特别行政区检控经费由律政司统一管理。②预算构成。检控部门的年度预算通常由基于上年度的常规经费需要和下一年的新增项目组成，包括经常开支和非经常开支两个部分。③预算审批程序。律政司和检控部门根据每一个财政年度的经费需求制定年度预算，由香港特别行政区政府（以下简称"特区政府"）审核；审核修正后，特区政府提请立法会审议和辩论；立法会财务委员会审议年度预算案后通过决议；特区政府根据立法会审议后通过的检控部门年度经费预算拨款。④执行与监督。检控经费由律政司执行和监督管理。据统计 2017/2018 年度，律政司刑事检控部门修订后的拨款为港币 66 570 万元；2018/2019 年度的预算是港币 89 040 万元，较 2017/2018 年度预算增加了 33.75%。①

二、澳门地区司法管理制度

澳门特别行政区（以下简称"澳门特区"）在回归之前，虽然有自主的司法组织，但没有司法终审权，其组织状况包括第一审法院和高等法院、检察官公署和澳门司法委员会。澳门特区回归后，依据《中华人民共和国澳门特别行政区基本法》（以下简称《澳门基本法》）的规定创设了终审法院、中级法院和初级法院系统，并设立行政法院。与此同时，《澳门基本法》还规定了行政区检察院职权及其运行方式。

（一）管理模式

澳门特区司法管理体制区别于内地司法管理体制而具有体现澳门特别行政区

---

① 资料来源：香港特别行政区律政司网站，https://www.doj.gov.hk/sc/recruitment/counsel.html，2015 年 10 月 25 日。

特色的司法管理模式。其核心要素在于,围绕有效实施《澳门基本法》、保障澳门经济社会繁荣发展,特别行政区建立起依法独立公正行使司法权与检察权的司法管辖制度、组织机构、法官与检察官的选任、职业保障、职业惩戒及经费管理等独特的司法管理体制及其制度安排。

(二) 管理主体

澳门的司法行政管理主体呈现出以《澳门基本法》授权为依据、以澳门特区长官行使管理权为主导、以司法权检察权作为独立的职权体系不受澳门特区其他立法权、行政权的制约为特色,以澳门特区法官委员会、澳门特区检察官委员会选任法官检察官与澳门特区行政长官任命相结合为表征,职业保障、经费管理由特别行政区统一规范提供的管理体系。澳门特区政府法务局,主要负责立法事务和司法行政事务,下设行政法司司长办公室、行政公职局、法务司、身份登记局、印务局、民政总署、法律及司法培训中心、澳门公共行政福利基金、法务公库、退休基金会、公共服务评审委员会、公共行政改革统筹委员会和司法援助委员会。澳门特区法官委员会主要由终审法院院长、两名社会人士、两名法院司法官组成。澳门特区检察官委员会则由检察长、两名社会人士和一名助理检察官及一名检察官代表组成。[①]

(三) 管理内容

1. 法院司法行政事务管理

(1) 法院组织体系及职权。澳门特区法院设终审法院、中级法院、初级法院和行政法院三个层级,其形成独立的司法系统。其中,①终审法院的组织体系及职权。依据《澳门基本法》和《澳门司法组织纲要法》第四十四条的规定,终审法院为特别行政区法院等级中的最高机关,其享有十六项管辖权。目前,澳门特区终审法院配置3名法官,包括由行政长官任命的终审法院院长,其除担任法官及院长职务外还需确保终审法院的正常运作,以及领导终审法院院长办公室。②中级法院组织体系及职权。依据《司法组织纲要法》第三十六条的规定,中级法院负责审理初级法院和行政法院裁决的上诉案件和法定管辖的初审案件,其享有十六项管辖权。现中级法院配备9名法官,其中由行政长官任命的中级法院院长。③初级法院、行政法院组织体系及职权。依据《司法组织纲要法》的规定,初级法院和行政法院均为第一审法院;其行政法院管辖行政诉讼和税务诉讼,初

---

① 资料来源:澳门特别行政区法院网站,http://www.court.gov.mo/zh;澳门特别行政区检察院网站,https://www.mp.gov.mo/zh_tw/standard/index.html,2018年5月10日。

级法院管辖除行政法院专门管辖、上级法院法定管辖以外的所有案件，享有初审权。初审法院现有 34 名法官，其中院长 1 名，合议庭主席 8 名，独任法官 25 名。初级法院共设有行政中心、3 个民事法庭、5 个刑事法庭、1 个轻微民事案件法庭、1 个劳动法庭以及 1 个家庭及未成年人法庭。①

（2）司法官的任职资格及程序。澳门回归之前由于其地域小人口少的特点，原澳门地区法院常年仅有 3 名法官编制，任职则尚须兼任审计评证院的法官，其尚无本地中国居民或葡裔居民出任法官，而是由葡萄牙外派的人士担任：直至 1993 年才增加至 5 名高等法院法官、3 名审计法院法官。② 回归后的澳门特区法院系统现有法官 46 人，法院组织机构得到完善，法官配置增加近 5 倍，其司法效率提高，案件积压情况大为好转。其法官产生方式主要由法官委员会负责。法官委员会负责选拔推荐法官与行政长官任命法官相结合。

①法官的选拔推荐管理。根据法律规定由行政长官任命提名澳门当地人士组成独立委员会，其中法官 1 名、律师 1 名、其他知名人士 1 名；委员会设主席 1 名，由委员互选产生；设秘书 1 名协助处理有关事项，包括审核申请人入职资格、约谈、外聘考察，等等。行政长官任命推荐法官组织委员会所推荐的法官人选均须获得行政长官的任命。但各级法院院长仅能从法官中选任。

②法官任免管理。a. 法官任用条件。依据澳门特区《司法官通则》的规定，法官的任职条件分为一般条件与特别条件。一般条件包括澳门特别行政区永久居民具有中国国籍或葡萄牙国籍，年龄介于 18～50 岁；身体健康且在澳门定居；具有法律认可的法律学识；熟悉澳门法律体系。特别条件包括在澳门居住至少三年；熟悉中文、葡文；完成一个课程及实习且成绩及格。b. 法官任期及免职。澳门特区实行法官终身制或者长任职制，其只有在无力履行其职责或者不称职时澳门特区行政长官才可依据终审法院院长任命的不少于 3 名法官组成的审议庭的建议，予以免职。③

（3）法官的权力与义务、惩戒。依据《澳门基本法》及澳门特区《司法官通则》的有关规定，澳门特别行政区法官的权力主要体现在责任豁免与工资、生活条件保障上。在薪酬保障方面，依据澳门特区《司法官薪俸制度》的规定，终审法院院长的月薪俸为澳门特区行政长官的 80%，中级法院院长的月薪俸为澳门特区行政长官的 70%，初审法院院长的月薪俸为澳门特区行政长官的 67%。

（4）司法辅助人员的任职资格及程序。

①司法辅助人员任免管理。澳门特别行政区对司法文员职程人员、主管官

---

① 资料来源：澳门特别行政区法院网，http：//www.court.gov.mo/zh，2018 年 4 月 18 日。
② 许昌：《论澳门特别行政区法院设置及其特点》，载于《中外法学》1994 年第 1 期。
③ 李燕萍：《澳门的法院和审判制度》，中国民主法制出版社 2011 年版，第 50～54 页。

职人员均通过考试选拔的方式予以任用。其中，司法文员职程人员的选任，须通过专设的入学考试，修读任职资格课程并且合格完成者方可成为其备聘人员；已具有法院司法文员职程者可投考主管官职岗位，其须通过专设的入学考试，合格者须完成入学课程；根据工作需要可以例外的以个人劳动合同制度聘用曾受适当培训、并在澳门特别行政区以外担任类似职务的人员为司法辅助人员；司法辅助人员的日常工作由各级法院院长管理；司法辅助人员的考核由法官委员会负责。[①]

②司法辅助人员的权利与义务。司法辅助人员享有相关的权利与须承担的义务。第一，有权收取法定的报酬、享有法定的假期，以及其他特殊权利，如法院初级书记员第一职阶的薪俸为澳门币19 220元。第二，须履行行政工作人员的一般义务，不得兼任其他收取报酬的公共职务或私人职务，不得介入直系血亲或姻亲或二亲等内的旁系血亲或姻亲关系的法官、检察院司法官或者司法辅助人员参与的诉讼程序。第三，依其职责提供资讯。[②] 第四，法官的培训主要由法律及司法培训中心负责。

（5）经费管理。

①管理体制。终审法院院长办公室在终审法院首席法官领导下，统管三级法院的司法行政工作。澳门法院系统的经费由澳门特别行政区政府统一保障。

②预算审批程序。法院经费预算由终审法院院长办公室下设的财政财产处统一独立编制，报经终审法院首席法官批准后，由澳门特别行政区财政局纳入政府全面预算后送澳门特区立法会审议，并按照经立法会审议批准的预算足额拨付经费。

③预算执行与调整。每年年中，澳门特区财政财产处根据实际执行情况编制终审法院院长办公室预算修改，报立法会对法院预算进行适当调整。

2. 检察事务管理

（1）检察院的性质与地位。澳门回归前，行使检察权的部门称为"检察公署"，其附设在法院之内不具有司法机关的地位，也没有独立的人事、财政管理保障机制，其总检察长、检察官必须是具有葡萄牙编制及相应级别的司法官担任。澳门回归后，根据《澳门基本法》及《澳门司法组织纲要法》（以下简称《司法组织纲要法》）《司法官通则》的规定，建立起了与《澳门基本法》相衔接符合澳门实际的区域性、独立性、职权体系性的检察机构——澳门特别行政区检察院（以下简称"澳门检察院"），形成了中国特色区域性检察制度。

---

① 李燕萍：《澳门的法院和审判制度》，中国民主法制出版社2011年版，第64~65页。
② 李燕萍：《澳门的法院和审判制度》，中国民主法制出版社2011年版，第65~66页。

其特点是：①区域性。其区域性体现在澳门检察院是作为中国检察体系在澳门特别行政区不可分割的有机组成部分，其根本职能是保障国家主权的统一，维护《澳门基本法》统一正确实施。②独立性。其独立性是指澳门检察院依据《澳门基本法》和澳门特区法律的规定依法独立行使检察权不受任何干涉；机构设置上澳门检察院与澳门特区立法会、澳门特别行政区政府和澳门特区法院并列；性质上澳门检察院是法律监督机关与法院对等，依法独立行使审判权与检察权。③体系性。其职权体系性表现为广泛的权力①，即代表澳门特别行政区任何一个行政机关在法庭上进行诉讼的职权；领导刑事侦查；领导刑事检察部门开展刑事侦查工作，监督刑事侦查工作是否依法进行；提起公诉，出庭支持公诉；对审判程序的合法性进行监督；对刑事判决执行实行监督；监督法律实施。

（2）组织机构及人员管理。澳门检察院创立了"一院建制、三级派任"的新的司法架构模式。"一院建制"是指在检察院的机构设置下采用单一组织架构只设立一个检察院，不设立对应终审法院、中级法院、第一审法院的三级检察院；"三级派任"是指检察官分为三个级别并分别在澳门的三级法院内代表检察院履行职责，具体分为检察长、助理检察长、检察官。

①检察长办公室管理职权。根据澳门《司法组织纲要法》第五十七条规定，检察院设检察长办公室。检察长办公室为具有独立职能、行政及财政自治的机构。检察长办公室直属于检察长而运作，等同于行政长官及司长级官员的办公室，由1名相当于局级行政官员的办公室主任领导。检察长办公室负责向检察长提供技术和行政性质的辅助，在内设立专责检察院事务处理的下属部门。检察长办公室设有5个厅级部门，包括司法辅助厅、律政厅、人事财政厅、司法合作厅及支援厅。司法辅助厅的主要职责是对检察院下设各办事处的司法辅助人员进行管理，并为各级检察官开展工作提供协助；负责接收与司法诉讼有关的举报，协助市民获得法律咨询和司法援助。律政厅的主要职责是在监督法律实施及维护合法权益方面，代表检察院和检察长办公室提出法律意见，对涉及检察体制和司法诉讼的法律法规进行系统研究，分析检察院的运作并定期向检察长提交报告，同时负责开展司法协助、对外联络、社区关系、对外交流等活动，以及统筹检察院刊物的出版等工作。人事财政厅负责管理检察院内所有人事、财政及行政支援工作，下设财政处和人事处。司法合作厅在司法协助和交流方面提供法律及专业技术的协助，其下设司法协助处。支援厅的权限为利用及管理各项设备以优化日常运作，以及在司法诉讼、行政及财政管理、法律研究等范畴提供现代资讯技术方

---

① 樊崇义、吴宏耀、种松志：《域外检察制度研究》，中国人民公安大学出版社，2008年版。

面的支持，其下设资产设备处及资讯处。①

②检察官委员会管理职权。依据《司法官通则》规定设立了检察官委员会，其主要职责是：检察院司法官的选任、退休、撤职处分之类的事项；编制检察院司法官的年资表；评核检察院司法官及司法辅助人员的工作；研究并建议采取立法或行政措施，提高司法体系的效率及改善该体系；通过委员会的预算提案；等等。

③驻法院检察办事处职权及人员管理。按法院审级派驻可分为：a. 驻终审法院检察办事处。即在终审法院，设立检察院驻终审法院办事处，由检察长代表检察院履行检察职能，必要时由助理检察长协助检察长工作；b. 驻中级法院检察办事处。即在中级法院，设立检察院驻中级法院办事处，由助理检察长代表检察院履行检察职能；c. 驻初级法院、行政法院检察办事处。即在第一审法院包括初级法院和行政法院分别设立检察院办事处，由检察官代表检察院履行职权；对于案情严重复杂或涉及重大公共利益时，也可由助理检察长在第一审法院代表检察院履行检察职能。按照《司法组织纲要法》规定，检察官的编制为检察长1人、助理检察长13人、检察官27人。②

（3）检察官任职资格及选任程序。按照《澳门基本法》及《司法官通则》规定，澳门特别行政区检察长由澳门特别行政区永久性居民中的中国公民担任，由行政长官提名，报中央人民政府任命。这一方面彰显澳门检察院具有代表国家提起刑事检控的司法职能，另一方面规定了检察长必须效忠中华人民共和国和澳门特别行政区。③ 澳门特区检察官与法官的任职资格条件相同。经检察长提名、澳门特区行政长官任命的首批特区检察官共23名，其中留任葡裔检察官4名、本地检察官19名；现有检察官29名。为协调检察院与廉政公署的合作关系，派驻司法警察局代局长和助理廉政专员3名，使澳门检察院摆脱了葡萄牙殖民统治下"检察公署"的角色地位而成为真正的检察机关；助理检察长和检察官的任免程序须经检察长提名由澳门特区行政长官任命，并且各级检察官属永久性任职，除非在法律规定的情况下，否则不得将检察院检察官免职、命令其退休或者以任何情况使其离职。④

（4）检察官薪酬福利管理。其主要特点：①薪酬体系相对独立。澳门特区司法官的薪俸由独立法规《司法官薪俸制度》规定。②薪酬标准按行政长官薪酬比例确定。司法官的月薪俸以行政长官的月薪俸百分比计算；检察长的薪俸为澳门

---

① 樊崇义、刘文化：《澳门特别行政区检察制度的大陆法系传统》，载于《人民法治》2015年第10期。
② 徐汉明等著：《检察官职务序列研究》，中国检察出版社2017年版，第65页。
③④ 何超明：《澳门司法制度的改革与创新》，载于《人民检察》2014年第2期。

特区行政长官薪俸的75%；助理检察长的薪俸为澳门特区行政长官薪俸的70%。③薪酬调整方法独特。检察官的薪俸按服务年限分别计算：服务未满3年者、满3年者、满7年者、满11年者、满15年者、满18年者的薪俸分别为行政长官薪俸的35%、42%、50%、54%、57%、60%。④检察官福利待遇高。根据《司法官通则》规定，司法官的福利待遇还包括：获得假期津贴及圣诞津贴；获得居所租赁或设备津贴；此外，检察长有权以招待费名义获得相当于其薪俸25%的津贴；公干获发津贴金额相当于澳门特区公共行政工作人员所定的最高标准；获得对澳门特区公共行政工作人员所定的福利性质的津贴，检察官及其家属享有对澳门特区行政工作人员所定的医疗护理、药物、手术、最高等级住院等待遇；享有由澳门特别行政区负担其居所电话的安装及用户费用等。检察官培训由法律及司法培训中心负责。

（5）经费管理。包括：①经费保障体制。澳门检察院的经费由特别行政区统一保障。②经费管理。澳门检察院的经费管理在检察长统一领导下由检察长办公室负责，检察长办公室同时还统管检察院及派驻终审法院、中级法院、初级法院、行政法院的检察处的经费管理及司法行政工作。

第四节　域外和我国港澳地区司法管理制度比较的启示

随着司法实践的逐步深入，司法保障的相对独立与保障的制度化、规范化、程序化、法律化得到越来越多国家的重视，与此同时，司法管理也随之逐步展开并在实践中逐步得到改进和完善。虽然，不同国家存在着不同的政治体制、历史传统和文化风俗，但从总体而言，司法管理在各国不断发展不断改进，并大多呈现出以下共同的趋势。

一、司法管理的专业化、制度化发展

以本章考察的大陆法系和英美法系不同国家以及我国港澳地区的司法管理制度及其实践，不难发现，大陆法系和英美法系的国家或地区都在本国或地区的中央或地方建立了一个或者多个专职司法管理事务的专门机构；而我国港澳地区虽然与我国内地司法管理制度未构成一个有机的整体，但受地区特定的历史文化传统的影响和制约，其也建立了具有专门化、规范化的司法管理体系，并同内地司法管理体系构成一个具有中国特色司法管理体系，即以内地司法管

理体系为主导，以港澳地区各自相对独立的司法管理体系为辅的司法管理系统。因此，无论是这些国家或地区的司法管理，还是我国港澳地区的司法管理，其具有相向性的特点是通过专业人员对司法相关的各类事务进行管理，管理范围涵盖了立法工作、法官、检察官及司法辅助人员的职业准入、分类管理、选任、培训、薪酬福利、职业惩戒以及经费与财物管理，等等。同时，专门的机构还科学地划分了不同的部门，不同部门各司其职，形成了一个专业化的司法管理体系。个别国家如英国的英格兰、威尔士地区的司法管理机关还建立起了与专门公共机构合作，共同管理法律执行方面的事务以及法律咨询方面的工作，加强了司法管理的有效性和专业性。此外，部分国家或地区的司法管理机关还设有专门部门负责信息、数据的收集和分析，以对决策或立法提供服务。司法管理逐渐走向专业化、制度化的管理模式，成为当代大多数国家和地区司法管理的发展趋势。

二、司法管理的独立化、公开化发展

不论是以英国、美国为代表的英美法系国家，还是以德国、法国为代表的大陆法系国家，司法管理都开始逐渐与司法机关的审判权、检察权分离开来，由一个或多个独立设立的司法管理机关行使司法管理权。司法管理权和司法机关的审判权、检察权区分的一个重要表现在于，司法管理机关承担管理司法机关行政方面事务的职责。例如，前述对德国司法管理体制的概述，其司法部的一大职能即负责联邦各个法院和检察院等司法机关的人员的选举、配置及组织、财务、设施等工作。此外，司法部还负有对前述工作的具体实施情况进行监督的义务。由此可见，司法管理走向独立化要求司法体系内各机关之间的权责分明并各司其职，对司法权与司法行政事务权进行严格的区分，将司法人员的遴选、配置工作以及行使司法权的司法机关的行政管理、监督工作分离出来，法院负责专门的审判事务，由专门的司法管理机构进行管理和适度的监督，并且，司法管理机构既不干预法院依法独立行使审判权，也不干预检察机关依法独立行使检察权，从而实现司法行政管理与司法权的分离，也是当代一些国家和地区着力探索改革与实践的一种趋势。

三、司法管理的复合化、细分化发展

从考察大陆法系、英美法系典型国家或地区的司法管理来看，司法管理的内容都涵盖了立法、司法行政和与司法相关的诸如司法援助、监狱管理等事务。对于部分国家如德国而言，司法管理机关主要承担立法、司法行政事务管理的职能；对于部分国家如美国而言，司法管理实行的是"双头管理模式"，即以联邦法院与各州法官自治管理的司法行政管理体系，以联邦司法部对包括检察行政管理的联邦政府的行政管理体系。这两个类型国家的司法行政管理复合型的模式、内容之间存在较大差异。虽然，不同国家或地区司法管理机关承担的职能有所不同，不同职能覆盖的范围也有所区别，但是，它们之间的司法行政管理职能划分都与该国或地区历史传统、法律制度等因素紧密相关。此外，司法管理的职能也被不断细分，这些不同的部门分管不同的司法相关事务，例如，美国存在多个机构专司不同类型的司法管理工作；英国的司法部下设了几十个部门，涵盖了立法、监察、法律援助、监狱服务等各个方面。部门的细致划分大大提高了司法管理的效率。因此，当代司法管理开始呈现向复合化和细分化发展的趋势。

通过前述对不同法系国家和地区的司法管理制度的研究，可以看出，大多数国家和地区均设有专门的管理司法行政事务的机构或者在司法机关内部专司司法行政管理职能部门或组织，且其承担的司法管理事务涵盖的范围较广，其承担的职能复杂而多样。但是，不同国家和地区司法管理制度都体现一个共同的特点，即其司法管理都在本国或本地区的司法体系中占据极为重要的地位，且有逐渐向制度化、专业化、独立化、公开化、复合化和高效化发展的趋势。除了建立由分工明确的各部分组成的司法管理体系、更加专业化的细致划分的司法管理部门之外，司法管理机构与司法机关形成了互相独立和良性互动的关系。司法管理权与司法权的适度分离，司法管理职能有效实现能够在合理的制度设计下对司法权给予有力的保障并给其适当的约束和监督，从而有助于更好地实现司法目标，增强司法公正公信。相比之下，我国内地既没有像一些国家和地区实行法官自治为主导的司法管理格局，也未像有的国家和地区实行法官自治＋司法行政合作的司法管理格局。但这并非意味我国内地应当借鉴这些国家或地区的司法管理模式，而必须在考虑我国内地历史传统、政治制度和法治环境等差异的基础之上，基于司法权与司法行政管理权适度分离的原则，以保证公正司法、提高司法公信力为价值目标，对司法体制改革实践进行总结升华，逐步建立起保障和促进公正高效权威的社会主义司法制度，并遵循司法行政管理规律，与司法权适度分离、具有专业化、程序化、制度化特色的司法行政管理体系，进而推进司法行政管理现代化。

第五章

我国司法管理体制改革40年理论与实践

改革开放以来，我国司法管理体制经历了恢复重建、最高人民法院、最高人民检察院自主改革、中央主导两轮包括司法管理在内的司法体制改革与新时代砥砺前行5年司法体制改革的不同发展阶段。理论界与实务界的研究者们针对司法管理体制面临的各种困境，围绕包括司法管理体制在内的司法体系的发展完善，建立健全公正高效权威的社会主义司法制度，不断进行探索研究，试图寻找破解影响和制约公正司法的体制性障碍的思路、方案及其方法，为构建科学完备的司法管理体制，推进司法体系和司法能力现代化提供了智力支持，奠定理论基础。与此同时，我国司法实务界坚持以中国特色社会主义理论为引领，结合中国的国情与司法具体实际，不断推动司法管理体制改革，为司法管理体制理论创新提供了实践依据。

第一节 司法管理体制改革理论综述

一、理论研究发展进程

从现有关于司法管理体制改革研究的相关成果看，法学界、法律界对该问题的研究始于改革开放以来兴起的研究热潮。从中国知网查询的资料看，自1978

年至2018年10月，以"司法"为主题词在"中国知网"可检索到各类文献共293 806余篇；以"司法管理"为主题词共有文献资料2 061余篇，其中期刊论文1 384余篇，博硕士学位论文401余篇，其研究范围涉及司法管理体制和运行机制完善领域的法理、法律以及司法实践活动中的诸多具体理论、制度及实践问题，研究成果极为丰硕。这些文献数量还不包括司法体制改革研究中涉及司法管理内容的成果。纵览40多年来的研究成果，其研究的脉络路径可概括如图5-1所示。

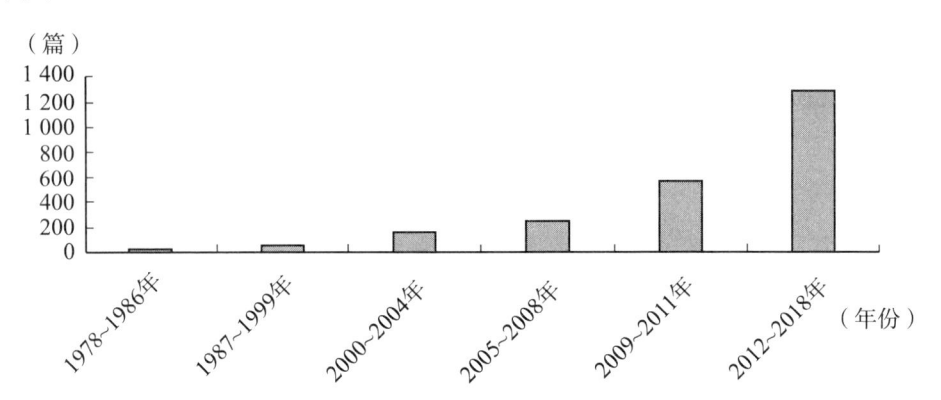

图5-1 1978~2018年10月司法管理体制改革研究文献情况

资料来源：根据中国知网查询资料综合整理。

（一）理论研究的酝酿阶段（1978~1986年）

"文化大革命"结束后，我国的法制建设重新起步，并得到迅速蓬勃的发展。中国共产党十一届三中全会提出"加强社会主义民主，健全社会主义法制"，确立了健全法制的"有法可依，有法必依，执法必严，违法必究"16字方针。1982年，对我国根本大法《宪法》做了修订，为改革开放和现代化建设提供了可靠的法制保障。这一阶段，我国社会主义法制建设呈现恢复重建与加快发展的状态。由于各种因素的影响和制约，司法管理体制则仍沿用行政管理的模式，有关司法管理体制改革总体上处于酝酿的状态。从中国知网查询的资料看，以"司法管理"为主题词的文献在1978~1986年期间仅有9篇。这一阶段主要的研究代表作有：詹皓的《司法机关要加强内部书刊管理》（1982年）、白红升的《从经济司法角度谈谈加强财务管理问题》（1983年）、盛广泉的《承德公路部门设置公安、司法人员做好路政管理工作》（1983年）、顾功耘的《司法组织与管理理论问题浅议》《略论司法组织的现代化管理》（1985年）、陈大钢的《经济法制研究的重要课题——经济司法的组织与管理》（1985年）、顾功耘的《简论司法管理体制的改革》（1986年）。这一时期学界对司法管理的关注较少，其研究内容主要涉及司法管理的概念及其构成要素、司法管理体制存在的问题、司法管理体制与经济体制的关系，等等。其研究特点可以概括为：一是司法管理的研究尚处于酝酿阶段，相关对司法管理的研究只是涉及司法管理的内涵、要素等基础性概念。二是由于这一时期处于对外开放的初期，司法管理的相关问题更多是置于经济司法的视角下来探讨。党的十二届三中全会通过的《中共中央关于经济体制改革的决定》对司法组织提出的要求中强调："法院要加强经济案件的审判工作，检察院要加强对经济犯罪行为的检察工作，司法部门要积极为经济建设提供法律服务"。由此可见，这一时期理论界、实务界对司法管理的研究主要关涉司法机关如何运用法律为经济体制建设保驾护航，在此前提下研究如何提高司法组织效率，加强司法管理等问题。

（二） 理论探究的起步阶段（1987～1999年）

20世纪80年代中后期，以强化庭审功能、扩大审判公开、加强律师辩护等为重点内容的审判方式改革探索，标志着我国司法体制改革步入了起步阶段。在改革开放宏大叙事下，司法管理制度作为司法制度的重要内容之一，其相关理论研究随之展开，法学界和法律界围绕司法管理体制建设方面的问题进行了初步探索，产生了少量研究成果。从中国知网查询的资料看，以"司法管理"为主题词的文献在1987～1999年期间共有47篇。这一阶段主要的研究代表作有：朱宇的《新加坡公司法中的司法管理办法》（1987年）；刘天明的《检察机关司法警察队伍建设与管理刍议》（1992年）；胡健华的《谈法院司法行政工作的自行管理——法院改革探讨之五》（1992年）、《明确规定法院的司法行政工作由法院管理》（1997年）；周道鸾的《法官法——现行法官制度的重大改革》（1996年）；徐汉明的《论加强检察机关精神文明建设》（1997年）；贺卫方的《中国司法管理制度的两个问题》（1997年）；叶向明的《宋代中央政府对地方司法活动的管理和监督》（1998年）；王富强的《司法行政管理体制改革的若干思考》（1998年）；张玮的《法官独立审判与程序性司法——关于审判管理体制改革的两个主要问题》（1999年）；等等。这一时期的司法管理体制研究内容主要涉及司法管理内涵和原则、司法组织管理及其运行原理、上下级司法机关之间的关系、审判权与检察权独立行使问题等；少量研究初涉司法机关人财物管理，检察机关的精神文明等文化建设。其研究特点可概括为：一是司法管理研究处于萌芽状态，专题性研究成果极其少见，涉猎司法人财物管理的内容更少，而以审判权、检察权运行机制问题的研究居多。究其原因是，涉及司法管理体制的研究被司法体制改革研究所涵盖，受其影响和制约，使得这一时期涉及司法管理体制的研究未能引起理论界和实务界高度重视。二是由于这一时期受传统司法理念与制度模式的束缚，单一审判方式改革的局部探索对司法管理理论创新与智力支持需求的动力严重不足，部分研究者虽然从管理学等视角对司法管理意义、司法组织等问题有所关注，但都未把司法管理体制改革这一重大基础理论问题纳入视野进行探究、寻找规律，因而从理论、制度、实践多维度对现代司法管理体制模式全面诠释的成果较为鲜见，涉及域外司法管理体制的比较研究更为薄弱。

（三）理论探究的突破阶段（2000~2004年）

司法体制的发展完善根植于国家的经济社会等物质生活条件。党的十五大确定依法治国法治方略、建设社会主义法治国家的目标，部署推进司法改革，从制度上保证司法机关依法独立公正地行使审判权和检察权，建立冤案、错案责任追究制度，加强执法和司法队伍建设。这标志着我国司法体制改革被提上了法治建设的重要议程。根据党的十五大关于推进司法改革的要求，1999年最高人民法院制定并发布了《人民法院五年改革纲要》，2000年最高人民检察院制定并发布了《检察改革三年实施意见》。自此，以完善司法机关的机构设置、职权划分，改革和完善审判管理、检察管理和司法政务管理制度、人事管理制度、经费保障制度，健全权责明确、相互配合、相互制约、高效运行的司法体制改革取得突破。从中国知网查询的资料看，以"司法管理"为主题词的文献在2000~2004年期间共有157篇。这一阶段主要的研究代表作有：章武生、吴泽勇的《司法独立与法院组织机构的调整》（上、下）（2000年）；廖奕的《司法与行政：中国司法行政化及其检讨》（2000年）；王利明的《司法改革研究》（2001年）；韩元恒、丁力辛的《建立"大管理"体系　促进司法公正与效率——河北省泊头市人民法院推行审判流程管理的调查》（2001年）；苏晓宏的《试论检察机关的司法管理》（2002年）；刘会生的《人民法院管理体制改革的几点思考》（2002年）；谭世贵主编的《中国司法改革理论与制度创新》（2003年）；秦剑的《司法鉴定管理立法势在必行》（2003年）；陈文兴的《法官职业与司法改革》（2004年）；刘青峰、李长军的《现代司法理念与我国司法管理体制的重构》（2004年）；等等。这一时期有关司法管理体制的研究特点主要有：一是关注现代司法管理理念。这一时期关于司法管理的研究逐步深入，不少学者从法院检察院推行司法管理体制改革的实践出发，思考司法管理与司法公正、司法效率、司法独立、司法民主的关系，可以说关于司法管理的学术研究随着司法体制改革的实践开始延伸到更深层次的司法管理理念、司法管理价值、司法管理体制等问题。二是研究内容逐渐精细。这一时期，经济体制改革和经济发展也带来许多利益冲突和矛盾，司法工作面临错综复杂的挑战，法院检察院在司法体制改革过程中，根据自身职能机构特点逐步推进司法管理体制的改革。学者们从法院审判流程管理、检察院办案过程管理等方面对司法管理中存在的问题进行剖析,有的研究成果已经开始将司法管理细分为人员管理、案件管理与事务管理,体现了司法管理研究逐渐深入化、精细化。三是注重司法实务中的司法管理。不少研究成果针对当时借鉴苏联模式等司法鉴定体制机制存在的诸多弊端,对司法鉴定的人员、管理、制度、体制、立法等问题进行探讨,为司法鉴定等司法实务领域的管理提供智力支持,实现司法鉴定等服务资源在市场经济条件下的优化配置及其效能的充分发挥,从而最大程度上确保诉讼活动的正常进行。这一时期研究成果的不足是,对有关司法管理体制改革顶层制度设计、实施路径等基础性理论与应用性理论的研究尚缺系统性、整体性。

(四) 理论探究的重点突破阶段 (2005~2008年)

2005年,最高人民法院、最高人民检察院根据中央推进司法体制改革的部署精神,结合审判与检察工作的特点,对自身管理体制机制做出改革规划,分别发布了《人民法院第二个五年改革纲要 (2004~2008)》与《最高人民检察院关于进一步深化检察改革的三年实施意见》。这一阶段,司法体制改革的内容丰富、范围明确,其中主要涉及司法行政管理、司法财务管理、司法体制管理等,由此带动和促进了对司法体制及其司法管理体制改革的理论研究。从中国知网查询的资料看,以"司法管理"为主题词的文献在2005~2008年期间共有244篇。这一阶段主要的研究代表作有:韦群林、谭世贵的《司法不作为现象及司法管理对策初探》(2005年);姚莉的《反思与重构——中国法制现代化进程中的审判组织改革研究》(2005年);谭世贵的《科层制司法管理的问题和出路》(2005年);罗永新、罗纪锋的《从司法行政管理的角度看贯彻〈决定〉亟待解决的五方面问题》;肖宏的《中国司法转型期的法院管理转型——兼对司法行政权与司法审判权在法院内部分离管理的论证》(2006年);贾新怡、唐虎梅的《以效益为核心 提高司法经费管理水平》(2006年);群林的《中国司法管理学学科发展的战略思考》(2007年);徐汉明的《检察 (政法) 保障体制改革研究》(2008年);齐树洁、陆而启的《司法体制和工作机制改革问题研究》(2008年);翁子明的《官僚制视角下的中国司法管理》(2008年);等等。这一阶段司法管理体制的研究特点主要有:一是研究视野逐渐拓展。随着司法体制改革从自主探索阶段进入中央主导阶段。这一阶段,有关司法管理体制行政化、地方化的研究逐渐深入。不少学者针对实务中因司法管理体制弊端造成法官检察官队伍人员流失、后备不足、人员断层,不能充分调动司法人员的积极性等问题,思考司法体制弊端、司法环境堪忧对司法公正、司法效率的影响。二是注重司法管理的相关理论创新。有学者从司法管理的理念、模式等方面反思司法管理体制机制存在的诸多桎梏，并结合相关理念为司法管理体制机制创新提供思路。有学者针对在长期行政化管理模式的桎梏下，法院拘泥于传统的刚性管理理念，与现代司法理念格格不入等问题，剖析行政管理权与审判管理权几乎完全合一的弊端，指出其既违背了管理的专业化要求，又影响了审判管理的质量和效率；提出运用系统论创新的路径，即把法院检察院的科学管理作为一项系统工程来构筑，把管理的对象看成一个有机的统一体，把管理的重点放在"集合体"的整体效应上，运用系统综合方法，进行科学管理，进而把人民法院的管理提升到更高的层次[①]。

（五）理论探究的深入阶段（2009~2011年）

2009~2011年，为贯彻落实党的十七大提出的深化司法体制改革，优化司法职权配置，规范司法行为，建设公正高效权威的社会主义司法制度的部署，以"优化司法职权配置、落实宽严相济刑事政策、加强司法队伍建设、加强司法经费保障"四个方面为主要内容的司法体制改革统筹推进。2009年，最高人民法院、最高人民检察院分别制定和发布了《人民法院第三个五年改革纲要（2009~2013）》《关于深化检察改革2009~2012年工作规划》。这既给理论界和实务界围绕发展完善公正高效权威的中国特色社会主义司法制度，进行理论创新提供了行动指南、目标任务，又给法学理论研究注入了生机和活力，更为包括司法管理体制的整个司法体制改革理论创新、制度创新、实践创新提供了参照系，成为带动司法管理体制改革研究的内在动力、外部条件及其智力支持环境，一批较高水平的研究成果相继面世。从中国知网查询的资料看，以"司法管理"为主题词的文献在2009~2012年期间共有562篇。这一阶段主要的研究代表作有：陈志远的《加强审判管理 提高司法水平》（2009年）；许建兵的《中国特色审判管理机制构建之构想》（2009年）；江必新的《公正廉洁司法与制度创新》（2010年）；刘武俊的《论司法行政工作的社会性与社会管理创新》（2010年）；陈铁的《对于建立现代法院司法政务管理制度的构想》（2010年）；张勇的《加强司法审判管理 着力提高审判质效》（2011年）；陈杭平的《论中国法院的"合一制"——历史、实践和理论》（2011年）；王申的《科层行政化管理下的司法独立》（2012年）；谭世贵的《司法制度研究的发展走向》（2012年）；等等。这一阶段司法管理体制的研究特点主要有：一是研究逐步深入。从司法体制面临的困境及其根源探求，并从多视角、多维度、多层面透视了我国司法权运行与司法管理模式的现状，剖析了"司法行政化""司法地方化"、司法人员"弱职业化"的表征，揭示了困扰司法权依法独立公正高效权威运行的体制性、机制性、保障

---

① 艾新伟：《积极探索系统化的司法管理之道》，载于《今日中国论坛》2006年第8期。

性方面的根源。二是注重比较研究。这一时期涌现出诸多比较研究成果,学者们对中外司法管理体制从不同视角进行了比较研究,探寻中外司法管理制度运行的一般规律,诠释各自政治制度、社会经济发展水平等社会物质生活条件以及法律文化传统对司法管理体制传承发展的制约、支撑及保障作用。也有学者针对理论界学术争鸣过程中忽视他国司法管理制度生存条件与我国司法管理体制发育发展的土壤差异所产生的制度移植方法论上的一些偏差,提醒防止照搬照套、全盘移植的不良倾向,并给出我国司法管理体制创新性转化的理论模式、制度方案及行动进程。丰富活跃的理论研究和学术争鸣使理论界与实务界达成基本共识,即世界上没有一个所谓具有"普适性"的以供各国遵循的一成不变的司法管理体制,各国司法管理体制都是与其自身政治经济文化社会制度尤其是司法制度的性质密不可分的,都带有本国历史文化传统的深刻烙印与现实国情的厚重色彩;但在司法管理机制运行层面的方式、方法与立法技术方面,作为人类历史的传承与现实司法管理规律的认识实践所形成的文明成果则是值得学习借鉴的。三是关注司法管理体制构建。大多数研究成果从发展完善中国特色社会主义司法管理体制的立场出发,围绕司法组织体系、组织机构、司法人财物管理等内容进行探究,不少学者针对司法管理"去地方化""去行政化"等难点问题,从丰富理论、制度设计、实践导引层面提出了诸多前瞻性、建设性的方案,形成了一批体现时代性、把握规律性、富于创造性,具有鲜活理论品质的研究成果。

(六) 理论探究发展阶段 (2012~2018 年)

2012 年以来,是我国司法管理体制改革全面发展阶段,办成了过去许多年想办而没有办成的大事,司法体制改革取得了历史性成就。以习近平同志为核心的党中央,从问题导向出发,从顶层设计入手,紧紧抓住"保证公正司法,提高司法公信力"的主题,从维护社会公平正义,让人民群众在每个司法案件中感受到公平正义为落脚点,制定了一系列改革部署。中共十八大提出全面深化司法体制改革,坚持和完善中国特色社会主义司法制度,确保审判机关、检察机关依法独立公正行使审判权、检察权;中共十八届三中全会提出,建设法治中国必须深化司法体制改革,加快建设公正高效权威的社会主义司法制度;中共十八届四中全会则更明确提出,全面推进依法治国,建设中国特色社会主义法治体系,建设社会主义法治国家,强调保证公正司法、提高司法公信力。党的十九大报告指出,深化司法体制综合配套改革,全面落实司法责任制,努力让人民群众在每一个司法案件中感受到公平正义。自 2014 年 1 月至 2018 年 11 月,在中央全面深化改革领导小组和全面深化改革委员会召开的 43 次专题会议中,先后专题研究和涉及研究全面深化司法改革的重大事项就有 27 次;习近平同志亲自主持会议,从问题导向、顶层设计、试点启动、渐进推进、项目管理入手,明确司法体制与司法管理改革的目标任务、基本原则、实施路线图、时间表,并亲自审查、批准发布全面深化司法改革的综合规范性文件 21 件,有关审判体制、工作机制及审判管理改革的规范性文件 11 件,有关检察体制、工作机制及检察管理改革的规范性文件 6 件,有关公安体制、工作机制及公安管理改革的规范性文件 7 件,有关司法行政体制、工作机制及司法行政管理改革的规范性文件 6 件。① 2015 年,最高人民法院、最高人民检察院分别制定和发布了《人民法院第四个五年改革纲要(2014~2018)》《关于深化检察改革的意见(2013~2017 年工作规划)》。理论界、实务界围绕新一轮司法体制改革尤其是司法管理体制改革开展研究,从中国知网查询的资料看,以"司法管理"为主题词的文献在 2012~2018 年 12 月共有 1 243 篇。其中具有代表性的研究成果有:公丕祥的《当代中国的审判管理》(2012 年);陈卫东的《未来五年我国司法体制改革的若干建议》(2012 年);徐汉明、李满旺等的《中国检务保障理论与应用研究》(2012 年);江必新的《域外案件管理改革的借鉴与启示》(2013 年);徐汉明、金鑫等的《当代中国检察文化研究》(2013 年);彭胜坤的《检察管理专题研究》(2013 年);朱孝清的《对司法体制改革的几个思考》(2014 年);陈陟云的《法院人员分类管理改革研究》(2014 年);徐汉明、林必恒等的《深化司法体制改革的理念——制度与方法》(2014 年);莫纪宏的《论我国司法管理体制改革的正当性前提及方向》(2015 年);徐汉明的《论司法权和司法行政事务管理权的分离》(2015 年);徐汉明、张巍、金鑫的《检察官职务序列研究》(2015 年);陈瑞华的《法官责任制度的三种模式》(2015 年);左卫民的《省级统管地方法院法官任用改革审思——基于实证考察的分析》(2015 年);姚莉的《比较与启示:中国法官遴选制度的改革与优化》(2015 年);徐汉明、王玉梅的《司法管理体制改革研究述评》和《我国司法职权配置的现实困境与优化路径》(2016 年);高翔的《我国高级人民法院司法管理职能的改革——以法院院长会议运行状况为实践观察点》(2017 年);张智辉的《论司法责任制综合配套改革》(2018 年);龙宗智的《试论建立健全司法绩效考核制度》(2018 年);等等。这一时期的研究呈现出以下特点:一是坚持"问题导向"。研究者开始关注完善司法管理体制和司法权力运行机制,规范司法行为,加强对司法活动的监督,努力让人民群众在每一个司法案件中感受到公平正义。随着包括司法管理体制改革的司法改革试点由上海等 7 个省(直辖市)向 24 个省(自治区)推进,理论界和实务界对新一轮司法管理

---

① 笔者注:根据《中国机构编制网》资料中心《中央全面深化改革领导小组历次会议》的资料综合整理,http://www.scopsr.gov.cn/zlzx/sgzhy/。

体制改革表现出极大的热情，倾注了相当多的心血，开启了司法管理体制改革研究新热潮，短时期内研究成果"井喷式"涌现（见图5-1），其中具有代表性的研究者有江必新、朱孝清、公丕祥、陈卫东、徐汉明、左卫民、莫纪宏、陈瑞华、姚莉、龙宗智等。二是成果总量层面。司法管理体制改革成为学科理论研究前沿，从文献数量上看，研究成果呈现"集中式""井喷式"的态势。三是研究主体层面。研究主体呈现多元化特征，学术界和实务界广泛参与。司法管理体制改革研究不仅是法学界的宪法学者、法理学者、行政法学者、诉讼法学者聚焦的热点，而且还成为管理学、经济学、社会学乃至文化学的敏感话题。在研究过程中，学者们打破学科壁垒、理论与实务壁垒，实现了法学与其他学科的融合、法学界与法律界的互动，研究成果呈现迅猛增长的态势。四是研究内容层面。其研究成果包括：司法组织体系重构，省以下司法机关人财物统一管理，人员分类与员额制管理，法官、检察官单独职务序列以及司法责任制等新鲜内容。司法管理体制改革研究从包含夹杂于司法体制改革的混沌研究范式中，逐步分离成为相对独立的研究领域，研究方法呈现类型化、集中化、体系化的特点，不少研究成果填补了这一领域的理论空白。司法管理体制改革的专门性研究成果显著增多；基础理论研究引起重视，理论研究的思辨性显著增强，理论高度逐渐提升；学术界既有对司法管理体制改革全局性问题的探究，也有对微观问题如司法人员分类管理、选任程序、司法责任、财物管理等问题的研究，形成了一批高质量的研究成果，出现了不同学术观点的争鸣。五是研究视野层面。研究呈现"高起点、宽领域、多途径、质量优"的态势。历经前三轮司法改革，无论是理论研究还是实践探索都已积累丰硕成果，研究者对司法管理体制改革中一些问题的认识已渐趋一致。学者们以"问题导向、紧贴地气、协同创新、引领前沿"的独特风格，以传承人文精神、创新思辨的气魄，以发展完善中国特色社会主义司法制度的立场，从总结升华中国特色社会主义法治道路、制度、理论着眼，从司法管理体制的基本理论、制度创新、模式构建入手，着力描述推进司法管理体系和管理能力现代化的美好图景、基本路径、时间表及行动进程，为其后的理论研究与实践开阔了视野，提供了丰富的智识资源。六是研究方法层面。研究方法呈现出多样化特征，研究者通过组织高端学术会议或实务研讨、司法改革试点实证调研与绩效评估、域外司法管理体制比较研究等多种途径，坚持理论研究与实证研究相结合、定性研究与定量研究相结合、学术研究与对策建议相结合等方法，综合运用多学科知识，充分发挥各类研究方法的优长，弥补单一研究方法的不足，力求从不同的方法论视角揭示司法管理体制改革的多重面向和复杂的内在机理，使研究能更好地揭示其本质规律，为理论建构与顶层制度设计提供科学的研究进路。这一时期的研究成果呈现"三路并进、成果迸发"的景象，司法管理体制改革的基础理论研究、应用理论研究同时展开，理论研究为顶层制度设计提供理论支撑，改革试点为理论研究提供制度基础，从而形成了理论研究支持制度设计、制度设计检验理论研究、试点实验为理论研究及制度设计提供样态资源的规模效应。

二、司法管理基础理论研究综述

关于司法管理体制改革及理论构建的研究，许多理论界和实务界人士从多个角度进行了论述，提出了诸多观点。这些观点既有相通之处，也存在一定差异。现就一些基本理论问题做一综述。

（一）司法管理范畴的研究

关于司法管理范畴外延的界定与内涵的揭示，不少学者依据其所处的时代，结合自身的感受，有不同的理解和阐释。早在1985年，顾功耘教授将司法管理定义为："司法管理是利用现代科学方法，根据政策与法律，进行计划、决策、沟通、协调、监督和运用司法组织的人力、物力、财力，做适时、适地、适人、适事的处理，以提高司法工作的效率，发展司法业务，完成司法组织的使命"的活动。这一范畴界定在我国学界具有开创性，其有关司法管理的范围包括计划、决策、沟通、协调、监督，其内涵包括运用司法组织的人力、物力、财力，做适时、适地、适人处理的活动。其后，贺卫方教授于1997年借鉴美国学者的研究方法，对我国法院管理的范畴进行阐释界定，认为"法院管理包括若干具体的事项，诸如法院的组织和管辖；法官的选任和任期以及法院中所有其他工作人员的聘用、训练和监督；以及例行文秘事务。诉讼的运行管理通常涉及案件处理的进程和花费以及建立法院运作的统一规则以减少案件处理过程中的混乱和不均衡"。贺卫方教授对司法管理范畴界定仅从单一的法院管理主体视角出发，对司法管理的范围采取概括加列举式的方法，概括为"法院组织与管辖，法官选任、任期，其他人员聘用、训练和监督，例行文秘事务等"，这种划分方法明显的感觉缺乏清晰的逻辑界定，凸显其对我国法院管理事务知之甚少的不足而理论界定不甚清晰；而对其内涵仅以"诉讼运行管理规则的统一，以减少案件处理中的困难和不均衡"进行概括，则欠精准性。韦群林教授于2007年将司法管理定义为"确定司法管理目标并合理运用各种司法资源，以实现既定的司法目标的组织活动或过程"。这一定义揭示了"实现司法目标的组织活动或过程"的内涵，符合基础理论研究有关范畴研究的学科范式。徐汉明教授等人于2016年将司法管理的类型划分为广义的司法管理与狭义的司法管理。他们从广义上界分了司法管理范畴的内涵及外延，认为

"司法管理指为了实现司法的公正和效率，根据司法规律的要求，管理和利用司法资源实现司法目标的活动及其过程；其内容涵盖司法权的配置，司法机关外部结构以及内部行政事务管理等方面"。他们还从狭义角度看到，司法管理的内涵及外延，认为司法管理"主要指法院的司法行政事务管理，包括组织管理、人财物管理及审判事务的管理"。有关司法管理的范畴研究才逐渐趋于成熟定型。由此可以看出，有关对司法管理内涵的诠释愈加细化，虽外延宽窄不一，但都作为司法基础理论的核心范畴而密不可分。

（二）对司法人事管理体制改革的研究

司法人事管理体制改革涵盖破除传统的"科层制"人事管理模式，建立司法人员分类管理体制，推行法官检察官员额制度，法官检察官统一的职业准入标准、遴选、任职、晋升、任免、奖惩制，法官检察官司法责任制、职业保障、职业保护等内容。诸多学者围绕上述内容提出了许多见解。

1. 建立司法人员分类管理体制

长期以来，我国按照行政管理模式实行对司法系统内部各类人员混同管理的方式，其弊端在于不利于司法队伍的正规化、专业化、职业化建设。建立司法人员分类管理体制，运用现代司法管理的理念、制度和方法，实现对司法系统工作人员的科学管理，已是学术界和法律界的共识。并且，学者们对司法人员如何分类的见解也有很多相通之处，大都认为应将司法人员分为三大类（法官、检察官，司法辅助人员和司法行政人员）；在具体的分类上学者之间也有小的差别，如有的学者认为检察人员可以分类为检察官类、检察辅助人员类、检察技术人员类、检察法警类、司法行政人员类；有的学者认为法院人员可以分为法官、法官助理、执行员、书记员、政工行政后勤人员、司法警察等几个序列。这些研究为全面深化司法改革，建立司法人员分类管理提供了理论支持。

2. 建立法官检察官员额制

建立法官检察官员额制，并进行单独序列管理也已经成为学术界和法律界的共识，学者之间研究观点存在差异主要在于确定法官员额的依据之争。有的学者认为"确定法官员额，不仅要综合考虑我国国情、审判工作量、辖区面积和人口、经济发展状况等多种因素，而且要遵循审判工作的内在规律，并借鉴外国经验"[①]。有学者认为"法官员额制改革的推行，在初步实现入额法官的专业化和精英化的同时，也带来了包括'案多人少''诉讼效率下降''办案法官不堪重

---

① 宋永盼：《法官员额制及其配置机制问题研究》，载于《中国法院网》2016年3月23日。

负'等一系列问题"①。有的学者认为"法官员额的确立受案件数量、人口数量、经济发展状况、法官素质等诸多因素的影响,这些因素最终要归结为案件数量并最终转化为法官的工作量,所以法官工作量的核定与测算标准直接影响着法官员额的确立"②。有的学者更是试图"从民事审判流程的角度,将审判工作区分为核心审判工作和辅助性审判工作,进而依据量化测算的方法"③,来为我国法官员额的编制提供一种实证方案的参考,同时也声明"审判工作量实质是一个动态变化的过程。诉讼制度的改革、审判组织的具体结构、法律所服务的市场的发达与否都会影响到审判工作量的变化……另外,司法技术手段、人口密度、经济发展水平和社会结构等,都会影响法官的工作量"。还有的学者认为"法官员额比例和基数的确定,要建立在正确统计法官核心审判工作量和一线法官与实有政法编制的测算基础上"④,同时指出"三级法院的法官员额比例可以在总额度内,根据各级法院的功能定位、任务安排和实际情况分别核定"⑤。从上述研究可以看出,学者们都对确定法官检察官员额考虑的因素做出全面分析,认为法官检察官工作量、区域经济发展水平等是重要依据,但对如何科学合理确定员额数量和比例提出具体的做法仅停留在理论层面。故而,有学者提出"对法官检察官员额制的评断重点并不在于比例的多少,而在于审视这一制度能否以及在多大程度上满足了司法改革的既定目标,又在哪些方面为未来的司法实践潜置了改革路径"⑥。在法官员额制的实施工程中,有学者认为应当增加司法辅助人员的配备,将法官从大量的事务性工作中解脱出来,进而提高审判质量和效率⑦。这些理论研究与司法改革试验同步进行,起到了理论研究与改革试验协调互动的效果。

3. 完善法官检察官选任制度

法官检察官选任制度的构建对于推动司法队伍职业化、专业化、规范化建设具有重要意义,法律界和学术界都对该制度的改革进行了研究。其中,达成共识的是:我国现行法官检察官选任制度存在门槛过低、落后于时代发展等诸多问题,需要改革;资质要求过低、选任程序笼统和受地方党政过度影响是目前学界公认的三大顽疾;任职资格要求不具体、选任机制不科学、选任程序不明确、配

---

① 陈瑞华:《法官员额制改革的理论反思》,载于《法学家》2018 年第 3 期。
② 拜荣静:《法官员额制的新问题及其应对》,载于《苏州大学学报(哲学社会科学版)》2016 年第 2 期。
③ 王静等:《如何编制法官员额——基于民事案件工作量的分类与测量》,载于《法制与社会发展》2015 年第 2 期。
④⑤ 胡道才:《推行法官员额制改革的两个基础问题》,载于《唯实》2014 年第 11 期。
⑥ 丰霏:《法官员额制的改革目标与策略》,载于《当代法学》2015 年第 5 期。
⑦ 芮铭珍、亚明:《司法辅助人员如何配置》,载于《人民法院报》2018 年 2 月 10 日。

套制度不健全；等等。关于法官检察官选任制度的构建，有学者认为须从细化任职资格、明确选任方式和程序、提高任命主体的层次、建立逐级选拔与系统外选拔制度等方面着手[①]；有学者则建议提高法官检察官任职的法律专业资历、强化法官检察官任职的职业经验、确立科学规范的法官检察官遴选程序[②]，等等；有学者指出，目前对法官检察官选任制度的研究主要集中在法官检察官选任的原则、准入条件等方面，缺乏具体的制度构想。这些理论研究在改革试验中进行理论升华，具有理论与实践结合的研究风格与研究特质。

4. 完善法官检察官业绩评价体系

法官检察官业绩评价体系是对法官检察官进行监督管理的重要方式，是我国法官检察官制度的重要组成部分。目前，法律界和学术界对法官检察官业绩评价运行中存在问题的研究达成共识，归纳起来是：考评方法不具特色、法官检察官职业特点不明；指标设置不尽科学，有违审判检察规律；考评过程流于形式，行政色彩浓厚；考评结果运用缺失，缺乏激励作用；等等。关于法官考评制度的构建，有的学者提出现代型法官考评制度应具备主体的独立性、功能的全面性、内容的专业性[③]等特征；有的学者提出将独立审判与实现法官的自我发展作为法官考评的目标，在人大常委会和法院内部设置专门机构作为法官考评的主体，健全完善法官考评综合指标体系[④]等。这些观点对完善法官检察官业绩评价体系及其考核模式具有现实意义。

5. 建立司法责任制

随着近年来暴露出的一些冤假错案，使得建立司法责任制、实行错案追究制成为社会关注的焦点，围绕对建立司法责任制、实行错案责任追究的理论研究，法律界和学术界提出了不同看法。一是关于司法责任制的性质。有的学者认为"司法责任制是指基于司法的属性而产生的一种责任体系，不仅包括法官的责任担当与责任追究，还包括法官享有充分独立的司法裁判权"[⑤]；有的学者认为"法官责任制度是指法官在执行审判权期间，违反了法律所规定的职责和义务，依据法律的有关规定，承担相应的法律制裁的法律制度"[⑥]。二是关于司法责任认定方式。现行司法错案责任认定方式有错案责任和违法审判责任两类，其错

---

① 李立新：《我国法官选任制度的问题与改革》，载于《湖南大学学报（社会科学版）》2010年第4期。
② 王琦：《我国法官遴选制度的检讨与创新》，载于《当代法学》2011年第4期。
③ 王健云：《浅析司法改革背景下法官考评制度之重构》，载于《中国法院网》2015年4月1日。
④ 黄共兴、李宏伟：《构建符合职业化发展方向的法官考评体系》，载于《人民论坛》2015年第2期。
⑤ 金泽刚：《司法改革背景下的司法责任制》，载于《东方法学》2015年第6期。
⑥ 马晨贵：《论我国法官责任终身制度的完善》，载于《现代商贸工业》2017年第15期。

案责任认定强调以结果为标准,违法审判责任认定强调以行为为标准。较多学者支持"行为中心主义"的法官责任追究认定方式;有学者提出"应当废除现行的错案追究制,以解除法官独立审判的后顾之忧,并为建立法官责任豁免制扫除障碍"[①];还有学者提出"行为中心主义"认定方式的具体构想,认为应当建立"以法官不当行为为中心、以主观过错为辅助、以错案结果为补充的法官责任追究体系和追究标准"[②]。但是如何具体实施责任追究,尚未达成共识,仍需进一步研究。三是关于司法豁免。较多学者都已经形成共识,认可建立司法豁免具有必要性和重要性;对我国司法豁免制度建设的不足提出了改进意见;提出了司法豁免的体系结构及其实施方式。

(三) 司法财物管理体制改革

司法经费由同级财政承担的政策,是司法地方化顽疾一直无法治愈的一个重要原因,为大众所诟病。法律界和学术界对司法财物管理进行了很多研究和探讨,希望能对司法财物管理制度的改革提供理论依据。有的学者将目光投向了以英美为代表的西方国家,指出"英国有中央、郡和区三级政府和三级财政,但对司法经费实行的是由中央政府一级保障的体制","美国与巴西都有联邦、州、县、市镇四级政府和财政,但对司法部门的经费实行两至四级保障的体制",同时各国也高度重视司法支出以及法官、检察官的待遇和福利保障。[③] 有的学者将目光投向国内,对我国现行司法经费保障体制进行研究和考量,指出其存在司法官待遇差、"收支两条线"的规定不能从根本上落实[④]等一系列问题。有的学者对实践中省级以下地方法院经费统一管理机制改革的推行状况进行了分析总结,指出这一改革"必须适应国家治理体系和治理能力现代化的要求,渐进地给予司法部门更多的自主空间,实现司法部门独立性与民主可问责性之间的动态平衡,同时建立一个足以吸纳司法体系内部和外部的组织和个人共同参与的治理结构,抑制司法经费管理过程中官僚政治倾向的膨胀"。[⑤]

(四) 司法案件管理体制改革

司法案件管理对于提高办案效率、降低诉讼成本、保障法院工作正常运行方

---

① 谭世贵、孙玲:《法官责任豁免制度研究》,载于《政法论坛》2009 年第 5 期。
② 王迎龙:《司法责任语境下法官责任制的完善》,载于《政法论坛》2016 年第 5 期。
③ 李贤华:《域外保障法院运行经费的法律制度》,载于《人民法院报》2015 年 7 月 17 日。
④ 谭世贵:《中国司法体制若干问题研究》,载于《法治研究》2011 年第 3 期。
⑤ 张洪松:《司法预算中的府院关系:模式评估与路径选择》,载于《四川大学学报》(哲学社会科学版) 2014 年第 1 期。

面具有重要意义，法律界和学术界人士都对这一主题进行了研究。关于案件管理的定义，有的学者认为"案件管理是一种组织规则，包括审判任务分配、个别法官间的协调分配及其他法院人员的配置和法院内部纯行政任务的安排等，属于法院组织法的范畴"①，有的学者则将其定义为"检察机关为规范检察人员的执法行为，确保案件质量和效率，满足公平正义的要求，建立的以案件质量管理为核心、以科学决策与有效执行为手段，对动态的办案过程、静态的案件质量进行全过程、全方位的有效监控，以及强化办案质量考核评估、协调监控各项机制而构成的有机系统"②。有的学者通过对域外案件模式的研究，归纳出两个管理模式："一是英美法系国家的管理型司法模式；二是大陆法系国家的集中化审理模式"③，总结对我国审判管理的启示：加强审判管理要避免司法行政化、要处理好法院管理权与当事人选择权的关系、完善审前程序，等等。因为案件管理的内部性，关于案件管理的研究主要以实务界的法官学者为主，需要更多的学术界人士参与进来。

三、小结

我国对司法管理体制的研究从改革开放以来一直持续至今，形成了大量的研究成果，初步形成了司法管理体制改革研究的理论体系、研究范式，对司法管理体制改革实践起到了积极的指导作用。这方面的研究也存在诸多不足，一是关于司法管理体制改革的专题性研究成果相对较少。许多学者的研究成果包含在有关司法体制改革专题研究之中，而对司法管理体制改革理论专题性、系统性的研究还相对不足。二是有关司法管理体制改革的顶层制度设计方面研究成果偏少。较多的理论研究成果仅停留在对司法管理现状与问题的梳理分析，对影响制约司法管理的成因进行分析反思、问题的总结和改革的必要性上，而对如何解决问题、科学合理的制度如何构建等有价值的研究偏少，理论对实践的指导性关切度有待提高。三是有关跨学科的研究成果较少。目前对司法管理体制改革的研究主要集中在法学视角领域和法律实务视角领域，从政治学、经济学、历史学、管理学方面的视角和方法进行研究的较为缺乏，具有多学科交叉融合视角研究司法管理体制改革的理论成果更是不多。

---

① 王福华：《民事案件管理制度评析》，载于《法学论坛》2008年第2期。
② 李磊、范志勇：《论检察机关案件质量管理体系》，载于《中国检察官》2006年第3期。
③ 范慧慧、何延鹏：《论刑事审判的集中审理》，载于《重庆理工大学学报（社会科学版）》2010年第3期。

第二节　改革开放以来司法管理体制改革的路径

我国司法制度是伴随社会主义经济政治文化制度的创建发展而建立起来的。它总体上与社会主义初级阶段的国情相适应,与人民民主专政的国体和人民代表大会的政体相符合。① 随着改革开放的不断深入特别是社会主义市场经济的发展、依法治国基本方略的全面推进和人民群众对司法需求的日益增长,司法制度也面临改革、完善和发展的时代要求。②

一、传统司法管理体制恢复重建阶段(1978~1986年)

以中共十一届三中全会确定把党和国家的工作重点转移到以经济建设为中心上来,确立对外改革开放,对内搞活经济的战略抉择为标志,社会主义法制方针的提出,第五届全国人民代表大会第二次会议通过的七部法律破茧而出,即《中华人民共和国刑法》《中华人民共和国刑事诉讼法》《中华人民共和国地方各级人民代表大会和地方各级人民政府组织法》《中华人民共和国全国人民代表大会和地方各级人民代表大会选举法》《中华人民共和国人民法院组织法》《中华人民共和国人民检察院组织法》以及《中华人民共和国中外合资经营企业法》,我国法院检察院得以恢复和重建。从1979~1999年10月最高人民法院制定并发布《人民法院改革纲要》(以下简称"第一个五年改革纲要")、最高人民检察院颁布的《检察改革三年实施意见》前这一阶段,我国社会主义法制建设呈现恢复重建与加快发展的状态,司法管理体制则沿用行政管理的模式,有关司法管理体制改革总体上处于酝酿的状态。

(一)改革背景

历经十年"文化大革命",我国的法制建设工作受到巨大冲击,法制基础遭到严重破坏。"彻底砸烂公、检、法"让司法工作陷入停滞。随着"文化大革命"的结束,全国各项事业百废待兴。为总结"文化大革命"的教训,给国家

---

① 中华人民共和国国务院新闻办公室:《中国的司法改革》白皮书,2012年10月。
② 徐汉明:《深化司法改革的理念、制度与方法》,载于《法学评论》2014年第4期。

各项事业发展厘准方向，中国共产党对十年"文化大革命"进行了全面反思。邓小平同志在题为《解放思想，实事求是，团结一致向前看》的重要讲话中明确指出："为了保障人民民主，必须加强法制。必须使民主制度化、法律化，使这种制度和法律不因领导人的改变而改变，不因领导人的看法和注意力的改变而改变①。"此后，中共十一届三中全会决定"必须加强社会主义法制，使民主制度化、法律化，使这种制度和法律具有稳定性、连续性和极大的权威，做到有法可依，有法必依，执法必严，违法必究"②。中共十一届三中全会对"文化大革命"及此前"左"的错误进行全面纠正，确定了社会主义现代化建设的工作中心和实行改革开放的基本国策，等等，为全国各项工作步入正轨奠定了基础，也拉开了改革开放的序幕。1982年12月4日，新《宪法》获得通过，其中明确规定"国家维护社会主义法制的统一和尊严。一切法律、行政法规和地方性法规都不得同宪法相抵触。一切国家机关和武装力量、各政党和各社会团体、各企业事业组织都必须遵守宪法和法律。一切违反宪法和法律的行为，必须予以追究。任何组织或者个人都不得有超越宪法和法律的特权"。这从根本大法《宪法》层面为确认和保障司法制度的恢复重建和加强社会主义法制建设提供了保障。

（二）改革内容

正是在改革开放的时代背景下，中国的法制建设从废墟中开始重建，全国范围的司法工作逐步走上正轨，司法系统逐步恢复和重建，司法管理体制也得以恢复重建。

1978年3月1日，第五届全国人民代表大会第一次会议召开。叶剑英同志在《关于修改宪法的报告》中指出："鉴于同各种违法乱纪行为作斗争的极大重要性，宪法修改草案规定设置人民检察院。国家的各级检察机关按照宪法和法律规定的范围，对于国家机关、国家机关工作人员和公民是否遵守宪法和法律，行使检察权。"《宪法》（修正案）在第五届全国人民代表大会第一次会议上获得通过，人民检察院的监督机关地位从宪法层面予以确认，从而开启了检察院的恢复重建工作。

1979年7月1日，《中华人民共和国人民法院组织法》（以下简称《人民法院组织法》）和《中华人民共和国人民检察院组织法》（以下简称《人民检察院

---

① 邓小平：《解放思想，实事求是，团结一致向前看》（在1978年12月13日的中共中央工作会议闭幕会上的讲话）。参见《邓小平文选》第二卷，人民出版社1983年版。
② 徐汉明：《深化司法改革的理念、制度与方法》，载于《法学评论》2014年第4期。

组织法》）在第五届全国人民代表大会第二次会议获得通过。其中《人民法院组织法》对上下级法院以及法院和司法行政机关的关系界定为"下级人民法院的审判工作受上级人民法院监督";对人民法院干警的任免规定为"地方各级人民法院院长由地方各级人民代表大会选举,副院长、庭长、副庭长和审判员由地方各级人民代表大会常务委员会任免";助理审判员则由司法行政机关负责任免。涉及法院与司法行政机关关系的规定主要有"各级人民法院的司法行政工作由司法行政机关管理""对各级人民法院的设置、人员编制和办公机构由司法行政机关另行规定"。从中不难看出,此时法院司法管理体制实行的是隶属于司法行政机关的管理体制。而《人民检察院组织法》则规定检察院的司法管理体制实行自行管理的体制,这包括:明确规定地方各级检察机关的检察长、副检察长、检察委员会委员和检察员由地方各级人民代表大会常务委员会任免,"助理检察员、书记员由各级人民检察院检察长任免""各级人民检察院的人员编制由最高人民检察院另行规定";将各级检察院之间的关系界定为"上下一体"的领导关系,即"最高人民检察院领导地方各级人民检察院和专门人民检察院的工作,上级人民检察院领导下级人民检察院的工作"。

随着审判工作任务的日趋繁重,法院的司法行政事务由司法行政事务机关管理带来诸多掣肘。为此,1983年9月2日,第六届全国人民代表大会常务委员会第二次会议通过了《全国人民代表大会常务委员会关于修改〈中华人民共和国人民法院组织法〉的决定》和《全国人民代表大会常务委员会关于修改〈中华人民共和国人民检察院组织法〉的决定》。其中,修改后的《人民法院组织法》删除了有关司法行政机关管理法院司法事务的内容,将司法管理特别是人事管理的权限还给了法院,从而形成了法院司法行政事务自行管理的体制,并且与检察院的司法行政事务自行管理的体制协调一致。修改后的《人民检察院组织法》将地方各级人民检察院检察长、副检察长和检察委员会委员的任免程序修改为选举产生的检察长提请上一级人大常委会批准,副检察长、检察委员会委员和检察员由本级人大任命。自此,法院检察院的组织体系和司法管理体制得以确立并一直稳定。

(三) 成效分析

这一阶段司法管理体制是围绕恢复重建司法组织体系,理顺司法行政机关管理法院审判行政事务的关系、建立法院司法行政事务管理同司法行政机关脱钩、形成以检察院司法行政事务管理实行内部管理的体制机制展开的。在党中央的坚强领导和各级国家机关的大力支持下,依据《宪法》《人民法院组织法》《人民检察院组织法》及相关法律法规,我国审判组织体系、检察组织体系得以在较短时间内恢复和重新建立起来；组建了一批由回归法院检察院的政法骨干、转业军人、大学生和选调其他基层单位优秀人才组成的法院检察院队伍；理顺了法院系统和检察院系统内部各级法院检察院上下级之间的关系；建立了检察系统上下领导的体制，法院系统上下监督的体制；将司法行政机关对法院司法行政事务管理划给法院自行管理，具有我国特色的司法管理体制初步形成，整个司法工作步入正轨。但是，此阶段的司法体制包括司法管理体制的恢复建构，仍然沿用新中国成立初期的司法体制框架，而未能顺应时代发展进行相应改革。同时，"司法为经济建设保驾护航"成为司法的主要价值功能，而司法定纷止争、权利救济、制约公权、保障人权的独特价值功能尚未得到应有的挖掘和运用；司法管理体制与司法权运行两者合一、相互混同，有别于行政管理的司法管理体制建设更未引起中央决策机关高度重视，整个司法体制包括司法管理体制的构建长期停留在恢复重建的水平上。

二、司法管理体制改革酝酿阶段（1987~1999年）

（一）改革背景

随着我国经济建设的加快发展，民主法制建设的不断推进，人民群众对司法需求的日益增长，恢复重建后的司法体制与时代发展呈现出不适应不协调的状况。司法改革在我国经济发展的东部省份的基层出现酝酿与试点的典型。

1987年召开的中国共产党第十三次全国代表大会，确立了党在社会主义初级阶段的基本路线，提出了进一步推进政治体制、经济体制改革。其中包括干部人事制度改革，强调"进行干部人事制度的改革，就是要对'国家干部'进行合理分解，改变集中统一管理的现状，建立科学的分类管理体制；改变用党政干部的单一模式管理所有人员的现状，形成各具特色的管理制度；改变缺乏民主法制的现状，实现干部人事的依法管理和公开监督""在建立国家公务员制度的同时，还要按照党政分开、政企分开和管人与管事既紧密结合又合理制约的原则，对各类人员实行分类管理。主要有……国家权力机关、审判机关和检察机关的领导人员和工作人员，建立类似国家公务员的制度进行管理……"[①]，这为司法系统人事管理体改革指明了方向。1992年初，邓小平同志在多地视察时发表一系列重要讲话，通称"南方谈话"。该讲话重申了进一步深化改革、加速发展的重

[①] 《赵紫阳在中国共产党第十三次全国代表大会上的报告》，载于"中国共产党历次全国代表大会数据库"，中国共产党新闻网，http：//cpc.people.com.cn/GB/64162/64168/64566/index.html。

要性，对改革过程中出现的问题，存在的思想疑虑进行了一一解答和回应，为新一轮解放思想、深化改革起到了极大的推进作用。经济社会的加速发展，中央高层的政治抉择，邓小平南方谈话，为包括司法人事管理体制改革在内的司法体制改革的酝酿、局部试点提供了精神动力、内在需求与外部条件。

（二）改革内容

在上述大背景下，有关司法体制改革逐步提上了议事日程，而司法管理体制改革则以司法系统人事管理体制改革作为突破口。

这一阶段司法管理体制改革是围绕司法机关的干部人事管理体制改革为突破口的。最高人民法院于1988年7月召开的第十四次全国法院工作会议，强调把搞好自身的改革和建设作为充分发挥宪法和法律赋予的审判职能作用，完成人民法院新时期任务的一个保障措施，强调要解决一些长期困扰和严重影响审判工作的问题，使审判工作正规化、规范化，提出了推进司法人事管理体制改革若干构想，即（1）以建立中国特色社会主义的法官制度为目标，加快推进法院人事管理体制改革。从法官的录用、选任、考核、晋升、培训、奖惩、管理等各方面入手，以法官衔级制度、法官资格考试制度、法官逐级选拔制度、法官考核和奖惩制度等为重点，建立符合审判规律的法院人事管理体制。（2）以建立全方位、多层次的法院内部教育培训体系为目标，加快推进法院干部教育培训管理体制改革。（3）以为法院改革建设提供充分物质保障为目标，加快法院财物管理改革，力求实现法院业务经费单列立项，列入地方财政预算保障。① 与此同时，最高人民检察院于1988年3月向第六届全国人民代表大会常务委员会第二十五次会议报告全国人大代表对检察体制改革的意见和实施措施，其包括：（1）增强法律监督职能，健全法律监督程序。（2）完善检察系统的领导体制，加强上级检察机关对下级检察机关的领导。（3）改革人事工作制度，建立检察干部管理体制，根据依法分类管理和管人与管事相结合的原则，建立起一套符合检察机关特点的、科学的干部管理体制，要按照类似国家公务员的管理制度，制定《国家检察官法》，从法律和制度上保障检察人员依法行使职权。（4）改善执法条件，为实施法律监督提供经费和物质保障。（5）增设派出机构，加强基础工作。② 最高人民检察院及时采纳全国人大代表的意见，同有关部门协商研究，提

---

① 任建新：《充分发挥国家审判机关的职能作用，更好地为"一个中心，两个基本点"服务——在第十四次全国法院工作会议上的报告》，中华人民共和国最高人民法院公报网，http://gongbao.court.gov.cn。

② 杨易辰在第七届全国人民代表大会第一次会议上所作的《最高人民检察院工作报告》，1988年4月1日。

请全国人大立法，根据中共中央的统一部署，有计划有步骤地积极稳妥地推进组织人事制度改革。

（三）成效评析

这一阶段司法管理体制改革最大的成效是，党中央做出的"建立科学的分类管理体制对各类人员实行分类管理、国家权力机关、审判机关和检察机关的领导人员和工作人员的分类管理"战略抉择，人民群众的期待和要求，集中体现在由八届全国人民代表大会常务委员会第十二次会议（1995年2月28日）通过的《法官法》《检察官法》之中。这是我国司法管理制度职业化、专业化、规范化建设的一项重大制度创新。这两部法律的最大特点是，以法律规范的形式，确认和保障法院检察院依法独立行使审判权检察权，法官检察官依法履责；对法官检察官进行科学管理、培养高素质法官检察官；对法官检察官的权利、义务、工作职责、任职条件、职务等级、任免、任职回避、考核、培训、奖励、惩戒、工资保险福利、辞职辞退、退休、申诉控告、法官考评委员会的设立等做了较为详细的规定。这不仅填补了我国法官检察官专门立法的空白，而且为强化法院检察院队伍建设、打造一支高素质的法官检察官队伍奠定了法律基础，拉开了我国法官检察官职业化、专业化、规范化建设的序幕。与此同时，最高人民法院、最高人民检察院在中央精神的指引下，开始了司法管理改革的探索，提出了许多科学合理的设计和规划，即建立法官检察官单独职务序列、法官检察官等级评定、法官检察官业绩考核制度，等等，在实务中开展试点探索。如上海、天津等地自1989年即开展试点，探索区级法院、检察院人员由直辖市统一管理，为司法机关依法独立公正行使职权提供了制度创设的蓝本。如县以上检察长由上一级检察院提名或审查同意，检察院班子由上级提名，实行全省统一招录检察人员、检察官身份统一认定；实行有条件的交流、异地任职①，司法人事管理体制改革迈出了艰难的一步。随着《法官法》《检察官法》的颁布和实施，法官检察官单独职务序列在法院检察院系统内逐步建立起来；以提高法官检察官素能培训的"中央法官学院""中央检察官学院"也得以成立，等等。但由于种种因素的影响和制约，有关法官、检察官单独职务序列与单独职务工资挂钩等许多措施20多年尚未落实到位。有关以法官检察官单独职务序列、单独职务工资等职业保障、职业保护为主要内容的司法人事管理体制改革尚处在艰难的探索之中。

---

① 徐汉明：《论司法权和司法行政事务管理权的分离》，载于《中国法学》2015年第4期。

三、最高司法机关自主进行司法管理体制改革阶段（1999～2004年）

（一）改革背景

随着改革开放的进一步深化和社会主义市场经济体制的逐步确立，我国的各项建设取得了举世瞩目的成就。与此同时，经济体制改革和经济发展也带来许多利益冲突和矛盾，司法工作面临错综复杂的挑战，而传统的司法管理体制已经无法适应形势的发展和社会的需要，迫切需要进行改革。

1997年10月，中共十五大就坚持依法治国，健全社会主义法制，建设社会主义法治国家做出部署，强调"依法治国是党领导人民治理国家的基本方略，是发展社会主义市场经济的客观需要，是社会文明进步的重要标志，是国家长治久安的重要保障"，阐释了党与宪法和法律的关系，强调任何组织和个人都不得超越宪法和法律的范围；加强立法、执法、司法改革和队伍建设；要求"到2010年形成有中国特色社会主义法律体系。维护宪法和法律的尊严，坚持法律面前人人平等，任何人、任何组织都没有超越法律的特权。"[1]。1999年3月，《中华人民共和国宪法修正案》在第九届全国人民代表大会第二次会议上获得讨论通过，其中特别增加了一条规定"中华人民共和国实行依法治国，建设社会主义法治国家"，这标志着依法治国方略在我国的根本大法中得以确定，成为我国的基本国策。所有这些都给司法体制改革，建设公正高效权威的社会主义司法制度提出了急迫要求，同时给司法体制改革提供了法制保障。

（二）改革内容

随着中共十五大和第九届全国人民代表大会第二次会议的召开，依法治国上升为党和国家意志，成为中国特色社会主义建设的基本方略，司法改革也正式上升到党的意志层面。党和国家对其重视程度的提升，极大地推动了司法改革的进展。在此阶段，司法改革启动推进，司法管理体制改革的范围也由司法人事管理体制改革扩大到司法机关组织机构设置、办公现代化建设等方面。这一阶段司法机关适应形势任务的要求，把贯彻落实中央决策部署与司法系统推进改革紧密结合起来，形成了自主探索改革的思路和方式。1999年10月，最高人民法院根据

---

[1] 《中国共产党第十五次全国代表大会报告》，载于《中国共产党历次全国代表大会数据库》，中国共产党新闻网，http://cpc.people.com.cn。

中央的部署精神，首次发布了《人民法院五年改革纲要》（以下简称《第一个五年改革纲要》），强调"抓住机遇，推进人民法院改革"，明确了人民法院改革应该坚持的原则和所要达到的总体目标和具体目标。其中涉及司法管理体制改革的主要有四个方面：（1）推动法院内设机构改革，实现科学设置。明确审判部门的职责范围和分工，充实审判部门；精减、合并、统一设立各级人民法院的司法行政管理部门；要求经过试点，在条件成熟时推广。（2）深化法院人事、财务管理制度改革。改革法官来源渠道，逐步建立上级人民法院的法官从下级人民法院的优秀法官中选任以及从律师和高层次的法律人才中选任法官的制度；探索建立法院经费保障体系。（3）推动法院基础设施建设和管理水平步入现代化轨道。（4）加强制度建设，健全监督机制，保障司法公正廉洁。制定和执行《人民法院审判人员违法审判责任追究办法（试行）》和《人民法院审判纪律处分办法（试行）》，切实加强对审判工作的纪律监督，严肃查处各种利用审判职权违法违纪的行为。[①]

与此同时，最高人民检察院根据中央部署于2000年1月制定了《检察改革三年实施意见》（以下简称《三年实施意见》），对检察工作改革进行了规划。其中涉及司法管理体制改革的主要有：（1）改革检察业务工作机制，强化法律监督的职能和作用；（2）改革检察机关的机构等组织体系，加强上级检察机关对下级检察机关的领导；（3）改革检察官办案机制，全面建立主诉、主办检察官办案责任制；（4）改革检察机关干部人事制度，调整人员结构，提高人员素质，实行检察官、书记员、司法警察、司法行政人员的分类管理，建立充满生机与活力的用人机制；（5）改革检察机关内部、外部监督制约机制，保证公正廉洁和高效；（6）改革检察机关经费管理机制，实行科技强检，为检察机关依法履行检察职能提供物质保障；等等。[②]

（三）成效评析

这一阶段，最高司法机关按照中共十五大关于推进司法改革的要求，结合实际贯彻实施《第一个五年改革纲要》《三年实施意见》，司法体制改革取得破冰之效，司法管理体制改革也纳入其中。法院系统围绕《第一个五年改革纲要》推进审判管理体制改革取得了突破性进展，其包括：完善审判方式改革，实行法官开庭穿法袍、用法槌，规范法官庭审行为方式；推行裁判文书改革，实行裁判文书说理，提升司法裁判的公信力和权威性；探索诉讼证据制度、审判监督制度改

---

① 最高人民法院：《人民法院五年改革纲要》，1999年10月。
② 最高人民检察院：《检察改革三年实施意见》，2000年1月。

革,提升审判活动的公正公开性;以诉讼费用管理制度改革为切入点,探索司法管理制度改革,建立司法利民、便民机制;健全司法救助制度,全国法院实行司法救助的案件已达 59 万件,司法救助总金额 32 亿元;推行审判运行机制改革,加强审限管理,建立审限警示、催办和通报制度,解决案件超审限问题;改革完善法官管理制度,探索法院人事分类管理制度改革,激活审判人员的工作潜能,提高司法工作积极性、创造性;等等①。检察系统围绕《三年实施意见》推进司法管理改革也取得重大突破,即全面推行检务公开,建立诉讼参与人权利义务告知制度,不起诉案件、刑事申诉案件、民事行政抗诉案件公开审查和听证制度,检察工作重要事项通报制度,提升检察透明度,增强人民群众对检察工作的认可度、支持度和满意度;实行主诉检察官办案责任制,有 2 960 个检察院择优选任主诉检察官 9 000 多名,明确办案责任,提高了公诉案件的质量和效率;改进检察委员会管理工作,引入专家咨询机制,完善特约检察员制度,促进检察工作决策的民主化和科学化;推行检察组织机构和干部管理制度改革,评定检察官单独职务等级,使检察官职业化、专业化、规范化管理迈出了坚实的第一步;地方检察院新进人员统一由省级检察院公开招考、严格审核、择优录用,破解了检察人员管理地方化、素质参差不齐等难题,为检察官职业准入、统一管理起到了开创性探索作用;完善行使检察权的监督机制。强化内部制约,实行错案责任追究制,完善自我防错纠错的工作机制;等等。② 这些改革成果为其后深化司法管理体制改革奠定了基础,积累了初步经验。

但是,本阶段的司法管理体制改革主要是由司法系统自行发起的。其改革措施也主要是针对司法系统的内部管理,而司法管理体制不仅仅包括司法系统的内部管理,更涉及与外部的党组织、编制部门的协调,也涉及与政府的发改委、人事、财政、卫生、住建等公共管理部门的协作联系,还涉及接受党委政法委的组织、协调、监督等事项。一些改革规划如司法人员分类管理、人财物保障体制等重大司法改革项目尚未争取到中央高层决策和中央主管部门的支持,致使这些重大司法改革项目未能落到实处;涉及司法系统内部的管理体制改革由于外部层级行政管理机构的牵制过多,而使改革效果与目标规划差距甚远;一些改革举措尚处于"小修小补"的状态;有的纳入改革规划的仅仅是加强工作的举措,而尚未达到司法体制改革的高度;涉及对确保中央司法事权统一行使、确保法院检察院依法独立行使审判权检察权、"司法去地方化""司法去行政化"等深层次问题

---

① 肖扬在第十届全国人民代表大会第一次会议上所做的《最高人民法院工作报告》,2003 年 3 月 11 日。

② 韩杼滨在第十届全国人民代表大会第一次会议上所做的《最高人民检察院工作报告》,2003 年 3 月 11 日。

的改革尚未触及。

四、中央主导司法管理体制改革阶段（2005～2008年）

（一）改革背景

迈入21世纪之初，我国经济社会发展步入了"二十年黄金机遇期"[①]。这给民主法制建设、司法体制改革提供了发展机遇，也面临诸多挑战。司法改革由自主启动上升到中央战略决策层面，成为21世纪之初我国司法体制建设的一件大事。2002年11月，中共十六大召开。江泽民同志在《全面建设小康社会，开创中国特色社会主义事业新局面》的报告中，强调加强社会主义法治建设的重要性，首次提出要推进司法体制改革。报告指出要"按照公正司法和严格执法的要求，完善司法机关的机构设置、职权划分和管理制度，进一步健全权责明确、相互配合、相互制约、高效运行的司法体制；从制度上保证审判机关和检察机关依法独立公正地行使审判权和检察权；改革司法机关的工作机制和人财物管理体制，逐步实现司法审判和检察同司法行政事务相分离；建设一支政治坚定、业务精通、作风优良、执法公正的司法队伍"[②]。中共十六大将司法体制改革提升到中央战略决策层面，为司法体制改革及其司法管理体制改革指明了方向，奠定了基调。

2003年，中央成立了中央司法体制改革领导小组，全面领导司法体制改革工作。2004年底，《中央司法体制改革领导小组关于司法体制和工作机制改革的初步意见》出台，为推进司法体制改革规划了蓝图，制定了路线图、时间表，并提出了10个方面35项改革任务清单[③]，从而揭开了自上而下有序推进司法体制改革的大幕。

（二）改革内容

随着中央司法体制改革领导小组的成立以及改革意见的出台，我国的司法体

[①] 笔者注："二十年黄金机遇期"是指"综观全局，21世纪头二十年，对我国来说，是一个必须紧紧抓住并且可以大有作为的重要战略机遇期。"参见江泽民：《全面建设小康社会，开创中国特色社会主义事业新局面——在中国共产党第十六次全国代表大会上的报告》，2002年11月。

[②] 江泽民：《全面建设小康社会，开创中国特色社会主义事业新局面——在中国共产党第十六次全国代表大会上的报告》，2002年11月。

[③] 中央司法体制改革领导小组：《中央司法体制改革领导小组关于司法体制和工作机制改革的初步意见》，2004年12月。

制改革从自主探索阶段进入中央主导阶段。在此阶段，司法体制改革的内容丰富、范围明确，其中涉及改革司法管理体制与司法事务管理等方面。

司法机关把贯彻中央改革部署与自主创新改革结合起来，制定了改革规划、任务清单和落实的时间节点。2005 年 10 月，最高人民法院根据中央部署精神，正式发布了《人民法院第二个五年改革纲要（2004～2008）》（以下简称《第二个五年改革纲要》），明确了人民法院司法改革的基本任务和原则，提出了 50 项改革清单。其中涉及司法管理体制改革的主要有：（1）改革和完善司法审判管理与司法政务管理制度。建立案件审判、审判管理、司法政务管理、司法人事管理之间的协调机制，提高审判工作的质量与效率。（2）改革和完善司法人事管理制度。推进人民法院工作人员的分类管理，加强法官队伍职业化建设和其他各类人员的专业化建设。（3）改革和完善人民法院内部监督与接受外部监督的制度。建立科学、统一的审判质量和效率评估体系；建立健全符合法官职业特点的法官惩戒制度，制定法官惩戒程序规则，规范法官惩戒的条件、案件审理程序以及救济途径等，保障受到投诉或查处法官的正当权利。（4）继续探索人民法院人财物管理体制改革。继续探索人民法院的设置、人财物管理体制改革，为人民法院依法公正、独立行使审判权提供组织保障和物质保障；研究制定基层人民法院的经费基本保障标准。①

与此同时，最高人民检察院于 2005 年 9 月出台了《最高人民检察院关于进一步深化检察改革的三年实施意见》（以下简称《深化实施意见》），对检察工作改革进行了规划。其中涉及司法管理体制改革的主要有：（1）完善检察机关接受监督和内部制约的制度，保障检察权的正确行使。（2）完善检察机关组织体系，改革有关部门、企业管理检察院的体制。（3）改革和完善检察干部管理体制，建设高素质、专业化检察队伍。（4）改革和完善检察机关经费保障体制，切实解决基层人民检察院经费困难问题。②

（三）成效评析

这一阶段，中央司法机关按照中共十六大关于推进司法体制改革的要求，结合实际贯彻实施《第二个五年改革纲要》《深化实施意见》，司法体制改革取得初步成效。法院系统在审判改革方面，推动改革和完善死刑核准制度，向全国人大提出修改民事诉讼法的立法建议，完善执行强制措施、建立财产报告制度、实行执行联动的长效机制，完善人民陪审员工作机制，积极探索刑事被害人救助办法；在审判管理体制机制改革方面，推行案件审判流程管理、案件质量监督评

---

① 最高人民法院：《人民法院第二个五年改革纲要（2004～2008）》，2005 年 10 月。
② 最高人民检察院：《最高人民检察院关于进一步深化检察改革的三年实施意见》，2005 年 9 月。

查、法官审判业绩考评和岗位目标管理①。检察系统在检察改革方面,完善对诉讼活动的法律监督制度,探索死刑复核监督机制,完善对刑罚执行和监管活动的监督制度;完善诉讼参与人权利义务告知、检察人员违纪违法行为投诉制度,推行不起诉案件公开审查,多次上访案件听证制度,健全特约检察员、专家咨询委员会制度,建立保障律师在刑事诉讼中依法执业的工作机制;在检察管理机制方面,建立规范和完善执法办案工作机制,运用信息技术对执法办案活动进行管理和监督,改革和完善检察机关内部制约机制;改革和完善检察机关接受监督的机制,深化检务公开,对检察机关工作制度、办案规程等规定,依法能够公开的全部向社会公开②。这些改革成果为其后司法管理体制改革推进积累了一定经验,为完善中国特色社会主义司法制度提供了有益探索。

但是,由于影响和制约司法管理体制改革的深层次原因具有复杂性、多样性的特点,其中既有体制性障碍,又有机制性困扰,还有保障性束缚。而有关法官检察官实行员额制、司法人员分类管理、法官检察官单独职务序列与有别于普通公务员的单独职务工资挂钩、司法责任制、省以下人财物统一管理等重大改革举措想了30年而未能办成,最高司法机关制定出台三轮有关司法管理体制方面的改革规划有的始终未能破局;一些事关保障公正执法、提高司法公信力的人财物统一管理的改革举措形成"到站的火车,吼得凶,跑得慢"现象,改革措施"空转"而难以落地。

五、中央推动司法管理体制改革重点突破阶段(2008~2012年)

(一)改革背景

为了适应经济社会发展、民主法制建设对司法的新要求,2007年10月召开的中共十七大进一步强调"全面落实依法治国基本方略,加快建设社会主义法治国家",做出"深化司法体制改革,优化司法职权配置,规范司法行为,建设公正高效权威的社会主义司法制度,保证审判机关、检察机关依法独立公正地行使审判权、检察权"的部署③,再次强调了司法体制改革的必要性和重要性,展现

---

① 肖扬在第十一届全国人民代表大会第一次会议上所做的《最高人民法院工作报告》,2008年3月10日。
② 贾春旺在第十一届全国人民代表大会第一次会议上所做的《最高人民检察院工作报告》,2008年3月10日。
③ 胡锦涛:《高举中国特色社会主义伟大旗帜 为夺取全面建设小康社会新胜利而奋斗》,引自《十七大报告辅导读本》,人民出版社2007年版。

了中央深化司法体制改革的决心。这给新一轮司法体制改革提供了契机,也为司法管理体制改革破解难题、落地生根指明了方向。

(二) 改革内容

这一阶段司法体制改革的特点是重点深化、系统推进。其主旨是适应经济社会发展、民主法治建设,人民对司法新需求新期待,以促进社会和谐为主线,以加强权力监督制约为重点,着力解决影响司法公正、制约司法能力的体制性障碍、机制性困扰、保障性束缚。其主要内容是,优化司法职权配置、落实宽严相济刑事政策、加强司法队伍建设、加强司法经费保障四项改革任务。其中,涉及司法管理体制改革的内容有:加强司法人员职业教育培训、完善法律职业准入的国家司法考试制度、规范法律职业人员任职资格、提高司法人员综合素质、推动法律人员职业化建设、改革完善司法保障体制、加强基层司法机构建设等[①]。

为了贯彻落实中央推进司法改革的部署,最高人民法院于2009年3月发布了《人民法院第三个五年改革纲要(2009~2013)》(以下简称《第三个五年改革纲要》),明确了深化人民法院司法改革的指导思想、目标和原则,并提出了关于审判体制改革的30项任务,确定了"优化司法职权配置、完善宽严相济刑事政策、加强审判队伍建设、改革司法保障体制"四项改革重点。其中涉及法院管理体制改革的主要有三项任务,(1)优化人民法院职权配置。构建科学的审级关系;改革和完善审判管理,健全权责明确、相互配合、高效运转的审判管理工作机制。(2)加强人民法院队伍建设。完善法官招录培养体制;完善法官行为规范,建立健全审判人员与执行人员违法审判、违法执行的责任追究制度和领导干部失职责任追究制度;建立健全以案件审判质量和效率考核为主要内容的审判质量效率监督控制体系。(3)加强人民法院经费保障。改革和完善人民法院经费保障体制,建立"明确责任、分类负担、收支脱钩、全额保障"的经费保障体制。[②] 与此同时,最高人民检察院发布了《关于贯彻落实〈中央政法委员会关于深化司法体制和工作机制改革若干问题的意见〉的实施意见——关于深化检察改革2009~2012年工作规划》,涉及检察改革的任务40项,在部署检察体制改革,优化检察职权配置;改革和完善接受监督制约制度,规范执法行为,保障检察权依法公正行使;增强惩治犯罪、保障人权、维护社会和谐稳定的能力的同时,对检察管理体制改革做出规范安排,这包括:改革和完善组织体系和干部管理制

---

① 中央政法委员会:《关于深化司法体制和工作机制改革若干问题的意见》,2008年11月。
② 最高人民法院:《人民法院第三个五年改革纲要(2009~2013)》,2009年3月。

度;加强队伍建设;改革和完善经费保障体制等任务①。

(三) 成效评析

对本轮司法改革的成效如何评价,最高人民法院曾于 2012 年 8 月 23 日召开新闻发布会,对法院系统实施《第三个五年改革纲要》的绩效进行了总结评价,其评价观点概括为:司法行为更加规范,职权配置更加优化,司法为民机制更加完善,监督制约机制更加健全②。但是,对实施《第三个五年改革纲要》中重要部分的司法管理体制改革,通报仅提到了"职权配置更加优化",并未提及法院人事管理体制和财务管理体制改革方面取得的成效。可见,法院系统在实施《第三个五年改革纲要》中有关司法管理体制改革的任务尚未达到预期目标,尤其是有关人财物保障的改革措施推进缓慢。检察系统在推进新一轮司法体制和工作机制改革中,一方面取得了完善监督机制,提高司法监督能力的效果;另一方面,检察管理以改革案件管理方式为切入点,会同有关部门制定《检察官职务序列设置暂行规定》③,在检察系统内部完善和推行公开选拔、逐级遴选检察官方面取得了突破,最高人民检察院还首次面向社会公开选拔检察官。但是,影响和制约检察权公正高效行使的司法管理体制改革尚未取得实质性突破。正如曹建明在 2012 年向第十一届全国人民代表大会第五次会议报告工作时所坦言的:"基层检察院建设发展不平衡,一些检察院执法规范化、管理科学化水平不高,案多人少等问题在一些地方依然突出"④。

---

① 最高人民检察院:《关于贯彻落实〈中央政法委员会关于深化司法体制和工作机制改革若干问题的意见〉的实施意见——关于深化检察改革 2009~2012 年工作规划》,2009 年 2 月。
② 最高人民法院:《最高人民法院关于〈人民法院第三个五年改革纲要〉进展情况的新闻发布稿》,2012 年 8 月 23 日。
③ 中组部、最高人民检察院联合印发:《检察官职务序列设置暂行规定》,2011 年 7 月。
④ 曹建明在第十一届全国人民代表大会第五次会议所做的《最高人民检察院工作报告》,2012 年 3 月 11 日。

第六章

砥砺前行五年的司法管理体制改革

中共十八大以来，以习近平同志为核心的党中央运用马克思主义的基本原理及其世界观和方法论，结合我国社会主义初级阶段的基本国情与加快实现"新型工业化、城镇化、农业现代化、社会信息化"的丰富实践，立足于统筹推进"五位一体"总体布局，协调推进"四个全面"战略布局，为加快推进公正高效权威的社会主义司法制度提供了新思路；聚焦"保证公正司法，提高司法公信力"，为推进司法体系和司法能力现代化开辟了新视野；把握"以人民为中心""维护人民权益，让人民群众在每一个司法案件中都感受到公平正义"提供了新路径；应对经济社会发展给"司法职权配置、严格执法、完善人权司法保障"带来的新机遇，为"完善确保依法独立公正行使审判权、检察权的制度"，推进司法职业化、专业化、规范化建设提供了新载体；坚持问题导向、遵循司法权运行规律，为建立健全"权责统一、权力制约、公开公正、尊重程序、裁判终局"的司法权运行体系提供了新方案；以"司法人员分类管理、员额制、司法责任制、省以下人财物统一管理"改革为切入点，为构建现代司法管理体制、推进司法管理现代化提供了新举措；以顶层设计、典型试验、波浪式推进的实践样态，为发展完善中国特色社会主义司法制度、助推国家治理体系和治理能力现代化提供了新经验。我国司法管理体制改革取得历史性成就，为世人所瞩目。

第一节 全面深化司法管理体制改革

一、改革背景

2012年11月至2017年10月,是我国司法体制改革取得重大进展的五年。以习近平同志为核心的新一届党中央在统筹推进"五位一体"总体布局,协调推进"四个全面"战略布局进程中,以"努力让人民群众在每个司法案件中感受到公平正义"为目标,以"保证公正司法、提高司法公信力"为主题,围绕完善确保依法独立公正行使审判权和检察权的制度,优化司法职权配置、健全司法权运行机制,推进严格执法,保障人民群众参与司法,完善人权司法保障制度,加强对司法活动的监督,制定了61项司法改革项目清单、路线图和时间表。与此同时,围绕构建现代司法管理体制,推出了"司法人员分类管理、员额制、司法责任制、省以下人财物统一管理"的四项改革任务;围绕改革项目清单的实施,以坚毅的决心、开拓的勇气,抓铁有痕的作风,第一批选择7个省份试点,第二批试点改革复制推广到11个省份;第三批试点14个省份。通过渐进性的试点,扎实稳步推进司法体制改革,办成了过去许多年想办而未办成的事情,司法管理体制改革取得历史性成就。

二、改革内容

新一轮司法管理体制改革是寓于全面深化司法体制改革整体部署之中的。而以"司法人员分类管理、员额制、司法责任制、省以下人财物统一管理"为核心的司法管理体制改革,则是推动新一轮全面深化司法体制改革的"牛鼻子"。根据中共十八届三中全会、四中全会关于全面司法体制改革的部署精神,新一轮全面深化司法改革的主题是"保证公正司法、提高司法公信力";其实施方式是项目清单管理与典型试验、波浪式推进相结合。梳理中央部署全面深化司法改革的项目清单包括以下七个层面61项任务。

(一)确保依法独立公正行使审判权检察权方面

实施项目清单任务包括:推动省以下地方法院、检察院人财物统一管理;探索建立与行政区划适当分离的司法管辖制度；探索建立知识产权法院；建立符合职业特点的司法人员管理制度；优化司法职权配置；建立领导干部干预司法活动、插手具体案件处理的记录、通报和责任追究制度；健全行政机关依法出庭应诉，支持法院受理行政案件，尊重并执行法院生效裁判的制度；完善惩戒妨碍司法机关依法行使职权、拒不执行生效裁判和决定、藐视法庭权威等违法犯罪行为的法律规定；建立健全司法人员履行法定职责保护机制。[1]

（二）健全司法权力运行机制方面

实施项目清单任务包括：优化司法职权配置；完善司法责任制；推进司法公开；健全反腐败法律监督机制；严格规范减刑、假释、保外就医程序；广泛实行人民陪审员、人民监督员制度。[2]

（三）完善人权司法保障制度方面

实施项目清单任务包括：进一步规范查封、扣押、冻结、处理涉案财物的司法程序；健全错案防止、纠正、责任追究机制；健全社区矫正制度；建立涉法涉诉信访依法终结制度；健全国家司法救助制度；完善法律援助制度；改革律师制度；逐步减少适用死刑罪名。[3]

（四）优化司法职权配置方面

实施项目清单任务包括：健全公安机关、检察机关、审判机关、司法行政机关各司其职，侦查权、检察权、审判权、执行权相互配合、相互制约的体制机制；完善司法体制，推动实行审判权和执行权相分离的体制改革试点；完善刑罚执行制度，统一刑罚执行体制；改革司法机关人财物管理体制，探索实行法院、检察院司法行政事务管理权和审判权、检察权相分离；最高人民法院设立巡回法庭，审理跨行政区域重大行政和民商事案件；探索设立跨行政区划的人民法院和人民检察院，办理跨地区案件；完善行政诉讼体制机制，合理调整行政诉讼案件管辖制度，切实解决行政诉讼立案难、审理难、执行难等突出问题；改革法院案件受理制度，变立案审查制为立案登记制，对人民法院依法应该受理的案件，做

---

[1] 《〈中共中央关于全面深化改革若干重大问题的决定〉辅导读本》，人民出版社 2013 年版，第 33 页。

[2] 《〈中共中央关于全面深化改革若干重大问题的决定〉辅导读本》，人民出版社 2013 年版，第 33~34 页。

[3] 《〈中共中央关于全面深化改革若干重大问题的决定〉辅导读本》，人民出版社 2013 年版，第 34 页。

到有案必立、有诉必理，保障当事人诉权；加大对虚假诉讼、恶意诉讼、无理缠诉行为的惩治力度；完善刑事诉讼中认罪认罚从宽制度；完善审级制度；完善对涉及公民人身、财产权益的行政强制措施实行司法监督制度；检察机关在履行职责中发现行政机关违法行政或者不行使职权的行为，应该督促其纠正；探索建立检察机关提起公益诉讼制度；明确司法机关内部各层级权限，健全内部监督制约机制；完善主审法官、合议庭、主任检察官、主办侦查员办案责任制，落实谁办案谁负责；加强职务犯罪线索管理，健全受理、分流、查办、信息反馈制度，明确纪检监察和刑事司法办案标准和程序衔接，依法严格查办职务犯罪案件；加强和规范司法解释和案例指导，统一法律适用标准。①

（五）推进严格执法方面

实施项目清单任务包括：推进以审判为中心的诉讼制度改革，确保侦查、审查起诉的案件事实证据经得起法律的检验；全面贯彻证据裁判规则，严格依法收集、固定、保存、审查、运用证据，完善证人、鉴定人出庭制度，保证庭审在查明事实、认定证据、保护诉权、公正裁判中发挥决定性作用；明确各类司法人员工作责任制、工作流程、工作标准，实行办案质量终身负责制和错案责任倒查问责制。②

（六）保障人民群众参与司法方面

实施项目清单任务包括：完善人民陪审员制度，保障公民陪审权利，扩大参审范围，完善随机抽选方式，提高人民陪审制度公信度；逐步实行人民陪审员不再审理法律适用问题，只参与审理事实认定问题；构建开放、动态、透明、便民的阳光司法机制，推进审判公开、检务公开、警务公开、狱务公开，依法及时公开执法司法依据、程序、流程、结果和生效法律文书；加强法律文书释法说理，建立生效法律文书统一上网和公开查询制度；强化诉讼过程中当事人和其他诉讼参与人的知情权、陈述权、辩护辩论权、申请权、申诉权的制度保障；健全落实罪刑法定、疑罪从无、非法证据排除等法律原则的法律制度；完善对限制人身自由司法措施和侦查手段的司法监督，加强对刑讯逼供和非法取证的源头预防，健全冤假错案有效防范、及时纠正机制；制定强制执行法，规范查封、扣押、冻

---

① 《〈中共中央关于全面推进依法治国若干重大问题的决定〉辅导读本》，人民出版社 2014 年版，第 21~23 页。

② 《〈中共中央关于全面推进依法治国若干重大问题的决定〉辅导读本》，人民出版社 2014 年版，第 23~24 页。

结、处理涉案财物的司法程序;加快建立失信被执行人信用监督、威慑和惩戒法律制度;落实终审和诉讼终结制度,实行诉访分离,保障当事人依法行使申诉权利;对不服司法机关生效裁判、决定的申诉,逐步实行由律师代理制度;对聘不起律师的申诉人,纳入法律援助范围。①

(七) 加强对司法活动的监督方面

实施项目清单任务包括:完善检察机关监督权的法律制度,加强对刑事诉讼、民事诉讼、行政诉讼的法律监督;完善人民监督员制度,重点监督检察机关查办职务犯罪的立案、羁押、扣押、冻结财物、起诉等环节的执法活动;规范媒体对案件的报道,防止舆论影响司法公正;依法规范司法人员与当事人、律师、特殊关系人、中介组织的接触、交往行为;坚决惩治司法掮客行为,防止利益输送;对因违法违纪被开除公职的司法人员、吊销执业证书的律师和公证员,终身禁止从事法律职业,构成犯罪的要依法追究刑事责任;坚决破除各种潜规则,绝不允许法外开恩,绝不允许办关系案、人情案、金钱案;等等。②

司法管理体制"四项改革"作为全面深化司法体制改革的"牛鼻子",试点省份及其第二批、第三批实行司法体制改革的省份,始终牵住司法管理体制改革的"牛鼻子",引领和带动其他各项司法体制改革项目清单的落地,使司法管理体制改革与其他各项司法体制改革任务形成统筹协调、互动促进的格局。

三、成效评析

自 2013 年 11 月至 2017 年 9 月,是当代中国司法管理体制改革如火如荼、具有划时代意义的攻坚阶段。中共十八届三中全会、中共十八届四中全会相继做出"全面深化改革若干重大问题""全面推进依法治国若干重大问题"的两个重大决定,其中对"司法人员分类管理、员额制、司法责任制、省以下人财物统一管理"四项改革做出部署,对影响和制约保障公正司法、提高司法公信力改革,破除体制性障碍、机制性困扰、保障性难题起到了破垒攻坚的根本指导作用。2014 年 6 月 6 日,中央全面深化改革领导小组第三次会议审议通过《关于司法体制改革试点若干问题的框架意见》,提出四项司法体制改革基础性措施,即完

---

① 《〈中共中央关于全面推进依法治国若干重大问题的决定〉辅导读本》,人民出版社 2014 年版,第 24 页。
② 《〈中共中央关于全面推进依法治国若干重大问题的决定〉辅导读本》,人民出版社 2014 年版,第 25~26 页。

善司法人员分类管理、完善司法责任制、健全司法人员职业保障、推动省以下地方法院检察院人财物统一管理的顶层改革方案。随后中央部署选取上海、广东、吉林、湖北、海南、贵州、青海 7 个省份试点，标志着司法管理体制改革正式启动；在第一批省份试点改革的基础上，2015 年 5 月 5 日确定第二批试点改革复制推广到 11 个省份；2016 年 1 月确定第三批试点 11 个省份。开启了一场由点到面、自上而下的司法管理体制改革攻坚战，办成了想了许多年但没有办成的大事，取得了历史性成就。这集中体现在以下几个方面。

（一）以"司法人员分类管理"为切入点，法官检察官、司法辅助人员、司法行政人员分类管理改革基本到位

实行司法人员分类管理是破解传统司法身份混同、岗位混同、管理模式混同、司法行政化、司法弱职业化难题的破冰之旅，是实现法官检察官专业化、精英化、职业化改革目标的必然要求，也是加快推进法官检察官队伍管理体系化和管理能力现代化的必由之路。根据中央出台的《人民法院、检察院工作人员分类管理制度改革意见》《法官、检察官单独职务序列改革试点方案》《法官助理、检察官助理和书记员职务序列改革试点方案》等一系列司法管理体制改革规范性文件，在上海、广东、吉林、湖北、贵州、海南、青海 7 个省份试点的基础上，司法人员分类管理改革由点到面，由上而下波浪式稳步推进到全国法院系统、检察院系统。各级试点法院、检察院实行人员分类管理，即员额法官检察官、司法辅助人员和司法行政人员三大类，其中，司法辅助人员又细分为法官检察官助理、执行员、书记员、司法警察、司法技术人员 5 小类。司法警察参照人民警察的管理办法分类管理；司法辅助人员及司法行政人员的职务序列及工资福利待遇按照综合类公务员序列管理。各类人员各司其职、各负其责、各得其所，逐步实现司法队伍的专业化、职业化、正规化。

改革的基本内容主要包括以下几点。

1. 准确界分司法人员分类管理的类别

针对长期以来对司法人员的含义不清的状况，明确界定了所谓法官检察官是指具有法定资格、具有专门法律知识素养、从事一定年限的司法实务工作、具备较强司法能力，能够依法独立行使司法办案权，代表法院检察院行使国家审判权检察权的专门人员。具体包括：院长（副院长）、检察长（副检察长），审判委员会与检察委员会专职委员，审判委员会与检察委员会委员，庭长（副庭长）、主任检察官，员额内的审判员、检察员，以及助理审判员、助理检察员。这种界分既遵循了法官检察官的政治思想职业与伦理道德标准的坚守与职业养成的规律，又直面了传统法官检察官队伍基数庞大、良莠不分的状况，为打造一支适应

司法体系和司法能力现代化要求的法官检察官队伍提供了前提条件。管理方式则按照《法官法》《检察官法》规定的专业职务序列实行有别于普通公务员的专门管理制度。

2. 明晰司法辅助人员的范围

所谓司法辅助人员是指协助法官检察官行使审判权检察权的专门工作人员。其包括法官、检察官助理、司法技术人员、司法警察、书记员等,对法官助理、检察官助理按照法官检察官助理专业职务序列进行管理。法官助理在法官的指导下履行审查、送达诉讼材料,组织庭前证据交换,接待案件诉讼参与人,准备与案件相关材料,协助法官进行调节,办理执行和涉诉信访案件等职责。书记员承担案件审理过程中的记录工作,负责整理、装订、归档案卷材料和法官交办的其他事项等职责。对司法技术人员按照专业技术类公务员进行管理,检察院的司法技术人员负责在诉讼活动中提供有关案件的法医、文检、痕检、毒化、司法会计、计算机数据等技术性证据的专业性鉴定文书、检验报告、勘验笔录等,为检察工作提供技术支持与保障;法院司法技术人员负责在诉讼活动中对鉴定文书、检验报告、勘验笔录和医疗会计资料等技术性证据提供咨询意见,对外委托鉴定、检验、评估、审计和拍卖以及为审判咨询工作提供技术支持与保障等职责。司法警察承担协助法官检察官依法搜查、扣押、提取物证书证,承担值班、安全守卫、值庭、押解、看管等审判检察警务保障工作,协助维护机关安全和办公秩序,其中法院的司法警察还担负执行死刑,配合民事、行政等案件的执行事项,以及法律规定的其他职责。在第一批7个省份试点过程中,由于政策指导的滞后性、制度规范迟迟不能出台,吉林等地采取对审判检察辅助人员暂时按综合管理类公务员进行管理的方式。随着相关政策制度的逐步出台,审判与检察辅助人员管理制度也逐步出台。

3. 科学界定司法行政人员的范围

所谓司法行政人员是指在审判机关、检察机关从事综合行政管理与服务的工作人员。具体包括:政工党务类人员、纪检监察与督查类人员、审判检察事务保障类人员、计划财务装备管理人员、后勤服务管理人员等。对这类人员按照综合管理类公务员进行管理,其中,按照专业化的思路有的省份在司法行政管理改革过程中探索,实行总会计师、会计师、总工程师、工程师、总审计师、审计师,机要保密专员、高级研究员、研究员、副研究员、调研文秘等专业化与行政管理相结合的方式进行管理。

4. 探索建立文职人员购买服务管理制度

针对辅助行政管理、物业管理、生活服务、设施设备维护等服务事务,探索实行检察审判文员管理制度,对审判检察人员除国家核定的事业编制、工勤编制人员按照原有的规定进行管理外,实行合同制管理;有的还探索按照实行合同制管理资金额度购买社会化服务;审判与检察人员员额按照政法专项编制总额的一定比例确定,并且出台审判机关、检察机关人员管理办法,使司法人员分类管理出现了一种新的形态,即"法官检察官+司法辅助人员+司法行政人员+文职人员"的管理模式。这不仅破解了司法管理面临案多人少的困局,而且引入了购买服务文员制新的制度要素,使司法人员分类管理注入了生机与活力。

随着丰富的司法人员分类管理试点改革实践的深入与全面推广,为司法人员分类管理规范化、制度化提供了实践依据。而对试点经验的总结升华成为司法人员分类管理制度创建的基本途径,也为司法人员分类管理由点到面地加速发力推广提供了试点范本效应、经验支持与制度安排约束,使这项改革形成中央决策战略性引导,试点模本复制性推广,上下结合与各方支持协力推进的局面。最高人民法院、最高人民检察院(以下简称"两高")围绕司法人员分类管理改革,于2013年3月会同中国共产党中央委员会组织部(以下简称"中组部")分别发布了《人民法院工作人员分类管理制度改革意见》《人民检察院工作人员分类管理制度改革意见》,将司法人员明确划分为法官检察官、司法辅助人员、司法行政人员三类,中央宏观决策与改革实施主体共同发布带有政策指导性的规范性文件,为司法人员分类管理改革试点及其后全面推开提供了依据。2015年10月,"两高"又会同中组部、中央政法委发布《法官、检察官单独职务序列改革试点方案》,为建立符合职业特点和司法规律的法官检察官单独职务序列管理制度提供了基本遵循。2016年5月,"两高"会同中组部发布了《关于建立法官检察官逐级遴选制度的意见》,为法官检察官逐级遴选制度的发展完善提供了有力指导。2016年6月,"两高"会同中组部、中央政法委等发布了《法官助理、检察官助理和书记员职务序列改革试点方案》,为巩固法官助理、检察官助理和书记员职务序列试点改革成果提供了规范性文件蓝本。2017年3月,"两高"分别制定了《建立健全审判人员职务序列的指导意见》《建立健全检察人员职务序列的指导意见》,为指导各级审判机关、检察机关分类定岗、规范管理提供了可操作性的规范文本。2017年5月,"两高"会同财政部、国家人社部发布了《人民法院、人民检察院聘用制书记员管理制度改革方案(试行)》(以下简称《方案》),为试行省级统筹、配备聘用制书记员制度提供了开创性的制度设计和可操作的依据。

(二)以"员额制"改革为基准点,促使法官检察官回归办案本位的目标任务基本实现

所谓员额制,是指以司法人员分类改革启动为时间节点,以中央确定的政法专项编制为额度框架,分别确定最高人民法院、最高人民检察院,各省、自治区、直辖市及省以下法院检察院的法官检察官、司法辅助人员、司法行政人员所在政法专项编制比例的额度，并进行总体控制。其基本原则是：优先满足基层法院检察院司法工作的需要，以建制法院检察院为单位，省（自治区、直辖市）、市（州）、县（区、市）三级法院检察院的法官检察官、司法辅助人员和司法行政人员的比例分别确定占中央政法编制总数的额度，中央或者省级编制未经党的组织部门批准，法官检察官占中央政府编制数总数的比例不得突破；在法官检察官员额出现空缺时，才能从符合任职条件的人员中选任法官检察官。改革前，我国法官检察官数量达到中央政法专项编制数的 2/3 左右，普遍存在总量庞大，具有"成熟司法能力"的精英司法人员占比偏小，一部分法官检察官司法素养不高、司法能力不强，是影响和制约保证公正司法、提高司法公信力的根源之一。如何在现有法官检察官总规模的条件下，按照专业化、职业化、精英化的要求，对法官检察官队伍进行"消肿"，实行员额化管理的改革，成为新一轮司法体制改革牵一发动全身的破局之举。据对上海市、广东省、吉林省、湖北省、贵州省、海南省、青海省第一批 7 个试点省市的抽样调查，他们在贯彻中央关于司法体制改革过程中结合本地实际，做了艰苦性的探索与改革创新工作。其共同的特点主要有以下几点。

1. 坚持科学测算，建立严格的员额管理制度

第一批试点 7 个省市对实有法官检察官人数、占政法编制数，根据中央要求、按照员额控制目标需缩减法官检察官人数进行全面摸底调查、科学测算，在此基础上建立严格的员额管理制度。这包括：（1）科学制订方案。《方案》明确规定改革试点启动时，在现有具有法官检察官法律职务的人员中选任相应数量的人员转为员额内的法官检察官，按照《法官法》《检察官法》规定的专业职务序列进行管理；凡未进入员额的法官检察官转任其他工作岗位的，保留法官检察官职务，按照新岗位的规定进行管理，即未进入员额的审判员检察员、助理审判员助理检察员安排到法官助理、检察官助理岗位；自愿转任到行政岗位应优先考虑；对已有公务员身份的书记员，符合条件的可以任命为法官助理、检察官助理，不符合条件的安排到行政岗位。改革试点法院检察院应当按照改革《方案》确定的法官检察官员额比例，选任员额内的法官检察官一步到位；对于具有办案工作特殊性的法院检察院，有的省如吉林省的《方案》确定可以高于其他同级法院检察院的比例选任员额内法官检察官，并逐步缩减法官检察官的员额；对于有的法院检察院拟超员额配置法官检察官的应当呈报省级法院检察院批准。（2）严控员额。按照中央政法工作编制分别确定法官检察官员额分配数和预留数，其中员额分配数分配到省域（直辖市）内各级法院检察院，预留数（一般为员额控制数的3%）暂不分配，以为省域（直辖市）范围内动态核定、调剂使用。（3）差异分配。对于员额分配数，优先向基层倾斜，向办案任务重的法院检察院倾斜。具体做法是：一方面，以中央政法专项编制为基数，运用司法办案的"大数据"，综合考虑辖区面积、人口数量和经济社会发展水平等各种因素，确定各个市（州、分）院及其基层法院检察院的法官检察官总体员额分配数；另一方面，按照上述方法分解到每个法院检察院，在分解法官检察官员额分配数时，原则上确保每个法院检察院实际分配数不低于其中央政法专项编制的一定比例（33%～36%），又不高于其中央政法专项编制的员额控制数（一般为39%）。（4）动态调整。建立分析评估机制，每两年对省域（直辖市）各级法院检察院的审判人员检察人员原有状态进行评估，做到合理增减，其调整的主要依据是对司法办案量进行分析，不搞平均主义，以有效保障司法办案需要。

2. 坚持能力导向，建立确定员额法官检察官管理机制

以"成熟的司法能力"作为选任员额内法官检察官的根本条件，是上海市、广东省、吉林省、湖北省、贵州省、海南省、青海省第一批7个试点的省市的共同标准。其后参加试点的省份学习借鉴并复制了首批试点单位的经验与做法。何谓具有"成熟的司法能力"标准？通过抽样调查，试点单位一般将其概括为六个方面，包括：政治立场坚定、廉洁自律、爱岗敬业、法学专业知识扎实、办案经验丰富、群众工作能力较强。如何认定具有"成熟的司法能力"，试点单位采取的主要方式是：（1）分层次确认。对具有法律职务的院领导通过考核确认，但确认进入法官检察官员额的不得再担任纪检组长、政治部主任等行政领导职务；而对内设机构、部门正职及其审判员检察员、助理审判员助理检察员不论其入额前在何种岗位履职，均须通过统一考试和考核程序确认。这就从员额制的角度建立起司法人员与司法行政人员有序分离，行使司法职能的主体与行使司法行政事务职能的主体有序分离的"两个适度分离"的管理体制，从而破解了长期以来司法权与司法行政事务权"混同"，司法主体与司法行政事务主体"混岗"的体制性障碍，为建立科学完备的司法权与司法行政事务权适度分离的现代司法管理体制迈出了坚实的一步。（2）全员选任。各试点院除法院院长、检察院检察长不参加考试外，其他报名参加遴选的现任副院长副检察长、审判委员会委员检察委员会委员、审判员检察员、助理审判员助理检察员按照统一标准参加统一入额考试。同时，所有报名参加遴选人员都按照业绩公示、民主测评、实际考核等程序进行考核。考试、考核的分值分别占30%和70%的比例；考试的内容主要包括以审判业务、检察业务实务为主，兼顾法学基础理论、政治理论、社会科学知识；考试以自愿为基础，放弃进入员额制法官检察官资格的可以不参加考试。（3）综合考核。建立量化考核评价体系，按照各个层次法官检察官的岗位目标，分类考核审判业务检察业务岗位业绩等，重点考核近五年司法办案的情况及其他主要工作实际，最后考核得分按照民主测评占30%，实际考核占70%的比例计算结果。其中，考核内容为：政治素质、廉洁自律、司法业务实践能力、司法业务能力、司法工作实绩等。（4）专业比选。在各业务部门法官检察官岗位报名条件设置上，要求具有一定年限的相应业务工作经历和办案达到一定数量，且所办理案件无质量、安全问题，符合司法办案规范化要求。省级法院检察院法官检察官遴选工作办公室按照1∶1.1的差额比例，向省级法官检察官遴选委员会提交严格筛选的、符合入额条件的人数，拟计入员额法官检察官名单，经择优差额确定最终首批计入员额法官检察官的人数，其所占政法专项编制数在员额控制目标内。基于建立合理的法官检察官队伍结构的需要，改革启动期间省（自治区、直辖市）、市（州）、县（区）法院审判员检察院检察员（含院领导和助理审判员、助理检察员）进入员额的比例应当合理分配，确保优秀的司法人员能够进入员额内的法官检察官队伍。进入员额内的法官检察官包括各级法院检察院的院长检察长、副院长副检察长、审判委员会委员检察委员会委员，必须确保其在审判检察一线办案，办理案件的数量、质量、效率和效果等必须达到规定指标，并按照司法责任制规定承担相应的司法责任。对于选任主任检察官的改革，检察机关的改革规定的内容为：基于检察院实行主任检察官办案责任制的需要，改革期间在员额内的检察官中按照不超过总数的一定比例选任主任检察官，其中原担任部门正职的人员可以直接转任主任检察官，检察委员会专职委员等也可以自愿转任主任检察官；若不能产生足额的主任检察官可从原担任部分副职人员中依据考试、考核成绩择优产生；仍不能产生足额的主任检察官的，可以从检察员和资深、优秀的助理检察员中在考试、考核的基础上通过竞争择优产生；各级检察院领导不再占用主任检察官职数，但其亲自办案时可以行使主任检察官的职权。

3. 坚持人岗相适，推进司法人员分类定岗

试点省份明确规定法官检察官、司法辅助人员、司法行政人员分别占中央政法编制总数的33%～39%、46%～52%、15%。其中，司法辅助人员中的法官检察官助理、书记员、司法警察、司法技术人员比例一般规定分别占26%、7%、8%、5%左右，按照人岗相适应的要求定岗定责。其实施方式是：（1）按需定岗。明确省份与各级法院检察院院长检察长、副院长副检察长、审判委员会委员检察委员会委员属于业务岗位，明确市（州、分）院的审判检察业务机构和派出法庭、检察处（室）属于业务岗位，基层法院检察院的业务部门根据业务量配备法官检察官，具体包括承担民事诉讼、行政诉讼、刑事诉讼职能的办案机构，也包括承担法律政策研究、案件管理职责的机构，司法辅助人员如法官助理检察官助理、书记员、司法警察、司法技术人员配备在业务机构和业务岗位。（2）定岗定员。省级法院检察院具体指导各试点院制订各类人员分类定岗实施方案，具体包括：各岗位审判检察人员的员额数、各个岗位的标准条件、分类定岗的程序。计入员额的法官检察官根据自愿报名意向和工作需要，结合考试、考核结果提请省级法官检察官遴选委员会严格筛选后确定到具体业务岗位。对于未计入员额的法官检察官，采取"老人老办法、新人新办法"的改革政策，按照岗位需求，对其可安排从事法官助理、检察官助理或者司法行政工作，保留其法律职务、待遇和原有等级，但不占用法官检察官员额，其不再晋升法官检察官等级；对于其又转岗从事法官检察官工作后，其等级晋升时间和级别可连续计算；改革过渡期内，各级法院检察院应从严掌握任命助理审判员和助理检察员。对具有公务员身份的书记员符合条件的可以转任法官助理，并同步实行文职人员聘用制度；各级法院检察院按照中央政法专项编制总数的一定比例配备文职人员，实行聘用制人员管理，其主要承担书记员工作；在改革过渡期内，书记员工作由部分具有公务员身份的书记员和聘用的文职人员共同承担，并逐步过渡到书记员统一由聘用的文职人员担任。原任司法警察继续留任警务保障岗位，并依法履职的计入司法警察员额；原任司法技术人员原则上留任司法技术岗位。(3) 因岗选人。严控"两头"，即严格控制法官检察官员额33%~39%的目标，严格控制司法行政人员15%的人员比例，合理调控"中间"，对司法辅助人员的结构进行合理调控，确保建立健全办案组织，全面承担司法办案职能与任务。(4) 岗位承诺。审判人员检察人员均签署岗位承诺书，做出公开承诺。有的省份还举行法官检察官向国旗、国徽宣誓，从而增强了入职法官检察官从事司法职业的使命感、尊严感和荣誉感。有的试点省份法院检察院还制定不适任法官检察官的退级机制，为规范法官检察官员额管理，释放员额制管理这一新机制的活力做了有益探索。

4. 建立适度分权的司法行政事务管理模式

第一批试点省市如湖北省结合全面推进司法人员分类管理、司法责任制、员额制改革，创造性地探索构建司法行政事务管理新模式。其主要特点：第一，统一设置专门机构和领导职务。在各级检察院设置司法行政管理局，建立与司法机构适度分离体现司法行政事务职能特点、遵循司法行政事务管理"上令下从"、职权运行规范化、专业化、项目化、服务化规律的现代司法行政管理体系。其中，省、市（州、分）两级检察院设置司法行政管理局，与综合管理类的办公室、政工人事类的政治部有序分离运行；基层院中100人以下的院由司法行政管理局负责本院办公室干部人事、计划财务装备等司法行政事务管理工作。100人以上的院，司法行政管理局与人事管理机构分别履行职能，各级院核定司法行政管理局局长1名，副局长1~3名；局长由院党组成员兼任，身份为司法行政人员，不参与司法办案。这不仅破解了司法事务管理与司法行政管理职能不清、岗位混同、司法行政化的难题，而且为司法行政管理类综合文秘、收发通信、政工人事、审计监察、计划财务、装备基建、安全保卫、公共服务、交通运输、卫生饮食、设备维修等机构林立，人员膨胀，所占政法专项编制比重大，滋生"臃、肿、骄、奢、惰"等积弊的根除，精简司法行政管理机构、人员，提高司法行政管理效能、质量，创新现代司法行政管理体制起到了先行先试的作用。第二，市（州、分）院业务机构设置分管司法行政事务的副职。由检察官助理或者司法行政人员担任，负责本部门的司法行政事务管理，人员较少的业务部门也可以不设副职。第三，基层院业务机构设置行政主任。其专门负责司法行政事务，行政主任可以由司法行政人员或者检察辅助人员担任，在副检察长和司法行政管理局局长的双重领导下开展工作。

以法官检察官员额制为核心的司法人员分类管理改革冲破了传统行政管理模式，初步建立起了符合司法权运行规律，保障公正司法、提高司法公信力的现代司法管理模式。司法人员分类管理发生了根本性的变化。

（1）法官检察官构成科学化。第十二届全国人民代表大会常务委员会第二十九次会议通过修订的《法官法》第二条规定："法官是依法行使国家审判权的审判人员，包括最高人民法院、地方各级人民法院和军事法院等专门人民法院的院长、副院长、审判委员会委员、庭长、副庭长、审判员和助理审判员。"2017年修订的《检察官法》第二条规定："检察官是依法行使国家检察权的检察人员，包括最高人民检察院、地方各级人民检察院和军事检察院等专门人民检察院的检察长、副检察长、检察委员会委员、检察员和助理检察员。"实行以员额制为核心的司法人员分类改革后法官、检察官构成仍未发生根本性变化，即法官由院长、副院长、审判委员会委员、庭长、副庭长、审判员和助理审判员七类人员组成；检察官由检察长、副检察长、检察委员会委员、检察员和助理检察员五类人员组成；试点改革虽然取消助理审判员、助理检察员的称谓，改为法官助理、检察官助理，但这一改革举措未得到2019年修订的《法官法》《检察官法》的确认。

（2）法官检察官员额比例趋于合理化。司法管理体制改革前，对法院法官数量、检察院检察官数量并无职数限制，各地法院、检察院根据实际工作需要，将符合《法官法》《检察官法》任职资格条件的人员，按照公务员行政职务序列、中层领导职数、党管干部原则提请同级党委任命的前提下，由法院院长、检察院检察长提请同级人大及其常委会任命，各地人大及其常委会审议通过后即可。司法管理体制改革实施后，根据中央司法管理体制改革相关规范性文件精神，法官、检察官员额比例应该控制在中央政法专项编制的39%以内。在本轮以员额制为核心的司法管理体制改革中，各省、自治区、直辖市法院、检察院为确保法官、检察官在员额内正常更替，则预留了3%～5%的员额法官、检察官职数。根据各试点省、自治区、直辖市司法体制改革方案，各级法院、检察院对单位内部原有法官、检察官按比例，遵循组织审查、统一考试、资格审定等程序，由省级法院、省级检察院审查后统一提名，提请省级司法改革领导小组下设的司法遴选委员会统一组织专业把关遴选，再按干部管理权限提请上一级党的组织部门审查批准或者备案；通过专业遴选、组织部门审查批准或者备案后交由地方法院、检察院同级人大任命为员额法官、员额检察官；未通过专业遴选的不再担任法官、检察官职务，不能独立办理案件，转任到其他工作岗位。当员额出现空缺时，由省级法院、检察院统一组织，按照程序提请遴选委员会进行专业遴选并按审批程序递补为法官、检察官。据统计，司法体制改革实施前，全国法院共有在编人员约34万名，其中法官211 990名，占在编人员员额的61.76%；在推进司法人员分类改革中，全国法院按照以案定额、按岗定员、总量控制、省级统筹的原则，经过严格考试考核、法官遴选委员会专业把关，全国法院遴选、审批产生员额法官120 138名，占其在编员额的35.33%；最高人民法院坚持"从严掌握、宁缺毋滥"的选任导向，遴选产生员额法官367名，占中央政法专项编制的27.8%。[1] 全国检察院共有在编人员约25万名，其中检察官约16万名，占在编人员员额的63.2%；在推进司法人员分类改革中，全国检察院遴选产生员额检察官87 000名，占在编人员员额的34.8%；最高人民检察院机关首批遴选员额检察官228名，占中央政法专项编制的31.89%[2]。法官、检察官办案主体地位基本确立，优秀人才向业务一线流动趋势明显。

（3）法官检察官任职资格明晰化。司法体制改革实施前，任命法官、检察官，必须具备《法官法》《检察官法》中规定的法官、检察官的六项资格条件，其中五项为"具有中华人民共和国国籍；年满二十三岁；拥护中华人民共和国宪法；具有良好的政治、业务素质和良好的品行；身体健康"。对于最后一项学历要求，《检察官法》仅要求"高等院校法律专业本科毕业或高等院校非法律专业本科毕业具有法律知识"。《法官法》于2001年6月经第九届全国人大常委会第二十二次会议修改后，将法官学历资格条件改为"高等院校法律专业本科毕业或者高等院校非法律专业本科毕业具有法律专业知识，从事法律工作满二年，其中担任高级人民法院、最高人民法院法官，应当从事法律工作满三年；获得法律专业硕士学位、博士学位或者非法律专业硕士学位、博士学位具有法律专业知识，从事法律工作满一年，其中担任高级人民法院、最高人民法院法官，应当从事法律工作满二年"。各级法院、检察院根据有关工作程序，提请各级人大任免法律职务。以员额制为核心的司法人员分类管理体制改革实施后，对员额法官、检察

---

[1] 周强在第十三届全国人民代表大会第一次会议上所作的《最高人民法院工作报告》，2018年3月9日。

[2] 曹建明在第十三届全国人民代表大会第一次会议上所作的《最高人民检察院工作报告》，2018年3月9日。

官的业务能力、专业素质要求更高,通过内部资源整合,把最优秀的人才调整到办案一线,以提高办案质量、效率和公信力。各省、自治区、直辖市所属法院、检察院在试点对具有法官、检察官资格的人员进行遴选时,由省级法院、检察院组织统一考试,再进行民主测评,绩效考核。试点法院、检察院采用重点查看考核情况、同时兼顾考试成绩的方式,在坚持政治标准基础上,突出对案件办理数量、质量、廉洁纪律情况等方面的考核,从而提高了法官检察官的选任条件。针对担任法院、检察院领导职务的人员入额的特殊性,明确要求必须统一标准,经过公平公正公开的统一考核或考试程序;在遴选标准和方式上,根据领导干部工作性质和履职特点确定考核、考试的具体内容和办法。试点省、自治区、直辖市的改革成果获得最高权力机关的确认,在2017年9月1日第十二届全国人民代表大会常务委员会第二十九次会议对《法官法》《检察官法》分别做出修改,明确修改为:初任法官、检察官采用考试、考核的办法,按照德才兼备的标准,从通过国家统一法律职业资格考试取得法律职业资格并且具备法官、检察官条件的人员中择优提出人选;国家对初任法官实行统一法律职业资格考试制度,由国务院司法行政部门商最高人民法院、最高人民检察院等有关部门组织实施。

(三)以"司法责任制"为着力点,符合审判权检察权运行规律的办案责任制体系基本建立

"谁办案谁决定、谁决定谁负责""让审理者裁判、由裁判者负责"是建立司法责任制体系的目标要求,也是司法体制改革的核心要义之一,对于提高司法质量、效率,保证公正司法、提高司法公信力具有决定性的意义。最高人民法院、最高人民检察院先后出台《关于完善人民法院司法责任制的若干意见》《关于完善人民检察院司法责任制的若干意见》,制定下发了十余项配套制度。这一系列规范性文件对法官检察官办案权限划分、内部监督制约、业绩考评、司法责任认定与追究等做出明确规定,推动"谁办案谁决定,谁决定谁负责""让审理者裁判,由裁判者负责"的改革要求落到实处。第一批试点7个省市法院检察院围绕把贯彻中央关于推进司法责任制的改革部署要求、落实"两高"关于完善司法责任制指导性文件与试点改革实际结合起来,坚持有权必有责、有责要担当、失责必追究的原则[①],紧紧围绕健全司法责任体系,办案组织形式、推行基层扁平化管理模式,健全监督制约机制、落实员额的法院院长、检察院检察长带头办案,健全绩效考核机制。

---

① 周强在第十二届全面人民代表大会常务委员会第三十次会议上所作的《最高人民法院关于人民法院全面深化司法改革情况的报告》,2017年11月1日。

1. 建立健全司法责任体系

试点省市法院检察院着力从三个方面进行构建：

（1）目标责任层面。各试点院对各类人员的职权逐条分析、全面梳理、科学授权，在此基础上建立健全司法权力清单和责任清单体系。由于法院与检察院司法职能各自特点与差别，两者在建立司法责任制目标责任定位上具有不同的选择。试点法院强调完善司法责任制的目标是建立健全审判组织，科学划分审判权限，突出主审法官、独任法官合议庭的办案地位，形成科学规范、权责明晰、权责统一、管理有序的审判权力运行机制，实现"让审理者裁判、由裁判者负责"[①]的目标要求。而试点检察院则强调完善司法责任制的目标是，充分调动检察人员履职积极性，确保法定职责必须为：全面履行法律监督职能，促进司法公正，提高司法效率，保证宪法法律统一正确实施[②]。

（2）职责划分层面。试点法院、检察院依据中央改革部署精神和《人民法院组织法》《人民检察院组织法》相关规定，重新划分司法主体的职责。从试点法院看，围绕建立审判主体权力清单制度，明晰主审法官在规定的权责范围内行使权力，包括：①主审法官可以独任审理案件或主持合议庭担任审判长审理案件；②对自己独任审理的案件全权负责，直接签发裁判文书；③审核本合议庭其他法官独任审理案件的裁判文书，并按规定权限签发合议庭审理案件的法律文书；④合议法官可以独任审理案件、具体承办案件或参加合议庭审理案件，依权限签发自己独任审理、经本合议庭主审法官审核的裁判文书；⑤对自己独任审理的案件质量负责，对参加合议庭审理的案件质量按职权范围承担责任；⑥合议庭可以依当事人申请或案件具体情况，做出财产保全、证据保全、先予执行等裁定；⑦按权限对案件及其有关程序性事项做出裁判或提出裁判意见；⑧按规定提请院长决定将案件提交审判委员会讨论决定；⑨对所办理的案件质量负责。[③]从试点检察院看，按照遵循司法规律、体现检察特点、符合办案需要的原则，试点检察院结合试点实际修订完善省、市（州）、县（区）三级检察院检察官权力清单，指挥、指令、审核决定办法；一是将349项案件事项决定权授予检察官行使，提出"以线上运行倒逼司法责任落实"改革办法；二是调整统一业务系统中法律文书签发权限和发送途径，严格流转签发单"决定权归属、依据理由、处理或决定意见"三要素填写；三是"以软件的硬约束倒逼所有案件按照新的办案模式规范办理"，适应司法责任制改革要求；四是实行检委会审议案件会前审议过滤机制，改革后检委会年均审议案件数量较改革前下降57%。[④]

[①][③]《吉林省司法体制改革试点工作材料汇编（法院篇）》，2016年7月。
[②]《湖北省检察机关司法体制改革第一批试点工作情况总结材料》，2015年12月。
[④]《湖北省检察机关司法体制改革工作情况的报告》，2017年。

(3) 责任承担层面。即法官检察官对其决定处理的事项承担相应的后果，建立实行司法责任制方案，法官检察官惩戒制度，保护司法人员依法履行职责，加强司法责任制改革示范院建设工作，司法责任制改革情况监察指导等办法。全面建立办案质量终身负责制和错案责任追究制，按照故意违法责任、重大过失责任、监督管理责任等，区别不同的责任承担方式。据对湖北省调查，该省严格落实各类司法人员权力清单、责任清单，审委会、检委会讨论案件大幅减少，入额院领导到一线办案常态化，"谁办案谁负责、谁决定谁负责""让审理者裁判、由裁判者负责"的司法责任制深入推进并落地见效。2017年前三季度，全省法院院（庭）长办结案件数占办结总数的70.93%，审判长、独任法官签发裁判文书率为72.48%，审委会讨论案件同比下降20.56%；改革后全省县级检察院75%以上的审查逮捕、审查起诉案件由检察官自行决定。①

2. 建立司法办案新模式

试点省（直辖市）法院检察院就建立司法办案新型模式大胆探索。概括起来是：(1) 构建新型办案团队。落实主审法官、独任法官、主任检察官办公室和检察官办案组的新型办案组织形式。根据履行职能需要、案件类型及复杂难易程度，实行适应各类办案需要的基本办案组织，即办案工作机制。试点法院如吉林省法院系统探索优化审判组织配置，按照"1（主审法官）+1（法官助理）+1（人民陪审员）+1（书记员）+1（司法警察，机动调配）"的主审法官主导的新型合议庭审判团队；独任法官＋（书记员）"1+1"的独任制审判团队；审判委员会委员制的专业审判组织；主审法官联席会议审理制；等等。试点检察院如吉林省检察机关探索组建以"（主任检察官）1+（承办检察官）2+（若干检察官助理）X+（书记员）1"组成的主任检察官办公室的办案模式，实行主任检察官办案负责制。② (2) 探索去"科层制""兴扁平化"的办案组织管理形式。如湖北省检察机关在试点过程中，按照"横向大部制、纵向扁平化，突出检察官主体地位"，全面推行基层院内部整合改革，即基层检察院编制在50人以下的将原有内设机构整合为"四部一局"：批捕公诉部、职务犯罪审查部、诉讼监督部、案件管理部、司法行政管理局；基层检察院编制在51~99名的将原有内设机构整合为"六部一局"：批捕部、公诉部、职务犯罪检察部、刑事诉讼监督部、民事行政检察部、案件管理部、司法行政管理局；基层检察院编制在100名以上的原则上将原有内设机构整合为"七部一局"：批捕部、公诉部、职务犯罪检察部、刑事诉讼监督部、民事行政检察部、案件管理部、人事管理部、司法行政管理

---

① 《湖北省2017年司法体制改革工作总结》，2017年。
② 《吉林省司法体制改革试点工作材料汇编（检察院篇）》，2016年7月。

局；担负刑事执行的专门检察院原则上将原有内设机构整合为"三部一局"：案件办理部、刑罚执行监督部、刑事检察部和司法行政管理局。建立扁平化管理机制，并确保不弱化内部管理和业务管理。①

（四）以监督制约为关节点，全方位的司法监督体系运行良好

构建全方位的司法监督体系是本轮司法管理体制改革的重要组成部分。中央决策机关在总结试点省市改革加强对司法权运行监督制约经验的基础上，相继印发了保障司法人员依法履职，加强对司法权行使的监督制约规范性文件，初步建立起了与保护司法人员依法履职并重的司法监督体系。包括：中央全面深化改革领导小组先后四次召开会议，专题研究建立司法监督体系和司法保护制度，包括：《关于领导干部干预司法活动、插手具体案件处理的记录、通报和责任追究规定》《深化人民监督员制度改革方案》（第十次会议，2015 年 2 月 27 日）、《关于进一步规范司法人员与当事人、律师、特殊关系人、中介组织接触交往行为的若干规定》（第十三次会议，2015 年 6 月 5 日）、《保护司法人员依法履行法定职责的规定》（第二十三次会议，2016 年 4 月 18 日）、《关于建立法官、检察官惩戒制度的意见（试行）》（第二十六次会议，2016 年 7 月 22 日）。其后，中共中央办公厅、国务院办公厅印发了《领导干部干预司法活动、插手具体案件处理的记录、通报和责任追究规定》（2015 年 3 月 18 日），为司法机关依法履行职责构筑了抵御外部干扰的"防火墙"；中央政法委第十六次会议审议通过了《司法机关内部人员过问案件的记录和责任追究规定》（2015 年 3 月 26 日），为司法机关依法履行职责搭建了抵御内部干扰的"隔离带"；最高人民法院、最高人民检察院、公安部、国家安全部、司法部 5 家单位联合印发《关于进一步规范司法人员与当事人、律师、特殊关系人、中介组织接触交往行为的若干规定》（2015 年 6 月 5 日），划出司法人员社会交往的"红线"。这些规范性文件为构建全方位的司法监督体系、建立司法职业保护与职业惩戒制度提供了基本遵循。

试点法院检察院在突出法官检察官办案主体地位的同时，注重加强对法官检察官司法办案的监督，确保放权不放任。试点省份法院从四个方面探索建立确保审判权依法公正高效运行的监督制约机制，其做法可概括为以下几点。

1. 完善合议庭办案机制

明确规定合议庭审判长由主审法官担任，院长、庭长参加合议庭审理案件的，按照法律规定担任审判长；合议庭开庭审理案件前，审判长应当组织做好确定审理方案、庭审提纲、庭审分工等庭审准备工作；对重大、疑难、复杂、新类

---

① 《湖北省检察机关司法体制改革第一批试点工作情况总结》，2015 年 12 月。

型案件以及依法不开庭审理的案件,合议庭成员均应阅卷或审查案件材料,必要时提交书面阅卷或审查意见;开庭审理案件时,合议庭成员应共同参加;评议案件时,合议庭成员应当充分陈述意见,不得拒绝陈述意见或仅做同意与否的简单表态,同意他人意见的,也应当提出事实依据和法律依据,进行分析论证;提交审判委员会讨论决定的案件特别重大或合议庭意见有明显分歧的,由合议庭成员共同评议;评议案件时,审判长是少数意见的,在做出裁判前可以组织合议庭复议;合议庭审理案件的裁判文书由合议庭成员共同审核签署,除经审判委员会讨论决定的案件外,由审判长签发,院长、庭长不再对未参加合议庭审理案件的裁判文书进行签发;合议庭全体成员平等参与案件的审理、评议和裁判,依法独立履行审判职责,共同对案件事实认定和法律适用负责。这种合议机制不仅明确了院长、庭长、主审法官、独任法官及其合议庭成员在法庭审理案件中的地位与作用,使长期以来行政领导指挥决定案件审理转变为遵循审判规律、突出主审法官(审判长)的司法中心——主体地位,建立起了扁平化的审判权运行合议制的控权机制,既防止少数主审法官在审理案件中的肆意妄为,又注重合议庭成员在审理案件中的平等地位、平等参与案件的审理权、评议权及裁判权,从而建立起确保审判权依法公正高效行使,防止其滥用、避免错裁错判的第一道防线。

2. 建立主审法官联席会议制度

明确规定主审法官联席会议按照审判业务类别设置,由各同类审判业务主审法官组成,人数一般不少于3人。独任法官和合议庭审理的下列案件应当提请主审法官联席会议提出指导意见,包括:具有审核权责的主审法官不同意其他法官独任裁判结论,且经独任法官复议后仍存有分歧意见的案件;独任法官或合议庭难以做出决定的案件;独任法官或合议庭意见与本院或上级法院以往同类型案件的裁判有可能不一致的案件;法律规定不明确,存在法律适用疑难问题的案件;案件处理结果可能产生重大社会影响的案件;对审判工作具有指导意义的新类型案件;拟提交审判委员会讨论决定的重大、疑难、复杂案件;其他需要提请主审法官联席会议研究的案件。同时,明确规定主审法官联席会议由庭长或分管院领导主持;独任法官、主审法官或合议庭没有建议提请主审法官联席会议讨论的案件,院长、分管院领导、庭长认为有必要的,可提请主审法官联席会议讨论。主审法官联席会议的讨论意见供独任法官或合议庭参考;独任法官不采纳主审法官联席会议意见的,应向分管院领导说明理由,并由分管院领导决定是否转为普通程序或提交审判委员会讨论;主审法官联席会议讨论意见与合议庭处理意见不一致的,审判长应召集合议庭复议;合议庭复议后未采纳主审法官联席会议意见的,应向分管院领导说明理由,由分管院领导决定是否提交审判委员会讨论;经主审法官联席会议讨论的案件提交审判委员会讨论时,应一并提交主审法官联席会议意见。这种制度安排是借鉴域外法官联席会议的一种尝试，其优势在于遵循司法权运行中立性、专业性的规律，有利于发挥司法经验丰富的主审法官群策群力对重大疑难案件的"会诊""诊断"作用，弥补资历浅、经验不足法官的审理能力的短板，从而建立起确保审判权依法公正高效行使、防止其滥用、避免错裁错判的第二道防线。

3. 完善审判监督管理机制

明确规定院长、副院长、庭长、审判委员会和审判管理专门机构的审判监督管理职责，强化对审判权运行的监督制约。院长、副院长、庭长除依法履行审判监督职责外，应注重发挥审判委员会、主审法官联席会议、审判管理专门机构和纪检监察部门的监督管理职能，以组织行为避免个体行为随意性；院长、副院长、庭长可以在各自职权范围内通过听取汇报、旁听庭审、列席合议庭评议、抽查案件质量等方式，对案件进行监督，提出指导意见；建立监督全程留痕制度，院长、副院长、庭长对个案审理的监督指导意见以及职能部门对重点案件的督办应记录在卷；各审判监督管理主体在行使审判监督管理职权时，不得干涉主审法官、独任法官和合议庭的审判，影响法官独立办案；加强上级法院审判监督指导工作，确保各级法院统一裁判标准、正确适用法律。从而建立起确保审判权依法公正高效行使、防止其滥用、避免错裁错判的第三道防线。

4. 建立办案质量责任追究制度

明确规定办案质量责任追究坚持依法依规、实事求是、客观公正的原则，法官依法履行职责不受追究，对因违法违纪、徇私舞弊等原因构成违法审判责任的终身追究，涉嫌犯罪的移交司法机关处理；对于不属于违法审判的差错，纳入绩效考核，落实绩效责任；明确规定各级法院成立案件质量责任追究委员会，负责根据案件评查结论做出追究决定；对需要给予党纪政纪处分的，交由职能部门依照相关规定和程序处理；对法官的责任追究需提交省（自治区、直辖市）法官惩戒委员会研究确定的，按程序提交省（自治区、直辖市）法官惩戒委员会研究确认惩戒意见。从而建立起确保审判权依法公正高效行使、防止其滥用、避免错裁错判的第四道防线。

试点省份检察机关从三个方面探索完善检察权运行的监督制约机制。

（1）优化审批审核、指挥指令程序。明确规定在坚持检察机关领导体制、坚持检察长统一领导检察院的工作体制的基础上，突出检察官办案主体地位，取消内设机构负责人审批环节，简化办案流程；检察长、副检察长、检察委员会委员在办案审批、指挥、指令过程中，依据确实充分的案件材料，全面了解熟悉案情，依法做出决定，增强司法亲历性、判断性；建立检察长、副检察长、检察委员会委员对司法办案的决定和指令记录在案制度，实行审批、指令书面化；设置检察长职务移转权，检察长不同意检察官意见、检察官坚持自己意见的，在时限许可时可以将案件移交其他检察官办理。

（2）健全检察官依法独立办案的"内控"运行机制。明确规定司法办案权限清单和责任清单，建立以主任检察官、主办检察官办案权限清单、责任清单为主导的检察权运行"内控"机制；制定办案流程图，建立案件质量评查表和检察官业绩档案，加强业务考核，规范检察权依法公正高效运行。

（3）健全行使检察权的"外控"机制与监督制约制度。明确规定强化检察委员会、检察长、副检察长对办案活动的领导和监督；强化主办检察官的监督检查和办案组织内部监督；加强纪检监察、案件管理等专门机构对办案活动的监督制约；认真接受人大监督、政协民主监督、党委政法委执法督察和社会公众及新闻媒体监督；推进人民监督员制度改革，充分发挥律师在诉讼中的作用；依托信息化手段，推行阳光检务。通过"内控"机制与"外控"机制的协调统一，从而建立起确保检察权依法公正高效行使、防止其滥用的防线。

5. 增设法官检察官遴选委员会与法官检察官惩戒委员会

根据中央《关于司法体制改革试点若干问题的框架意见》，试点法院检察院在省一级设立法官、检察官遴选委员会，法官检察官惩戒委员会，实现全省（自治区、直辖市）法官检察官的统一遴选、提名、考核、等级评定、升降和惩戒，形成全省（自治区、直辖市）法官检察官统一标准、集中审核、逐级遴选推荐提名、省级法院检察院统一提名、省级遴选委员会、省级党的组织部门审批、分级任职、有序流动的法官检察官管理新格局。在各省、自治区、直辖市的司法管理体制改革试点中，法官检察官遴选委员会、惩戒委员会一般由省级党的政法委牵头，省级党委组织部、省级人大常委会、省级法院、省级检察院分管领导和审判业务专家、检察业务专家、法学家等组成，主要负责对法院检察院提出的法官检察官人选从专业角度审查把关；对经认定需追究责任的法官检察官，提出处理或惩戒意见；力求达到法官检察官的"政治选任"与"专业选任"的协调互动互补，职业晋升与职业惩戒的协调统一。

（五）以"人财物省级统管"改革为发力点，司法保障体系建设差异化发展

实行省以下人财物省级统管，是破除"司法权地方化"的重大举措，是本轮司法体制改革四项基本任务之一，是保证公正司法、提高司法公信力，发展完善中国特色社会主义司法制度的重要途径。试点省份法院检察院把贯彻落实中央改革整体部署与本省份实际紧密结合起来，着力探索机构编制管理体制，法官检察官单独职务序列，员额法官检察官及"三类人员双轨制"工资薪酬待遇、法官检察官履职保障、干部管理体制、政府购买服务雇员制司法辅助人员、财物统管体制改革和建立基建债务化解机制，为保证公正司法、提高司法公信力，推进"省以下人财物统管"保障体系和保障能力现代化迈出了坚实一步。通过对试点省份推进法院检察院"省以下人财物统管"的改革实践观察，总结出以下特点。

1. 法院检察院专项编制实行省级统一管理的体制机制初步建立

对法院检察院机构人员实行专项编制管理，是中央司法事权在机构编制上的制度资源、人力资源及其物质资源的体现和保障，是保障中央司法事权统一公正高效行使的前提，也是确保"省以下人财物统管"保障体系建立和有序运行的首要环节。试点省份把机构人员编制作为"省以下人财物实行省级统管"改革的关键环节来抓，明确规定对法院检察院机构人员编制改各级地方编制部门分级管理为省级统管，即对试点法院检察院的机构编制和符合条件的工作人员（含已退休人员）实行省级编制部门管理为主、省级法院检察院协助管理的省级统一管理体制。其主要内容包括：（1）机构管理。试点法院检察院即机关及机关编制部门批准设立的派出机构和所属事业单位上划省级统一管理；其内设机构、派出机构和所属事业单位机构调整由其逐级层报，省级法院省级检察院提出意见后报省级编制部门审批。（2）编制管理。省级机构编制分别下达的政法专项编制上划省级统一管理，试点地区机构编制部门核定的事业编制、工勤编制同时上划，其编制的调剂使用由其逐级层报，省级机构编制部门审批。（3）人员管理。明确规定试点法院检察院符合条件的工作人员（含已退休人员）的上划范围，即包括：试点改革启动之前在职在编的工作人员；经机构编制部门核准用编（组织人社部门）批准同意的试点改革启动之前招录的公务员和招聘的事业单位的工作人员，以及按政策接受的军转干部；按照规定程序进入、在组织（人社）部门已办理手续由地方财政供养的超编人员、在组织（人社）部门已办理的离退休人员。不列入上划范围的包括：依照《中华人民共和国公务员法》（以下简称《公务员法》）第十三章规定应当予以辞退的人员；纪检监察机关或司法机关立案审查尚未结案的人员暂缓上划，结案后经研究视情况决定是否上划。试点组织实施包括：制订方案、审核确定、办理相关手续、总结工作等。

试点省份改革要求坚持党的领导、坚持司法体制改革方向，与省以下地方法院检察院人财物统一管理制度改革有关工作协同推进；遵循精简统一效率原则，建立"可复制、可推广"的地方法院检察院机构编制由省级统一管理体制，从基础性制度安排层面确保依法独立公正行使审判权检察权。这项改革已由试点复制到全国省以下法院检察院。其制度功效在于：首先，机构人员编制层面。建立起省级统管与省以下机构编制以块为主的分离，形成了省级统一管理的新体制，从基础性制度安排层面根除了地方长期以来挤占挪用法院检察院专项编制，削弱法院检察院机构人员编制保障资源和保障力量,使确保中央司法事权统一公正高效行使所必需的政法专项编制用在刀刃上。其次,规范管理层面。为建立司法人员分类管理、实行员额制、统一司法人员遴选、职业准入晋升、职业保障提供了基础性制度安排,从源头上堵塞地方降低司法人员入职、遴选、晋升的标准和条件,随意为法院检察院增减地方编制的制度漏洞,整肃机构人员编制纪律,纠正长期以来法院检察院人员编制方面的混编混岗,政法专项编制、地方编制、合同编制、购买服务雇用制多元管理的滥象。最后,预防腐败层面。有利于从源头上根结地方党政负责人以编谋私、滥用编制管理权、插手司法事务、干扰司法个案、遏制编制管理领域滥用职权、徇私舞弊等腐败问题。

2. 有别于普通公务员的司法人员职务序列管理体制有效运行

司法人员职务序列是指与普通公务员行政职务和级别完全脱钩,体现审判权检察权运行规律、客观评价法官检察官、司法辅助人员履行审判、检察工作职责状况,按照其职务等级高低次序排列的法官、检察官,法官助理、检察官助理,及书记员的职务结构体系。其核心要素在于:一是独立性。即该职务序列一般不得与普通公务员职务序列相混合,在职务等级、工资、福利、退休等职业保障方面与综合管理类普通公务员职务序列既相区别又有序衔接,对法官检察官与司法辅助人员的职务等级及其工资福利待遇进行单独管理。二是专业性。即该职务序列的设定与评定始终围绕彰显法官检察官与司法辅助人员履行职责的司法属性与法官检察官在司法活动中的主体地位。三是有序性。即该职务序列体现《法官法》《检察官法》所规定法官检察官四等十二级的专业职务等次,依据专业职务等次赋予其相应的权利、责任,并且形成与之相配套的专业等级年资制的工资福利待遇保障体系[1]。建立健全有别于普通公务员的法官检察官、司法辅助人员和司法行政人员职务序列,是落实司法人员分类管理改革的重要基础,是协同推进司法队伍管理与组织建设其他各项改革任务的关键环节,对于推动建立符合司法工作和司法队伍,建立符合司法规律、体现司法职业特点的司法人员管理机制,提高司法队伍管理科学化、规范化水平,实现司法队伍职业化、专业化、正规化建设目标,具有重大现实意义和深远影响。试点省份针对员额制改革、单独职务序列等级确定、配套制度等方面诸多难点问题,坚持统筹布局、协调推进。第一,坚持"以案定额"和"以职能定额"为切入点加快推进法官检察官员额制改革,为建立法官检察官单独职务序列奠定基础;第二,科学测算和制订建立健全司法人员职务序列实施方案,科学测算核准认定省级、市(地)级、县级法院检察院进入员额法官检察官单独职务序列的等级比例,建立逐级呈报审批制度,

---

[1] 徐汉明、金鑫、姚莉等:《检察官职务序列研究》,中国检察出版社2016年版,第77页。

严格办理手续、规范日常管理等，实现法官检察官依据行政职务层次管理向根据法官检察官单独职务序列等级管理的根本转变。第三，完善和落实法官检察官遴选招录、等级晋升、交流任职、分级分类培训、考核管理等配套制度，严把入口关、优化队伍素质结构；建立按期晋升、择优晋升、特别选升程序；建立将考核结果与等级晋升、绩效奖金分配挂钩，形成激励约束的竞争与淘汰退出机制。据对第一批试点7个省份及第二批、第三批法院检察院的改革观察，其大都具有以下特点。

（1）价值取向的特定性。试点省份坚持以中央关于司法改革整体部署要求为引领，以出台的相关法律政策规定为依据，以促进司法人员分类管理、提高司法队伍管理科学化规范化水平，建设职业化、专业化、正规化司法队伍为价值取向，以建立健全法官检察官、司法辅助人员职务序列为重点，全面推进"三类司法人员"职务序列管理制度改革，为确保法官检察官依法独立公正办案，法院、检察院依法独立公正行使审判权、检察权提供基础性制度保障。

（2）目标任务的坚定性。在法官检察官员额制改革的基础上按照法官检察官单独职务序列改革方案，对进入员额的法官检察官对应确定其等级，坚定建立与行政职级完全脱钩的法官检察官单独职务序列与职业保障体系的目标，形成实行法官检察官、司法辅助人员、司法行政人员分类管理、规范运行的机制。

（3）职务等级序列设置的科学性。试点改革主要包括五个方面：①以法官检察官单独职务序列科学设置为基点，着力建立法官检察官单独职务序列体系。依据《法官法》《检察官法》确定的"四等十二级"的规定，由高至低依次设置首席大法官、检察官，一级大法官、检察官，二级大法官、检察官，一级高级法官、检察官，二级高级法官、检察官，三级高级法官、检察官，四级高级法官、检察官，四级法官、检察官，五级法官、检察官。法官检察官员额总体上控制在中央政法专项编制的39%以下。改革后建立的法官检察官单独职务序列只适用于进入员额的法官检察官。省级、市（地）级、县级法院检察院分别设置二级大法官、检察官至四级高级法官检察官，一级高级法官检察官至三级高级法官检察官，三级高级法官检察官至五级高级法官检察官；直辖市、副省级城市的中级人民法院、检察院分院所属区法院、检察院的法官检察官等级设置则参照市（地）级法院检察院有关规定确定；对于个别长期在县级法院检察院任职工作特别优秀为审判、检察事业做出突出贡献的法官检察官经批准可以破格晋升至二级高级法官检察官。各级法院检察院进入员额的院长（副院长、审委会专职委员），检察长（副检察长、检委会专职委员）应具备一定的法官检察官职务等级。试点省份还就法官检察官职务等级晋升方式、晋升年限、等级比例、数量控制做了积极探索，并提出可行的方案，报请中央决策批准后实施。这些改革成果经总结被复制推广到全国省以下法院检察院。②以改革法官助理、检察官助理职务层次设置为契机，统筹建立法官助理、检察官助理职务序列配套体系。这包括：职务层次，法官助理、检察官助理设置由高到低六个职务层次，即高级法官助理、检察官助理，一级至五级法官助理、检察官助理。与公务员职级对应关系，即高级法官助理、检察官助理对应综合管理类公务员十五级至十级；一级法官助理、检察官助理对应综合管理类公务员十八级至十二级；二级法官助理、检察官助理对应综合管理类公务员二十级至十四级；三级法官助理、检察官助理对应综合管理类公务员二十二级至十六级；四级法官助理、检察官助理对应综合管理类公务员二十四级至十七级；五级法官助理、检察官助理对应综合管理类公务员二十六级至十八级。适用范围，对法官助理、检察助理实行职务序列管理仅适用于改革后进行公务员登记的法官助理、检察助理和书记员。③以书记员职务序列设置改革为抓手，形成与法官检察官、法官助理检察官助理协调配套的书记员职务序列体系。书记员设置六个职务层次，即一级至六级书记员。与公务员职级对应关系。即一级书记员对应综合管理类公务员十八级至十二级；二级书记员对应综合管理类公务员二十级至十四级；三级书记员对应综合管理类公务员二十二级至十六级；四级书记员对应综合管理类公务员二十四级至十七级；五级书记员对应综合管理类公务员二十六级至十八级；六级书记员对应综合管理类公务员二十七级至十九级；其中，一级至五级书记员，与一级至五级法官助理、检察官助理一一对应。适用范围，书记员原则上不再占用中央政法专项编制，主要实行聘用制管理。④以司法警察职务序列配套改革为抓手，形成与公安机关单独警察职务序列相协调、保障法官检察官依法独立办案、与法官检察官单独职务序列相匹配的司法警察职务序列体系。⑤以司法行政精简效能为抓手，推行司法行政人员分类定员、定岗、定责的"三定"改革，形成与《公务员法》综合管理类公务员管理相一致，与法官检察官单独职务序列、司法辅助人员职务序列管理体系相区别相衔接的司法行政人员职务序列管理体系。其方式是按照政工党务、行政事务、后勤管理等区分职能，对符合相关条件的人员进行公务员登记，按照中央政法专项编制15%的员额比例进行"三定"，按照权责一致、管理统一、制约高效原则建立司法行政管理人员的权力清单、责任清单体系。

（4）晋升年限形成梯次。晋升年限是建立法官检察官单独职务序列体系的正常运行的关键环节。在试点省份改革基础上形成了全国统一的制度规范，其内容包括：明确规定初任法官检察官由省级法院检察院统一招录，一律在基层法院检察院任职，需要任法官助理、检察官助理满5年（含试用期），已通过国家统一法律职业资格考试，经过法律职业人员统一职前培训。对于直接从各类学校毕业生中录用的没有工作经历的法官助理、检察官助理，明确规定在确定法官检察官等级时，大学本科毕业生可任四级法官检察官，获得硕士学位的研究生可任三级法官检察官，获得博士学位的研究生可任二级法官检察官；经最高人民法院、最高人民检察院审核确定，放宽担任法官检察官学历条件的地方，大学专科毕业生可任五级法官检察官。其他有工作经历的，可根据其资历和工龄，比照确定法官检察官等级；晋升四级法官检察官，应当任五级法官检察官两年以上；晋升三级法官检察官，应当任四级法官检察官两年以上；晋升二级法官检察官，应当任三级法官检察官两年以上；晋升一级法官检察官，应当任二级法官检察官两年以上；晋升四级高级法官检察官，应当任一级法官检察官三年以上；晋升三级高级法官检察官，应当任四级高级法官检察官三年以上；晋升二级高级法官检察官，应当任三级高级法官检察官五年以上；晋升一级高级法官检察官，应当任二级高级法官检察官五年以上。对于从符合条件的律师、法学专家中选拔的法官检察官，明确规定可以综合考虑其任职资历、法律工作经历等条件，比照确定法官检察官等级。从而形成了"职级晋升年限梯次+律师法学家选拔例外"的职务晋升模式。

（5）等级晋升审批严格。按照党管干部、突出职业特点、注重向基层倾斜、兼顾内外平衡衔接等基本原则，建立法官检察官单独职务序列确定等级晋升、审批权限与程序制度。在试点改革与全面推广过程中形成了按期晋升、择优晋升特别选升的类型及其分层次审批的程序，即：①按期晋升程序。按期晋升一级法官检察官的，由县级法院检察院党组审批，报县级党委组织部备案；晋升四级高级法官检察官的，由市（地）级法院检察院党组审批，报市（地）级党委组织部门备案；晋升三级高级法官检察官的，由省级法院检察院党组审批，报省级党委组织部门备案。②择优晋升程序。市（地）级以下法院检察院择优晋升三级高级、四级高级法官检察官，由市（地）级法院检察院党组提出意见，报市（地）级党委组织部审批；省以下法院检察院择优晋升一级高级、二级高级法官检察官由省级法院检察院党组提出意见，报省级党委组织部审批；择优晋升二级大法官检察官按照干部管理权限，由中央审批。③特别选升程序。拟特别选任一级高级、二级高级法官检察官的，需由最高人民法院、最高人民检察院提出意见，报中组部审批；拟特别选任三级高级、四级高级法官检察官的，需由省级人民法院检察院提出意见，报省级党委组织部审批。试点省份还对法官助理、检察官助理的职务晋升，书记员职务晋升进行大胆探索，为中央决策提供了可复制的制度规范，成为全国第二批、第三批司法改革的省份建立法官助理、检察官助理以及书记员职务晋升的指导性机制。

（6）日常管理规范。如何加强对入额后法官检察官日常管理，在总结试点省份改革基础上，中央决策建立法官检察官单独职务序列省级以下分层次负责日常管理的制度。包括：①入职初任与任免。初任法官检察官统一由遴选委员会从专业角度提出人选，由法院检察院党组按照权限审批或提请同级党委组织部门审批，并提请同级人大及其常委会依照法定程序任免。②考核。对法官检察官的考核采取平时考核与定期考核相结合方式，以岗位职责和承担工作为基本依据，全面考核"德、能、勤、绩、廉"，重点考核办案工作情况。③晋升。法官检察官年度考核中被确定为基本称职不进行年度考核和参加年度考核不定等次的，本考核年度不得计为晋升法官检察官的年限；在党纪处分影响期内和政务处分期间，不得晋升法官检察官等次；年度考核中被确定为不称职的，因工作能力较弱、受到组织处理或者其他原因不适宜担任现法官检察官的，应当降低等级。④免职。对法官检察官达到任职年龄界限或者退休年龄界限的、受到责任追究应当免职的、辞退和调出的，非组织选派、履职学习期限超过一年的，因工作需要或者其他原因应当免去现职，一般应当免去法官检察官职务。⑤套改职务等级。进入员额的法官检察官，综合考虑原评定等级和现职务层次，套改确定新的职务等级。试点省份还对法官助理、检察官助理和书记员的日常管理进行探索，为全国建立法官助理、检察官助理和书记员的日常管理制度提供了先行先试的经验。

建立法官检察官单独职务序列为主体的司法人员职务序列体系，是全面深化司法管理体制改革的攻坚战。这项艰巨而复杂的改革在首批试点改革的基础上，渐进式向全国推进，取得了明显成效。一是破解了司法人员管理诸多难题。这包括：破除了法官检察官职务等级长期依赖于行政职级的管理模式，彰显了审判权检察权的司法属性；革除了长期按照行政化方式管理司法人员的弊端，强化了法官检察官的主体地位；调整了法官检察官职务等级层级分布不合理的状态，拓展了法官检察官的职业发展空间；消除了单独职务序列制度创新滞后的体制性障碍，增强了"三类司法人员"职务序列改革协调推进的实效。二是激发了入额法官检察官活力。通过试点改革，为"谁办案谁决定、谁决定谁负责""让审理者裁判、由裁判者负责"的改革举措落地生根提供了根本途径和有效载体。三是夯实了司法人员分类管理、员额制管理、司法责任制的根基。为提高司法队伍管理科学化规范化水平，建立职业化、正规化、规范化队伍提供了制度保障。

（六）以司法人员职务序列分类保障改革为增长点，法官检察官和司法辅助人员工资福利、履职等职业保障制度改革运行基本到位

新中国成立以来，我国法官检察官的职务序列工资及福利待遇一直按照普通公务员的行政职务序列工资福利管理，即实行与普通公务员相同的工资、津补贴标准及住房、医疗、退休等待遇。其经历了由新中国成立之初"供给制"向多元的"25级工资制""确立职务等级工资制""取消工资级别待遇""恢复与公务员同等工资待遇""适用普通公务员职务工资待遇""与公务员职级工资制相等同""职级工资+法官检察官专项津贴相结合"八个历史发展阶段①。实行与普通公务员相同的工资福利制度，其弊端在于：忽视了司法工作的专业性；弱化了法官检察官的主体地位；促使众多的法官检察官依赖于狭窄的行政职级晋升通道获得工资福利的提升，形成"劣币追逐良币"现象②。改革开放以来由于东中西部地区发展差距拉大，中西部地区因财力不足、基层法官检察官的工资福利保障困难，处于办案辛苦、收入微薄、生活清苦的状况，一批有经验的法官检察官因为生活拮据不得不放弃司法事业，一批批中西部地区司法人才往东部地区无序流动，呈现"孔雀东南飞"现象；因司法人员工资待遇低，加之财物管理体制等所滋生的司法不公不严不廉问题成为一大顽症③。对此，试点省份如上海市于2015年率先推出法官检察官单独职务工资制度改革的"破冰之旅"。中央在总结上海市试点改革经验、调查研究、充分吸收专家意见的基础上，适时出台了《建立法官检察官专业职务序列及工资制度改革试点实施意见》的规范性文件。这是深化司法体制改革的重要内容；是加强司法人员职业化、专业化、正规化建设的重大步骤，对于提升司法能力、保证公正司法意义重大；对于探索实行符合不同类别公务员特点的工资制度改革，完善法官检察官司法职业保障制度积累了经验。

1. 围绕建立法官检察官专业职务序列工资制度，完善司法人员职务等级工资分类管理改革扎实有序推进

这项改革的主要特点包括：（1）改革目标取向明确。适应法官检察官员额制、司法责任制的需要，建立与法官检察官单独职务序列相衔接、有别于普通公务员的单独职级工资制度。同时，充分调动了各类司法人员的积极性，统筹提高了司法辅助人员和司法行政人员的薪酬待遇水平。（2）司法人员分类的工资体系结构基本形成。主要包括四个方面：一是法官检察官单独职务工资等级结构体系基本建立。法官检察官的工资结构实行有别于普通公务员职务工资并与其职务序列衔接配套的单独职务等级工资制度，即法官检察官职务等级工资+法院检察院工改津贴（法官审判津贴、检察官检察津贴和办案人员岗位津贴、法定工作日之外加班津贴）+绩效考核奖金。改革后员额内法官检察官的工资水平，按高于当地其他公务员工资收入的50%标准确定。二是法官助理、检察官助理等司法辅助人员的薪酬标准得到提升。法官助理、检察官助理等司法辅助人员仍然执行综合类公务员的基本工资制度。即司法辅助人员职务工资+级别工资+工改津贴+

---

① 徐汉明、金鑫、姚莉等：《检察官职务序列研究》，中国检察出版社2017年版，第17~22页。
② 徐汉明、金鑫、姚莉等：《检察官职务序列研究》，中国检察出版社2017年版，第106页。
③ 徐汉明、金鑫、姚莉等：《检察官职务序列研究》，中国检察出版社2017年版，第105页。

绩效考核奖金。员额内的司法辅助人员基本工资标准按高于当地其他公务员20%确定。有关建立司法技术人员如法医、痕检、纹检、司法会计鉴定、计算机等信息资料证据鉴定的职级工资、专业技术工资、津补贴、绩效考核奖金等专业技术类薪酬制度尚处在探索之中。三是司法警察职务序列工资制度维持原管理方式不变。有关法院检察院司法警察单独职务序列工资、职级工资、奖金福利待遇仍参照公安机关警察职务序列管理方式不变。对省（自治区、直辖市）、市（州）、县（区）法院检察院的司法警察设定职务套改条件、制定确定职务工资、级别工资、津贴补贴的套改办法，建立正常晋升工资机制，形成了司法警察职务序列工资结构体系，即职务等级+警衔等级工资。从而激发了司法警察队伍的活力，为司法警察认真履行职责、保障审判和检察工作顺利进行提供保障。四是司法行政人员执行综合管理类公务员的工资标准不变，其年终绩效奖金得到提高，即司法行政人员职务工资+级别工资+工改津贴+绩效考核奖金。员额内的司法行政人员基本工资标准按高于当地其他公务员20%确定。具体的改革办法概括如下：

第一，基本工资套改办法。根据国家人社部与财政部门出台的规范性文件精神，国家确定工资套改办法是为了与新工资制度的运行规律保持衔接，妥善处理改革前后的工资关系，避免出现过大变化，确保平稳过渡。国家经反复测算论证，本着科学合理、简便易行的原则，明确了法官检察官职务序列对应的职级工资档次对档次的套改办法。即根据法官检察官已有的行政级别和基本工资档次，以及进入员额后的职务等级，套改相应的工资档次。国家主管机关新出台的规范性文件规定员额内法官检察官四等十二级相对应的职务等级工资档次在十二个职务中每个等级对应一至十七个工资档次。具体套改方式是：首先，对法官检察官已有的行政职级套改为法官检察官职务等级；其次，根据对法官检察官套改后的职务等级对应套改为单独职务等级工资。其中，省以下法官检察官行政职级由低到高套改确定法官检察官职务等级分别是：省部级副职套改确定为二级大法官、大检察官；厅局级正职（巡视员）套改确定为一级高级法官检察官；厅局级副职（副巡视员）套改确定为二级高级法官检察官；县处级正职（调研员）套改确定为三级高级法官检察官；县处级副职（副调研员）套改确定为四级高级法官检察官；乡科级正职（主任科员）套改确定为一级法官检察官；乡科级副职（副主任科员）套改确定为二级、三级法官检察官；科员套改确定为四级、五级法官检察官，其中，担任审判委员会委员、检察委员会委员、内设机构及派出机构领导职务的科员及法官检察官套改确定为三级法官检察官，大学本科毕业的科员及助理审判员、助理检察员以及担任助理审判员、助理检察员两年以上的可以套改确定为四级法官检察官，其他助理审判员、助理检察员套改确定为五级法官检察官；在确定法官检察官由行政职级套改确定为法官检察官职务等级之后对应套改确定其职务等级工资。从而建立起了法官检察官有别于普通公务员职务等级与职级工资薪酬待遇的单独职务工资序列结构体系及其管理制度。

第二，建立绩效考核奖金制度。这包括：一是绩效考核奖金实行总量管理，分级层报、统一核定。总量核定由省级人社财政部门联合核定下达；省级法官、省级检察官制定考核分配办法，向省级人社、财政部门备案；具体操作办法是，省级法院检察院及其直属院由省级人社、财政部门直接核定，其他市（州）法院检察院、县（区）法院检察院由当地人社部门审核，送省级法院、省级检察院汇总，提请省人社、财政部门核定。二是对员额内法官检察官设立绩效奖，对司法辅助人员加发绩效考核奖金，主要体现工作实际和贡献。因此，增设绩效考核奖金需体现办案质量和数量的差异，不能"搞平均"；检验该制度实施的效果是，基层一线办案人员成为最大受益者，以充分发挥绩效考核奖金的激励作用。三是绩效考核奖金的核定标准。员额内法官检察官的绩效考核奖金按人均高于当地其他公务员人均工资收入一定比例的水平扣除员额内法官检察官其他工资项目的差额确定；司法辅助人员绩效考核奖金，按照人均水平高于当地其他公务员人均工资水平一定比例的水平，扣除司法辅助人员其他工资项目的差额确定。四是适度调整司法行政人员的薪酬待遇。针对员额制改革后司法行政人员薪酬待遇沿用普通公务员基本工资制度带来既与法官检察官薪酬差距拉大，又与司法辅助人员有较大差距等矛盾，在坚定建立法官检察官单独职务序列工资制度与司法行政人员薪酬待遇沿用公务员工资制度不变的前提下，通过绩效考核金的激励调节作用，既激发司法行政人员保障服务促进公正高效司法的积极性，又适度提高司法行政人员工资水平，形成法官检察官单独职务序列工资制度，与司法辅助人员、司法行政人员沿用综合管理类公务员工资制度有序分离的多元司法人员工资制度体系。

第三，正常晋升工资管理。根据国家行政主管部门出台的规范性文件精神，法官检察官晋升职务等级同时增加工资，晋升职务等级与增加工资的依据为年度考核结果，员额内法官检察官年度考核称职及以上的一般每两年晋升一个职务工资档次。司法辅助人员、司法行政人员晋升职务增加工资以及按年度考核结果晋升级别增加工资和晋升级别工资档次，则仍按国家人社部、财政部有关《公务员工资制度实施办法》等相关规定执行。

第四，配套制度建设。在总结推广试点省份改革基础上，国家人社、财政等部门相继出台了法官检察官、司法辅助人员绩效考核奖金管理办法；最高人民法院出台了《法官、审判辅助人员绩效考核及奖金分配指导意见（试行）》；省级法院检察院会同省级人社、财政部门制定了《年度绩效考核奖金分配实施方案》

《绩效考核奖金核定工作》《法官检察官绩效考核办法》，省、市（州）法院检察院《领导干部绩效考核实施方案》《省级法院检察院机关绩效考核及奖金分配工作方案》《司法行政人员分类定岗绩效考核实施意见》；等等，为规范绩效考核奖金管理，发挥绩效考核奖金的激励约束作用积累了初步经验。

2. 保护司法人员依法履行法定职责的制度体系建立与规范运行

围绕建立司法职业保护制度，试点省份从两个方面大胆探索改革。

（1）建立保护司法人员依法履行法定职责制度。这包括：一是明确保护司法人员依法履职的基本原则。强调法官检察官依法办理案件不受行政机关、社会团体和个人的干涉，有权拒绝任何单位或者个人提出违反法定职责或者法定程序有碍司法公正的要求；明确法院检察院有权拒绝任何单位或者个人安排法官检察官从事超出法律职责范围事务的要求；法官检察官依法履行法定职责受法律保护，非因法定事由、非经法定程序不得将法官检察官调离、免职、辞退，或者做出降级、撤职等处分。二是赋予法官检察官的知情权、申辩权、举证权及救济权。明确规定对法官检察官做出调离、免职、辞退、降级、撤职处分的，应当按照法定的程序管理权限，以书面形式通知，并列明其理由和依据。法官检察官不服前述决定的，可以依法申请复议、复核，提出申诉、再申诉；法官检察官不因复议、复核或者提出申诉、再申诉而被加重处罚。三是赋予法官检察官履行法定职责的相关豁免权。对法官检察官的"德、能、勤、绩、廉"年度考核不得超出法定职责和职业伦理的要求，对法官检察官非因故意违反法律法规或者有重大过失导致错案并造成严重后果的，不承担错案责任；上级机关、单位负责人、审判委员会或者检察委员会等依职权改变法官检察官决定的，法官检察官对后果不承担责任；法官检察官履行法定职责的行为，非经法官检察官惩戒委员会审理，不受错案责任追究。四是建立法官检察官及其司法辅助人员履行法定职责的特别保护制度。包括：对法官检察官人格尊严、人身自由、财产安全、人身安全、个人信息实行特别保护；对其休息权、休假权、优抚优待、医疗等提供保障；对实施暴力行为、危害司法人员及其近亲属人身安全的精神病人，公安机关可以采取临时保护性约束措施；对办理危险性高的案件，应当对法官检察官及其近亲属采取出庭保护、禁止特定人员接触、隐匿身份以及其他必要的保护措施。

（2）建立领导干部干预司法活动、插手具体案件处理的记录、通报和责任追究制度。对于行政机关、社会团体、领导个人在诉讼活动程序之外递转具体案件的函文、信件或者口头意见实行全程留痕管理；对领导干部以组织名义或个人名义插手或者干预具体案件处理的，均应当记录并录入法院检察院内网服务平台的领导干部过问案件信息系统；建立向上级党委与上级审判、检察机关有关领导干部插手具体案件的特别报告制度；对于法官检察官及其他案件承办人不记录和不如实记录的,应当给予警告和通报批评;对有两次以上不记录和不如实记录情形的,应当根据审判检察工作人员处分条例,给予其纪律处分。这些开创性的试点改革实践,被中央决策机关总结推广,被第二批、第三批试点改革的省(自治区、直辖市)法院检察院复制借鉴。其中有的内容被吸纳上升为中央决策机关保护司法人员依法履行法定职责的规范性文件,成为推进司法保护体系规范化的标志性成果,为司法职业保护体系和保护能力法治化建设提供了实践依据。

(七)以司法财物省级统管目标改革为攻坚点,"类型化"的司法财物省级保障体系初步建立

以财物省级统管为改革目标取向,是推进"省以下法院检察院人财物省级统一管理改革"的难点,是破解司法地方化难题、根除司法保障受制于"财政分灶吃饭、分级负担"体制弊端、确保司法公正的关键之举,也是防止和纠正司法不公不严不廉的基础性制度创新和司法管理体制改革的破局之举。鉴于我国东中西部地区经济社会发展不平衡性、省级财力的差异性,试点省份结合本地经济社会发展与财力实际探索改革,形成了符合建立"省以下法院检察院人财物省级统一管理"改革部署要求的三种模式。

1. "省级统管"模式

以湖北省为例,湖北省财物统管改革相对彻底,直接在全省市(州)、县(市、区)全面铺开,一步到位建立由省财政统一管理三级法院检察院财物的机制。改革的主要内容是:(1)统一经费保障方面。按照"全额保障、收支脱钩"原则,人员经费、日常运行公用经费、审判检察业务经费(含办案业务经费和业务装备经费)、基础设施建设经费以及维修经费纳入省级财政预算、省级预算内固定资产投资计划统筹安排。(2)统一财物管理方面。市县两级法院检察院作为一级预算单位,通过省法院、省检察院统一审核平衡,向省财政厅编报预算。非税收实行"收支两条线"管理,做到收支脱钩。在省级财政预算中安排备用金,用于特殊情况的经费保障。(3)统一资产管理方面。由省法院、省检察院牵头,省级财政部门参与,组织省、市(州)、县(区)三级法院检察院和财政人员组成专班,集中组织清产核资,及时上划资产入账。市(州)、县(区)法院检察院的基础设施建设项目,由省法院、省检察院归口规划实施检查监督管理,由省发改委实施统一审批与项目监督管理,并纳入省级预算内固定资产投资计划予以保障。(4)统一债务化解方面。采取"一揽子"省级解决的方案,省财政新增基建投资7.1亿元,用于解决已建和在建法院检察院的资金缺口。上海市也是采取财物完全由直辖市财政部门(市财政局、市计管局)统管的进路,将所有区县

法院检察院全部调整为一级预算单位，由市财政局直接管理。土地、房屋、办公用地等由市财政局、计管局直接接管；区（县）法院检察院基础设施建设投资项目统一由市发改委审批管理，并纳入市级财政予以保障。

2. "省地结合"模式

安徽省是其中的典型代表。在坚持省级统管的大原则下，强调发挥地方的作用，是一种偏向"省地结合"的模式。其试点改革实践可以概括为："四统并举""三个不变"，即：（1）统省级管理模式。确立省财政厅与省法院、省检察院协同管理的"一处一中心"管理模式，其中省财政厅为管理主体，法检两院各设立一个中心协助管理。（2）统经费资产责任。试点法院检察院作为省级财政预算单位，由省法院、省检察院负责审核，统一向省财政厅编报预算，预算资金通过国库集中支付系统负责统一拨付；同时明确基础设施建设和债务化解的地方承担责任。（3）统项目规划。省法院、省检察院对省、市（州）、县（区）需系统推进的基础设施建设等进行项目可行性研究，提出共建方案，省财政部门进行评估、论证，安排经费开展项目共建。（4）统政策保障。省法院、省检察院会同相关部门围绕财物省级统管改革，在经费保障、职业保障、推动管理监督转型等方面制定多项制度。在地方实施层面，考虑到安徽省各地经济社会发展水平不同步，制定两级保障的机制。法官检察官、司法辅助人员、司法行政人员工资、公用费、业务费、装备费由省财政统筹保障的前提下，做到"三个不变"，即一是政策性奖励、公积金等经费支出依据属地原则，由地方财政保障不变；二是基础设施建设等债务化解由地方政府负责清理承担不变；三是地方政府支持法院检察院基础建设的力度不变。这种"省地结合模式"在其他省份推行"财物省级统管改革方案"中也并不鲜见。如广东省在贯彻"统合结合"的原则下规定，法官检察官、司法辅助人员、司法行政人员的基本工资由省级统管，但地方性津补贴则由地方财政负担；市、县级法院检察院作为一级预算单位，由省财政直接拨付资金。

3. "市级统管"模式

贵州省根据中央司法体制改革关于省以下人财物省级统管的部署精神，结合本地经济社会发展实际，实行法官检察官、司法辅助人员、司法行政人员经费、业务费、办案费、装备费、基础设施建设费以及资产由县（区）级管理上收为市（州）级统一管理的改革方案，建立省以下法院检察院经费资产暂由市（州）级财政部门管理的体制，条件成熟再过渡到省级统管。截至 2017 年 7 月，贵州省毕节市已完成市级财物统管工作；9 个市（州）已出台法官检察官、司法辅助人员、司法行政人员的人员经费、公用费、业务费、装备费、基础设施建设费与资产由市（州）统管的改革实施方案。此外，贵州省在一些条件不具备的地区，财物统管改革暂未启动，人财物管理体制仍维持现状。①

（八）以设置跨行政区划法院检察院试点改革为创新点，司法组织体系建设发展完善

设立跨行政区划的法院检察院，探索建立普通法院案件在行政区划法院检察院办理、特殊案件在跨行政区划法院检察院办理的新型司法模式，设立巡回法庭方便群众诉讼、就地化解纠纷、统一适用法律，稳步开展内设机构改革，是深化司法体制改革、遵循司法规律、优化司法资源配置、建立现代司法组织体系的重要组成部分。试点省份、省会城市和特大城市按照中央改革部署和最高人民法院、最高人民检察院的要求，从三个方面着力推进。

1. 以基层法院检察院为重点，稳步开展内设机构改革

法院、检察院内设机构臃肿，是导致司法管理行政化的主要原因之一，影响法官检察官独立行使审判权、检察权。针对一些基层法院检察院"案多人少、机构臃肿"的问题，最高人民法院在全国507家法院开展内设机构改革试点，科学设置审判机构，整合职能交叉业务相近的非审判业务机构，简化管理层级，完善审判组织体系，使审判职能进一步优化②。最高人民检察院与中央机构编制委员会办公室（以下简称"中央编办"）联合发布《省以下检察院内设机构改革试点方案》，全国1 854个检察院按照扁平化管理与专业化建设相结合的思路，统筹推进精简机构与优化职能、综合机构与业务机构同步改革，使大批业务骨干回到办案一线③。吉林省、湖北省检察院推进综合管理与检察业务管理适度分离的内设机构配套改革措施：（1）价值取向层面。坚持以推动建立检察官办案责任制、保障检察机关依法独立公正行使检察权为目标，整合原有内设机构职能，优化办案组织结构，突出检察官办案主体地位，形成职能配置科学合理、机构设置精干高效、业务运行权责明晰、管理保障规范有力的组织框架。（2）把握原则层面。强调确保检察权依法全面行使，科学配置、强化职责，职能相近机构尽量合并，精简效率原则。（3）机构职能整合层面。一是整合检察业务内设机构，整合职务犯罪侦查及预防职能，合并反贪局、反渎局、职务犯罪预防局，设立职务犯罪监察部，整合侦查监督、公诉、行使诉讼监督职能，合并侦查监督一处、二处、公

---

① 张坚：《安徽省人财物省级统管改革实证研究与思考》，第二届"司法保障学术论坛"，2017年5月17日。
② 周强在第十二届全国人民代表大会常务委员会第三十次会议上所作的《最高人民法院关于人民法院全面深化司法改革情况的报告》，2017年11月1日。
③ 曹建明在第十二届全国人民代表大会常务委员会第三十次会议上所作的《最高人民检察院关于人民检察院全面深化司法改革情况的报告》，2017年11月1日。

诉一处、二处、三处，设立刑事检察部，整合民事诉讼监督职能，合并民事检察一处、二处，设立民事检察部，调整充实行政检察职能，设立行政检察部，整合举报、控告、申诉和刑事执行监督职能，合并控告申诉检察处和监守检察处，成立控告申诉和刑事执行检察部（加挂国家赔偿工作办公室，保留驻省看守所、检察室）。二是调整业务辅助保障类内设机构设施，政治部履行机关党建队伍建设、检察官遴选委员会事务管理等职能，由原设6个处精简为4个。三是整合检察政务管理及辅助职能，调整办公室研究室、案件管理办公室、技术处、信息处、司法警察总队职能，成立检务管理部；整合原计划装备财物及机关服务中心职能，设立检务保障部。四是整合监察检务督查职能，设立监察部，保留机关党委。（4）人员配置方面。贯彻总量控制，适度调整、倾斜业务的原则。整合调配后业务机构的人员增加10%以上，行政人员控制在14%以内，并采取逐步减少的过渡办法，业务机构实习扁平化管理，主任检察官办公室为基本办案组织，部长由副检察长兼任，各业务部设一名监察专员由副部长兼任。承担业务部门的党务政工作风建设办案监督。所有具有法律职务的院领导，编入主任检察官办公室，检察长每年需办理案件3件以上，其他院领导每年需办理案件5件以上。通过试点改革，"吉林省人民检察院积极开展大部制改革，大规模拆庙减官，不仅保障了检察官的办案权，还让一批业务骨干回归一线办案，改革出了司法生产力，提高了办案质量和效率"①。2016年8月18日，最高人民法院会同中央编办联合印发了《省以下人民法院内设机构改革试点方案》。根据试点方案，省以下人民法院内设机构改革的总体要求是科学设置审判业务机构，合理整合非审判业务机构，严格控制机构规模。人员编制在50人以下的法院，可探索设置综合审判庭、综合办公室，进一步提高司法效能。内设机构改革在基层人民法院先行试点，改革条件比较成熟的高级、中级人民法院可结合实际进行探索。如湖北省黄石市西塞山区法院，试推扁平化机构模式，将原13个内设机构、4个人民法庭整合为"4办1局1队1庭+12个法官工作室"，减少管理层级，提升工作效率。

2. 以建立与行政区划适当分离司法管辖制度为抓手，跨行政区划法院检察院改革试点有序推进

在中央司法体制改革领导小组办公室统一部署和最高人民法院、最高人民检察院支持指导下，北京、上海两市分别探索跨行政区划法院检察院改革试点，设立北京市第四中级人民法院、北京市检察院第四分院；上海市第三中级人民法院、上海市检察院第三分院。新设立的跨行政区划法院检察院专司办理跨地区案件以及食品药品安全、环境资源保护、知识产权、行政诉讼、海事等特殊类型案

---

① 蔡长春：《司法体制改革工作全面推开》，载于《法制日报》2016年8月1日。

件。试点改革成效明显。①

3. 以设立最高人民法院巡回法庭与知识产权法院为抓手,实现审判机关重点下移、方便群众诉讼

最高人民法院根据中央统一部署,在深圳、沈阳、南京、郑州、重庆、西安六市设立 6 个巡回法庭,探索实行审判团队模式,落实主审法官、合议庭办案负责制,完善审判权监督制约机制,发挥巡回法庭贴近基层一线、就近化解纠纷、促进提升审判质效的优势。2017 年巡回法庭共审结案件 1.2 万件,占最高人民法院办案总数的 47%;共接待群众来访 4.6 万人,最高人民法院本部接待来访总量下降 33.2%;设立北京、上海、广州知识产权法院和天津、南京、武汉等 15 个知识产权法庭,杭州互联网法院,上海金融法院,着力解决诉讼"主客场"问题,有效提升了知识产权、互联网、金融等专业化审判水平,加大了知识产权司法保护力度,服务网络、金融创新驱动发展。②

(九)以人大授权与修法为保障,司法管理体制改革成果制度化、定型化、法律化建设取得明显成效

全面深化司法体制改革是一场深刻的政治体制改革,牵涉人民法院组织法、人民检察院组织法、刑事诉讼法、民事诉讼法、行政诉讼法、预算法等多个法律部门关系的调整,不仅是发展完善司法制度体系的重要任务,而且是发展完善社会主义法律体系的重要组成部分。司法管理体制改革以当代中国经济社会发展为场域,以各项改革协调推进,以改革成果总结提升为法律制度、推动社会主义法律制度发展完善、加快推进建设公正高效权威社会主义司法制度为目标,取得了显著成效,形成了以下特点。

1. 始终以习近平新时代中国特色社会主义思想为指导,确保司法体制及其司法管理体制改革的正确方向

司法体制改革是不断推动中国特色社会主义司法制度发展和完善的关键环节。通过十八届三中全会以来各部门积极的组织实施,司法管理体制改革取得了阶段性成效,有关司法管理体制改革的"四梁八柱"已经搭建完成,符合司法权与司法行政事务权适度分离原则的司法管理权体系得到建立,司法管理体系和管理能力现代化得到加强,从而为保障公正司法、提升司法质量效率和公信力发挥

---

① 周强在第十二届全国人民代表大会常务委员会第三十次会议上所作的《最高人民法院关于人民法院全面深化司法改革情况的报告》;曹建明在第十二届全国人民代表大会常务委员会第三十次会议上所作的《最高人民检察院关于人民检察院全面深化司法改革情况的报告》,2017 年 11 月 1 日。

② 周强在第十三届全国人民代表大会第一次会议上所作的《最高人民法院工作报告》,2018 年 3 月 9 日。

了保障、服务、协调、促进的作用。司法管理体制改革之所以能够取得历史性成就，其根本原因在于始终高举中国特色社会主义伟大旗帜，坚持以"习近平新时代中国特色社会主义思想"及其"司法改革理论"为指导，坚持走中国特色社会主义法治道路，不断发展和完善中国特色社会主义司法制度。在这场司法管理体制改革与经济体制、政治体制、文化体制、社会体制、生态体制、党的领导体制及其法律制度改革所构成波澜壮阔的宏大改革叙事中，习近平总书记始终高度重视包括司法管理体制改革内容的司法体制改革，他明确指出司法体制改革在全面深化改革、全面依法治国中居于重要地位，对推进国家治理体系和治理能力现代化意义重大。① 同时，习近平总书记针对司法体制改革提出了一系列新理念新思想新战略，从理论与实践的结合上系统回答了新时代坚持和发展什么样的中国特色社会主义司法制度，如何全面深化司法体制改革，建设公正高效权威的社会主义司法制度，推进司法体系和司法能力现代化等一系列实践命题。为司法体制及其以"司法人员分类管理、员额制、司法责任制、省以下人财物实行省级统管保障"的司法管理体制四项改革，为典型试验、分批启动、全面实施提供了政策引领、制度安排、典型试验和有力的组织保障，从而使司法管理与各项改革融为一体，使这场生动复杂的司法体制及其司法管理体制改革始终保持正确方向和持久的动力，为推进司法现代化的提供了长期遵循。

2. 全国人大依法授权，确保司法体制及其司法管理体制改革于法有据

全面深化司法体制及司法管理体制改革是当今中国全面深化改革重要的组成部分，全国人大及其常委会的一项重要职责就是为全面深化司法体制改革提供法制保障，通过立法授权使司法体制及司法管理体制改革于法有据，确保司法体制及司法管理体制改革在法治轨道上顺利地推进。中共十八大以来，第十二届、第十三届全国人民代表大会常务委员会坚决贯彻中央的决策部署，坚持立法和改革决策统一、衔接，积极地推进与司法体制及司法管理体制改革相关的法律立改废释工作，保证了重大改革举措于法有据。包括：围绕监察体制改革与司法体制改革协调平衡推进方面。国家监察体制改革是政治体制改革的重头戏，其改革整体布局与有效实施推进牵涉司法体制的适度调整及变动，如何处理好监察体制改革与司法体制改革的统筹协调推进，第十二届全国人民代表大会常务委员会第二十五次会议通过《关于在北京市、山西省、浙江省开展国家监察体制改革试点工作的决定》（2016年12月25日），明确授权监察体制改革所涉国家权力结构完善、集中统一权威高效监察体制创设，检察体制适度调整变动等试点，即在北京市、

---

① 《习近平对司法体制改革作出重要指示强调　坚定不移推进司法体制改革　坚定不移走中国特色社会主义法治道路》，央视网，http://news.cctv.com/2017/07/10/ARTIyJ9SrJPtZibHmpdtaalD170710.shtml，2017年7月10日。

山西省、浙江省及所辖县、市、市辖区设立监察委员会，行使监察职权。将试点地区人民政府的监察厅（局）、预防腐败局及人民检察院查处贪污贿赂、失职渎职以及预防职务犯罪等部门的相关职能整合至监察委员会。对涉嫌职务犯罪的，移送检察机关依法提起公诉；暂时调整或者暂时停止适用《中华人民共和国刑事诉讼法》第三条、第十八条、第一百四十八条以及第二编第二章第十一节关于检察机关对直接受理的案件进行侦查的有关规定，《人民检察院组织法》第五条第二项，《检察官法》第六条第三项[①]，确保监察体制改革试点与司法体制改革全面深化协调推行。围绕优化司法职权配置与程序公正方面。第十二届全国人民代表大会常务委员会第九次会议通过《全国人民代表大会常务委员会关于授权最高人民法院、最高人民检察院在部分地区开展刑事案件速裁程序制度试点工作的决定》（2014年6月27日），授权最高人民法院、最高人民检察院在部分地区开展刑事案件速裁程序试点工作[②]；与此同时，第二十二次会议通过了《全国人民代表大会常务委员会关于授权最高人民法院、最高人民检察院在部分地区开展刑事案件认罪认罚从宽制度试点工作的决定》（2016年9月3日），授权最高人民法院、最高人民检察院在部分地区开展刑事案件认罪认罚从宽制度试点工作[③]。从而使中央关于优化司法职权配置的重大改革决策实施，通过最高权力机关贯彻并与之授权而使司法职权配置改革于法有据。围绕跨行政区划法院检察院设置方面。最高权力机关贯彻执行中央的改革部署，召开第十二届全国人民代表大会常务委员会第十次会议，并通过了《全国人民代表大会常务委员会关于在北京、上海、广州设立知识产权法院的决定》（2014年8月31日），确定在北京、上海、广州等地设立跨行政区划的知识产权法院[④]；第十三届全国人民代表大会常务委员会第二次会议通过《全国人民代表大会常务委员会关于设立上海金融法院的决定》（2018年4月27日），确定在上海设立跨行政区划的金融法院[⑤]。从而使中

---

① 《全国人民代表大会常务委员会关于在北京市、山西省、浙江省开展国家监察体制改革试点工作的决定》，中国人大网，http：//www.npc.gov.cn/npc/xinwen/2016-12/25/content_2004968.htm，2018年12月30日。

② 《全国人民代表大会常务委员会关于授权最高人民法院、最高人民检察院在部分地区开展刑事案件速裁程序试点工作的决定》，中国人大网，http：//www.npc.gov.cn/npc/xinwen/2016-09/03/content_1996742.htm，2018年12月30日。

③ 《全国人民代表大会常务委员会关于授权最高人民法院、最高人民检察院在部分地区开展刑事案件认罪认罚从宽制度试点工作的决定》，中国人大网，http：//www.npc.gov.cn/npc/xinwen/2016-09/03/content_1996742.htm，2018年12月30日。

④ 《全国人民代表大会常务委员会关于在北京、上海、广州设立知识产权法院的决定》，中国人大网，http：//www.npc.gov.cn/npc/xinwen/2014-09/01/content_1877042.htm，2018年12月30日。

⑤ 《全国人民代表大会常务委员会关于设立上海金融法院的决定》，中国人大网，http：//www.npc.gov.cn/npc/xinwen/2018-04/27/content_2053982.htm，2018年12月30日。

央关于设置跨行政区划法院检察院重大决策的改革实施于法有据。围绕人民参与司法制度的改革完善方面。全国人大贯彻中央的决策部署，召开第十二届全国人民代表大会常务委员会第十四次会议（2015 年 4 月 24 日）、第二十七次会议（2017 年 4 月 27 日）相继通过《全国人民代表大会常务委员会关于授权在部分地区开展人民陪审员制度改革试点工作的决定》和《全国人民代表大会常务委员会关于延长人民陪审员制度改革试点期限的决定》，授权在部分地区开展人民陪审员制度改革试点工作①、确定延长人民陪审员制度改革试点期限②。从而使人民陪审员制度改革试点工作依法进行。围绕公益诉讼制度改革方面。全国人大贯彻中央改革战略部署，按照重点工作及其责任分工，召开第十二届全国人大常委会第十五次会议，通过《全国人大常委会授权最高人民检察院在 13 个省区市检察机关开展公益诉讼试点工作》（2015 年 7 月 1 日），授权最高人民检察院在部分地区开展公益诉讼改革试点工作③。从而为检察机关开展公益诉讼试点改革提供了法律授权依据，保证了试点工作在较短时间内快速发展，为优化检察机关职权，发展完善中国特色社会主义检察制度提供了试点样本及其新鲜经验。全国人大常委会根据中央全面深化改革与法治改革重大决策部署所做出的这一系列授权决定，为部分地区和特定领域司法改革先行先试提供了法律依据④，为司法体制及其司法管理体制改革的顺利推进提供了法制保障。

3. **适时总结新鲜经验，将成熟的司法体制改革成果上升为法律制度规范**

（1）国家权力结构方面。如何将深化政治体制改革重要组成部分的监察体制改革上升为制度规范，使国家权力结构进一步科学化、制度化。第十三届全国人民代表大会通过的《中华人民共和国宪法修正案》［以下简称《宪法》（2018 修正）］将第三条第三款修改为："国家行政机关、监察机关、审判机关、检察机关都由人民代表大会产生，对它负责，受它监督。"将第六十五条第四款修改为："全国人民代表大会常务委员会的组成人员不得担任国家行政机关、监察机关、审判机关和检察机关的职务。"将第一百零三条第三款修改为："县级以上的地方各级人民代表大会常务委员会的组成人员不得担任国家行政机关、监察机关、审

---

① 《全国人民代表大会常务委员会关于授权在部分地区开展人民陪审员制度改革试点工作的决定》，中国人大网，http://www.npc.gov.cn/wxzl/gongbao/2015-07/06/content_1942883.htm，2018 年 12 月 30 日。

② 《全国人民代表大会常务委员会关于延长人民陪审员制度改革试点期限的决定》，中国人大网，http://www.npc.gov.cn/npc/xinwen/2017-04/27/content_2020931.htm，2018 年 12 月 30 日。

③ 最高人民检察院网上发布厅：《全国人大常委会授权最高人民检察院在 13 个省区市检察机关开展公益诉讼试点工作》，最高人民检察院网站，http://www.spp.gov.cn/xwfbh/wsfbt/201507/t20150701_100535.shtml，2018 年 12 月 30 日。

④ 王超英：《新一届全国人大常委会将在司法体制改革方面取得新进展》，新华网 2018 年 3 月 12 日。

判机关和检察机关的职务。"将第三章"国家机构"中增加一节，作为第七节"监察委员会"，并增加五条，分别作为第一百二十三条至第一百二十七条，明确规定各级监察委员会是国家的监察机关；①《宪法》（2018 修正）还就国家监察委员会和地方各级监察委员会的性质、地位、名称、人员组成、任期任届、领导体制和工作机制等做出规定，为监察委员会建立组织体系、履行职能职责、运用相关权限、构建配合制约机制、强化自我监督等提供了根本依据。《宪法》（2018 修正）是在对北京、山西、浙江等地监察体制改革试点实践经验上升为根本大法的标志性成果，是对我国政治体制、国家权力结构所做出的重大调整，从而形成了"一府一委两院"的新型国家权力结构，为加快推进国家治理体系和治理能力现代化提供了根本大法的法治保障。

（2）国家权力机关之间关系方面。如何协调国家监察机关与司法机关之间的关系，第一，《宪法》（2018 修正）明确规定"监察委员会依照法律规定独立行使监察权，不受行政机关、社会团体和个人的干涉"，从而明确了监察机关与审判机关、检察机关相互平行的关系。第二，《宪法》（2018 修正）明确监察机关办理职务违法和职务犯罪案件，应当与审判机关、检察机关、执法部门互相配合，互相制约，从而形成了互相配合，互相制约的关系。第三，审判机关、检察机关的工作人员履行职务受到监察机关的全覆盖监督②。这种全覆盖监督仅仅是对司法机关的工作人员而言，既不表明监察机关与审判机关、检察机关相互平行关系的改变，又不意味着审判机关、检察机关与监察机关、行政机关在国家权力结构重要地位与作用的异化。

（3）围绕法院检察院的基本原则方面。2018 年修订的《人民法院组织法》《人民检察院组织法》首次将司法公正、司法民主、司法公开和司法责任制等作为基本原则加以规定（分别为"两院"组织法的第六条、第七条、第八条）；《人民检察院组织法》还规定实行检察官办案责任制，检察官对其职权范围内就案件做出的决定负责，检察长、检察委员会对案件做出决定的，承担相应责任（第三十四条）。使这四项重大司法改革实践成果上升为法律制度。

（4）围绕法院检察院的设置方面。《人民法院组织法》《人民检察院组织法》分别将跨行政区划的新疆生产建设兵团设置法院检察院做出规定（分别为"两院"组织法的第十四条）；《人民法院组织法》第十五条还将知识产权法院、金融法院作为专门法院的设置体系；《人民法院组织法》第十九条还规定最高人民法院可以设置巡回法庭；《人民检察院组织法》还规定根据检察工作需要，可以

---

① 《中华人民共和国宪法修正案》，第十三届全国人民代表大会第一次会议，2018 年 3 月 12 日。
② 《中华人民共和国监察法》第十五条。

在监狱、看守所等场所设立检察室,也可以对上述场所进行巡回检察(第十七条);同时规定省级设区的基层检察院设立检察室的设置及其审批程序(第十七条第二款)。这些规定,是对中央关于设立跨行政区划法院检察院,知识产权法院、金融法院、最高人民法院巡回法庭,检察院派驻检察室等司法体制重大改革部署试点经验的高度概括,是司法改革成果的定型化、制度化、法律化的具体体现。

(5)围绕优化司法职权配置方面。有关审判职权配置方面。一是《人民法院组织法》赋予巡回法庭审理最高人民法院依法确定的案件职权,明确界定巡回法庭的判决和裁定即最高人民法院的判决和裁定(第十九条)。二是根据2018年修订的《中华人民共和国刑事诉讼法》(以下简称《刑事诉讼法》),完善了专门法院、合议庭及人民陪审员的职权。(第一百八十三条、第二百零一条;第三编第二章第四节"速裁程序";第二百六十一条第二款;第五编第三章"缺席审判程序"、第四章"犯罪嫌疑人、被告人逃匿、死亡案件违法所得的没收程序"),三是民事行政执行权与审判权相分离的改革,由于尚未达成共识①,这项改革未能实施到位,其原因是多方面的,成为新一轮司法体制综合配套改革新的任务。有关检察院职权配置方面。第一,侦查权。《人民检察院组织法》对检察机关的职权做了调整和优化配置,依照法律规定对有关刑事案件行使侦查权(第二十条第一款);根据2018年修订的《宪法》、颁行的《中华人民共和国监察法》(以下简称《监察法》)和修订的《刑事诉讼法》的规定,人民检察院在对诉讼活动实行法律监督中发现的司法工作人员十四种犯罪的侦查权,对于公安机关管辖的国家机关工作人员利用职权实施的重大犯罪案件,由省级以上人民检察院决定侦查(2018年修订的《刑事诉讼法》第十八条改为第十九条,第二款修改的内容);对监察机关移送起诉案件的自行补充侦查权(2018年修订的《刑事诉讼法》第一百七十条)。第二,审查起诉的审查权和量刑建议权。"对于监察机关移送起诉的案件,依照本法和监察法的有关规定进行审查。人民检察院经审查,认为需要补充核实的,应当退回监察机关补充调查,必要时可以自行补充侦查(2018年修订的《刑事诉讼法》第一百七十条)。"第三,职务犯罪移送起诉的审查特别期限与现行拘留、逮捕、监视居住、取保候审法定强制措施适用权。2018年修订的《刑事诉讼法》规定:"对于监察机关移送起诉的已采取留置措施的案件,人民检察院应当对犯罪嫌疑人先行拘留,留置措施自动解除。人民检察院应当在拘留后的十日以内做出是否逮捕、取保候审或者监视居住的决定。在特殊情

---

① 王胜明:关于《中华人民共和国人民法院组织法(修订草案)》的说明,第十二届全国人民代表大会常务委员会第二十九次会议,2017年8月28日。

况下，决定的时间可以延长一日至四日。人民检察院决定采取强制措施的期间不计入审查起诉期限。"第四，适用速裁程序、量刑建议的提请权。2018年修订的《刑事诉讼法》规定，犯罪嫌疑人认罪认罚，符合速裁程序适用条件的，检察院可以建议适用速裁程序（第二百二十二条）；对"犯罪嫌疑人自愿认罪，同意量刑建议和程序适用的，需签署认罪认罚具结书"（第一百七十四条）；第五，赋予对职务犯罪缺席判决、没收非法所得的提请权（第五编特别程序第三章缺席审判程序，第四章犯罪嫌疑人、被告人逃匿、死亡案件违法所得的没收程序）。第六，依照法律规定提起公益诉讼权（《人民检察院组织法》第二十条（四））。第十二届全国人民代表大会常务委员会第二十八次会议通过的《全国人大常委会关于修改〈中华人民共和国民事诉讼法〉和〈中华人民共和国行政诉讼法〉的决定》（2017年6月27日），赋予人民检察院在履行职责中发现破坏生态环境和资源保护、食品药品安全领域侵害众多消费者合法权益等损害社会公共利益的行为，可以向法院提起诉讼[①]。第七，对诉讼活动实行法律监督的职权（《人民检察院组织法》第二十条（五））。第八，对判决、裁定等生效法律文书的执行工作实行法律监督的职权（《人民检察院组织法》第二十条（六））。第九，检察长列席同级审判委员会的职权（《人民法院组织法》第三十八条第三款，《人民检察院组织法》第二十六条）。第十，检察机关对监察机关移送的案件依法做出采取强制措施、起诉或退回补充调查的职权（《监察法》第四十七条）。

（6）围绕司法组织体系构建方面。①法院组织体系方面。《法院组织法》明确规定了合议庭评议制、法官独任制、审判委员会全体会议和专业会议的会议制等案件审理组织形式；审判长组织评审、组织评议案件时与其他合议庭成员权力平等（第三十条第三款）；合议庭或者法官独任审理案件形成的裁判文书经合议庭组成人员或独任法官签署，由法院发布（第三十二条）；合议庭审理案件，法官对案件的事实认定和法律适用负责；法官独任审理案件，独任法官对案件的事实认定和法律适用负责（第三十三条）；各级法院设审判委员会，会议分全体会议和专业委员会会议，并可召开刑事、民事、行政审判专业会议（第三十六条）。②检察院办案组织体系方面。规定办理案件，根据案件情况可以由一名检察官独任办理，也可以由两名以上检察官组成办案组办理；由检察官办案组办理的，检察长应当指定一名检察官担任主办检察官，组织、指挥办案组办理案件（第二十八条）。检察官在检察长领导下开展工作，重大办案事项由检察长决定。检察长可以将部分职权委托检察官行使，可以授权检察官签发法律文书（第二十九条）。

[①]《全国人大常委会关于修改〈中华人民共和国民事诉讼法〉和〈中华人民共和国行政诉讼法〉的决定》（2017年6月27日），中国人大网，http://npc.people.com.cn/n1/2017/0628/c14576-29366977.html，2018年12月30日。

明确了检察委员会的组成及行使职权（第三十条、第三十一条、第三十二条）；检察委员会讨论案件，检察官对其汇报的事实负责，检察委员会委员对本人发表的意见和表决负责。检察委员会的决定，检察官应当执行（第三十三条）。

（7）围绕司法人员分类管理。法院检察院的法官检察官、司法辅助人员和司法行政人员实行分类管理（《法院组织法》第四十五条，《检察院组织法》第四十条）。

（8）围绕法官检察官实行员额制。法官检察官实行员额制（《法院组织法》第四十六条，《检察院组织法》第四十一条）；法院检察院人员编制实行专项管理（《法院组织法》第五十六条，《检察院组织法》第五十条）。

（9）法官检察官从业资格条件、选任、择优遴选及培训（《法院组织法》第四十七条、第五十五条，《检察院组织法》第四十二条、第四十九条）。

（10）法官检察官、法官检察官助理、书记员、司法警察、司法技术人员的职责（《法院组织法》第四十八至第五十一条，《检察院组织法》第四十三至第四十五条）。

（11）围绕法官检察官职业保护方面。规定任何单位或者个人不得要求法官从事超出法定职责范围的事务；对于领导干部等干预司法活动、插手具体案件处理，或者人民法院内部人员过问案件情况的，办案人员应当全面如实记录并报告；有违法违纪情形的，由有关机关根据情节轻重追究行为人的责任（《法院组织法》第五十二条，《检察院组织法》第四十七条）；人民法院做出的判决、裁定等生效法律文书，义务人应当依法履行；拒不履行的，依法追究法律责任（《法院组织法》第五十三条）；人民法院采取必要措施，维护法庭秩序和审判权威。对妨碍人民法院依法行使职权的违法犯罪行为，依法追究法律责任（《法院组织法》第五十四条）；人民检察院采取必要措施，维护办案安全。对妨碍人民检察院依法行使职权的违法犯罪行为，依法追究法律责任（《检察院组织法》第四十八条）。

（12）围绕法官检察官职责、管理和职业保障。依照《法官法》《检察官法》的规定（《法院组织法》第四十七条第三款、《检察院组织法》第四十二条第三款）；根据最高司法机关与中央有关部门共同签署的规范性文件，建立了法官检察官单独职务序列工资福利保障制度。

（13）围绕司法经费预算保障方面。法院检察院的经费按照事权划分的原则列入财政预算，保障审判检察工作需要（《法院组织法》第五十七条，《检察院组织法》第五十一条）。

（14）围绕信息化建设方面。法院检察院应当加强信息化建设，运用现代信息技术，促进司法公开，提高工作效率（《法院组织法》第五十八条，《检察院组织法》第五十二条）。

（15）司法机关在反腐败法治体系中的地位与作用。为了推进反腐败体系和反腐败能力现代化，第十三届全国人民代表大会通过《宪法》（2018 修正）、颁布《监察法》，确立国家监察机关的宪法地位，建立集中统一权威高效的监察体制的同时，围绕反腐败法治建设适时修订《刑事诉讼法》。修订的《刑事诉讼法》第五编增加了第三章"缺席审判程序"和第四章"犯罪嫌疑人、被告人逃匿、死亡案件违法所得的没收程序"，从而完善了职务犯罪立案、调查、移送起诉、审查起诉、提起公诉、缺席判决、没收违法所得的反腐败程序法制与刑事实体法制相衔接的运行机制。2018 年修订的《刑事诉讼法》赋予了检察机关对职务犯罪的审查权，退回补充调查权，补充侦查权，审查起诉权，提起公诉权，出席法庭支持公诉权，量刑建议权，先行拘留、逮捕、监视居住、取保候审等强制措施适用权，非法证据排除权，不起诉权，以及适用缺席审判与违法所得没收程序的请求权，等等；赋予审判机关对职务犯罪案件的审查权、审理权、裁断权等，从而构建起了反腐败刑事诉讼程序体系，健全了监察机关与检察机关、审判机关互相配合、互相制约的运行程序，彰显了"查诉分离""查审分离""权力制约""程序正义"的价值功能，从而凸显了检察机关、审判机关在反腐败法治体系中不可替代的地位与作用。

（16）国际刑事司法协助方面。2018 年颁布的《中华人民共和国国际刑事司法协助法》（以下简称《国际刑事司法协助法》）在总结我国多年反腐败国际司法协助的成功经验与教训的基础上，适应推进反腐败法治体系和能力现代化要求，就反腐败国际司法协助的主体做了明确界定，将最高人民法院、最高人民检察院与国家监察委员会一道规定为开展国际刑事司法协助的主管机关，这不仅填补了反腐败刑事司法协助国际合作的国内法律空白，而且还提升了司法机关在国际刑事司法协助中的主导地位，破解了多年来制约反腐败国际合作和国际追逃追赃工作的机制性障碍，成为推进反腐败法治体系和能力现代化的重大成果。《国际刑事司法协助法》第四至第八章还对最高人民法院、最高人民检察院在调查取证，安排证人作证或者协助调查，查封、扣押、冻结涉案财物，没收、返还违法所得及其他涉案财物，移管被判刑人以及其他协助等职责、权限、程序等方面做出规定，从而为丰富反腐败国际司法协助，提升我国在国际反腐败国际合作中的地位和影响，推进反腐败法治现代化，维护我国宪法法律统一、尊严、权威提供了法制保障。

4. 密切关注改革试点情况，并及时总结提升

习近平总书记指出，"试点是改革的重要任务，更是改革的重要方法。试点能否迈开步子、蹚出路子，直接关系改革成效。"[①] 坚持胆子要大步子要稳，通

---

① 沈传亮：《全面深化改革：十八大以来中国改革新篇章》，人民出版社 2017 年版。

过试点推进改革，是我国 40 多年改革开放实践的一条基本经验。本轮司法体制改革于 2014 年首先选择上海、广东、吉林、湖北、海南、青海和贵州 7 个省市进行先行试点，在取得成功经验后面向全国又分两批推开。对在实践中水土不服、各地意见反映集中的改革举措，及时做出修正调整，体现了原则性和灵活性的有机统一。全国人大及其常委会及时听取和审议有关部门就改革工作和试点情况做出的工作报告，在试点期满后根据实际情况修改完善相关法律法规，从而努力体现司法体制及其管理体制改革成果，使党中央重大决策部署通过法定程序成为国家意志，用法律制度巩固司法体制及其管理体制改革成果。与此同时，在《法院组织法》《检察院组织法》的修改过程中，全国人大内务司法委员会历时两年深入调研 20 个省、自治区、直辖市司法管理体制改革情况，逐个研究司法体制改革中涉及需要修改的主要问题；全国人大内务司法委员会广泛征求中央有关机关和省级人大内司委，部分法律院校和研究机构等各方面的意见和建议；与中央政法委、全国人大常委会法工委、最高人民法院、最高人民检察院、国务院法制办等单位多次沟通协商，使《法院组织法（草案）》《检察院组织法（草案）》达成共识，及时顺利获得全国人大常委会通过。由此实现，将司法体制及其司法管理体制改革中成熟的政策、经验以法律形式加以定型，形成了完备的法律规范体系，确保改革行稳致远。

5. 注重处理好立法与改革的关系，为进一步深化司法体制改革预留空间

本轮司法体制改革过程中，全国人大及其常委会通过立法在引领和推进司法体制及其司法管理体制改革上发挥了重要作用。正如习近平总书记指出："凡属重大改革都要于法有据"。① 对此，全国人大及其常委会在全面推进依法治国新形势下，始终坚持"实现立法与改革决策相衔接，立法决策要与改革决策一致；立法要适应改革的需要，服务于改革"② 的立法理念，十分注重立法的民主性、科学性、前瞻性，为司法体制及其司法管理体制改革决策预留空间。这集中表现在：《人民法院组织法》《人民检察院组织法》涉及面广，有些改革还在试点过程中，对一些实践不够、尚未形成共识的问题，只做原则性规定或者暂不做规定。内设机构方面。《人民法院组织法》规定："人民法院根据审判工作需要，可以设必要的审判庭。法官员额较少的中级人民法院和基层人民法院，可以设综合审判庭或者不设审判庭。""人民法院根据工作需要，可以设必要的审判辅助机构和司法行政管理机构，也可以让社会力量参与审判辅助工作和司法行政工作"（《人民法院组织法》第二十七条）。《人民检察院组织法》规定："人民检察院根

---

① 李维编著：《习近平重要论述学习笔记》，人民出版社 2014 年版。
② 乔晓阳：《处理好立法与改革的关系》，载于《中国人大杂志》2014 年第 20 期。

据检察工作需要，可以设必要的办案机构。检察官员额较少的市级人民检察院和基层人民检察院，可以设综合办案机构（《人民检察院组织法》第十八条）。""人民检察院根据工作需要，可以设必要的检察辅助机构和司法行政管理机构，也可以让社会力量参与检察辅助工作和司法行政工作（《人民检察院组织法》第十九条）。"这些制度设计既符合深化司法体制及司法管理体制改革的要求，又为新一轮司法体制综合配套改革留有空间。

第二节 司法管理体制改革存在"若干短板"

  从中共十九大到21世纪中叶，中国特色社会主义进入了新时代。这个新时代是在新的历史条件下继续夺取中国特色社会主义伟大胜利的时代，是决胜全面建成小康社会，进而全面建设社会主义现代化强国，逐步实现全体人民共同富裕，奋力实现中华民族伟大复兴的时代。新时代、新方位、新征程，一方面，给司法机关如何有效应对国际社会新一轮大发展、大变革、大调整的变化，检验司法体制改革成效，提升维护国家主权、安全、发展利益的能力和水平提出了新挑战；另一方面，给司法机关如何主动适应我国社会主要矛盾变化，尤其是适应人民在民主、法治、公平、正义、安全、环境等方面需求，审视司法管理体制改革与"组织科学化、运行高效化、履职专业化、保障现代化"目标提出了新要求。只有用新时代、新方位、新征程检视司法管理体制改革存在的诸多短板和薄弱环节，分析导致这些短板和薄弱环节的深层次根源，才能全面深化司法管理体制配套改革，加快推进司法管理体系和司法管理能力现代化，才能发挥好司法定纷止争、权利救济、制约公权、保障人权、维护公平、守卫正义、保障安全、增进人民法福祉的功能作用。新一轮司法体制改革直面去"司法地方化、司法行政化、司法低职业化、司法权配置异化、司法保障'分灶固化'、人权司法保障弱化"[①]等难题，推出了一系列改革措施，也取得了一定成效。但是，以新时代、新方位、新征程为视角，以发展完善中国特色社会主义制度，推进国家治理体系和治理能力现代化这一改革总目标为检视标准，以试点省份司法管理体制改革为分析样本，本轮司法管理体制改革仍然存在诸多短板和薄弱环节。其主要表现在以下几个方面。

---

  ① 徐汉明、林必恒等：《深化司法体制改革的理念、制度与方法》，载于《法学评论》2014年第4期。

一、管理模式层面:"分权控制与重心上移相结合"的"混合管理模式"与司法人财物省级统管的目标任务差距较大

围绕司法管理模式的改革取向,法学界和法律界一直存在着"外部行政控制管理""外部混合控制管理""司法委员会管理""自治型管理""重心上移、适度分权控制管理""内部适度分权控制管理"[①]的改革模式选取之争。因此,司法管理模式改革取向既是理论争鸣的热点之一,又是检验司法管理体制改革成效的标尺之一。有关对传统司法人财物管理体制的改革,中央推出改革举措选取的是实行"省以下人财物统一管理"的"省级统管"模式。其改革举措具有问题导向、直面前述去"六化"司法痼疾的特点,以建立维护中央司法事权统一性与权威性,中央与省两级保障,保证公正司法、提高司法公信力的新型司法管理模式。但是,这项重大改革历经7个省市试点、随后分两批推进,其结果出现了差异化、打折扣、不到位等问题。这种地方实施改革成效与中央统筹推进改革要求的差距,是本轮司法管理体制改革存在"若干短板"的突出表现。梳理人财物省级统管模式存在的"若干短板"问题主要是:专项编制管理机制运行不畅;法官检察官职务序列归口管理存在障碍;财物"分权混合管理"模式绩效不高。改革后呈现出少数省份实行人财物省级统管,部分实行人财物省地结合统管,部分省份人财物仍然按传统管理模式的三种类型。从前述三个层面透视,本轮司法改革以破除"地方分权控制"的司法管理模式为起点,以人财物省级管理的"省级统管模式"为目标,其实施结果则形成了以"人财物重心上移、省级多部门分权管理与地方分权管理"相结合的"混合管理"模式。所谓地方分权控制,是指司法机关的人财物实行地方党的编制、组织机构为主导,法院检察院协助管理司法机构及其人员,政府人社部门管理司法人员工资、福利及离退休人员社会保障,政府财政部门管理人员经费、公用经费、办案费、设施装备费等经费,省级发改委等管理基础设施项目建设费,住建、卫生部门管理医疗卫生和住房等相关福利待遇,法院检察院依照法律授权行使司法职权,并接受地方党委领导,而司法行政管理方面的人财物受制于地方的一种"层级分权制衡"管理模式。这种模式虽然有利于司法便民、维护地方秩序。但在影响和制约司法公正、滋生司法腐败方面,该模式的弊端是有目共睹的。改革的初衷是要破除这种影响和制约中央司法职权统一公正高效行使的"人财物地方层级分权控制模式"。但改革的结果却形成了"重心上移的分权控制"与"地方分权控制"相结合,法院检察院协

---

① 徐汉明:《论司法权与司法行政事务管理权的分离》,载于《中国法学》2015 年第 4 期。

助的"上下混合分权控制管理"模式,改革之所以与预期的目标发生错位、偏差有着深刻的制度环境等制约。

二、编制管理层面:省级统管司法专项编制管理存在"缺位错位"现象

对司法机关的机构、人员实施编制管理既是我国司法管理体制的一大特色,又是司法管理一项基础性制度安排。改革开放以来,中央对法院检察院的机构、人员专项编制实行地方机构编制主管部门分层管控与法院检察院辅助管理的模式,其中对法院检察院内部中层负责人、院领导按照《中华人民共和国公务员法》与行政级别实行属地管理与职数管理。由此出现有的地方挪用中央下达给法院检察院的人员专项编制,用以弥补地方党政机关、经济管理等部门超编的缺口,导致基层法院检察院专项编制被挤占挪用,形成司法人员供给短缺,既造成了基层司法人力资源供给不足、助长案多人少的困局,又使司法人员职级待遇行政化、低级别化,导致大批基层司法人员"孔雀东南飞"的现象。虽然,本轮司法管理体制改革各地认真做好省以下地方法院检察院机构、人员编制的统一上划工作,探索推行省以下地方法院检察院机构、人员编制统一管理。但改革后仍存在不少困境,即法院检察院的机构、人员编制则实行省机构编制委员会办公室管理为主,省级法院检察院协同管理的体制;对同一法院检察院的司法人员又分别按政法专项编制、机关事业工勤编制、所属事业单位机构编制形成三个不同序列。其实施过程中出现的新问题是:管理的主体由过去"分层分权管控"发展为"重心上移、多头管控"。法院检察院难以根据辖区面积、人口、经济社会发展水平、案件量多寡不均的实际状况,难以按照"控制总量、盘活存量、动态调整、合理用编"的原则成为直接的管理主体,造成了"管事的不管编""管编的不管事"的人员编制管理脱节现象,从而影响和制约了司法资源合理有效配置。虽然本轮改革对破除这一影响和制约司法地方化的体制性障碍,采取将市(州)、县(区)两级法院检察院的机构编制、人员编制统一上划,实行省级编制、组织部门管理为主,省级法院检察院协助管理的体制已初步建立。这从源头上根治地方党政负责人以编谋私、插手司法事务、干扰司法个案腐败等问题也初显成效。但是,在本轮改革过程中遗留的编制问题尚未彻底化解又滋生出新的问题。

(一)机构编制管理出现新的"缺位错位"现象

本轮司法管理体制改革虽对法院检察院原有机构编制实行统一上划、省级统管。但是,有关法院检察院新创设的内设机构如法官委员会、检察官委员会,法

官遴选委员会、检察官遴选委员会,法官惩戒委员会、检察官惩戒委员会,法官办公室、检察官办公室以及检察机关改内设业务处(科、室)为检察部(如新设机构检察一部、检察二部、检察三部……检察九部等)等均未纳入机构编制管理,改革后的新机构编制管理出现缺位现象。

(二)改革后担任新机构的负责人尚未纳入领导职数实行编制序列管理

改革后其原有内设机构负责人的领导职数管理又未被撤除,形成老机构领导职数编制管理"有位"与新机构领导职数编制"缺位",造成同一领导职数的人员在领导职数编制双重身份的"打架"错位现象,即编制序列的内设机构处、庭(科、室)岗位而无相对应的负责人,而担任新机构的负责人又无对应的领导职数专项编制的尴尬现象。

(三)非政法专项编制人员如何纳入编制管理成为新难题

改革后,省以下法院检察院编制统一上划、由省级统一管理的体制已建立。但是,上划中包含的地方事业编、工勤编制被上划到省级统管后这部分编制不能改变其性质,即变更为政法专项编制。据调查,有的省级法院检察院统一上划的地方事业编制、工勤编制身份的人员达近千人。其中,属地方事业编制身份的司法人员,有的因成为法院检察院业务骨干、具备入额条件,因为身份问题而不能遴选入额为法官检察官,挫伤了这部分人员的积极性。

三、机构改革滞后:严重制约了分类管理、员额制、司法责任制的整体实效

推进法院检察院内设机构改革,加快构建符合司法规律的内设机构体系,是破解司法行政化难题,加快构建司法权与司法行政事务权适度分离的体制,建立优化协同高效的司法机构职能体系的关键。长期以来,我国法院、检察院内部机构设置仿效行政机关的"科层制"管理方式,法官检察官、司法辅助人员、司法行政人员的未分类管理,司法权与司法行政事务管理权同质化严重,不仅造成内设机构臃肿,人浮于事,而且司法组织体系运行不畅,司法行政管理效率不高,成为保证公正司法、提高司法公信力的难题。虽然,本轮司法管理体制改革将办案组织体系创新作为重点之一。但是,这些改革举措仍属于以新的"科层制"管理方式替代旧的"科层制"管理方式,形成"穿新鞋走老路"的"翻牌子"改

革现象。

（一）办案组织团队机构改革创新不足

本轮推行的办案组织团队等机构改革未能凸显"专业化""扁平化"的特色，未能凸显法官检察官依法独立办案主体与办案团队新的组织机构合二为一的改革取向。例如，法院系统虽然推行了主审法官、合议庭、法官委员会等新的办案组织模式，但未按照去"科层制"，兴"扁平化"的改革思路，建立以法官职务等级能力为核心＋法官助理＋法官辅助人员的法官办案团队即"法官办公室"这一新型组织机构，使法官真正成为依法独立办案的主体，既使其对审理案件依法独立负责，又使其对司法辅助人员具有独立的指挥权、决策权、选任权，乃至考评、考核、晋升、绩效奖励工资的独立发表意见的权利，从而使司法权与司法行政事务权既有序分离又有机统一落实到"法官办公室"这一新机构、新职能、新机制上。而是仍然沿用传统的"科层制"（庭、处、科）等行政管理模式，法官仅有对案件的依法独立办案的决定权，而无其他相关管理职权，形成新的"管人不管事、管事不管人"的现象。法院系统的机构重叠、职能交叉、人浮于事的状况尚未根本改变，而且带来案多人少、法官体力透支等新难题。检察院系统则采取所谓"大部制"改革的思路，将检察业务部门（局、处、科）等10多个机构改革组建为职务犯罪检察部（随着国家监察委创设、职务犯罪侦查部整体转隶而不复存在）、刑事检察部、民事行政检察部、控告申诉检察部和刑事执行检察部，分别由副检察长和相关级别的检察官担任部长，行使业务组织管理监督权，设副部长若干名。这虽然在精简业务机构方面是值得肯定的。但其仍未按照"专业化""扁平化"的改革取向，即建立以检察官职务序列等级能力为核心＋检察辅助人员的"检察官办公室"新型组织机构，以凸显检察官依法独立办案的主体地位，而使用新的"科层制"替代旧的"科层制"，形成组织机构"翻牌子"改革。尤其是由具有依法独立行使职权的副检察长或相当于领导职务的检察官担任部长，这就形成检察官依法独立办案的主体与部长作为行政首长的主体双重角色的冲突，而且形成了部长对办案团队的指挥权、决策权、选任权，乃至对团队成员的考评、考核、晋升、绩效奖励工资的独立决定权，这是值得反思和总结的。

（二）司法行政机构裁减改革未遵循专业化、分类管理的规律

随着现代管理科学的运用，司法行政管理同其他公务管理机构一样呈现出组织严密、专业性、技术性强的特点，实行专业管理技术管理与分类管理是提高行政管理乃至司法行政管理的必然选择。从试点省份有关综合、政工、计划财物装

备及行政管理服务等机构改革看，大多数省份仅仅强调不突破司法行政员额控制数，而不强调这类管理改革需遵循"专业化"（如会计师、建筑工程师、计算机工程师、审计师、研究员、政工师、教官、一二三等秘书、机要员、档案员等专业）、"分类管理"（按技术类公务员管理）的模式，借鉴有的部门推行的设立专员制+技术专业管理相结合模式的改革思路，往往忽视司法行政管理职能的专业性，机构设置的科学性，人员管理的专业性、技术性、综合性与服务性相结合的特殊性，其改革一方面收到了精简机构、压缩司法行政人员的功效；另一方面，又带来大批司法行政管理人才流失，使得司法行政事务管理队伍出现人心不稳，影响和制约了对审判检察业务的保障质量和水平。

（三）编制控制、人员工资、司法责任管理存在"三脱节"现象

编制控制、人员工资管理、司法责任管理协调统一，既是衡量司法行政事务管理与司法事务管理协调运行的根本要求，也是检验司法管理成效的标志之一。第一，本轮司法管理体制改革是从分类管理、员额制、司法责任制、省以下人财物省级统管改革切入的。而未从事关内设机构的定机构、定职能、定人员的"三定"这一基础性改革入手。改革虽然经历了7个省份试点、分批推进的渐进性改革。但机构人员编制管理体制改革则是以省级为方阵进行自主式改革，而未形成调查研究、充分论证、自上而下、整体推进，遵循定机构、定职能、定人员的"三定"规律来推进机构改革，"四项"改革在推进过程中因缺乏以"三定"改革方案的基础性制度安排的支撑，使得其在改革中遇到不同的制约和阻力。第二，改革后则出现法院检察院专项编制统一管理、人员与工资管理、司法管理责任制不协调的现象。这表现在：司法管理运行机制在编制控制层面虽然采取的是省级编制部门主导，省级法院检察院协调管理，但是有关司法人员管理包括公务员招录、考核、考评、任免、晋升、奖惩，等等，并没有上收实行省级统管，而仍然实行传统的属地管理体制，即由属地组织部门主导，法院检察院协同管理。第三，涉及与法官检察官单独职务序列、司法辅助人员、司法行政人员相匹配的三类人员的职务序列工资的管理，则实行工资总额统一发放权由省级人社、财政部门主导，省级法院检察院协同，而对这"三类人员"职务序列工资具体标准的核定权仍实行属地管理即由当地人社部门主导，同级法院检察院协同管理，形成编制管理、人员管理、工资管理"三张皮"现象。这种编制管理、人员管理、工资管理实行省级原则统管+属地具体统管相结合的后果之一是法院检察院专项编制、人员、工资管理的低效率；后果之二是司法人员对改革的获得感降低。第四，围绕司法责任制改革，省以下法院检察院推行司法责任制，建立起了以明晰主审（主办）法官检察官、合议庭（检察官办公室、检察部）等审判检察主体

的职责权限、选任条件、工作规则、监督管理、责任追究等制度，优化了审判与检察组织形式，确定了进入员额内的法官检察官、主审（主办）法官检察官、庭长（部长）、副院长副检察长、院长检察长的办案数量指标；界分了合议庭、检察官办公室（检察部）、司法辅助人员、审判委员会检察委员会、审判检察监督主体行使审判权检察权与行使司法行政事务权各自的权限及运行程序、工作规则、质量标准，制定了审判检察主体及相关司法人员职责和权限清单，合议庭、检察官办公室（检察部）、审判委员会检察委员会、庭长（检察部部长）、院长检察长办案等工作规则与案件质量评查办法；组建了专业法官检察官会议与工作规则，制定绩效考评办法，推行以办案工作量指标为主体，以审判检察绩效指标、审判检察流程管理指标、法官检察官司法伦理指标、审判检察绩效考评结果应用为支撑的审判检察绩效考评指标体系及评分标准，初步解决了审判工作检察工作绩效考核难题，提高了办案质量和效率，从基础制度安排层面建立了防止冤错假案的激励约束机制。但是，这一制度安排仍面临不少困境：①指标体系设置层面，办案工作量与办案质量、办案效率、冤错案件风险防控的权重分配方面难以准确划分。②主审（主办）法官检察官与司法辅助人员工作量、质量、效率、错案风险防控的分摊比例难以确定。③繁重的办案任务与准确便捷的考核管理协调机制尚未建立。④法官检察官考评委员会的考评主体独立地位与权威尚未明确，上级考核、政工人事考核、考评委员会考核重复交叉，加之其他党政系统主导的目标责任制、综合治理、党风廉政建设、文明创建等多项考核相互冲突交叉，使基层法官检察官感到难以应付，也分散了集中办案精力。⑤考核评价结构与法官检察官司法辅助人员职务正常晋升与年度绩效考核挂钩不紧密，形成办案多、质量好不一定能加快晋升节奏，拿到更多年终绩效奖，形成新一轮绩效奖金"按比例发放""平均发放"的现象，未能有效发挥年终绩效奖金的激励与引导作用。

四、管理运行机制：司法管理决策、执行、监督程序不规范

随着司法体制改革的深入推进，对传统的司法管理理念、体制、制度、机制产生了强烈的冲击，一个以法官检察官"依法独立办案"、法院检察院"依法独立行使审判权检察权"为基石的司法权与司法行政事务管理权适度分离的现代司法管理体制破土而出，以传统"科层制"为纽带司法权与司法行政事务权混同的管理体制机制正在逐步被替代，司法管理体制改革处在新旧两种管理体制交替、摩擦、碰撞的阵痛阶段。虽然，体现"谁办案谁决定、谁决定谁负责""让审理者裁判、让裁判者负责"的现代司法管理理念、办案组织、司法

责任、绩效考评、激励约束等新型管理体制机制正在生长,但是由于根植传统司法管理体制物质生活条件的复杂性、文化积淀的厚重性,外部政治体制、行政体制、经济体制、文化体制、社会体制、生态文明体制对司法管理体制的制衡性,尤其是政治体制、行政体制对其的导向性、牵引性的影响,司法事务管理权与司法行政事务管理权在运行机制层面,仍然存在诸多同司法权运行规律不相匹配,同保障公正司法、提高司法公信力要求不相适应、不相协调、不相符合等问题。

(一) 司法决策管理机制改革滞后

透视当下司法机关的司法管理决策,存在司法事务管理决策与司法行政事务管理决策职权不分、程序混同、风险评估滞后等问题。

1. 决策事项层面

围绕司法事务、司法行政事务的决策,仍然存在两者范围界分不清晰、职责不明确等问题,常常出现相互混淆的问题,尤其是将党关于司法方针政策、形势任务、重要人事任免等重大事项的决策与司法事务、司法行政事务的决策混同,并实行"一窝煮"的决策状况。

2. 决策主体层面

围绕司法方针政策、形势任务、阶段目标、行动进程的宏观司法事务的决策,既存在以院务会、办公会、法院院长检察长工作会进行讨论决策、贯彻实施,而忽视召开党组会、运用民主集中制的方法,调查研究与结合实际的方法,通过统一思想、依靠和发挥党员先锋模范作用等方法进行决策,以保障中央有关宏观司法事务落实的正确决策;既存在以司法行政决策代替党的领导作用与决策力,从而削弱党对司法工作的领导力;又存在以党组会的形式讨论决策具体的司法个案或者一般行政司法事务,混淆党的思想政治组织领导与严格依法办案的界限,把党的政治领导降格为具体的办案工作,或者降低为处理日常的司法行政事务,从而削弱了党对司法工作的政治引领力与组织保障力。

3. 决策程序方面

虽然试点改革建立起了法官检察官、合议庭(主任检察官办公室)、法官委员会、检察官委员会、院长(副院长)、检察长(副检察长)等类型化的办案主体的职权清单、责任清单、负面清单体系,为这些办案主体依法独立办案、保障法院检察院依法独立行使审判权检察权起到了制度保障,也从根本上完善了各类办案主体对个案的综合力、判断力、裁断力及决策力。但是一些省(自治区、直辖市)在推进司法管理体制改革,建立健全保障司法主体依法独立行使司法权过程中,尚未将依法办案的程序以行政管理程序区别开来,存在以内设机构的部长

（如设立大部制的部长、负有行政管理职责的厅、处、科长）指挥法官检察官、合议庭（主任检察官办公室）执法办案，形成司法权与司法行政管理权新的"混同"、司法岗位与行政管理岗位"混岗"、司法权运行程序与司法行政管理程序"混淆"的现象，从而与推进司法权与司法行政事务权分离改革目标要求相背离。

4. 风险评估方面

将风险评估机制引入司法的全过程，不仅是社会急剧转型期应对社会矛盾增多、突发事件频发、维护社会稳定与公共安全秩序的必然要求，也是司法现代化的标志之一。但有关司法风险评估机制的创新发展存在滞后现象，这表现在：（1）微观层面。法官检察官作为依法独立办案的主体，较为注重自己承办案件的风险认知与处置，但缺乏风险传递、评判、协同、联动机制，使许多可预测、可预知、可分散的风险被隐藏下来，一旦风险爆发则呈现不可控性。（2）中观层面。有的法院检察院尚未建立司法风险评估预测预警预防机制，讨论决策司法个案或重大司法事件，未能将其作为司法决策必经程序，专家评估机制运行不畅，常常注重案后"亡羊补牢"、总结教训的决策，而不注重防范在前、防微杜渐的决策。（3）宏观层面。大多数法院系统检察院系统制定的是涉及宏观层面突发事件的风险评估及预测预警预防的指标体系、风险识别等级、风险等级应对处置方案、风险处置人力物力保障与信息平台、快速反应机制，等等，而尚无对司法个案尤其是疑难复杂案件具体的风险评估，使司法风险预测预警预防的能力缺乏针对性，其风险防范能力长期处于低水平状态。

（二）司法决策执行管理机制改革创新不足

检视本轮司法管理体制改革，有关推进司法决策执行机制与司法行政事务决策执行机制改革两个方面都存在动力不足的问题。

司法决策执行机制包括对党的司法方针政策、阶段性目标任务部署精神的认知、理解、掌握与贯彻，与对法律、法规、司法解释、案例指导的认知、理解、掌握并贯彻办理司法个案活动的全过程，以及对贯彻实施法律、法规、司法解释、案例指导意见进行办案等司法事务决策执行机制的发展完善。例如，本轮司法管理体制改革中，有关贯彻落实党对司法方针政策、司法形势任务、阶段性司法改革部署精神层面，存在简单的"传声筒""一刀切""上下一般粗"现象，而坚持问题导向、调查研究、分类指导不力。又例如，社会主要矛盾发展变化后，人民群众对民主、法治、公平、正义、安全、环境的新要求、新期待不断增长，审判机关检察机关的司法理念、办案方式方法、司法工作效率难以与之相适应，针对刑事犯罪高发、刑事案件破案率低，众多受害人的人身权、人格权、财产权及其他民主权益难以获得有效司法保护的状况,而司法办案则存在不及时、力度不够、贯彻执行党的刑事方针政策自觉性不高等问题,关门办案、就案办案,忽视办案的法律效果与政治效果、社会效果有机统一的现象普遍存在。随着司法体制改革的深入,法官检察官依法独立办案的主体地位、职责权限、责任清单、考核评价等一整套新体制新机制正在建立健全之中,一方面激发了作为依法独立办案主体法官检察官司法办案的积极性、创造性,法官检察官办案量大幅增加;另一方面,有关法律、法规、司法解释、案例指导意见的出台,就是立法机关、司法机关依照法定程序就调整某类社会关系或者整个社会关系做出的最具权威性的、规范性、稳定性的最高决策,或者就审判工作、检察工作适用法律具体问题,运用证据规则,综合判断而形成正确决断并具有指导意义的案例等所做出的具有稳定性、规范性、程序性的决策。由于对此两个层面决策的执行缺乏统一执行的标准、缺乏与诉讼程序相衔接的标准,加之法官检察官个体的主观自由心证作用于具体案件的裁断权重加大,体现司法责任制基石精神的绩效考评、奖励惩戒又缺乏统一规范的指标体系及其考核评分标准,以致对法官检察官司法办案的"激励约束相容"机制尚未形成。因此,司法的定纷止争、权利救济、制约公权、保障人权的价值功能未能全面充分体现,"同案不能同判"的现象依然普遍,定纷难止争、案结事难了、不服一审的上诉率以及涉诉涉法案件并未大幅度减少。有关司法事务决策及司法行政管理决策的执行方面,由于上级审判机关检察机关常常超越法定程序,就司法个案指定管辖发表意见造成下级审判机关检察机关执行难、执行滥;有关人财物方面的司法行政管理事务,上级审判机关检察机关常常超越现行管理体制和运行机制的制约,不注重向党的组织、编制部门报告,不注重与人事、财政、发改、住建、医疗保险等政府管理部门的沟通协商联系,常常单方面下达规范性文件,不仅不能给下级审判机关检察机关解决省以下人财物管理中的诸多难题,反而给基层增加不少负担。

(三) 司法监督配套机制不健全

针对司法决策与执行的监督,运用督查、监察、纪律检查等多种手段,即对进入员额的法官检察官、司法辅助人员根据其权力清单、责任清单、负面清单、绩效考评奖惩挂钩的方式,建立起以办案质量终身责任追究为核心并呈现专门化、专业化、规范化的司法监督体系与行政管理适度分离的监督体系。表现在:对法官检察官、司法辅助人员的司法办案监督主要适用于司法监督规范体系;对司法行政人员则适用对公务员监督+法院检察院管理监督的"双元监督"规范体系。但是在实施司法监督中,如何同内外部插手案件责任追究机制,人民陪审员与人民监督员的专业监督、执法检查、专项评查、业绩考核、奖惩挂钩机制结合起来，整合法官检察官遴选委员会、法官会议检察官会议、法官惩戒委员会检察官惩戒委员会、纪律检查与监察委员会等监督资源，避免监督部门各自为政，或对同一违规、违纪、违法事项出现多头交叉监督、督查、监察的现象，仍然是亟待破解的难题之一，亟须创新、发展和完善。基层的法官检察官反映现在办案任务压力大、"婆婆多"而无所适从。

五、司法人员管理：呈现层级多元多头、程序烦琐化的管理现象

长期以来，我国一直按照"属地原则"、党管干部原则与普通公务员管理方式，对法院检察院领导班子、中层骨干、行政职务、司法人员工资级别实行职数管理与编制管理相结合、职级工资与行政职务挂钩的运行机制。司法管理体制改革启动前，理论界和实务界一直存在争鸣，其主流建议方案是，改革应选取县级以上法院检察院领导干部及其法官检察官由省级法院检察院"统一提名，同级党委审批、省级人大任免"的制度安排。[①] 据对试点省份改革情况调查，本轮试点改革存在一些新问题。

（一）对法院检察院领导班子尤其是主要负责人出现"多头管理"的难题

对法院院长、检察院检察长选拔任用管理体制改革是实行司法人员省级统管的重点之一。试点省份共同选取的样本是：对县一级与市（州）法院院长和检察院检察长（以下简称"两长"）管理由过去同级党委提出人选，征求上一级法院、检察院意见，同级党委组织部门考察、党委决定，改为本市（州）产生的人选由省（自治区、直辖市）委组织部门听取市（州）一级党委意见后提名，本市（州）以外交流产生的人选由省（自治区、直辖市）委组织部门提名，征求省（自治区、直辖市）法院、省（自治区、直辖市）检察院党组意见后，由省（自治区、直辖市）委组织部门考察，两院派人参加，省（自治区、直辖市）委组织部门讨论决定并向市（州）党委印发任免文件抄送省（自治区、直辖市）法院、省（自治区、直辖市）检察院，再由市（州）党委组织部门向县级党委转发任命文件，抄送市（州）法院、检察院，由县级人大履行选任法律程序。这种选任模式虽然有利于加强对省以下两级法院检察院的"两长"人选的推荐、考

---

① 徐汉明：《论司法权与司法行政事务管理权的分离》，载于《中国法学》2015年第4期。

察、确定和选任的质量，但是对法官、检察官有关"两长"选任的推荐、考察、选任（免除）实行"层级多头"管理模式，并未增强法院、检察院对"两长"的统一管理的主导地位，从而增加了管理成本，降低了管理效益；当上级组织部门推荐的人选在市（州）、县（区）两级人大未能如期当选，不仅有损上级党委对"两长"人选决策的权威性，也增加了监督纠正的协调成本与执行成本，将成为"两长"推荐考察选任制度新的难题。尤其是，对市（州）、县（区）法院院长、检察院检察长由省级法院检察院"统一提名、省（自治区、直辖市）党委审批、分级任免"，其他副职领导干部及法官检察官仍然由同级管理，法院检察院同一领导班子的"班长"由"省级管理"与班子其他成员由"属地管理"多个管理主体，造成对一个完整的领导班子被"人为切割分离"的管理状况，地方党委编制、组织、人社部门对"两长"的管理形成"左顾右盼"。

（二）对基层中层负责人职数管理方面存在漏洞

试点省份在统一上划机构人员编制过程中，由于没有同时就改革后的机构纳入编制序列，这给基层实行法官检察官、司法辅助人员、司法行政人员分类建立职务序列，实行司法人员职务工资等级序列分类管理带来困难，也给法官检察官、司法辅助人员仍交由同级地方管理过程中，有关职权部门继续适用传统公务员中层行政领导职数管理方式来管理法院检察院内部中层骨干带来新的漏洞。

（三）改革过程中离退休人员相关改革政策待遇未纳入落实范围

本轮司法管理体制改革自 2013 年 11 月启动至 2017 年底，其间有一大批从事司法工作 30 年以上具有一级、二级、三级高级法官检察官职务等级身份，且参加了 2013 年、2014 年、2015 年的司法改革工作的离退休人员。但 2016 年、2017 年相继出台的法官检察官职务等级身份与单独职务工资套改政策中，未将这部分有贡献有经验的法官检察官纳入享受相关职务等级工资待遇的范围，形成改革政策覆盖不周延问题。

六、员额管理层面：法官检察官员额管理体系不健全

科学完备的法官检察官员额管理体系的科学化、规范化，是构建体现司法权运行规律、推进司法队伍专业化、职业化、规范化建设的关键，是落实司法人员分类管理改革的重中之重。从试点省份改革情况观察，虽然，本轮司法管理体制

改革基本完成了法官检察官入额遴选、评定法官检察官职务等级、制定履职职责清单、法官检察官单独职务工资套改等项改革任务，法官检察官的员额控制达到预期目标，法官检察官队伍的"瘦身"任务也基本实现。但是，用推进法官检察官专业化、职业化、规范化建设的目标审视，现行法官检察官员额管理体系不健全，存在配套措施跟不上等薄弱环节。

（一）法官检察官入额遴选与公开选拔制度适用范围不宽

尽管本轮有关法官检察官员额制改革是以省（自治区、直辖市）整体组织推进的，其遴选条件、标准、程序、方法都是以省级单位统一颁发的，员额遴选考试也是以省（自治区、直辖市）为单位统一组织的。但是，有关法官检察官入额人数比例由省级主管部门统一下达计划分配指标，而实施则以各个法院检察院为单位进行，省级主管机关既未主导跨院之间或者上下之间进行遴选入额与公开选拔，也未对社会公开选拔律师、高校法学教师和其他方面的优秀人才，以致法官检察官入额遴选与公开选拔只能是"画地为牢""矮子里拔将军"，而特别优秀的法官检察官甚至是具有入额资格的法官助理、检察官助理既不能横向竞争性遴选入额，更不能向上流动参与公开选拔，法官检察官的生长机制和优秀法官检察官有序向上流动机制尚未建立健全。

（二）体现法官检察官职务等级的专业标准规范缺失

自国家颁行《法官法》《检察官法》以来，最高人民法院、最高人民检察院会同编制组织部门虽然建立了法官检察官职务等级的管理办法，本轮司法管理体制改革中央主管机关重申适用《法官法》《检察官法》四等十二级的管理办法。但是，有关法官检察官各职务等级仅有晋升方式、晋升年限、等级比例、审批权限和日常管理等原则性规定。而作为评价法官检察官履职标准除政治标准、安心专心、优秀人才等条件外，其中该职务等级应当达到何种专业标准，从五级检察官逐级晋升的各标准之间的衔接以及依据专业标准由低向高职务等次晋升的标准等尚未建立。这种职务等级专业标准规范的缺失，是影响和制约法官检察官专业素质、司法技能、司法职业素养及司法综合素能提高的基础性、专业性的技术规范根源，也是法官检察官从专业技术素能上难以区分高低、是否适合该职业技能岗位、是否应当晋升、降低职务等次或是否应当退出法官检察官岗位的专业评价标准缺失的根源，从而导致法官检察官长期以来把自己混同于普通的公务员而疏于专业业务、疏于司法技能的提升。

（三）法官检察官、司法辅助人员的履职权力清单、责任清单、负面清单不明晰

从试点省份考察情况看，尽管法院检察院制定了法官检察官的工作职责，界分了各类业务工作的权限，初步建立起了职权清单体系、责任清单体系、负面清单体系。这些职权清单、责任清单是针对省（自治区、直辖市）域审判检察业务工作而言的，对全体法官检察官、司法辅助人员具有普适性、约束性。但本轮司法体制改革的取向是建立以法官检察官为主体的办案责任制。而法官检察官履职都是以具体的法官团队、检察官团队进行的，其所办案件的业务类型是有区别的，这要求法官检察官的履职权力清单体系、责任清单体系、负面清单体系必须落实到每个办案团队。因此，现行的法官检察官的履职权力清单体系、责任清单体系、负面清单体系无差异化、无类型化、缺乏可操作性的规定。这导致考核评价法官检察官、司法辅助人员的司法绩效只能沿用传统以单纯办案数、"估大堆"或主观评价，而难以评价各个法官检察官在"能"方面的高低，"绩"方面的大小，"廉"方面的优劣，由此可能导致职务等级晋升、年终绩效奖的评定不公正。这也成为挫伤有能力的法官检察官司法办案积极性、创造性的根源之一。

七、财物管理层面：省级统管改革举措呈现差异化现象

对财物实行省级统管，是破除司法地方化，遏制司法腐败，保证公正司法、提高司法公信力的治本之策，是本轮司法管理体制改革的重要任务之一，也是检验本轮司法管理体制改革成效的标尺之一。据对省、自治区、直辖市试点改革调查，完全执行中央关于财物省级统管部署要求的仅有北京、上海、重庆、湖北、广东等少数省份。而大多数省份包括东部地区的安徽省则实行省地结合的管理模式；部分中西部地区如贵州省则实行市级统管模式；部分省份如青海省仍然实行"分级保障、省转移支付支持"的传统管理模式。这表明，实行财物省级统管的改革举措在大部分省份"打了折扣、做了减法"。即使是全面推行省级统管的省份，其也面临统管的新问题。据对湖北省、广东省等地调查，一方面，实行省级统管的成效是明显的。主要表现在：经费保障水平有了较大提高；经费收入支出结构趋于合理；"收支两条线"的财政管理制度有效执行；多年来赃款返还用于经费收入与支出的顽症得到根治；基层司法机关经费保障标准全面落实；法官检察官、司法辅助人员、司法行政人员的工资保障水平得到提高，其对改革红利的

获得感普遍增强；办案技术装备加快步伐；基础设施建设历史欠账得到化解；计划、财物、装备与资产管理制度建立健全、管理逐步规范；财政监管与审计监督得到加强；司法行政管理队伍结构优化、素质能力得到加强；办案为钱、为钱办案、插手经济纠纷的司法腐败现象得到遏制，为根治这一顽症提供了体制性、基础性、源头性制度安排及其条件。另一方面，实行财物省级统管也面临许多新情况、新问题。这表现在以下几个方面。

（一）省级之间司法人员工资福利待遇保障"相对均等化"的保障改革目标未能实现

本轮虽然推行了司法人员分类工资制度改革，即法官检察官单独职务序列工资＋工改保留津贴＋岗位津贴＋法定工作日之外加班津贴＋绩效奖金高于当地其他公务员收入50%；司法辅助人员执行综合类公务员职务序列工资＋工改保留津贴＋岗位津贴＋法定工作日之外加班津贴＋绩效奖金高于当地其他公务员收入20%；司法行政人员执行综合类公务员职务序列工资＋工改保留津贴＋岗位津贴＋法定工作日之外加班津贴＋绩效奖金高于当地其他公务员收入20%，建立起了分类管理的司法人员职务工资福利保障体系。但是，由于东中西部地区经济社会发展的不平衡性，其当地公务员工资收入差距较大。例如，上海、广东等东部地区将年度目标任务奖、社会治安综合治理奖、党风廉政建设奖、精神文明奖、档案奖以及各种名目繁多的津补贴进入了工资，使其工资水平大大高于中部、西部地区。据调查，2011~2014年，东部地区的上海市、广东省法官检察官人均补贴分别为12.15万元、7.36万元；中部地区的吉林省、湖北省、海南省分别为3.78万元、4.74万元、5.18万元；西部地区的贵州省、青海省分别为3.92万元、5.43万元。上海市司法人员人均津补贴高于中部地区的吉林省221.43%、高于湖北省156.33%、高于海南省134.56%，高于西部地区的贵州省209.95%、高于青海省123.76%；广东司法人员人均津补贴高于中部地区的吉林省87.76%、高于湖北省55.27%、高于海南省42.08%，高于西部地区的贵州省87.76%、高于青海省35.54%。[①] 本轮有关司法人员工资福利待遇分类保障改革在破解基层法官检察官和其他司法人员待遇普遍偏低的难题，提高法官检察官工资收入水平方面迈出了坚实的一步。但对绩效津贴一律采取高于当地公务员收入水平50%，对司法辅助人员和司法行政人员高20%的改革政策，掩盖了东部地区当地公务

---

① 徐汉明：《关于湖北、上海、广东等七省（直辖市）检察机关经费保障及改革情况调研报告》，本文是2014年度教育部哲学社会科学研究重大课题攻关项目"司法管理体制改革研究"（14JZD024）阶段性成果。

员收入比中部地区、西部地区公务员工资收入高的矛盾,则仍未破解东中西部地区司法人员收入分配差别大、"同工不能同酬"的难题,而且使东部地区司法人员普遍高于中西部地区司法人员工资福利待遇偏高的畸形工资政策得到固化,成为改革后东中西部地区司法人员工资保障水平新的不平衡问题,这对于推进司法人员相对均等化的职业保障体系和保障能力现代化又增添了一道新障碍。这是值得总结和反思的。

(二) 省级统管财政保障支出上划基数标准不科学

实行财物省级统管的省份,在改革过程中提出以 2013 年度省、市(州)、县(区)三级经费决算支出(人员经费、公用经费、项目费、基础设施建设费)为基数、连同非税费收入、资产设施设备购置、在职人员(含财政编制人数、离退休人数、地方编制人员、事业编制人员、临时聘用人员)"四个账簿"一并统一核定并上划由省统一管理。这种改革举措虽具有一定的针对性和操作性,但缺乏科学性和系统性。省级财物统管改革后,则发生一些新的情况,例如,一些地方在统管前对基层法院检察院采取"财政保温饱、小康自己找"的保障政策,造成基层法院检察院财政保障支出的基数低,财物统一上划过程中,尚未根据基层经济社会发展状况、财政收入与支出结构、基层法院检察院的司法工作对经费的客观需求等建立动态调控机制、并制定相对均等化的保障标准,由此带来这些基层法院检察院实行财物统一上划改革后经费预算基数偏低且固化的新问题。

(三) 司法人员经费保障出现"新缺口"

主要表现在,有的省份因辖区内地方性公务员奖励工资发放范围的调整扩大,财物省级统管上划基数中尚未将其纳入,造成省级财政对人员经费统筹预算支出基数与基层实际经费支出不协调,导致司法人员经费保障出现新缺口。这不同程度地制约了司法经费保障的正常增长,从而影响了法院检察院司法工作的正常运转。据对湖北省抽样调查,2014~2015 年,湖北省的公务员工资水平在全国排位居第 15~第 16 位,为此湖北省采取发放目标任务奖、社会治安综合治理奖、党风廉政建设奖、精神文明奖、档案奖等进行弥补,而未像上海等地一样将这类奖金纳入工资部分的基数,改革过程中这部分奖励经费未能作为工资基数上划,带来人员工资基数上划与东部地区省份比的"吃亏"现象。

(四) 司法人员经费缺口挤占业务费现象滋生

推行雇员制改革,但其劳务费、劳务报酬费严重不足,年度绩效奖未做安排，这导致奖励性津补贴经费缺口大。各级法院检察院不得不通过调整预算支出结构予以消化，形成人员经费缺口挤占办案费、业务费的新问题。据调查，仅湖北省检察机关 2017 年度全省检察机关奖励性津补贴经费缺口高达 2.6 亿元。[①] 人员经费统一上划基数中尚未涵盖奖励性经费、政策奖励性经费、雇员制辅助人员劳务报酬等，导致人员经费缺口大，出现经费保障新的不平衡问题。

（五）财物保障机制运行效果欠佳

实行财物省级统管后，由于增加了层级法院检察院有关预算编制、审核、上报，省级法院检察院汇总、讨论、向省级政府财政部门报告，省级财政部门讨论、提交人大审议通过后发布，预算执行采取省级集中统一支付，重大设施设备统一招投标，呈现出多层次、多环节的流程控制与监管。由此带来突出的矛盾是法院检察院经费预算调整周期长，审批程序复杂，尤其是涉及办案装备、技术装备、设备购置等需实行由省级组织集中统一招标、采购等多环节，冗长的审批环节与实施周期漫长，与基层法院检察院司法办案急需形成尖锐矛盾。

（六）基本建设资金保障机制缺失

这包括法院检察院在建项目缺乏后续资金，有关办案用房、技术用房、设施设备的建设资金及其维护经费尚无纳入省级地方基建投资计划，使得这些在建项目和新建项目无资金来源；有关设施设备维护费预算基数偏低。基层法院检察院争取省级财政纳入年度预算困难。

（七）信息化建设经费缺乏统筹规划

这包括信息化项目建设条线多，有的省份明确规定信息化项目建设经费不得纳入法院检察院的预算盘子，而是纳入省级政法委牵头的"1234 工程"项目，其主观愿望是破解各自为政难题。但由于缺乏缜密规划、强有力协调协作机制，造成这类项目实施出现规划、建设、经费预算"三脱节"现象。

（八）司法行政管理面临不少新难题

司法行政管理面临的新难题包括：财物管理机构设置不规范；专业化程度不高；本轮司法管理体制改革确定司法行政人员的比例限制在司法人员总员额的

[①] 湖北省检察院计划财物装备局：《关于 2015 年、2016 年、2017 年财物省级统管后检务保障工作调研报告》，第 6 页。

15%以内,司法行政管理工作受到严重削弱,有的省份40%的检察院司法行政人员的比例不到10%;有的省份16个地级市院中8个没有办公室主任,一些地方司法行政人员"空心化"问题严重。① 有的法院检察院司法行政部门形成综合、政工、计财、后勤服务一人身兼数职,呈现"小马拉大车"现象。

(九) 司法行政专业化管理尚未引起重视

司法行政管理与司法工作密不可分。其自身仍具有综合性、专业性、技术性管理的特点,并且都具有相关的行业规范、业务规范、技术规范的标准和要求,而不再是没有专业技术特点的"万金油"式的部门。其中涉及综合、统计、文秘、机要、档案、政工、教育、纪检、监察、计划、财物、装备、基建、水电气车等设施设备修理、会计、审计、计算机、信息技术等20多个行业管理规范和技术规范。由于本轮司法管理体制改革忽视尊重司法行政管理的特殊行业、专业技术管理规范的规律,将司法行政人员采取"归大堆"的方法,采取简单员额控制比例大幅度削减,而未采取按照行业标准、技术规范对司法行政人员进行分类管理,实行有别于法官检察官职务等级的单独职务序列工资待遇,又有别于普通公务员职务工资待遇,比照有关行业实行技术类公务员如医师(法医、毒化、物证)、检验师(文字检验、痕迹检验)、会计师、工程师(建筑工程师、计算机工程师)、审计师、统计师、教官(一、二、三级教官)、研究员(高级研究员、副研究员)、秘书(一、二、三等秘书)、档案员、机要员、保密员等单独序列工资待遇,使司法行政人员具有职业尊严感、职业荣誉感和职业待遇获得感。

(十) 合同制文职人员的地位和待遇亟待确立和规范

本质上雇员制人员属政府购买服务内的派遣合同工制。试点省份法院检察院均公开招聘了6 000~8 000人不等的合同文秘人员担任书记员,与部分未遴选上法官检察官或未遴选上法官助理检察官助理而转为司法辅助人员继续担任书记员的人员出现"同岗不同酬"现象,反映在编制管理上呈现有政法专项编制的"书记员"与派遣合同工制的"书记员""两本账"现象。本轮司法管理体制改革推行合同制文秘人员管理改革,其主旨是建立司法辅助人员管理的优胜劣汰机制。从试点省份改革情况看,这部分人员所从事的司法辅助文职工作,有的涉及司法保密事项或者一时不宜公开的事项,其专业性、严谨性、保密

---

① 张军:《以习近平新时代中国特色社会主义思想为引领,在新起点上推进新时代检察工作创新发展——在大检察官研讨班开幕时的讲话》,2018年7月25日。

性、职业操守性都要求较高。目前对这部分人员管理有的实行地方工勤编，有的实行人事代理、合同雇用制或者劳务派遣制等，其身份地位不明，待遇偏低，省级财政预算编制作为临时性支出。改革之初社会对这项改革持支持态度，报考该岗位的人员诸多，但录入的人员工作一段时间后普遍感到任务重、时间紧、要求高、待遇低，2017年已招收的雇员制司法辅助人员开始出现"离职热"现象。

第三节　司法管理体制改革存在"若干短板"的制约因素

分析前述司法管理体制改革存在"分权混合控制管理"与人财物省级统管的目标差距较大；省级统管司法专项编制管理出现缺位错位现象；内设机构改革滞后，制约了分类管理、员额制、司法责任制的整体实效；司法管理运行机制存在决策、执行、监督程序不规范；领导干部管理呈现层级多、元多头，程序烦琐化；法官检察官员额管理体系不健全；财物省级统管改革举措呈现差异化等诸多短板等问题。其根源是多方面的。梳理总结可以概括如下。

一、传统理念：影响和制约司法管理体制改革的思想根源

推动司法人员分类管理、员额制、司法责任制、省以下人财物统一管理改革，不仅是事关司法资源的优化配置，事关从传统司法管理体制向现代司法管理体制跨越转型，事关党集中统一领导下司法机关因管理体制的变革带来与地方党组织、人大机关、行政机关、监察机关和其他部门相互关系的调整与变动，牵一发而动全身。而且关系到方方面面对这场艰巨而深刻的管理体制革命的认知、认同与支持，其本身就是一场解放思想、更新观念的深刻变革。围绕改革传统司法管理体制，推进司法管理体系和司法管理能力现代化，保证公正司法、提高司法公信力的主题，解放思想、更新观念仍存在诸多制约因素。以理念引领凝聚司法管理体制改革向心力的方案有待优化。改革启动前和推进过程中，法学界、法律界围绕深化司法管理体制改革的理念认同、引领改革，减少阻力和摩擦力、适应国情发展，回应现实需求展开了争鸣。一方面，法学界、法律界就重大问题基本达成了共识，即推进司法管理体制改革必须立足当前、着眼长远，对影响和制约司法管理体制改革深层次矛盾系统梳理，制订科学的方案、路线图、时间表，增强改革的系统性、整体性、协同性，凸显政治性，遵循规律性，立足本体性，体

现人民性,坚持有序性①。这种共识是确保司法管理体制改革沿着正确方向发展的精神力量、智力支持及舆论氛围;另一方面,在事关加强和改善党对中央司法事权统一领导,理顺司法机关与地方党委的关系,理顺司法机关与地方人大的关系,建立省以下财物保障"相对均等化"的省级统管体制等方面存在理论争鸣、认识分歧,从而影响和制约对改革方案的认同感和支持度。例如,在将司法权定位为中央事权,坚持党对司法工作的绝对领导,建立健全党对司法机关思想领导、政治领导、组织领导的制度体系,充分发挥司法机关党组、基层党组织作用的理论认同、理念认识高度统一方面。有的学者对加强和改善党对中央司法事权的统一领导的实现形式则提出多种方案,即坚持在党中央集中统一领导下,设立国家与省级司法委员会,与党委政法委合署,实行"一套班子,两套牌子"的运行模式;党委政法委受中央和省委委托,统一管理省以下司法机关的人财物等司法事务,对外作为国家机构代表国家统一管理司法事务,形成党中央统一领导下"人大监督、一府、一委、两院"的格局,使国家政权结构更加完善,国家治理体系和治理能力现代化迈出关键性一步②。与此同时,在完善相关法律制度、理顺相关关系方面持有不同观点,梳理概括主要是:(1)完善相关法律制度。例如,有的学者提出制定与行政区划适度分离的司法管辖制度,完善审判机关、检察机关组织体系,建立有别于公务员管理的法官检察官单独职务序列及单独工资福利等体制,并修订相关法律为其提供法治保障。(2)理顺司法机关与地方党委的关系。例如,有的学者提出比照安全机关、国税、工商、金融、教育系统的管理模式等改革方案,实行省级党委统一管理、省级法院检察院主导、省级政府部门执行的管理体制,省以下党委对法院检察院的人财物与司法事务原则上不再管理,涉及法院检察院"两长"的提名人选执行中央和省级党委的决定③。(3)理顺法院检察院与地方权力机关的关系。例如,有的学者提出不修改法律,实行"依法办理、反向运行"的方案,或者修改相关法律、建立"相向平衡、规范运行"等改革方案。④(4)建立省以下"相对均等化"的司法经费省级统一管理体制⑤。这些改革建议对于去司法地方化、去司法行政化,确保中央司法事权统一公正高效行使,具有很强的针对性。但是这些改革建议不仅牵涉多部法律修改,而且牵涉坚持中国特色社会主义国体、政体,以及省以下地方权力机关的组织形式的调整变动。因此,各方认识难以统一。其后,中央出台的司法管理体制改革

---

① 徐汉明主编:《问题与进路:全面深化司法体制改革》,法律出版社2015年版,第43~47页。
② 徐汉明主编:《问题与进路:全面深化司法体制改革》,法律出版社2015年版,第47页。
③ 徐汉明:《论司法权和司法行政事务管理权的分离》,载于《中国法学》2015年第4期。
④⑤ 《全国人民代表大会常务委员会关于授权在部分地区开展人民陪审员制度改革试点工作的决定》,中国人大网,http://www.npc.gov.cn/wxzl/gongbao/2015-07/06/content_1942883.htm,2018年12月30日。

举措在实行省以下人财物统一管理方面,仅选取将"两长"上提至省级党委组织部门主管、地方党委组织部门协同、省级法院检察院协助的改革方案,其改革方案实施后又带来"多头管理"等新问题。例如,中央部署财物实行省级统管改革,但实施后又出现不同模式,一些省份实施改革与中央改革部署要求"打折扣""留余地"等问题,司法管理体制改革与实现去司法地方化的目标要求仍有很大差距。此外,公众参与本轮司法管理体制改革的广度深度欠佳,导致公众对改革的认可度、支持度和满意度不够;有关司法管理体制改革方案出台前缺乏深入基层、深入实际进行调研,也未充分听取基层声音,导致有的改革政策出台缺乏从基层实际出发的考量,从而让有的顶层设计在实施中遭遇基层的质疑和不理解。

二、制度惯性：传统司法管理体制机制的制约

新中国成立以来,我国建立起了同党政机关管理相同的管理模式,即"一元控制下的分层交叉管理模式"。[①] 所谓"一元控制下的分层交叉管理模式",是指确保党对司法机关统一领导,对司法权与司法行政事务权分层交叉管理的体制和运行机制。其集中表现在四个方面:一是编制、机构、人员管理由层级党的编制、组织系统、政府人事部门等控制管理。二是计划、财物、医疗、卫生等保障则由政府的发改委、财政、医疗、卫生、住建、行管等部门控制管理。三是涉及司法资格考试、司法协助等外部司法事务则由司法行政机关管理。四是司法权运行及法官、检察官行为规范则由党的纪检机关和审判机关、检察机关内部监察机构"双重分权控制"管理,而司法机关仅仅承担与司法业务密切相关的司法事务管理。[②] 这种管理模式之中的"一元"核心要素,对于巩固党的执政地位,维护和保障党的集中统一领导具有必要性、正当性和合理性,是不容置疑和必须坚持的。但是,当地方党政负责人因地方利益、本位利益或个人利益插手司法事务或司法个案,其不仅损害中央司法事权统一性、权威性,而且影响党的执政地位、挑战党的集中统一领导;其对司法领导的实现形式尚未采用"垂直性"的运行机制,而仍然采用"分层性"的运行机制;这种"分层性"的运行机制在地方层面因各种复杂因素的影响,则往往成为司法地方化、司法地方保护的制度性因素,这种制度性因素的运行惯性往往影响改革的决策、相关部门的认同与支持以

[①] 参见《全国人民代表大会常务委员会关于延长人民陪审员制度改革试点期限的决定》,中国人大网,http://www.npc.gov.cn/npc/xinwen/2017-04/27/content_2020931.htm,2018年12月30日。

[②] 徐汉明：《论司法权和司法行政事务管理权的分离》,载于《中国法学》2015年第4期。

及改革的效果，成为地方改革对中央改革部署要求"做减法"的制度环境；而"层级行政分权控制"则直接削减司法功能作用的有效发挥，常常使司法依附于行政机关及其行政权，使司法活动不受行政机关、其他组织和个人干涉的党的最高政治原则与宪法原则难以落实到位；法院检察院内部司法权与司法行政事务管理权过度依赖"科层制"的管理模式，其结果必然是司法权与司法行政事务权混同，法官检察官、司法辅助人员、司法行政人员职责混同、岗位混同、评价混同，直接削弱司法能力的提升，影响和制约保证公正司法、提高司法公信力。本轮司法管理体制改革试点省份推行的司法人员分类管理、员额制、司法责任制、省以下人财物统一管理的四项改革，其出发点是去司法地方化，建立司法权与司法行政事务权的适度分离，保证公正司法、提高司法公信力的现代司法管理体制，其结果形成了"一元控制下"的"重心上移、分权交叉管理与层级管理相结合"的混合管理模式。改革的出发点与改革的结果发生扭曲变化，正是传统司法管理制度惯性、相关基础性制度安排与新的司法管理体制机制发生碰撞、摩擦等综合因素所造成的。因此，建立健全坚持党对司法的统一领导，凸显司法权中央事权属性，符合司法权运行规律，保证公正司法、提高司法公信力的现代司法管理体制机制，其改革任务仍然十分艰巨。

三、样本设计：内设机构改革样本选取存在偏差

本轮司法管理体制改革在涉及内设机构改革过程中，直面传统司法组织结构内部存在的问题，这是值得称道的。例如，改革前对司法组织结构存在的问题进行了透视，改革方案也寄希望于破解这些难题。但是，有的试点省份实施改革后其司法资源的优化配置则未能取得预期的效果。这集中表现在：一方面，体现司法组织结构的内设机构改革未能取得较优的效果。据调查样本分析，法院、检察院普遍存在的问题是，机构臃肿、内设机构设置过多过细、职能交叉、结构分散；行政负责人比例高、法官检察官和司法辅助人员占比低、而担任院领导及中层机构负责人占比高；既未突出审判检察职能，又制约了法院检察院分类定岗、淡化了司法管理的专业性、规范性和统一性。对此，通过推行司法人员分类管理、员额制、司法责任制、省以下人财物统一管理改革，初步实现了法官检察官的员额制和精英化，减少了法官检察官整体存量，为法官检察官队伍专业化、职业化、规范化建设提供了前提。但是，在内设机构优化配置方面，未能选取以法官检察官四等十二级的职务能力等级为核心的内设机构综合配套改革的样本，破解机构臃肿、职能交叉、人浮于事的难题未能收效；导致有的省（自治区、直辖市）检察机关仍然按照"科层制"的思路推行"大部制"改革，将处（科、室）

改革为部（室），成为"翻牌子"改革；其不仅未能形成统一、精简、效能的司法组织结构，反而增添了诸如法官遴选委员会、检察官遴选委员会、法官会议、检察官会议、法官惩戒委员会、检察官惩戒委员会等一批新机构。这些新机构同原有的政工人事，审判委员会、检察委员会，纪检监察等职能交叉重叠，尤其是具有中国特色的体现"民主集中制"原则的审判委员会、检察委员会这一审判检察工作与业务的决策机制有可能被弱化、淡化的倾向，而移植域外法官会议、检察官会议的职能机构呈现"水土不服"、运转效率不高的状况。另一方面，司法人员配备结构失衡，内部调剂潜力有限，审判辅助人员缺口较大的状况尚未根本好转。改革样本选取的是从现有人员中选任法官助理，但与法官队伍现状难以契合。制约改革样本复制实现的因素诸多，一是部分未入额法官年龄偏大，有的在参与转任法官助理改革过程中，个人放弃转任；二是从通过司法考试、具有中央政法编制的人员中择优选任，符合条件的人员有限；三是立案、信访等非直接办案部门占用了一部分法官助理员额；四是部分提前退养的人员占用一定数量的编制，从而大大挤压了法官助理的基数。由于转任法官助理、其他辅助人员不再享有独立办案的权力，在审判案件持续增加的情况下，入额的法官控制在39%以内，45%左右的法官助理不能独立办案，从而加剧了"案多人少"的矛盾。同时，司法行政人员受15%的比例制约，综合部门具有法官身份的人员入额后必须调整到审判岗位，这使得综合部门人员大幅减少，其工作量不降反升，压力责任更加凸显，而且导致具有综合业务素质的骨干人才流失、整体素质下滑。

四、人才短缺：司法管理专门人才缺乏的制约

法官、检察官不能仅靠自己，也不能自绝于社会，仿佛自己是超人，是充满法律智慧的"黑匣子"。在经济现代化、信息化加速发展的条件下，法院检察院每年需处理数百万件、数千万件之巨的案件，急需大批专业与技术人士来管理法官检察官办案团队及其司法辅助机构，更需要专业人士协调管理司法活动，以助于法官检察官能将全部精力集中于他们要处理的案件。需明确的是，处理司法和管理法院检察院这一复杂的组织是两个概念。一方面法院检察院的管理应该像一个"现代企业"一样，在有经验的人的监督下管理，而这个人的唯一工作就是管理。另一方面法院检察院管理者也应知晓与司法环境的特殊需要相关的一些法律知识。目前，司法机关普遍对司法管理专业性、技术性的重要性、急迫性认识不够，缺乏专业人才需求思维。大多数法院检察院未聘请专业人士管理法院检察院，一般由法官检察官自身担任管理者，管理法院检察院，或是安排不具有审判、检察资格的"军队转业干部"、工勤人员从事法院检察院的综合文秘、政工

人事、纪检监察、计财装备、后勤服务等司法行政管理工作。法官检察官没有接受过这类专业规范与管理方法的专门训练，他们在解决问题时不是运用综合文秘、政工人事、纪检监察、计财装备、后勤服务的行业标准、管理规范、技术手段来思考和管理这类司法行政事务，而仅仅局限于法治思维、法律方法、用传统的职业司法技能来实施改革，在处理上述司法行政事务、组织机构改革、适应司法管理体制变化的进程中常常缺乏这些领域的专业知识和技术能力；他们的行为牢牢限制在过时的司法框架内，他们仍是把依法独立办案当作一种目标，而不是把依法独立办案看作是一种使司法权运行更好的管理办法，这就造成典型的目标错置。如何通过改革和提供更多的资源来解决工作积压、拖延及司法业绩不佳等问题，一方面，现代司法管理要求司法职业者要克服组织化的保守，否则司法管理革新很难实施；另一方面，具有综合素质的精英人才回归法官检察官序列后，对司法行政管理人员应当知悉审判检察业务的范围、流程及其管理规则，以提升其保障服务司法业务的精准能力提出新的更高要求。同时，司法行政管理人员因其自身综合素质较低、缺乏专业法律知识，不具有政工师、会计师、审计师、统计师、计算机工程师、建筑工程师资质和能力的专业技术人员，而成为司法行政管理信息化、规范化、集约高效化的"瓶颈"问题。这是本轮司法管理体制改革遇到的新难题，也是当前及今后推进司法行政管理体系和管理能力现代化的重要任务。

五、改革叠加：司法管理综合配套措施滞后

司法管理体制改革是政治体制改革的重要内容，是党和国家机构改革的有机组成部分。伴随中共十八大以来统筹推进"五位一体"总体布局，协调推进"四个全面"战略布局，党中央适时做出了全面深化经济体制、政治体制、文化体制、社会体制、生态文明体制、党的建设制度改革和法治改革的战略抉择。这场深刻而艰巨的改革是从推进司法管理体制改革起步，进而推动党的纪律检查制度与国家监察制度改革突破，党和国家机构改革全面推进，改革一轮接一轮、一浪高过一浪，呈现改革交错叠加的状态。改革叠加对加快推进司法管理体制改革既带来机遇又带来挑战。这集中表现在：（1）外部协调推进层面。在推进司法人员分类管理、员额制、司法责任制、省以下人财物省级统管的关键阶段，北京市、浙江省、山西省就国家监察体制改革率先试点，其后将最高人民检察院和各省（自治区、直辖市）检察机关的反贪污贿赂、反渎职侵权、职务犯罪预防职能、机构、人员整体转隶监察委员会。从而带来司法管理体制深入推进，与转隶工作有序协调推进。虽然，这两项改革的协调难题得到妥善处理，两项改革都达

到了预期收效。但也遗留一些新问题，例如，检察机关转隶的反贪污贿赂、反渎职侵权、职务犯罪预防以及侦查指挥方面的检察人员，其大都参与了司法管理体制改革，进行了公务员身份核准登记，参加了省级（自治区、直辖市）统一组织的入职资格考试，通过了层级申报的省级司法遴选委员会的专业审查，取得了具有相应的检察官职务等级身份，参与了与其职务等级身份相对应的职务等级工资的套改，并且享受了已提高的检察官、检察辅助人员的工资津贴和年终绩效奖等待遇。两项改革协调选取的方案是为不减少已入额的检察官、检察辅助人员在司法管理改革中已享有的待遇标准，转隶后这部分人员仍保留其检察官资格，享受与检察官单独职务序列相对应的单独职务工资、津贴和奖励待遇，检察辅助人员享受高于普通公务员的津补贴与奖励待遇。这对于保障转隶后检察人员的相关待遇不受损失是必要的。但带来的遗留问题是：这部分人的检察官身份及职务工资待遇较为尴尬，在监察委员会内部形成了综合类公务员职务工资、津贴、奖励待遇与检察官类单独职务工资、津贴、奖励待遇的两套管理体系，使转隶后的检察人员与纪检监察系统人员的融合形成一道制度障碍，亟须通过完善监察人员的职务序列及工资福利待遇管理制度予以解决。（2）内部统筹推进层面。改革是对利益关系的一次调整，本次司法管理体制改革也不例外。自 20 世纪 70 年代末，我国司法体制重建以来，现行的司法管理体制已经延续了 40 多年时间。在这种模式下，许多优秀法官检察官、办案标兵为了更好地发展而选择进入行政岗位，许多书记员经过初任法官检察官培训并考核通过后希望能够成为法官检察官，而随着司法管理体制改革的开展，法官检察官实行单独序列管理，让有的行政岗位上的优秀法官检察官不知所措，法官检察官员额制的实施让一些办案多年的法官检察官退出法官检察官序列，有的甚至选择离职从事律师行业发展；已出台的法官检察官选任制度，让书记员和一些助理审判员、助理检察员的发展面临挑战，部分司法人员对司法管理体制改革持消极的态度。虽然，员额制、司法人员分类管理改革取得了突破性进展，但是运用公务员管理模式管理法院检察院的机构、人员编制和领导职数的方式尚未根本改变，已入额的法官检察官、司法辅助人员同时具备法律身份与公务员行政级别身份，去"科层制"、去"行政化"身份的改革尚未取得突破，造成这"两种管理模式""两种职务等级身份"交错交织的尴尬状态。有的地方党政负责人为了调动法院检察院人员的积极性，纷纷发布文件给法官检察官和司法辅助人员明确行政级别，使司法管理体制改革出现"褪色"的现象，建设职业化、专业化、规范化的司法队伍正处在"摇摆不定"的状况。（3）司法资源增量供给跟不上。在本次司法体制改革中提出的许多改革措施都对司法资源增量供给提出了急迫要求。但我国司法资源总体是有限的而且分布不均，在短期内也是无法大量增加的。司法管理体制改革对司法资源供给增量的要求与有限的司法资源配置之间的矛盾,直接影响了司法管理体制改革的效果,也对尚未落实的司法管理体制改革举措提出挑战。例如,员额法官检察官数量减少,但办案总数增加;法官检察官办案实行责任终身制,法官检察官压力急剧增加;东部地区、省会城市、市(州)中等城市所辖基层法院检察院的许多法官检察官是"5+2""白+黑"履职办案,工作辛苦、身心疲惫,正常的家庭关照、子女培养、法定假日休息等秩序被打乱,如何解决这些燃眉之急尚处在探索之中。(4)地方党委、政府角色转变困难。长期以来,传统司法管理体制下许多地方党委、政府在处理法院检察院的关系上,一直把法院检察院当作地方党政机构的一个下属单位,政府机关把法院检察院当作领导与被领导对待。尽管中央出台了《保护司法人员依法履行法律职责》的规范性文件,明令禁止任何单位和个人要求法官检察官承担超出法定职责范围的事务,并赋予法院检察院拒绝的权力。[①] 但有的地方党委、政府仍然给法院检察院下达服务地方经济发展的项目建设指挥联系、城市建设拆迁协调、卫生城市建设路段包干等任务。从而给司法工作带来不应有的负担。(5)舆论环境仍需优化。近年来,我们在许多司法案件中都能看到以网络和社交平台为载体的社会舆论的身影。舆论对司法来说是一把"双刃剑",它可以有效防止司法腐败、扩大司法宣传、实施普法教育,等等。但其常常发生错误引导公众情绪,干扰司法活动,影响法官自由裁量,甚至支持和怂恿"网络审判",迫使法院检察院屈从网络民意。从性质和职能上来看,新闻媒体都只能发现正义而不能代表正义。如果任由舆论影响判决,那意味着谁操控了舆论谁就决定了判决,正义也无法实现。司法管理体制改革的推进,需要舆论的支持和监督,更需要改革完善舆论管理体制和监督机制,以形成促进司法管理体制改革,保证公正司法,提高司法公信力的优良舆论环境。

六、文化因素:司法管理文化建设滞后的制约

正如人类无法逃脱文化世界的掌控,司法管理人同样不能脱离司法管理文化而从事与司法管理有关的认识活动和实践活动。现阶段,全面把握司法管理文化内涵,促进司法管理文化建设具有十分重要的意义,也是广大司法管理人员助推司法体制改革事业发展的职责所在。但因法学理论界对司法管理的研究没有形成系统的理论体系,宪法和相关法律缺乏司法管理的相应规定,各级司法机关对司法管理也无明确概念,对司法管理文化建设的提及多是附带的,甚至是忽略的,

---

① 中共中央办公厅、国务院办公厅:《保护司法人员依法履行法定职责规定》,新华社,2016年7月28日。

导致构成司法管理文化的司法管理意识形态、司法管理价值观和司法管理职业道德三个主要层面的内容不清，概念不明。主要表现在：（1）司法管理文化的范畴尚未精准界定。所谓司法管理文化是指有关参与司法管理的若干主体在司法管理活动中所形成的管理理念、价值、行为模式、制度安排及其物态表征的综合体，它是人们在社会活动中有关与司法活动相关的一系列管理活动所结成的一种社会物质生活形态。由于我国法学界、法律界较晚涉足司法管理活动的研究，鲜有对司法管理文化范畴的精准界定并且达成共识，使之成为解释和反映司法管理活动规律引领司法管理活动的一种不可或缺的资源。（2）司法管理价值观尚未达成共识。从马克思主义哲学意义上理解，所谓价值观是指人在生活和实践中产生的一种用以支配人的判断和选择，决定人的态度和行为指向的观念。从司法管理文化的角度切入司法管理价值观，是指符合司法管理人的职业特点并体现其职业责任的思想境界和精神状态。司法管理价值理念应当包括优化资源配置，平衡利益冲突，精准、高效、便捷、服务，确保司法统一公正高效，优化资源配置是司法管理的首要价值功能；平衡利益冲突关切有限的司法人财物能够较好地关照当前与长远、局部与整体、个人与集体等诸多矛盾冲突，通过科学的管理方式、方法使之协调一致，是司法管理重要的价值功能。唯有管理工作达到精准、高效、便捷、服务的标准，才能检验和评价司法管理工作是否实现了司法管理目标，这是司法管理的核心价值功能。确保司法统一公正高效是司法管理的出发点和落脚点，是其根本价值功能。而当下理论界、实务界对司法管理的价值研究仁者见仁，智者见智，尚未达成共识。这使得本轮司法管理体制改革在获得理论支撑、智力支持方面明显不足。（3）司法管理职业道德标准有待建立和完善。司法管理职业道德的构成包括职业责任、职业纪律、职业良知等方面内容。司法管理文化作为其软实力，需要结合司法管理实际，在总结本轮司法管理体制改革成果的基础上，对有关司法管理的职业责任、职业纪律、职业良知进行研究，弥补司法管理文化建设方面的短板，以增强司法管理人员的职业荣誉感、责任感和使命感，构筑司法管理职业共同体的精神家园，展现司法管理人员积极向上的精神风貌，树立司法管理良好的社会形象。

七、法治保障：司法管理立法供给不力的制约

司法管理体制改革必须依法进行、于法有据。通过立法保障，巩固司法管理体制改革成果；通过司法管理体制改革，推进司法管理体系和管理能力现代化。司法管理立法供给不力，是改革开放以来发展完善中国特色司法管理制度的薄弱环节之一，也是进一步完善中国特色社会主义法治体系必须优先补强的方面。司

法管理立法供给不力、制约加快推进司法管理现代化的突出表现是：（1）法官检察官依法独立办案的权力立法授权不明。长期以来，我国法律制度安排一直秉持"集体行权"的理念，将依法独立行使审判权检察权通过根本大法《宪法》、宪法性法律《人民法院组织法》《人民检察院组织法》禀赋给层级的人民法院、人民检察院分别集体行使。1995年2月第八届全国人民代表大会常务委员会第十二次会议通过的《法官法》《检察官法》和2017年第十二届全国人民代表大会常务委员会第二十九次会议修订的《法官法》《检察官法》仅明确规定法官检察官履行职责与义务所享有的权利，但未禀赋依法独立办案的权力。尽管本轮司法体制改革引入"谁办案谁决定，谁决定谁负责""让审理者裁判，让裁判者负责"的新理念，并通过规范性文件予以确认。但是，2017年9月第十二届全国人民代表大会常务委员会第二十九次会议通过的《法官法》《检察官法》，2018年10月第十三届全国人民代表大会常务委员会第六次会议修订的《人民法院组织法》《人民检察院组织法》，都未将这一改革举措上升为宪法性法律及专门性法律规范，即在坚持禀赋法院检察院依法独立行使审判权检察权的同时，确认并禀赋人民法院、人民检察院集体依法独立行使职权位阶下的法官检察官享有的依法独立办案的权力。（2）法官、检察官有序交流制度的立法缺陷。虽然，司法管理体制改革之前与本轮司法管理体制改革中，司法机关也时常运用交流机制，选任司法领导和司法人员到系统内或其他党政机关、高校交流任职。但这种交流机制是借用地方党政机关的干部下派、选拔交流、政法机关与高校实施"双千计划"的交流工作机制，尚未形成符合司法职业特点的充实基层、扎根基层、稳定基层，培养经验型、精英型特点司法人员的有序交流制度安排。目前，这种交流机制大都在省（自治区、直辖市）、市（州）、县（区）各自的地方区域内进行，形成司法人员近亲繁殖与"地方化"，并且这种交流机制尚未上升到基本的法律规范层面，因而不具有基础性、长期性、稳定性，常常因地方党政要员或者司法机关少数领导人的变动而使其运行时松时紧，从而严重制约了司法人才的有序健康培植生长，也制约了司法管理体系和司法管理能力现代化的加速推进。（3）省以下法院检察院办案经费、物资装备和基础设施建设统一保障的立法缺失。我国的司法机关人财物保障，一直实行"分灶吃饭、分级负担"的体制，并由《中华人民共和国预算法》（以下简称《预算法》）确认和保障。2014年8月31日第十二届全国人民代表大会常务委员会第十次会议通过修订、2015年1月1日起实施的《预算法》第三条明确规定：国家实行一级政府一级预算，设立中央，省、自治区、直辖市，设区的市、自治州，县、自治县、不设区的市、市辖区，乡、民族乡、镇五级预算；全国预算由中央预算和地方预算组成；地方预算由各省、自治区、直辖市总预算组成。第五条明确规定：中央一般公共预算支出包括中央本级支出、中央对地方的税收返还和转移支付。这意味着《预算法》对改革开放以来实行的中央与地方"分灶吃饭、分级负担"的财政保障体制未能改变。这种"分灶吃饭、分级负担"的财政保障体制是"司法地方化"的制度根源,是多轮司法管理体制改革直面而又未能破解的体制性障碍、保障性困扰、机制性束缚的难题。虽然,第三轮司法体制改革在财力保障层面提出了"分类管理、分级供给、加大对中西部地区转移支付力度"的举措,一定程度上缓解了中西部地区办案经费、设施建设、装备技术投入面临的困境。但是仍未能触动传统的人财物保障体制,现代司法保障制度始终未能建立起来。本轮司法管理体制改革又直面上述难题,推出了省以下人财物实行省级统管的改革方案,但实施改革后却出现了"省级统管""省级与市级结合统管""沿用传统管理"体制三种模式,大多数省份在推进人财物省级统管改革举措方面打了折扣,做了"减法"。究其根源是对我国《预算法》确定的中央与地方"分灶吃饭""分级保障"的财政体制的法律规定未做修改,中央财政未将本轮司法管理体制改革所需增加的人员经费、公用经费、办案费、装备费、技术设施和办案设施建设费统一纳入中央预算支出予以保障,即将长期依附地方人财物保障的司法事权提升为中央司法事权层面予以保障,而是采用"中央出政策、地方埋单"的改革方案。这就形成贯彻中央改革部署坚决的地方,推进人财物省级统管改革一步到位;而大多数地方受制于地方财力而左顾右盼,推进人财物省级统管决心不大、措施不力;有的寄希望于中央为改革埋单,仍然坚持传统的人财物管理体制,使司法管理体制改革呈现出"鞭打快牛"的现象。

第七章

现代司法管理体系的完善

从中共十九大到21世纪中叶,是决胜全面建成小康社会,开启建成富强民主文明和谐美丽的社会主义现代化强国新征程,实现"两个一百年"奋斗目标,实现中华民族伟大复兴"中国梦"崭新的历史阶段。中国特色社会主义进入新时代,我国社会主要矛盾已经转化为人民日益增长的美好生活需要和不平衡不充分发展之间的矛盾,人民不仅对物质文化生活提出了更高要求,而且在民主、法治、公平、正义、安全、环境等方面的要求日益增长。[①] 在进行伟大斗争、建设伟大工程、开启伟大征程、实现伟大梦想的新时代,面临国际社会新一轮大发展、大变革、大调整,我国司法机关维护国家主权、安全、发展利益的任务加重;面对国内处于经济发展转型期、深化改革攻坚期、社会矛盾叠加期,司法机关适应人民对民主、法治、公平、正义、安全、环境的新需求,深化司法体制改革,提升维护公平正义、权利救济、安全保障、服务供给质量和水平的要求更高;在党和国家机构改革全面启动的大背景下,系统性、整体性推进司法体制改革,带动司法管理体制改革,加快推进司法管理体系和管理能力现代化的任务艰巨。面对新时代、新矛盾、新征程,必须以习近平新时代中国特色社会主义思想和司法体制改革一系列重要论述为引领,直面司法管理体制改革进程中存在的"诸多短板"和"薄弱环节",把推进司法管理体系和管理能力现代化作为深化

---

① 习近平:《决胜全面建成小康社会 夺取新时代中国特色社会主义伟大胜利——在中国共产党第十九次全国代表大会上的报告(2017年10月18日)》,引自《党的十九大报告辅导读本》,人民出版社2017年版,第10~11页。

新时代司法管理体制改革的发力点和生长点,加快推进司法体系和司法能力现代化,加快建设公正高效权威的社会主义司法制度。

第一节 现代司法管理体系构建的理论导引

中共十八大以来,以习近平同志为核心的党中央在统筹推进"五位一体"总体布局、协调推进"四个全面"战略布局,根据中国特色社会主义建设宏大场域的实践对经济社会发展、治国理政、治党治军、内政外交、一国两制、祖国统一、党的建设等方面进行理论创新、制度创新、实践创新,形成"习近平新时代中国特色社会主义思想"。与此同时,习近平同志从理论与实践的结合上系统回答了新时代坚持和发展什么样的中国特色社会主义司法制度,如何全面深化司法体制改革,建设公正高效权威的社会主义司法制度,如何以"员额制、司法人员分类管理、司法责任制、省以下人财物统一管理"四项改革为"牛鼻子",推进司法管理体制改革,保证公正司法,提高司法公信力,直面回答了司法改革、司法管理体制改革等一系列重大理论与实践命题,从而形成了内容丰富、体系完备、逻辑严密,具有成熟哲学方法和鲜明实践面向的"习近平关于司法改革的重要论述"是"习近平法治思想"的重要组成部分,是中国特色社会主义司法理论与司法改革实践的创新发展,是构建现代司法管理体系,提高司法管理能力的理论导引,也是全面深化司法体制改革,推进司法体系和司法能力现代化,保证公正司法,提高司法公信力,维护人民权益,维护国家安全和公共安全,让人民群众在每一个司法案件中都感受到公平正义的长期遵循。

马克思、恩格斯曾指出的:"一切划时代的体系的真正的内容都是由于产生这些体系的那个时期的需要而形成起来的。"[①] 因此,以科学严谨的方法深入研究"习近平关于司法改革的重要论述"的形成和发展的时代背景,探求其蕴含的时代价值,在此基础上用以指导、观察、思考中国特色社会主义司法管理体制的发展完善,形成遵循司法权运行规律与司法体制相匹配相协调的现代司法管理体系,成为当下法学界法律界共同关注的热点问题。笔者试以学习践行"习近平关于司法改革的重要论述"为出发点,准确把握这套理论体系形成和发展所依存的经济社会物质生活条件这一特定背景,深刻理解这套理论体系的核心要义及其时代价值,自觉地运用这套理论所具有的鲜明立场、深邃观点和科学方法来观察

[①] 《马克思恩格斯全集》第三卷,人民出版社1960年版,第544页。

与思考当下正在如火如荼推进的司法综合配套制度改革,以增强对取得司法改革必胜的信心,在梳理总结前三轮司法改革经验和"短板"的基础上,以增强对司法改革未来成效合理预期的精准判断,进而增强对司法综合配套改革的认可度及其支持度。

一、"习近平关于司法改革的重要论述"形成和发展的时代背景

步入21世纪,当代中国发展面临着千载难逢的机遇,承载着中华民族伟大复兴的历史使命。第一,中国特色社会主义道路、制度所蕴藏的活力与优势不断地得到挖掘与释放,中国共产党率领全体人民在不到70年的时间里,摒弃西方国家依靠掠夺、劫杀、战争等野蛮方式获得原始积累、起步发展进而实现现代化的老路,坚持以自力更生、艰苦奋斗、锐意进取、改革创新的时代精神和自强不息的气概,以"中国模式"穿越了西方国家二三百年的强国之路,"解决人民温饱问题、人民生活总体上达到小康水平这两个目标已提前实现"[1] 的历史跨越。中国作为第二大经济体,正在走向世界舞台的中央,她比任何一个时期都更接近于实现中华民族伟大"复兴梦"这个宏伟目标。第二,经济社会发展面临的矛盾和问题复杂多样,国际与国内发展环境发生着极为深刻的变化,实现"一个时段、两个阶段"[2] 目标任务,实现"两个一百年"奋斗目标,全面建成富强、民主、文明、和谐、美丽的社会主义现代化强国,中华民族以更加昂扬的姿态屹立于世界民族之林[3],这都迫切要求深化经济体制、政治体制、文化体制、社会体制、生态体制、司法体制改革与党和国家机构改革,使政治上层建筑适应经济社会跨越式发展,并为之提供强有力的保障。第三,随着国际经济、政治、文化、科技、军事乃至制度比拼、博弈、较量的白热化,对当代中国而言,要赢得这场史无前例的政治大博弈、经济大竞争、制度大较量、文化大比拼、模式大选择的主动地位,既需要坚持和发展中国特色社会主义道路、制度,更需要总结经验,

---

[1] 习近平:《决胜全面建成小康社会 夺取新时代中国特色社会主义伟大胜利——在中国共产党第十九次全国人民代表大会上的报告》,引自《党的十九大报告辅导读本》,人民出版社2017年版,第27页。

[2] "一个时段"是指"从十九大到二十大,是'两个一百年'奋斗目标的历史交汇期";"两个阶段"是指"第一个阶段,从二〇二〇年到二〇三五年,在全面建成小康社会的基础上,再奋斗十五年,基本实现社会主义现代化。""第二个阶段,从二〇三五年到本世纪中叶,在基本实现现代化的基础上,再奋斗十五年,把我国建成富强民主文明和谐美丽的社会主义现代化强国"。习近平:《决胜全面建成小康社会 夺取新时代中国特色社会主义伟大胜利》,引自《党的十九大报告辅导读本》,人民出版社2017年版,第27~28页。

[3] 习近平:《决胜全面建成小康社会 夺取新时代中国特色社会主义伟大胜利》,引自《党的十九大报告辅导读本》,人民出版社2017年版,第29页。

寻找薄弱环节与各种短板，不断解放思想，更新观念，奋发图强，发展完善中国特色社会主义经济、政治、文化、社会、生态及司法制度，使这套体制更加成熟化、定型化、体系化。与此相洽的是，需要以司法制度体系的运行与实践为基础，进行全面、系统、深刻的理论概括和创新，并上升为与司法制度体系自洽的学术体系、学科体系、话语体系，从而为那些既希望加快自身经济社会发展、顺利跨越"中等收入陷阱"，又企望保持民族独立性的大多数发展中国家在司法方面提供"中国模式""中国智慧"，在人类司法文明发展方面，"为解决人类问题贡献了中国智慧和中国方案"①。司法作为社会的"稳定器""安全闸"，一方面其制度体系是政治制度体系的重要组成部分，其能力现代化是国家治理现代化的重要表征；另一方面其作为一个相对独立的子系统，又有着内在机理、构成要素与制度体系的表达方式。因而，作为体现和反映中国特色社会主义司法道路、制度、文化、理论及其司法体制改革的标志性成果——习近平关于司法改革的重要论述，其产生和发展又有着深刻而特定的背景。

（一）破解人民群众对"法福利"需求日益增长与司法"公共品"供给不充分的难题是"习近平关于司法改革的重要论述"产生发展的客观基础

所谓法福利是指国家通过一定的基础性制度规则及其程序性安排，对公民、法人、社会组织的权利界分、授予、确认和保障，使他们获得具有相对独立行使权利的主体资格、享有适格的行为能力，在经济、政治、文化、社会、生态资源以及人类社会其他资源优化配置的一定历史阶段与具体情境中，实现对这些资源在法律上平等、公正、有序地获得、持有、利用、处置、保障及其预期实现最大化的状态与满足程度。② 随着经济社会的加速发展，我国社会主要矛盾已经转化为人民日益增长的美好生活需要和不平衡不充分的发展之间的矛盾。③ 人民群众对美好生活需要的日益广泛增长，不仅表现为对物质文化生活需求的日益增长，而且表现为对民主、法治、公平、正义、安全、环境等方面需求的日益增长。对司法领域而言，司法为满足人民群众日益增长的"法福利"公共品需求供给不充分不平衡的矛盾也日渐凸显。主要表现是：相对于人民群众实体权利

---

① 习近平：《决胜全面建成小康社会　夺取新时代中国特色社会主义伟大胜利》，引自《党的十九大报告辅导读本》，人民出版社2017年版，第10~11页。
② 徐汉明、王玉梅：《我国司法职权配置的现实困境与优化路径》，载于《法制与社会发展》2016年第3期。
③ 习近平：《决胜全面建成小康社会　夺取新时代中国特色社会主义伟大胜利》，引自《党的十九大报告辅导读本》，人民出版社2017年版，第11页。

保障而言，司法为人民群众提供生命健康、财产权益、文化权利、社会保障、生态环境安全保障的公共品供给不充分；相对东中西部地区人民群众权利一体保护而言，司法对人民群众在衣食、住行、生育、抚养、扶养、赡养、医疗、卫生、教育、体育、文化等生存权、发展权方面保障公共品供给不平衡；相对于程序法治而言，司法给当事人提供知情权、陈述权、辩护辩论权、申请权保障，司法便民、为民、公开等公共品供给不精细；相对国家而言，司法为国家安全、政权安全、制度安全、长治久安等保障公共品供给不到位；相对于涉外权益保障方面，司法对人民群众在涉外经济合作，国际知识产权保护，境外人身、资产安全方面保障公共品供给不同步；等等。在这样的大背景下，以习近平同志为核心的党中央从实现国家治理现代化的宏伟目标着眼，在开启全面建成富强、民主、文明、和谐、美丽的社会主义现代化强国伟大征程的同时，把"司法公共品"的充分、平衡、及时、精细、有效供给，维护社会公平正义，增强人民群众在参与司法、支持司法过程中的获得感与幸福感，作为全面推进依法治国、"深化依法治国实践"，"加快建设公正高效权威社会主义司法制度，维护人民权益，让人民群众在每一个司法案件中都感受到公平正义"[①] 的重要任务之一，提出了一套科学的司法改革新理念、新论断、新观点、新战略，以此为指导加快推进司法改革的进程，其成效对满足人民群众日益增长的"法福利"需求必然产生深远影响。

（二）消解司法能力与国家治理现代化不完全适应的矛盾是"习近平关于司法改革的重要论述"产生发展的现实依据

从国家治理现代化的宏观视域检视，司法权力是国家治理过程中的基础性权力，在国家经济社会生活中发挥着特殊的功能作用。围绕司法权力所形成的制度体系及其运行机制是司法能力表达与提升的基础，而司法结构体系是国家治理体系构成的核心要素之一。从这个角度讲，司法体系与司法能力现代化是国家治理体系与治理能力现代化的重要内容。纵观法治文明的历史，司法体制建构合理程度不仅是衡量着国家法治发展水平程度的重要指标，而且深刻地表征了国家治理体系与治理能力现代化程度。推进国家治理体系与治理能力现代化要求司法体系与司法能力现代化与之相匹配，而直面司法领域存在的司法不公、司法公信力不高的问题，倒逼全面深化司法体制改革理论体系的型构、顶层制度的设计、政策举措的启动实施，成为寻找发展完善司法体系，提高司法能力的突破口。第一，经济现代化带动和催生司法现代化。我国经济社会发展的阶段性特征制约着司法

[①] 《中共中央关于全面深化改革若干重大问题的决定辅导读本》，人民出版社2013年版，第32页。

体系和司法能力现代化。在经济社会发展由高速推进向中高速"质量效益型"转型发展条件下，随着"三去一降一补"①改革政策的实施推进，伴随而来的利益格局调整、产权权益保护、民生权益保障、下岗职工就业安置、基本生活保障、公共服务质量等矛盾和问题，往往以诉讼的方式进入作为经济社会调节的司法领域，使司法面临"诉讼爆炸"的境况，给传统的司法理念、管理体制、运行方式、资源配置、评价标准都带来前所未有的挑战和冲击。这对改革传统司法管理体制及其运行方式既是压力，更是动力。因此，经济结构的调整，经济关系的变动，经济现代化进程的提速，必然带动、催生并要求司法体系与司法能力现代化加速推进、与之匹配，司法体制改革也由后台被急迫地推到了前台。第二，司法不公、司法公信力不高的深层次问题给全面深化司法体制改革提出了急迫要求。包括：司法权属性层面。司法权作为中央事权的属性长期被模糊，司法权一定程度上异化为地方事权，以致一个时期内司法地方保护的状况突出，损害了中央司法事权的统一性权威性。尊重司法规律层面。由于对"司法活动具有特殊的性质和规律"②得不到普遍的认同和遵从，以致司法机构的设置与地方行政区划高度重叠，从而成为司法地方化的体制性根源，破除司法地方化的跨行政区划法院检察院未能作为重大改革举措适时推出。司法人员管理方面。长期以来，司法人员在职业准入、遴选、初任、晋升、培训、考核、评价、奖惩等管理方面，与普通公务员管理高度的"同质化"，导致法官检察官、司法辅助人员、司法行政人员"职权混同、岗位混同、责任混同"③；有关法官检察官单独职务序列相配套的单独工资、福利等职业保障制度长期未能建立；法官检察官晋升和工资保障需与其他司法人员一道通过为数有限的行政职务序列的职数及职级工资，形成"千军万马挤独木桥"的尴尬状态；由于司法人员保障待遇低，导致基层司法骨干流失，形成掏空基层、削弱中西部地区司法骨干力量，大批司法精英人才"孔雀东南飞"现象。④司法职权配置方面。由于对"司法权是对案件事实和法律的判断权和裁判权"⑤这一本质未被揭示并达成共识，以致司法权配置及其机构设置一直按照"科层制"的方式设立内设司法办案机构，实行"个人阅卷、集体讨论、行政审批"方式，使司法程序得不到遵守，"先定后审、上定下审，审者不判，判者不审的行政办案方式"⑥成为普遍现象，不仅破坏了程序法治，而且难以保

---

① "三去一降一补"是习近平总书记根据供给侧结构性改革提出的去产能、去库存、去杠杆、降成本、补短板五大任务。

②⑤ 习近平：《在中央政法工作会议上的讲话》（2014年1月7日），引自《习近平关于全面依法治国论述摘编》，中央文献出版社2015年版，第102页。

③④ 徐汉明、林必恒等：《深化司法体制改革的理念、制度与方法》，载于《法学评论》2014年第4期。

⑥ 徐汉明：《论司法权和司法行政事务管理权的分离》，载于《中国法学》2015年第4期。

证公正司法。司法责任制方面。法院检察院依法独立行使审判权检察权集体行权模式位阶下的法官检察官依法独立办案权始终未能与之适度分离,司法办案责任制、错案责任追究制一直难以建立并有效落实,这导致司法领域冤(错)案件频频发生,而所发生冤(错)案件的责任则无人承担。这不仅直接侵害了当事人的合法权益,严重损害了司法公信力,而且对社会稳定、国家长治久安带来挑战。司法财物保障方面。司法财物保障长期实行"分灶吃饭、分级负担"的体制,这导致经济欠发达地区财源不足的地方推行所谓"财政保温饱、小康自己找"的政策,公开支持司法机关"为钱办案、办案为钱";一些司法人员办案利益驱动、插手经济纠纷,"有油水的案子抢着办""没有油水的案子推诿扯皮";有的甚至以案谋私、徇私舞弊、贪赃枉法,成为司法不公、司法腐败的体制机制性根源。正如习近平同志深刻指出"司法领域存在的主要问题是,司法不公、司法公信力不高"[1];司法不公突出表现是"一些司法人员作风不正、办案不廉,办金钱案、关系案、人情案,'吃了原告吃被告'等等";[2] 司法不公的"深层次原因在于司法体制不完善、司法职权配置和权力运行机制不科学、人权司法保障制度不健全。"[3] 第三,推进司法体系和司法能力现代化,保证公正司法、提高司法公信力面临制度环境及其社会环境不优的问题。包括:依法独立行使司法权的要求与熟人社会"潜规则"的矛盾;公民权利意识觉醒与理性维权不足的矛盾;司法为民的要求与司法救济成本高的矛盾;公民依赖司法救济的诉求日益增长与对司法信任度降低的矛盾;[4] 等等。这些问题是传统司法体系与司法能力与国家治理现代化不完全适应的折射反映,很大程度上成为影响和制约国家治理体系与治理能力现代化推进速度、实现效度的极其重要因素。从"管理"向"治理"转型跨越的当下,司法体制改革成为全面深化改革的重要突破口,承载着实现国家治理现代化的重要使命,司法体制改革与国家治理的现代化转型是相互增强的逻辑关系,建立公正高效的司法体制是国家治理迈向现代化的重要议程。所有这些重大现实问题,成为"习近平关于司法改革的重要论述"孕育、产生和发展的现实依据。

(三)弥补全面深化司法体制改革实践先行与司法理论创新滞后不协调的短板是"习近平关于司法改革的重要论述"产生发展的重要条件

现代司法理论是在辩证扬弃传统司法理论的基础上,对现代政治构架下司法

---

[1][2][3] 习近平:《关于〈中共中央关于全面推进依法治国若干重大问题的决定〉的说明》,引自《〈中共中央关于全面推进依法治国若干重大问题的决定〉辅导读本》,人民出版社2014年版,第58页。

[4] 徐汉明:《习近平社会治理法治思想研究》,载于《法学杂志》2017年第10期。

制度、职权配置、运行程序、管理方式、司法公正公信评价等一系列制度、规则及其实践活动高度抽象性、系统性、科学性地凝练与概括所具有逻辑结构的核心范畴、概念体系,从而形成一整套学术体系、学科体系、话语体系的专门知识表达系统。一方面,现代司法理论与司法实践活动密不可分,它以司法实践活动为其丰富发展完善的唯一源泉;科学的司法理论能够深刻揭示司法权的本质属性、司法资源配置的一般规律,司法权在国家权力结构中的地位与作用,因而对司法活动具有引领、指导、软约束力的作用;另一方面,现代司法理论与现代法治理论密不可分,它以现代主流的法治理论为引领,成为法治理论体系的重要组成部分。中国特色社会主义法治体系建设的加速推进,要求并带动司法体制改革实践的启动先行,给传统的司法理论带来冲击并呈现若干短板现象,暴露出传统司法理论滞后性等问题。包括:理论建设与国情匹配方面。一是长期以来司法理论建设不同程度地脱离现阶段中国的国情,在对外开放的大背景下,对发达国家司法文明的理论、制度、成果学习借鉴是必要的,但不同程度地存在"生吞活剥"、简单"移植、克隆"的现象,对域外司法制度文化创新性转化缺乏针对性,一些"舶来品"水土不服。二是对我国传统司法文化创新性挖掘不够,对现阶段司法制度常常以西方国家所谓司法"普世价值"为坐标系,进行简单的批判否定,而对丰富复杂生动的司法实践活动缺乏热情,对一些创新性经验、模式进行理论抽象、升华不够;一些司法理论开出的种种"药方"不仅不能植入系统的制度体系结构,反而会出现不良反应和有害现象。司法权运行规律方面。长期以来对司法权运行按照行政权运行模式进行理论检讨反思不够,而对"权责统一、权力制约、公开公正、尊重程序"的内在规律把握不准,以致未能给前三轮司法改革有关司法权运行机制的构建提供充分的智力支持,司法权运行机制创新在"员额制""司法人员分类管理""司法办案责任制"跨行政区划法院检察院设置改革等方面裹足不前。司法理论核心范畴方面。有关司法理论核心范畴,如司法主体范围界定不清晰,对公安机关、司法行政机关是否属于司法机关长期争执不休。这些争论虽然有助于司法学术活动的争鸣发展,但对中国特色的司法制度的认知认同缺乏充分有力的智力支持。事关司法价值功能的诠释揭示方面,有的要么以政治功能属性替代司法专有属性;有的要么以西方国家"三权分立"的政治架构作为检视标准,用来诠释我国的司法制度结构、职权配置及其价值功能,使得青年学子对中国特色社会主义司法体系及其理论的认同感难以尽快培育形成,甚至出现诸多认知上理论上认同的困惑与迷茫。司法公信力评价标准方面。有的学者以社会学视角将其标准泛化;有的则以管理学的立场将其规则化,其始终忽略司法权整体性功能涉及其权力来源的授予与受托的主次地位,忽略甚至淡化司法公信力最终要由人民评判的根本标准。正如习近平同志所说的"司法体制改革成效如何,说一千道一万,要由人民来评判,归根到底要看司法公信力是不是提高了。"[①] 司法理论体系建设方面。现代司法理论体系作为法学理论体系的重要组成部分,一直未能纳入高等院校的国民教育体系;在现有学科分野方面,司法学未能作为一个相对独立的法律学科进高校、进教材、进课堂、进头脑,也无系统成熟的司法学术体系、学科体系、教材体系、课程体系以及适合司法专业化、规范化、职业化发展的司法卓越人才培养成熟的模式,而仅有法官学院、检察官学院作为在职法官检察官的业务培训与政治轮训的基地所取代;法学学科的学生仅把模拟法庭、毕业前的司法机关实习作为司法实践课程,并未接受精准、系统、现代司法理论体系的灌输与严格、规范的司法能力训练,其职业准入进入司法机关往往是出于自身谋生的需要,而不是出自内心对司法职业的崇敬感与科学系统的司法学专门知识体系的掌握与司法伦理的塑造,而以司法价值理念、制度安排、行为模式为表征的司法文化尚未融入血液,使之成为推进司法现代化的自觉捍卫者、忘我建设者、使命担当者而缺乏科学完备的司法理论支撑;等等。所有这些司法现代化进程中的掣肘问题,不仅是构建科学司法理论体系的重要条件,而且是科学回答一系列司法理论命题的前提,由此产生了习近平同志关于司法改革一系列新理念、新论断、新观点、新命题,并使之体系化和科学化。

二、习近平关于司法改革的重要论述的核心要义

习近平关于司法改革的重要论述具有极为丰富的内涵。这一理论体系始终围绕"什么是中国特色社会主义司法制度""为什么要全面深化司法体制改革,建设公正高效权威的社会主义司法制度""怎样推进司法体制改革,保证公正司法,提高司法公信力,维护人民权益,让人民群众在每个司法个案中都能感受到公平正义"这三个基本问题展开,其核心要义可概括为以下方面。

(一) 司法权的属性论

司法权属性的界分是确立司法体制抑或推进司法体制改革的前提。根据我国宪法规定:"中华人民共和国的一切权力属于人民。"因此,作为国家权力结构重要组成的司法权在本源意义上理应为人民享有,受人民委托,代表人民行使,因而具有人民性的根本属性。中央事权属性的界定。如何破解司法地方

[①] 习近平:《以提高司法公信力为根本尺度 坚定不移深化司法体制改革》,载于《人民日报》2015年3月26日,第1版。

化，恪守司法权的人民属性，将司法权人民性的抽象理念转化为具体的制度设计成为考验执政党的重要难题。对此，习近平同志明确指出："我国是单一制国家，司法权从根本上说是中央事权。"① 该论断从中央与地方关系的视角明确了司法权的中央事权属性，这一理论表述明确了改革的理论基点，成为本轮司法体制改革的理论逻辑、政治逻辑及其实践逻辑的前提。司法权本质属性与目的。习近平同志十分注重对司法权人民性这一属性的把握和界定，他从恪守司法权人民性的立场出发，始终强调司法必须"坚持人民主体地位"，"必须坚持法治为了人民、依靠人民、造福人民、保护人民"②。他把包括司法改革在内的全面深化改革，作为"促进社会公平正义、维护人民福祉的出发点和落脚点"③。他明确指出，必须"保障人民依法享有广泛的权利和自由、承担应尽的义务，维护社会公平正义，促进共同富裕"。④ 权益保障与法律权威。他在论及人民权益保障与法律权威的关系时说："人民权益要靠法律保障，法律权威要靠人民维护。"⑤ 他在进一步论及司法与人民的关系时说，必须"坚持人民司法为人民，依靠人民推进公正司法，通过公正司法维护人民权益"⑥。在由谁评价司法改革、如何评价司法改革这一重大问题上，习近平同志指出："司法体制改革必须为了人民、依靠人民、造福人民。"⑦ "要广泛听取人民群众意见，深入了解一线司法实际情况、了解人民群众到底在期待什么，把解决了多少问题、人民群众对问题解决的满意度作为评判改革成效的标准。"⑧ 习近平同志的这些重要论断不仅揭示了司法权的本质，而且诠释了司法为了谁、依靠谁、由谁检验司法体制改革成效的根本立场问题，为司法恪守人民的立场，不断满足人民日益增长的"法福利"需求，更充分、更平衡、更精准、更有效地供给"司法公共品"提供了基本遵循。

---

① 《坚持公正司法，努力让人民群众在每一个司法案件中都能感受到公平正义》，http://theory.people.com.cn/n/2015/0511/c396001-26981416.html，2018年12月25日。

② 习近平：《关于〈中共中央关于全面推进依法治国若干重大问题的决定〉的说明》，引自《〈中共中央关于全面推进依法治国若干重大问题的决定〉辅导读本》，人民出版社2014年版，第54页。

③ 习近平：《中共中央关于全面深化改革若干重大问题的决定》，引自《〈中共中央关于全面推进依法治国若干重大问题的决定〉辅导读本》，人民出版社2014年版，第3页。

④ 习近平：《关于〈中共中央关于全面推进依法治国若干重大问题的决定〉的说明》，引自《〈中共中央关于全面推进依法治国若干重大问题的决定〉辅导读本》，人民出版社2014年版，第6页。

⑤ 习近平：《关于〈中共中央关于全面推进依法治国若干重大问题的决定〉的说明》，引自《〈中共中央关于全面推进依法治国若干重大问题的决定〉辅导读本》，人民出版社2014年版，第26页。

⑥ 习近平：《关于〈中共中央关于全面推进依法治国若干重大问题的决定〉的说明》，引自《〈中共中央关于全面推进依法治国若干重大问题的决定〉辅导读本》，人民出版社2014年版，第24页。

⑦⑧ 习近平：《以提高司法公信力为根本尺度 坚定不移深化司法体制改革》，载于《人民日报》2015年3月26日，第1版。

(二) 司法改革性质地位与目标任务论

从国家治理的宏观角度分析，深化司法体制改革，是完善和发展中国特色社会主义制度，推进国家治理体系和治理能力现代化的必然要求。习近平同志坚持问题导向，不仅把坚持战略思维、创新思维、辩证思维、法治思维、底线思维运用于依法治国、依法执政、依法行政共同推进，法治国家、法治政府、法治社会一体建设，而且把"五种思维"运用于全面深化司法体制改革，直面司法领域存在的诸多突出问题与影响和制约公正司法、推进司法现代化的体制机制性弊端，从加快建设公正高效权威的社会主义司法制度，推进国家治理体系和治理能力现代化的高度进行理论思考、顶层制度设计与试点实施推动，形成了有关司法改革性质地位与目标任务等一系列经典观点。司法制度与政治制度关系层面。他在诠释司法制度与政治制度、国家治理体系和治理能力现代化的关系时指出，"司法制度是上层建筑的重要组成部分"[1] "司法体制是政治体制的重要组成部分"[2] "司法体制改革在全面深化改革、全面依法治国中居于重要地位，对推进国家治理体系和治理能力现代化具有十分重要的意义"[3] "深化司法体制改革，建设公正高效权威的社会主义司法制度，是推进国家治理体系和治理能力现代化的重要举措"[4]。剖析司法不公根源层面。他坚持问题意识，指出司法领域存在的主要问题是，司法不公、司法公信力不高[5]；"这些问题不仅影响司法应有的权利救济、定分止争、制约公权的功能发挥，而且影响社会公平正义的实现。"[6] 他从体制不完善、机制不科学、保障不健全三个方面，深刻剖析了司法领域存在主要问题的深层次原因。[7] 他一再强调，"解决这些问题，就要靠深化司法体制改革。"[8] "要紧紧抓住影响司法公正、制约司法能力的重大问题和关键问题，增强改革的针对性和实效性"[9]。司法体制改革目标层面。在谈到司法体制改革的目标时，习近平同志指出："深化司法体制改革的目标是，加快建设公正高效权威

---

[1] 习近平：《严格执法，公正司法》，引自《十八大以来重要文献选编》（上），中央编译文献出版社 2014 年版，第 718 页。

[2] 习近平：《关于〈中共中央关于全面深化改革若干重大问题的决定〉的说明》，引自《中共中央关于全面推进依法治国若干重大问题的决定》辅导读本，人民出版社 2014 年版，第 79 页。

[3] 习近平：《坚持严格执法公正司法深化改革 促进社会公平正义保障人民安居乐业》，载于《人民日报》2014 年 1 月 9 日第 1 版。

[4][9] 习近平：《以提高司法公信力为根本尺度 坚定不移深化司法体制改革》，载于《人民日报》2015 年 3 月 26 日，第 1 版。

[5][6][7][8] 习近平：《在中央政法工作会议上的讲话》（2014 年 1 月 7 日），引自《习近平关于全面依法治国论述摘编》，中央文献出版社 2015 年版，第 76~77 页。

的社会主义司法制度"①。从国家治理现代化的宏观目标与加快建设公正高效权威的社会主义司法制度具体目标互动层面推进司法体制改革，意味着新时代的司法改革的顶层设计的目标升级，已经不再是部门化、专门化、微观化的改革，而是一场以实现建成社会主义现代化强国为战略导向的全面性、整体性、综合性的战略部署。习近平同志的上述重要论述牢牢把握司法体制改革与国家治理现代化的辩证关系，成为新一轮司法体制改革的鲜明特色。

（三）优化司法职权配置论

从权力配置的角度思考，司法改革的本质在于优化国家的权力结构，实现司法权的最优配置模式及其建立健全科学完备的司法制度。针对我国司法权配置存在的问题，以习近平同志为核心的党中央提出了系统性与前瞻性的改革措施，并形成了"优化司法职权配置"的经典观点。司法机关范围界定方面。习近平同志首次明确："在我国，司法机关是包括公安机关、检察机关、审判机关、司法行政机关等在内的。要健全公安机关、检察机关、审判机关、司法行政机关各司其职，侦查权、检察权、审判权、执行权相互配合、相互制约的体制机制"②。这一论断为我国政治制度框架下司法体系与西方司法体系的区别提供了划分的界限。司法职权配置方面。习近平同志在党的十八届四中全会的《关于〈中共中央关于全面推进依法治国若干重大问题的决定〉的说明》中提出了包括审判权与执行权分离、司法权与司法行政事务权分离、设立巡回法庭、立案登记制、设立跨行政区划的法院检察院、检察机关提起公益诉讼等若干项改革举措。③ 为使有关司法职权配置各项改革举措落地生根，他明确要求"要紧紧牵住司法责任制这个牛鼻子，凡是进入法官、检察官员额的，要在司法一线办案，对案件质量终身负责。"④ 对于设立巡回法庭、跨行政区划的法院检察院的定位及其功效，习近平

---

① 习近平：《中共中央关于全面深化改革若干重大问题的决定》，引自《〈中共中央关于全面深化改革若干重大问题的决定〉辅导读本》，人民出版社 2013 年 11 月第 1 版，第 32 页。

② 习近平：《中共中央关于全面推进依法治国若干重大问题的决定》，引自《〈中共中央关于全面推进依法治国若干重大问题的决定〉辅导读本》，人民出版社 2014 年 10 月第 1 版，第 21 页。

③ 改革举措具体为，推动实行审判权和执行权相分离的体制改革试点；统一刑罚执行体制；探索实行法院、检察院司法行政事务管理权和审判权、检察权相分离；变立案审查制为立案登记制；最高人民法院设立巡回法庭；探索设立跨行政区划的人民法院、人民检察院；探索建立检察机关提起公益诉讼制度。认罪认罚从宽、完善审计制度、对行政强制措施实行监督、司法机关内部层级权限监督制约办案责任制、错案责任追究制等 18 项。参见《中共中央关于全面推进依法治国若干重大问题的决定》，引自《〈中共中央关于全面推进依法治国若干重大问题的决定〉辅导读本》，人民出版社 2014 年版，第 21～23 页。

④ 习近平：《以提高司法公信力为根本尺度 坚定不移深化司法体制改革》，载于《人民日报》2015 年 3 月 26 日，第 1 版。

同志给予了准确定位和高度评价。① 建立检察机关提起公益诉讼制度是发展完善法律监督制度体系的一个亮点。对于这一制度的功能作用定位，他指出，这"对在执法办案中发现的行政机关及其工作人员的违法行为及时提出建议并督促其纠正，有利于优化司法职权配置、完善行政诉讼制度，也有利于推进法治政府建设。"②"优化司法职权配置论"直面了司法机关设置与行政区划高度重叠，司法权与司法行政权混同，老百姓"告状难""打官司难"，检察机关对行政违法监督不力、社会公益保护角色缺位等问题，扭住了深化司法体制改革的关键问题，从权力优化配置的宏阔视野为优化司法权力结构、发展完善司法体系、推进司法现代化的顶层制度改革设计提供了缜密的理论思考。

（四）遵循司法权运行规律论

司法规律是司法权运行过程中的内在必然联系，是深化司法体制改革必须遵循的客观法则。实现推进司法体系和司法能力现代化的预期目标，降低改革成本，减少由此带来的不确定性风险，其关键在于在遵循司法规律的基础上进行制度设计，使主观理性与客观规律相契合。司法改革与遵循司法客观规律辩证关系方面。习近平同志对司法改革与司法规律之间的辩证关系做了精彩论述。他明确指出："司法活动具有特殊的性质和规律，司法权是对案件事实和法律的判断权和裁决权。"③ 他还提出了遵循司法客观规律的五条基本原则，包括"权责统一、权力制约、公开公正、尊重程序"④ 和"裁判终局"⑤。防止干扰司法方面。习近平在主持十八届中央政治局第四次集体学习时谈到，"要确保审判机关、检察机关依法独立公正行使审判权、检察权。……司法不能受权力干扰，不能受金钱、人情、关系干扰，防范这些干扰要有制度保障。"⑥ 公正司法方面。习近平同志要求司法机关"要完成党和人民赋予的光荣使命，必须严格执法、公正司法。要信仰法治、坚守法治，做知法、懂法、守法、护法的执法者，站稳脚跟，挺直脊梁，只服从事实，只服从法律，铁面无

---

① 习近平：《关于〈中共中央关于全面推进依法治国若干重大问题的决定〉的说明》；中共中央宣传部：《习近平总书记系列重要讲话读本》，学习出版社 2016 年版，第 59~60 页。

② 习近平：《中共中央关于全面推进依法治国若干重大问题的决定》，引自《〈中共中央关于全面推进依法治国若干重大问题的决定〉辅导读本》，人民出版社 2014 年版，第 59~61 页。

③ 《习近平关于全面依法治国论述摘编》，中央文献出版社 2015 年版，第 102 页。

④ 习近平：《严格执法，公正司法》，引自《十八大以来重要文献选编》（上），中央文献出版社 2014 年版，第 718 页。

⑤ 习近平：《在十八届中央政治局第四次集体学习时的讲话》，引自《习近平关于全面依法治国论述摘编》，中央文献出版社 2015 年版，第 43 页。

⑥ 习近平：《在十八届中央政治局第四次集体学习时的讲话》（2013 年 2 月 23 日），第 60 页。

私，秉公执法"①。深化司法改革与现代科技运用方面。针对现代科学技术与司法活动的日益紧密影响和制约，习近平同志对司法体制改革推进会专门做出重要指示，强调推进司法体制改革，"要遵循司法规律，把深化司法体制改革和现代科技应用结合起来，不断完善和发展中国特色社会主义司法制度。"② 这些关于遵循司法权运行规律的新理念、新论断、新观点、新命题，不仅是"习近平司法改革理论"宝库中的精髓，而且对深化司法体制改革的实践具有深刻的指导意义。深化司法体制改革，既不能超越历史阶段，也不能照搬照抄外国司法制度，需要在遵循司法规律的基础上，探索适合我国国情的现代化司法制度。

（五）保证公正司法，提高司法公信力论

公正是人类千百年来的美好夙愿。从应然的角度分析，公平正义是司法的最高理想，也是衡量和评价司法制度的基本价值尺度，为全社会提供公平正义的"司法公共品"是新时代司法机关的重要使命。在习近平同志治国理政、治党治军、内政外交、法治统一、人民中心的政治立场、政治视野及其话语体系中，始终把司法作为保障和促进社会公平正义的最后一道防线，紧紧抓住司法不公、司法公信力不高的突出问题不放；始终把保证公正司法、提高司法公信力作为新时代建设公正权威高效的社会主义司法制度的主题，作为检验全面深化司法体制改革的根本尺度。因而，"保证公正司法，提高司法公信力论"构成了"习近平司法改革理论"的基石。司法公正与法治、依法治国的关系方面。习近平同志把公正与法治、中国共产党的价值追求、依法治国紧密联系起来，并作为一个核心范畴来对待。他深刻地指出："公正是法治的生命线。公平正义是中国共产党追求的一个非常崇高的价值，全心全意为人民服务的宗旨决定了我们必须保障和促进社会公平正义，保障人民权益、伸张正义，全面依法治国必须紧紧围绕保障和促进社会公平正义来进行。"③ 他进一步论及公正司法与依法治国辩证统一关系，指出："公正司法事关人民切身利益，事关社会公平正义，事关全面推进依法治国。"④ 检验司法体制改革尺度方面。习近平强调："司法体制改革成效如何，说一千道一万，要由人民来评判，归根到底要看司法公信力是否提高了。"要"坚持以提高司法公信力为根本尺度"⑤；"政法机关是老百姓平常打交道比较多的部

---

① 习近平：《坚持严格执法公正司法深化改革 促进社会公平正义保障人民安居乐业》，载于《人民日报》2014年1月9日，第1版。
② 习近平：《坚定不移推进司法体制改革 坚定不移走中国特色社会主义法治道路》，http://www.xinhuanet.com/politics/2017-07/10/c_1121295680.htm，2018年12月4日。
③ 《习近平总书记系列重要讲话读本》，学习出版社2016年版，第94页。
④⑤ 《习近平在中共中央政治局第二十一次集体学习时强调 以提高司法公信力为根本尺度坚定不移深化司法体制改革》，载于《人民日报》2015年3月26日。

门,是群众看党风政风的一面镜子。如果不努力让人民群众在每一个司法案件中都感受到公平正义,人民群众就不会相信政法机关,从而也不会相信党和政府。"① 治理司法不公不严不廉方面。针对一些司法人员作风不正、办案不廉,办金钱案、关系案、人情案等突出问题,习近平深刻指出司法公信力缺失的严重危害,"如果司法这道防线缺乏公信力,社会公正就会受到普遍质疑,社会和谐稳定就难以保障"。② 他特别强调"公生明,廉生威"的极端重要性。要求"抓住职业良知、坚守法治、制度约束、公开运行等环节,坚持不懈、持之以恒地抓"。③ 并提出了法律职业禁止、追究刑事责任④、清除害群之马⑤等铁腕治理措施。与此同时,他认为"司法工作也是做群众工作"⑥。保证公正司法、提高司法公信力途径方面。他始终强调推进公正司法,要坚持司法为民,改进司法工作作风;要坚持以公开促公正、树公信。⑦ "司法人员要刚正不阿,勇于担当,敢于依法排除来自司法机关内部和外部的干扰,坚守公正司法的底线。"⑧ 为使这些新理念、新论断、新观点固化为司法体制改革的顶层设计、具体司法制度安排与运行程序规制,中共十八大以来,以习近平同志为核心的党中央提出了有关保证公正司法、提高司法公信力的一系列改革举措。⑨ 正是由于习近平同志从丰富发展司法改革理论、发展完善司法制度、推进司法体系和司法能力现代化的战略维度,抓铁有痕的力度,渐进式推进的效度,才使得保证公正司法、提高司法公信力的主题日渐凸显,使司法改革理论日益系统化、成熟化。

---

① 中共中央文献研究室编:《十八大以来重要文献选编》(上),中央文献出版社2014年版,第718页。

② 习近平:《关于〈中共中央关于全面推进依法治国若干重大问题的决定〉的说明》,引自《中共中央关于全面推进依法治国若干重大问题的决定》,人民出版社2014年版,第55页。

③ 中共中央文献研究室编:《习近平关于全面依法治国论述摘编》,中央文献出版社2015年版,第71~72页。

④ 习近平:《严格执法,公正司法》,引自《十八大以来重要文献选编》(上),中央文献出版社2014年版,第718页。

⑤ 习近平:《在中央政法工作会议上的讲话》,引自《习近平关于全面依法治国论述摘编》,中央文献出版社2015年版,第76页。

⑥ 中共中央文献研究室编:《习近平关于全面依法治国论述摘编》,中央文献出版社2015年版,第68~69页。

⑦⑧ 中共中央宣传部:《习近平总书记系列重要讲话读本》,学习出版社2016年版,第95~96页。

⑨ 这些改革举措具体为,建立领导干部干预司法活动、插手具体案件处理的记录、通报和责任追究制度;健全行政机关依法出庭应诉、支持法院受理行政案件、尊重并执行法院生效裁判的制度;建立健全司法人员履行法定职责保护机制;完善人民陪审员、扩大参审范围;等等。习近平:《关于〈中共中央关于全面推进依法治国若干重大问题的决定〉的说明》;中共中央宣传部:《习近平总书记系列重要讲话读本》,学习出版社2016年版,第57~60页。

（六）完善人权司法保障论

司法是保障人权的重器，完善人权司法保障是体现司法文明的重要标志。新中国成立以来，尤其是改革开放40年来，我国的人权司法保障建设取得了举世瞩目的成就，形成了中国特色的人权司法保障经验及其价值理念。中共十八大以来，我国的人权司法保障制度更加成熟、更加科学，我国的人权司法保障建设迈入了新时代。最大限度释放人权司法保障红利不仅是深化司法体制改革的正当性基础，而且是全面深化司法体制改革、推进司法体制综合配套改革，不断提升人权保障能力和水平的实际行动。党的十八届三中全会提出"完善人权司法保障制度"为我国的人权司法保障建设提供了理论指引，成为我国司法体制改革的重要组成部分，具有划时代的理论意义和实践价值。价值取向层面。习近平一再强调"司法机关是维护社会公平正义的最后一道防线。政法战线要肩扛公正天平、手持正义之剑，以实际行动维护社会公平正义，让人民群众切实感受到公平正义就在身边"①。保障重点层面。习近平一再要求司法机关"要重点解决好损害群众权益的突出问题，决不允许对群众的报警求助置之不理，决不允许让普通群众打不起官司，决不允许滥用权力侵犯群众合法权益，决不允许执法犯法造成冤假错案"②。他明确指出，要"努力让人民群众在每一个司法案件中都能感受到公平正义，决不能让不公正的审判伤害人民群众感情、损害人民群众权益。"③ 回应人民期盼层面。习近平总书记十分重视人民群众对司法改革的期盼和要求，他说："要深入……了解人民群众到底在期待什么，把解决了多少问题、人民群众对问题解决的满意度作为评判改革成效的标准。"④ 在《中共中央关于全面深化改革若干重大问题的决定》和《中共中央关于全面推进依法治国若干重大问题的决定》（以下简称"两个决定"）中就加强人权司法保障提出了多项改革举措。⑤ 现代化的司法制度必然承载了保障人权的制度预期，上述重要论述是不断满足人民群众对司法的权益保障、程序法治、公平正义等"法福利"公共品充分有效供给的需求，为推进人权保障现代化

---

①② 习近平：《坚持严格执法公正司法深化改革　促进社会公平正义保障人民安居乐业》，载于《人民日报》2014年1月9日第1版。

③ 中共中央宣传部：《习近平总书记系列重要讲话读本》，学习出版社2016年版，第94页。

④ 中共中央宣传部：《习近平总书记系列重要讲话读本》，学习出版社2016年版，第95～96页。

⑤ 这些改革举措具体为，构建阳光司法机制，诉讼当事人和其他诉讼参与人的知情权、陈述权、辩护辩论权、申请权、申诉权的制度保障，失信被执行人信用监督、威慑和惩戒法律制度，终审和诉讼终结、诉访分离制度，等等。习近平：《关于〈中共中央关于全面推进依法治国若干重大问题的决定〉的说明》，引自《〈中共中央关于全面推进依法治国若干重大问题的决定〉辅导读本》，人民出版社2014年版，第24～25页。

发挥了重要的牵引作用。

(七) 加强对司法活动的监督论

"一切有权力的人都容易滥用权力,这是万古不移的一条经验。有权力的人们使用权力一直到遇到界限的地方才休止。"① 如何实现对权力的驯服,防止权力滥用是困扰政治家、思想家的千古难题。司法权作为公权力,具有滥用、异化的风险,理应受到监督与制约。习近平同志十分关注对司法权运行的监督,其关于加强对司法活动的监督的论断是习近平关于司法改革的重要论述重要组成部分。司法监督价值定位层面。习近平多次指出"阳光是最好的防腐剂,执法司法越公开,就越有权威和公信力。对公众关注的案件,要提高透明度,让暗箱操作没有空间,让司法腐败无法藏身。"② 司法监督途径层面。习近平指出,"法官、检察官要有审案判案的权力,也要加强对他们的监督制约,把对司法权的法律监督、社会监督、舆论监督等落实到位,保证法官、检察官做到'以至公无私之心,行光明正大之事',把司法权关进制度的笼子,让公平正义的阳光照进人民心田,让老百姓看到实实在在的改革成效。"③ 他还要求"政法机关要自觉接受媒体监督,以正确方式及时告知公众执法司法工作情况,有针对性地加强舆论引导。新闻媒体要加强对执法司法工作的监督……"④ 司法监督关键环节层面。习近平把司法责任制作为加强对司法权运行监督的切入点,通过健全司法管理制度,实现对司法权的有效监督。他说:"要紧紧牵住司法责任制这个牛鼻子,凡是进入法官、检察官员额的,要在司法一线办案,对案件质量终身负责……把司法权关进制度的笼子。"⑤ 司法监督铁律层面。习近平高度重视制度的根本性作用,要求"要靠制度来保障,在执法办案各个环节都设置隔离墙、通上高压线,谁违反制度就要给予最严厉的处罚,构成犯罪的要依法追究刑事责任"⑥。对司法领域的腐败持何种立场?习近平告诫并提出,"对司法领域的腐败零容忍,坚决清除

---

① 孟德斯鸠著,张雁深译:《论法的精神》(上),商务印书馆1995年版,第154页。
② 中共中央宣传部:《习近平总书记系列重要讲话读本》,学习出版社2016年版,第95~96页。
③ 习近平:《以提高司法公信力为根本尺度 坚定不移深化司法体制改革》,载于《人民日报》2015年3月26日,第1版。
④ 习近平:《严格执法,公正司法》,引自《十八大以来重要文献选编》(上),中央文献出版社2014年版,第723页。
⑤ 习近平:《坚定不移推进司法体制改革 坚定不移走中国特色社会主义法治道路》,http://www.xinhuanet.com/politics/2017-07/10/c_1121295680.htm,2018年12月4日。
⑥ 习近平:《严格执法,公正司法》,引自《十八大以来重要文献选编》(上),中央文献出版社2014年版,第718页。

害群之马。"① 司法队伍建设层面。习近平始终重视司法队伍建设，提出"要按照政治过硬、业务过硬、责任过硬、纪律过硬、作风过硬的要求，努力建设一支信念坚定、执法为民、敢于担当、清正廉洁的政法队伍"②。习近平关于加强对司法活动的监督的新观点、新思想、新要求不仅为司法权的规范化、制度化运行提供了指南，而且为构建中国特色法治监督体系做出了理论贡献。

（八）坚定司法改革的战略定力论

如何坚定全面深化司法体制改革的战略定力？习近平始终把司法现代化与我国基本国情相结合，坚定司法改革的正确政治方向，加强党对司法工作和司法体制改革的统一领导作为发展完善中国特色社会主义制度，推进司法体系和司法能力现代化的一条红线，贯穿于司法体制改革的全过程。包括：结合国情深化司法改革层面。习近平十分重视从中国国情出发进行司法体制改革的战略轮廓勾勒，顶层制度设计的精雕，实施路径的筛选，使司法体制改革既具有鲜明的时代性，也具有中国国情的彰显性。他强调："世界上没有放之四海而皆准的具体发展模式，也没有一成不变的发展道路。历史条件的多样性，决定了各国选择发展道路的多样性。"③ 习近平联系司法与司法体制改革的进路时说，"一个国家实行什么样的司法制度，归根到底是由这个国家的国情决定的。评价一个国家的司法制度，关键看是否符合国情、能否解决本国实际问题。"④ 他强调，深化司法体制改革"必须增强对中国特色社会主义司法制度的自信，增强政治定力。"⑤ 他在剖析司法改革的客观必要性时指出，"由于多种因素影响，司法活动中也存在一些司法不公、冤假错案、司法腐败以及金钱案、权力案、人情案等问题。这些问题如果不抓紧解决，就会严重影响全面依法治国进程，严重影响社会公平正义。"⑥ 坚定司法改革政治方向层面。习近平反复强调牢牢把握司法改革正确的政治方向，提出"坚定不移推进司法体制改革，坚定不移走中国特色社会主义法治道路。"⑦ 他始终要求"要坚持司法体制改革的

---

① 习近平：《中共中央关于全面推进依法治国若干重大问题的决定》，引自《〈中共中央关于全面推进依法治国若干重大问题的决定〉辅导读本》，人民出版社 2014 年版，第 26 页。

② 习近平：《坚持严格执法公正司法深化改革 促进社会公平正义保障人民安居乐业》，载于《人民日报》2014 年 1 月 9 日，第 1 版。

③ 《习近平在纪念毛泽东同志诞辰 120 周年座谈会上的讲话》，载于《人民日报》2013 年 12 月 27 日，第 2 版。

④⑤ 中共中央文献研究室编：《习近平关于全面深化改革论述摘编》，中央文献出版社 2014 年版，第 20 页。

⑥⑦ 《"平语"近人——习近平谈司法体制改革》，http://www.xinhuanet.com/politics/2017-07/14/c_1121317456.htm，2018 年 12 月 28 日。

正确政治方向,坚持以提高司法公信力为根本尺度,坚持符合国情和遵循司法规律相结合,坚持问题导向、勇于攻坚克难,坚定信心,凝聚共识,锐意进取,破解难题,坚定不移深化司法体制改革,不断促进社会公平正义。"①坚持党对司法工作与司法改革领导层面。我国的司法制度是中国共产党领导人民在长期实践中建立和不断发展完善的,深化司法体制改革必须坚持中国共产党的领导,这是发展完善司法体系的一条基本经验。习近平反复强调,坚持党的领导"必须具体体现在党领导立法、保证执法、支持司法、带头守法上","要坚持党总揽全局、协调各方的领导核心作用,统筹依法治国各领域工作"。②"深化司法体制改革,是要更好坚持党的领导、更好发挥我国司法制度的特色、更好促进社会公平正义。凡是符合这个方向、应该改又能够改的,就要坚决改;凡是不符合这个方向、不应该改的,就决不能改。"③习近平旗帜鲜明地反对"简单临摹、机械移植"域外司法制度,指出那"只会造成水土不服,甚至在根本问题上出现颠覆性错误"。④习近平进一步强调,"党的领导是社会主义法治的根本保证,坚持党的领导是我国社会主义司法制度的根本特征和政治优势。深化司法体制改革,完善司法管理体制和司法权力运行机制,必须在党的统一领导下进行,坚持和完善我国社会主义司法制度。"⑤习近平关于司法改革的重要论述是引领司法体制改革与经济体制、政治体制、文化体制、社会体制、生态体制协调推进的强有力的智力支持与方向导引。

三、习近平关于司法改革的重要论述的品质及其特征

习近平关于司法改革的重要论述根植于发展完善中国特色社会主义背景下司法改革的宏大实践,具有鲜明的理论品质。概括起来是:(1)问题导向的系统思维。习近平总书记始终坚持以问题导向为视角,把全面深化各项改革与克服有违公平正义现象、实现改革总目标总要求紧密联系起来,指出"全面深化改革必须着眼创造更加公平正义的社会环境,不断克服各种有违公平正义的现象,使改革发展成果更多更公平惠及全体人民;要把促进社会公平正义、增进人民福祉作为一面镜子,审视我们各方面体制机制和政策规定,哪里有不符合促进社会公平正

---

①⑤ 《"平语"近人——习近平谈司法体制改革》,http://www.xinhuanet.com/politics/2017-07/14/c_1121317456.htm, 2018年12月28日。

② 习近平:《加快建设社会主义法治国家》,载于《求是》2015年第1期。

③④ 中共中央文献研究室编:《习近平关于全面依法治国论述摘编》,中央文献出版社2015年版,第77页。

义的问题,哪里就需要改革……"① 早在全面主政浙江工作期间,习近平就明确提出,公平正义是社会主义法治的价值追求,强调"人民群众看我们党、看我们的政权很重要的一点,就是看我们法院、检察院办案是否公正、高效,有无贪赃枉法"②,告诫司法人员"不要忽视一个微小的案件,一个人一生很可能只接触一件案件、进一次法院,但会影响一个人对整个司法机关的认识,影响党和政府的形象。"③ 习近平同志全面主政党、国家和军队工作以来,十分重视厘定司法改革的目标任务、基本原则和检验标准。在党的十九大报告中,他再次强调"深化司法体制综合配套改革,全面落实司法责任制,努力让人民群众在每一个司法案件中感受到公平正义。"④ "问题导向的系统思维"蕴涵着习近平同志见微知著、综合系统、顶层破局、试点先行的深邃思想,展示了其独特的理论风格。
(2) 勇于创新的改革思维。"改革"是新时代的主旋律,司法改革是全面深化改革的重要一环。全面深化司法体制改革,加快建设公正高效权威的社会主义司法制度,需要以巨大的政治勇气,坚定的政治立场,超强的政治胆略,深邃的政治智慧,破解人民群众对"法福利"需求日益增长与司法"公共品"供给不平衡不充分的难题,消解司法能力与国家治理现代化不完全适应的矛盾,弥补全面深化司法体制改革实践先行与司法理论创新滞后不协调的短板。习近平在主持中共十八届三中、四中全会时所做出的全面深化改革与全面推进依法治国"两个决定"数百项重大举措的同时,就全面深化司法体制改革推出 77 项重大举措⑤,适时部署司法体制综合配套改革任务⑥。从而使这套理论体系在项目系统性,推动整体性,落实效用性方面彰显了锐意进取、改革创新、精准施策的特色。(3) 继承发展的辩证思维。在思考、设计、部署深化司法体制改革的过程中,习近平总是从继承发展、辩证扬弃的立场出发,从理论与实践的结合上对司法改革做出新的诠释,提出了许多富有哲理的新理念、新论断、新观点、新命题。例如,司法公正与社会公正的关系⑦,司法体制改革与政治体制改革的关系⑧,互相配合

---

① 习近平:《切实把思想统一到党的十八届三中全会精神上来》,载于《人民日报》2014 年 1 月 1 日,第 2 版。

②③ 习近平:《干在实处走在前列——推进浙江新发展的思考与实践》,中共中央党校出版社 2006 年版,第 368 页。

④⑥ 习近平:《决胜全面建成小康社会 夺取新时代中国特色社会主义伟大胜利》,引自《党的十九大报告辅导读本》,人民出版社 2017 年版,第 38 页。

⑤ 根据《中共中央关于全面深化改革若干重大问题的决定》与《中共中央关于全面推进依法治国若干重大问题的决定》统计而得。

⑦ 习近平:《关于〈中共中央关于全面推进依法治国若干重大问题的决定〉的说明》,引自《〈中共中央关于全面推进依法治国若干重大问题的决定〉辅导读本》,人民出版社 2014 年版,第 57 页。

⑧ 《坚持严格执法公正司法深化改革 促进社会公平正义保障人民安居乐业》,载于《人民日报》2014 年 1 月 9 日,第 1 版。

与互相制约的关系①,改革与法治的关系②,活力与秩序的关系,③等等。此外,习近平总书记还就法律与道德、信念与能力等各自的辩证关系做了深刻阐释。所有这些为深化司法改革,推进人民司法事业持续健康发展提供了有力的智力支持。

习近平关于司法改革的重要论述不仅具有鲜明的理论品质,而且具有科学性、实践性、时代性有机统一的特征。

(一) 科学性

深刻揭示了中国特色社会主义司法道路、制度、理论及其实践的发展规律,形成了具有把握规律性、体现科学性的理论体系。习近平总书记始终站在推进国家治理体系和治理能力现代化,发展完善中国特色社会主义制度的战略高度,把全面深化司法体制改革,建设公正高效权威的社会主义司法制度,作为协调推进"四个全面"战略布局的切入点,纳入党和国家机构改革的整体布局。围绕司法改革顶层制度设计搭建起了司法管理体制的"四梁八柱"。包括:司法管理体制改革的"四梁",即司法人员分类管理、员额制为核心的司法人员管理体制机制改革,以司法责任制为核心的司法职权运行体制机制改革,以审判为中心的诉讼制度改革,以省以下人财物统一管理为标志的司法保障体制机制改革。司法管理体制改革的"八柱"即司法组织管理体制、审判权检察权运行机制、司法职业保护机制、司法职业惩戒及错案责任追究机制、人民参与司法制度、繁简分流的司法便民机制、接受监督的司法公开机制、智慧司法机制。习近平总书记还亲自设计司法体制改革的整体框架及其实施机制,为司法体制改革典型试验、分批启动、全面实施提供了政策引领、制度安排、典型试验和有力的组织保障,从而使习近平关于司法改革的重要论述与宏大的司法体制改革进程融为一体,使这场生动复杂的司法体制改革始终保持正确方向和持久的动力。

(二) 实践性

司法体制改革坚持以习近平关于司法改革的重要论述为指引,有计划、分步骤协调推进法院、检察院体制机制改革,使司法体制改革彰显出整体性、实验性、渐进性、协调性的特色。围绕推进审判体制改革,习近平主持专题研究设立

---

① 习近平:《中共中央关于全面推进依法治国若干重大问题的决定》,引自《〈中共中央关于全面推进依法治国若干重大问题的决定〉辅导读本》,人民出版社2014年版,第21页。

② 习近平:《在省部级主要领导干部学习贯彻党的十八届四中全会精神全面推进依法治国专题研讨班上的讲话》,引自《习近平关于全面依法治国论述摘编》,中央文献出版社2015年版,第51页。

③ 《习近平同志"民生观"经典语录 (一)》,http://study.ccln.gov.cn/fenke/makesizhuyi/majdyl/maztzyyl/369767.shtml,2018年12月19日。

知识产权法院、设立巡回法庭、改革人民陪审员制度改革等试点，推行立案登记制、法院司法责任制、加强和改进行政应诉工作，设立互联网法院、金融法院，加强知识产权审判领域改革等重大事项，亲自审查、签批有关法院改革的重要文件 11 个，为推进审判体系和审判能力现代化提供了坚强的组织领导保障。[①] 围绕推进检察体制改革，习近平同志在重点研究国家监察体制改革过程中涉及检察院反贪污贿赂、反渎职侵权、职务犯罪预防的内设机构、职能、编制及其人员整体转隶的体制机制改革；专题研究检察改革事项，包括：提起公益诉讼改革试点、司法责任制、设立公益诉讼检察厅、深化人民监督员制度改革等重大事项，亲自审查、签批 6 个规范性文件，为推进法律监督体系和法律监督能力现代化提供了有力保障[②]。此外，围绕加快推进公安体制改革和加强公安工作[③]，深化司法行政体制改革[④]等方面，他统筹兼顾、十指弹琴，重点研究、专门谋划公安与司法行政体制机制改革，使公安与司法行政体制改革与法院、检察院体制机制改革融为一体。所有这些，使得全面深化改革的总体项目清单和各司法机关的牵头责任

---

① 由中央全面深化改革领导小组与中央全面深化改革委员会先后审议通过的 11 份文件分别为：《关于设立知识产权法院的方案》《最高人民法院设立巡回法庭试点方案》《设立跨行政区划人民法院、人民检察院试点方案》《人民陪审员制度改革试点方案》《关于人民法院推行立案登记制改革的意见》《人民陪审员制度改革试点方案》《关于人民法院推行立案登记制改革的意见》《关于完善人民法院司法责任制的若干意见》《关于推进以审判为中心的刑事诉讼制度改革的意见》《关于最高人民法院增设巡回法庭的请示》《关于设立杭州互联网法院的方案》。中央机构编制网：中央全面深化改革领导小组 2014～2017 年召开的历次会议（共 38 次）、中央全面深化改革委员会 2018 年召开的历次会议（共 5 次）审议通过并发布的文件目录综合整理，http：//www.scopsr.gov.cn/zlzx/sgzhy/，2018 年 12 月 30 日。

② 由中央全面深化改革领导小组与中央全面深化改革委员会审议先后通过的 6 份文件分别为：《检察机关提起公益诉讼改革试点方案》《深化人民监督员制度改革方案》《关于完善人民检察院司法责任制的若干意见》《关于保护、奖励职务犯罪举报人的若干规定》《关于办理刑事案件严格排除非法证据若干问题的规定》《关于设立最高人民检察院公益诉讼检察厅的方案》。中央机构编制网：中央全面深化改革领导小组 2014～2017 年召开的历次会议（共 38 次）、中央全面深化改革委员会 2018 年召开的历次会议（共 5 次）审议通过并发布的文件目录综合整理，http：//www.scopsr.gov.cn/zlzx/sgzhy/，2018 年 12 月 30 日。

③ 由中央全面深化改革领导小组与中央全面深化改革委员会审议先后审议通过公安体制改革 7 份文件分别为：《公安机关执法勤务警员职务序列改革试点方案》《公安机关警务技术职务序列改革试点方案》《关于保护、奖励职务犯罪举报人的若干规定》《关于规范公安机关警务辅助人员管理工作的意见》《关于深化公安执法规范化建设的意见》《公安机关执法勤务警员职务序列改革方案（试行）》《公安机关警务技术职务序列改革方案（试行）》。参见中央机构编制网：中央全面深化改革领导小组 2014～2017 年召开的历次会议（共 38 次）、中央全面深化改革委员会 2018 年召开的历次会议（共 5 次）审议通过并发布的文件目录综合整理，http：//www.scopsr.gov.cn/zlzx/sgzhy/，2018 年 12 月 30 日。

④ 由中央全面深化改革领导小组与中央全面深化改革委员会审议先后审议通过司法行政体制改革 6 份文件分别为：《完善法律援助制度》《深化律师制度改革》《完善矛盾纠纷多元化解机制》《推行法律顾问制度和公职律师公司律师制度》《健全统一司法鉴定管理体制》《加强人民调解员队伍建设》。中央机构编制网：中央全面深化改革领导小组 2014～2017 年召开的历次会议（共 38 次）、中央全面深化改革委员会 2018 年召开的历次会议（共 5 次）审议通过并发布的文件目录综合整理，http：//www.scopsr.gov.cn/zlzx/sgzhy/，2018 年 12 月 30 日。

项目逐一兑现，办成了过去许多年想办而未办成的事情，司法管理体制改革取得历史性成就。这集中表现在：以"员额制"改革为重心，促使法官检察官回归办案本位的目标任务基本实现；以"司法责任制"为抓手，符合审判权检察权运行规律的办案责任制体系基本建立；以监督制约为关键，全方位的司法监督体系运行良好；以"人财物省级统管"改革发力，司法保障体系建设有序发展；以法官检察官和司法辅助人员的职务工资、绩效奖励、综合考评为切入点，激励约束相容的职业保障制度改革运行基本到位；以财物省级统管目标为取向，"类型化"的财物省级保障体系初步建立；以跨行政区划法院检察院改革试点为抓手，司法组织体系建设发展完善①。这一系列重大改革实践冲破了传统司法模式，发展完善了符合司法权运行规律，保障公正司法、提高司法公信力的现代司法体系。

（三）时代性

在推进司法现代化进程中，"习近平关于司法改革的重要论述"始终以与时俱进的眼光，关注人类社会司法文明发展的进程，牢牢把握我国社会主要矛盾转化后"司法公共品"供给与人民群众对公平、正义、民主、法治、安全、环境等"法福利"需求不平衡不充分的矛盾，紧紧扭住破除影响和制约公正司法、提高司法公信力的体制性机制性障碍这一主要问题，在总结新时代司法新经验、新方法、新实践的基础上，对我国司法文化进行创新性挖掘，对人类司法文明成果创新性转化，对新中国70多年司法制度运行进行系统总结，从而形成了具有继承性与民族性、原创性与时代性、系统性与专业性相统一的理论体系，使这套理论体系彰显了时代特征。

四、"习近平关于司法改革的重要论述"的时代价值

"习近平关于司法改革的重要论述"是"马克思主义经典作家"关于"人民司法"基本原理"中国化"的最新成果，是中国特色社会主义司法道路、制度、理论、文化及其实践的创新发展，是开辟新时代建设公正高效权威社会主义司法制度的行动指南。

---

① 徐汉明等：教育部哲学社会科学研究重大课题攻关项目"司法管理体制改革研究"（项目编号：14JZD024）阶段性成果之一《司法管理体制改革基础理论研究》。

（一）是对"马克思主义经典作家"关于司法基本原理的继承与发展

马克思主义理论具有鲜明的批判性、科学性和人民性。他们在揭示资本主义社会从自由竞争向垄断竞争的发展阶段社会基本矛盾运动规律及其变化过程中，始终站在工人阶级劳苦大众的立场，在对奴隶制、封建制国家尤其是发达资本主义国家创设法律制度与司法制度的本质深刻揭露与检视批判的基础上，建立起了一整套关于无产阶级的国家与法的理论框架。与此同时，他们围绕司法提出了一系列经典观点，成为指导我国创建人民政权和人民司法制度的指南。具体可概括为：（1）关于法官依法独立办案内涵的观点。"马克思主义经典作家"在论及普鲁士宪法制定实施过程时指出，"这个运动很快就会导致资产阶级代议制的建立，出版自由的实现，法官独立审判制度和陪审制的实行，甚至很难预料这个运动将如何结束。"[1]他们认为，司法权与行政权的混合"势必导致无法解决的混乱"[2]，法庭要"超过法律，直到它认识到必须满足社会的需要为止"[3]，审判人员可以不依赖传统的审判实践解释法律，而按照他们的健全理智和良心的启示去解释法律[4]。他们在揭示法官依法独立办案的特点时指出，"法官除了法律就没有别的上司……独立的法官既不属于我，也不属于政府"[5]。（2）关于批判资产阶级"司法独立"虚伪性的观点。他们在揭示英国资产阶级建立君主立宪制国家实行权力均等原则本质时充分肯定其积极意义，指出"司法独立"作为"君主立宪政体的第一个原则是权力均等，这体现了人类对自身的恐惧。"[6]"人民主权、自由出版、有陪审员参加的独立的司法权、议会政体这四个原则被公认为欧洲大陆19世纪中期的自由主义纲领"[7]，"司法独立原则在推翻封建专制方面具有伟大意义"[8]。他们在揭示资产阶级司法独立的实质时曾指出"治安法官也好，陪审员也好，他们本身都是富人，都来自资产阶级，因此他们都袒护自己的同类，都是穷人的死对头。"[9]"马克思主义经典作家"针对科伦共产党人案件强调"被告们所体现的手无寸铁的革命无产阶级站在由陪审法庭所代表的统治阶级面前；因

---

[1]《马克思恩格斯全集》第四卷，人民出版社1958年版，第40页。
[2]《马克思恩格斯全集》第四十一卷，人民出版社1982年版，第321页。
[3]《马克思恩格斯全集》第一卷，人民出版社1995年版，第133页。
[4]《马克思恩格斯全集》第六卷，人民出版社1961年版，第280页。
[5] 马克思：《第六届莱茵省议会的论辩（第一篇论文）》，引自《马克思恩格斯全集》第一卷，人民出版社1956年版。
[6]《马克思恩格斯全集》第一卷，人民出版社1956年版，681页。
[7] 恩格斯：《集权和自由》，引自《马克思恩格斯全集》第四卷，人民出版社1982年版，第392页。
[8] 恩格斯：《普鲁士宪法》，引自《马克思恩格斯全集》第一卷，人民出版社1956年版，第40页。
[9]《马克思恩格斯全集》第一卷，人民出版社1956年版，第703页。

此，这些被告的罪是老早判定了的，因为他们是站在这样一种陪审法庭面前"①。（3）关于司法与人民主权原则的关系。他们在谈及司法、立法、行政与人民主权原则时指出，"国民议会本来没有任何权利——人民委托给它的只是维护人民自己的权利。如果它不根据交给它的委托来行动——这一委托就失去效力。无产阶级当然不会对等级的权利发生任何兴趣。但假如议会能够提出实行陪审制、实现法律面前人人平等、废除徭役、实现出版自由、结社自由和真正的人民代议制的要求，假如议会能同过去一刀两断，根据目前的需要，而不是根据旧的法律制定自己的要求，——这样的议会是可以指望得到无产阶级最热情的支持的。"②（4）关于司法权实现形式的观点。他们在揭示司法权优化配置的实现形式时指出，"司法权是国民的直接所有物，国民通过自己的陪审员来实现这一权力，这一点不仅从原则本身，而且从历史上来看都是早已证明了的"③。（5）关于司法权与立法权、行政权关系的观点。他们在谈及司法权与立法权、行政权的关系时指出："在议会中，国民将自己的普遍意志提升为法律，即将统治阶级的法律提升为国民的普遍意志。在行政权面前，国民完全放弃了自己的看法，而服从于他人意志的指挥，服从于权威。和立法权相反，行政权所表现的是国民的他治而不是国民的自治。"④（6）关于实行司法平等的观点。他们指出，"平等应当不仅是表面的，不仅在国家的领域中实行，它还应当是实际的，还应当在社会的、经济的领域中实行。"⑤ 他们认为"法官在后来开庭审讯时应该不偏不倚地作出有利于控诉人或被告的决定，也就是不应该不理睬他自己的预先的决定而作出决定"⑥。

列宁把马克思、恩格斯的"议行合一"理论和巴黎公社的革命经验付诸俄国实践，在建立社会主义苏维埃政权的过程中创立了人民司法制度，提出了诸多经典观点，包括：司法权应当独立于行政权⑦；他认为社会主义国家的司法权应包括检察权与审判权，司法权要独立于行政机关，审判权由法院行使，检察权由检察机关行使，⑧ 等等。

新中国成立之初，中国共产党在总结新民主主义革命时期创建红色政权、建立革命根据地、建立延安时期13年局部地区政权建设的伟大实践的基础上，把

---

① 《马克思恩格斯全集》第六卷，人民出版社1961年版，第535页。
② 《马克思恩格斯全集》第六卷，人民出版社1961年版，第215、305页。
③ 恩格斯：《〈刑法报〉停刊》，引自《马克思恩格斯全集》第四十六卷，人民出版社1982年版，第321页。
④ 《马克思恩格斯选集》第一卷，人民出版社1995年版，第674页。
⑤ 恩格斯：《反杜林论》，引自《马克思恩格斯全集》第三卷，人民出版社1995年版，第340页。
⑥ 马克思：《福格特先生》，引自《马克思恩格斯全集》第十四卷，人民出版社1964年版，第687页。
⑦ 王建国：《列宁社会主义司法独立思想的形成与演进》，载于《政法管理干部学院学报》2010年第2期。
⑧ 龚廷泰：《列宁法律思想研究》，南京师范大学出版社2000年版，第187页。

"马克思主义经典作家"关于"人民司法"的经典观点与新生人民政权建设、人民司法制度创建紧密结合,才得以创建中国特色社会主义司法制度。在开启全面建成新时代中国特色社会主义现代化强国新征程、发展完善中国特色社会主义司法制度的进程中,以习近平同志为核心的党中央把马克思主义基本原理同中国司法改革实践相结合,创造性地提出了一系列深化司法体制改革的理论观点,形成了与"马克思主义经典作家"关于人民司法制度的理论一脉相承的习近平关于司法改革的重要论述。习近平关于司法改革的重要论述是在遵循"马克思主义经典作家"一般法律思想的基本原理与"人民司法"的经典观点的基础上所进行的符合中国国情的创新性发展,是"马克思主义经典作家"司法理论"中国化"的最新成果。

(二)是中国特色社会主义司法制度、理论与实践的创新发展

以毛泽东同志为核心的党的第一代领导集体创造性地把马克思主义理论与中国革命、政权建立、社会主义建设事业的实际紧密结合,在领导中国革命、建立人民政权、建设社会主义的艰苦曲折历程中,最早把中华苏维埃共和国时期的中央执行工作与组建司法人民委员会,开展根据地司法工作紧密结合;延安时期就探索建立人民司法制度,为建立新生人民政权后打破国民党的旧法统,建立同新生的国体、政体与经济制度、政治制度、文化制度、社会制度相协调、相适应的人民司法制度进行了开创性的探索与实践。毛泽东早在1940年1月的《新民主主义论》中就确立了司法工作的方针,为陕甘宁边区政府建立人民司法系统,广泛推行"马锡五"审判方式提供了思想指南。在中国革命取得胜利的前夕,关于如何建立新生的人民政权,毛泽东同志在1948年9月西柏坡会议结束时所做的报告中做了明确阐述,他说,"我们的政权的阶级性是这样:无产阶级领导的,以工农联盟为基础、但不是仅仅工农,还有资产阶级民主分子参加的人民民主专政……我们是人民民主专政,各级政府都要加上'人民'二字,各种政权机关都要加上'人民'二字,如法院叫人民法院、军队叫人民解放军,以示和蒋介石政权不同。我们有广大的统一战线,我们政权的任务是打倒帝国主义、封建主义和官僚资本主义,要打倒它们,就要打倒它们的国家,建立人民民主专政的国家。人民民主专政的国家,是以人民代表会议产生的政府来代表它的。"[①] 新中国成立后,在制度创设方面,毛泽东同志根据经济社会发展的客观要求与人民政权建设,从领导主持制定《中国人民政

---

① 毛泽东:《在中共中央政治局会议上的报告和结论》(1948年9月8日),引自《毛泽东文集》第五卷,中央文献出版社2007年版,第135~136页。

治协商会议共同纲领》，到亲自起草并主持制定1954年根本大法——《中华人民共和国宪法》；从主持制定《中华人民共和国中央人民政府组织法》《人民法院暂行组织条例》《最高人民检察署暂行组织条例》，到主持制定《中华人民共和国全国人民代表大会组织法》《中华人民共和国地方各级人民代表大会和地方各级人民委员会组织法》《中华人民共和国国务院组织法》《中华人民共和国人民法院组织法》《中华人民共和国人民检察院组织法》。在司法实践方面，新中国成立初期，在相继完成土地改革、镇压反革命、"三反""五反"运动之后，党中央于1952年6月开展了"司法改革运动"，其不仅构建了新中国司法运行基本框架与制度，而且对此后司法体制创新、工作机制创新奠定了基础，"使中国的司法工作踏上了新的一步，成绩很大"[1]，成为我国法制建设史上的标志性事件，影响深远。通过制度创设与司法改革运动，我国建立起了同我国根本政治制度、经济制度、文化制度、社会制度相适应、相协调的人民司法制度，形成了在党的统一领导下，人大监督与行政机关、审判机关、检察机关分工负责的具有中国特色的人民民主的国家政权组织体系。这不仅为改革开放条件下推进国家治理体系和治理能力现代化奠定了坚实的根本制度基础，也为司法体制改革、建设公正高效权威的社会主义司法制度奠定了坚实的基础。

以邓小平同志为核心的党的第二代中央领导集体重新确立党的思想路线、政治路线、组织路线，把党和国家的工作重心转移到经济建设上来，坚持改革开放、坚持四项基本原则，推进中国特色社会主义建设，实现"三步走"[2]奋斗目标的进程中，高度重视民主法制建设，推动立法、执法、司法工作和执法司法队伍建设。邓小平同志提出了"有法可依、有法必依、执法必严、违法必究"的社会主义法制方针；强调"侦查权应由公安机关依法行使，对案件的审判权应由法院依法行使，任何人都不许干扰法律的实施，任何犯了法的人都不能逍遥法外"[3]；指出适应法制建设要求"能担任司法工作的干部包括法官、律师、检察官、专业警察，起码缺一百万"[4]；要求"大力加强执法司法部门的建设，提高这些部门人员的政治素质和业务素质"；强调"需要建立一支坚持社会

---

[1] 《董必武法学文集》，法律出版社2001年版，第155页。
[2] "三步走"是指，第一步目标，1981~1990年实现国民生产总值比1980年翻一番，解决人民的温饱问题，这在20世纪80年代末已基本实现；第二步目标，1991年到20世纪末国民生产总值再增长一倍，人民生活达到小康水平；第三步目标，到21世纪中叶人民生活比较富裕，基本实现现代化，人均国民生产总值达到中等发达国家水平，人民过上比较富裕的生活。
[3] 《邓小平文选》第三卷，人民出版社1993年版，第163页。
[4] 《邓小平文选》第三卷，人民出版社1993年版，第263页。

主义道路的、具有专业知识能力的干部队伍，而且是一支宏大的队伍"①；在对外开放过程中，要求"大胆吸收和借鉴资本主义国家特别是发达资本主义国家成功的立法经验"，但要"从中国实际出发"，指出"香港的制度（注：即指制定《中华人民共和国香港特别行政区基本法》）也不能完全西化，不能照搬西方的一套"②。在邓小平同志的大力推动下，改革开放之初的1979年第五届全国人民代表大会第二次会议通过了修订的《人民法院组织法》《人民检察院组织法》和颁布了《中华人民共和国刑法》《中华人民共和国刑事诉讼法》等七部法律，其后的1982年第五届全国人民代表大会第五次会议通过了《中华人民共和国宪法》（修正案）；法院检察院迅速得以恢复重建；一大批司法骨干、转业军人、青年学生及其他领域的骨干迅速充实法院检察院司法队伍；司法组织体系、司法保障体系、法学教育体系全面恢复和完善；法院检察院为服务大局、保障人民权益、维护社会和谐稳定发挥了应有作用；中国特色社会主义法律体系框架迅速确立；中国特色社会主义司法事业步入了新的历史发展阶段。

从中共十五大到中共十七大，面临经济全球化的迅猛发展，中国特色社会主义建设迎来"可以大有作为的重要战略机遇期（注：即二十年黄金发展机遇期）"③。江泽民同志、胡锦涛同志团结率领全党全国人民，坚持中国特色社会主义道路、制度、理论不动摇，从建设小康社会到全面建设小康社会，再到实现全面建设小康社会的总目标总要求的提出；从"依法治国"方略④到坚持依法治国基本方略⑤，再到建设社会主义法治国家⑥的实施；从"推进司法体制改革、保障在全社会实现公平和正义"⑦，到深化司法体制改革、优化司法职权配置、规范司法行为，建设公正高效权威的社会主义司法制度，保障审判机关、检察机关依法独立公正地行使审判权、检察权⑧的部署的推进。司法机关在保障和促进全面建设小康社会，推进依法治国中发挥了不可替代的作用；司法改革由酝酿准

---

① 《邓小平文选》第三卷，人民出版社1993年版，第264页。
② 《邓小平文选》第三卷，人民出版社1993年版，第220页。
③ 江泽民：《全面建设小康社会，开创中国特色社会主义事业新局面》，引自《十六大报告辅导读本》，人民出版社2002年版，第17页。
④ 江泽民：《高举邓小平理论伟大旗帜，把建设有中国特色社会主义事业全面推向二十一世纪》，引自《十五大报告辅导读本》，人民出版社1997年版。
⑤⑦ 江泽民：《全面建设小康社会，开创中国特色社会主义事业新局面》，引自《十六大报告辅导读本》，人民出版社2002年版。
⑥⑧ 胡锦涛：《高举中国特色社会主义伟大旗帜 为夺取全面建设小康社会新胜利而奋斗》，引自《十七大报告辅导读本》，人民出版社2007年版。

备、"两高"自主推动到中央纳入整体布局、扎实稳妥地推进[9]。

中国特色社会主义司法制度、理论与实践创新发展没有休止符。不可否认,我国前几轮司法改革已经取得初步成效,但也是有效度的。新一轮司法体制改革到底怎么进行则需要理论的指导。习近平关于司法改革的重要论述从宏观的国家治理现代化的高度出发,深刻回答了司法权的中央事权属性、司法权优化配置、遵循司法规律、司法公正与司法公信力等重大理论与实践难题,推动了中国特色社会主义司法道路、制度、文化、理论及其实践的创新和发展。

(三) 是新时代建设公正高效权威社会主义司法制度的行动指南

中共十九大确立了"一个时段、两个阶段"的目标任务,开启了全面建设社会主义现代化强国,实现"两个一百年"奋斗目标、实现中华民族伟大复兴的新征程。新的历史方位给司法机关在担当崇高使命,实现中华民族伟大复兴提出了新目标;社会主要矛盾发生历史性变化,给司法体制、运行机制的发展完善提出了新任务;国家治理体系与治理能力现代化由基本实现到全面实现[10]目标任务的提出,给司法体制综合配套改革加快启动、"补齐短板""强化薄弱环节"提出了急迫要求;全体人民共同富裕由迈出坚实步伐到基本实现[11]的战略目标谋划与行动进程的提速,司法的权利救济、定分止争、制约公权、保障人权、维护公平、守卫正义、促进和谐、增进人民"法福利"[12]职能作用的不可替代性,给司法机关为人民群众提供更优质、更高效、更精准的法治保障和法律服务的标准提出了现实需求;司法职能的全面履行要求深化司法体制配套改革,把推进司法管理体系和司法管理能力提高到应有的高度。唯有发展完善中国特色社会主义司法制度,让人民群众从每个司法个案中感受到公平正义,才能展示中国特色社会主义司法制度的"东方魅力"。

"理论是实践的先导,实践则需要皈依理论以找回自己的灵魂和正确方向。"[13]只有在科学理论的指引下才能实现司法现代化的目标。究竟哪一种理论能承担起指引新一轮司法改革重任呢?笔者认为,在各种改革声音抑扬顿挫、些许改革方案纷纷提出,利益格局深刻变动,整个国家处于从"管理"向"治理"转型关

---

[9] 徐汉明、林必恒等:《深化司法体制改革的理念、制度与方法》,载于《法学评论》2014 年第 4 期。

[10][11] 习近平:《决胜全面建成小康社会　夺取新时代中国特色社会主义伟大胜利》,引自《党的十九大报告辅导读本》2017 年版,第 28 页。

[12] 徐汉明、王玉梅:《我国司法职权配置的现实困境与优化路径》,载于《法制与社会发展》2016 年第 3 期。

[13] 杨建军:《司法改革的理论论争及其启迪》,载于《法商研究》2015 年第 2 期。

键时刻，唯有破除对西方理论的盲目崇拜，走出所谓"普世价值"引领的迷区，用"习近平司法改革理论"指导司法体制改革，加强司法工作，创新司法经验，提高司法能力，才能充分展示习近平新时代中国特色社会主义思想及其"司法改革理论"的磅礴力量，从而开辟中国特色社会主义司法道路的新境界；唯有遵循司法权与司法行政事务权适度分离的规律，全面深化司法体制综合配套改革，才能发挥司法管理对司法权公正高效运行的保障、服务、促进与监督的功能作用，从而保证公正司法，提高司法公信力。和平崛起的中国逐步步入世界舞台的中心，在国际经济、政治、互联网等事务治理的作用日渐凸显的大背景下，更需要立足国情，借鉴人类社会司法文明的优秀成果，坚定中国特色社会主义司法道路、制度、文化、理论及其实践，为那些既希望加快自身发展，又保持自身民族独立性的大多数发展中国家在推进司法现代化中提供"中国经验"、让其分享"中国智慧"。

第二节 现代司法管理体制的架构

一、现代化的组织体系

"巴纳德认为，组织不是集团，而是相互协作的关系，是人们相互作用的系统。作为过程，组织是在一定的时间和空间内向各个成员分配工作，统一各种行为的动态活动；作为结构，组织是把动态活动中有效合作的相互关系相对静止而形成的静态模式。现代化的组织体系，就是将组织所必需的各种活动进行组合，以形成可以管理的部门或单位，对组织活动和组合方式的不同分类，形成各种不同的组织结构类型。"[①] 一般而言，一个现代化的组织体系需要包含以下三个要素。

1. 组织目标

组织的存在都具有一定目标，也许清晰，也许模糊，例如，有些组织存续是为了获得盈利，有的组织是为了更好地提供公益产品，但组织的运行最终都离不开其目标和宗旨。公正司法是司法机关的宗旨，在不断的改革中，核心路径是要突出司法机关的本质属性——保障审判权和检察权的健康运行，并秉持这一原则

---

① 余允球主编：《企业管理基础》，重庆大学出版社2010年版，第53页。

因地、因审级的需要，灵活地构建现代司法组织体系。虽然，域外国家的司法制度和司法机关的设置因政治结构和社会形态的差别而各不相同，但现代司法组织结构还是存在共性的，即司法行政管理权应围绕着服务、保障司法权依法独立公正地行使这一核心价值展开，司法组织也正是通过不断实现这一目标而保持其活力。

2. 组织架构

组织架构是一个组织内部机构设置、权责划分以及流程管理的依据，相当于骨骼之于人体一样。"矩阵型是法院组织中专业权威与行政科层相互融合的结果，是一种比较理想的法院内部管理模式。"① 行政管理与审判运行应当分属于两套相对独立又相互依存的系统，形成了法院内部的矩阵结构。在矩阵型法院体制中，"同时存在两个权力系统，它们分而治之，两个系统之间通过制度化的机制实现信息和资源的流动。"② 一个运转良好的组织应该设置满足组织需要的职务结构，每一个组织成员都在这个结构中占有相应的位置，成员之间、管理者与被管理者之间都建立良好的沟通，确保组织中不同部门能相互协调、共同配合。"专业化的行政管理机构和人员是确保审判与行政管理有效分离的基础。"③ 本轮司法改革的亮点之一便是将现有的司法人员分为员额法官检察官、司法辅助人员和司法行政人员，不仅将绝大多数人力资源投入到一线从事司法业务工作的岗位，而且在工作职能上也确保司法行政权服务于审判权、检察权的职能要求，突出法官、检察官在司法组织中的中心地位，以此聚集组织结构中的能量，使其成为组织运行和发展的动力源泉。

3. 组织协调

"东方文化建立在人性善的假设上，形成以群体为本位的文化价值观，组织效能能否实现往往依赖于群体凝聚力与组织目标的异质性，组织结构有效性以纵向的上下级配合效率为考虑重点，纵轴为主轴。"④ 司法审判以公正为首要价值，其裁决往往受司法人员个人职业素养等因素的影响，但司法行政管理的事务烦琐，一般无法依赖一人之力完成，因此需要分工明确、配合默契。司法管理必须有一个统一、高效的组织体系，由决策层从整体上统筹协调，并将工作分配至各个不同的下属完成。这样的好处在于：第一，决策层从全局的角度出发对全面工作进行部署，并按照每个下属的专长安排具体工作，使效益发挥到最大，同时便于对全局工作进行监督。第二，在高度统一的组织里，便于命令的上传下达，也

---

①② 梁三利：《法院管理模式研究》，南京理工大学博士论文，2008年。

③ 赵元松：《司法管理省级统管背景下法院管理模式选择与运作路径》，载于《全国法院第二十六届学术讨论会论文集：司法体制改革与民商事法律适用问题研究》，2015年。

④ 《中国企业管理模式创新的文化含义》，百度文库，2018年3月1日。

便于上下级与平级的纵向、横向沟通。同时,司法行政部门还担负着对外联络的职责,因此司法行政管理部门对内尽职尽责为办案人员提供服务,对外处理好与相关职能部门的关系。良好的司法管理体制不仅要尊重司法规律,也要兼顾司法现状。此轮司法改革就是在尊重司法规律的基础上将其置入我国现行政权组织形式之中统筹考量,同时充分体现并寻找完善现行法院、检察院的组织结构、司法机关领导及司法人员利益、成长的实现形式与途径,因而具有正当性、可行性及其可操作性,这是值得期待的。

二、明晰化的管理职能

司法管理这个概念在我国是不断发展的,它的内涵直到《人民法院第二个五年改革纲要(2004~2008)》的公布才得以明确界定,即司法管理包括"审判管理、司法政务管理、司法人事管理",起草人认为"这是一个具有划时代意义的创举。"在此之前,也有学者对这一概念进行阐释,例如,有的学者认为,法院内部的司法行政管理可以分为:一是与审判有关的行政管理工作;二是监察、统计等行政管理工作;三是虽无明文规定,但事实上由院领导承担的大量行政工作,例如,任免、调配中层干部、法官职称评定等;四是非正式的行政性、事务性的工作,如职业教育培训、评比、精神文明建设、扶贫、抗灾等非专业性工作。笔者认为司法行政管理职能应以辅助司法权运行为目的,具体而言包括对事的管理、对人的管理以及对物的管理职能。

1. 综合行政管理职能

司法机关日常行政事务均由行政部门负责,工作范围广,内容繁杂,除日常行政性事务外,还有党建工作、精神文明建设、宣传工作等非行政性事务,既要接受和服从上级党的领导机关的领导、监督,还要维系与上级司法机关、权力机关、政府等组织之间的纵向关系,同时要与同级政府部门、同级司法机关等部门建立横向关系。具体而言,对内主要包括案件管理、司法统计、技术鉴定等司法辅助类工作,以及党建工作、文化建设等非行政性事务。对外,行政机关要处理新闻宣传、信息简报、工作总结、人大代表联络、会议文件督办等对外公共关系协调。正所谓"上面千条线,下面一根针",司法机关行政事务千头万绪,涉及整个司法机关的良好运转。

2. 司法队伍管理

为法院、检察院提供强有力的队伍保障是司法行政管理的重要部分。这一职能多由政治部门负责。司法队伍建设与司法人员管理是一项系统的工程,包括组织建设、思想建设、业务建设、理论建设等。一个规范、系统、可持续发展的人事管理制度，对规范司法权有效运行具有重要的意义。因此，司法行政管理部门应完善司法人员的职业准入、选任、考核、激励、晋升、教育培训等方面的管理工作，以形成一个良性竞争的管理机制，一是为司法队伍选任更多的优秀人才；二是提高司法人员的积极性和主动性，有效规范司法行为，从而保障司法权的良性运转；三是司法管理还包括对内部司法工作人员的廉政自律、党风教育等工作，例如，对违法、违纪行为的督察、查究与处理，以及对外处理息诉罢访等工作。

3. 提供物质保障

"没有任何一个组织是自给自足的，组织为了生存与环境进行交换获取资源，就产生了组织对外部环境的依赖。"[①] 建立科学的后勤管理运行机制，使司法机关从外部获取的资源在内部实现合理的再分配，是司法后勤保障的题中之义，不仅包括为司法机关提供办公场所、审判场所、检察业务用房、办案设施、办公设备、警务用车及其他物质装备，还包括为司法人员提供必需的生活条件和设施。例如，"数字法庭""互联网法院""数字检察"的建设已逐渐成为法院、检察院信息化建设的一个重要体现，而建设这样一个法庭、检察业务用房则往往需要投入大量的资金。另外警务用车在公车改革的背景下也显得更加捉襟见肘，经常出现排队登记用车的情况。为司法工作人员提供良好的办公条件，解除他们的后顾之忧，可以促使他们以更加饱满的热情投入到工作中，最大限度地发挥工作的积极性。

三、员额化的管理主体

在过去的司法权运行中，法官、检察官与院、庭（处、科）长等领导共享司法权，即司法文书签发前需经过不同领导的层层审判，遇有重大、疑难案件就上报庭（处、科）务会、审委会检委会甚至上级主管部门讨论，这种带有司法行政化的司法权运行模式一直广受诟病。另外院长检察长、庭（处、科）长掌握的司法管理权存在干扰司法权行使的隐忧。例如，过去院长检察长、庭（处、科）长拥有对普通法官、检察官考核的权力，考核的结果关系着法官检察官的待遇、升迁等，当这些拥有司法管理权权威的领导参与合议或审批案件时，其他司法人员很难以一种平等的心态与之对话。为了实现司法权的科学配置，此次司法改革探索建立了以员额法官检察官为核心团队办案模式，在员额法官检察官的带领下，法官检察官助理及其他司法辅助人员在

---

① 马迎贤：《资源依赖理论的发展和贡献评析》，载于《甘肃社会科学》2005 年第 1 期。

团队中各司其职，团队由员额法官检察官管理，如何发挥团队管理者的智慧，使团队运行的效率得到最大限度发挥成为新的研究重点。以法院为例，审判团队的优势在于团队内部人员分工明确，如果配合默契能发挥"1+1+1＞3"的效果。笔者认为优秀的团队协作能力甚至比个体的创造力更为重要。提高审判团队的整体工作效率，员额法官的管理协调能力尤为重要，这表现在以下几个方面。

1. 明确团队成员职责

有学者认为，"在实行员额制、司法人员管理改革的过渡期内，法官助理检察官助理最主要的工作仍然是代行书记员职责，助理岗位设置的价值和潜力尚未得到有效发挥"。[1]可见法官助理检察官助理在实践中并没有充分发挥其应有的作用。因此，分工明确、职责一致是团队良好运行的关键。每一位审判团队检察团队的成员都应当根据规则的要求和团队的具体情况做好本职工作。书记员需尽快熟悉案件流程，探索集中送达、保全等提高效率的方法，并逐渐积累草拟裁判文书、调解等经验；助理应在参与案件的办理过程中，提高庭审掌控能力、社会交往的能力，积累法律知识，锻炼理性思维，提高自身的专业素养；团队负责人不仅要负责团队案件的质量，还要为"新手上路"编纂"服务指南"，针对不同的成员采取各具特色的方法指导其成长。这种将团队负责人行使依法独立办案权与对团队成员行使司法事务管理权的统一，不仅是破解传统管理体制方面存在"管案件（由办案主体负责）的不管人""管人（由政工人事部门负责）的不管案件"的"两张皮"难题的有效方法，而且是精简机构、压缩行政管理人员的正确选择。

2. "管案"和"管人"有机结合

员额法官检察官在日常工作中应该了解团队成员的工作能力和业务特长，在工作分配上充分发挥各成员的工作优势，并有意识地培养法官助理、检察官助理的法律思维能力、驾驭庭审的能力、接访调解的能力。在日常工作中法官检察官可通过要求法官助理、检察官助理归纳双方争议焦点、研究诉求与证据的契合程度、援引法律法规与诉求之间的关联程度等方法，公开法官检察官的心证过程，理顺法官助理的裁判思路与检察官助理办案裁断的思路。让法官助理、检察官助理更多地参与讨论疑难复杂案件、交流审判经验，指导法官助理如何弥补法律漏洞、如何借助法理或法律原则得出前瞻性判决；指导检察官助理如何收集、固定、审查、判断、运用证据，如何借助法理或法律原则得出前

---

[1] 王宗光、邱波：《实证反思与模式重构：未入额法官在员额制下的进路——以上海市E中院未入额法官协助办案为样本》，载于《四川大学法律评论》，2017年第2期，第28~38页。

瞻性决定，从而提高法官助理、检察官助理处理疑难或新颖案件的能力。在指导法官助理、检察官助理的过程中，通过让法官助理、检察官助理草拟法律文书、处理司法事务、优先表决等方式为其留出独立思考的空间。建立高效的沟通机制，每天或每周在固定的时间内与团队成员进行沟通，了解每位成员的工作进度及遇到的困难，及时发现问题并纠正。注重综合配套改革，禀赋法官检察官对其团队成员的考核评价、职务晋升、工资晋档、年终奖金分配、职业荣誉的推荐提名权、表决权权重，从而增强综合配套改革的效果。

3. 发挥团队成员优势

法官助理这个岗位是法学学子走向法律职业的终身修道场，每一个具体的工作环节都能体现其综合素质、专业素能与职业责任感。"木桶理论"告诉人们决定木桶的容量多寡由其中一个最短的木块所决定。它启示搭建法官检察官办案团队需要充分关照团队成员的学科背景、办案经验、从业时间以及其他技能，从有效发挥各个团队成员的特长出发，注意关心、培养、使用刚入职的新手或者办案经验较少、从业时间较短、相关技能较弱的司法辅助人员，从而形成团队资源整合"递增效应"。因此，应当科学地界定员额法官、检察官与法官助理、检察官助理之间的关系，明确分工与配合的关系模式及其运行方式。员额法官应该尽量给团队成员机会锻炼自己的能力，使其掌握与人交流沟通的艺术，培养主动做事的品格，主动了解检察或审判团队里需要自己做什么，并全力以赴地完成。"从员额制改革的法官存量资源看，资历浅的审判员甚至是助理审判员中不乏优秀分子的存在"[1]。应该重视团队中这类成员的优势，使其分担员额法官、检察官的工作负荷，毕竟"与核心审判权、检察权行使直接相关的核心审判事务、检察事务是可以分解的"[2]。

四、扁平化的管理平台

科层制是著名社会学家马克斯·韦伯在考察了传统东西方社会的组织方式之后提出的概念。随着科层制在司法机关的广泛应用，不难发现，科层制所具有的效率、稳定、统一的优势在行政领域游刃有余，但与司法权运行的客观规律并不契合。司法权的本质是对纠纷进行判断，司法人员必须在法律的指引下

---

[1] 唐新苓：《员额制改革"存量盘活"：以基层法院未入额法官"审判角色"扮演为主线》，载于《深化司法改革与行政审判实践研究（上）——全国法院第28届学术讨论会获奖论文集》，2017年。

[2] 傅郁林：《以职能权责界定为基础的审判人员分类改革》，载于《现代法学》2015年第4期，第12~30页。

展现自己对法律的运用,而不受他人的干涉,"法院没有义务,甚至没有资格去服从行政机关及其首脑即政府的指示"①。在相当长的时间里,司法机关内部所出现的请示、汇报、审批等现象,不仅降低了效率,还违背了司法规律。为了解决这一弊端,此轮司法改革以界定司法权及司法行政权的权力边界为核心,引入了扁平制管理模式,即"组织设置的层级较少而管理幅度多。"在扁平化模式中,团队负责人既是办案者,也是管理者,这样一来不仅将审判权下放至员额法官检察官手中,保证司法权独立运行,而且有助于目标管理,实现司法人员权责统一。

1. 搭建扁平化的组织构架

随着员额制法官、检察官制度的全面落实,员额法官、检察官直接对团队内的案件质量负责,签发法律文书,改变了过去院长、庭长审批的办案模式,减少了管理层级。在团队组织中,员额法官、检察官是组织的总指挥官,除了负责自己主审的案件外,还负责协调组织内部的事务,指导法官、检察官助理、书记员从事办案辅助工作。

2. 明确扁平化的权限划分

为进一步实现资源的优化配置,以扁平化管理模式为基础,将司法管理职能划分为司法业务管理、司法服务管理、司法队伍管理等,使司法机关的各项工作系统化、一体化:司法业务管理以审/检委会业务工作为核心,总结司法经验,结合大数据建设研判态势,建立符合司法改革要求、司法规律的案件质效评估体系,强化调研管理、统一裁判尺度的研究职能,加强案件质量评查与监督;司法服务管理是以司法便民服务、审判/检察辅助事项、司法公开建设、陪审工作管理等司法辅助工作为内容,集中统筹司法机关内部各项司法服务职能,并协调对外宣传、权威信息发布、政府关系协调等对外沟通联络工作,从而实现审判服务保障、公共关系建设、对外沟通联络基本职能;以司法队伍建设、党建宣教、办公行政、财务后勤、信息技术为主要内容的司法队伍管理与服务保障工作,明确了综合管理部门的工作职能,确保综合管理部门围绕中心工作有序发挥各项职能作用,提升管理效能。

3. 优化扁平化的关系协调

在组织结构中,纵向控制关系着组织的效率等目标,横向协调则关系着组织的有效性。要实现组织内部关系的协调融洽,处理好以下关系尤为重要:一是纵向关系。在扁平化构建中,团队负责人成为行使审判权、检察权的决定者,有的团队负责人既肩负着行政职务,又领导着整个团队。当两种角色由同一个主体行

---

① [德] 拉德布鲁赫著,米健、朱林译:《法学导论》,中国大百科出版社1997年版,第101页。

使时，应当特别注意的是，团队负责人不能利用行政职务的权威对司法权造成不当干预。二是横向关系。重视组织内部各部门之间的协作，以法院为例，对于立案、审判、执行这三个业务流程，就应该通过建立制度、完善机制等方式，加强案件不同阶段的前后衔接。

五、清单化的管理责任

责任是行为理性化之基。"课以责任，因此预设了人具有采取理性行为之能力。"在新一轮的司法改革中，决策者将司法责任置于一个基础性的地位，戏称为改革的"牛鼻子"。为落实中共十八大确立的司法责任，2015 年 9 月 22 日和 9 月 28 日，最高人民法院和最高人民检察院分别发布了《关于完善人民法院司法责任制的若干意见》和《关于完善人民检察院司法责任制的若干意见》，根据权责统一的原则，享有权力的主体就必须要承担与其权力相对应的责任：案件的负责人、合议庭成员、审委会/检委会委员等均应对自己发表的意见、做出的决定负责。

此轮司法改革虽然下放了司法权，但不意味着要院长、检察长管理监督没有必要。事实上，笔者认为，重新定义司法管理监督对落实司法责任制具有重要意义。(1) 运用组织化、公开化的管理方式。过去院长、庭长听取案件汇报的方式较为随意，到办公室听取承办人汇报，甚至打电话沟通，这种随意化的监督，很容易嬗变为对司法权的不当干预。因此，司法管理监督应该建立组织化、公开化的方式，院长、检察长对案件的监督主要通过法官/检察官会议、审委会/检委会等组织形式，按照专门的程序，公开进行，不仅有效监督司法人员公正行使司法权，还保证监督管理公开透明、全程留痕。(2) 重视程序监督、法律适用的管理内容。事实的查明有赖于司法人员亲历查明过程，管理监督者没有参与庭审过程中，仅凭听取汇报、阅卷就做出决定，并不见得会比案件负责人查得更清楚。因此，对事实部分的认定责任主要由案件负责人承担，司法管理者应当聚焦案件程序是否合法、司法人员的司法行为有无违规、法律适用是否正确等方面。(3) 树立刚性监督与柔性监督并重的管理理念。为了彻底落实司法责任制改革，切实让裁判者负责，院长检察长就要尊重法官检察官的办理案件的判断权、决定权，司法管理者可以提醒案件负责人应该注意哪些问题，抑或者给出自己的建议，但是不要将自己的观点利用权威强加给案件负责人，而是通过良好的沟通，让司法伦理道德以及良好的司法职业素养能自觉渗透到每名司法人员的工作之中，毕竟"司法责任中的追责并不能够起到根本预防或者补救作用，而培育良好职业操守的法官检察官却能够起到事前预防和事中公正的良好效果"①。

审判责任、检察责任与管理责任都属于司法责任的范畴,但含义有较大不同。对管理者来说,管理责任重点在两个方面:一是程序性事项的审批权,包括案件流程监督、强制措施的采用、启动审委会/检委会等;二是其他需要管理者监督的事项,例如,上下级业务部门的沟通、与外单位协调、司法资源的调配等。管理责任清单已经列明,更重要的是应当构建精细化的实施细则和监督条例,严抓落实。在司法责任制改革中,司法管理不能越位,更不能松懈,要平衡好监督管理与独立办案的关系。为了适应新时期改革的步伐,司法管理的方法与技术都应该与时俱进。管理责任要求明确监督主体,建立健全案件讨论的全程留痕机制,对案件讨论的启动事由、讨论人员、发表意见、领导决议等内容均应真实、完整记录,做到全程留痕、附卷备查。扩宽院长检察长、法官检察官和司法管理部门在日常监督中提供发现问题的平台,例如,建立科学的案件评查机制,采用重点、专项、常规评查相结合的方式作为监督管理的主要通道。如何追责在司法责任制改革中处于重要的位置,在确定责任分担的时候特别要保证公平、科学、合理,因此司法管理的技术必须从"粗线条"向"精细化"转型。在考虑责任时,要区别管理责任和案件责任,从责任的追究程序来看,管理责任不应与法官、检察官的案件责任一样追究,而是应该探索建立管理者的业绩考评机制,将管理责任制度化、规范化。

六、信息化的管理效能

一直以来我国的司法实践都更关注案件质量,着重"案件质量评查,完善司法过错责任追究机制"。只是随着立案登记制的实行及程序正当化进程的加快推进,各地、各级司法机关都不同程度地面临着案多人少的窘境,一线办案人员的压力剧增。在此背景下,司法管理所蕴涵的效率理念自然理应引起决策者的重视。令人欣慰的是,近年来司法系统的信息化建设取得了长足的进步,在提高司法管理的效率与质量方面作用不可小觑。信息技术对司法管理工作正产生日益深远的影响,从局部应用转化为整体推进,不论是司法管理的方式还是司法管理的效率在信息化建设的过程中发生了潜移默化的变化。"开放、指挥、转型、参与、合作、协同、个性、跨界、融合等关键词不断出现,描绘出信息化建设的未来发展方向。"②

---

① 金泽刚:《司法改革背景下的司法责任制》,载于《东方法学》2015年第6期,第126～137页。
② 倪寿明:《信息化担纲司法现代化》,载于《人民司法》2014年第11期,第1页。

1. 司法活动数据化

随着司法信息化的发展，案件的全过程都在流程系统里留痕，不少司法文书可以自动生成、网络审批，电子化办公缩短了工作时间，提高了工作效率。例如，不少地方在办理上诉、再审等案件时，可直接通过系统内的电子档案调阅诉讼档案。随着智慧法院的建立，网上立案、网上缴纳诉讼费、电子送达等也为当事人提供了便利，受到当事人的好评。司法机关信息化管理使案件从立案开始就进入有序运作的轨道，通过信息化管理系统实现对办案各个环节的有效管理，不仅有利于司法公开、为当事人提供便利，而且有利于司法机关内部将静态监督与动态管理结合起来，实现流程控制的透明化、办案过程的网络化和案件数据的电子化。在面临大数据和人工智能迅猛发展的崭新挑战下，必须充分认识人工智能之于司法管理乃至整个司法活动的重大意义和不可或缺性，明确其价值功能不仅在于浅层次的信息收集整理，更在于信息加工、思维加工、司法产出方面的司法创造性活动。为此，必须不失时机地构建司法管理大数据平台、开发人工智能管理新系统、发展智能化的司法管理新方法，实现司法管理的智能化、数据化、高效化。

2. 司法管理精细化

在信息化的助力下，司法管理了打破时空的限制，按照风险为本的监管理念，全面、持续地收集、监测和分析风险信息，针对司法活动中的主要风险隐患制订管理计划，合理配置管理资源，实施一系列分类监督措施。目前司法机关内部及司法机关之间已建立了较为完善的司法信息资源的共建共享机制，实现案件信息查询、案件质量评估、案件流程管理等远程监控与实时传输，使工作流程数字化、管理标准规范化、质量评估自动化、监督管理即时化。

3. 司法标准统一化

过去法官检察官在工作之余想学习其他先进经验是十分困难的，因为获取信息的方式十分有限，这使得统一裁判标准有一定的难度。而现在不少司法机关在深化信息化建设的过程中，打造了信息量巨大的案例、法规数据库，使裁决者能够及时查询到同类案件的其他裁判经验并加以借鉴，提高裁判的认可度，减少职业风险。司法效率的提高不仅体现在个案审理时间的缩短上，还表现在借鉴了成功经验，把个体经验变成群体经验上，有利于裁判尺度的统一，从而实现司法效益最大化。

第三节 现代司法管理体系的完善

现代司法管理体制是以既定国家基础性政治、经济、文化、社会制度为其产生、发展之前提，与政治体制、经济体制、文化体制、社会体制、生态文明体制、党的领导体制相符合、相适应、相协调，并内嵌于司法体制又具有自身相对独立性的制度结构及其运行体系。其政治逻辑蕴涵着它与国家政治、经济、文化、社会、生态体制密不可分的联系性，使其呈现与生俱有的国家属性，从而构成国家管理体制的有机组成部分，带有国家管理活动的专门属性。其理论逻辑蕴涵着一定司法制度的质的规定性决定并规定着与之相协调、相匹配的司法管理体制的产生、发展、完善的轨迹，而一定的司法管理体制发挥着优化司法职权配置、规范司法行为、保证司法权有序运行的功能，从而使经济社会对司法公信力形成一种可预期的状态。其实践逻辑蕴涵着现代司法管理体制应当遵循制度创新的规律，不断推进司法管理体系和司法能力现代化，以适应经济社会主要矛盾变化后人民群众对民主、法治、公平、正义、安全、环境的需求增长进而对保证公正司法，提高司法公信力的需求期待的不断提升。所谓司法管理体系，是指遵循司法权与司法行政事务权适度分离、协调统一的运行规律、优化司法权与司法行政事务权配置，保证公正司法、提高司法公信力的制度、体制、规则、机制、程序以及相关法律规范的总和。所谓司法管理能力是指运用既定的制度安排管理司法事务与司法行政事务的能力。司法管理体系和管理能力现代化是指司法管理的系统化、科学化、专业化、智能化、法治化及其过程。推进司法体系和司法能力现代化的出发点和落脚点在于，使司法权运行及其司法管理活动适应新时代社会主要矛盾变化对保证公正司法、提高司法公信力的新形势、新任务、新要求，以形成相对独立、协调统一的司法管理体系；结构科学、功能完善的司法组织体系；系统完备、科学合理的司法职能体系；权责统一、规范有序的司法权运行体系；综合配套、机制健全的司法保障体系；激励约束、严密规范的司法监督体系。司法管理体系和管理能力是一个结构科学、有机联系、相辅相成的统一体。有了科学的司法管理体系才能孕育高水平的司法管理能力；不断增强司法管理能力才能充分发挥司法管理体系的效能。进一步破解影响和制约保证公正司法、提高司法公信力的体制性障碍、机制性困扰、保障性束缚的难题，把"补齐短板""强化薄弱环节"作为新时代包括深化司法管理体制改革在内的司法改革的切入点，实现司法改革的各项既定目标，关键在于加快推进司法管理体系和司法管理能力现代化。现代司法管理体系的内容包括以下几个方面。

一、相对独立、协调统一的司法管理体系

所谓相对独立、外部协调的司法管理体系是指司法管理在坚持党的一元化领导前提下作为一个相对独立的系统，其与外部的行政机关的管理体系、监察机关

的管理体系之间构成相对独立、协调有序、规范运行的制度、体制、规则、机制、程序的管理规范总和。"司法权作为中央事权在对案件事实和法律的判断与裁判过程中"[①] 发挥着"权利救济、定分止争、制约公权的价值功能"[②],其出发点和落脚点旨在通过对案件事实和法律的判断、裁判,以维护党成熟的政策主张上升为国家意志的法律的统一正确实施,以维护宪法法律的尊严和权威。在这里,它所体现的意志不仅是国家意志而且是党和人民的根本意志;它对案件事实的判断认定必须是符合客观真相,裁断的结果必须符合实体公正,裁断过程必须符合程序公正,并且不因某些领导人意志的改变而改变,不因地方经济社会事务发展的特殊性、复杂性、差异性所牵制,不因行政管理系统及其他管理系统的管理体制机制的差异性所制约,更不因法官检察官资历深浅、能力高低、心理偏好使其具有选择性,而其必须遵循忠诚、公正、清廉、文明的司法规范,从而维护宪法法律统一正确实施,并且让人民群众从每个司法个案中感受到公平正义。司法管理是寓于司法权行使过程之中而彰显其价值功能的。维护中央司法事权的统一性、权威性需要探求在坚持党的一元化领导前提下,构建相对独立、外部协调的司法管理体系。其客观依据在于:一方面,传统"一元控制下的分层交叉管理模式"所导致司法权地方化,司法地方保护主义盛行、挑战中央权威、法制统一的诟病,为启动新一轮推行司法机关的人财物省级统管模式提供了正当性、必要性和可行的客观基础,因而"一元控制下的分层交叉管理模式"作为推进新时代司法管理现代化的回归复原选择,是难以再次纳入顶层制度设计的选择方案,即司法机关人财物省级统管的管理模式一旦被选择并改革运行,其因体现维护中央司法事权统一质的规定性使其不可能走回头路。另一方面,本轮启动由点到面的三批司法管理体制改革,其出发点和落脚点在于去司法地方化、维护中央司法事权统一性、权威性,建立与之相适应的中央与省两级统管的模式,这是不容置疑的。但由于传统制度惯性的影响和制约,本轮改革的结果仅仅在法院检察院的院长检察长上提至省级统管,司法人员编制、职业准入、职业遴选等上提至省级统管,财物仅有少数省份上提至省(自治区、直辖市)统管,以及跨行政区划的知识产权法院、最高法院的巡回法庭的建立。这些作为新时代司法管理现代化的要素的生长是可圈可点的。但如何直面改革过程中存在的"短板"与"薄弱环节"问题,即改革后未能建立起保证中央司法事权统一正确行使的司法人财物管理实行"一元控制下中央与省两级统管"的模式,而是形成了"一元控制下重心上

[①] 习近平:《在中央政法工作会议上的讲话》,引自《习近平关于全面依法治国论述摘编》,中央文献出版社2015年版,第102页。

[②] 习近平:《关于〈中共中央关于全面推进依法治国若干重大问题的决定〉的说明》,引自《〈中共中央关于全面推进依法治国若干重大问题的决定〉辅导读本》,人民出版社2014年版,第76~77页。

移、分权交叉管理与四个层级控制相结合的混合型管理"模式,改革的结果与改革预期发生扭曲错位现象。由此,围绕"保证公正司法、提高司法公信力"的改革目标,建立相对独立、外部协调的司法管理体系,加快推进新时代司法管理现代化,尤为重要。讨论司法管理模式比较问题,笔者曾提出"外部分离改革模式"①"重心上移适度分离改革模式"②"内部适度分离改革模式"③"相对独立、外部协调改革模式④"。

通过对多轮司法管理体制改革的实践比较,以推进国家治理体系和治理能力现代化改革总目标为检验标准,笔者认为我国选择"相对独立、外部协调的司法管理模式"条件具备、时机成熟。所谓"相对独立、外部协调的司法管理模式"是指在党的统一领导下,实行中央与省(自治区、直辖市)两级统一管理法院检察院人财物,与市(州)县(区)两级行政区划完全脱钩的司法管理体系。

(一) 完善党对中央司法事权统一领导的最佳实现形式

党的十九大报告明确指出"中国特色社会主义最本质的特征是中国共产党领导,中国社会主义制度的最大优势就是中国共产党领导,要坚持党对一切工作的领导"⑤。推进国家治理体系和治理能力现代化,必须坚持党的领导不动摇,从完善保证中央司法事权统一行使层面,加强和完善党对中央司法事权统一领导的最佳实现形式。针对"层级分权控制司法管理模式"存在的司法地方化、司法保护主义盛行,挑战中央权威、法制统一的诸多弊端,与本轮司法管理体制改革存在的"短板"问题,有必要探索创新完善中央、省两级党委对司法机关统一领导的最佳实现形式。其改革选择方案有:一是省以下司法机关的人财物由省级党委统一领导的体制,党的编制、组织部门监督管理,法院检察院协同,政府财政人事发改委部门协助执行的运行机制。二是省以下司法机关人财物省级党委统一领导的体制,授权由同级党委政法委监督管理,法院检察院主导管理,政府有关部门协助执行的运行机制。三是维持现状不变。笔者倾向第二个方案。在接受人大监督方面也有三个方案可供选择:第一,修改相关法律,明确规定省以下法院院长、检察院检察长由省级人民代表大会任免,可实行"派遣制"即将其派往省以下行政区划所辖内法院检察院或者派往跨行政区划的法院检察院履行职责,其人

---

① 徐汉明:《论司法权和司法行政事务管理权的分离》,载于《中国法学》2015年第4期。
②③④ 习近平:《中共中央关于全面推进依法治国若干重大问题的决定》,引自《〈中共中央关于全面推进依法治国若干重大问题的决定〉辅导读本》,人民出版社2014年版,第21页。
⑤ 习近平:《决胜全面建成小康社会 夺取新时代中国特色社会主义伟大胜利》,引自《党的十九大报告辅导读本》,人民出版社2017年版,第76页。

选考核及党内任免由省级党的组织部门或党委政法委负责，由省级法院院长、检察院检察长向省级人大常委会推荐提名；副院长、审判委员会委员、审判员，副检察长、检察委员会委员、检察员履行党内任免程序后，由省级法院院长、检察院检察长向同级人大常委会提请任免，其任免的人员可以在省域内派驻任职、交流任职、遴选任职，以打破法官检察官"版块化"管理的弊端；省级法院检察院对省级人大及其常委会负责、向其报告工作、接受其监督；省以下人大及其常委会对辖区内或跨行政区划的法院检察院可定期对其工作进行视察，听取专项工作报告，但不对法院检察院年度工作进行评议，对其监督意见可向法院检察院提出或向省级人大或常委会报告，通过省级人大常委会实施监督。第二，修改相关法律，省以下法院院长检察院检察长由省（自治区、直辖市）统一考核提名，由市（州）、县（区）同级人民代表大会选举，其中检察院检察长由省级检察院检察长提请省级人大常委会批准；法院副院长、审判委员会委员、审判员、检察院副检察长、检察委员会委员、检察员在履行省级党的组织部门考核任免手续后，由省级法院院长、检察院检察长向同级人大常委会提请任免，并采取"派遣、交流、轮换"到省以下法院检察院任职；有关法院检察院对人大及其常委会负责、向其报告工作、接受其监督的体制不变。第三，不修改相关法律，有关省以下法院院长、副院长、审判委员会委员、审判员，检察院检察长、副检察长、检委会委员、检察员党内任免由省级党委组织部门（或者由党的政法委）负责；其中省以下法院院长、检察院检察长的人选由省级党的组织部门交由省以下同级党的组织部门向同级人大常委会提名，由同级人民代表大会履行选举程序；有关法院院长副院长、审判委员会委员、审判员，检察院检察长副检察长、检委会委员、检察员的人选则由法院院长、检察院检察长向同级人大常委会提请任免。笔者认为第二个方案较为可行。

（二）构建相对独立、协调统一的司法管理模式

1. 中央司法事权统一领导体制层面

改革现行中央司法事权由四级党委领导的体制，实行由中央、省两级党委对行使中央司法事权的统一领导，从体制机制层面消减地方党委因地方事务贯彻中央有关的司法方针政策、国家法律的偏差所导致司法地方化、地方保护主义的根基。省以下法院检察院在行使中央司法事权时关涉地方事务或与地方经济社会发展情势变更可能引发矛盾冲突的重大案件、重大法律问题，可以向地方党委通报情况、听取意见、接受监督；法院检察院在司法过程中，因各种情势变更引发的重大突发事件，仍应及时向同级地方党委报告，争取协调、帮助、支持，地方党委有责任妥善处置这些事件以保证司法工作的正常有序运行。

2. 司法专项编制管理体制层面

巩固将省以下法院检察院机构、人员编制统一上划、由省级统管的编制管理体制改革成果。地方编制部门不再作为共同管理司法专项编制的主体，从编制管理体制层面堵住地方编制部门参与管理给地方党政负责人以编谋私、干预司法个案的漏洞。建立司法编制主导管理权与编制稽查、监督权适度分离的运行机制。改省级编制部门主导管理司法专项编制为省级法院检察院主导管理法院检察院司法机构人员专项编制，省级编制部门专门承担编制规划宏观调控、对法院检察院编制执行实施稽查、监督的运行机制，实现法院检察院对行使中央司法事权的司法人员统一管理与编制管理相一致、相协调，破解法院检察院长期以来面临"管事（行使中央司法事权的事务）的不能有效管人（行使中央司法事权的司法人员）"，编制部门"管人（行使中央司法事权的司法人员）的不管事（行使中央司法事权的事务）"的难题，从建立"两权适度分离"的编制管理体制层面，既确保司法队伍的职业化、专业化、正规化建设，又纠正和防止传统编制管理机制运行弊端所引发的以编谋私、插手司法个案、损害中央司法事权统一公正高效行使的诸多诟病。其改革的主旨在于确保中央司法事权的性质、功能不因机构编制运行机制等制度要素的介入而使其发生扭曲异变的状态，从科学完备的"两权适度分离"的编制管理体制层面确保公正司法、提高司法公信力，使法院检察院回归司法编制主导管理，包括：向同级机构编制部门提请司法专项编制规划与年度计划、司法人员入职资格审查、提请法官检察官遴选委员会专业审查、组织入职资格考试、在年度编制计划内决定省以下司法人员入编、协调相关部门司法人员入职的户籍、医疗、卫生、住房、工资福利待遇等，机构编制部门回归其履行制定宏观编制规划、审核法院检察院编制员额控制与年度执行情况、稽查法院检察院超编与违规违法行为，履行对法院检察院编制执行的稽查权、撤销权、变更权、责令纠正权等稽查监督权力，确保国家编制法统一正确实施，从而形成法院检察院作为司法编制管理的主导执行与编制部门稽查监督适度分离又协调制约的运行机制。

3. 司法职业管理层面

改革法官检察官、司法辅助人员、司法行政人员职业准入、考核、晋升、奖惩由现有四级党的组织部门单边层级主导（中央、省、市州、县区）管理与四级法院检察院协同管理的体制，实行中央和省级党的政法委（司法委员会）或党的组织部门两级主导管理，最高人民法院、最高人民检察院与省级法院检察院协同管理的运行机制。改革后省以下党的组织部门不再管理法院检察院司法人员的职业准入、考核、晋升、奖惩等事务，从而使"党管司法干部"的原则寻找到最佳的实践形式，确保中央司法事权执掌在中央与省级党委手里，并选准、使用、管理好具体执掌中央司法事权的法官检察官、司法辅助人员，以保证司法权依法独立公正行使，司法管理人员忠诚、公正、清廉、文明履行职责；从而建立起科学完备的司法人员职业准入、职业保护、职业惩戒的两级统一管理体制机制，为去司法地方化、纠正和防止司法地方保护主义、维护中央权威、确保中央司法事权统一公正高效行使、确保法制统一提供科学的司法人员分类管理制度保障。为了发挥最高司法机关对所属系统在司法权与司法行政事务权行使方面的统一性、协调性和科学性，有必要恢复最高人民法院、最高人民检察院、省级法院检察院对法官检察官的职务等级能力的认定、考核、晋升、惩戒等统一协同管理的权力，即对四级高级以下的法官检察官资格认定、考核、晋升、惩戒授权省级法院检察院主导管理，并向省级党委组织部门或政法委（司法委员会）备案；对于四级高级以上二级高级以下的法官检察官的资格认定、考核、晋升、惩戒由省级法院检察院主导管理，并向省级党委组织部门或政法委（司法委员会）与最高人民法院、最高人民检察院备案；对于二级以上法官检察官的资格认定、考核、晋升、惩戒由最高人民法院、最高人民检察院主导管理、省级法院检察院协助执行管理，并向中央与省级党委组织部门或政法委（司法委员会）备案；对于二级以上大法官、大检察官由中央组织部或中央政法委（司法委员会）主导管理，最高人民法院、最高人民检察院协助执行管理；对于二级以上大法官、大检察官的任命由国家主席颁发任命书；对于首席大法官、首席大检察官由中央主导管理，并建议其作为中央政治家集团的成员——中央政治局委员，使最高人民法院、最高人民检察院作为国家最高司法机关在中央政治集团的地位得到提升，使之与党统一领导下人大选举产生的最高人民法院院长、最高人民检察院检察长同行政机关、监察委员会的国家地位保持相向平衡，既表达中国共产党作为执政党坚持依法治国、建设法治中国的坚定决心，也展示中国特色社会主义司法制度、政治制度的鲜明特色，彰显其优越性；首席大法官、首席大检察官的任命书应与选举产生的最高人民法院院长、最高人民检察院检察长的任命书由国家主席同时颁发，使其身份地位得到国家的确认和保障。这些改革举措有利于从对法官检察官职业化、专业化、规范化管理层面为检察机关"上下一体"领导体制的有效运行提供制度保障；有利于从法院系统通过对法官职业化、专业化、规范化的控制机制，为法院系统发挥一审定纷止争、二审案结事了、再审依法纠错"两审终审制"的审判监督功能提供制度保障。

4. 单独职务序列的职务工资、福利、退休保障层面

针对在法官检察官单独职务序列工资福利制度方面改革的不彻底性问题，新时代司法管理改革的选项是，按照体现法官检察官管理职业化、专业化、规范化要求，以深化法官检察官单独职务序列工资、福利与司法辅助人员、司法行政人员分类管理的职业保障制度改革作为切入点，在建立法官检察官单独职务序列工资体系方面取得实质性进展，即建立以法官检察官单独职务序列为基础，与公务员工资福利制度体系相协调，与公务员工资结构相匹配，与公务员职级晋升方式相衔接，又与公务员工资福利的起点、结构、标准、晋升通道及配套制度相区别的单独职务工资福利职业保障制度体系[①]。因此，需将隶属于法官检察官单独职务工资、福利、住房、医疗、退休等职业保障，司法辅助人员、司法行政人员按公务员工资福利三类人员工资福利职业保障管理从行政机关人事部门管理体系脱钩，各级政府管理法院检察院司法人员工资福利职业保障的职能统一划归中央、省两级政法委（司法委员会）或组织部门主导与最高人民法院、最高人民检察院、省级法院检察院协同管理，省以下行政机关的人事部门不再管理司法人员的职务序列、职务工资等职业保障事务；形成司法人员以分类管理为基础三类人员类型化管理的单独职务工资、福利、退休管理体系，取消市（州）、县（区）政府人事部门仍然管理本级司法人员工资福利待遇的方式，消解行政机关对法院检察院行使中央司法事权的控制与制约的诟病，从基础制度安排层面根除行政机关以工资福利等行政管控插手中央司法事务、干预司法个案，造成的司法不公、不严问题，从而使法院检察院依法独立行使审判权检察权不受行政机关、公民、社会组织干涉的宪法原则得到有效实施。

5. 全面复制推广司法经费由省级统管的体制

全面总结北京、上海、天津、重庆、广东、湖北等省（直辖市）对法院检察院经费实行省级统管的体制，建立以省会中心城市为基点相对均等化的司法经费保障"五个体系"，即以省会中心城市审判人员、检察人员工资、津贴、医疗、住房等"相对均等化"保障水平为基点的职务序列及工资福利保障体系；以强化依法独立公正行使司法权为基点的公用费、办案费、信息技术装备费、基础设施建设费、国际司法合作经费的现代司法保障体系；以提高司法公信力为基点的司法信息现代化保障体系；以提高司法能力为基点的人财物司法管理体系；以推进"队伍专业化、管理科学化、装备现代化、建设规范化、保障制度化"为基点的项目实施体系[②]。以破解司法经费"分灶吃饭""分级保障"体制带来经费保障差异大、同工不同酬，助长"办案为钱、为钱办案"，插手经济纠纷，滋生司法腐败等难题，从而为保证公正司法，提高司法公信力建立经费保障"相对均等化"的省级统管体制。

6. 完善人大权力机关的监督实现形式

中国特色社会主义政治制度的独特优势在于党领导下的人民代表大会制度。

[①] 徐汉明、张巍、金鑫等：《检察官职务序列研究》，中国检察出版社2015年版，第146页。
[②] 徐汉明：《论司法权和司法行政事务管理权的分离》，载于《中国法学》2015年第4期。

经过 70 年的政权建设曲折发展实践，已经形成了定型化、成熟化的由各级人民代表大会产生"一府一委两院"的政权组织形式。一方面，这种政权组织形式在贯彻执政党的执政方针政策、保障把党的主张通过法定程序成为国家意志，使党组织推荐的人选通过法定程序成为国家政权机关的领导人员，通过国家政权机关体现实施党对国家和社会的领导[①]，加强对政府、监察委员会、法院、检察院的监督，维护中央权威和法制统一，使经济社会发展和国民经济计划的决策、实施、监督的程序化、法治化发挥了不可替代的作用，成为区别于西方国家"三权分立"根本政治制度的标志，发挥着有效动员组织全体人民投身社会主义建设事业的积极性、创造性，集中精力办大事、办难事，推动社会主义现代化建设持续健康协调发展的制度保障。另一方面，在中央与地方事权划分不清晰、保障经济社会发展"一府一委两院"协调有序高效运行的财权实行"分灶吃饭、分级负担"的体制，使得地方经济社会发展同中央统一部署要求时常发生偏离现象，不少地方在推进经济社会发展中时常提出所谓"弯道超越"，即制定实施与既有的法律规范冲突的政策措施，公开提出"遇到红灯（国家法律）绕道走""遇到黄灯（行政法规）大胆走"，要求司法机关为破坏法制的地方政策"松绑"，为触犯法律的人和事"放一马"；一旦这些与国家法律冲突的地方经济发展事务通过决议决定，则增加了司法监督的难度。这给同行政区划相对应设置的基层法院检察院为寻求维护法制统一尊严权威，使中央司法事权与地方发展利益平衡博弈而左右为难，因"分灶吃饭、分级保障"的体制约束，有的基层法院检察院不得不为其提供司法保护。因此，改革基层法院检察院按行政区划设置为跨行政区划设置尤为迫切。这已为铁路、海事、知识产权、监狱以及湖北省汉江等众多跨行政区划的专门法院检察院的设置方式与司法权运行体制改革的经验所证明，其是医治基层法院检察院按行政区划设置导致司法地方化、司法保护主义盛行弊端的一剂良药。其改革的选项是：大量减少按行政区划设置的基层法院检察院，而更多按照跨行政区划设置基层法院检察院；按行政区划设置的基层法院检察院案件管辖应当调整至民商事领域的婚姻家庭、财产继承纠纷、邻里之间的一般民事纠纷，刑事领域涉及行政区划管辖内的扰乱公共秩序罪、危害公共卫生罪、失职渎职罪等；对民商事的知识产权纠纷、民商事合同纠纷、侵权纠纷、行政诉讼、刑事领域的维护国家安全、维护公共安全等，按照类型化的管辖原则设置跨行政区划的基层法院检察院，分类对这类案件实行初审管辖，从基层法院检察院设置与司法管辖制度科学构建层面根治司法地方化、司法成为地方经济社会发展中"开

[①] 《中共中央关于全面推进依法治国的若干重大问题决定辅导读本》，人民出版社 2014 年版，第 6 页。

门招商、关门宰羊"的工具等弊端。相应地需要改革完善地方权力机关对法院检察院的监督方式,其选项之一是,改省以下法院检察院法官检察官的选举、任免为一律由省级法院检察院向省级人大及其常委会提请任命,地方人大不再履行对行政区划内设置的法院检察院的法官检察官任免事务;改地方法院检察院向同级人大报告工作、接受其监督为向省级人大监督为由省级法院检察院统一代表向省级人大及其常委会报告工作、接受其监督;地方人大对辖区内的法院检察院的监督方式可采取定期听取工作报告、开展视察、专题调研等,向省级以上人大提出建议,加强对辖区内法院检察院的监督等方式。

(三) 理顺党的组织、编制机构部门与党委政法委(司法委员会)对法院检察院管理的关系

坚持"党管干部"的原则不动摇,是我们党"善于使党组织推荐的人选通过法定程序成为国家政权机关的领导人员"[①] 的成功经验。随着新时代建设"法治中国""平安中国"的任务加重,政法委代表党在把握司法机关政治方向、协调各方、统筹工作、建设司法队伍、督促依法履职、创造公正司法环境等方面责任重大,而政法委在对法院检察院人财物管理上仅有建议权、监督权,而无直接管理决定权,同其职能任务不相匹配,而组织编制部门代表党实施党管干部、编制统一的任务,在职业化、专业化、规范化方面面临的难度越来越大,精准化、精细化管理要求越来越高,管人与管事脱节的现象也日渐突出,需要探索中央授权政法委履行对法院检察院机构编制、司法人员职务序列、职务工资、职业保护、职业惩戒统一管理的职能。其路径选择可以依托刚刚设立的中国共产党中央全面依法治国委员会(以下简称"依法治国委员会")这一新型党的议事决策机构,赋予其代表党中央对司法机关人财物实行统一管理的职权。其实施方式是授权党的中央政法委与省级政法委作为"依法治国委员会"的常设机构(并设立国家及省级司法委员会),与中央、省级政法委合署实行"一套班子、两块牌子"的运行机制。

二、结构科学、功能完善的司法组织体系

所谓司法组织体系是指基于宪法法律的统一授权以确保中央司法事权统一正确公正高效行使所设置的结构科学、功能完善、运行有序的层级组织系统。其本

[①] 《〈中共中央关于全面推进依法治国的若干重大问题决定〉辅导读本》,人民出版社 2014 年版,第 6 页。

质在于将具有专门法律知识的人员及其相关资源按照官署化、程序化、法律化、国家人格化的理念与方式，使之置于一定的组织结构、层级体系与制度安排之中。一方面，司法组织是以基于对具有专门知识的人禀赋相关的诉讼资源、司法资源、保障资源及其制度环境，使其承担起"忠诚、公正、担当、清廉、文明"的司法素能要求，并以其个人情感、偏好、其他社会生活追求的让渡为必要条件所具有组织结构的官署制度安排。另一方面，具有鲜活人格品质与专门法律知识和素养的人一旦置于这个组织体系之中，则呈现出官署化、法律化与国家人格化的特征，其往往又是司法组织力量的中坚，是国家法的代言人、定纷止争的裁判者、社会公平正义的代表者。基于私权保护与国家及公共利益保护的请求权禀赋与分配和司法规律的制约，这两类请求权的实现则需通过一定的司法层级组织体现，并通过作为司法裁断权行使者的中立、客观、公正、依法裁断，才能使这类请求权所指向实体的权利得到及时救济，才能发挥司法定分止争、权利救济与制约公权的价值功能，个人权益、国家与公共利益才能得到有效守护，因而决定并构成了司法组织制度上的层级组织结构，即通常设置表达为初审法院检察院、上诉审法院检察院、再诉审法院检察院、保障法律统一正确实施使裁判具有终局性的最高司法机关，从而确保中央司法事权统一公正高效行使，法律统一正确实施、法制统一尊严与权威。在我国，狭义的司法组织是由最高人民法院、最高人民检察院、省（自治区、直辖市）人民法院、人民检察院、市（州）人民法院、人民检察院、县（区）人民法院、人民检察院的组织体系构成。在国家权力结构体系及其制度安排中，司法组织体系与行政组织体系、监察组织体系构成相互平行、相对独立的系统。笔者在前述提出"相对独立、协调统一的司法管理模式"中已就司法组织体系与党的领导体系、人大监督体系、行政体系、监察体系的关系做了阐述，故不再赘述。因此，本主题旨在讨论司法组织体系内部结构的完善，即内设机构改革选择、办案组织体系科学构建，等等。

（一）传统司法组织体系及其运行的反思

基于司法权属于中央事权的本质属性，其层级的司法机关之间行使司法权尽管在案件管辖、适用程序、裁断效力等方面存在差异性，但其都是基于法律统一授权，其行使的司法权毫无例外地具有中央司法权的统一属性，而不因地方发展的差异或者诉讼主体所争讼标的不同而使其性质异化。基于对传统司法组织体系的检讨，与对前三轮司法管理体制改革存在的"诸多短板"进行反思，司法组织体系的发展完善当需直面和回应若干理论与现实问题，包括：（1）本体性反思：以司法组织性为主，辅之以行政组织性。"司法工具论"导致司法权在国家权力结构中的定位、司法组织设置、内设机构设定与行政机关同质化，司法权与司法行政事务权不分,"科层制"管理方式削弱甚至剥夺了法官检察官作为办案主体的地位及其职责权限,导致岗位混同、权责不清、司法错(冤)案无法追责等弊端,需按照以司法组织性为主、辅之以行政组织性的理念和方式深化司法机构改革,以优化司法组织结构,形成科学的司法组织体系。在当下则包括:科学设置内设机构、准确界分法官检察官与司法辅助人员的职责权限,以及层级司法组织之间的职责权限,即明确界分层级司法组织之间各自的职责权限,使其既不能超越职权干扰或替代下属层级司法组织履行职责,又保持上下层级司法组织之间职责权限的有序衔接,使其上下层级司法组织之间形成协调统一的司法职责权限体系。(2)规定性反思:以跨行政区划为主、辅之以地方性。确保中央司法事权统一公正高效行使、有效防止和纠正司法地方化、司法地方保护主义,最优的改革选择方案是,在反思司法机关按行政区划设置带来不少诟病的基础上选择以跨行政区划为主,辅之以地方性的理念和方式,科学设置跨行政区划的法院检察院,优化司法组织机构的设置,以形成科学的司法组织体系。(3)体系性反思:以结构性为主,辅之以层级性。司法权作为一种独立的判断权、裁断权的秉性,决定了"让审理者裁判,让裁判者负责"成为司法价值功能最本质特征,它要求法官检察官作为司法的主体,能够以自身的政治法律素养、人格品质以及职业信守保证其以"忠诚公正清廉文明"的追求履行职责,因而"科层制"的内设机构体系对于其不仅是一个羁绊,而且是对司法资源与行政资源的严重浪费。为此按照法官检察官与司法内设机构合二为一的理念方式设置内设机构,不仅可以根除传统司法理念,优化司法职能配置,节省内设机构林立导致的司法协调、执行及其监督执行成本,而且可以激活法官检察官的潜能,确立法官检察官依法独立办案的主体地位,使其既作为司法的主体又作为内设机构的负责人管理者,亦即法官检察官本身就是一个官署组织机构。(4)功能性反思:以配置司法资源为主,辅之以配置行政资源。司法功能的体现是通过优化司法资源使司法权在设定的司法组织框架内与运行程序之中实现的。破解"司法地方化""司法行政化"难题,确保中央司法事权本质属性不被异化当需尊重司法规律,通过明晰层级司法机关各自的职责权限,防止角色错位、职责混淆;建立健全以"四等十二级"单独职务序列等级为核心的法官检察官、司法辅助人员的权力清单、责任清单、负面清单体系,辅之事中控制、事后评价、违规违法监察的行政方式,确保司法资源配置的优化,司法权公正高效行使。

(二)完善保证司法权独立运行的审判、检察组织体系

在保持司法机关党的组织体系与党的纪律检查(与监察委合署)组织体系相对稳定与协调的前提下,整合司法资源与司法行政事务资源,按照保障司法权统

一正确行使与司法行政事务管理权有序分离且优质高效行使的原则,相应设置法院、检察院内部的审判、检察机构体系。

1. 以法官办案团队为主体的审判组织体系之完善

设计"两权适度分离"的审判组织体系,必须紧紧围绕其裁判权特征,突出法官在审判组织体系中的中心地位,建立以法院依法独立行使审判权为基点、以法官(法官办案团队即合议庭)依法独立办案并体现法院依法独立行使审判权为核心、以审判监督权和审判管理权为保障的审判组织体系。按照"去行政化"与"依法独立办案"的原则,厘清院长(副院长)、审判委员会及法官行使审判职权的范围及程序,审判委员会及法官都是代表法院依法独立行使审判权的主体及其承担者,院长(副院长)、审判委员会委员及法官的天然定位和法定职责都是相对独立行使审判权的主体,其在依法独立审理案件层面没有权力大小之分,只有坚持以事实为依据、以法律为准绳,做到事实认定符合客观真相、办案结果符合实体公正、办案过程符合程序公正[①],才能推动法院内部去"行政化"、去"科层制"、兴"扁平化"的改革。法官办案团队(法官办公室或合议庭)的实现形式可概括为"法官+法官助理+人民陪审员+书记员+司法警察"。事实上唯有以法官为主体的办案团队受理或承办了具体的案件,才有诉讼程序上的合议庭的形成和表达,合议庭是作为法官办案团队的一个载体而不是一个行政机构,无论域外国家还是当代中国,任何案件的审理裁判都是以法官为主导、其生效法律文书是由法官签署的,而合议庭是不能签发文件、做出裁断并对案件产生法律效力的。因此,合议庭仅仅是法官审理案件在诉讼程序上的一个空间、场地及平台,其既不能作为行政机构又不能成为判决裁定的实体。在法院四级层级体系结构中,院长作为一个层级法院的法定代表人,其对上对下以法人的身份承接有关审判工作的方针政策的适用、案件管辖、人财物保障等司法事务与司法行政事务,仍具有一定科层制行政管理的性质与运行方式。从这个意义上保障法院系统上下监督关系的协调统一,其科层制的机制仍具有一定合理性和价值,不能轻易讨论废除这种具有科层制性质特点的运行机制。而作为法院本级内部的院长、副院长、审委会委员则必须回归法官主体地位才能承担审理具体案件,其必须实行"法官(院长、副院长、审委会委员)+法官助理+人民陪审员+书记员+司法警察"的扁平化办案团队或办案模式,从而真正实现"让审理者裁判、让裁判者负责"的改革目标要求。需要讨论的是,最高人民法院刚刚出台部署的法院内设机构改革规范性文件中[②],将综合办公室、政治部(机关党委)、审判管理办公

[①] 《〈中共中央关于全面推进依法治国若干重大问题的决定〉辅导读本》,人民出版社2014年版,第23页。

[②] 最高人民法院:《关于积极推进省以下法院内设机构改革工作的通知》,2018年5月25日。

室（研究室）纳入其中，这作为承担法院综合管理、政工人事等司法行政事务的"科层制"行政管理机构设置是十分必要的，而将履行审判职能的办案团队设立为刑事审判庭、民事审判庭、行政审判庭和立案庭等管理机构，则仍未摆脱"科层制"的传统行政模式。这种行政"科层制"管理模式同"扁平化"法官办案团队"法官（院长、副院长、审委会委员）+法官助理+人民陪审员+书记员+司法警察"的价值功能是根本冲突的。这是因为，作为以法官为主体的办案团队之外又设置一个"科层制"的审判庭这一行政机构，必然造成两个不同管理模式运行的摩擦碰撞，并与建设具有职业化、专业化、规范化的法官队伍改革要求相悖；尤其是在法院加速推进信息化、审判大数据平台、审判辅助系统广泛应用的前提下，其对审判事务管理的替代作用日渐凸显，因此，在法官团队之外或之上又设置具有行政职能的审判行政机构，其改革的后果必定会呈现出新制度创设收益的不确定性或者可能呈现边际收益下降的趋势。为此，审判组织体系的改革选项方案是，按照"理顺职能、科学分工、精干机构、扁平化管理、优化流程、提高质效"的思路，以审判办案团队组建为突破口，建立以主审法官依法独立办案为中心的审判组织体系，即行使审判权的职能机构与行使审判权的法官合二为一。这就是以法官"四等十二级"的司法能力等级为核心、以依法独立办案为中心环节、以主审法官负责制为基础平台、以单独职务序列工资与职业保护为保障，构建体现和保障以法官依法独立办案主体地位、法官办案团队独任制、主审制、合议制与审判委员会制的审理方式，其互动制衡、协调配合、扁平化管理的类型化审判组织体系，对外可称谓"×××法官"或"×××办案团队"，取消捆绑、约束、叠加法官或法官办案团队的×××审判庭等行政"科层制"管理的称谓。域外法治国家在发挥以法官为主体作用过程中如何组建法官办案团队，通常引入法官负责制，由法官主导签署合同聘任法官助理、司法秘书、司法警察，由法官按照意思自治原则对这些司法辅助人员的工资、福利待遇、奖惩进行考核并具有决定权，从而真正突出法官的主体地位，赢得当事人及社会对法官的尊重，以树立司法权威，从基础性制度安排层面根除行政科层制的弊端，使法院机构精简，破解机构臃肿、人浮于事难题，这是值得借鉴的。与此相适应，需要建立健全独任法官、主审法官及其成员、审判委员会委员、副院长、院长的审判权力清单、责任清单、义务清单制度。实行法官（审委会委员）专司审判职能，不再兼任司法行政事务的职务，以保证以法官为主体的审判人员聚精会神、一心一意从事审判权行使所涉法益事项[①]。

2. 以检察官办案团队为主体的检察组织体系之完善

检察权除具备中立性、客观性、裁断性等司法权的一般特征外，因其享有在

---

① 徐汉明：《论司法权和司法行政事务管理权的分离》，载于《中国法学》2015年第4期。

诉讼活动中对司法人员职务犯罪的侦查权、诉讼监督及非诉讼监督权、公益诉讼权、对行政违法的监督等多项权能,还具有"法律监督一元结构"下多层次权力束的复合型权力运行特点,因为检察机关上下级是领导关系,检察权的行使须遵循"检察一体、上命下从"原则。但从域内外的理论和实务看,在"检察一体"原则下仍强调检察官的客观义务与行使职权的相对独立性。因此,检察组织体系的重构,既要坚持"检察一体"原则,又须体现并关照检察权复合型的特征。检察组织体系的改革选项是,建立以检察官依法独立办案为主体的检察组织体系,其行使检察权的职能机构与检察官合二为一。这就是构建以检察官"四等十二级"的司法能力等级为核心、以依法独立办案为中心环节、以主办检察官负责制为基础平台、以单独职务序列工资与职业保护为保障,以检察长领导下的检察委员会、检察官(刑事检察官、监所检察官、民事检察官、行政检察官、公益诉讼检察官)、主办检察官办公室(职务犯罪检察官)为类型化的检察组织体系及其运行机制。与此相适应,需要建立健全检察官、主办检察官办公室、检察委员会委员、副检察长、检察长的权力清单、责任清单、负面清单制度,实行检察官专司检察职能,不再兼任司法行政事务的职务,以保证以检察官为主体的检察人员(检察辅助人员)聚精会神、一心一意从事检察权行使所涉法益事项,形成评价、问责、惩戒、退出机制与保障机制有序衔接的检察组织体系及其运行机制。

(三)完善科学高效运行的司法行政事务组织体系

按照司法行政事务包括综合、政工(纪检监察)、计划财务与后勤管理服务等"一条边、扁平化"模式科学建立司法行政事务组织机构。遵循"精简、效能、集约、廉洁"的要求,省级法院、检察院可设办公室、政治部(与遴选、考评、教育培训、纪检监察、惩戒等职能机构合署)和计划财务装备局三个部门,市(州)可设办公室(兼计划财务装备)、政治部(与遴选、考评、教育培训、纪检监察、惩戒等职能机构合署)两个部门,县(市、区)可设综合管理服务部一个部门(负责办公室、政工、计划财务、后勤服务职能)。相应设置以秘书长、主任(局长)为主导、以司法行政事务权力清单、责任清单、负面清单为核心,以岗位责任制为约束,以综合类公务员工资福利待遇为职业保障的司法行政组织体系和司法行政事务管理权运行体系。相应岗位职级设置可采用"专员制",即综合办公类设立秘书长、副秘书长,1~3等秘书、研究员(1~3级研究员),机要专员(副专员、助理专员、机要员),档案专员(副专员、助理专员、档案员),计算机总工程师(工程师、助理工程师),总统计师(统计师、助理统计师、统计员)等;政工人事类设主任及人事(党建)专员(副专员、助理专员),监察(纪检)专员(副专员、助理专员),培训教官(1~3级)等;计划财物装备类设局长、1~3级预（决）算专员（副专员、助理专员、预决算员）、总会计师（会计师、助理会计师、会计、出纳）、计划装备专员（副专员、助理专员）、审计稽查专员（副专员、助理专员）、基建总工程师（副总工程师、工程师）等，分别承担具体的司法行政管理事务。秘书长、主任（局长）专司司法行政事务，不得兼任审判、检察职务，不负责司法权行使所涉法益事项，以保证以行政首长为主体的司法行政人员聚精会神、一心一意做好司法保障服务。① 借鉴域外有关司法基础设施建设、维修与养护、后勤服务等维持司法机关运转的司法行政事务实行社会化服务的做法②，可采用招标、租赁、合同派遣、购买服务等形式交由公共事业部门和社会服务组织承担，以破解司法行政事务领域机构庞杂、人浮于事、管理服务质量差等困局。

（四）整合司法资源与司法行政事务资源，探索"司法权与司法行政事务权适度分离"与协同相容的组织体系

针对本轮司法体制改革后仍然存在的机构重叠、职能交叉、相互掣肘、运行协调难等问题，亟须优化与整合法官遴选委员会、检察官遴选委员会、法官考评委员会、检察官考评委员会、法官惩戒委员会、检察官惩戒委员会与政工人事系统、纪检监察系统的资源，在界分其各自职能的前提下，探索创新职能明晰、合署运行、协调相容的组织体系。

1. 整合政工人事与遴选委员会、考评委员会的机构及职能

法官遴选委员会、检察官遴选委员会主要从法官、检察官中挑选精英人才参与，其组织机构可与法院检察院的政工人事部门、法官检察官遴选委员会、法官检察官考评委员会合署，实行"一套班子、三块牌子"，并由政工人事部门主持日常工作。

2. 正确处理审判委员会检察委员会与法官会议检察官会议的关系

改革审判委员会、检察委员会"民主集中制"的议事决策方式为"个别酝酿、集体讨论、以票决定"的议事方式，发挥其决策机关的作用；总结审判委员会、检察委员会票决议案的方式的经验，发挥其议事决策机构的作用；法官会议、检察官会议不宜定性为内设机构，而是带有临时召集资深法官检察官议案的会议机制，以发挥其对法官办案团队、检察官办案团队在办理重大疑难案件时，适用法律、采信高科技等新类型证据等辅助决策作用，其深化改革的走向应当是

---

① 徐汉明：《论司法权和司法行政事务管理权的分离》，载于《中国法学》2015年第4期。
② 徐汉明：《转型社会的法律监督理念、制度与方法（三）》，知识产权出版社2013年版，第503~507页。

逐步弱化，这是因为基层法院检察院办案任务重，资深的法官检察官承担办案任务重，其时间资源较为稀缺，且参加咨询活动发表意见既不承担司法责任，又不能适度增加额外报酬，因而其积极性大多不高。

3. 整合法官检察官惩戒委员会与纪检监察的机构职能

有关法官惩戒委员会、检察官惩戒委员会的功能应与监察机构和党的纪律检查机构合署，实行"一套班子、三块牌子"，其纪检、监察、惩戒日常工作由法院、检察院监察与纪检机构的负责人主持；法院检察院监察、惩戒与党的纪律检查，可按专业化、规范化与扁平化管理的思路，设立纪检专员（副专员、助理专员）、监察专员（副专员、助理专员），监察、纪检专员参加法官惩戒委员会、检察官惩戒委员会并主持日常工作，也可担任常务副会长；本轮监察体制改革后同级党的纪律检查机关、同级法院检察院党组的机构人员与法院检察院自上而下设置的监察机构分离形成两个互不发生联系的机构，造成纪检监察资源分散，纪检与监察难以形成合力等新问题，有必要将其纳入新一轮司法管理体制改革进行整合。

4. 按照非营利社团组织管理法官协会检察官协会、法官文联、检察官文联、法院检察院工会等功能性群众组织

有关法官协会、检察官协会、法官文联、检察官文联、法院检察院工会作为法官检察官的功能性群众自治性组织，在维护法官检察官权益、弘扬法官检察官文化等方面具有自治管理方面的职责，其会长由法官检察官依照非营利组织章程选举产生、自治管理，接受民政部门、工会、文化组织的管理监督，其会长可由政工人事部门的主要负责人兼任，但不应定位为内部常设机构。①

三、系统完备、科学合理的司法职能体系

司法职能体系是基于宪法法律授权形成以司法裁断权为核心纽带而连接纵向层面初等、中等、高等乃至最高等司法机关的职权体系，连接横向层面具有独立资格的司法官署内部如院长检察长（副院长、副检察长）、审委会委员检委会委员、法官检察官的司法职权体系所构成系统完备、科学合理的司法职能结构系统。长期以来学界、实务界对司法职能体系的研究大多处在微观层面的司法权性质、功能等方面，而对司法权类型按照学理逻辑推导方式划分为静态司法权与动态司法权；按照主体划分为司法权本源性主体——人民，司法权执行性主体——司法组织；按照权能构成划分为审判权、司法审查权；按照运行程序划分为审判

---

① 徐汉明：《论司法权和司法行政事务管理权的分离》，载于《中国法学》2015年第4期。

前的强制措施批准权、执行中的裁判权①；按照职权属性划分为检察机关的司法审查权、法院的司法审查权；等等。梳理我国既定的法律制度安排，其司法职能体系呈现出自身的特点，可概括为以下几个方面。

（一）凸显中央司法事权的根本属性

我国当代司法职能配置始终坚持以中央司法事权的根本属性并贯穿于既定的司法制度、司法组织体系使之成为一条能够度量司法职能体系是否系统完备、科学合理的"基准线"。这已成为中国特色社会主义司法职权体系区别于其他域外国家司法职权体系的显著标志。其产生的社会物质生活条件质的规定性在于：一方面，单一制国家的历史文化传统使得中央司法事权属性天然地带有体现维护国家司法权统一性的特征，其根本价值在于通过彰显中央司法事权统一公正高效行使以维护中央权威、法制统一和民族团结、国家统一、社会事业兴旺发达。国家以任何形式在省域以下设置地方司法机构禀赋其司法权，并不意味着这种司法机构是地方的，也不意味着司法权带有地方属性，而其天然地带有"反封建割据""遏制司法权的地方化"抑或抵御"司法地方保护主义"。这不仅为两千多年中国古代、近代司法制度在维护中央皇权权威、封建国家统一的正反两方面历史经验与民族分裂惨痛教训所证明，并且已经成为创建社会主义司法制度的一种优质司法文化基因，对这种优质文化基因在新一轮司法管理体制改革中仍然有创新性挖掘的时代意义；而且为新中国成立70年尤其是改革开放40年的曲折发展所证明，这就是唯有坚持和维护中央司法事权统一性的根本属性，才能坚持和发展中国特色社会主义司法道路、制度、文化、理论及其实践，才能纠正和防止在对外开放、对内建设社会主义市场经济条件下任何挑战破坏当代中国司法制度根基的错误观念、改革偏差与实践盲区。另一方面，中华民族百年苦难与振兴奋斗史使得全体人民义无反顾地选择了中国共产党作为率领全体人民开启全面建设社会主义现代化强国、实现中华民族伟大复兴新征程的核心领导力量，坚持和发展中央司法事权统一性的属性，就是坚持和体现司法事权人民性与坚持党的领导、维护党中央权威，依法治国有机统一，从而保证司法权依法公正高效行使，以有力维护人民权益，社会主义政权安全、制度安全、国家安全、法制统一。在当代中国正在进行具有许多新的历史特点伟大斗争条件下，始终坚持司法权属于中央司法事权根本属性，才能充分发挥司法"权利救济、定分止争、制约公权、保障人权、维护公平、守卫正义、化解矛盾、促进和谐、增进人民法福祉"的职能作

---

① 汪习根主编：《司法权论——当代中国司法权运行的目标模式、方法与技巧》，武汉大学出版社2006年版，第87~92页。

用，才能从司法领域构筑起抵御消解各种社会风险的"最后一道防线"。

（二）司法职能体系与司法官署体系的契合性

我国司法官署体系或司法组织体系构成的渊源来自根本大法《宪法》以及宪法性法律——《法院组织法》《检察院组织法》与专门法律《法官法》《检察官法》的立法规定和授权性立法规定。第一，《宪法》在厘定国家机构权力分配中专门对法院检察院的性质、地位、职权、执掌司法权的院长检察长的任期、层级司法官署上下之间的关系即法院为上级监督下级，检察院为上级领导下级的关系等做出明确规定，从而形成审判机关、检察机关与国家行政机关、国家监察委员会之间相互平行、相对独立的关系[1]。这意味着审判权、检察权在国家权力结构中作为独立的权力与国家行政权、国家监察权共同构成国家权力结构体系，并形成与行政权、监察权相互平行、互不隶属的关系。第二，《宪法》第三章有关"国家机构"内容规定作为执掌最高层级司法官署司法权（审判权、检察权）——最高人民法院院长、最高人民检察院检察长由全国人民代表大会选举和罢免[2]；作为执掌最高层级司法官署司法权的副院长副检察长、审判员检察员、审判委员会委员检察委员会委员和军事法院院长检察院检察长，则由最高人民法院院长、最高人民检察院检察长提请全国人民代表大会常务委员会任免，其中省、自治区、直辖市的人民检察院检察长的任免由全国人大常委会批准[3]。对于执掌省以下市（州）、县（区）、兵团层级司法官署司法权的法院院长、检察院检察长的选举罢免则基于《宪法》授权与《中华人民共和国地方各级人民代表大会与地方各级人民政府组织法》由地方各级人民代表大会行使，其中选出或者罢免检察院检察长须报上级检察院检察长提请该级人民代表大会常务委员会批准[4]；而具有宪法性位阶法律的《中华人民共和国地方各级人民代表大会和地方各级人民政府组织法》规定县级以上的地方各级人民代表大会常务委员会按照《法院组织法》和《检察院组织法》的规定，任免法院副院长、庭长、副庭长、审判委员会委员、审判员，任免检察院副检察长、检察委员会委员、检察员，批准任免下一级检察院检察长[5]，从而构建起了行使中央司法事权与司法组织体系相契合的司法职能体系。第三，作为四个层级的司法官署虽然基于根本大法《宪法》的规定所设置，但是作为执掌司法权的层级法院检察院的院长副院长、审委

---

[1] 《宪法》第一百二十八条至第一百四十条。
[2] 《宪法》第六十二条、第六十三条。
[3] 《宪法》第六十七条。
[4] 《宪法》第一百零一条。
[5] 《中华人民共和国地方各级人民代表大会和地方各级人民政府组织法》第四十四条。

会委员、审判员，检察院检察长、副检察长、检委会委员、检察员是由层级地方人民代表大会选举产生与提请由人大及其常委会任免的，地方各级人民法院对产生它的国家权力机关负责，地方各级检察院对产生它的国家权力机关和上级检察院负责①，向权力机关报告工作、接受其监督。这一制度创建的基础是基于"马克思主义经典作家"的"人民主权"理论与巴黎公社的实践②，列宁关于苏维埃政权建设与"人民代议制"理论③。司法机关向选举产生的地方权力机关负责、向其报告工作、接受其监督，并不意味着司法权是由地方产生的、具有地方的属性，司法机关的人民性特征本质上要求，司法机关需向该地区选民尤其是全体人民负责，并通过向权力机关汇报履职情况实现的。因此，司法机关通过向人民代表大会报告工作意味着向这一地区的选民尤其是人民报告工作，接受其监督并不意味着是接受地方的监督，使司法权异化为地方的权力，而是寻找接受人民监督的最佳实现形式，从而达到对党负责与对国家法律负责、对人民负责三个方面高度的一致性，使具有中央司法事权属性的司法权既不至于堕化为地方保护的工具，更不至于异化为人民的对立物，而这种制度安排旨在寻找让人民群众从每个司法案件中感受到公平正义的实现形式。从近年披露出辽宁省④、湖南省人大贿选案⑤等骇人听闻事件看，地方人大政权安全的现实危险是"权钱交易"，少数执掌地方大权的官员与反社会的力量沆瀣一气操纵选举程序，使由党推荐的能够为人民办事的优秀人才可能落选，一些有才无德或者无德无才的庸人可能当选，从而使人民政权在局部地区出现异化，并且构成对执掌中央司法事权人选是否具备高素质水准的条件而给中央司法事权行使带来挑战。笔者曾在司法组织体系中提出破解的方式之一是设置跨行政区划的司法组织机构，并且作为优选方案。由此，构成了与司法组织体系相契合的司法职权体系，即蕴涵层级司法组织体系之中的四个层级审判机关、检察机关的职权，作为执掌四个层级司法机关司法权的

---

① 《宪法》第一百三十三条、第一百三十八条。
② 杨光斌、尹冬华：《我国人民代表大会制度的民主理论基础》，载于《中国人民大学学报》2008年第6期。
③ 列宁明确地提出了代议机构是实现无产阶级民主的必要组织形式，"如果没有代表机构，我们不可能想象什么民主，即使是无产阶级民主。""摆脱议会制的出路，当然不在于取消代表机构和选举制，而在于把代表机构由清谈馆变成'工作'机构。"参见《国家与革命》，引自《列宁选集》（第三卷），人民出版社1995年第3版，第151~152页。
④ 辽宁拉票贿选案是指在2011年辽宁省委常委换届选举和2013年辽宁省两会换届辽宁省全国人大代表选举、第十二届辽宁省人大常委会副主任选举搞拉票贿选等非组织活动涉嫌破坏选举犯罪等系列案件。《辽宁拉票贿选案955人受查处 其中中管干部34人》，中央纪委监察部网站，2017年1月5日。
⑤ 2012年12月至2013年1月，衡阳市人大在差额选举湖南省人大代表的过程中，共有56名当选的省人大代表存在送钱拉票行为，涉案金额人民币1.1亿余元，有518名衡阳市人大代表和68名大会工作人员收受钱物。祝华新：《湖南：从罢免副省长到衡阳贿选案》，人民网，2014年4月1日。

院长（副院长、审判委员会委员、审判员）检察长（副检察长、检察委员会委员、检察员），作为层级法院检察院有关司法重大事项及重大案件的决策机关审判委员会、检察委员会，基于法律授权具体行使司法权的法官检察官，从而构成了作为国家人格化具有纵向层级性、横向平行性执掌中央司法权与司法官署体系相协调相契合的司法职能体系。

（三）司法职权结构的植密性

司法职权体系不仅体现中央司法事权属性与司法组织体系的高度契合性，形成纵向与横向协调的司法职权系统，而且其职权结构是以层级司法裁断权限环状开放系统为基点，以诉权分配启动司法裁断权并使之能否生效为节点，司法裁断权运行以级别管辖、地域管辖及指定管辖为界区，以法官检察官为主导与合议制相协调的司法裁断权为运行方式，以层级司法裁断权为纽带的"两审终审制"为架构的司法审级结构系统，从而构成了司法职权结构的严密性与系统性。

1. 司法裁断权层级结构环状开放的系统性

所谓"以层级司法裁断权限环状开放系统为基点"，是指依据宪法授权及宪法性位阶的《法院组织法》《检察院组织法》的法律制度安排每个层级司法机构被授予的司法裁断权都具有自身环状开放性的特点，即无论是初等司法机构、中等司法机构还是高等司法机构乃至最高等司法机构，其各自的司法裁断权都是专属的、特定的并是不可相互替代的。其层级司法职权环状开放系统之间并不是因行政领导层级关系使之相互连接，而是通过国家之公诉与私人之诉发动，国家对公诉与私诉的发动通过法律制度予以确认和保障并以审级制度之中的审级程序而予以连接，因而法院作为纯粹的司法机构其层级之间构成的是监督关系；检察院在当代中国司法制度语境中也被定义为司法机构，但其层级之间职权构成则是领导与被领导的关系。这从《法院组织法》《检察院组织法》有关其职权配置、管辖等规定中都得以体现并作为法律制度安排的典型形态。[①] 正是从这一基点出发，才使得与层级司法组织体系相契合的司法权作为一个层级司法机构相对独立的职权，在层级所专属的审级程序中发挥并体现相对独立司法裁断权的价值功能抑或审级程序中的价值功能，也正是从这一基点出发作为初等审判机关对于检察机关所发动的公诉与当事人所提起的私域诉讼请求，其才能以中立性、超然性的角色地位，通过运用这种司法裁断权对公诉与私域之诉进行司法审查、评判与裁断，

[①] 《法院组织法》第二条、第九条、第十一条、第十二条、第十三条、第十四条、第十五条、第十九条、第二十一条、第二十二条、第二十四条、第二十七条、第二十八条、第三十一条、第三十二条等；《人民法院组织法（修订草案）征求意见》第三条、第十七条、第十八条、第十九条。《人民检察院组织法（修订草案二次审议稿）征求意见》第十二条至第三十条。

才能彰显初等审判机关在一审程序中"权利救济、制约公权"的职能作用，初等审判机关的司法裁断权抑或一审程序中的司法裁断权才具有其启动运行、发挥其价值功能的正当性和客观性。在这个意义上，一方面初等司法机构所行使的专属司法裁断权发挥着"权利救济"的司法功能，另一方面对于其上一级司法机构的任何带行政指令性的安排都具有天然的排斥力，具有"制约公权"的司法价值功能，因而上级司法机构"上定下审、审者不判、判者不审"的理念、行动及其指令等，是违背司法权运行规律、挑战司法审级程序制度安排、以规避上诉审审判机关对初审审判机关不当干预的权限及其程序规制等的行为，也是使自身由上诉审审判机关逐渐异化为上级行政机构，并习惯于用"行政指令""上命下从"来管理监督下属审判机关的偏差的典型表现。对此，才引发学界、实务界以及社会所共同一致的抨击，也才引发前几轮司法体制改革对这一现象的高度关注及其相关规制性改革措施的出台。[①] 由公诉（公益之诉）主体与私诉当事人在法定期限内所提出的上诉（抗诉）所导致二审程序的启动，作为上诉审审判机关所具有司法裁断权的"定分止争、案结事了"的价值功能才得以彰显，进而使"两审终审制"的司法制度安排才得以公正高效依法有序运行和维护。从这个意义上，无上诉（抗诉）也无法启动上诉程序的司法审理，上诉审审判机关的司法裁断权也无法启动运行，故上一级审判机关的司法裁断权对下一级审判机关行使裁断权正确与否的评价，不是基于上一级与下一级都具有司法裁断权这一性质而连接，而是由检察机关作为诉讼监督主体提请抗诉（通过上一级公诉主体支持提出抗诉）、私诉当事人在法定期限内提出的上诉而使之得以连接。因此，对诉权分配的制度保障与诉讼程序有序运行与安定是司法权有序启动运行及其是否正确履行的制度保障。司法实践中，任何违反诉讼程序制度安排将审级监督关系异化为行政关系，将审级程序异化为行政程序，都是对层级审判机关司法裁断权所具有的开放环状系统的破坏，必然带来司法裁断权滥用，也难保障公正司法、提高司法公信力。维护司法裁断权层级结构的环状开放系统性的路径在于：一是完善"两审终审制"的审级制度。通过优化层级司法职权结构，一审司法裁断权运用的功效重在解决事实认定和法律适用，二审司法裁断权运用的功效重在解决事实法律争议、实现二审终审，再审司法裁断权慎用旨在解决依法纠错、维护裁判权威；[②] 最高法院回归全国审判工作法律运用的司法解释、死刑复核，对违反《宪法》《中华人民共和国立法法》等上位法的地方性法规进行审查提请全国人大予以撤

[①] 《〈中共中央关于全面推进依法治国若干重大问题的决定〉辅导读本》，人民出版社2014年版，第21页。

[②] 《〈中共中央关于全面推进依法治国若干重大问题的决定〉辅导读本》，人民出版社2014年版，第22页。

销等职能，将大量本属初等、上诉审审判机关管辖的案件、依照"两审终审制"的原则统一归还其行使管辖权，从源头上基础性制度安排层面纠正和防止最高审判机关的司法裁断权无序扩张膨胀的现象。二是层级审判机关行使司法裁断权，必须坚持以事实为根据、以法律为准绳，通过健全完善的诉讼程序制度的规制，彰显司法裁断权运行过程中认定事实符合客观真相、办案结果符合实体公正、办案过程符合程序公正的应有的价值功能。三是以科学完备的证据制度规范约束层级司法机构行使司法裁权。司法裁断的过程是由客观真实向法律真实转换契合的过程，唯有全面贯彻证据裁判规则，严格依法收集、固定、保存、审查、运用证据，健全"控（本诉）、辩（反诉）、审"的等腰三角形的诉讼构造，通过证据开示，证人、鉴定人出庭规范，才能彰显推进以审判为中心的刑事诉讼制度改革的价值及其制度完善，也才能保障司法裁断权在庭审中查明事实、认定证据、保护诉权、公正裁判的决定性作用。

2. 诉权分配及启动制约司法裁断的效力性

所谓"以诉权分配启动司法裁断权并使之能否生效为节点"，是指司法职权表达需要通过审级程序的运行而实现，而在"两审终审制"的审级制度安排中，作为层级司法机构所获得禀赋的司法职权在审级程序运行中与诉权分配密不可分，即诉权的启动是司法权启动运行的先决条件，而对于初等审判机关判决裁定是否服从并是否提出上诉抑或抗诉（提请抗诉并通过上一级检察院向同级法院提出抗诉）是该判决裁定效力的约束条件。在我国诉权制度安排中，无论刑事领域的检察机关代表国家提起公诉抑或轻微违法犯罪案件的当事人提出的自诉，民事上的确权之诉、给付之诉、形成之诉，还是对行政相对人不服行政处罚提请审判机关予以司法评价裁断的行政之诉，其诉权分配的公诉（包括公益诉讼）是由特定的检察机关作为公诉主体、轻微违法犯罪案件由自诉人作为诉讼请求权的主体，民事诉讼、行政诉讼则禀赋给特定的公民、法人或其他组织行使。这种诉权分配制度安排不仅仅是诉讼制度文明的表现，是公民、法人、其他组织权益保障的有效途径，而且是对司法职权启动行使与效力生成的一种限制。一方面，正是因为检察机关作为国家职权机关依法提起公诉（包括提请公益诉讼、对审判活动是否合法进行监督而认为审判机关生效判决确有错误所提出的抗诉）与轻微违法犯罪的自诉，公民、法人及其他组织提请民事诉讼、行政诉讼请求，才使得初等审判机关抑或一审法院的审判职权得以启动运行；另一方面，也正是因为检察机关作为国家职权机关依法提起公诉（或提出抗诉）与公民、法人及其他组织在法定诉讼时效内提出上诉，才使中级人民法院抑或上诉法院的司法权行使得以启动，并作为制约初等审判机关抑或一审法院的裁断是否在法律上产生效力的约束条件，因而诉权分配与依程序有序行使上诉（抗诉）请求权成为层级司法机构的司法职权启动与效力生成的节点。这同样可以从我国现有法律制度安排得到证明[①]。梳理检讨享有司法裁断权的最高司法机构，其在有关经济纠纷案件受理程序中曾按照争讼的标的额划分层级司法机构受理案件行使司法裁断权的司法解释，其不仅是以最高司法机构的地位对诉权当事人诉权分配的一种无序切割，而且是滥用最高司法机构所享有的专属司法解释权，是其对层级审判机关司法裁断权呈现环状开放系统的非制度性、非理性的扰动，随着诉权分配制度发展完善与司法裁断权约束机制的健全，这类司法解释被司法权制度文明建设所淘汰。[②] 我国司法制度创设一个特色是赋予最高司法机关对"具体应用法律问题"进行解释，摒弃西方国家设置宪法法院赋予最高法院违宪审查职权的模式。最高司法机关对"具体应用法律问题"及时做出解释，对于指导层级司法机关正确适用法律发挥了重要作用。但是，一些司法解释违背《中华人民共和国立法法》（以下简称《立法法》）等上位法的规定精神，其不是就"具体应用法律问题"做出解释，而往往涉及对其他职权机关的职权分配与行使方式如检察机关能否行使民事抗诉权以及行使的方式，公民、法人、其他组织的私权分配和诉权分配问题。[③] 这就超出了司法解释的范围，既构成对立法权的侵蚀，也构成对其他职权机关的职权、公民、法人和其他组织的实体权利和程序性权利的不当扰动，成为规制司法解释权的一个难题。如何使司法解释权回归《立法法》授权的轨道不与其他上位法相冲突，其路径：（1）建立司法解释事项的立项审查分流机制。最高人民法院最高人民检察院需做司法解释的事项应纳入年度和中长期司法解释规划，定期提交宪法和法律委员会审查批准或者备案审查；凡司法解释涉及职权机关权力与责任的设定与限制，公民、法人和其他组织权利与义务的设定与限定的事项，一律纳入立法解释事项；凡未经宪法和法律委员会审查批准或者备案的司法解释事项，最高人民法院最高人民检察院不得自行决定做出司法解释；最高人民法院最高人民检察院在向全国人大年度或定期报告工作中，应当报告司法解释立项实施情况，接受全国人大及其常委会的监督。（2）建立司法解释专家评估制度。对于经宪法和法律委

[①] 《人民法院组织法》第十一条至第十五条、第二十三条至第二十五条、第三十一条；《人民检察院组织法》第五条、第十一条、第十三条至第十九条；《中华人民共和国刑事诉讼法》第一百一十条至第一百一十二条、第二百零二条、第二百零六条、第二百一十四条、第二百一十九条、第二百三十二条。

[②] 《最高人民法院关于经济纠纷案件依照诉讼标的金额确定级别管辖的规定的复函》，1995年6月8日。

[③] 参见《最高人民法院关于印发马原副院长在部分高级人民法院讨论如何办理检察院抗诉的再审案件座谈会上的讲话的通知》、《马原副院长在全国民事审判工作座谈会上的讲话》和《全国民事审判工作座谈会纪要》；《最高人民法院关于适用〈中华人民共和国民事诉讼法〉的解释》（2014年12月18日最高人民法院审判委员会第1636次会议通过）关于司法管辖以及诉权分配的规定。

员会批准或备案的司法解释项目,最高人民法院最高人民检察院应当建立专家委员会,提请专家对司法解释项目的必要性、合法性与内容的准确性进行评估,对于专家提出否决意见的应当作为出台司法解释项目的约束条件,在向全国人大宪法和法律委员会呈报司法解释项目关涉《立法法》等事项的,应一并提交专家委员会的意见。(3)建立司法解释项目公开征求意见与后评估机制。最高人民法院最高人民检察院无论是向宪法和法律委员会提请司法解释立项计划、司法解释(草案)均应通过媒体等方式向社会公开征求意见,凡未征求意见的司法解释项目一律不得出台。对已出台的司法解释项目应当由宪法和法律委员会组织专家定期、不定期开展评估,凡超越"具体应用法律问题"的司法解释应予撤销或者责成最高人民法院最高人民检察院修订,以增强司法解释的规范性和权威性。

3. 司法裁断权运行的界区性

所谓"以司法级别管辖、地域管辖及指定管辖为界区",是指作为层级司法机构在法定诉讼(刑事诉讼、民事诉讼、行政诉讼)审级程序中适用司法裁断权的范围及其权力运行的边界,亦指其法定司法裁断权必须为的界区范围与不可僭越的法定区域。这是作为相对独立的层级司法机构(初等、中等、高等乃至最高司法机构)各自呈现司法裁断权环状开放系统所具有的司法裁断权所能活动的法域空间。而检察机关作为国家之公诉与私人之诉所涉法益纷争都是针对一定区域所发生的法律事实而行使其职权的,便利诉讼的原则使得具有一定级别管辖司法权的审判机关,其行使司法裁断权边界又以地域的国家公诉与私诉之发动为界区,这一界区又衍生出司法裁断权必须遵循"不告不理"的原则;基于两个或两个以上审判机关对同一检察机关行使公诉权与当事人行使私诉权之发动享有相等的层级审判机关的司法管辖权或地域管辖冲突,作为上级审判机关基于便利诉讼与公平公正的原则以审判指令的方式交由其中一个层级审判机关行使司法管辖权,做出指定管辖的上一级审判机关因其并未依照一定的诉讼程序行使自身的司法裁断权,其权属性质不应属于司法裁断权本身,而是作为上一级审判机关享有司法裁断权的补充,这种指令权带有一定行政权属性的特征,这一权能行使的限定以公平公正合法合情为前提。一个时期以来,层级审判机关的上级审判机关因"办案为钱""为钱办案",甚至将自身的经济利益置于评判下一级审判机关司法裁断权所管辖标的之争而滥用司法指令权,是这一时期司法指令权异化的典型形态。[①] 因而有关司法指令权的规范应成为新一轮司法管理改革的重要内容。[②] 移送管辖则是两个平行的审判机关对同一

[①] 《最高人民法院关于执行级别管辖规定几个问题的批复》。
[②] 完善行政诉讼体制机制,合理调整行政诉讼案件管辖制度,切实解决行政诉讼案件立案难、审理难、执行难等突出问题。参见《〈中共中央关于全面推进依法治国若干重大问题的决定〉辅导读本》,人民出版社2014年版,第22页。

公诉与私诉所涉法益争讼遵循协商便利及时的原则将发生在本区域内的法益争讼移送给另一审判机关予以司法裁断的制度安排。① 为此，要使司法裁断权在地域管辖、级别管辖与指定管辖的界区内活动，必须对既定司法组织制度、诉讼审级制度安排进行审视反思的前提下，从优化司法组织制度与司法职权配置、维护"两审终审制"的审级制度安排出发，新一轮深化司法体制改革的选项为以下两点。

（1）改革省一级高级审判机关与最高审判机关按级别管辖直接受理一审案件的级别管辖制度。其路径是废除按诉讼标的划分层级审判机关管辖争讼案件的方式，纠正省一级高级审判机关切割诉权分配、限制与削弱基层审判机关、中级审判机关裁断权等方式，进而通过回归司法地域管辖、发挥一审司法裁断权的"权利救济、制约公权"的价值功能，使大批案件按级别管辖，使其"重心上移"的现象通过优化地域管辖制度，回流导入基层法院依地域行使管辖，从而使大量刑事诉讼、民事诉讼、行政诉讼案件导入一审"权利救济、制约公权"，二审"定分止争、案结事了"的程序。唯有如此，才能保证层级司法裁断权在审级管辖范围内依法行使并使上下层级审判机关之间司法裁断权运行的有序承接，才能合理运用与节省诉讼资源，使诉讼程序保持安定性，有效维护诉讼当事人的实体权利与保障其知情权、陈述权、辩护辩论权、申请权、申诉权等程序性权利。②

（2）逐步缩小直至改造最高法院巡回法庭的司法功能。最高法院巡回法庭的设置是回应当下"诉讼爆炸"、审级制度改革未到位、不服高级法院一审的上诉审、不服终审判决裁定的涉法涉诉剧增的新事项所推出的权宜性改革举措，对于缓解最高法院直接审理案件、息诉罢访的压力发挥了一定作用。但这一制度安排不利于维护"两审终审制"，需要深化司法职权配置、优化审级制度改革。其途径之一是，改革审级管辖制度，最高人民法院与省级高级法院不再直接受理一审案件，将省级高级法院原直接受理的一审案件按照地域管辖原则直接导入初等审判机关一审程序；将最高法院直接管辖的一审案件按专门管辖原则直接导入跨行政区划的行政法院、金融法院、生态环境法院、商事法院、海事法院、知识产权法院、互联网法院、交通法院等，使诉讼较为集中的重大复杂案件通过禀赋专门法院管辖，使其在"两审终审制"的审级程序制度安排中通过专门（一审程序、

---

① 《人民法院组织法》第十一条至第十六条以及第二十一条、第二十四条、第二十七条、第二十九条；《人民检察院组织法》第五条、第十条、第十一条、第十三条；《中华人民共和国刑事诉讼法》第十八条至第二十六条；《中华人民共和国民事诉讼法》第十七条至第三十八条；《中华人民共和国行政诉讼法》第十四条至第二十四条；2017年6月27日第十二届全国人民代表大会常务委员会第二十八次会议通过的全国人民代表大会常务委员会关于修改《中华人民共和国民事诉讼法》和《中华人民共和国行政诉讼法》的决定。

② 《〈中共中央关于全面推进依法治国若干重大问题的决定〉辅导读本》，人民出版社2014年版，第24页。

二审程序）司法裁断权得以定分止争。推行以维护两审终审制度管辖制度的改革将大幅度减少省（自治区、直辖市）高级法院、最高人民法院因级别管辖程序设置与运行偏差所带来的受理案件急剧增长，使诉讼"重心上移"而导入两审终审程序内使其"重心下移"，从而有效维护"两审终审制"的审判管辖制度。其途径之二是，由于改革后省级、最高法院直接审理的案件将大幅度降低，最高法院巡回法庭的功能将弱化，待条件成熟时可将其编制、机构及其人员整体划转改革跨行政区划的专门法院，以破解最高法院机构臃肿、人员膨胀等难题。推行这项改革举措的有利条件在于，随着基层司法人员素质的提高、司法经验与司法能力的提升，以及以互联网为技术的大数据、人工智能、审判辅助系统的广泛推广与应用，为初等审判机关、中级审判机关受理重大疑难案件、提高行使司法裁断权的能力和水平、保障诉权分配的有序行使，充分发挥司法裁断权"权利救济、制约公权、定分止争、维护公平、守卫正义、保障人民法福祉"的作用提供了极为有利的条件，而且为知识产权法院、互联网法院、金融法院的设置及其实践经验所证明。

4. 层级司法裁断权运行的"两审终审制"的限定性

所谓"以层级司法裁断权为纽带的'两审终审制'为限度的司法审级结构系统"，是指司法裁断权在两审终审的约束性制度安排中的纵向配置帕累托最优状态及其职权的纵向结构关系。在"两审终审制"的约束条件下，层级司法机构之间司法裁断权运行构成依次衔接密不可分的有机整体，并在两审终审的法域空间通过司法权结构性功能有序调节控制达成"案结事了"的制度功效，从而实现"两审终审制"制度设计整体功能之价值目标。围绕"两审终审制"之外司法权配置一直存在着死刑复核权的膨胀与对终局裁判申诉的禀赋司法再审、复审等职权的扭曲现象，成为学界、实务界长期争论不休的议题，也为前几轮司法改革所关注。如何使"两审终审制"的制度安排不致变形扭曲，通过优化司法职权配置达到上述制度设计之目的，其路径在于以下两点。

（1）优化对死刑复核权的规范运行与监督制约程序。死刑复核程序是作为"两审终审制"的一种特殊补充程序，其本身不构成对"两审终审制"的挑战与破坏。这是由其死刑复核作为司法裁断权的特别类型的职权，其本质在于死刑复核不是基于被告人与被害人及其诉讼代理人提出的诉讼请求，而是基于最高审判机关履行国家责任、贯彻"少杀慎杀"的刑事方针、防止"冤杀错杀"所进行的复核，其复核程序与"两审终审制"的上诉审、重审程序有着根本的区别。有学者提出将死刑复核作为"三审终审制"的审级程序改革方案[①]是值得商榷的。

[①] 卞建林：《统一行使死刑案件核准权：十年回顾与展望》，载于《甘肃政法学院学报》2017年第3期。

一方面,"少杀、慎杀"刑事政策的导引不可能通过增加审级程序来实现,其根本出路在于适应刑事司法现代化的大势,大幅度取消死刑的罪名及其刑种,大量减少死刑的适用;另一方面,优化死刑复核权行使的方式和程序,有学者建议将死刑核准程序修改为开庭审理,推动诉讼化改革,① 以增强控、辩、审三方的对抗性,从履职程序方面防止复核权的滥用,杜绝错杀冤杀,这是值得赞许的。

(2) 建立不服审判机关终审裁断案件由律师有偿代为申诉制度。中国数千年告御状的文化传统及低成本的申诉制度安排,是当下涉法涉诉案件持续攀升的根源之一,不仅挑战"两审终审制"的制度安排,而且造成司法裁断"定分难止争""案结事不了"、司法公信力难提高的奇特司法景象。域外一些发达国家如美国、法国、德国为了解决累讼问题,推行强制性律师代为有偿申诉制度②,其主旨在于通过律师对司法裁断案件客观理性评估,律师从自身职业人格、职业素养与经济收益综合考量,一旦评估申诉案件绝无胜诉可能,再投入大量人力物力财力而不能消解申诉人的逆反心理,使案件通过律师的有效法律服务而得到"定分可止争""案结事已了"的效果。借鉴这种制度安排需要检讨将司法机构行使司法裁断权定位为无所不能、无所不包及其考量标准,使其司法机关忠于职守,发挥司法作为社会调解功能的最后一道防线的作用。

5. 法官检察官行使司法裁断权方式的主导与合议的协调性

所谓"以法官检察官为主导合议制相协调的司法裁断权运行方式",是指无论是作为层级司法机构还是法官团队在行使司法裁断权过程中实行"合议制"的运行方式辅之"独任制"。其制度渊源是"司法民主"理念与"民主集中制"原则在司法机构审理案件裁断争讼中的运用。随着司法实践的深入与司法裁断案件的与日俱增,合议制的制度安排呈现出制度效用的困境,包括:形合实独,人案关系紧张,合议庭成员组成不科学,合议庭评议存在缺陷,院长、庭长、审判委员会对合议案件干预过度而出现错(冤)案无法追究司法责任。③ 因此,破解合议制运行的困境,应当认真总结推行员额制、司法人员分类管理、司法责任制改革的经验及存在的"诸多短板"与"薄弱环节",建立健全法官检察官新型办案团队,实行法官检察官裁断案件为主导与合议制审理相结合的方式,形成司法裁断权由法官检察官主导行使与案件审理(办理)合议相协调的运行机制。与此同时,优化人民陪审员随机抽样参与陪审方式、保障人民陪审员参与

---

① 《中共中央关于全面推进依法治理若干重大问题的决定性辅导读本》,人民出版社 2014 年版,第 24 页。

② 谢鹏程:《探索律师代理申诉制度》,载于《检察日报》2015 年 12 月 19 日。

③ 梁平、刘春松:《司法改革背景下合议制面临的问题及完善路径探讨》,载于《中共乐山市委党校学报》2016 年第 4 期。

庭审合议的地位与法官同等表决权及其相关权益，充分发挥人民陪审员在陪审合议中的作用。①

四、权责统一、规范有序的司法权运行体系

所谓权责统一、规范有序的司法权运行体系是指由司法职能与组织结构体系规定并确保层级司法机构依法独立行使司法权、法官检察官依法独立办案的权力清单、责任清单、负面清单及其规范运行体系。建设公正高效权威的中国特色社会主义司法制度，推进司法体系和司法能力现代化，不仅意味着司法权应定位为中央司法事权，建立健全系统完备、科学合理的司法职能体系，结构科学、功能完善的司法组织体系，而且意味着在明晰层级司法机构的司法职权界区的前提下，区分司法机构依法独立行使司法权与法官检察官依法独立行使办案权的区别与联系，重点建立体现和保障以"四等十二级"司法能力等级为核心的法官检察官依法独立办案的权力清单、责任清单、负面清单体系，建立健全法官检察官依法独立行使办案权的职业保障、职业保护、职业惩戒等"激励约束相容"机制，确保法官检察官回归办案主体的本位，真正形成"让审理者裁判、让裁判者负责""让人民群众从每个司法个案中感受到公平正义"的司法办案权的规范运行体系。在传统司法权运行体制机制语境下，按照"集体本位"的原则，司法权运行坚持由层级司法机构集体依法独立行使。本轮司法体制改革植入"让审理者裁判、让裁判者负责"的"个人本位"理念，法官检察官享有依法独立办案的地位及其权力，破解了司法权运行过程中发生的错（冤）案件无人承担司法责任的难题。司法权运行正在实现"集体本位"与"个人本位"相结合的体制机制转型跨越。弥补本轮司法管理体制改革存在的法官检察官职务等级的专业标准规范缺失，法官检察官履职权力清单、责任清单、负面清单不明晰，激励约束评价机制不匹配等诸多短板，构建权责统一、规范有序的司法权运行体系是新一轮司法体制改革的重中之重。

（一）厘清法官检察官单独职务序列内在要求的依法独立办案权与层级司法机构依法独立行使司法权（审判权检察权）的关系

传统司法体制视域下，司法职能体系仅仅涵盖基于宪法法律授权形成以司法裁断权为核心纽带自上而下并纵向连接传递所构成的最高级、高级、中级、基层

---

① 《中华人民共和国人民陪审员法》第九条、第十条、第二十一条、第二十二条、第二十八条、第二十九条、第三十条、第三十一条。

司法机构的职权体系，法官检察官仅仅作为层级司法机构内部的一个成员，其行使司法权的主体是层级的司法机构，法官检察官不能作为行使司法权的主体，而仅仅按照"科层制"的"个人阅卷、集体讨论、院长（检察长）审判委员会（检察委员会）决定"的方式作为办理案件的承办人。《法官法》《检察官法》颁行实施后虽然建立起了法官检察官"四等十二级"的单独职务序列，但是这种职务序列仅仅与本轮司法管理体制改革实行的法官检察官单独职务工资序列挂钩，而始终未能与法官检察官作为依法独立办案主体的权力清单、责任清单、负面清单体系挂钩，形成法官检察官单独职务序列与依法独立办案的权力清单、责任清单、负面清单体系相脱节；《法官法》《检察官法》规定法官检察官享有的权利与应当承担的义务[①]，同本轮司法管理体制改革赋予法官检察官"让审理者裁判、让裁判者负责"的依法独立办案权力、承担终身责任的重大改革举措存在"打架"现象。因此，需要厘清法官检察官单独职务序列所匹配的权力清单、责任清单、负面清单与层级司法机构司法职权的关系，即两者构成"属与种、表与里"的有机统一体。一方面，两者权力来源有所不同，即最高级、高级、中级、基层四级司法机构的司法职权是由宪法、宪法性法律《人民法院组织法》《人民检察院组织法》及其实体法、程序法等基本法律所授权或规定的；法官检察官依法独立办案的权力则由《法官法》《检察官法》授予和层级司法机构法定代表人授权；另一方面，法官检察官的单独职务序列是层级司法机构行使司法职权的必要条件，法官检察官的单独职务序列所匹配的权力清单、责任清单、负面清单体系既是层级司法机构履行司法职权的重要体现，又是法官检察官公正司法、终身承担司法责任的重要保障。现代司法职能体系的科学结构既表现为以司法裁断权为核心纽带而纵向连接初级、中级、高级乃至最高级司法机关的职权；又表现为横向连接具有独立资格的司法官署内部如院长检察长（副院长、副检察长）、审委会委员（检委会委员）、法官检察官的依法独立办案的职权，从而构成系统完备、科学规范的司法职权结构系统及其司法权运行体系。两者的区别与联系具体表现在：（1）涉及处理外部与内部关系层面，层级司法机构包括基层、中级、高

[①] 《法官法》第七条、《检察官法》第八条规定法官检察官应当履行下列义务：（一）法官检察官严格遵守宪法和法律；（二）法官检察官履行职责必须以事实为根据，以法律为准绳，秉公执法，不得徇私枉法；（三）法官检察官维护国家利益、公共利益，维护自然人、法人和其他组织的合法权益；法官依法保障诉讼参与人的诉讼权利；（四）法官检察官清正廉明，忠于职守，遵守纪律，恪守职业道德；（五）法官检察官保守国家秘密和审判检察工作秘密；（六）法官检察官接受法律监督和人民群众监督。《法官法》第八条、《检察官法》第九条规定法官检察官享有下列权利：（一）履行法官检察官职责应当具有的职权和工作条件；（二）依法履行审判检察职责不受行政机关、社会团体和个人的干涉；（三）非因法定事由、非经法定程序，不被免职、降职、辞退或者处分；（四）获得劳动报酬，享受保险、福利待遇；（五）人身、财产和住所安全受法律保护；（六）参加培训；（七）提出申诉或者控告；（八）辞职。

级乃至最高级司法机构作为独立的司法主体对外依照宪法法律规定依法独立行使司法权（审判权、检察权），对内则依照相关规定管理司法事务与司法行政事务，支持、指导和监督法官检察官依法独立办案，以保证本级司法机构所审理（办理）与裁断的案件认定事实符合客观真相、办案结果符合实体公正、办案过程符合程序公正[①]。而法官检察官作为层级司法机构的办案主体则依照法律规定依法独立办案是层级司法机构依法独立行使司法权的组成部分，对外代表层级司法机构依法独立行使办案权，服从层级司法机构的司法事务管理与监督，对内则代表作为具有官署性质的法官检察官本体抑或法官检察官办案团队依法独立管理司法事务，使其成为依法独立行使司法裁断权、承担司法责任的主体。（2）权力属性层面，两者构成上位阶权力与下位阶权力的关系，即层级司法机构依法独立行使司法权（审判权、检察权）属于上位阶的权力，法官检察官依法独立办案属于下位阶的权力，从而形成两个司法主体权力属性的"属种"包容关系。（3）司法主体与司法事务管理层面，两者在依法独立行使司法裁断权、承担司法责任，管理司法事务层面则构成双向平行关系，即层级司法机构（作为法人代表的法院院长、检察院检察长）与法官检察官同为依法独立行使司法裁断权、承担司法责任的主体，在行使司法裁断权过程中涉及办理案件所涉事务的管理等，两者行使职权、承担司法责任、处理涉案事务既不能混淆又不能相互代替。（4）司法行政事务管理层面，两者构成管理与被管理关系，即层级司法机构对所属人财物实行统一分类管理，院长检察长则作为层级司法机构统一管理的代表者、决策者与监督执行者。而法官检察官、司法辅助人员、司法行政人员则基于遵循"精简、统一、效能"的原则接受和服从管理。层级司法机构与法官检察官这一官署之间关系的多元性、交织性及其复杂性，给司法管理体制改革带来诸多新难题。因此，新一轮司法管理体制改革须厘清法官检察官单独职务序列内在要求的依法独立办案权与层级司法机构司法职能的关系。一方面，须以完善"两审终审制"为出发点和落脚点，推进层级司法机构改革，优化层级司法机构的职权配置，实现审理案件"重心上移"向"重心下移"，其改革取向已做论述，不做赘述；另一方面，须建立体现法官检察官依法独立办案的权力清单、责任清单、负面清单体系，明晰法官检察官依法独立办案的权力在层级司法职权体系中的性质地位，形成与最高级、高级、中级、基层四个层级司法机构的职权体系相符合、相协调、相配套，与法官检察官单独职务等级序列所匹配依法独立办案的权力清单、责任清单、负面清单体系。

---

① 《〈中共中央关于全面推进依法治国若干重大问题的决定〉辅导读本》，人民出版社2014年版，第23页。

（二）厘定以法官检察官单独职务序列"四等十二级"职务等级能力为核心的权力清单、责任清单、负面清单体系

法官检察官单独职务序列是指与普通公务员行政职务和级别完全脱钩，体现司法权运行规律，客观评价法官检察官履行司法职责状况，按照其职务等级高低次序排列的法官检察官职务结构体系[①]。而所谓以法官检察官单独职务序列"四等十二级"职务等级能力为核心的权力清单、责任清单、负面清单体系是指构成法官检察官单独职务序列是以"四等十二级"的职务等级能力为核心，并与之禀赋法官检察官行使依法独立办案权的范围、程序、责任，以及对其监督制约的一系列制度规范体系。依据《法官法》《检察官法》的规定，我国建立起了法官检察官由高至低依次为首席大法官大检察官、大法官大检察官、高级法官检察官、法官检察官"四等十二级"的单独职务等级序列[②]。其具体设定为：首席大法官、检察官，一级大法官、检察官，二级大法官、检察官，一级高级法官、检察官，二级高级法官、检察官，三级高级法官、检察官，四级高级法官、检察官，一级法官、检察官，二级法官、检察官，三级法官、检察官，四级法官、检察官，五级法官、检察官。法官检察官单独职务序列设定的应然性是基于作为享有依法独立办案权的法官检察官职务序列独立完整性、适用专属性、司法专业性的特点，体现法官检察官作为依法独立办案主体与普通公务员法律地位的区别，其职权属性无论是效力范围、运行方式、追责方式都与普通公务员行使行政权存在根本区别，即法官检察官依法所做出的司法裁断决定亦即法官检察官做出的生效判决、裁定、决定其效力不受行政管辖区的限制，而在全国范围内具有普遍强制的效力[③]。因而，其行使司法裁断权具有职业性、中立性、公开性、被动性、交涉性、格式性、裁断性与终极性的特征[④]，法官检察官须对其所决定与裁断的案件承担终身负责的责任。因此，建立法官检察官单独职务序列对于强化法官检察官职业司法责任感，提升其职业尊荣感、保证公正司法、提高司法公信力的意义是不言而喻的。但是，梳理宪法性法律《法院组织法》《检察院组织法》的相关规定，其仅有禀赋基层、中级、高级、最高级司法机构的职权以及行使职权的程序规定[⑤]，而《法

[①③] 徐汉明、金鑫、姚莉：《检察官职务序列研究》，中国检察出版社2017年版，第5页。
[②] 《法官法》第十八条，《检察官法》第二十一条。
[④] 汪习根：《司法权论——当代中国司法权运行的目标模式、方法与技巧》，武汉大学出版社2006年版。
[⑤] 《法院组织法》第二章（第十七条至第三十二条）；《检察院组织法》第二章（第十一条至第十九条）；《法院组织法》（二次审议稿）第二章（第十二条至第二十八条）；《检察院组织法》（二次审议稿）第二章（第十二条至第三十条）。

官法》《检察官法》只对法官检察官的权利和义务做出规定，尚未赋予法官检察官依法独立办案的权限①，从而造成三个扭曲现象，即一是法官检察官在层级司法机构中依法独立行使办案权的地位缺失。二是单独职务序列与法官检察官依法独立办案脱节，法官检察官在履行职务中依法享有权利与履行义务规定明确，而其履行职务所应具有依法独立办案权则尚未赋予，形成以法官检察官享有的权利与履行义务代替法官检察官依法独立办案的权力与责任。三是职业保障、职业保护、职业惩戒的对象不是具有依法独立办案权的主体——法官检察官，而是作为层级司法机构办理案件的承办人等。因此，新一轮司法管理体制改革须探讨顶层设计以法官检察官"四等十二级"的单独职务等级能力序列为基点，建立法官检察官依法独立办案的权力清单、责任清单、负面清单体系；使检验权责统一、规范有序的司法权运行绩效的标准落实在以法官检察官"四等十二级"职务等级能力为核心的权力清单、责任清单、负面清单体系之上，以法官检察官权力清单、责任清单、负面清单体系建设成效保障层级司法机构的司法权运行体系达到权责统一、规范有序。

1. 禀赋法官检察官依法独立办案的权力、建立权力清单、责任清单、负面清单体系之合理性、正当性与实效性

以法官检察官"四等十二级"单独职务等级能力为基础禀赋法官检察官依法独立办案的权力清单、责任清单、负面清单体系有其合理性、正当性和实效性。具体表现在：（1）合理性。梳理现行司法职务等级与层级司法机构制度安排，不难发现法官检察官的四个职务等次如"首席大法官检察官、大法官检察官、高级法官检察官、法官检察官"所对应的是最高级、高级、中级、基层四个层级的司法机构，而四个层级司法机构所享有的司法职权是四个职务等级序列法官检察官所应当享有依法独立办案权的前提，即层级司法机构的法定司法职权决定了其所属对应等次的法官检察官依法独立办案权的范围、权重及其行使职权所产生的法律效果，而法官检察官四个职务等次所享有依法独立办案权的具体化、规范化、制度化是层级司法机构司法职权能否保证其公正高效权威抑或公正高效行使的关键。因此，唯有按照"四个层级"司法机构的职权分配来一一对应划定"四个职务等次"法官检察官依法独立办案的权限，才能使法官检察官权力清单、责任清单、负面清单体系的来源具有客观性、划定分配的权力清单、责任清单、负面清单才具有合理性。（2）正当性。我国法官检察官"四等十二级"单独职务序列创设的正当性体现在：一是职业准入条件严格、程序规范。根据《法官法》《检察官法》及本轮司法管理体制改革政策导向，凡进入法院检察院履职的人员，

---

① 《法官法》第五条、第六条；《检察官法》第六条、第七条。

须具有高等院校法律专业本科毕业或者高等院校非法律专业本科毕业具有法律专业知识、通过国家法律职业统一资格考试、由省级以上法官检察官遴选委员会遴选、经过统一的司法职业培训，且在司法人员分类管理、员额制、办案责任制、省以下司法人财物统一管理的改革中，凡须进入员额的司法人员又经历了省域范围内组织的统一考试、考核、考察以及专业资格审查等环节，而遴选为员额内的法官检察官必须是从事法律工作已满二年的司法人员。二是职务等级晋升通道严格规范、到一级司法机构任职须逐级遴选。根据现有法律规定和司法改革政策取向，具有法学本科学位的从法官检察官助理依次晋升到五级法官检察官直至一级高级法官检察官，一般需要30年左右，具有法学硕士学位的一般需要28年，具有博士学位的一般需要24年；个别按照择优选升、特别选升程序晋升法官检察官的，其晋升时间则可能会缩短①。这些表明，法官检察官职务晋升注重以其思想政治素质、业务能力、职业操守、办案经验、办案质量的考察为基础。为此，禀赋法官检察官依法独立办案的权力具有正当性。（3）实效性。通过对本轮司法管理体制改革样本观察分析，推行司法人员分类管理、员额制、司法责任制改革以来，法官检察官构成发生变化，法官检察官办案主体地位基本确立，优秀人才向司法办案一线流动趋势明显。司法管理体制改革表明，将依法独立办案权禀赋给法官检察官行使的时机、条件已经成熟。遴选出的法官检察官是现有司法队伍中的精英，通过推行"让审理者裁判、让裁判者负责"的赋权配套改革也取得了明显成效。

2. 以"四等十二级"单独职务序列为基础建立法官检察官权力清单、责任清单、负面清单体系

传统司法职权配置体制机制语境下尚未禀赋法官检察官依法独立办案权力的根源是多方面的，其中与法官检察官"四等十二级"的单独职务序列长期未能建立关系极大。《法官法》《检察官法》颁行实施至本轮司法体制改革启动之前20年间，由于法官检察官"四等十二级"单独职务序列未能与其职业权限、职业保障、职业保护、职业惩戒挂钩，以致法官检察官依法独立办案的地位始终未能确立，其办案职责始终是在层级司法机构的法人代表（院长检察长）领导与主导（审判委员会检察委员会）下作为层级司法机构（司法主体）的一个办案人员（不是办案主体）按照"集体本位"与"民主集中制"原则办理案件，其仅能作为层级司法机构法人代表的决策执行者，即便是本轮司法管理体制改革引入"个人本位"的理念推行"让办案者决定，让决定者负责""让审理者裁判，让裁判者负责"禀赋法官检察官依法独立办案权力的改革政策导向，但试点省份提供的

---

① 徐汉明、金鑫、姚莉：《检察官职务序列研究》，中国检察出版社2017年版。

改革样本仍未按法官检察官"四等十二级"的单独职务序列为基础优化司法职权配置，也未赋予法官检察官依法独立办案的权力。如最高法院出台"司法责任制"的规范性文件中仍然按照类型化的带有行政"科层制"职权配置方式赋予独任庭、合议庭位阶下的法官独任审理、合议庭审理、审判长、院长、庭长的审判职责，与院长庭长的监督管理职责[①]。最高检察院则明确规定决定是否逮捕、起诉、提请抗诉、提出抗诉、检察建议、纠正违法意见、终结审查、不支持监督申请；立案、采取强制措施、采取查封、扣押、冻结财产等重要侦查措施、不立案、撤销案件；对不服决定的复议、复核、复查[②]等职权由检察长行使。这意味着检察机关依法独立行使检察权仅有检察长为唯一的适格主体，其也是承担司法责任的唯一主体。这是因为，检察官则仅享有依照法律规定和检察长委托履行办案的职责，如询问关键证人、组织勘验、检查、搜查、查封、扣押物证、书证等[③]。而有关承办案件的组织、指挥、协调等职责则赋予主任检察官履行[④]。这表明，法院检察院在本轮司法体制改革中并未真正建立起符合改革要求的"让办案者决定，让决定者负责""让审理者裁判，让裁判者负责"的权力清单、责任清单、负面清单体系。为此，新一轮司法管理体制改革应以法官检察官"四等十二级"的单独职务序列为基础赋予法官检察官依法独立办案的权力，并建立权力清单、责任清单、负面清单体系，使"让办案者决定，让决定者负责""让审理者裁判，让裁判者负责"的改革理念、政策取向嵌入并落实在司法权运行体系之中，并上升为《法院组织法》《检察组织法》《法官法》《检察官法》的法律规范，使其具有稳定性、规范性、操作性及其强制性。

考察本轮司法管理体制改革有关法官检察官职务等级的控制比例，其做法大都以法官检察官"四等十二级"单独职务序列的职务等次相对应，即基层法院检察院三级高级法官检察官一般不超过法官检察官员额的15%，四级高级法官检察官一般不超过法官检察官员额的25%；地市级法院检察院一级、二级高级法官检察官一般不超过法官检察官员额的10%，三级高级法官检察官不超过法官检察官员额的20%；直辖市中级人民法院检察院一级高级法官检察官一般不超过其员额的5%，二级高级法官检察官一般不超过其员额的15%；省级法院检察院二级大法官检察官1名，一级高级法官检察官一般不超过其员额的5%，二级高级法官检察官一般不超过其员额的15%；副省级城市中级人民法院检察院一级高级法官检察官若干名，一级、二级高级法官检察官一般不超过其员额的

---

① 最高人民法院：《关于完善人民法院司法责任制的若干意见》，2015年9月21日。
② 最高人民检察院：《关于完善人民检察院司法责任制的若干意见》第16条，2015年9月28日。
③ 最高人民检察院：《关于完善人民检察院司法责任制的若干意见》第17条，2015年9月28日。
④ 最高人民检察院：《关于完善人民检察院司法责任制的若干意见》第18条，2015年9月28日。

15%，三级高级法官检察官一般不超过员额的 30%。这些改革实践的成效为建立法官检察官依法独立办案权力清单、责任清单、负面清单体系提供了前提和基础。梳理总结本轮司法体制试点改革有关省份的经验，摒弃其传统制度设计按庭（处、科、室）禀赋职权的不良做法，禀赋法官检察官依法独立办案权力的正确路径应当是遵循司法权的"权责利"相统一的配置规律，以层级司法机构的司法管辖权为前提，以《法官法》《检察官法》和司法改革政策为依据，以与四个层级司法机构相对应法官检察官的"四个职务等次""十二个职务等级"的司法能力为核心，以禀赋法官检察官依法独立办案权力为取向，建立以司法责任、监督制约、职业保障、职业保护、职业惩戒为主要内容的激励约束相容的制度体系。

（三）建立与司法组织综合配套改革相匹配的法官检察官权力清单体系

建立法官检察官权力清单体系须以"让办案者决定，让决定者负责""让审理者裁判，让裁判者负责"的司法改革政策为指引，以司法组织机构和层级司法管辖配套制度改革为前提。通过改革高级人民法院、最高人民法院直接受理一审案件的管辖制度及其相应设置的司法组织机构配备的人力物力资源，使省级法院管辖的一审案件交由基层法院或者跨行政区划的专门法院行使，最高人民法院直接管辖的一审案件（除死刑复核、死刑监督、审判监督）交由中级人民法院办理或者跨行政区划的专门法院行使，并将大量裁减的高级人民法院、最高人民法院的法官一并划转至跨行政区划的专门法院，既有效解决省级以上人民法院机构臃肿、人员膨胀、司法重心上移带来的诸多弊端，又有效发展完善"两审终审制"的审级管辖制度，尤其是使大量优秀的法官充实基层，回归承担办理一审、二审案件的司法主业主职上来，辅之对不服生效判断裁定委托律师代为申诉制度等综合配套改革，为承担大量繁重的一审、二审案件的法官禀赋明晰的依法独立办案权、建立权力清单、责任清单、负面清单体系；对检察机关而言，省级人民检察院、最高人民检察院在坚持检察一体原则，发挥上一级检察院领导下一级检察院，最高人民检察院领导全国检察工作的体制优势的基础上，仍应按照精简效能统一的原则，对最高人民检察院、省级人民检察院直接办理案件的管辖程序做出严格明确规范，对检察指令权应当纳入规范的运行程序，防止其滥用，使四级检察机关各自的法律监督权保持有序行使的状态，纠正和防止上级检察机关不当干扰下级检察机关履行法律监督职权的现象，为综合配套改革营造良好的环境。在此基础上，法官检察官权力清单的建立，可按照由低级至高级的"四等十二级"单独职务赋权、形成明确清晰的权力清单体系。其具体进路是："法官检察官的基准权力＋职务等级的权重＋所属层级司法机构的管辖权权重"，由此构成法官检察官的权力清单体系。所谓法官检察官的基准权力是指具有第四个职务等次法官检察官（一级、二级、三级、四级、五级）资格的即具有依法独立行使办案的权力。基准权力清单的具体内容包括：（1）决定或主持承办案件的司法事务会议。（2）决定或指导采用司法强制措施。（3）决定和处置被害人、诉讼代理人、有关当事人提出管辖，决定适用司法强制措施、非法证据排除、司法鉴定、证据保全、相关权益保障等司法事务。（4）主持案件性质认定、法律适用、证据采信、程序适用的讨论并依法做出决定。（5）指挥、监督法官助理检察官助理、书记员、司法警察完成各自承担司法事务。（6）法官主持、指挥庭审活动，检察官主持指挥调查、司法审查等活动。（7）制作并签发法律文书。（8）指导、监督司法辅助人员装订案件卷宗、发布司法公开信息、提供相关法律服务。（9）重大疑难案件向高级法官检察官、审判委员会检察委员会、法官委员会检察官委员会或院长检察长的提请权，独立发表意见权。（10）对办案团队的法官检察官助理、书记员、人民陪审员、司法警察的履职评价、绩效奖金、职务等级晋升、劳动报酬等独立发表意见权。

从法院系统建立法官的基准权力清单体系而言。法院系统应当更新传统"集体本位＋行权方式"设定职责权限的理念与方法，按照法官"四等十二级"单独职务序列的理念和方式，把每一个职务等次的法官都作为一个独立办案团队的核心要素或司法组织，实现"法官"与"司法组织"的合二为一，直接禀赋法官依法独立办案的权力，建立法官的基准权力清单体系。事实上，"合议庭""独任制""主审制"都是审判权运行的一种方式而不是审判职权本身，唯有明晰法官、人民陪审员、法官助理、书记员、司法警察等参与审理案件的各自基准权力，才能运用合议或独任的方法来办理案件，也才能实现"让办案者决定，让决定者负责""让审理者裁判，让裁判者负责"的改革预期目标。近年来应对"诉讼爆炸"现象最高法院通过设立巡回法庭的改革尚能收到权宜之效。但其根本出路是将"诉讼重心"还本属地管辖为主、级别管辖为辅，使大量的涉诉争讼案件直接导入基层法院的一审程序，使大量重大复杂案件直接导入跨行政区划的法院一审程序，把最高法院、省高级法院从日益繁重的且不该由其直接管辖的一审案件中解脱出来，从而为构建以法官为主体、体现层级司法机构依法独立行使审判权属性的权责统一、规范有序司法权运行体系奠定坚实基础和提供前提条件。

从检察院建立检察官基准权力体系而言。检察机关因为遵循"检察一体"的原则，其检察权配置与审判权配置尚有一定的区别。但经过本轮司法管理体制改革后，检察机关的权力清单仍划归检察长，继续由检察长"一个人说了算"。这不仅违背了"让办案者决定，让决定者负责""让审理者裁判，让裁判者负责"的改革政策取向，而且事实上检察长也没有"天大的本事"对每个案件负责，一旦出现错（冤）案件，追究错（冤）案的责任仍无人承担，优化检察职权配置、完善司法责任制、错（冤）案追究制的改革实际上是"画了一个圈"。如何在坚持"检察一体"原则和上级领导下级体制的前提下，科学设定检察官的基准权力清单仍然有较大的改革空间。其改革方案的选项之一是，可以根据检察机关履行刑事诉讼职能、诉讼监督职能，提请民事公益诉讼、直接受理立案侦查的案件或采取行政违法监督，对于叛国案、分裂国家案以及严重破坏国家的政策、法律、法令、政令统一实施的重大犯罪案件，行使检察权等[①]，对检察官的基准权力进行类型化赋权。例如，（1）涉及刑事诉讼与诉讼监督职能履行的赋权方面。随着最高人民检察院新推出的捕诉一体化、专业化、规范化的检察机构改革，涉及履行刑事诉讼与诉讼监督职责的这类案件大都是由公安机关、安全机关移送审查批捕、审查起诉的，对这类案件涉及犯罪嫌疑人的审查、批准逮捕、延长逮捕羁押期限、审查起诉、提请公诉、提出量刑建议、出席法庭支持公诉、对确有错误的生效判决裁定提出抗诉等职权可以放权于检察官，或者由法律规定直接禀赋给检察官；而对于这类案件做出不予批捕、不起诉、提请公诉、撤销案件、不提请（出）抗诉等检察长有权撤销检察官做出的决定。（2）涉及监察委移送提请审查起诉的职务犯罪案件的司法审查职责履行赋权方面。这类案件事关政权安全、制度安全、对国家工作人员工作履职全覆盖监督成效、为人民群众所高度关注。因此对这类职务犯罪案件的犯罪嫌疑人是否决定刑事立案、逮捕、延长逮捕羁押期、补充侦查、退回调查、建议撤销案件、不予起诉、提出起诉、提出量刑建议、出庭支持公诉，对确有错误的生效判决裁定提出抗诉、对调查活动违法提出纠正意见，对涉案单位提出整改检察建议，对监察委提出复议、复核、复查等职权，可仍由检察长行使。对询问关键证人和对诉讼活动具有重要影响的其他诉讼参与人，对重大案件的物证、书证、鉴定主持复查、复核、复验、调取、审核证据，提出非法证据排除意见，主持公开审查、宣布处理决定，出席法庭支持公诉等职权则由检察官行使。（3）对检察院直接受理立案侦查的案件赋权方面。这类案件涉及在履行法律监督职责过程中发现执法、司法人员滥用职权、徇私舞弊的案件。对其决定是否立案、是否采取强制措施、查封、扣押、冻结财产等重要侦查措施仍由检察长决定；可禀赋这类案件检察官的其他相关职权，如询问关键证人和对诉讼活动具有重要影响的其他诉讼参与人；对重大案件组织现场勘验、检查，组织实施搜查、查封、扣押物证、书证，决定鉴定；组织收集、调取、审核证据；主持公开审查、宣布处理决定；代表检察机关当面提出监督意见；出席法

[①] 《检察院组织法》第二条。

庭支持公诉等职权①。(4) 对提请民事公益诉讼案件赋权方面。这类案件决定立案调查、收集固定证据、组织勘验鉴定、调取物证书证、决定提请公诉、出席法庭支持公诉、对确有错误的生效判决裁定提出抗诉、撤销案件、不予起诉、提出检察建议、纠正违法等职权可以直接禀赋给检察官。而对于这类案件的立案调查、撤销案件、不提请（出）起诉、抗诉等检察长有权撤销检察官做出的决定。(5) 对特别重大案件行使检察权赋权方面。中共十八届四中全会决定赋予检察机关对行政违法实施法律监督的两项职权，可由检察长代表检察院依法行使。

所谓职务等级权重是指以法官检察官职务等级由低到高次序作为其赋权增加权重的约束要件。例如，在本轮司法人员分类管理、员额制、司法责任制改革中，基层法院检察院进入员额的四级、三级高级法官检察官均有一定的比例限制，而三级高级法官检察官相对于四级高级法官检察官而言虽然都在高级职务序列等次，但高出一个职务等级；而三级高级、四级高级相对于一级、二级、三级、四级、五级法官检察官而言，其作为一个高级职务序列的法官检察官职务等级不仅高出一级至五级法官检察官一个职务等次，而且高出多个职务等级。在本轮司法人员分类管理体制改革的法官检察官职务及其工资套改过程中，县处级正职（调研员）被套改为三级高级法官检察官，县处级副职（副调研员）被套改为四级高级法官检察官；而乡科级正职（主任科员）则被套改为一级法官检察官，乡科级副职（副主任科员）则被套改为二级法官检察官，科员则被套改为四级、五级法官检察官。与此同时，在法官检察官单独职务工资套改与司法辅助人员按照略高于综合类公务员工资改革过程中，员额内的法官检察官依照其单独职务序列所任职务等级执行相应的职务等级工资标准，职务等级工资档次按所任职务等级和套改前执行的级别工资档次确定。例如，三级高级法官检察官职务工资档次为十六个档，四级高级法官检察官职务工资档次为十七个档，以三级高级法官检察官工资档次的第十六档计算，其职务等级工资标准为 7 280 元，分别比一级法官检察官的 5 460 元高 1 820 元，比二级法官检察官的 5 020 元高 2 260 元，比三级法官检察官的 4 650 元高 2 630 元，比四级法官检察官的 4 300 元高 2 980 元，比五级法官检察官的 4 010 元高 3 270 元，其高出比例分别为 33.33%、45.02%、56.65%、69.30%、81.55%；连同年终绩效奖金，三级高级、四级高级法官检察官单独职务序列的工资待遇与一至五级法官检察官的单独职务序列工资待遇相差较大。虽然，这种与体现法官检察官"四等十二级"单独职务序列相匹配的单独职务工资的激励机制挂钩的改革已经到位，但是以"权责利"统一改革为取向、与法官检察官"四等十二级"单独职务序列相匹配的

---

① 最高人民检察院：《关于完善人民检察院司法责任制的若干意见》第十七条，2015 年 9 月 28 日。

依法独立办案的权力清单、责任清单、负面清单体系建设并未一并挂钩改革到位。为此，新一轮司法管理体制改革应当坚持"权责利"相统一的原则，即获得了多少报酬待遇的法官检察官须履行相对应的义务，行使相对应的权力、承担相对应的责任。其基本路径是：把法官检察官单独职务序列的职务等次作为以法官检察官基准权力为基点作为赋权与增加权重的基本依据。具体而言，一至五级法官检察官其仅享有基准权力，在基层司法机构只能承担办理一般案件的职责，承担处理一般案件的司法责任，获得相应的单独职务序列的工资、奖金及其福利待遇，使其"权责利"相统一；而具有三级高级、四级高级职务的法官检察官（通常是院长检察长、副院长副检察长、审委会委员检委会委员、业务骨干等）应当在法官检察官基准权力之上以职务等次权重给其增加权力与承担的司法责任，形成以法官检察官"四等十二级"职务等级序列为核心结构合理的权力清单、责任清单、负面清单体系。具体而言，对于省级高级司法机构通过改革移交给基层司法机构管辖的一审重大疑难案件，则应由三级高级、四级高级法官检察官直接履行承办的职责，真正建立以法官检察官"四等十二级"职务等级为核心结构合理的权力清单、责任清单、负面清单体系，从而使高级法官检察官的院长检察长（副院长副检察长、审委会委员检委会委员）回归办案主业，从权力清单体系基础性制度安排层面根治具有高级法官检察官职务等级的院长检察长（副院长副检察长）异化为行政领导、行政事务的决策者。与此相适应，地市级、直辖市、副省级城市法院检察院一级高级、二级高级法官检察官、三级高级法官检察官都有一定的比例规定，在职务等级套改中厅局级副职（副巡视员）被套改为二级高级法官检察官，厅局级正职（巡视员）被套改为一级高级法官检察官，省部级副职被套改为二级大法官检察官。相应地，在落实法官检察官单独职务序列工资待遇中，一级高级、二级高级法官检察官职务等级工资标准均为十四个档次，其中一级高级法官检察官第十四档次月薪为9 410元，比基层三级高级、四级高级法官检察官分别高出4 760元、5 110元；而比一至五级法官检察官则分别高出4 230元、4 650元、5 000元、5 330元、5 600元。连同年终绩效奖金，一级高级、二级高级法官检察官单独职务序列的工资待遇与三级高级、四级高级乃至一至五级法官检察官的单独职务序列工资待遇相差更大。相应地，其行使职权、履行义务、承担责任也应与之相适应。具体而言，对于最高司法机构通过改革划归给地市级司法机构管辖的或者跨行政区划的专门司法机构管辖一审重大疑难案件，则应由一级高级、二级高级、三级高级、四级高级法官检察官直接承担办理案件的职责，真正建立以法官检察官"四等十二级"职务等级为核心结构合理的权力清单体系，从而使地市级、省级司法机构的一级高级、二级高级、三级高级、四级高级法官检察官的院长检察长（副院长副检察长、审委会委员检委会委员）回归办案主业，从权力清单、责任清单、负面清单体系等基础性制度安排层面根治具有高级法官检察官职务等级的院长、检察长（副院长、副检察长）"职务异化""角色变形""高级司法官不司法"的乱象。

所谓"层级司法机构的管辖权重"是指经司法组织机构、审级制度、跨行政区划法院检察院设置等系列综合配套改革之后，形成一审"权利救济、制约公权"，二审"定分止争、案结事了"，再审"维护既判力、依法有限纠错"，最高司法机关专司"死刑复核、死刑监督、司法解释、案例指导、监督法律统一正确实施"的职能，形成基层司法机构管辖范围宽、跨行政区划司法机构管辖案件类型集中、维护司法裁判既判力的"两审终审制"的现代司法管辖制度。以此为前提，准确界分和整合法官检察官权力清单的权重增量与约束要素，即将层级司法机构管辖的类型化作为法官检察官"四等十二级"单独职务序列所规定权力清单的前提、依据及其司法责任清单、负面清单差异化的成立条件。例如，专司知识产权、民商事、生态环境、互联网金融案件审理权力清单的内容与专司普通刑事案件、"死缓无期"重大刑事案件权力清单的类型、内容则是有差别的，其司法责任与其所承担的法律后果也是有差别的。

（四）建立以法官检察官基准权力为基础的司法责任清单体系

所谓司法责任是指司法人员在办理案件过程中对其行使权力、履行职责的行为与案件质量所应承担的责任，包括办案行为责任与办案质量责任。所谓办案行为责任是指法官检察官行使依法独立办案权必须符合法律规定、程序规则与职业道德规范的司法行为。所谓办案质量责任是指法官检察官依法独立行使办案权，对所办案件承担终身责任。应然理论层面司法责任的构成要件是指成立司法责任对司法人员追究责任所必备的条件，其成立不以错案的结果为必要条件，只要法官检察官在行使依法独立办案权过程中实施了违反法律法规、诉讼程序、办案纪律、职业伦理规范的行为，且主观上具有过错，造成一定法律后果的，即应依据相关法律法规和纪律规定对其予以追责。司法实务经验与建立司法责任制的出发点和落脚点在于"保证公正司法、提高司法公信力"。如何建立以法官检察官基准权力为基础的司法责任清单体系，其路径主要有以下几点。

1. 科学界定成立司法责任的要件

笔者认为，司法责任追究的成立须有四个要件，即一是须发生了错（冤）案的结果；二是法官检察官在依法独立行使办案权过程中实施了违法违规行为；三是法官检察官的办案行为与错（冤）案结果之间均有归责上的必然因果关系；四是法官检察官的办案行为主观上具有过错即故意或疏忽大意或过于自信。

2. 准确划分承担司法责任的类型

主要划分为两个类型，一类是承担司法责任的故意行为。法官检察官在依法独立行使办案权过程中，故意实施下列行为之一的，应当承担司法责任：（1）办理案件时有贪污受贿、徇私舞弊、做出枉法决定和枉法裁判行为的。（2）包庇、放纵被举报人、犯罪嫌疑人、被告人，或使无罪的人受到刑事追究的。（3）违反规定私自办案或者制造虚假案件的。（4）毁灭、伪造、变造、偷换、隐匿或故意损毁证据材料的。（5）刑讯逼供、暴力取证或以其他非法方法获取证据的。（6）违反规定剥夺、限制当事人、证人人身自由的。（7）向办案组织汇报案情时隐瞒主要证据、重要情节或故意提供虚假材料导致决定（裁判）错误的。（8）违反规定限制诉讼参与人行使诉讼权利，造成严重后果或恶劣影响的。（9）非法搜查或损毁当事人财物的。（10）违法违规查封、扣押、冻结、保管、处理涉案财物的。（11）违反法律规定对不符合逮捕、起诉、抗诉、处以死刑，或者减刑、假释的而做出决定或裁判导致错（冤）案发生的。（12）制作诉讼文书时，故意违背有关案件的决定（裁定）导致法律文书主文错误并造成严重后果的。（13）对已经决定给予刑事赔偿的案件拒不赔偿或拖延赔偿造成恶劣影响的。（14）违法违规使用武器、警械造成严重后果的。（15）其他违反诉讼程序或司法办案规定，造成严重后果或恶劣影响的。[①]另一类是承担司法责任的重大过失行为。法官检察官在依法独立行使办案权过程中有重大过失，急于履行或不正确履行职责，造成下列后果之一的，应当承担司法责任：（1）遗漏主要证据、重要情节导致决定（裁判）错误并造成严重后果的。（2）遗漏重要犯罪嫌疑人或重大罪行的导致有罪的人逃避追诉或者逃避法律制裁的。（3）错误羁押或超期羁押犯罪嫌疑人、被告人的。（4）因失职导致涉案人员自杀、自伤、行凶或者发生重大事件（事故）的。（5）因失职犯罪嫌疑人、被告人串供、毁证、逃跑并造成严重后果的。（6）因重大过失导致法律文书主文错误并造成严重后果的。（7）因重大过失对不符合逮捕、延长逮捕羁押、起诉、判处死刑、减刑、假释条件的犯罪嫌疑人或罪犯而决定逮捕、延长逮捕起诉、判处死刑、裁定减刑或假释并造成严重后果的。（8）其他因重大过失导致决定、裁定结构错误并造成严重后果的。[②]

3. 准确认定承担司法责任的主体

理论界和实务界的通识认为，司法人员凡因故意或过失违反法律规定所导致的案件处理决定、判决、裁定不公所形成的错（冤）案必须承担司法责任，并且应受到错（冤）案责任的追究。有关错（冤）案的标准当前学术界有客观说[③]、

[①②] 《最高人民法院关于完善人民法院司法责任制的若干意见》，中国法院网，2015 年 9 月 21 日；《最高人民检察院关于完善人民检察院司法责任制的若干意见》，高检网，2015 年 9 月 28 日。

[③] 金汉标：《错案的界定》，载于《法学》1997 年第 9 期。

主观说[①]、主客观统一说[②]、三重标准说[③]。在我国当下尚未建立起以法官检察官依法独立办案基准权为基础的权力清单、责任清单、负面清单体系,行使司法权主体多元且司法责任往往边界不明晰的前提下,对下列司法主体承担司法责任的认定可划分如下:

(1) 对负有监管职责的层级司法机构负责人承担责任的主体认定。对负有监督管理职责的院长检察长（副院长副检察长、法官检察官）因故意或重大过失怠于行使或不当行使监督管理权,导致法官检察官不能依法独立行使办案权而出现严重错误,或者司法辅助人员在参与司法办案中出现严重错误,应当认定作为承担司法责任的主体。

(2) 对办案组织共同主体司法责任承担的认定。由主持独任庭、合议庭的法官、主任检察官办公室检察官做出决定的案件具有上述故意行为类与重大过失类情形之一的,对独任法官、主审法官、主任检察官可认定为承担司法责任共同主体的为首者;其中,担任主审、主办的法官检察官（负责人）对其职权范围内决定的事项承担责任,其他法官检察官、司法辅助人员对自己职责内的行为承担责任。

(3) 对层级司法机构负责人主持决定司法事项的司法责任主体认定。属于院长检察长、副院长副检察长以及审判委员会检察委员会决定的事项,因认定院长检察长、副院长副检察长及主持审委会检委会的负责人为承担司法责任的主体,即院长检察长、副院长副检察长、主持审判委员会检察委员会的负责人对自己决定或主持决定的司法事项负责,审判委员会委员检察委员会委员对自己发表的意见承担责任,法官检察官对案件事实和证据负责。

(4) 对审判委员会检察委员会集体讨论决定导致错（冤）案的主体认定。除认定主持审判委员会、检察委员会讨论决定司法事项导致错（冤）案由主持会议的负责人承担责任外,法官检察官向审判委员会检察委员会汇报案件时,其故意隐瞒、歪曲事实,遗漏重要事实、证据或情节,导致审判委员会、检察委员会做出错误决定或裁判的,应认定法官检察官为承担司法责任的共同主体,由汇报案件的法官检察官承担责任;审判委员会、检察委员会委员根据错误决定形成的具体原因和主观过错情况承担部分责任,其中提出明确反对意见或保留意见的不承担责任。

(5) 对院长检察长（副院长副检察长）依法独立办案的司法责任主体认定。院长检察长（副院长副检察长）除承担监督管理的司法责任外,对在职权范围内

[①] 周永坤:《错案追究制与法制国家建设——一个法社会学的思考》,载于《法学》1997年第9期。
[②] 王乐龙:《刑事错案：症结与对策》,中国人民公安大学出版社2011年版,第28页。
[③] 王晨光:《法律运行中的不确定性与错案追究制的误区》,载于《法学》1997年第3期。

做出的有关办案事项决定或独立办案的承担完全责任。对于法官检察官在职权范围内做出决定的事项，院长检察长（副院长副检察长）不因签发法律文书承担司法责任；法官检察官根据院长检察长（副院长副检察长）的要求进行复核并改变原处理意见的，由院长检察长（副院长副检察长）与法官检察官共同承担责任；院长检察长（副院长副检察长）改变法官检察官决定的，对改变部分承担责任；法官检察官抗命院长检察长（副院长副检察长）决定正确的，法官检察官不承担司法责任。

（6）对司法辅助人员承担错（冤）案司法责任的认定。司法辅助人员参与司法办案工作的，应根据其履行的职责和分工承担相应的任务认定其是否为承担司法责任的主体。其中司法辅助人员未能履行职责而导致错（冤）案的应承担司法责任；法官检察官负有指挥、指导、审核把关的职责，法官检察官未履行指挥、指导、审核把关职责的应当承担相应的责任。

（7）对上级法院检察院承担司法责任的主体认定。上级法院检察院不采纳或改变下级法院检察院正确意见的，应当由上级法院检察院做出决定的人员承担相应错案追究的责任。

（8）对下一级与上一级法院检察院共同主体分别承担司法责任的认定。在审级程序中，无论是适用一审程序的法院检察院做出决定或裁判，还是适用上诉审程序的法院检察院做出的决定或裁判，若发生错（冤）案件其承担司法责任为共同主体。但因其决定或裁判都是通过法官检察官具体办案体现的，因而对共同主体的司法责任认定仍以做出决定或裁判的院长检察长、承办案件的法官检察官、司法辅助人员作为认定直接承担司法责任的主体。若下一级法院检察院法官检察官、司法辅助人员故意隐瞒、歪曲事实，遗漏重要事实、证据或情节，导致上一级检察院做出错误命令、决定的，或者导致上一级法院做出错误裁判的，由下一级法院检察院法官检察官、司法辅助人员在职权范围内承担相应责任；上一级法院检察院法官检察官、司法辅助人员有过错的，应当承担相应的责任。

4. 完善司法责任追究制度体系

司法责任是包括对司法人员因违反法律法规及职业纪律规定导致错案所应承担的政治纪律责任、职业责任、办案行为责任、办案质量责任的内在有机统一的司法责任追究制度。完善司法责任追究制度体系的路径是：（1）规范司法责任承担的形式。构建以刑事责任、民事责任、司法职业责任于一体的司法责任追究体系与承担的形式。刑事责任、民事责任已有明确的法律规定，其关键在于法官检察官惩戒机构如何正确地使用。而司法职业责任形式则可以在法官检察官职业纪律承担形式如警告、记过、记大过、降级、撤职、开除留用、开除等基础上，增加新的承担形式，例如，记入个人业绩档案、扣除法官检察官职务津贴、降低法官检察官职务等级、单独或合并扣减法官检察官职务等级工资、扣除或减发年终绩效奖、停止职务、停发职务等级工资、禁闭、扣除退休补助金、剥夺廉政风险金，等等，从而使司法责任追究与法官检察官、司法辅助人员的"权责利"相统一。（2）建立司法责任追究统筹协调机制。当下对法官检察官履职全覆盖监督的机构有纪委派驻法院检察院的纪检组、法院检察院系统自设的监察机构、本轮司法管理体制改革创设的法官检察官惩戒委员会、以人民参与司法理念建立的人民陪审员与人民监督员制度。这些监督、监察、惩戒机构"多头"亟须协调统一。建议按照"大类归口，一套班子几块牌子"的方式整合监督、监察、惩戒资源，实行合署办公，使司法责任追究主体确定、责任明确。（3）健全责任追究程序。完善司法责任追究的立案调查，收集固定证据，赋予当事人享有的知情权、辩解权、举证权，建立正当的听证程序，注意区分主观与客观、故意与过失、共同与个人、主要与次要的界限，有无严重后果即社会影响；坚持以事实为依据，重证据，认真听取法官检察官的陈述、举证、辩解；法官检察官惩戒委员会对查究当事人的事实、证据、适用追责的依据应当仔细甄别、准确无误；对生效的责任追究决定，被追究人有权申请复议和提出申诉，以保证责任追究经得起历史检验。

（五）建立健全法官检察官履职负面清单体系

对投资业绩、投资主体高管资格等实行管理限制地准入并以清单方式列明的制度，已成为大多数国家采用投资准入的成熟管理制度安排。从法制度经济学层面诠释，负面清单管理模式是指由法律法规列举一些禁止或者是限制市场主体进入的事项，对于法律法规没有做出禁止和限制列举事项之外的领域，可以由市场主体自由地进入，法律不做干预①。"负面清单"制度的本质在于对市场主体是"法无禁止即可为"；而对政府则是"法无授权不可为"；只要不是负面清单列举的事项，政府无权进行审批，这是对政府权力的一种有效的规范和制约②。自2013年9月国务院批准《中国（上海）自由贸易试验区总体方案》中明确"探索建立负面清单管理模式"以来，作为政府对外商投资准入管理限制的重大改革举措，其不仅在货物、服务、贸易、知识产权、投资等经济领域尤其是创设自贸区逐渐成为一个热词，随后被引入政治领域、文化领域、社会领域、生态领域的

---

① 王利明：《负面清单——一种新的治国理政模式》，载于《北京日报》2014年9月22日。
② 汪习根主编：《司法权论——当代中国司法权运行的目标模式、方法与技巧》，武汉大学出版社2006年版。

管理活动，而且被引入法学领域乃至司法实践活动①。法官检察官作为社会公平正义的代表者、法律统一正确实施的守卫者、加快推进"法治中国""平安中国"的建设者，其行使具有中央司法权属性的依法独立办案权力须承担"让办案者决定，让决定者负责""让审理者裁判，让裁判者负责"的责任，其行使权力的偏差厘毫关乎公民、法人及其他组织权益的实现；关乎当事人和其他诉讼参与人的知情权、陈述权、辩护辩论权、申请权、申诉权的保障；关乎人民群众能否从每个司法个案中感受到公平正义。因此，对法官检察官履行依法独立办案职责中不能为的事项做出禁止性规定并予以清单列明亦为"负面清单"。虽然，法官检察官依法独立行使权力的属性同为中央司法事权，但其行使依法独立办案权力在诉讼程序的范围、空间、环节、效力上则存在着差别性，故法官检察官依法独立办案的负面清单内容及其清单列明具有不同的特点。以下从职业纪律规范、职业行为规范、职业伦理规范三个层面梳理法官检察官依法履职的负面清单。

1. 法官检察官职业纪律规范负面清单

具体包括三个层面，即法官检察官依法独立办案不得违背纪律规范的清单项目、法官检察官行为规范约束的清单项目、法官检察官伦理规范约束的清单项目。按负面清单项目的性质及其所应承担的法律后果可划分为：

（1）法官履职纪律规范负面清单。梳理总结最高审判机关相关办案纪律及惩戒规定与司法实践，法官履职纪律约束规范负面清单的概括为：①不得违反法律规定，擅自对应当受理的案件不予受理，或者对不应当受理的案件违法受理。②除法律规定的情形外，不得为所承办案件的当事人推荐、介绍律师、代理人，或者为律师或其他人员介绍代理案件。③对明知具有法定回避情形，不得故意不依法自行回避。④不得私自会见所承办案件的当事人及其代理人。⑤审判人员不得擅自干涉下级人民法院的审判工作。⑥不得接受当事人及其委托的人财物，或者要当事人及其委托的人报销应当由自己支付的费用。⑦不得接受当事人及其委托的人的宴请，或者参加由其支付费用的娱乐活动。⑧不得向当事人及其委托的人借钱、借用交通工具、通信工具以及其他物品供个人使用，或者接受当事人及其委托的人在购买商品、装修住房以及其他方面提供优惠。⑨不得违反法院诉讼费收费办法的有关规定，擅自增加收费项目、扩大收费范围、提高收费标准，或者擅自对当事人减收、免收、缓收诉讼费用，或者要求、接受当事人向法院赞助。⑩不得私分、侵吞、挪用诉讼费、罚没款、案件暂存款、赃款赃物及其孳息。⑪当事人及其诉讼代理人因客观原因不能自行收集影响案件主要事实认定的

---

① 《负面清单划出检务公开红线》，载于《法制日报》2014年4月21日。

证据，请求人民法院调查收集，不得故意不予收集。⑫不得故意不进行依职权应当对影响案件主要事实认定的证据进行鉴定、勘验、查询、核对，或者应当采取证据保全措施。⑬不得涂改、隐匿、伪造、偷换或者故意损毁证据材料。⑭不得指使、支持、授意他人作伪证。⑮不得以威胁、利诱方式收集证据。⑯不得胁迫、诱使当事人撤诉。⑰不得篡改、伪造或者故意损毁庭审笔录。⑱向合议庭、审判委员会报告案情不得故意隐瞒主要证据、重要情节。⑲不得故意违背事实和法律做出错误的裁判。⑳不得篡改、伪造或者故意损毁合议庭评议记录、审判委员会讨论记录。㉑不得泄露合议庭评议、审判委员会讨论案件的具体内容或者其他审判秘密。㉒不得故意违反法律规定采取或者解除财产保全措施。㉓不得故意违法执行第三人或者案外人财产。㉔不得故意查封、扣押、冻结、变卖被执行财产。㉕鉴定评估被执行财产时，不得指使有关部门压低或者抬高价格。㉖不得故意重复查封、扣押、冻结被执行财产。㉗不得故意违反法律规定暂缓执行、中止执行、终结执行。㉘不得挪用、截留、私分、侵吞被执行财产。㉙不得向被执行人通风报信，使其转移、隐匿、变卖被执行财产，逃避执行。㉚不得私自制作诉讼文书，或者制作诉讼文书时故意违背合议庭评议结果、审判委员会决定。㉛不得阻挠、干扰外地法院依法到本地调查取证或者采取财产保全措施、执行措施、强制措施。㉜不得故意违反法律规定采取强制措施。㉝不得故意违反法律规定，对不符合减刑、假释条件的罪犯，裁定减刑、假释。㉞不得为谋私利故意拖延办案。㉟不得私自办理执行案件、追讨债款、提审犯罪嫌疑人。㊱不得故意损毁案卷或者其他诉讼材料，影响审判工作正常进行。㊲不得打骂、侮辱、猥亵诉讼参与人及其亲属。㊳不得与所承办案件的当事人或者当事人亲属发生两性关系以及廉政纪律、组织人事纪律、财经纪律约束的负面清单，等等。①

（2）检察官履职纪律规范负面清单。根据最高检察机关有关检察官履职违反纪律处分的规范和司法实践，其负面清单可划分为：①不得隐匿、销毁举报、控告、申诉材料，包庇被举报人、被控告人，或者滥用职权，对举报人、控告人、申诉人、批评人报复陷害。②不得泄露国家秘密、检察工作秘密或者为案件当事人及其代理人和亲友打探案情、通风报信。③不得徇私枉法，对明知是无罪的人而使他受追诉，对明知是有罪的人而故意包庇不使他受追诉。④不得非法拘禁他人或者以其他方法非法剥夺他人人身自由。⑤不得非法讯问犯罪嫌疑人、被告人或者非法传讯他人。⑥不得伪造、隐瞒、涂改、调换、故意损毁证据材料、诉讼文书。⑦不得非法搜查他人身体、住宅，或者非法侵入他人住宅。⑧不得刑讯逼供。⑨不得私放犯罪嫌疑人、被告人。⑩不得非法扣押、冻结公私财产。⑪不得

---

① 最高人民法院：《人民法院工作人员处分条例》，2009年12月31日。

不依法返还扣押、冻结款物，或者侵吞、挪用、私分、私存、调换、外借、压价收购或者擅自处理扣押、冻结款物及其孳息。⑫不得私自办理案件或者干预办案。⑬不得私自会见案件当事人或其辩护人、代理人、申诉人、亲友，或者接受上述人员提供的宴请、财物、娱乐活动。⑭不得严重不负责任超期羁押犯罪嫌疑人。⑮不得体罚侮辱犯罪嫌疑人、被告人及其他人员的。⑯不得违法使用警械、警具。⑰不得违反规定插手经济纠纷。⑱不得违反监管法规，体罚虐待被监管人员，私自带人会见被监管人员，或者让被监管人员给自己干私活。⑲在执法活动中，具有法定回避情形不得故意不依法回避，或者拒不服从回避决定，或者对符合回避条件的申请故意不做出回避决定。⑳不得故意做出违背案件事实的勘验、检查、鉴定结论，等等①。

上述负面清单主要是针对法官检察官依法独立行使办案权过程中所设置的硬性纪律约束"高压线"，其主旨是遵循"法无授权不可为"原则应用到法官检察官依法独立行使办案之中，确保司法权公正高效规范行使，因此，负面清单、依法独立办案权、错（冤）案责任追究三个方面共同构成现代司法权运行体系。法官检察官履行依法独立办案职权过程中一旦触碰了上述负面清单所列硬性规定项目，其不论所办案件是否发生错（冤）的结果，都应依照法官检察官纪律处分规则予以绳之以纪。因而，查究法官检察官触碰负面清单等纪律规范以行为论，若产生严重后果的则对其予以惩戒过程中作为加重情节，若产生错（冤）案件法律后果的则应按照"错案责任追究制"予以追究行政责任、民事责任乃至刑事责任。因此，对上述法官检察官履职纪律规范负面清单应列为Ⅰ级。

2. 法官检察官行为规范负面清单

法官检察官行为规范是指作为社会公平正义的形象代表其在履职过程中所应保持的客观公正、不偏不倚、守护法律的言行、举止、仪表、风度的约束规则。而法官检察官行为规范负面清单则是检视与度量法官检察官行为举止所须达到客观公正、不偏不倚、守护法律等要求的一种限制性、约束性清单项目。

（1）法官行为规范负面清单。按法官履职活动的场域、空间、范围的区别其清单项目可划分为五类：①立案程序方面。梳理总结最高审判机关与司法实践，从规范立案程序方面检视，其可列入负面清单的概括为：当事人来法院起诉已经立案的，不得强迫当事人撤诉；法庭有权受理的诉讼请求应当接受起诉材料，不得要求当事人到所在基层法院立案庭起诉；案件不属于法院主管或者本院管辖当事人坚持起诉的，裁定不予受理，不得违反管辖规定受理案件；不得因法定起诉

---

① 最高人民检察院第十二届检察委员会第五十六次会议：《检察人员纪律处分条例》（2016修订），2016年10月20日。

要件以外的瑕疵拒讼请求的证据不充分为由拒绝立案；当事人在立案后询问证据是否有效、能否胜诉等实体问题的，不得向其提供倾向性意见；当事人预交诉讼费的，不得违反标准额外收取或者随意降低；当事人申请诉前财产保全、证据保全等措施的，不得滥用诉前财产保全、证据保全等措施。②庭审程序方面。开庭时间已公布的，不得无故更改开庭时间；审判人员出庭不得迟到，不得早退，不得缺席；案件审理中不得与诉讼各方随意打招呼或与一方有特别亲密的言行；不得酒后出庭；对诉讼各方陈述、辩论时间的分配与控制是法官庭审中的一项基本职责，其履行该项职责时不得随意打断当事人、代理人、辩护人等的陈述；诉讼各方发生争执或者进行人身攻击应及时制止，不得偏袒一方；未经当事人阅读核对，不得要求当事人在庭审笔录签字、捺印。③庭审中的言行方面。庭审中不得做出各种不雅动作；不做与庭审活动无关的事；不得在审判席上吸烟、闲聊或者打瞌睡，不得接打电话，不得随意离开审判席；不与诉讼中的任何一方有亲近的表示；不得用带有倾向性的语言进行提问，不得与当事人及其他诉讼参加人争吵。④诉讼调解方面。发现调解协议有损他人利益的，不得确认该调解协议内容的效力。⑤执行方面。被执行人以特别授权为由要求执行人员找其代理人协商执行事宜的，应当告知被执行人有义务配合法院执行工作，不得推托；严禁违规向申请执行人和被执行人收取费用。①

（2）检察官履职行为规范负面清单。按检察官履职活动的场域、空间、范围的区别其清单项目可划分为五类：①自行侦查职务犯罪案件方面。根据国家监察体制改革后检察院保留的部分自行侦查职务犯罪的职权，梳理总结最高检察机关尚未失效的规范性文件和司法实践，自行侦查职务犯罪案件行为规范的负面清单可概括为：不得超越管辖范围办理案件；严禁对证人采取任何强制措施；立案前不得对犯罪嫌疑人采取强制措施；严禁超期羁押职务犯罪嫌疑人；不得把检察院的讯问室当羁押室，讯问一般在看守所进行；不得违反规定使用技术侦查手段；严禁刑讯逼供、暴力取证；不得违反规定对与案件无关的人员的财产进行扣押、冻结、强制划拨。②涉案款物管理方面。不得下达追缴赃款赃物指标；不得利用办案插手经济纠纷，为钱办案、办案为钱；不得将追缴赃款与办案经费返还使用挂钩；严禁截留、挪用、私分扣押款物。③履行司法审查职能方面。公安、安全机关与监察机关移送批捕、起诉的案件，未经审查不得做出决定退回或建议撤销案件；不得非法收集证据，不得采信、使用非法证据；不得违反诉讼时效期限，超期羁押犯罪嫌疑人；不得拒绝当事人不服公安、安全机关与监察机关的决定提出的申诉、控告、检举材料；犯罪嫌疑人及其近亲属与诉讼代理人对公安、安全

---

① 《法官行为规范》，最高人民法院 2010 年 12 月 6 日。

机关与监察机关移送审查批捕、起诉的案件在司法审查阶段询问证据是否有效、能否批捕、起诉等实体问题的，不得向其提供倾向性意见；对符合刑事附带民事的案件，不得以案件复杂为由不提起附带民事诉讼；当事人不服法院民事、行政判决裁定的诉讼请求材料，不得拒绝；对提请抗诉的案件不得违反办案期限久拖不决；不得泄露案情或为当事人打探案情；不得私自会见案件当事人及其委托人或者接受上述人员的宴请、礼物和提供的娱乐活动。④出席法庭言行方面。不得做出各种不雅动作；不做与出庭活动无关的事；不得在法庭上吸烟、闲聊或者打瞌睡，不得接打电话，不得随意离开法庭；不得与诉讼中的任何一方有亲近的表示；不得与当事人及其他诉讼参加人争吵。⑤保守检察工作秘密方面。在检察工作中掌握的国家秘密、商业秘密和个人隐私等涉密文件、涉密载体不得泄露遗失。

上述负面清单主要是针对法官检察官履职行为的约束性事项，其主旨是检视、观察、评价法官检察官在履职活动中是否秉持客观公正、不偏不倚、守护法律的理念约束自己言行、举止、仪表及其风度。法官检察官在履职活动中一旦突破了上述负面清单的界限，其不论是否超越法定职权与造成严重后果或者所办案件是否发生错（冤）结果的，根据突破负面清单界限事项的性质、后果，法官检察官都应承担批评教育、诫勉谈话或者受到与法官检察官单独职务序列与单独职务工资福利待遇相应的责任追究，如暂停职务晋升、降低职务等次、撤销职务等次、停发职务等级工资、降低职务等级工资等次、剥夺法官检察官资格及荣誉称号等；对于突破法官检察官行为规范负面清单的行为若导致严重后果或错（冤）案件的发生，则依据"行为＋结果"的处理原则，另行依照法官检察官"纪律处分规则"及"错案追究责任制"进行查究，使其承担相应的司法责任。由于法官检察官行为规范负面清单较之法官检察官履职纪律规范负面清单的差异性与导致直接后果程度轻重的不同，因而其负面清单应列为Ⅱ级。

3. 法官检察官伦理规范负面清单

法官检察官伦理规范一般通称为司法伦理规范。所谓司法伦理规范是指调节司法人员在司法活动与社会活动中处理司法机关与司法人员相互之间，司法人员与律师、犯罪嫌疑人、被害人及其他诉讼代理人之间以及司法人员在社会活动中与其他社会成员之间的关系，以保持和体现司法职业共同体所独具的并严于一般社会成员行为规范的总和。域外司法人员伦理规范如美国的《法官行为规范法》明确区分了法官日常生活规范与在法院行使职权的行为规范，要求法官避免出现在与其所掌握司法职务有关事项的不适当与不合理的场合；法官必须审慎处理所有超过审判职务的活动，以使大众不会以此质疑法官审判的公正性；全职的法官不得在外从事法律执业行为，等等①。英国《皇家检控官准则》明确规定检察官须遵从公正客观原则，其不因当事人性别、国籍、职业等不同做出具有偏见性的决定等②。德国《法官职业伦理规范》明确规定法官在任职期间、私生活当中以及在投身政治活动时，人们对法官的信任都不因其行为而破坏；强调法官在业内和业外均保持独立性；其除发表科研论著外其他一些活动则须获得批准；在任职以外以有偿或无偿方式从事法律鉴定是不被允许的，等等③。这些司法伦理规范与其"三权分立"的司法制度密不可分，尚不能全盘移植照抄。但其中有关规范法官检察官的一般伦理规范约束条件之合理要素则是值得借鉴的。

（1）法官伦理规范负面清单。梳理总结我国最高审判机关制定的相关规范性文件及司法实践，对法官司法伦理规范的负面清单可做以下划分：①不准以过节名义滥发实物、现金及支付凭证。②不准用公款购买、印制、邮寄、赠送贺年卡、明信片、年历等物品。③不准用公款购买烟花爆竹、烟酒、月饼等年货节礼，或者以过节名义用公款搞相互走访、送礼、宴请等活动。④不准用公款大吃大喝、游山玩水或者用公款豪华铺张举办庆典、晚会等活动。⑤不准收受可能影响公正执行公务的礼品、礼金、支付凭证等财物。⑥不准参加可能影响公正执行公务的宴请、旅游、健身、娱乐等活动。⑦不准违规使用公车或者将公车外借他人使用。⑧不准向案件当事人及其委托人借车用于探亲访友或外出游玩等活动。⑨不准违反人事组织纪律。⑩不准从事与法院工作人员身份不相符的活动，或者涉足与法院工作人员身份不相符的场所。④

（2）检察官职业伦理规范负面清单。梳理总结我国最高检察机关制定的相关规范性文件及司法实践，对检察官司法伦理规范的负面清单可做以下划分：①严禁接受案（事）件当事人及其委托人的吃请、财物或者安排的旅游、健身、娱乐等活动。②严禁到私人会所、夜总会及其他存在营利性陪侍活动的场所参与吃喝玩乐等活动。③严禁借婚丧嫁娶、子女升学就业等事宜大操大办。④严禁利用职务上的便利，将应当由本人或亲属支付的费用，由下属单位、其他单位或者个人支付、报销。⑤严禁用公款吃喝、送礼、旅游及支付非公务活动费用。⑥严禁公车私用、警车他用，违规将公车、警车停放在餐饮、休闲娱乐场所及旅游景区。⑦严禁参与赌博、色情性质的活动。⑧严禁耍特权、逞霸道及其他与检察人员身份不符的言行。⑤ ⑨不准在工作日饮酒或者着检察制服（警服）在公共场所饮

---

① ② ③ 徐汉明、刘国援：《司法人员伦理规范研究》——教育部人文社科重点项目"司法管理体制改革"子课题结项成果。
④ 最高人民法院：《关于纠正节日不正之风的"十个不准"规定》，2014年9月4日。
⑤ 最高人民检察院：《检察人员八小时外行为禁令》，2014年1月25日。

酒。⑩不准擅自开设银行账户，私设"小金库"。①

广义的法官检察官伦理规范负面清单包含法官检察官职业纪律规范负面清单、法官检察官行为规范负面清单和法官检察官伦理规范负面清单。狭义的法官检察官伦理规范负面清单则仅指法官检察官在社会活动中从事与自己身份不相关的活动而有损法官检察官言行、举止、仪表、风度的非适格行为。本负面清单仅指狭义的法官检察官伦理规范负面清单，而这类非适格行为所产生的直接后果是有损法官检察官作为社会公平正义代表者形象可能影响公正司法，对突破这类负面清单的行为的处置一般为批评教育、诫勉谈话、具结悔过等，只有造成严重后果和影响的则受到查究以及处置。故这类负面清单可列为Ⅲ级。

五、综合配套、机制健全的司法保障体系

综合配套、机制健全的司法保障体系是指层级司法机构依法独立行使司法权与法官检察官依法独立行使办案权内在要求司法人力、财力、物力资源优化配置、协调有序、运行高效，外在要求相互衔接配套有关司法人财物管理权的性质、定位、构成、权能属性、内容及其行使方式、程序、规则、评价等一系列制度规范的总和。司法人财物管理是一项多元复合且复杂的系统工程，在保障层级司法机关依法独立行使司法权与法官检察官依法独立行使办案权方面具有不可替代的作用，其特征：（1）管理主体的多元主导与自主管理相结合，即对司法人财物的管理以编制、组织、人事、财政、发改、卫生、住建等多元复合公权力管理主体分类监管与法院检察院自主管理相结合。（2）人力财力物力资源配置的特殊性，即司法人力、财力、物力资源大多属公共权力部门所控制的公共资源，其通过公共资源供给标准、审批程序、监管实施等才能调配给法院检察院，而层级法院检察院仅能依据所调配的资源进行再配置。（3）管理活动的依附性，即一方面法院检察院作为管理司法人力、财力、物力资源的主体，其具有对公共权力部门负责、接受其监管的义务；另一方面，其司法人力、财力、物力资源因司法权的禀赋及运行而与之配置，因而具有依附司法权的特点。（4）管理活动目的的高位阶性，即法院检察院一旦获得并掌握司法人力、财力、物力资源，其管理活动不仅是方式方法的改进、程序规则的严密，而其全部出发点和落脚点在于保证所辖司法机构依法独立行使司法权及法官检察官依法独立行使办案权，进而保证公正司法，不断增强司法的公正公信力。回顾新中国成立以来司法管理历程和本轮司法管理体制改革存在的"诸多短板"与"薄弱环节"，司法管理权的性质与司

---

① 最高人民检察院：《关于最高人民检察机关实行〈廉洁从检十项纪律〉的决定》，2000年2月22日。

法管理活动值得反思和重新定位。包括：一是本体性反思层面，司法行政事务管理权以中央司法行政事务性为主、辅之地方性。这是因为，有关司法管理权的设置、运行等制度安排与司法专项编制是由国家法律规定、中央配置的，而保障人财物所需的人力、财力、物力则是按照"分灶吃饭"的财政管理体制由地方财力物力供给。二是规定性反思层面，司法行政事务管理权行使之功效以保障性为主、辅之监督性。这是因为，提供人力、财力、物力供给是保障司法之必须，但对司法机构及司法人员运用这些资源过程中则须按照管理规则实施监督。三是规范性反思层面，司法行政事务管理权运行以程序性为主、辅之命令性。这是因为，司法人力、财力、物力资源的供给与配置须遵循编制计划（预算）、申报、审查或者政府采购、招投标，国库集中收付，按照财会制度审批、报销、监管，资产购置、报销、使用、处置等程序，但其运行方式则按"科层制""上令下从"的管理方式，因而具有命令性。四是统一性反思层面，司法行政事务管理权运行以效率性为主、辅之合作性。这是因为，司法行政事务管理当遵循效率优先兼顾公平的原则，实现司法人力、财力、物力资源配置效用的最大化，以规避风险、降低成本、提高效率。但"科层制"的运行方式与司法人力、财力、物力资源分类管理的机构程序复杂，当须注重协作、合作以提高效率，防止和减少"内耗"与"外部掣肘"。

新一轮司法管理体制改革须从司法人力管理、财力管理、物力管理层面构建综合配套、机制健全的司法保障体系。

（一）以建立健全省以下司法人员省级统一管理体制为关键，优化司法人力资源配置

针对本轮司法管理体制改革有关司法人员实行省级统一分类管理存在的"诸多短板"和"薄弱环节"，笔者前述提出须完善党对中央司法事权领导的实现形式，须理顺党的组织、编制管理与党委政法委对法院检察院管理的关系，构建党统一领导下通过政法委员会（与国家司法委员会合署）管理法院检察院的协调统一的司法管理模式；省以下司法专项机构人员编制，法官检察官、司法辅助人员、司法行政人员职业准入、考核、晋升、奖惩等管理，实行中央和省级党的政法委（司法委员会）或党的组织部门两级主导管理，最高法院、最高检察院与省级法院检察院协同管理的运行机制；省以下法院院长（副院长、审委会委员）、检察院检察长（副检察长、检委会委员）、法官检察官、司法辅助人员、司法行政人员的管理从"多头分层管理"改为一律实行省级统管，与市（州）、县（区）两级隶属关系彻底脱钩；省以下内设司法机构实行单独序列管理，不再纳入行政机构管理序列，法官检察官、司法辅助人员实行单独的职务序列与技术类

专业序列管理，不再按行政职务序列管理，司法行政人员按照"综合类公务员管理序列+技术专业类职务序列"管理；改省以下法官检察官的法律职务由同级人大常委会任免为省级人大常委会统一任免，市（州）、县（区）法院院长、检察院检察长仍由同级人民代表大会选举产生，其中检察长依照法律规定由上一级检察院检察长提请同级人大常委会批准；建立健全以法官检察官单独职务序列为基础，与公务员工资福利管理序列相协调、与公务员工资结构相匹配、与公务员职级晋升方式相衔接，又与公务员工资福利的起点、结构、标准、晋升通道及配套制度相区别的单独职务工资福利的职业保障制度体系；等等。唯有如此，才能破解本轮司法管理体制改革过程中遇到的诸多阻力和障碍，才能弥补改革进程中存在的短板，强化司法人力资源保障方面的薄弱环节。

（二）以构建"五个标准体系"为核心的经费管理体制为重点，优化司法财力资源配置

针对本轮省以下司法财物实行省级统管改革未能如期完成，司法财物管理呈现"重心上移的省级分权控制型统管""市州级分权控制型统管""市州与县区两级分权控制型管理"三种管理模式并存及存在的"短板"和"薄弱环节"，新一轮司法经费管理体制改革着力点在于：（1）从中央司法事权派生属性层面定位。中国特色社会主义司法权与司法行政事务权有序分离运行的制度创设蕴涵着厚重的理论基础、价值形态，为新一轮司法体制改革及其实践提供智力支持和导引。司法权与司法行政事务权密不可分。一方面，司法行政事务权依附于司法权，其目标是保障、辅助、服务司法权运行；另一方面，司法行政事务权又有自身的相对独立性；而司法财物管理权作为司法行政事务权的重要组成部分，其在保证司法权统一公正高效行使方面具有不可替代的作用。推动省以下财物省级统一管理改革是司法体制尤其是司法管理体制改革的重要内容。推动省以下财物省级统一管理、构建现代新型财物保障体制和运行机制须将司法财物管理权定位为中央公共财政事权，其与中央司法事权密不可分，国家保障司法权统一公正高效行使唯一正确的路径是由中央财力统一供给，在东中西部地区经济发展不平衡、财力尚未达到全国统一保障的前提下，可以分阶段、有步骤地实行由中央和省两级统一保障，向中央财力统一供给建立相对均等化的保障体制过渡与跨越[①]。（2）从完善专门法律制度着手。改革开放之初，中央为了调动地方的积极性和创造性，实行中央事权与地方事权分级行使的改革，相应地将财政管理体制改为"分灶吃饭、分级供给、分

[①] 徐汉明、何大春著：《中国现代司法（检察）保障体制改革研究》，中国检察出版社2009年版，第91页。

级保障"的体制；其后，中央为了加强对财权的控制力，以保障国家政权安全及经济文化事业发展，国家推行"分税制"改革，建立国家税收管理与地方税收管理责任机构，提高了中央对国家财富的控制比重。在国家处于加速发展而财力尚不充足的条件下，国家将公共财力主要用于关系国计民生的基础设施、国防军事等建设，而事关保证法律正确统一实施的司法保障经费除司法编制内的人员经费外，对办案费、装备费、基础设施建设费则采取"甩包袱"的办法由地方各级财政分担。这些改革成果被《中华人民共和国预算法》（以下简称《预算法》）作为法律形式给固定下来，① 成为省以下司法经费保障基础性制度性安排。但《预算法》尚未规定省以下地方各级法院检察院预算由省、自治区、直辖市统一编制；行使国家司法职权的法院检察院所需经费、设施设备投入等未由中央单列预算；一般公共支出中未规定司法支出。② 这种传统司法经费保障管理体制的弊端之一是，经济欠发达地区的司法机关普遍存在的"办案为钱、为钱办案、插手经济纠纷"等利益驱动现象滋生，成为司法腐败蔓延增长、司法公信力持续下降的体制性障碍、机制性困扰、保障性束缚的根源。尽管上一轮司法管理体制改革中央高层决策出台了《关于加强政法经费分类保障工作的意见》，确立了明确责任、分类负担、收支脱钩、全额保障的改革举措③，加大对中西部地区办案经费转移支付的力度，司法经费保障困难的状况有所缓解。但是，对"分灶吃饭、分级保障"的财政体制尚未根本触动；传统"分灶吃饭、分级保障"的财政保障体制的弊端尚未彻底根除。④ 因此，新一轮司法管理体制改革应从优化司法资源财力配置、完善专门法律制度入手，尽快修订《预算法》，明确规定省以下地方各级法院检察院的经费预算由省、自治区、直辖市统一编制，中央预算予以确认；将司法经费纳入中央与省级预算，实行司法预算单列制度；一般公共支出中增加司法支出项目；省、自治区、直辖市政府应当按照国务院规定的时间，将省以下司法经费预算实行省级单列并纳入省级总预算草案报国务院审核汇总。⑤（3）从构建"五个标准体系"着力。优化司法财力资源，需要建立以省会中心城市保障水平为基点的省以下司法经费相对均等化的统一管理体制为前提，以回应当下司法

---

① 第八届全国人民代表大会第二次会议通过、第十二届全国人民代表大会常务委员会第十次会议修订的《预算法》（1994 年 3 月、2014 年 8 月）第三条规定：国家实行一级政府一级预算，设立中央，省、自治区、直辖市，设区的市、自治州，县、自治县、不设区的市、市辖区，乡、民族乡、镇五级预算；第十五条规定：国家实行中央和地方分税制；第二十七条第二款规定：一般公共服务支出，外交、公共安全、国防支出，农业、环境保护支出，教育、科技、文化、卫生、体育支出，社会保障及就业支出和其他支出。

② 徐汉明等：《问题与进路：全面深化司法体制改革》，法律出版社 2015 年版，第 596 页。

③ 徐汉明、李满旺、刘大举等：《中国检务保障理论与应用研究》，知识产权出版社 2013 年版，第 129 页。

④⑤ 徐汉明：《中国检务保障体制改革研究》，知识产权出版社 2013 年版，第 125～134 页。

经费保障标准仍然以本级财政收入水平为核算标准或者将省以下法院检察院司法经费保障标准划分为"三六九等",致使这些司法机构因受制于地方司法经费保障能力而制约严格公正司法等问题。而构建司法经费保障"五个标准体系"则是优化司法财力资源配置的重中之重。所谓司法财力保障"五个标准体系"是指以省会中心城市司法经费"相对均等化"保障水平为基点的司法人员分类管理的职务序列及职务序列工资、福利待遇、住房等职业保障体系;以强化依法独立公正行使司法权为基点的司法公用费、办案费、信息技术装备费、基础设施建设费、国际司法合作经费的现代司法保障体系;以提高司法公信力为基点的司法信息现代化保障体系;以提高司法能力为基点的人财物司法管理体系;以推进"队伍专业化、管理科学化、装备现代化、建设规范化、保障制度化"为基点的项目实施体系。[1]

(三) 以保障标准、管理规范、内控程序"三位一体"运行机制为抓手,优化物力资源配置

构建司法物力财力资源优化配置的保障标准、管理规范、内控程序"三位一体"的运行机制,是建立综合配套、机制健全的司法保障体系的有机组成部分。梳理司法保障体制机制改革的经验与存在的"诸多短板"和薄弱环节,新一轮司法管理体制改革重要任务之一在于构建司法物力财力资源优化配置的保障标准、管理规范、内控程序"三位一体"运行机制。

1. "类型化"的保障标准

需要依据《预算法》(2014 修正)《预算法实施条例》《国务院关于深化预算管理制度改革的决定》(2014)《国务院关于印发推进财政资金统筹使用方案的通知》(2015)以及省级公共财政部门制定的《公权力部门财政资金支出与年度预算管理规则》,结合省以下司法机构开展司法活动与司法行政事务管理活动实际,制定与严格执行体现司法职能特点、司法财力物力管理特点、严密规范的司法物力财力资源保障"类型化"管理标准。包括:(1)公用经费保障标准。这类经费是专门用于司法活动与司法行政管理活动所需的支出。其具体涵盖公用经费、单项(定额)标准、餐饮住宿费标准、培训费定额标准、公务接待费限额标准等二十余项。其中公务经费单项(定额)标准应按照单位定编司法人员测算出年均费用额度的限额开支标准;差旅住宿标准是指层级司法机构的司法人员因司法事务等出差的住宿费上限开支标准,即在限额标准内据实报销,其中省域内因司法事务出差的应执行《省内差旅住宿费标准表》的相关标准,因司法公务需

---

[1] 徐汉明:《论司法权和司法行政事务管理权的分离》,载于《中国法学》2015 年第 4 期。

省域外出差的（省会城市或其他地方出差），按照《财政部调整后的省外差旅住宿费标准》（2016）执行或者比照执行；培训费定额标准则是层级司法机构在境内举办三个月内的各类培训班需使用财政资金开展培训直接发生的各项费用支出；会议费综合定额标准则按一类、二类、三类、四类会议的标准据实结算报销；公务接待费限额标准则是司法公务接待中各项开支的限额。（2）司法公务交通工具配置标准。这是指层级司法机构用于行使司法权、开展司法活动所需的专用机动交通工具，其配备所需支持包括机动交通工具的购置价、购置税及其他相关费用；其中配备中央和地方财政补助的自主创新新能源汽车则以补助后的价格为计价标准，司法公务机动交通工具的更新均限于国产产品。（3）资产配备标准。这是指通用办公设备、用品、用具的配置的品目、数量、价格上限、最低使用年限与性能要求等，并按照《中华人民共和国政府采购法》的相关规定统一由省级司法机构组织招标采购后集中配发；采购配发办公设备、用品、用具，不得使用名贵木材，不得配备豪华用具；使用年限按固定资产折旧规定执行。（4）基础设施建设标准。这是指层级司法机构办公、办案、专业技术用房以及法官检察官学院用房的新建、改建、扩建的建筑面积、建筑标准、装修标准以及维修（护）所耗用专项经费的上限与下限标准。（5）政府采购限额标准。这是指层级司法机构集中采购项目品目、分散采购限额、公开招标限额统一适用于省级政府集中采购目录及其标准；其实施由所需采购的省以下司法机构编制年度计划层级上报，由省级司法机构审核、批准并会同省级政府采购部门组织采购，其资金使用情况接受省级公共财政部门监管与审计部门的审计监督。从本轮司法管理体制改革实行人财物省级统管的省（直辖市、自治区）法院检察院的实践看，通过制定和统一实施上述"五类标准"，不仅优化了物力与财力资源配置，而且有利于根治司法机构铺张浪费、大手大脚，严重浪费国家资产的不良作风；有利于从源头上治理司法腐败现象；也有利于树立司法机关的良好形象。

2. 司法行政事务管理规范

需要依据《中华人民共和国会计法》（2017修正）《预算法》（2014修正）《党政机关履行节约反对浪费条例》（2013年）《行政单位财务规则》（2012年）《行政事业单位内部控制规范（试行）》（2012年）以及省级公共财政部门《关于进一步加强行政事业单位财务管理的意见》，制定《司法行政事务管理规范》。包括：（1）司法综合事务管理规范。它是司法综合管理机构须遵循和达到的管理目标、内容及其方法，包括职权配置，制度建设，规划计划，财务、资产、装备、基建等管理程序，业务培训、廉政建设等内容。（2）财务管理规范。包括司法财务预算管理、决算管理、绩效管理、会计基础工作管理、账务处理明细表等规范。（3）装备管理规范。包括司法机动交通工具维护保养管理、使用管理规范、枪支弹药管理规范等。(4) 资产管理规范。包括层级司法机构取得的国有土地使用权及不动产管理，空调、电梯、配电、供水、供气等大型设施设备管理以及办公设备、用品、用具等管理规范。(5) 审计管理规范。包括按项目分为工资津补贴、奖金、公务接待开支、公务用车维护费、因公临时出国经费、餐饮费、会议费、培训费、工会费、政府采购、固定资产、涉案暂扣款及罚没收入、往来资金等均纳入审计范围，依照相关行政法规、规范性文件审核发放、报销、报废、缴存等是否有依据、执行标准、审批程序是否合规等，是否有贪污、挪用、错账、失职、渎职等行为。加强审计管理规范建设，既能有效发挥物力财力资源的价值功能作用，又能纠正和防止违反财经纪律甚至违纪违法行为。

3. 司法行政事务权运行程序及内控规则

司法行政事务权集约高效与统一规范行使须制定完备的运行程序与内控规则。梳理总结司法行政事务管理的制度规范与实践经验，须制定体现司法物力财力资源优化配置规律，增强司法行政事务管理效能的程序运行与控制规则。包括：司法计划财物装备管理、预（决）算编制管理、财物收支管理、司法会议管理、司法人员培训管理、司法差旅管理、司法人员临时出国考察管理、司法业务预备费管理、司法财物票据管理、司法公务接待管理、公务卡管理、政府采购管理、国有资产管理、枪支弹药管理、司法公务用车与执法执勤用车管理牌照办理流程、司法执法执勤用车使用管理、办案用房维护管理、司法基础设施建设管理、司法聘用合同工管理、司法内部审计管理等运行程序及内控规则等；准确界分其类别、适用范围、基本原则、运行程序、绩效评估、执规执纪督查、内部审计等，以确保司法行政事务管理权规范有序行使。

六、激励约束、严密规范的司法监督体系

激励约束是现代经济学和管理学的重要内容，它包括激励约束主体、客体、方法、目标和环境条件五个基本要素。所谓激励约束、严密规范的司法监督体系是指激励约束主体根据司法组织目标、司法人员行使职权的行为规律，通过职业晋升、职业保障、职业荣誉等各种方式，使其产生和保持恒定的内在与外在追求的动力；并以履职权力清单、责任清单、负面清单三个清单体系为内容的"风险识别标识"使司法人员易于判断、识别、选择及其自我决策分散或规避风险的内在控制；以层级司法机构依法独立行使司法权与法官检察官依法独立行使办案权所受控于刑事诉讼程序、民事诉讼程序、行政诉讼程序的程序规制为主要内容的司法人员履职行为的外在程序控制；以法律授权层级司法机构的法定代表人（院长检察长）、决策机关（审判委员会、检察委员会）所享有职权为内容的层级司

法职权对司法人员履职行为的外在层级控制;以阳光司法为载体,接受社会监督的外部制约环境;以司法惩戒机构(党的纪律检查机构、监察机构、法官惩戒委员会、检察官惩戒委员会)依据相关司务纪律规范、民事责任规范、行政责任规范、刑事责任规范对司法人员触犯其规范予以专项调查、评价、处置为主要内容的后果惩戒处置。从而形成司法行为内在控制、外在控制与结果处置相统一,与职业晋升、职业保障、职业荣誉激励相匹配的激励约束相容、惩治预防并举、重在治本防范的司法监督体系。建立激励约束相容的司法监督体系的理论依据是多方面的,其中信息经济学理论为其提供了理论佐证。信息经济学有关"委托-代理"理论告诉人们,代理人追求的利益目标同被代理人追求的利益目标始终存在差异性而衍生"委托-代理"[①]"寻租"[②]或"逆选择"[③]现象。经济学家与企业家对"工龄工资""年薪制""年薪+期权"等激励员工的方案进行比较,认为"年薪+期权"的方案更有利于激励代理人把自己的利益目标选择与被代理人的利益目标选择更好地协调起来,从源头上减少和消除"委托-代理""寻租"等"逆选择"现象的发生。"激励约束理论"对于建立激励约束相容的司法监督体系同样具有指导意义。在法制度经济学理论视域里,一方面,作为履行国家重要职能之一的司法,其往往是作为代表国家与社会守卫公平正义的"最后一道防线",需要具有一批法律专业职业素养,"忠诚、公正、担当、清廉、文明"司法精神的人员来承担司法职能,国家以一定的价格成本购买即通过制定和出台单独职务序列工资、福利等职业保障使之让渡舍弃制度之外的利益追求,而以法官检察官的独特地位成为国家人格及其国家与社会公共利益的代表者,国家法与社会法的执行者、社会公平正义的守卫者。另一方面,法官检察官在现实生活中不仅具有法律人格的身份与角色,而且具有经济人、政治人、文化人、社会人、网络人的人格身份及其角色地位。法官检察官这种人格身份及其角色的多元化、多样化是由其特定的职业身份角色与其他身份角色的国家性与社会成员个体的对立性及不可相互等同替代所决定的。作为社会公平正义守卫者的法官检察官一旦取得了其职业身份使之具有了国家性的法律人格身份及其地位,其任何企图以这种职业身份、地位、职权违背国家意志、法的精神、社会成员共同所托的权力来换

---

① "委托-代理"理论是指当委托人想使代理人按照自己的利益选择行动,但委托人不能直接观测到代理人选择了什么行动,他能观测到的只是另一些变量,这些变量由代理人的行动和其他外生的随机因素决定,因而充其量只是代理人行动的不完全信息的时候,委托人如何根据这些观测到的信息来奖惩代理人,以激励代理人选择对委托人最有利的行动。

② 寻租,即对经济利益的追求。指通过一些非生产性的行为对利益的寻求。寻租往往使政府的决策或运作受利益集团或个人的摆布。这些行为有的是非法的,有的合法不合理。往往成为腐败和社会不公和社会动乱之源。

③ 逆选择是指由于交易双方对产品的类型和质量等信息的不对称而导致次货驱赶良货的一种现象。

取个人在法律制度许可范围外的经济、政治、文化、社会、网络方面的收益,这不仅是不道德的而且是为职业规范和职业纪律所禁止的。但是,作为社会生活中的法官检察官以普通自然人身份从事经济、政治、文化、社会、网络生活,其首要的是在制度安排内以经济人的角色获得必要的衣、食、住、行等生存需要的开支,进而在制度安排内以其他社会角色获得以满足自身的政治、文化、社会、网络生活需要。破解当下法官检察官在取得独特的司法职业人格身份与地位后,而不违背国家与社会全体成员的委托,做出超越制度安排之外使自身在社会生活中以经济人、政治人、文化人、社会人、网络人角色身份所获得制度安排之外的额外收益等"寻租""逆选择"难题,其根本出路在于以科学完备的制度安排来体现和形成"激励约束相容"的司法职业监督体系。

(一)建立以激励法官检察官职业信守为内容的制度体系

以激励法官检察官职业信守为内容的制度体系包括科学规范的法官检察官考评体系、正常的晋升机制、单独职务序列工资及福利待遇保障、廉政风险金制度、职业保护制度。从而构成评价科学、正常晋升、职业保障、预期激励与职业保护的正向激励法官检察官"忠诚公正清廉文明"司法的动力机制链条。

1. 构建科学规范的法官检察官考评体系

法院检察院作为国家重要的司法机关,根据审判权与检察权的不同功能属性行使各项司法职能,对于推进法治国家、法治政府、法治社会一体建设,维护社会公平正义、保障社会安定、保护人民生命财产安全发挥着重要作用。法官检察官作为法院检察院依法独立办案权的主体,对其业绩考核评价体系是否科学规范,事关对其依法独立行使办案权身份地位的尊重,事关对其履行职业评价的准确、客观、充分,进而关系到激发法官检察官的潜能、调动其积极性与创造性、确保司法办案活动依法公正公平、促进审判与检察工作的顺利开展。针对当前法官检察官考评体系设计不科学、考评方式方法陈旧、考评结果的应用与法官检察官的职务晋升挂钩不紧密等问题,需要根据法官检察官的职业特点,制定科学规范的法官检察官、司法辅助人员、司法行政人员分类考核评价体系,将法官检察官、司法辅助人员、司法行政人员的个人价值追求与维护国家法律统一正确实施、增强司法管理效能紧密结合,从而增强法官检察官、司法辅助人员、司法行政人员的职业认同感、归属感与尊荣感。构建科学规范的法官检察官、司法辅助人员、司法行政人员分类考评体系应包括:(1)以法官检察官等司法人员分类管理的职业特点为核心。受传统科层制行政职级的影响,以往的法官检察官考评体系承继了公务员考评体系的诸多方式,与普通公务员的考评体系联系紧密而忽略法官检察官自身职业的特点。科学规范的分类考评体系须注重司法权运行的特点，从法官检察官、司法辅助人员、司法行政人员分类管理改革实际出发，对法官检察官、司法辅助人员、司法行政人员的考核评价体系分类设计，形成体现三类不同履行职能人员的职业规范要求区别的分类考核评价体系，即法官检察官考核评价体系、司法辅助人员考核评价体系、司法行政人员考核评价体系，从而形成类型化、规范化、专业化的司法考核评价体系。(2) 以法官检察官"四等十二级"职务等级序列基准评价为重点。以法官检察官"四等十二级"职务等级序列为基准评价，有利于促进法官检察官的正规化、专业化、职业化建设，破解长期以来按行政公务员的方式考核法官检察官的困局，建立体现法官检察官职务等级能力状况与履职业绩状况相协调的考核评价体系；也有利于去行政化，使考核评价模式专业化、科学化。因此，科学规范的法官检察官考评体系须依据法官检察官的不同等次与不同等级进行设定，使四个等次十二个等级法官检察官的考评以其职业特点为基础进行有差别化的考核考评。司法辅助人员、司法行政人员考核评价的基准也应根据其职务等次进行设计分类考核的指标体系和评价标准。(3) 以法官检察官等司法人员权力清单、责任清单、负面清单体系为依据。笔者前述根据法官检察官的职业特点与角色定位对其权力清单、责任清单、负面清单体系做出系统梳理，划清了法官检察官依法独立行使办案权中的各项权力、义务与责任之间的界限。而法官检察官考评体系设定的目的在于对法官检察官履行职责中的"德、能、勤、绩、廉"做出客观、准确、全面的考核评价，其须以法官检察官的权力清单、责任清单、负面清单为依据进行设计，使考核评价指标体系围绕权力行使主体突出、责任落实明确、错（冤）责任追究到位，"法无授权不可为"的事项逐一评查。司法辅助人员、司法行政人员的考评也应以其权力清单、责任清单、负面清单为依据。从而建立起激励法官检察官、司法辅助人员、司法行政人员忠于职守、爱岗敬业、注重实绩、遵章守纪、作风优良的考核评价的客观尺度。

2. 正常的晋升机制

法官检察官正常的晋升机制是符合法官检察官职业特点、便于法官检察官等级管理、依据法官检察官的职业奉献与履职年限给予其晋升获得更高一级职权及工资福利待遇的正向激励制度安排。本轮司法管理体制改革的成效之一在于推动落实法官检察官单独职务等级序列与单独职务序列工资及福利待遇挂钩，与此同时建立起了法官检察官的正常晋升机制。这不仅意味着法官检察官的职业保障、职业保护制度安排逐步科学化，而且意味着法官检察官履职上升通道得以完善。但从试点改革样本观察，法官检察官的晋升机制仍然存在不尽如人意之处，即尽管中央高层出台的《法官检察官单独职务序列改革试点方案》等规范性文件对法官检察官的晋升方式、晋升年限、等级比例、等级晋升审批权限等内容做出了明确规定，但缺少具体"晋升标准"以及如何运用晋升标准。笔者窃以为缺乏晋升标准与应用晋升标准的晋升机制是难以建立起以业绩标准为基础的正向激励法官检察官上升通道的，也难形成以激发法官检察官潜能与职业信守的科学管理规范。因此，建立法官检察官正常的晋升机制须抓住两个关键，即一是将法官检察官年度考核评价结果作为法官检察官职务等级正常晋升的客观依据，重视年度考核结果的应用；二是实行年度考核机制与按期晋升、择优晋升、特别晋升相挂钩，减少其他不必要的重复考核评价，纠正和防止年终考核评价与正常晋升考核评价脱节的现象。从而形成以年度考评结果为起点、晋升年限内考评结果综合评价为依据、等级比例控制为限定、等级晋升审批程序为节点、日常管理与年终考评、晋升考评相结合为基本途径的科学晋升机制。建立法官检察官科学的正常晋升机制，有利于纠正和防止年终考核评价与正常晋升"两张皮"相脱节现象；有利于纠正和避免重复考核评价，节省管理成本，提高管理效益；有利于打通考核与晋升两条通道，使法官检察官年终考核评价、结果应用、职务等级晋升与单独职务工资福利待遇挂钩落实环环相扣，形成正向激励的链条。

3. 完善法官检察官职业保障制度

针对本轮司法管理体制改革中法官检察官职业保障之中存在的缺陷，如法官检察官工资标准省以下保障水平不统一，绩效奖金分配差距大，医疗、住房等待遇规定不明确，须从完善落实法官检察官的单独职务序列工资及福利待遇和加强法官检察官的职业保护两方面着力。法官检察官单独职务序列工资及福利待遇是立足司法工作实际、符合审判检察特点、体现法官检察官履职特色的工资薪金制度。尽管这轮司法管理体制改革大力推行法官检察官单独职务序列工资及福利待遇制度，但以法官检察官单独职务序列工资福利待遇为主要内容的职业保障范围有待拓宽，医疗、住房保障亟待明确；东中西部地区省以下法官检察官工资、津贴、奖金等保障水平需要相对均等化；法官检察官单独职务等级评定应与其工资、津贴、奖金福利、保障待遇相一致。因此，须制定"司法职业保障法"，探索实行法官检察官年薪制、官邸制、医疗特别保障制、社会优待制如乘坐交通工具、参加社会活动方面的优先优待等。

4. 建立法官检察官职业保护制度

现行法律没有明确法官检察官依法履职时享有的职业保护规定，法官检察官在履行职务过程中受到干扰或人身安全遭到侵犯时缺乏具体而有效的保障措施。法官检察官面临巨大的履职压力和职业风险。为此，须建立法官检察官职业保护制度，如确立法官检察官依法履行职务的履职豁免；非经法官检察官职务任免机构的许可，法官检察官不受逮捕拘留等限制人身自由的强制措施；法官检察官人格尊严和人身安全受特别保护；确立单位和个人对法官检察官依法独立办案予以协助的义务，等等。

5. 建立廉政风险保证金制度

法官检察官廉政风险保证金制度是指在法官检察官的职务等级工资收入中扣除一定比例的工资加财政津补贴作为其廉政承诺的预期风险收益。若法官检察官存在履职承诺期内发生不廉洁或者不勤政行为，则该项保证金被悉数充公，若履职承诺期内尚未不廉洁行为，在其退休后予以全额奉还。[①] 建立法官检察官廉政风险保证金制度有利于法官检察官从预期经济收益层面增强其对履职风险识别、预期收益与损益的比较选择，增强其对内心的非理性冲动的控制，从而达到遏制腐败理念滋生、履职行为循规蹈矩之功效。良好的廉政风险制度构建的具体路径为：（1）注重统筹协调。廉政风险保证金制度的建立须以法官检察官单独职务等级序列、单独职务工资、福利保障，职业惩戒制度相配套，使之增强制度协调性与功效性。（2）注重有机结合。廉政风险金制度的实施须与审判检察管理、纪检监察、涉诉信访、业绩考核等工作有机结合，使廉政保证金制度具备可实施的基础条件，并与其他制度的实施形成合力。（3）注重规范化操作。最高司法机构应统一制定《廉政风险保证金实施意见》，并与《法官行为规范》《法院审判纪律处分办法》《检察官职业行为基本规范》《检察人员纪律处分条例》等相关规定相结合，使廉政保证金制度融入法官检察官的行为规范、监督规范、考评规范之中，从而确保廉政保证金制度的可操作性与约束力。（4）注重日常监管。通过定期自查、定期检查以及信息监测等手段，加强对各个等级法官检察官的履职行为、权力运行、制度落实过程的动态监控；对发现的问题，应及时进行警示提醒、诫勉纠错和责令整改，把一些苗头性、倾向性风险消除在萌芽状态。建立健全廉政风险保证金制度是创新纪检监察工作方式、提高反腐倡廉建设科学化水平的有益探索。廉政风险保证金制度将"风险管理"等现代管理理念和科学方法引入司法反腐倡廉建设实践，突破了传统思维和习惯做法，具有很强的创新性、科学性和可操作性，是推进构建激励约束、严密规范的司法监督体系的重要途径。

（二）建立以约束法官检察官勤勉廉洁公正履职为内容的监督体系

正向激励是保障法官检察官勤勉廉洁公正履职的前提条件，而逆向约束是法官检察官勤勉廉洁公正履职的必要选择。两者互为表里、协调补充，构成确保法官检察官勤勉廉洁公正履职的激励约束相容机制。如果正向激励以考核评

[①] 海南省第一中级人民法院课题组：《人民法院实施党风廉政风险保证金制度调查》，2010年11月5日。

价、正常晋升、职业保障、预期激励与职业保护为动力链条不断激活法官检察官的智力、体力及其全部潜能，牵引其保持活力的持久性。那么，逆向约束则以风险识别、程序规制、层级控制、外部监督、后果惩戒而形成约束链条，将法官检察官的履职行为、职权行使全过程、法律后果置入约束链条控制之中，使法官检察官对预期风险的判断、识别、选择、分散和规避处在可预知、预见的范围之内，使法官检察官的履职行为、行使职权的过程受制于程序、层级、外部的过程控制、节点规制、持续监督、链条矫正的内部控制与外部控制，约束其保持行为的规范性。

1. 风险识别

以法官检察官、司法辅助人员履职权力清单、责任清单、负面清单为内容的清单体系，其本质是界分法官检察官依法独立办案权与司法辅助人员行使法官交办的司法事务的边界，行使职权所应承担司法责任的范围，以及履职不能僭越法律及相关规定的事项，从而形成对法官检察官依法独立行使办案权与司法辅助人员承办司法事务的三道防护网，并构成法官检察官行使职权与司法辅助人员办理司法事务的法域活动安全空间，法官检察官以独立的司法主体身份在法域活动安全空间内其裁断行为应当是被尊重的，而超越法域活动安全空间之外的活动是不被认可或被职业规范所禁止的。故这三层监督网对于法官检察官、司法辅助人员履职而言犹如"风险识别标识"，它对于司法人员判断、识别、选择司法风险以及做出风险分散决策或风险规避具有引导、规范与制约作用。因此，法官检察官、司法辅助人员、司法行政人员履职权力清单、责任清单、负面清单的建立和有效运行当属"逆向约束"的首选机制。

2. 程序规制

现代法治是规则之治、程序之治。通过设置权力运行的方式方法、顺序步骤等程序装置不仅有利于释放程序自身所禀赋的内在价值，而且有利于发挥其制约公权、保障私权、法治秩序生成、节省制度运行损耗等外在价值。构建以层级司法机构依法独立行使司法权与法官检察官依法独立行使办案权的程序控制机制，其核心在于通过刑事诉讼程序、民事诉讼程序、行政诉讼程序等程序装置设置形成司法权协调运行的程序性法域空间、避免外界不当干扰的相对封闭空间以及法官检察官办案权程序角色分配的结构空间，达到司法权规范行使、程序对接流畅、法官检察官理性选择的制度功能。因此，建立以约束法官检察官、司法辅助人员勤勉廉洁公正履职为内容的监督体系，必须以刑事诉讼程序、民事诉讼程序、行政诉讼程序规则为依据，将层级司法机构依法独立行使司法权、法官检察官依法独立行使办案权置于三个诉讼程序之中，制定与之相适应、严密规范的实施细则，健全事实认定符合客观真相、办案结果符合实体公正、办案过程符合程序公正的监督制约机制，而不是脱离实体法和程序法的规则建立监督制约机制，从而把层级司法机构行使司法权法官检察官行使办案权关进诉讼程序规则的"笼子"，保障其在实体规则与程序规则的轨道上运行。

3. 层级控制

在当前的制度框架内，以法律授权层级司法机构的法定代表人（院长检察长）、决策机关（审判委员会、检察委员会）所享有职权为内容的层级司法职权对司法人员履职行为的外在层级控制，对保障法官检察官办案权依法独立行使具有约束作用，在客观上构成了一种防止法官检察官办案权滥用的防护装置。审判委员会、检察委员会制度是我国独有的司法制度，其通过集体审议的方式对重大、疑难、复杂案件行使裁断权，从而弥补了法官检察官在个案处理上由于智力、经验等不足等原因带来的决策失当问题，发挥了监督制约的功能。因此，优化层级司法机构法定代表本级司法机构依法行使组织、领导、指挥、协调、监督司法事务活动的职权，强化其代表本级司法机构对司法行政事务管理职权，并且以法官检察官职务等级身份直接承办重特大疑难案件中依法独立行使办案权，不仅是加强对法官检察官依法独立办案活动的监督制约所必须，而且是新一轮司法管理体制改革加快推进现代司法监督体系的重要选择。本轮司法管理体制改革中，呈现出弱化审判委员会、检察委员会司法决策机构的倾向，有的以法官委员会、检察官委员会替代审判委员会、检察委员会的职能，这是值得反思总结的。改革审判委员会、检察委员会的运行机制的出路在于遵循司法权运行规律，实行决策方式"一人一票"制的改革，即出席会议的委员仅对自己发表的意见承担司法责任，主持会议的法官（院长副院长）检察官（检察长副检察长）对自己的决定承担司法责任；列席会议的法官检察官对自己汇报案件的事实、证据承担司法责任，审判委员会检察委员会否决自己对案件裁断意见的免除司法责任，并记录在卷。通过这种良性改革健全审判委员会、检察委员会的决策机制，以弥补传统决策机制带来司法责任落实不到位的缺陷，而不是取消这种具有中国特色的司法决策模式，更不是以法官委员会（检察官委员会）这一"舶来品"简单嵌入我国司法制度体系之中，使其替代审判委员会检察委员会。

4. 外部监督

阳光是最好的防腐剂。司法权如果一直都躲藏在暗箱里运行，就容易出现权力异化、滥用、寻租等严重问题。在防止司法权力腐化的诸多制度设计中，构建阳光司法机制，让权力在阳光下运行以及强化司法权接受社会监督的外部制约环境就是行之有效的方案之一。本轮司法管理体制改革在推进阳光司法的实践中取得了显著成果，初步构筑了开放、动态、透明、便民的阳光司法机制，推进了审判公开、检务公开。新一轮司法管理体制改革应进一步加强外部监督，扩大司法公开的范围、内容，改进公开的方式，除法律规定外，层级司法机关须毫无例外地依法及时公开司法依据、程序、流程、结果和生效法律文书，建立健全生效法律文书统一上网和公开查询等制度。一方面，上述制度安排对于防止司法权的暗箱操作，促进法官检察官更加审慎、负责、高效地办理案件，提高司法质效，维护司法公正，切实提升司法公信力和司法权威发挥应有作用；另一方面，通过将司法信息和数据等向公众公开，保障了公众的知情权、参与权、表达权、监督权，便于媒体、人民群众、社会团体等对司法机关依法独立行使司法权以及法官检察官的依法独立行使办案权的监督，形成以公开促公正、以社会监督促廉洁的长效机制，必须一以贯之地坚持。

5. 后果惩戒

所谓小错不惩，大错难免，小弊不除，风气难正。惩戒制度的构建是保障法官检察官依法独立行使办案权、司法辅助人员办理司法事务的关键环节，是维护职业尊严、塑造司法公信力，赢得社会尊重信任的重要制度安排。新一轮司法管理体制改革须有效整合监督惩戒资源，建立科学完备的错案责任追究制与司法惩戒制度，其改革完善的路径是：以法官检察官、司法辅助人员、司法行政人员履职的权力清单、责任清单、负面清单为基础，以司法惩戒机构（党的纪律检查机构、监察机构、法官惩戒委员会、检察官惩戒委员会）合署联动机制为载体，以信函、诫勉谈话、专项调查、留置调查、案件审理、提出处置意见、给予相关处置等为监督方式，以相关司务纪律规范、民事责任规范、行政责任规范、刑事责任规范为依据，对已触犯相关规范的司法人员给予惩戒处置，例如，通报批评、诫勉谈话、停职检查、警告、严重警告、记过、记大过、禁闭、降级、撤职、开除；还可以追加暂停职务等级晋升、降低法官检察官职务等次、降低职务等级工资、扣发职务津贴或绩效奖金、取消法官检察官职务资格、剥夺荣誉称号，等等。唯有根据其行为性质、后果、情节轻重等给予相应的惩戒，才能最大程度发挥惩戒制度的功效。

第八章

司法管理文化

司法管理文化是从司法实践活动中裂变并独立发展演进过程中与权力制衡、人权保障、公平正义、公共利益等需求相适应，以司法职业群体为本体，以司法实践为基础，以司法权运行为核心，以一定民族国家（地区）社会文化相协调，体现特定司法制度根本属性的价值形态、思维方式、行为模式、制度安排及其物质表征的总称。[1] 司法管理文化是司法管理的重要组成部分，是支撑司法人员与司法群体的一种精神力量，是司法职业共同体精神家园的载体，因而它是社会发展到一定阶段上人们在司法领域生活方式的凝结和表达。它发挥着对司法职业共同体价值观认同、思维方式同一、行为模式规范、制度安排协调、物态表征丰富的积极引导保障和促进作用，它能激发司法人员个体的自主能动潜能、积极创造的活力，使司法人员自觉地选择结成司法职业共同体，从而信守司法公正的价值观念，法治思维的行为模式，遵循职业伦理道德规则采取自律自觉的集体行动，以此形成体现和维系司法权公正高效行使的制度安排，并且由此催生体现司法权质性的物质文明成果的不断丰富和发展。

---

[1] 徐汉明等著：《当代中国检察文化研究》，知识产权出版社2013年版，第395~398页。

第一节 司法管理文化概述

一、司法管理文化释义

司法管理文化是一定社会文化在司法管理领域的具体体现，是指司法管理价值理念与思想观念及其外在化、制度化及其物质化的司法生活方式。由于受对"文化"一词理解上的巨大分歧的影响，学界对司法管理文化的含义存在不同认识：有的认为，司法管理文化仅仅是精神层面的观念、理念、价值、社会心理；有的认为，司法管理文化既包括主观层面的内容，又包括制度规范、物质形态上的文明。我们认为，这两种观点都有一定的合理性，都认识到了主观意识与精神之于文化的根本意义。但是，两者都失之偏颇，要么过于偏狭，要么过于宽泛，难以准确把握。司法管理文化在本质上属于精神层面的范畴，其内核是关于司法管理的价值理念、思想观念、习惯思维与社会风气。尽管它在实质上是一个观念的精神的存在，而为了使之外在化和现实化，便需要特定的管理制度规范、行为方式与器物形式来承载和表征。只有其中所蕴涵和滋养的精神价值理念、行为模式、制度安排、物质表征高度协调统一，才构成现实社会作为司法管理文化领域的司法管理生活方式。对司法管理文化这一定义，可以从以下四方面加以解读。

（一）司法管理文化是观念意义上的文化及其外化的统一体

我们认为，文化在最直接的意义上是一个观念的存在体而非物质的存在体。制度规范或法律器物之类的物质形态只不过是文化的承载者，但其本身并不能等同于文化。那么，究竟应当如何处理这两者的关系呢？我们认为，司法管理文化观念是司法管理文化的基本形态，而要使之现实化，就必须通过特定的制度规范与器物形式加以表现、展示和实践。一定的司法物质形态必然体现和附着一定的司法文化思想、价值理念和思维形态。所以，司法管理文化是以司法管理所蕴涵和奉行的司法价值理念和精神文明为主要存在形式的文化。其实质是观念性、精神性、价值性的而非物质性、器物性的，其载体是物质性、规范性和制度化的存在物，其实现形式是通过文化观念的制度化、规范化和现实化，以特定的行为、活动或手法加以表现，从而将文化观念、文化规范与文化物态连为一体。

(二) 司法管理文化是司法管理本质特征的最深刻反映

司法管理文化是以司法管理为目的和以司法价值理念引领、行为模式规范、制度安排保障、物态表征为载体的有机统一体。先进的司法管理文化体现着现代司法管理的本质。司法管理具有司法的某些属性，但又不同于司法本身，属于介于司法与行政之间的特有的管理子形态。其最大的特点是以相对独立而高效率的管理模式保障司法权公正运行。所以，司法管理文化建设应当致力于使司法管理成为司法权运行的保障、服务的"软机制"而形成"司法软实力"和"司法巧实力"，而不是干预插手司法的妨碍者、分享司法权力的掣肘者，更不是借机干涉司法的指挥者。所以，应当以公平正义为核心价值取向，营造为司法权运行提供保障、服务、供给而非干预、插手或制约先进的司法管理文化。

(三) 司法管理文化是受司法权运行内外部因素多重制约的产物

市场自由、国家治理现代化水平、司法体制及其所依托的公权力配置模式以及社会治理水平从不同视角制约着司法管理文化。有什么样的经济样态和政治社会制度模式，就会有什么样的管理体制和管理文化。在所有的制约因素中，最直接的是社会的核心价值观及其为社会成员的认同度、满意度和支持度；民主政治和作为其具体表现形式之一的司法体制对司法管理文化产生重大影响，而最终决定司法管理文化发展程度的是经济社会的发展水平。

(四) 司法管理文化是对司法场域全部参与者共同作用的力量

司法管理文化的功能是多维多元的。从广义上讲，它作用于司法场域的所有参与者，在司法管理文化的舞台上，人人都是剧中人。但是，应当认清，不同主体的角色与作用是不尽相同的。其直接作用于司法管理者，间接作用于社会参与者，而在此两者之间还作用于司法审判者。有什么样的司法管理文化，就会有什么样的对司法管理行为的价值取向、行为习惯、风气与氛围，而这又深深地影响着管理者是以服务司法为本还是取息权、滥权、弃权的态度。对于司法权行使者而言，优秀的司法管理文化能够使其最大限度免于管理者的消极干预，有助于获得基于管理者积极作为而带来的正能量，进而有利于司法正义的高效实现。再者，司法管理文化对司法的社会参与者具有一定的导向功能，其往往涉及司法的外部评价和社会公信力的建构。

总之，司法管理文化是受特定社会历史与现实条件制约、在司法管理活动中形成的对司法参与者起导向、激励、规范、评价作用的价值理念、行为模式及其制度安排。从存在形态上可以划分为：一是观念层面的司法管理文化。它是以社会核心价值观为根本导向，以司法文化和管理文化的深度融合为特质而形成的关于司法管理应当具有的思想观念和精神风貌。二是制度层面的司法管理文化。即以社会制度尤其是司法制度为载体并涵摄于其间的司法管理文化。三是行为层面的司法管理文化。它是在司法管理运行行为及其规范过程中形成或反映出来的司法管理文化。四是器物层面的司法管理文化。它是以司法管理的设施、场景、器物等为载体所展示出来的司法管理文化。总之，体现一定司法管理文明的观念形态、制度安排、行为模式与器物共同构成司法管理文化高度综合体的最一般实现形式。

二、司法管理文化的基本特征

（一）公正性

公正是司法管理文化建设的基本内涵。这是由司法管理文化的职业性决定的。公正是司法的生命和灵魂，也是司法管理文化的核心。司法正义的实现既离不开科学的司法管理活动，也离不开先进的司法管理文化。司法是公平正义的化身，司法管理文化的核心价值目标是要构建司法群体以公正为核心的理念，以追求司法公正的理念指导司法机关各项工作。

（二）人民性

这是司法管理文化的司法性取向。司法权源于人民、属于人民、服务人民、受人民监督。司法的终极追求就是要维护人民群众的合法权益。司法权通过维护和实现国家宪法和法律来保护最广大人民群众的根本利益。"问渠哪得清如许，为有源头活水来"。人民司法根植于人民群众中，司法为民的根本宗旨不能变。司法管理文化建设的首要任务是让人民认可司法、相信司法。司法要对民众充满人文关怀。

（三）人本性

司法管理文化的主要存在方式是实施软管理，这有别于官本文化，其重点并非强化管理和控制，司法管理不能过分强调行政色彩，而应多强调服务。司法管理文化的要义是服务法官、服务检察官、服务审判、服务整个司法。司法管理文化应通过创造管理理念来提供高品质的服务，采取法律人共治的模式，通过建立共享的价值观以及内化为法律人素养的规则体系提高案件质量与司法效率。人本性要求以人为中心，以人为本，树立宽容大气的理念，开放包容的精神。司法管理理念、管理制度、管理方法都不能忽略管理的人性化。当前法官检察官所承载的负荷和心理压力未能完全得到社会的理解，其实法官检察官同样也需要心理疏导，需要职业保障，需要人文关怀。

（四）主体性

这里所讲的主体是指司法权的执行主体，而非一般意义上的人民主体。这里的主体性是指司法管理文化构建中应当充分彰显法官检察官主体地位。西方法哲学家有云：如果说法院是法律帝国的首都，那么，法官则是法律帝国的王侯。司法权运行的最终结果最直接地体现在法官的行为上，所以，司法管理文化应当以全体司法人员尤其是以法官为主体，遵守司法规律。司法管理文化应当突出司法裁判特色，突出司法权执掌者的主体地位，明确公安、检察、法院、司法行政机关的定位。在法院检察院应当以法官检察官为主体，以司法办案为中心，以服从服务审判检察工作为目标要求。离开审判检察工作，司法管理文化就无从谈起，也没有存在的必要。司法管理文化建设必须要与司法工作有机结合，贴近司法、贴近法官检察官。

（五）责任性

司法人员缺乏责任性，如对证据审查不仔细、不全面，粗枝大叶，就很可能造成冤假错案。就刑事案件而言，会使无罪的人被追究，放过有罪的人。就民事案件而言，会给一方当事人造成损失。司法是社会公平正义的最后一道防线，冤假错案是对人民群众的极大伤害。弘扬公平正义的理念，满足人民日益增长的公平正义诉求，就要突出强调司法管理文化的责任性，实现司法责任制，保证所办的每一个案件能经过时间的考验，并对冤假错案的承办人、相关责任人严格追责、终身究责。

（六）时代性

任何先进的文化都是在对传统文化传承基础上创新的产物，具有鲜明的时代特征，体现了继承与发展的统一。司法管理文化具有稳定性和连续性。因司法者必须具有比较稳定的职业品质、职业心理、职业习惯和职业伦理，决定了司法管理文化的连续性。司法管理文化建设应当做到古今会通、中西会通、文理会通，继承发扬传统法律文化中的优质成分，体现时代精神，立足国内实际，吸收国外优秀的成果，抵制腐朽文化的消极影响，以创新的思路和方法，探索司法管理文化的新内容和新载体。创新司法管理文化，有助于为司法管理提供优化的管理资源、强劲的动力和精神支持。

三、司法管理文化的价值功能

司法管理文化对司法人员的品性操守和司法产品的质量具有深层次的影响。司法管理文化需要充分发挥导向、型塑、凝聚、激励、协调、辐射、创新、约束的价值功能。

（一）导向功能

导向价值功能就是司法管理文化通过无形或有形的方式对司法机关的每一个成员发挥价值导向、行为指引作用。司法管理文化是引领方向的旗帜，导引司法者的职业判断和裁决，对其产生潜在或显性的渗透和影响，最大限度地激励和培育司法者的潜能，促进公正与效率的实现。司法管理文化培育理念、引导行为。司法管理文化反映司法机关整体的共同追求、共同的价值观和共同利益，通过道德建设、思想教育等方式，进行经常性的外部刺激和机制运行，塑造司法人员个体和群体人格的和谐统一。如此凝心聚力，将司法核心价值观、职业尊荣内化到每位司法人员的心中，将司法人员的事业心和责任感转化成自觉行为，将聪明智慧外化于行，实现"化"的功能，弘扬司法之道。

司法管理文化的价值导向功能具体体现在：提倡、弘扬、塑造司法的价值取向，引导树立公正、程序、高效、独立、中立、权威、透明、为民、人权、法律至上的理念，规范司法人员个体的思想行为。

（二）型塑功能

司法实践是司法管理文化的源头，也是司法管理文化的价值之一。以制度安排、行为模式为核心要素的司法管理文化内在地对司法职业共同体的共同行为乃至个体行为毫无例外地具有塑造的价值功能。随着中国特色社会主义司法制度的发展完善，运用文化管理模式保障公正司法，提高司法公信力的司法实践不断丰富发展。以检察文化建设与文化管理模式为例，我国大陆地区呈现出东部、中部与西部地区不同的检察文化管理模式的实践样态。

1. 东部地区的广东省"海珠模式""济宁模式"

"海珠模式"的核心要素是：（1）价值理念层面。强调用社会主义法治理念指导检察工作，把社会主义核心价值体系融入检察职业道德培育全过程。倡导追求卓越超越自我的文化理念，培育与张扬细节文化理念，打造格言文化，评选"海检之星"，创建学习文化，构筑检察人员的精神家园。（2）行为方式层面。建立以岗位目标责任制分类管理的选人、用人机制，内外部监督制约机制，增强检察效能，创新人性化管理规范化服务，民主化监督，规范检察行为。（3）物质形态层面。提倡无形的文化有型化，有效发挥环境文化对检察人员的引导与约束作用。①

山东省"济宁模式"，其核心要素是：（1）价值理念层面。结合儒家文化发源地的实际，探求儒家思想与检察文化相结合，创造公正清廉和谐作业的济宁检察精神，培育和弘扬忠诚工作清廉文明的检察官职业道德。（2）行为方式层面。以科学发展绩效考核机制，考核评估标准检察官礼仪规范，监督制约制度等为抓手，既形成基础性制度安排与组织结构体系对检察团队行为的协调补充，又形成对检察官个体或群体行为的有效制约的格局。（3）物质形态层面。设置法治长廊，建造儒家文化与象征检察精神风貌的大型文化壁画，开设检察网络文化专栏，拍摄《演说论语》——大型儒学文化系列片，通过卫星向全球300多所孔子学院传播，成立"中国儒风书画院"。②

2. 中部地区有湖北省"汉阳模式""大冶模式"、河南省"洛阳模式"

"汉阳模式"的核心要义是：（1）价值理念层面。将中国传统文化、中西方法律文化、地方历史文化与检察工作有机集合，多角度立体化地诠释检察文化的精神理念，强调负责的人生观、奉献的价值观、发展的世界观，倡导学习与超越，提炼"辩、智、爱、容、肃、水"六字经、"八字院训"，即忠诚、公正、和谐、奋进，"六心精神"，即恒心、虚心、洁心、同心、尽心、实心，形成奋发向上与团结一致的精神纽带。（2）行为方式层面。运用规范化管理系统软件，对执法办案实行流程管理质量控制与全程监督，规范执法工作、生活的礼仪，发挥检察文化管理规范约束检察人员行为的作用。（3）物质形态层面。以社会主义法治理念的文化墙为形式，设置体现不同文化主题的书法、绘画、雕刻、雕塑、标识、书籍等文化长廊，使无形的文化有形化。③

"大冶模式"的核心要义是：（1）价值理念层面。围绕青铜时代大冶传奇红色记忆，打造大冶带有特色的文化样板，构建地方文化教育体系，以社会主义核心价值体系和法治理念为统领，建立体系化的廉洁从检教育体系。（2）行为方式层面。紧扣行为文化，将"九求"理念，即工作求为、学习求博、管理求序、法

---

① 徐汉明等：《当代中国检察文化研究》，知识产权出版社2013年版，第399~403页。
② 徐汉明等：《当代中国检察文化研究》，知识产权出版社2013年版，第408~413页。
③ 徐汉明等：《当代中国检察文化研究》，知识产权出版社2013年版，第404~407页。

治求度、检察求睿、监督求格、反思求鉴、安全求慎、待人求和;同时建议扁平化管理,痕迹化考评等方式规范检察行为。(3) 物质形态层面。以浮雕"铜鉴之光"为主题,打造"五个文化长廊",即法治文化、地方文化、精神理念文化、廉政文化与沉思文化,构建"三个文化墙",即浮雕墙、愿景墙、壁画墙,突出检察文化品位和地域文化特点。①

"洛阳模式"的核心要义是:(1) 价值理念层面。从观念文化、细节文化、特色文化入手,弘扬"养德、守道、有为、和谐"及"龙马精神",以社会主义核心价值观引领检察人员,增强全体检察人员的凝聚力。(2) 行为方式层面。制定"检察人员行为规范",完善"八小时内外行为准则",形成基础性制度安排与文化管理模式有机结合。(3) 物质形态层面。创设文化橱窗,法治长廊,绿化美化净化环境,完善设施标识、标志,营造积极向上、和谐优美的文化氛围。②

3. 西部地区有重庆市"渝北模式"、甘肃省"酒泉模式"

"渝北模式"的核心要义是:(1) 价值理念层面。以革命传统、理想信念、职业道德、社会主义法治理念凝聚检察人员的共识,传承"红岩"精神,发挥社会主义核心价值理念的凝聚作用。(2) 行为方式层面。从行为规范、行为示范、行为养成三个层面,塑造健康文明高素质检察官群体形象。(3) 物质形态层面。打造独具特色、包含检察韵味的文化环境,从潜移默化中提升文化品位。③

"酒泉模式"的核心要义是:(1) 精神理念层面。以先进的理论武装人、以"人本思想"塑造人、以专业化建设管理人,为检察活动提供精神动力与智力支持。(2) 行为方式层面。以建章立制打造"规范型"检察院为抓手,完善检察行为规范,健全制度体系,规范检察人员言行,树立良好形象。(3) 物质形态层面。完善硬件设施、建设文化长廊、开展系列文化活动,注重文化环境建设和文化氛围营造。④

此外,我国港澳地区基于其各具特色的检察制度,形成了独特的检察文化建设与检察文化管理模式。这类检察文化管理模式与我国内地检察文化管理模式共同构成中国检察文化管理模式的多样化的状态,形成优势互补、相互借鉴的特点。

---

① 徐汉明等:《当代中国检察文化研究》,知识产权出版社2013年版,第415~417页。
② 徐汉明等:《当代中国检察文化研究》,知识产权出版社2013年版,第418~421页。
③ 徐汉明等:《当代中国检察文化研究》,知识产权出版社2013年版,第422页。
④ 孙海龙、高翔:《审判管理改革的理论思索与实践方法》,载于《人民法院报》2009年11月24日第5版。

(三) 凝聚功能

司法管理文化具有聚集司法人员人心以形成合力的价值作用。司法管理文化的整合功能表明，它可以增强司法人员的凝聚力、团结力和融通力，增强他们的职业尊荣感、使命感和责任感。司法管理文化体现着法律职业共同体的文化特征，共同体成员坚持共同的法律追求和法律信仰，把司法宗旨、理念、目标和利益融入司法人员内心深处，并达成价值观共识，汇聚成为强大的精神动力，产生强烈的向心力，形成司法群体意识和团队精神。当每个司法人员的个人价值观与司法职业共同体的价值观融为一体时，司法人员就会因作为司法团队的一员倍感自豪而积极履行自己的职责，与司法团队的其他人员相互配合，同心同德，齐心协力，形成强大的合力，发挥出巨大的整体优势。

(四) 激励功能

司法人员的行为价值取向与他所在司法群体的司法管理文化因素有很大关系。司法管理文化有助于司法人员根据司法群体的目标价值追求调整、反思其世界观、人生观、价值观和司法办案行为。当"努力使人民群众在每一个案件中都感受到公平正义"成为司法共同体的核心价值追求；当每个司法人员都认识到自己行为的重大社会意义；当每个司法人员在办案中获得司法群体文化力量的肯定与认同，司法个体就能无时无刻不积极感受和体认到自己的存在价值，在公正公平的司法中形成强烈的个性心理体验和获得感，从而激励其外化为公正高效地办好案件的司法实践。如此循环往复、不断上升，日积月累、集腋成裘，全面依法治国和公正司法的实现便会在文明先进的文化建设中生机盎然、水到渠成。

司法管理文化建设，应运用目标激励、奖惩激励、情感激励、示范激励、影响激励等多种形式影响司法人员，形成持久的驱动力，内化为司法人员自我激励的内在动因。

(五) 协调功能

司法管理文化对司法人员之间的关系具有调适、协调与融合的功能。从外部看，司法是各司法机关相互分工、相互配合、相互监督的产物，离不开公检法司工作人员的相互协作；从内部看，任何一个案件的办理，绝不是仅凭某一个人就能完结的。司法活动总是在互相依赖、互相协作的氛围中得以顺利完成的，司法机关内部各单位（部门）人员之间会由于各种原因发生摩擦、冲突与矛盾，如在程序衔接、案件分配、裁判意见、事务处理、薪酬待遇与晋级晋升诸方面会存在不同观点和不同态度，对诸如此类问题的解决需要每个成员以大局为重，以整体事业为重，牺牲小我，调节自我，彼此尊重，以适应司法团队的整体需求。司法管理文化要求形成一种公正高效、团结和谐、文明理性的氛围，通过司法管理文化所具有的共同价值观念，协调、融合、润滑司法人员之间的关系，以形成互通、互信、互帮、互助的良好司法范围。

（六）辐射功能

司法者是先进文化前进方向的护卫者和传播者。司法管理文化具有对外辐射、教化功能，是通过司法民主与司法公开将司法管理文化向社会公共空间辐射，渗透到社会大众之中，通过司法活动来影响社会公众，形成崇尚法律、诚实守信、秩序良好的法治环境。司法管理文化对外辐射与扩散，增强认同感，有助于提升司法公信力，提高国家文化软实力。

辐射方式之一是通过审判检察活动满足社会公众对公平正义的需求。通过公开开庭、公开裁判检察法律文书等公开接受社会评判，昭示法的精神、彰显法的权威，满足社会需求。辐射方式之二是运用媒体，如建立网络发言人制度，与网民开展在线交流，通过电话、视频、电子邮箱等方式，畅通民意沟通联络渠道，主动回应社会。

（七）创新功能

通过司法管理文化建设促进、推动司法改革创新。当前司法管理文化建设的着力点就是司法改革。在司法改革过程中，必须重视发挥司法管理文化的作用。"司法管理文化建设与司法改革之间存在着内在的深刻联系，二者互为体用、相得益彰。"[1] 司法改革是顺应时代的要求、人民的要求，司法改革同样呼唤司法管理文化的引领和培育。司法管理文化对司法改革有着重要的价值功能。具体作用主要表现在：（1）凝聚人心。司法管理文化聚集人民对司法改革的共识，营造改革的氛围，凝心聚力，使司法人员以积极的态度支持改革、投身改革。（2）夯实司法改革的基础。司法改革需要司法管理文化的支持，需要司法人员自我意识的精神动力、文化积淀。通过司法管理文化建设，使司法改革的内在要求与司法人员的内心理念相统一，转化为司法人员的自觉行为。（3）优化司法改革的生态。司法改革需要外部环境的优化。通过司法管理文化向社会辐射现代司法理念、法治理念等，沟通司法与人民群众的认识，减少外部对司法改革的阻力，使

---

[1] 《司法改革视域中的文化建设——法院文化建设研讨会摘要》，载于《人民法院报》，http：//rmfyb. chinacourt. org/paper/html/2014 - 09/05/content_87242. htm，2022 年 4 月 30 日。

人民群众认同、拥护司法改革。(4) 推动司法改革良性发展。现代司法管理文化的嬗变顺应司法改革的潮流，同时又反作用于司法改革的发展。从制度管理到以人为本，司法管理文化直接地渗透于司法过程中，成为司法改革有序健康发展的重要保障。司法管理文化的制度形态、价值观念、行为规范等决定了司法文明的发展程度和司法改革的成败。

在司法改革、发展司法文明的进程中，也不断地创新先进的司法管理文化，构建整个司法管理文化的价值体系和行为规范。司法改革影响、引领司法管理文化建设的未来走向。随着司法改革的深入，推动司法管理体系发生变化的行为会形成新的司法价值观，产生新的司法管理文化并推动司法转型。司法改革的过程，是向整个社会传导公平正义的过程，也是促进先进司法管理文化形成并传播的过程。形成与传播适应新时代发展的先进司法管理文化、淘汰不适应时代发展的旧的司法管理文化，促进社会观念的变革，促进、保障司法改革的顺利进行，确保落实司法改革的制度设计。

（八）约束功能

司法管理文化尽管是一种软约束，但并非完全脱离硬约束，更不是硬约束所能取代的。司法管理文化的约束功能体现在：一是硬性的制度约束。通过制度来制约司法人员，明确要求司法人员什么该做和什么不该做，通过正向激励机制和反向惩戒机制，形成抑恶扬善的良好文化氛围，对优秀司法人员进行大张旗鼓的表彰，对违纪违法人员坚决究责和惩戒，营造风清气正、公正司法的优秀司法文化。二是柔性的精神约束。这是一种无形的、理性的文化力量，通过对司法人员心理、品质进行疏导、疏解、疏通，发挥文化特有的感化、同化、优化功能。司法人员必须遵守职业道德和社会公德，通过共同的价值观念、行为准则和道德规范实现司法人员的自我约束。刚、柔约束二者不是分离的，而是通过有形的制度、无形的精神，堵疏结合，共同发挥作用，共同约束行为。

四、司法管理文化的结构

司法管理文化是由诸多要素相互影响、相互作用而组成的系统，可分为四个层次：即理念形态、制度安排、行为模式、物态表征。

（一）理念形态

理念形态，也称为精神文化层面的表达方式。"理念者，事物（制度）最高价值与终极目标之谓也。"① 先进的理念是行动的指南。司法理念是司法管理文化的一个重要组成部分，它决定和支配着司法群体的价值取向。司法管理理念文化属于内心的精神意识，是司法机关在司法管理以及组织活动中沉淀而成的整体思想意识和观念形态。包括理论信念、法律信仰、价值观念、职业道德、审美情趣、心理习惯、思维方式、法学知识、司法经验、工作目标、群体意识等内容。

理念是司法管理文化的灵魂和核心，制约着其他三个层次的文化。理念文化是管全面的、管长远的，是核心，也是关键。司法理念文化影响和决定着司法群体的凝聚力和战斗力。司法管理文化建设不是简单地搞一些文体娱乐活动或者写字画画，重要的是加强司法机关"忠诚、公正、担当、廉洁、为民"的司法核心价值观。理念文化建设是司法管理文化的重点，也是难点，要坚持不懈、持之以恒，始终将理念文化建设放在司法管理文化建设的首位。

（二）制度安排

司法管理制度文化是在司法管理中基于有关司法管理制度规范而形成或依附于其间的文化形态。司法管理制度文化包括宏观层面和微观层面的制度文化。宏观层面的制度文化包括司法体制、法律法规、司法政策等承载的文化；微观层面的制度文化包括司法单位的管理制度、案件质量效率制度、司法政务管理制度、司法人事管理制度、财务制度、后勤管理制度、司法廉政管理制度、司法制度执行监督奖惩制度等一系列的制度体系所蕴含的文化。

司法管理制度文化建设是约束司法人员行为的规范性文化，用制度规范行为，是司法人员理念文化和行为文化的保证。司法管理文化建设要有外在的制度辅助。司法管理制度文化建设通过制度，规范、约束司法行为。这特别要强调对制度落实情况的监督检查，严肃查处无视制度的司法不规范行为。不能让制度等同纸老虎，等到制度不再成为司法人员心中的一道屏障时，良好的司法管理文化也就形成了。

制度文化建设要将超前性与现实性相结合。司法管理制度文化要站在时代的高处，远眺社会发展的未来趋向，有所超前，要管长久。注重从实际出发，不故步自封，不脱离现实，掌握司法的本土性、把握司法的规律性，不断总结经验，借鉴世界先进文化，与时俱进，不断创新，丰富内容。把制度文化建设与推进司法体制创新结合起来，通过制度文化的建设，推动司法体制创新，呼应人民群众对司法的新要求。目前的司法改革是基于现有司法组织体系、干部管理制度、

---

① 张利兆主编：《法律监督权的配置与运行》，人民公安大学出版社2008年版，第154页。

财政经费制度和审判运行机制影响依法独立公正审判的因素,将一些现存的不符合司法活动规律和特点的制度体制机制加以修正、完善,建立完备的现代司法制度与司法管理制度,实现管理目的。在这个过程中,文化软实力的作用不可低估。

(三) 行为模式

行为模式是指人们在司法领域以一定的观念形态为导引,遵循一定的制度安排所构成的行为模式而表达的一种司法生活方式,它是司法文化外化的一种典型形态与具体体现。司法行为模式是指司法群体在审判检察活动、研究培训、生活娱乐和人际交往中的活动文化,包括立案、司法审查、庭审、执行等司法活动,以及文体活动、交往活动等;也包括裁判(决定)思维方式、性格习惯、行为规范、生活规范、言语举止、司法礼仪等,是司法管理文化的动态表现形式。司法管理行为文化是司法管理文化最广泛的外在表现形式,司法人员的行为折射出司法人员的文化素质。

行为文化规范应是管而不死、活而不乱、严格有序,在奖惩机制的调节作用下,使司法者受制于有形的制度,遵循于无形的司法文化。最高人民法院出台的《法官职业道德基本准则》《法官行为规范》《人民法院文明用语基本规范》,最高人民检察院颁布的《检察官职业道德规范》《检察官职业行为基本规范(试行)》《检察机关文明用语规则》的目的,就是为了约束和规范法官检察官的司法行为,加强司法管理文化建设,提升司法公信力。

(四) 物态表征

在一定社会生活方式下体现、凝结并物质化的司法文明成果是司法文化作为物态表达的外化形式,通常称为器物文化。它是客观存在于外的表层物质要素,是文化的显性外层结构,是司法理念的一种外在的物质表现。它是指以实物形态显露于外,既看得见,又摸得着,蕴涵司法管理文化内容、适应司法活动功能需求的司法服饰、法庭设置、设施和装备、建筑物、徽章符号、法槌、法院网站、检察院网站、裁判文书、办公环境、人工智能等体现出来的器物文化。该层结构是以实物形态反映司法管理文化的特征,是社会群众感官面对面接触的文化,是理念文化的载体。物态文化有"承载于物"的实与"内化于心"的虚的特点。"实实在在"地固定在某个地方的文化内容,直观反映司法发展状况和物质文明程度,具有直观性、易塑性和易于传播性。物态文化易停留于追求立竿见影的政绩而流于形式,故物态文化不是司法管理文化的精髓和核心。司法管理物态文化建设要加强各种硬件建设,方便民众、利于民众,改善司法人员办案的物质装备,保障日常办公与生活的需要等。

司法管理文化建设内含的理念形态、制度安排、行为模式、物态表征四个方面,犹如"车之四轮",理念形态是司法文化的核心,直接决定了司法的建设方向;制度安排是司法文化的保证,连接着司法管理文化的理念和物态,规范着行为,支撑着司法管理文化的框架;行为模式是司法文化的表现,是理念文化为导引的行为规范;物态表征是司法文化的物质文明成果的表达,向外彰显着法院检察院文化之风韵。这四个方面相辅相成,缺一不可。

第二节 司法管理文化面临的挑战

在全面推进依法治国、建设法治中国和加快司法改革的伟大征程中,司法管理文化建设水平不断提升、内涵日益丰富、载体日益多元,取得了举世瞩目的成就,对促进司法公正、提升司法公信力产生了重大的积极引领作用。但也要清醒地认识到,司法管理文化建设依然面临诸多挑战,暴露出某些弊端和问题,尽管只是局部的、个别的,但也值得引起高度重视。归结起来,主要表现为以下方面。

一、规范制度的"进"与司法权威的"退"

提升文化建设的规范性、制度化效应已经形成共识。但也应该认识到,制度性和规范化的文化建设依然存在一些问题,即有的缺少完备的文化建设方面的规章制度;有的制度本身不科学,缺乏合理性,其结果是有规定等于没规定;有的制度落实不到位,形同虚设;有个别司法机关,制度就出台了几百个,项目几千条,连扔垃圾、掐烟头这样的事都规定进制度,事无巨细,难以理解执行。如此导致制度被漠视,而且制度越多,漠视化越严重,影响了司法管理工作的威信,不利于规则意识的形成,出现制度的"进"与权威的"退"的"一长一短"现象。制度的进步往往伴随着行为的无束,行为的无束自然造成了司法权威降低。这样就在一定意义上导致了文化建设的抽象甚至虚无。

(一) 目标的口袋化

表现为司法管理文化主题、目标不明。将司法机关的一切工作都纳入司法管理文化建设的范畴,把司法管理文化当个筐,什么都往里面装,什么东西都说成司法管理文化。这就造成把握司法管理文化建设的规律性、体现特色性，充分发挥司法管理文化对司法工作的智力支持与职业认同的凝聚作用存在虚化、弱化现象。

（二）主体的"漠视化"

有的司法人员认为司法管理文化建设是综合行政部门的事，与自己无关；有的存在单纯的业务观点、办案任务观点，认为只要保证了办案数量和质量，抓不抓司法管理文化建设问题不大。因此，司法管理文化建设在搭建"共建共管共享"平台，着力塑造司法职业共同体精神家园方面困难重重。有的片面强调经济基础的决定作用而忽视司法管理文化的固有特性，存在重物态文化建设，轻理念文化建设；有的本末倒置，没有把理念形态、制度安排、行为模式与物态表征等文化建设项目有机统一起来，存在顾此失彼现象；有的急功近利，认为安放富有寓意的雕塑，用流行的名言字句装扮一下，格言警句上墙，就是司法管理文化建设的标志，把司法管理文化建设矮化为写写画画、装潢粘贴；有的认为建造一座现代化审判大楼、检察大楼是司法管理文化的表现，从而导致司法管理文化建设缺位、错位等现象滋生。

（三）方式的"表面化"

检视当下司法机关有关司法管理文化建设方面，大多存在"求表面，轻实质"的现象。有的司法人员认为司法管理文化建设不过是一种"随大流走过场的运动"，对办案没有任何实际意义；有的采用自上而下的推进方式，而缺乏有效的动员方法，司法管理文化建设呈现出"上热下冷"的趋势。

（四）过程的"形式化"

其具体表现为错误地将司法管理文化建设等同于普通的文娱活动、唱唱跳跳，甚至喊一些口号，只注意浅层次的、外在的、直观的司法管理文化建设，忽视内在的司法理念的引导等软实力、巧实力建设；有的司法人员的司法管理文化建设与审判检察工作联系不紧密，理论实践相脱节，其形式过于枯燥、刻板，缺乏吸引力；一些司法文化建设项目既不能体现出司法管理文化建设的司法性，又不能对司法人员产生潜移默化的熏陶和影响作用。

（五）效果的"分散化"

司法管理文化的对外传导效能弱化、孤立化。司法管理文化在某种意义上依然缺乏与社会大众的良性互动,个别地方还存在自言自语、自娱自乐、自产自销、自迷自醉的现象,内部的各项文化建设活动开展得轰轰烈烈,但外人并不知晓、毫无感知。尤其是在向公众展示司法管理文化形象的主要渠道即审判活动、检察活动之中,文化氛围营造、外部教化引领不到位,司法管理文化建设呈现出"外冷内热"的现象,影响了司法管理文化建设的外向成效,社会认可度不高。因此,司法管理文化建设须放眼"窗外",用法律的力量重建司法行为规范,让人们重新认知司法的集体人格。

二、司法行为不规范

(一)司法人员管理方面

有的司法人员仍然沿用传统的案件请示汇报方式办理案件,导致二审变一审,上诉审退化;有的因绩效考核与奖金挂钩,为了减少改判发回率,上级法院与下级法院"抱团取暖""合纵连横";有的为了避免改判发回,仍然采用裁判前向上一级法院请示汇报,然后据此裁判,上一级法院也建立了限制改判发回案件的非正式制度,如二审判前沟通协调制度,使二审合一审,上诉审的纠错功能退化;有的给上级法院对下级法院的不合法干预提供机会,司法责任因分散而虚无。有的绩效考核中实行党组成员、审判委员会专职委员的工作绩效考核由省级高院考核,其绩效奖由中院发放,上级法院不自觉地把自己当成下级法院的领导,使上级法院可能利用人事任免、奖惩和行政事务上的权力控制、指挥、侵占下级法院的审判权。

(二)严格执法方面

有些司法机关到年底受理案件而不立案,怕影响结案率、影响绩效考核;有的案件开庭不按规范的要求,不按规定的程序,言行举止盛气凌人,不尊重当事人及律师,随意打断一方的发言,给人以偏向的感觉;有的类案不同判,今天这么判,明天那么判,胡乱行使自由裁量权,导致当事人不满;有的裁判文书轻辨法析理,特别是对证据的认定不说理,甚至随意取舍;等等。

(三)司法事务管理方面

有的司法机关实行"科层级行政管理结构体制掌控下的绩效排名、节点监控和案件评查等管理方式,可能会异化为行政干预审判的新筹码和新层级"[1];"多主体、科层级、行政化的膨胀的审判管理权不利于公正与效率这一终极目标的实现"[2];"有些法院上报的审判质效指标数据严重背离客观实际,个别法院甚至编造虚假业绩以应付上级法院管理考核,通过采取年底人为阻滞收案、动员当事人撤诉等违规行为提高审判质效指标数据;一些法官压调甚至制造批量撤诉假案来提高调解撤诉率"[3];等等。现实司法管理中,因绩效考核和责任追究直接关系司法人员的待遇,在案件评查中,指出小问题、瑕疵问题多,如法条引用错误、卷宗装订不规范,合议笔录缺少某个合议庭成员签字,在错、漏字上小题大做等,而指出重大问题少,导致责任追究虚无。有的司法人员即使发现案件存在重大问题,怕影响绩效考核,怕追究领导责任,不敢较真碰硬,高高举起,轻轻放下,导致司法责任制不落实,真正受到责任追究的,少之又少。

(四) 司法作风建设方面

一些法官的群众观念淡薄,司法作风不正,言语和行为失范,对群众和当事人态度粗暴,工作方法简单。有的不注重司法礼仪,对案件当事人及其近亲属"生、硬、冷",作风强硬霸道,脱离群众;有的不尊重当事人人格尊严,如落实未成年人特别程序的各项规定不到位,图简单、怕麻烦;有的对告状求助群众态度冷漠,置之不理,缺乏应有的同情心和责任感;有的对案件存在的问题推脱逃避,不注重矛盾化解;等等。

上述表现是司法管理文化建设中面临的突出问题,其危害性在于扭曲了司法公平公正的价值理念,损害了司法的形象,使司法职业共同体的社会认可度、满意度、支持度不高,对保证公正司法、提高司法公信力造成严重影响。

第三节 司法管理文化建设的路径

一、现代司法理念的植入

现代司法理念的植入,需要兼收并蓄、海纳百川、开明睿智、不故步自封。

---

[1] 杨凯:《审判管理理论体系的法理构架与体制机制创新》,载于《中国法学》2014年第3期,第211~228页。

[2][3] 崔永东:《审判管理的目标、方法与路径》,载于《河北法学》2015年第3期,第28~37页。

文明因交流而多彩，文明因互鉴而丰富。现代司法理念，有的是从西方国家借鉴来的，同样对司法理念的现代化进程起到了积极的作用。吸收西方法治国家的先进理念，坚持中国特色，"既不走封闭僵化的老路、也不走改旗易帜的邪路"[①]。现代司法理念内容丰富，随着时代要求的不同而不同，是多元的、交叉的甚至包容的、开放的理论与思想系统。发展完善中国特色社会主义司法文化，应当在弘扬社会主义核心价值观"富强、民主、文明、和谐，自由、平等、公正、法治，爱国、敬业、诚信、友善"的前提下，更新并树立"忠诚、为民、担当、公正、廉洁"[②] 的现代司法理念。

（一）忠诚

忠诚是法官检察官职业道德的本质要求。"忠"是中华文化的古老而又常新的命题，古人讲忠孝节义，忠排首位。对于审判机关、检察机关及其法官检察官而言，忠诚的内涵包括：忠于党、忠于国家、忠于人民、忠于法律。"忠诚"不仅是法官检察官职业道德的本质要求，而且是司法人员核心价值观的重要内容，对于塑造法官检察官的司法人格，培养法官检察官"崇法尚义"的司法品质，引领和规范法官检察官的司法行为等都有着极为重要的现实意义。审判机关检察机关作为国家的司法机关，肩负着权利救济、定分止争、制约公权、维护公平、守卫正义、促进和谐、增进人民的"法福祉"的独特使命及其职能任务，是社会公平正义最后一道防线的守卫者，人民权益的保障者，国家安全、公共安全、法治统一的捍卫者。这些决定了法官检察官必须对党、国家、人民和对法律的绝对忠诚。在加快"平安中国""法治中国"建设的大背景下，司法权力在经济社会发展中的调节、保障、服务、促进价值功能的地位和作用不断增大，日益受到社会各方的重视；司法工作的艰巨性和复杂性的程度不断提高，面对一些地方司法机关物资供应的相对匮乏，支撑法官检察官克服困难、公正执法的精神力量是忠诚。法官检察官唯有树立忠诚理念，才能在威逼利诱面前不迷失方向，不动摇执法如山的意志，永远保持客观公正。

（二）为民

为民是法官检察官的职业宗旨，是法官检察官努力践行的永恒主题。人民法院人民检察院，人民在法院检察院之上，审判机关检察机关的权力是人民赋予

---

① 《习近平关于全面深化改革论述摘编》，中央文献出版社2014年版，第14页。
② 最高人民检察院：《中华人民共和国检察官职业道德基本准则》，2016年12月5日；最高人民法院：《中华人民共和国法官职业道德基本准则》，2010年5月20日。

的，要坚持心中有党、心中有民、心中有责。为民，司法事业的源头活水是司法为民，不仅是司法机关在执法过程中的指导思想，也是在具体执法过程中的行动指南。"权为民所用，情为民所系，利为民所谋"的崇高要求，把执法为民变成执法活动中的自觉行为，只有真正做到了执法为民，工作才能经得住历史和人民的检验。维护群众的合法权利是我们为民执法的目的，作为审判机关检察机关，不仅一定要把好法律监督这一关口，而且要严格司法、公正裁断，守护好维护社会公平正义的最后一道防线。

（三）担当理念

担当是法官检察官职业道德的责任所系、使命所系，是党性的底气所在、硬气所在。要牢固树立敢于担当，善于担当的意识，法官检察官应当牢固树立敢于担当，善于担当的意识，做到习近平总书记要求的"以至公无私之心，行正大光明之事"。[①] 司法机关肩负着保障人民权益、维护公平正义，维护国家安全与公共安全，促进社会和谐稳定，实现国家长治久安的重要使命。司法人员必须具备坚持原则、敢于担当的职业精神和职业素质。担当大小，体现着司法人员的胸怀、勇气。司法人员既要在大是大非的政治考验面前，旗帜鲜明、挺身而出，又要在履行法律监督职责中，面对各种诱惑、干扰甚至是威逼恐吓时，敢于挺直腰杆、秉公执法、刚正不阿，敢于同一切消极腐败现象与违法犯罪作斗争。面对复杂的执法环境，司法人员必须公正执法、秉公断案、不畏权势、敢于担当，以大无畏的担当精神公正司法，切实维护社会公平正义，维护法制统一，维护宪法的尊严和权威。

（四）公正

公正是法官检察官职业道德的核心内容，是司法公正的基本保障。在开启全面建成富强、民主、文明、和谐、美丽的社会主义现代化强国的新征程中，维护社会公平正义已成为坚持以习近平新时代中国特色社会主义思想为引领，健全人民当家做主、民主制度体系，发展社会主义民主政治，深化依法治国实践，加快建设社会主义法治体系、加快建设"法治中国"的必然要求，也应成为法官检察官崇高的价值的追求。公平正义是法治社会的底线，是社会道德的基础，是社会主义核心价值观的重要组成部分。司法机关承担着维护国家法律统一、捍卫建设和谐社会的重要使命，其价值观的定位、培育和发展至关重要，关系到全体司法

[①] 习近平：《以提高司法公信力为根本尺度 坚定不移深化司法体制改革》，载于《人民日报》2015年3月26日。

人员积极进取实现崇高目标的行为规范和思想理念,因此,法官检察官都应把公平正义作为思想之魂、行为之基、立身之本。只有守护公平正义,才能在纷繁复杂的案件纠纷与司法事务中明辨是非,才能站稳脚跟、挺起脊梁、端稳天平。

(五) 廉洁理念

廉洁是法官检察官职业道德的职业本色,是司法人员职业操守的"生命线"。法官检察官自身是否清正廉洁,不仅影响司法机关整体形象和司法公信力,而且影响社会公平正义。古人云:正人必先正己,己不正,焉能正人?法官检察官要始终保持清正廉洁的职业操守,牢固树立执掌司法天平的司法者必须自觉接受监督的理念。既要勇于秉公办案、刚正不阿,也要勇于接受社会监督,做到自身正、自身硬、自身净,牢固树立正确的人生观、价值观、权力观、利益观。唯有自身清正廉洁、淡泊名利、秉公办案、执法如山、不畏权势,才能有执掌司法权力的底气和资格,才能心底无私、客观公正、不偏不倚、不枉不纵地履行审判权检察权。

二、现代司法管理制度文化之培育

加强司法管理文化建设,不能局限于观念层面的文化构建。狭义的文化往往受限于观念与意识的藩篱,而要使司法管理意义上的精神文化建设落到实处,就必须立足于先进理性的司法精神文明,并以此为导引从制度文明、行为文明和器物文明三方面同步全面建设,让司法管理文化从制度文明、行为文明到器物文明诸方面得以重新塑造,而不是仅仅停留在观念层面来理解司法管理文化。

司法管理文化既体现在制度之中,又要靠制度保障。司法制度是源头,是根本性的问题,应从制度源头抓起,明确司法机关的职责和管理体制,健全完善我国司法制度。通过现代司法组织管理法律制度的顶层设计,解决人民群众对司法不公的担忧问题,使司法行为的规范有法律依据和规范标准。现代司法组织管理法律制度决定司法在整个国家制度架构下的功能设定。应通过司法改革,以公正、权威而有效率的司法来满足人民的正义诉求,回应公众对公平正义的期待。

当今司法改革为避免司法的地方化出台了很多措施,如推动省以下地方法院检察院人、财、物统管,旨在去除司法的地方化。同时也要防止司法内部的行政化,按宪法规定,法院系统内部是监督关系,不像检察机关是上下级领导关系。立法宜将法院上级对下级的"监督"含义明晰化,防止法院系统上下监督关系的行政化。为此,须对法院上下级之间的监督范围、方式与程序做出具体规定,防止打碎旧的"枷锁"时又代之以另一套"枷锁",形成"翻牌子"改革。完善人民法院、人民检察院组织管理基本法律制度。第十三届全国人民代表大会常务委员会第六次会议已通过修订的《人民法院组织法》《人民检察院组织法》,明确了法院检察院性质任务,基本原则和工作体制,明确规定了军事法院、海事法院、知识产权法院、金融法院等专门法院和派驻检察机构的设置,规定了最高人民法院可以设巡回法庭、监所检察室可以采用巡回方式,检察机关可以设置综合业务机构、辅助机构、行政管理机构、派驻检察机构,法院设置审委会及其刑事或民事专业委员会,完善检察机关对司法工作人员利用职权实施的重大犯罪案件刑事侦查权,对刑事案件的审查权、批准或者决定逮捕权、提起公诉权、提起公益诉讼权、对诉讼活动监督权、对生效判决裁定和刑罚执行实施法律监督权、对死刑复核活动实施监督权、检察工作法律适用解释权、检察长列席同级法院审委会会议权,完善最高法院的审判工作法律适用解释权,完善办案组织,按照司法责任制的要求,规定审委会委员对本人发表的意见和表决负责,建立独任法官检察官和法官检察官办案运行机制,明确法官检察官的任职条件、遴选、履职及培训等保障,规定法官检察官、法院检察辅助人员和司法行政人员实行分类管理,法官检察官实行员额制①。所有这些是对本轮以员额制、司法人员分类管理、司法责任制、省以下人财物统一管理四项司法管理体制改革成果的确认,并使之制度化、法律化的重要体现,为建立科学完备的司法管理体系和运行机制提供了法律保障。

推动体现和促进科学的审判检察管理制度的文化建设。建立权责明确、管理科学、监督到位的审判权、检察权运行制度。按照"谁办案谁决定,谁决定谁负责""让审理者裁判,让裁判者负责"的原则,推动制度创新,出台权力清单、责任清单、负面清单,法院须依法准确划定审判委员会、专业委员会、合议庭、法官和院长(副院长)、专职审委会委员、庭长的审判职权,把合议庭、独任审判员依法应拥有的审判职权交还于合议庭、独任审判员;检察院须依法准确划定检察委员会、检察官办公室、检察官和检察长(副检察长)、专职检委会委员的检察职权,把检察官办公室、主办检察官、独任检察官的依法办案的职权还权于检察官办公室、主办检察官、独任检察官。同时,构建对审判权、检察权的监督制约机制,厘清法院审判权、审判监督权与审判管理权的边界,检察院检察权与检察管理权的边界,落实错案责任制,形成"管而不死,放而不乱"的格局。为此,应当改变家长制作风和领导大包大揽方式,改革审判委员会、检察委员会制

---

① 《中华人民共和国人民检察院组织法》(全文),中国人大网,2018年10月27日;《人民法院组织法》(全文),中国人大网,2018年10月29日。

度，明确提交审判委员会、检察委员会讨论案件、事项的范围，审判委员会、检察委员会的主要精力转移到总结审判检察经验、讨论决定审判检察工作中的重大问题、实施类案指导、促进法律适用统一的职能上来。审判委员会、检察委员会将只讨论法律规定的重大、疑难案件，法官检察官认为难以做出决定而提交审判委员会、检察委员会讨论的案件，仅限于这些案件的法律适用问题。同时，构建"谁办案谁决定，谁决定谁负责""让审理者裁判，让裁判者负责"的文化氛围，完善独任制、主办制、合议制的运行机制，保障承办案件的法官检察官平等参与案件办理、评议、决定及其审理的权力。再者，法院系统须形成协调的上下级法院审判监督业务关系，完善二审程序运行机制，使其定分止争、案结事了、依法纠错的功能归位；让一审权利救济、制约公权的功能归位，形成与二审程序递次衔接的审判程序良性运行机制，纠正和防止上定下审、审者不判、判者不审的审级程序混乱现象，从而避免上诉审的纠错功能缺位错位现象发生。

通过改革内设机构，建立健全符合司法文明发展规律的内部司法管理机制，形成科学完备的司法管理制度安排的管理文化氛围。近年来，法院检察院内设机构扩张，但仍无法轻松应对日益严重的审判工作需要，出现"事权扩大——组建新的内设机构——增编扩员——事权进一步扩大……"①，陷入"精简——膨胀——再精简——再膨胀"②的怪圈，从而形成了司法管理文化扭曲现象。法院检察院基于重视对某一领域司法保护的态度，通过增设专业庭室，表面上是解决法院检察院干警职级待遇的考虑，因人设岗。但不断扩张内设机构配置，导致内设机构日趋臃肿，定位模糊。"设置不尽合理，职能交叉、机构重叠、分工不明，效率不高。"③ 因一部分新设机构事少，一些法院检察院组建办案团队，办理相关案件，出现岗责不分、权责不分，裁判统一时常受损。"同是一个法院受理的案件，类似的法律事实，由不同的业务庭审理，适用法律的标准却不统一，对相似的法律事实会作出大相径庭的裁判"④，以致司法管理文化建设呈现"理不清、剪不断"的现象。因此，法院检察院须遵循修订后的组织法，对内设机构资源进行优化配置，使其形成体现、巩固和促进司法改革成效的优秀文化。

营造公共参与司法的社会文化氛围。完善陪审制度，充分释放其民主价值功能。陪审制度是打造司法由人民参与形象的重要工具。在英美法系中，把民意融入司法的是陪审团。陪审团由普通公民组成，其自身就代表着一种民意。陪审团参加审判，已经把民意带进了司法，意味着民意审判，缓和了司法与民

---

①②③ 徐振华、范莉：《论人民法院内设机构的合理配置》，载于《全国法院第25届学术讨论会获奖论文集：公正司法与行政法实施问题研究》（上册），人民法院出版社2013年版，第228~240页。
④ 江必新：《切实让人民群众在每一个司法案件中都感受到公平正义》，载于《人民法院报》2013年5月29日。

意的冲突。当判决遭遇民意抗议时，由律师协会出面向民众解释，化解民意与司法之间的矛盾。目前，我国人民陪审员制度不完善，应当通过制度机制的完善，彰显陪审的民主价值，使司法更贴近民意。现在，有一些法院的人民陪审员是固定的，由法院司机或杂工人员等担任。原因是就近叫人方便，与司机一起出差开庭，不需另外请人陪审，且这也可改善司机等人的待遇，因陪审一次有一定的补助。同时二审法院也不清楚陪审员是不是司机。这与设立陪审员制度的目的相背。人民陪审员是代表人民群众，反映民意，与法官沟通。人民陪审员注重从社会道德标准的角度对案件进行评断，与法官的思维形成互补，并将陪审的过程向人民传达，使人民相信司法的公正性。这就不能将人民陪审员专职化。要改革人民陪审员的遴选制度，不能固定搞成专职，人民陪审员应实现随机抽取，以发挥人民陪审员的作用。"将陪审员常驻化、固定化、专职化、司机化，弥补办案力量的不足，使陪审员失去了群众基础，失去陪审员制度的民主内涵。陪审员常驻化的后果就是脱离民意，摆脱民间化和非职业化的特征，使陪审员与法官成为一个战壕的战友，不仅失去对法院和法官的监督，无法起到对社会和周围人的法治宣传"[1] 和教育作用，而且不利于培育公共参与司法的理念及其文化氛围。

弘扬司法的精英化理念。实现"谁办案谁决定，谁决定谁负责""让审理者裁判、由裁判者负责"，必须走法官检察官职业化道路。法官检察官职业化是法官检察官职业保障的重要制度。在一些地方，基层法院检察院实际上被当作地方政府框架中的一环，承载了太多的非司法职责。法院检察院应当是公平、公正解决社会矛盾和纠纷的场所，而不应当肩负比此更重要的使命。中央发布的《关于保护司法人员依法履行法定职责规定》，明确规定了法院检察院拒绝从事超出法定职责范围事务的权利：对于任何单位、个人安排法官检察官从事招商引资、行政执法、治安巡逻、交通疏导、卫生整治、行风评议等超出法定职责范围事务的要求，法院检察院应当拒绝，并不得以任何名义安排法官检察官从事上述活动。法官检察官职业化要求建立符合法官检察官职业特点、有别于普通公务员的法官检察官职业保障制度，不盲目借用行政管理的模式。唯有通过法官检察官职业保障、职业保护等建设，才能培育和带动全社会形成尊重法官检察官职业群体的价值理念。

以评促建，以评促管，在完善考核评价制度中优化管理文化。目前的法官检察官绩效考核还不能完全体现司法的职业特征。法官检察官绩效考评体系及其考

---

[1] 《让人民陪审员回到人民中去》，新京报，https://news.sina.cn/sa/2003-12-08/detail-ikknscsi1955405.d.html?from=wap，2022年4月30日。

评标准设计不科学。"由于指标众多，指标的权重和指标的选择成为高难度的课题。评估的结果未能反映出真实的成绩。"① 废除法院检察院考核、法官检察官业绩考核的排名，有利于维护依法独立公正行使办案权。目前的关键是要用科学的考评推动司法规范化，规范司法办案行为；矫正绩效考核，追责不当行为，形成激励干部求真务实的有效机制，使那些做表面文章、搞数字游戏的人员，不仅捞不到好处，而且受到批评和惩处。为此，应当建立科学合理、客观公正的考核体系、完善法官检察官业绩考核评价制度，取消不合理的考评指标，改进考评方式；根据审判检察工作的内在特点和规律，尊重法官检察官的独立判断与自由裁量，避免单纯依靠数字对复杂的审判检察工作进行片面的评价，可采取内、外部相结合的考核方法，使业绩考评机制具有开放性，法官检察官业绩考评在开放中获取公信力。

完善司法廉洁文化管理制度。反腐败的制度规范必须为重头建制。廉政制度要凸显"廉洁是法官与生俱来的品质"这一理念，强化底线思维和自律意识，防止和克服侥幸心理，守住廉洁司法的底线。建立司法权监督制约的长效机制，注重舆论监督，发挥司法机关举报网站的作用。完善纪检、监察职能，完善接受当事人监督等制度。不能因怕连带追究领导责任，有案不查或内部消化而不了了之。对查处属实的案件，应曝光以震慑一片。应建立健全干部管理谈话制度，发现苗头性、倾向性问题，及时进行批评教育。树立"严管就是厚爱"理念，坚持原则，敢抓敢管。同时，规范业余爱好及娱乐活动。严格说这属于个人事务，别人无权干涉，但法官检察官因其职业及身份的特殊性应受到更多制约。灯红酒绿、推杯换盏、沉于市井的形象的确与法官检察官格格不入。实际生活中，确有一些法官检察官因不当言行影响了法官检察官形象，因此，促使法官检察官远离有损形象的娱乐方式很有必要，慎重交友、限制不当社交。

加强司法责任文化建设。法官检察官，既是时流的明镜，又是人伦的雅苑，手握大权，肩负重任，必须正身守道，否则可能成为玩弄法律者的帮凶。要强化司法人员的责任意识，司法责任制是解决"渠道不畅、启动不易、责任不清、主体不明"等司法管理问题的基础性措施。以前出了问题，难以分清责任，造成事实上谁都不承担责任。在实现员额制后，法官检察官的待遇提高了，法官检察官的权力更大了，也更容易使法官检察官专横、专断，更易形成错案。在追责情形与司法单位文明奖等挂钩的情况下，追责很难落实。一个法官检察官若因受贿被刑事审判，那这个法官检察官所在的法院检察院的其他人员年底的文明奖或几个月的工资就没有了。因此，单位领导要向上级法院检察院求情，做出不捕不诉、

---

① 崔永东：《审判的管理的目标方法与路径》，载于《河北法学》2015年第3期。

判决缓刑或免处，以保留文明单位的称号。所以现实中，司法责任制喊起来很重要，落实很少，即使有追责的情况，也很难真正追究责任，必须矫正。

三、现代司法行为文化之重塑

在现代司法行为规范的重塑方面，主要是着力培育以公平正义为核心的行为规范，须以改革创新精神加强现代司法行为的重塑，推进司法管理体系和管理能力现代化。

（一）规范立案行为以塑造便民文化

针对一些群众反映的立案难、拖延立案、诉讼不方便等问题，应改立案审查制为立案登记制，做到程序简化、便民利民、节省成本，让人民群众打得起官司。全国诉讼服务中心实现互联，可实现跨域立案，异地诉讼。实行立案登记制改革，是司法为民的重要措施。立案登记制区别于以往的立案审查制，应禁止违法增设受理条件、随意限制受案范围，法律规定的条件是案件受理与否的标准。实现预约立案、网上立案、跨域立案等配套改革制度。严禁"不立不裁"。有些法院检察院对当事人的起诉，既不立案，又不做裁定。对不符合法律规定的起诉、自诉和申请，须依法裁定或者决定不予受理、不予立案，并说明理由。方便当事人就近诉讼，改革级别管辖制度。审级重心向下倾斜，加大一审管辖职权"下沉"力度，促使大量的案件在一审得以解决，"改变目前单纯以标的额划分级别管辖的做法，将绝大多数普通民商事一审案件的管辖职权下放至基层法院管辖，就地就近及时解决纠纷，矛盾消化在基层。避免大量的案件涌向上级审理，出现头重脚轻的情况，使司法金字塔的基座宽厚稳重，有利于整个审级结构的稳定。标的额大的案件未必是重大、复杂或新型的法律问题，划分案件管辖职能以标的额为依据无法实现上下级法院的职能分层。"[①] 唯有规范立案信访行为，才能塑造便民利民的司法文化。

（二）规范自由裁量行为以彰显法治精神

现代司法行为规范的重塑，在于建立统一的司法基准权力清单、责任清单、负面清单体系。针对一些案件中法官检察官行使自由裁量权不规范的情形，重点是建立统一的司法基准权力清单、责任清单、负面清单体系，同时加强司法解

---

① 吴静：《浅议民商事案件级别管辖》，https://wenku.baidu.com/view，2018年12月30日。

释，健全案例指导制度，统一裁判尺度，提高司法能力。在刑事案件中，推进量刑规范化改革，促进刑罚统一适用；在民事、行政案件中，完善诉讼证据制度和举证责任分配、证明标准等规则，实现类案同判；利用智能办案系统，提供类案检索，"类案推送、裁判指引、裁判比对等，对偏离度过大的案件自动预警，推动类案同判。"① 具体于个案上，司法活动应依据法律规定平衡民众价值取向，从社会主流价值取向、社会整体道德情感以及公共政策等方面出发，在既有的法律规定框架内善于把握社情民意，考量情理因素。法官要进行情理的合理化法律分析，通过诚实信用、公序良俗等法律原则进行法律解释，权衡利弊得失，在原则性与灵活性之间寻求平衡，适应社会的变迁，使情理以法律化的形式进入司法，通过司法活动统一法律责任、社会责任、道德责任，做出公正、全面、令人信服、能为社会所接受的裁判，达到公正司法与群众认同之间的动态平衡，实现引导民意和契合民意的双赢。②

（三）健全冤假错案防范机制以严守实体正义底线

基于客观性、逻辑性的追求，司法人员应坚持以庭审为中心，执行非法证据排除规则，不轻信口供，做出司法裁判所依据的事实只能是通过证据规则推定的事实。司法人员尤其须强化证据意识，一切给人只以证据和逻辑说话的感觉，不武断、不好大喜功。利用智能辅助办案系统，"通过明确的证据标准指引，运用大数据分析证据，对证据完整性及矛盾点进行基础性审查、判断，对不符合证据标准指引的案件自动阻止并提示补证，"③ 对于司法人员尤其重要。完善程序规定，强化程序意识，从程序上保障防止冤假错案；特别是二审程序须发挥依法纠错的作用，不能明知一审有问题，为照顾一审法院而搞勉强维持一审判决。强化公检法相互配合、相互制约机制，不搞提前介入，以免先入为主。坚持罪刑法定、疑罪从无原则，强化人权意识，完善人权司法保障制度，杜绝刑讯逼供、非法取证等违法行为；对于证据不足的刑事案件，应依法宣告无罪，确保审判的案件事实经得起历史检验；对错案一经发现，应予依法坚决纠正，使正义得以恢复，冤者得到赔偿，责任者受到追究。

（四）规范司法行为以弘扬程序正义文化

司法管理的目标在于公正和效率，防止司法事务管理权对司法权过度干预，

---

① 王禄生：《司法大数据与人工智能开发的技术障碍》，载于《中国法律评论》2018 年第 2 期。
② 于飞：《论诚实信用原则与公序良俗原则的区别适用》，载于《法商研究》2005 年第 2 期。
③ 蔡长春：《大数据助办案提效确保司法公正》，载于《法制日报》2017 年 7 月 12 日。

确保审判权检察权的正常运行。域外司法管理的经验给我们的启示是，司法权是主导性权力，司法事务管理权是辅助性权力，司法事务管理应注重服务、协调和监督，而不能主宰司法权的正常运行。司法事务管理权应当服从并服务于审判权、检察权，不能超越审判权、检察权而独立存在，更不能取代审判权、检察权。司法事务管理权运行必须以司法办案为中心；在司法事务管理方法方面，要遵循司法规律，避免设置违反审判检察特性的目标和措施；正确处理放权与监督的关系，既要注意防止和克服司法工作行政化倾向，又要注意防止管理缺位、监督失位、权力失控。

司法事务管理应规范审判权、检察权行使的各个环节的节点控制。用信息化倒逼司法规范化，警示可能出现的不规范行为。以信息化促进每个办案环节都符合程序规范要求。强化对诉讼过程各个节点的管控，强化诉讼时效与办案期限的监管，注重对结案、办案期限与审限变更的全程痕迹管理；对案件的审限延长、中止、扣除、中断实时监控，避免隐性超越办案期限；规范民事案件调解扣除审限制度，在调解中不得以判决为要挟搞强制调解，也不得以拖延为手段逼当事人接受调解。"加强均衡结案，解决一些法院检察院年底不收案、不立案与突击结案等问题，确保办案活动良性循环。"①

实行诉讼流程规范管理。对于新受理的案件应当及时由案管部门输入电脑，由电脑随机分案，确定每一个案件的办理期限、办案人员、办案场所，割断法官检察官与当事人不正常渠道联系，防止预断，防止干扰。建立电子档案同步形成、诉讼过程全程留痕制度。通过明晰的司法管理目标、有效的节点控制、规范的管理流程等制度建设，带动司法管理文化建设。

（五）推进透明司法以营造司法互信氛围

司法公开是保证规范司法行为的重要措施，深化、细化公开，不断丰富公开的内容、拓展公开范围、创新公开形式，以公开促规范、保公正。充分依托信息技术，开发和应用网络司法决策系统、网络案件辅助管理系统、网络司法信息公开平台，推进阳光司法。

推动体现透明司法公开制度的文化建设。随着社会的发展，当今依法公开审判、检察公开的领域、程度和方式等方面都有了更高、更新的语境和要求，是司法公开文化的突出表现。"司法公开制度的关键是实质公开，如案件材料的公开。公开案件材料，社会公众才知道权力是否寻租，时效是否超审限，才可以看出破绽。"②

---

① 最高人民法院：《关于加强均衡结案的意见》。
② 李后龙、葛文：《怀疑、信赖与民事案件材料公开——以公众知情权为核心的考察》，载于《法律适用》2013年第1期。

案件事实、证据材料的公开比裁判文书公开更为重要且更有意义。目前公开案件证据材料既具备现实条件，也是司法改革的前进方向。现在，大多数法院花费了大量的精力与经费，将案件卷宗扫描，制成电子卷宗，但没有向社会公开，电子卷宗的价值没有得到充分利用，司法资源效益没有得到最大限度发挥。公开案件材料可消除捕风捉影的不合理猜测，避免怀疑文化，推动透明司法文化建设。在面对疑问时，公开案件材料优先。如涉及国家秘密等法定不应公开的，则绝对禁止公开。在隐私权保护与公益对立的场合，公益优先。如公开个人隐私，虽可能使被公开的个人精神受到压力，但是如果人民群众高度关注，则应该为消除公众合理怀疑而公开。在司法改革中，有的法院对合议庭评议案件和审判委员会讨论的案件的过程，有分歧意见的，将少数法官的意见直接写入司法裁判文书，这是否应当在判决书中公开？有两种观点：一种是不公开，另一种是彻底公开，对少数法官的少数意见均在判决书中写明。我们认为，在判决书中公开少数法官的意见虽有前瞻性意义，但在我国目前法官总体素质不高的情况下，公开少数法官的意见会给他们增加压力，反而使得他们更容易附和多数法官的意见，不敢发表自己的独立决断和见解，所以在目前，不宜在裁决书中向当事人、社会公开少数法官的不同意见，这有利于法官按照自己所掌握的专业进行判断。其主要途径有以下两个。

1. 加大审判公开、检务公开力度

法院要加快庭审公开步伐，凡依法应当公开审理的案件都要公开开庭审理，做到"三同步"，即同步录音录像、同步记录、同步显示记录；完善公开举证、公开质证、公开认证的程序，健全以庭审为中心的法庭审理程序；对公众关注度较高的依法公开进行的庭审，法院可以通过电视、互联网、手机或者其他公共媒体直播，保障公众的知情权、参与权、表达权、监督权。检察院也要创新公开方式，自觉把检察活动置于社会监督之下，增强法律监督活动的公正、公信与透明度，增强阳光检察的效果。

2. 依托互联网，为人民群众提供司法服务

建立生效法律文书统一上网和公开查询制度等活动。完善裁判文书上网的检索功能，为当事人、律师提供类案检索推送服务，防止发生由于文书上传不全，通过查询搜索不到结果的情形，使当事人对裁判结果有理性预期。法院网站、微博、微信、手机客户端、电子显示屏、公告栏等，应注重栏目内容及时更新，即时发布重大案件审判执行信息，加强网站的互动功能，公开透明地展示法院检察院的司法活动，让公众了解、监督审判检察工作。为此，须以人民群众对司法公开的新要求新期待为着力点，不断研究和解决司法公开过程中的难点问题，通过审判公开、检务公开方式，运用互联网等现代信息技术手段与审判检察工作，推进阳光司法,促进司法公开的规范性、制度性、互动性建设,推动司法公开的广度、深度和效度,从而形成促进全社会关注司法、理性认知司法、主动参与司法、有效监督司法的良性司法生活,进而构建司法共同体精神家园。

(六) 规范文明司法以塑造司法文明形象

构建改进作风的常态化机制。强化诉讼服务中心职能,在窗口接待环节,规范、创新诉讼服务工作,实行"一站式"服务群众工作的模式,建立文明礼貌的接待行为规范。尊重当事人的人格,以友善、谦和的态度对待当事人,杜绝"门难进、脸难看、话难听、事难办"的冷漠生硬现象发生。规范法官检察官用语,不得使用禁忌用语,动辄训斥、讽刺、挖苦、贬损当事人。

反对特权思想、衙门作风、霸道作风,惩治粗暴执法、不文明执法行为。要适应基层社区群众的司法诉求,可广泛开展巡回法庭、巡回检察室、巡回车载法庭等做法,以方便群众应诉。这是减轻当事人负担、司法为民的具体体现。与此同时,要呼应人民群众的需求,繁简分流、繁案精审、简案快审,实现事实认定符合客观真相、办案结果符合实体公正、办案过程符合程序公正[①]。通过上述举措,规范司法行为,以塑造司法文明形象。

(七) 规范学习行为以陶冶司法情操

法官检察官是需要不断学习的职业。学习是文明传承之途,成长之梯。文化的传承和发展关键在于学。学习管理要营造浓厚的学习文化氛围,让干警学有兴趣、学有成果、学有乐趣,丰富法官检察官法学理论功底和文化底蕴,读书修德、以德律己、修身养性,实现"要我学"到"我要学"的转变。学习"要有'望尽天涯路'那样志存高远的追求,耐得住'昨夜西风凋碧树'的清冷和'独上高楼'的寂寞,静心抑浮,通读苦读";即使"衣带渐宽"也"终不悔","人憔悴"也心甘情愿。以平淡的心态应对纷繁复杂的社会环境,一个内心少了"诱惑"的人,也就少了低级趣味,少了抱怨和指责,多了潜心学习的时间和空间,多了发挥聪明才智的能力。司法人员要在干中学、学中干,学以致用、用以促学、学用相长。

培育专业型的法官检察官队伍。加强激励精品精英人才导向,促进司法管理文化建设。法官检察官要在司法办案实践中学,在学中有所悟。要将法官检察官的调研学术成果作为晋级晋职的重要参考依据,培养出一大批知识型、专业型、复合型

---

① 《〈中共中央关于全面推进依法治国若干重大问题的决定〉辅导读本》,人民出版社2014年版,第23页。

的优秀人才，提升法官检察官"事理明晰、法理透彻、文理信达"的司法能力。

（八）严守法纪底线以塑造司法品格

司法廉洁润染是司法管理文化建设的底线本色。没有监督的权力必然导致腐败。须以内外监督机制约束行为，加强对司法权力运行的监督，做到有权必有责、用权受监督、违法必追究。落实《法官行为规范》《检察官行为规范》，构建完善的监督管理机制、有效的权力制衡机制，发挥巡视的利剑作用，切实把司法权牢牢关在制度的笼子里；查处干警违纪违规违法行为，以责任追究机制，零容忍态度惩治司法腐败。

推进司法廉洁教育常态化，须定期或不定期通报司法系统发生的违纪违规违法案件，以反面典型加强警示教育，依托短信通知平台，面向法官检察官群体及公众等发送短信督廉政，引导和规范司法人员公正司法，养成严以自律、廉以自信的习惯，形成风清气正、廉荣贪耻的文化氛围。

（九）团结互助包容以培育人文关怀风尚

从整体上营造出和谐的职业氛围。司法人员应该培养团结包容、乐于助人、大气谦和、兢兢业业、任劳任怨，服从大局，肚量能容事的良好品格，建立良好的人际关系。包容是做人的修养，忍耐能养心。忍耐过程痛苦，结果却是美妙的。看人如看己，责人先问心。注重人文关怀，及时解决现实思想问题。司法人员遇到岗位调整、工作挫折、家庭困难、生病住院等情况时，应当及时对其劝导和安慰。尽可能满足司法人员合理需求，解决工作和生活中的实际困难。落实国家休假的规定，定期组织司法人员体检，开展心理健康和心理调适教育，帮助司法人员化解不良情绪。建立和落实领导与干警日常交流谈心、沟通交流等制度，了解司法人员关注的现实问题。可以采用QQ、微信等及时通信的形式同步沟通。定期听取干警意见、建议，针对司法人员倾向性思想问题，做好加油鼓劲、凝心聚力的工作。针对司法改革引发的利益格局调整，司法人员分类管理带来的收入待遇差距，引导司法人员正确对待得与失、名与利、荣与辱，强化大局意识，保持淡定平和心态，防止盲目攀比、斤斤计较，防止仅关注个人利益得失的狭隘思想，防止对提高收入待遇产生不切实际的期待要求，防止散布不当言论或采取个人极端行为。

四、现代司法物态文化之构建

"思想和观念本身具有创构的力量，如果需要物质的支持，他们就会在可能的情形下把这种物质找出来。"① 伯尔曼在《法律与宗教》一书中说,"法官袍服、法庭布置、尊敬的词令这类符号应当不仅使法官本人,而且也使审判过程的所有其他参与者、实际上是整个社会都铭记不忘,肩负审判重任者必须摒除其个人癖好、个人偏见,以及先入为主的判断。"法官服饰的改革、法袍的启用、人民法庭标识的统一等体现了现代司法物态文明的发展。

(一) 法官检察官服饰的发展

1. 法官检察官制服

从过去大盖帽军警式法官、检察官制服到现在的黑色凝重的法官制服和检察官制服的发展折射出我国司法进程时代变迁,反映了法官检察官角色定位的调整。新中国法官检察官在司法活动中统一着制式服装始于 1984 年。1984 年、1990 年及 1995 年款法官检察官制服与军警制服颇为类似,大盖帽与肩章是军衔制度的体现,使人们想到暴力与服从。随着改革开放的稳步推进,法院检察院被赋予了更多的社会功能和价值,法院被定位为中立的司法裁判机关,检察院被定位为国家法律监督机关。被称为"2000 式"的审判服、检察服为佩戴胸徽的西服式制服,颜色选用国际司法界常用的深色,取消大檐帽、肩章和领花,以胸徽作为审判员和检察员的主要司法标志。2007 年、2017 年审判服、检察服夏装款式又有两次变化。制服的变化,反映了法院检察院的转型,从工具理性走向价值理性,向纠纷解决、权利救济、公权制约、秩序引导方向转化。

2. 法袍

黑色既有神秘感,也有某种隔离感,黑色代表了距离,体现肃穆感和特定的权威,是一种象征威严的颜色,象征了法律的尊严。

身披法袍的法官渲染着一种类似神职人员的神圣色彩和"法权神授"的权威性,体现法官职业神圣无比,使得法院的审判活动具有了国家力量和神圣性;庄重威严,反映了法官的中立性、独立性、公正性、神圣性、正义性、尊荣性、权威性。法官穿上有点"保守性"的法袍,刻意彰显司法人员的成熟、练达、洞察、睿智的能力和素质,反映了法庭上法官的沉稳性格,具有成熟的思想和独立的判断能力,对自己的良心负责,给社会以权威并以正义的风范。

法袍的红色前襟配有 4 颗金黄色领扣,体现法院代表国家行使审判权,象征人民法院忠于党、忠于人民、忠于事实、忠于法律。法官的法袍不等于正义,法袍是象征符号,仅是正义运作仪式的道具。要真正实现上述含义,揭示法袍的意蕴,还需要法官本身具有一定的法律素养、智慧、能力和水平。

---

① 韩庆祥:《思想的力量》,载于《学习时报》2014 年 3 月 22 日。

（二）从明镜到国徽

古代中国衙门公堂上的"明镜高悬"大匾，彰显明镜的神性力量和象征意义，彰显司法官火眼金睛、明察秋毫的精明形象。在朗朗乾坤中，一切罪恶无所遁形。明镜高悬的神判意义，源于照妖镜，能够照鉴人的五脏六腑和邪恶心思的照妖镜，即明镜高悬。明镜逼使"人化之妖"原形毕露。镜喻洞察：无物遁形，善辨美恶，方圆曲直勿能逃也。

根据《中华人民共和国国徽法》和相关法律法规的规定，法院应当按下列规定悬挂国徽，即"人民法院、人民法庭的法庭内法台后上方正中处悬挂国徽；与法院其他建筑相对独立的审判法庭正门上方正中处悬挂国徽；人民法院和人民法庭机关正门上方正中处悬挂国徽；人民法院的审判委员会会议室内适当处悬挂国徽。调解室、接待室内不悬挂国徽"。"各级人民检察院、专门人民检察院机关正门上方正中处悬挂国徽；在各级人民检察院、专门人民检察院的检察委员会会议室内适当处悬挂国徽。"国徽是国家权力的象征，同时，它还具有督察的功能，象征正义。

（三）法徽检徽

我国采用了华表、天平外环麦穗的红底徽标作为法徽标识，象征着人民法院在党的领导下，秉持正义、公正司法、司法为民。法徽是法院、法官的标志。法官着法袍时，应同时戴上法徽。法官戴上法徽，其职业、身份及其法律的精神都被赋予于法徽之中。卸下了法徽，就还原法官的"大众化"生活。

检察官作为法律的守护人，既要追诉犯罪，更须保护被告人免于法官恣意及警察滥权，担当国家权力双重控制的任务。检察官不是法官，但要监督法官裁判，共同追求客观公正的裁判结果；检察官也不是警察，但要以司法的属性监督警察的侦查活动，确保侦查追诉活动的合法性。检徽的基本图案由盾牌、五颗五角星、长城和橄榄枝图形构成。盾牌和五角星象征着司法机关在国家法制建设中担负着法律保障等重要职责；长城象征着中国，充分体现了司法机关的国家属性，也象征着国家对司法工作顺利开展的坚强保障力；橄榄枝代表着和谐，象征司法在维护社会稳定、促进社会和谐发展中的重要作用。①

（四）从惊堂木到法槌

《国语·越语》中记载："惊堂木，长六寸，阔五寸，厚二寸又八。添堂威

---

① 小溪嬉石：《人民检察院检察服的演变及检徽的含义》，http：//blog.sina.com.cn/s/blog，2018年12月30日。

是也"。指挥庭审的道具从过去的惊堂木变化到现在的法槌。"惊堂木也叫醒木,一块长方形的硬木,有角有棱,取规矩之意,具有严肃法堂、壮官威、震慑受审者的作用。"① 举起拍于桌上,起到震慑犯人的作用,有时也用来让堂下人等安静下来。

现在,我国法院开庭时,用法槌指挥庭审。审判长或独任法官"在法庭开庭、休庭、闭庭或宣布判裁时,应敲响法槌;在维持法庭秩序时,可酌情敲击法槌。诉讼参与人及旁听人员听到槌声后,应立即停止发言和违反法庭规则的行为。"② 作为庭审指挥的法槌具有镇堂、惩戒、规训的作用,"用法槌的响声,警示违反法庭纪律的人,通过敲打法槌并声明训诫,从心理上予以震慑,能以儆效尤。"③ 通过法槌制止当事人、辩护人、代理人或旁听人员的不当行为,起到一锤定音的作用,象征法官身份、法律权威、法庭秩序。

(五) 法庭设置的发展

我国当今法庭的设置上注重权利保障,注重庭审活动公开,注重人文关怀。

1. 法庭区域及席位设置

一是法庭的区域设置。为了维护法庭的严肃性和庭审的正常秩序、保障法庭安全,需要对审判活动区和旁听区进行隔离,一般以栏杆或木质矮墙隔离,这也是世界通行的做法。旁听人员不得随意进入审判活动区。基层法院、人民法庭的隔离方式也可以根据实际情况采用划线标记等方式。二是圆桌法庭的设置。圆桌法庭是针对审判未成年人案件设置的法庭席位,是一种人性化审判,具备柔性化特征和人性理念。未成年人身心不成熟,道德标准模糊,易入歧途,但未成年人有很强的可造性,实行犯罪记录封存制度。实行圆桌审判,改变了审判威严、压抑的氛围,减轻了未成年人的紧张、恐惧、抵触情绪,减少了对立心理、畏惧心理,体现了司法的人文关怀,有利于帮助失足青少年迷途知返,改过自新。三是媒体记者席的专门设置。旁听区可以设置专门的媒体记者席。媒体记者经许可,可对"庭审活动进行录音、录像、拍照或使用移动通信工具等传播庭审活动"。在法庭设立记者旁听席,专供记者旁听,这是法院注重司法公开、接受社会监督的体现。

2. 刑事法庭同步视频作证室的设置

设置刑事法庭同步视频作证室,是改变过去证人不肯出庭作证,证人出庭作证少的状况,是推进以审判为中心,落实庭审实质化的需要,目的是为加大对证

---

① 互动百科"惊堂木",http://www.baike.com/wiki,2018年12月30日。
②③ 易军:《诉讼仪式的象征符号》,载于《国家检查学院学报》2008年第3期,第90~97页。

人的保护力度，保护证人、鉴定人、被害人在庭审作证时在不暴露个人身份信息、面貌特征甚至声音的情况下，接受控、辩、审三方的询问、质证，履行出庭作证义务。这是贯彻直接言词原则和交叉询问制度的具体体现。实践中虽如此保护，但因怕打击报复等多种原因，证人出庭率仍旧不高，还应配套相关措施，保证证人出庭作证。

3. 法庭附属设施及附属场所的设置

《中华人民共和国人民法院法庭规则》规定了法庭附属设施及附属场所。一是专为残疾人坐轮椅提供便利的残疾人无障碍设施，如无障碍的通道、洗手间等，体现了对特殊群体的人文关怀。二是法庭设置休息室，为诉讼参与人如检察人员、律师等提供临时休息、换装、上网、饮水等场地。三是设置被告人羁押室。羁押室内安装软包材质，高清视频监控，这是为了保证刑事被告人的暂时羁押安全的需要，防止刑事被告人逃跑、行凶、撞击、自残、自杀。

4. 互联网法院

2017年经中央全面深化改革领导小组批准，我国审判机关在杭州市设立互联网法院，并于2017年8月18日挂牌成立。这是全国第一家集中审理涉网案件的试点法院，其后中央全面深化改革委员会又批准在北京市、广州市设立互联网法院。互联网法院的运行特点：（1）网络思维。贯彻"网上案件网上审"的审理思维，将涉及网络的案件从现有审判体系中剥离出来，充分依托互联网技术，完成起诉、立案、举证、开庭、裁判、执行全流程在线化，实现便民诉讼，节约司法资源。（2）网络平台。融合机制创新与网络解纷，构建前置性指导化解、在线矛盾纠纷多元化解平台（ODR）、第三方调解、诉讼等多层次、多元化的涉网纠纷解决体系，专业、高效、便捷处理涉网纠纷。（3）网络功能。利用大数据分析技术对涉网案件数据进行多模块比对分析，梳理规律和特点，形成结构化、标准化的互联网司法裁判规则，为营造更安全、更干净、更具人性化的司法网络空间护航。[①] 互联网法院创设以来，受到了社会各界的高度关注和认同，对其司法公信力的认可度、满意度、支持度稳步提升。

（六）建筑物的发展

"建筑象征着一个国家、一个民族、一种文化或一个时代，也反映了一个权力做出的政治判断。"[②] 因古代中国司法权与行政权合一，地方行政机关办公地点与司法机关办公地点合一。古代封建掌权者对司法机关办公地点（衙署）强调

[①] 《杭州互联网法院》，百度百科，https：//baike.baidu.com/item，2018年12月19日。

[②] ［英］迪耶·萨迪奇著，王晓刚、张秀芳译：《权力与建筑》，重庆出版社2007年版，第257页。

封建统治的权威,采用多重封闭空间的传统,坐北朝南、左尊右卑、左文右武、前衙后邸。色彩运用上,采冷色调,青砖灰瓦、暗色楹柱、梁舫彩绘、青蓝碧绿。在官与民中划出阻隔线,将不同层次的人限于不同的闭塞空间内,表达不平等下的话语权。通过这种压迫感的威仪从精神上恫吓子民,以维护其统治秩序。

比较古代的衙署与现在的法院检察院,衙署建筑从单层的多进院落已让位于多层或高层大楼。我国一些法院检察院常见标志性的符号是:石狮、阶梯。此乃传统司法文化之浸染,给人对权力化统摄的冷漠之感。法院检察院门前怒目狰狞的石狮是封建衙门的标志,使人们想到强权与专制,让人怀疑是否是威风凛凛的衙署,威慑治民的工具。用石阶的高度来代表司法的庄严与权威。唯有大楼正中门庭上的国徽与××人民法院,××人民检察院白底黑字,才使社会公众知晓是审判机关检察机关的司法场所。

未来法院检察院建筑艺术追求的发展取向应当是:(1)亲和。亲和的建筑艺术风格能够传递优秀的司法文化理念,形成通过亲和的建筑艺术特色与质感达到受众者、感官者以及对司法建筑物由欣赏到认同,由认同到产生亲切的情感,进而消除传统司法建筑物的封闭、森严、不可亲近所产生的生疏感、恐惧感、排除感,从而使人从内心形成对司法的认可度。故而司法建筑艺术追求当以"亲和"为主基调,通过"亲和"艺术特点构建和传递开放亲切、透明平易、"和合至美"的文化基因,从而营造"和合"的司法环境。这需要通过愉悦的色彩取代沉重的色彩,建筑安装的大台阶调整为平阶,用鲜花礼束代替威猛石狮,用通透栏杆代替高耸围墙,等等,从而消除人们的恐惧感,进而激发庄严肃穆、亲切可敬的情怀。(2)包容。古代衙门建筑在官与民之间画上了不能跨越的界限。当今司法建筑艺术应消解冷漠色调,尽可能选取开放、包容、中性、祥和、肃穆的建筑艺术主基调,以开放、包容的司法建筑设计去消解民众心理上的距离,增进司法与社会大众的互信。

(七) 司法文书的发展

在把司法文书作为司法管理文化的一个载体的问题上,可能有不同看法。但司法文书的价值在于其公正性、引领性,宣示正义、理性和秩序,体现厚德载法的价值和鲜明的文化导向。司法文书是法律精神、法律思维、法律逻辑、法律推理、法律论证、漏洞补充、价值衡量、司法经验等的载体,通过司法文书向公众传播正义和良知,对社会纷争、诉讼请求、政府行为等做出评价,使民众守法护法。一份恰当准确、说理充分、内容规范的司法文书是法官检察官品格和素养的反映,是公平正义的诠释。优化载体,注重司法文书的引领作用,突出司法管理文化"化的功能",将人民司法的工作理念、论证思路、情感模式、人文关怀融入司法管理文化建设的方方面面。

1. 司法文书的说理

司法管理文化建设应当注重加强司法文书的论证说理,发挥司法文书的引领作用。一直被诟病的"判决书不说理"现象也在改变,从实践中看,司法文书说理也存在不少问题,即有的说理繁简不当,针对性不强,有理不成理;有的说理不准确,逻辑性差,法理分析欠缺;有的由于说理不严谨,不能自圆其说、不能证成观点;有的文书长道理不长,说理千篇一律,证据取舍神秘,事实结论突然。司法文书只有依事论理、依律评理、法理兼之,方能为公众所认同。司法文书说理应注意繁简的把握,把重点放在案件的争议焦点上,对个案中为追求实体正义舍规则而取原则之处进行分析说明;逻辑推理应当严谨缜密,讲究针对性,有的放矢。"法律推理是建设性阐释的一种运用,我们的法律存在于对我们的整个法律实践的最佳论证之中,存在于对这些法律实践做出尽可能最妥善的叙述之中。"①

2. 语言通俗化

司法文书语言表述应当通俗易懂,明白晓畅,不能晦涩难懂,要能为普通民众所理解和接受。司法语言的通俗化、平民化是一种必然的选择。要用大众接受的语言诠释法理。"对寻求法律救济的人而言,法律语言常常构成理解障碍。而在法律职业的实践中,包括在法院实践中,法律工作者往往忽视了这个问题。他们谈论的内容超出了普通百姓的理解范围,从而导致人们对法律制度的误解和攻击。"② 法官检察官要把法律语言转换成符合法律精神的公众语言,把法律的规则转化为人民群众能接受的生活语言和生活道理,包括制定规则背后所蕴含的道理③,只有把规则、尺度讲清楚了,让普通民众听得懂、听得明,才能最终为民众所信服。

(八)司法信息技术管理文化的发展

以人工智能为代表的高科技的迅猛发展将大大拓展人的大脑与四肢的功能,将可能取代司法人员的部分工作。例如,通过庭审智能语音识别技术可替代书记员法庭记录;通过案件检索系统可以帮助法官检察官正确适用法律,破解同案不能同判的司法难题;通过智慧辅助决策系统,为司法机关领导人员提供科学的决策辅助支持;通过案件管理系统,对案件受理、立案、审查等诉讼环节实行过程

---

① 郭义贵:《古典自然法与自然权利学说的现代表述》,载于《海峡法学》2005年第2期。
② 郑金雄:《易读性传播:法律传播中的语言解码与理解》,载于《政法论坛》2011年第6期。
③ 陈艳萍:《要善于在履职中能动应对风险》,载于《人民法院报》2010年3月31日。

控制、节点考核、时限提示、持续改进,从而提高办案的质量和效率,防止和纠正超期羁押,侵害犯罪嫌疑人、被告人的合法权益等违法行为;通过统计、财会、考评等辅助系统,提高司法行政人员从事司法管理、统计、财会、考评的精准性和公平性。随着人工智能技术广泛运用,其功效可以为提供在线立案、案件信息自动检索;完成诉讼服务中心的部分工作,引导当事人、律师等提交电子诉讼材料;提供证据分析,法条案例自动推送,对临近审限的案件自动预警,提供法律文书分析、校对,办案瑕疵提示,电子送达;电子卷宗自动生成,网络执行查控;审判执行效绩测算、分析、评价,改变了人工统计的方式。人工智能在人事管理上,能完成很多人事管理者所要求的工作,可用几秒钟就筛选出合适的人选。财务智能机器人较人工操作的优势明显。

"国外 ROSS 系统已经可以代替律师从事法律研究,研究法条和案例,可把研究结果写成简报。据说 ROSS 可以替代目前美国律师 70% 的工作,而且准确率高达 90% 以上,远远高于顶尖法学院毕业生从事同类工作的准确率。如果将人工智能全面付诸使用,将会有 70% 的美国律师失业。"[①] 有人认为,过去人们质疑院长、庭长包括审判委员会只判不审的理由之一是没有亲历性,但通过庭审的录音录像、即时电子卷宗等可解决亲历性问题。随着人工智能日渐精进,类比汽车无人驾驶技术研发进度,相信司法大数据与人工智能也将随时代的发展,取得突飞猛进的成绩,案多人少的矛盾将会有根本性改观。当然,人工智能不能替代司法人员独立判断的微妙平衡,因为法律是基于社会公义、量刑处罚和人情世故,并不是一块死板。因此,人工智能只能作为提高司法效率的一种辅助手段。

---

① 郑戈:《如果人工智能全面使用,70% 律师会失业》,载于《澎湃新闻》2017 年 9 月 17 日。

参考文献

[1] 艾佳慧：《中国法院绩效考评制度研究——"同构性"和"双轨制"的逻辑及其问题》，载于《法制与社会发展》2008年第5期。

[2] 艾新伟：《积极探索系统化的司法管理之道》，载于《今日中国论坛》2006年第8期。

[3] 白焕然：《中国古代监狱制度》，新华出版社2007年版。

[4] 拜荣静：《法官员额制的新问题及其应对》，载于《苏州大学学报》（哲学社会科学版）2016年第2期。

[5] 鲍永军：《绍兴师爷汪辉祖》，人民出版社2006年版。

[6] 毕连芳：《北京民国政府司法官制度研究》，北京大学出版社2009年版。

[7] 卞建林：《统一行使死刑案件核准权：十年回顾与展望》，载于《甘肃政法学院学报》2017年第3期。

[8] 蔡长春：《大数据助办案提效确保司法公正》，载于《法制日报》2017年7月12日。

[9] 蔡长春：《司法体制改革工作全面推开》，载于《法制日报》2016年8月1日。

[10] 蔡建：《对检察人员分类管理的研究与思考》，载于《国家检察官学院学报》2001年第3期。

[11] 曹建明：《最高人民检察院工作报告》（2018年），第十三届全国人大一次会议，2018年3月9日。

[12] 曹建明：《最高人民检察院关于人民检察院全面深化司法改革情况的报告》，第十二届全国人民代表大会常务委员会第三十次会议，2017年11月1日。

[13] 陈春梅：《德国：精细化管理的法院经费制度》，载于《人民法院报》2015年12月25日。

[14] 陈会林：《国家与民间解纷联接机制研究》，中国政法大学出版社2016年版。

[15] 陈剑虹：《检察文化的价值功能与实现路径》，载于《人民检察》2008年第4期。

[16] 陈津津：《案件管理监督服务中存在的问题及对策分析》，载于《法制与社会》2014年第29期。

[17] 陈景良：《讼学、讼师与士大夫——宋代司法传统的转型及其意义》，载于《河南大学学报》2002年第1期。

[18] 陈瑞华：《法官员额制改革的理论反思》，载于《法学家》2018年第3期。

[19] 陈瑞华：《司法改革的理论反思》，载于《苏州大学学报》（哲学社会科学版）2017年第1期。

[20] 陈卫东：《改革开放四十年中国司法改革的回顾与展望》，载于《中外法学》2018年第6期。

[21] 陈卫东：《十八大以来司法体制改革的回顾与展望》，载于《法学》2017年第10期。

[22] 陈卫东：《司法"去地方化"：司法体制改革的逻辑、挑战及其应对》，载于《环球法律评论》2014年第36期。

[23] 陈卫东：《司法责任制改革研究》，载于《法学杂志》2017年第8期。

[24] 陈卫东：《中国司法体制改革的经验——习近平司法体制改革思想研究》，载于《法学研究》2017年第5期。

[25] 陈文兴：《法官员额制度比较分析》，载于《天津大学学报》（社会科学版）2008年第4期。

[26] 陈文兴：《我国司法经费保障体制的弊端与完善》，载于《人民检察》2007年第13期。

[27] 陈艳萍：《要善于在履职中能动应对风险》，载于《人民法院报》2010年3月31日。

[28] 陈陟云：《法院人员分类管理改革研究》，法律出版社2014年版。

[29] 陈陟云：《缘起与发展：法院文化解析及建设》，载于《人民司法》2012年第4期。

[30] 成都古籍书店：《康熙字典》，四川省新华书店1980年版。

[31] 崔四星：《复归与展望：四级法院职能定位制度研究——以民事审级的职能定位为视角》，引自《法官论司法体制改革与民商事审判》，长江出版社2015年版。

[32] 崔四星：《论董必武的司法公正思想及其现实意义》，引自孙琬钟、杨瑞广主编：《董必武法学思想研究文集》（第十三辑），人民法院出版社2014年版。

［33］崔永东：《审判的管理的目标方法与路径》，载于《河北法学》2015年第3期。

［34］崔永东：《审判管理的目标、方法与路径》，载于《河北法学》2015年第1期。

［35］戴建国、郭东旭：《南宋法制史》，人民出版社2011年版。

［36］戴建国著：《宋代法制初探》，黑龙江人民出版社2002年版。

［37］戴淑芬主编：《管理学教程（第二版）》，北京大学出版社2005年版。

［38］党江舟：《中国讼师文化——古代律师现象解读》，北京大学出版社2005年版。

［39］［德］伯恩·魏德士著，丁晓春、吴越译：《法理学》，法律出版社2005年版。

［40］［德］拉德布鲁赫著，米健、朱林译：《法学导论》，中国大百科全书出版社1997年版。

［41］［德］马克斯·韦伯著，林荣远译：《经济与社会》（下），商务印书馆1997年版。

［42］［德］马克斯·韦伯著，张乃根译：《论经济与社会中的法律》，中国大百科全书出版社1997年版。

［43］［德］乌尔里希·贝克、约翰内斯·维尔姆斯著，路国林译：《自由与资本主义——与志明社会学家乌尔里希·贝克对话》，浙江人民出版社2001年版。

［44］邓小平：《邓小平文选》第二卷，人民出版社1993年版。

［45］丁溪主编：《管理学原理》，中国商务出版社2010年版。

［46］恩格斯：《反杜林论》，引自《马克思恩格斯全集》第三卷，人民出版社1995年版。

［47］恩格斯：《集权和自由》，引自《马克思恩格斯全集》第四卷，人民出版社1982年版。

［48］恩格斯：《普鲁士宪法》，引自《马克思恩格斯全集》第四卷，人民出版社1958年版。

［49］恩格斯：《普鲁士宪法》，引自《马克思恩格斯全集》第四卷，人民出版社1956年版。

［50］恩格斯：《英国状况英国宪法》，引自《马克思恩格斯全集》第一卷，人民出版社1956年版。

［51］［法］亨利·法约尔著，迟力耕、张璇译：《工业管理与一般管理》，机械工业出版社2007年版。

[52]［法］孟德斯鸠著，欧启明译：《论法的精神》，译林出版社 2016 年版。

[53]［法］米歇尔·福柯著，刘北成、杨远婴译：《规训与惩罚：监狱的诞生》，生活·读书·新知三联书店 2003 年版。

[54]［法］皮埃尔·穆鲁著，王允道译：《论平等》，商务印书馆 1988 年版。

[55]［法］斯坦等著，王献平译：《西方社会的法律价值》，中国人民公安大学出版社 1990 年版。

[56] 樊崇义、刘文化：《澳门特别行政区检察制度的大陆法系传统》，载于《人民法治》2015 年第 10 期。

[57] 樊崇义：《诉讼原理》，法律出版社 2003 年版。

[58] 樊崇义、吴宏耀、种松志著：《域外检察制度研究》，中国人民公安大学出版社 2008 年版。

[59] 樊崇义：《刑事诉讼法哲理思维》，中国人民公安大学出版社 2010 年版。

[60] 樊清华、黄日强：《德国"两阶段"法律教育模式研究及对我们的启示》，载于《东华理工学院学报》（社会科学版）2007 年第 2 期。

[61] 范慧慧、何延鹏：《论刑事审判的集中审理》，载于《重庆理工大学学报》（社会科学版）2010 年第 3 期。

[62] 范佑先：《中华苏维埃共和国司法行政史料选集》，江西省司法厅编，1993 年版。

[63] 范忠信、陈景良主编：《中西法律传统》，北京大学出版社 2008 年版。

[64] 范忠信、吴欢：《司法文化应该追求哪些基本价值》，载于《法律适用》2012 年第 4 期。

[65] 丰霏：《法官员额制的改革目标与策略》，载于《当代法学》2015 年第 5 期。

[66] 冯契：《外国哲学大辞典》，上海辞书出版社 2008 年版。

[67] 付鹏飞：《检察人员分类管理探析》，载于《法制与经济》（上半月）2015 年第 4 期。

[68] 付维宁：《绩效管理》，中国发展出版社 2012 年版。

[69] 付亚和、许玉林：《绩效管理》，复旦大学出版社 2004 年版。

[70] 傅郁林：《以职能权责界定为基础的审判人员分类改革》，载于《现代法学》2015 年第 4 期。

[71] 高鸿业主编：《西方经济学》，中国人民大学出版社 2000 年版。

[72] 高浣月：《清代刑名幕友研究》，中国政法大学出版社 2000 年版。

[73] 高翔：《我国高级人民法院司法管理职能的改革——以法院院长会议运行状况为实践观察点》，载于《法商研究》2017 年第 4 期。

［74］高永贵：《文化管理学》，北京大学出版社 2012 年版。

［75］高瑜：《司法改革背景下法官助理制度有关问题探析》，载于《法制博览》2015 年第 25 期。

［76］葛文：《法院审判核心领域的保障与案件管理》，载于《法学》2009 年第 10 期。

［77］龚廷泰：《列宁法律思想研究》，南京师范大学出版社 2000 年版。

［78］巩富文：《中国古代法官责任制度研究》，西北大学出版社 2002 年版。

［79］故宫博物院明清档案部编：《清末筹备立宪档案史料》，中华书局 1979 年版。

［80］顾功耘：《简论司法管理体制的改革》，载于《河北法学》1986 年第 2 期。

［81］顾功耘：《略论司法组织的现代化管理》，载于《上海大学学报》（社会科学版）1985 年第 1 期。

［82］顾小琼：《检察文化在现代法治语境下的再思考》，载于《犯罪研究》2006 年第 2 期。

［83］关晓红：《从幕府到职官：清季外官制的转型与困扰》，生活·读书·新知三联书店 2014 年版。

［84］关毅：《法院设置与结构改革研究》，载于《法律适用》2003 年第 8 期。

［85］郭丰、韩玉忠：《域外法院经费体制概览及启示》，载于《中国应用法学》2018 年第 1 期。

［86］郭润涛：《官府、幕友与书生——绍兴师爷研究》中国社会科学出版社 1996 年版。

［87］郭松：《组织理性、程序理性与刑事司法绩效考评制度》，载于《政法论坛》2013 年第 4 期。

［88］郭义贵：《古典自然法与自然权利学说的现代表述》，载于《海峡法学》2005 年第 2 期。

［89］国家标准化管理委员会：《质量管理体系要求》，中国标准出版社 2017 年版。

［90］韩庆祥：《思想的力量》，载于《学习时报》2014 年 3 月 22 日。

［91］韩苏琳编译：《美英德法四国司法制度概况》，人民法院出版社 2008 年版。

［92］何家弘：《中外司法体制研究》，中国检察出版社 2004 年版。

［93］何家弘主编《检察制度比较研究》，中国检察出版社 2008 年版。

［94］贺小荣：《人民法院四五改革纲要的理论基点、逻辑结构和实现路

径》，载于《人民法院报》（理论版）2014年7月6日。

[95] 胡道才：《推行法官员额制改革的两个基础问题》，载于《唯实》2014年第11期。

[96] 胡锦涛：《高举中国特色社会主义伟大旗帜 为夺取全面建设小康社会新胜利而奋斗》，2007年10月。

[97] 胡铁球：《明清歇家研究》，上海古籍出版社2015年版。

[98] 胡韦自力、俞丽虹：《立案登记制实施后的短期影响与远期分析——以全市基层法院立案数据分析为背景》，载于《闵行法院调研》2015年第28期。

[99] 胡云腾：《论裁判文书说理与裁判活动说理》，载于《人民法院报》2011年8月10日。

[100] 湖南省高级法院课题组：《完善上级法院之间的审判监督关系》，载于《法治资讯》2009年第5期。

[101] 怀效锋主编：《清末法制史变革史料》（上卷），中国政法出版社2009年版。

[102] 黄风：《关于追缴犯罪所得的国际司法合作问题研究》，载于《政治与法律》2002年第5期。

[103] 黄共兴、李宏伟：《构建符合职业化发展方向的法官考评体系》，载于《人民论坛》2015年第2期。

[104] 黄颂杰等：《西方哲学的多维透视》，上海人民出版社2002年版。

[105] 季卫东：《法律程序的意义》，中国法制出版社2004年版。

[106] 贾春旺：《最高人民检察院工作报告》（2004年），第十届全国人民代表大会第二次会议，2004年3月10日。

[107] 贾春旺：《最高人民检察院工作报告》（2008年），第十一届全国人民代表大会第一次会议，2008年3月10日。

[108] 贾新怡、唐虎梅：《借鉴有益经验构建符合我国国情的司法经费保障机制》，载于《财政研究》2006年第4期。

[109] 江必新：《论创新和完善审判监督纠错机制》，载于《人民司法》2011年第8期。

[110] 江必新：《切实让人民群众在每一个司法案件中都感受到公平正义》，载于《人民法院报》2013年5月29日。

[111] 江必新：《社会主义司法基本价值初探》，载于《法律适用》2009年第12期。

[112] 江必新：《域外案件管理改革的借鉴与启示》，载于《比较法研究》2013年第4期。

［113］江国华、何盼盼：《数据共享与中国司法现代化》，载于《中国高校社会科学》2017 年第 1 期。

［114］江泽民：《全面建设小康社会，开创中国特色社会主义事业新局面》，中国共产党第十六次全国代表大会，2002 年 11 月。

［115］姜明川：《关于荷兰、奥地利司法制度的考察报告》，载于《山东审判》2007 年第 2 期。

［116］姜伟：《完善人权司法保障制度》，引自《〈中共中央关于全面深化改革若干重大问题的决定〉辅导读本》，人民出版社 2013 年版。

［117］蒋惠岭：《法院体制改革中理论难点及其出路》，载于《人民司法》2004 年第 5 期。

［118］蒋惠岭：《关于二五改革纲要的几个问题》，载于《法律适用》2006 年第 8 期。

［119］蒋惠岭：《论法院的管理职能》，载于《法律适用》2004 年第 8 期。

［120］蒋惠岭、杨奕：《台湾法官选任的"双轨制"》，载于《法制资讯》2014 年第 8 期。

［121］蒋楠楠：《唐宋法律考试研究》，中南财经政法大学博士论文，2015 年。

［122］金邦贵：《法国司法制度》，法律出版社 2008 年版。

［123］金汉标：《错案的界定》，载于《法学》1997 年第 9 期。

［124］金泽刚：《司法改革背景下的司法责任制》，载于《东方法学》2015 年第 6 期。

［125］李昌林：《从制度上保证审判独立：以刑事裁判权的归属为视角》，法律出版社 2006 年版。

［126］李德文：《法院信息化建设》，载于《法制与社会》2016 年第 1 期。

［127］李方民：《司法理念与方法》，法律出版社 2010 年版。

［128］李浩儒：《司法制度的过去与将来》，载于《平等杂志》1931 年第 3 期。

［129］李后龙、葛文：《怀疑、信赖与民事案件材料公开——以公众知情权为核心的考察》，载于《法律适用》2013 年第 1 期。

［130］李立新：《我国法官选任制度的问题与改革》，载于《湖南大学学报》（社会科学版）2010 年第 4 期。

［131］李少平：《人民法院深化司法体制改革的理论与实践》，载于《中国应用法学》2017 年第 5 期。

［132］李颂银、刘婷婷：《我国司法机关"法规制定权"探讨》，载于《法学评论》2004 年第 1 期。

[133] 李贤华：《域外保障法院运行经费的法律制度》，载于《人民法院报》2015 年 7 月 17 日。

[134] 李燕萍：《澳门的法院和审判制度》，中国民主法制出版社 2011 年版。

[135] 李拥军、傅爱竹：《"规训"的司法与"被缚"的法官——对法官绩效考核制度困境与误区的深层解读》，载于《法律科学》2014 年第 6 期。

[136] 李哲：《中国检察机关组织机构设置研究——以各国检察机关组织机构设置模式为基础》，载于《中国刑事法杂志》2010 年第 9 期。

[137] 梁平、刘春松：《司法改革背景下合议制面临的问题及完善路径探讨》，载于《中共乐山市委党校学报》2016 年第 4 期。

[138] 梁清：《论台湾地区的司法改革》，载于《法律适用》2007 年第 12 期。

[139] 梁三利：《法国混合型法院管理体制探析及其启示》，载于《太原理工大学学报（社会科学版）》2008 年第 12 期。

[140] 梁三利：《法院管理模式研究》，南京理工大学博士论文，2008 年。

[141] 梁三利、郭明：《法院管理模式比较——基于对英国、德国、法国的考察》，载于《长江师范学院学报》2010 年第 1 期。

[142] 梁治平：《法律的文化解释》，生活·读书·新知三联书店 1994 年版。

[143] 廖成忠：《中外法官袍的文化透视》，载于《岭南法学》2004 年第 6 期。

[144] 列宁：《国家与革命》，引自《列宁选集》第三卷，人民出版社 1995 年第 3 版。

[145] 林煌达：《南宋吏制研究》，中正大学博士论文，2001 年。

[146] 林钰雄：《检察官论》，法律出版社 2008 年版。

[147] 刘斌：《从法官"离职"现象看法院员额制改革的制度逻辑》，载于《法学》2015 年第 10 期。

[148] 刘长江：《中国封建司法行政体制运作研究》，中国社会科学出版社 2014 年版。

[149] 刘成安：《法院文化建设与法律方法》，载于《山东审判》2007 年第 2 期。

[150] 刘合华：《世界贸易组织与中国法律、司法的国际接轨》，载于《理论前沿》2003 年第 3 期。

[151] 刘美伶：《检察院如何应对司法人员分类管理制度——以员额制改革为视角》，载于《法制博览》2016 年第 17 期。

[152] 刘青峰、李长军：《现代司法理念与我国司法管理体制的重构》，载于《河北法学》2004 年第 6 期。

[153] 刘万洪：《民事审理的集中化研究——以庭审程序为中心》，载于《现代法学》2011 年第 4 期。

[154] 刘勇、崔四星：《谈涉法涉诉信访问题的实践与改革》，载于《中国审判》2014 年第 1 期。

[155] 刘祖华：《警惕"民意"干预司法》，载于《三湘都市报》2005 年 7 月 28 日。

[156] 龙宗智：《如何看待和应对司法改革中遇到的矛盾和问题》，载于《人民检察》2016 年第 14 期。

[157] 龙宗智、袁坚：《深化改革背景下对司法行政化的遏制》，载于《法学研究》2014 年第 1 期。

[158] 楼章日：《确定司法经费及整顿司法收入》，载于《现代司法》1935 年第 5 期。

[159] 卢荣荣、徐昕：《中国司法建设三十年：1978～2008》，载于《法治论坛》2010 年第 2 期。

[160] 卢上需、熊伟：《社会转型中的法院改革》，法律出版社 2012 年版。

[161] 陆而启：《法官角色论——从社会、组织和诉讼场域的审视》，法律出版社 2009 年版。

[162] 陆开存：《人民法院审判管理机制创新的路径》，载于《审判研究》2012 年第 1 期。

[163] 吕芳：《中国法院文化研究》，人民法院出版社 2008 年版。

[164] 罗昌平、顾文虎：《检察机关案件管理的要素与构成》，载于《法学》2010 年第 5 期。

[165] 罗东川：《案多人少的"瓶颈"能否打破》，载于《人民法院报》2011 年 3 月 9 日。

[166] 罗书臻、刘峥：《从严选任高素质法官，落实司法责任制改革——最高人民法院推进司法责任制等综合改革试点工作综述》，载于《人民法院报》2017 年 7 月 4 日。

[167] 马克思：《第六届莱茵省议会的辩论（第三篇论文）》，引自《马克思恩格斯全集》第一卷，人民出版社 1995 年版。

[168] 马克思：《第六届莱茵省议会的论辩（第一篇论文）》，引自《马克思恩格斯全集》第一卷，人民出版社 1956 年版。

[169] 马克思：《福格特先生》，引自《马克思恩格斯全集》第十四卷，人民出版社 1964 年版。

[170] 马克思：《普鲁士反革命和普鲁士法官》，引自《马克思恩格斯全集》

第六卷，人民出版社 1961 年版。

[171] 马迎贤：《资源依赖理论的发展和贡献评析》，载于《甘肃社会科学》2005 年第 1 期。

[172] 毛泽东：《在中共中央政治局会议上的报告和结论》，引自《毛泽东文集》第五卷，中央文献出版社 2007 年版。

[173] ［美］E. 博登海默著，邓正来译：《法理学：法律哲学与法律方法》，中国政法大学出版社 2004 年版。

[174] ［美］W. 理查德·斯科特著，黄洋等译：《组织理论》，华夏出版社 2002 年版。

[175] ［美］伯尔曼著，梁治平译：《法律与宗教》，中国政法大学出版社 2003 年版。

[176] ［美］德沃金著，李常青译：《法律帝国》，中国大百科全书出版社 1996 年版。

[177] ［美］杰弗里·菲德、杰勒尔德·R. 萨兰基克著，闫蕊译：《组织的外部控制：对组织资源依赖的分析》，东方出版社 2006 年版。

[178] ［美］理查德·A. 波斯纳著，蒋北庚译：《法律的经济分析》，中国大百科全书出版社 1997 年版。

[179] ［美］罗伯特·E. 霍尔、马可·利伯曼著，毛文博译：《经济学：原理与应用》，中信出版社 2003 年版。

[180] ［美］罗伯特·考特、托马斯·尤伦等著，张军等译：《法和经济学》，上海人民出版社 1994 年版。

[181] ［美］马克·法布里著：《从对比的视角看司法部门的一些问题》，引自怀效锋主编：《法院与法官》，法律出版社 2006 年版。

[182] ［美］诺内特等著，张志铭译：《转变中的法律与社会》，中国政法大学出版社 1994 年版。

[183] ［美］斯蒂芬·P. 罗宾斯、玛丽·库尔特著，李原、孙健敏、黄小勇译：《管理学》，中国人民大学出版社 2012 年版。

[184] 孟建柱：《全面深化司法体制改革，努力创造更高水平的社会主义司法文明》，载于《求是》杂志 2017 年第 20 期。

[185] 孟建柱：《深化司法体制改革》，载于《人民日报》2013 年 11 月 25 日。

[186] 莫纪宏：《论我国司法管理体制改革的正当性前提及方向》，载于《法律科学》2015 年第 1 期。

[187] 莫纪宏：《明确司法职责　规范司法行为》，载于《人民日报》2016 年 5 月 23 日。

[188] 南东方、孙亚楠、陈国璋、王建华：《检察人员分类管理改革及其工作运行机制研究》，载于《人民检察》2008 年第 18 期。

[189] 倪寿明：《信息化担纲司法现代化》，载于《人民司法》2014 年第 11 期。

[190] 牛淑贤：《英国近现代司法改革研究》，山东人民出版社 2013 年版。

[191] 彭波：《多点突破，纵深推进，司法体制改革全面发力》，载于《人民日报》2017 年 1 月 12 日。

[192] 彭胜坤、吕昊：《检察管理专题研究》，知识产权出版社 2013 年版。

[193] 彭泽益主编：《中国工商行会史料集》（下），中华书局 1995 年版。

[194] 钱实甫：《北洋政府时期的政治制度》（上册），中华书局 1984 版。

[195] 钱颖萍：《对我国法院行政事务管理体制改革的思考》，载于《重庆工商大学学报》（社会科学版）2007 年第 6 期。

[196] 秦前红：《司法去地方化的难点》，载于《检察风云》2013 年第 24 期。

[197] 秦宗文：《案例指导制度的特色、难题与前景》，载于《法制与社会发展》2012 年第 1 期。

[198] 曲广娣：《德国司法行政制度的构造和职能探析——兼谈对我国司法行政制度的改革》，载于《天津法学》2015 年第 1 期。

[199] 曲广娣：《英国司法行政制度述要》，载于《中国司法》2014 年第 7 期。

[200] 曲建英：《学习和坚持马克思主义的价值观》，载于《求实》2005 年第 1 期。

[201] 全国人民代表大会常务委员会办公厅编：《中华人民共和国第八届全国人民代表大会第五次会议文件汇编》，人民出版社 1997 年版。

[202] 全国人民代表大会常务委员会办公厅编：《中华人民共和国第九届全国人民代表大会第三次会议文件汇编》，人民出版社 2000 年版。

[203] 全国人民代表大会常务委员会办公厅编：《中华人民共和国第十届全国人民代表大会第一次会议文件汇编》，人民出版社 2003 年版。

[204] 全国人民代表大会常务委员会办公厅编：《中华人民共和国第十届全国人民代表大会第二次会议文件汇编》，人民出版社 2004 年版。

[205] 全汉升：《中国行会制度史》，食货出版社 1935 年版。

[206] 任建新：《充分发挥国家审判机关的职能作用，更好地为"一个中心，两个基本点"服务》，在第十四次全国法院工作会议上的报告，1988 年。

[207] 任建新：《最高人民法院工作报告（1997 年）》，第八届全国人民代表大会第五次会议，1997 年 3 月 11 日。

[208] 任鸣：《法院管理研究和实践必定大有作为——最高法院召开"法院管理制度改革比较研讨会"》，载于《法律适用》2004年第3期。

[209] 芮铭珍、亚明：《司法辅助人员如何配置》，载于《人民法院报》2018年2月10日。

[210] 尚洪立：《司法改革前沿问题研究》，人民法院出版社2011年版。

[211] 邵建东：《德国司法制度》，厦门大学出版社2010年版。

[212] 沈家本：《比部考》，引自《沈家本全集》第四卷，中国政法大学出版社2010年版。

[213] 施鹏鹏：《司法管理与审判权的公正运行》，载于《法律适用》2016年第6期。

[214] 施鹏鹏：《司法行政事务管理与司法权的独立运行——法国模式及其批判性思考》，载于《江苏社会科学》2016年第5期。

[215] 十五大报告辅导读本编写组：《党的十五大报告辅导读本》，人民出版社1997年版。

[216] 十六大报告辅导读本编写组：《党的十六大报告辅导读本》，人民出版社2002年版。

[217] 十七大报告辅导读本编写组：《党的十七大报告辅导读本》，人民出版社2007年版。

[218] 十八大报告辅导读本编写组：《党的十八大报告辅导读本》，人民出版社2012年版。

[219] 十九大报告辅导读本编写组：《党的十九大报告辅导读本》，人民出版社2017年版。

[220] 石京学：《案件管理机制的理论基础》，载于《检察实践》2005年第4期。

[221] 仕浩、刘树德、杨建文：《论〈法庭规则〉的新亮点》，载于《法律适用》2016年第7期。

[222]《睡虎地秦墓竹简》整理小组：《睡虎地秦墓竹简·尉杂》，文物出版社1978年版。

[223] 司法部司法协助与外事司：《三十年以来的司法协助工作》，载于《中国司法》2014年第6期。

[224] 司法部研究室：《世界主要国家司法体制研究报告》，载于《中国司法》2004年第1期。

[225] 宋冰：《程序、正义与现代化》，中国政法大学1998年版。

[226] 宋杰：《汉代监狱制度研究》，中华书局2013年版。

[227] 宋永盼：《法官员额制及其配置机制问题研究》，载于《中国法院网》2016 年 3 月 23 日。

[228] 苏力：《论法院的审判职能与行政管理》，载于《中外法学》1999 年第 5 期。

[229] 孙海龙、高翔：《审判管理改革的理论思索与实践方法》，载于《人民法院报》2009 年 11 月 24 日。

[230] 孙海龙：《深化审判管理》，人民法院出版社 2013 年版。

[231] 孙谦：《论检察管理的主体与客体》，载于《中国刑事法杂志》1994 年第 3 期。

[232] 孙谦、郑成良主编：《司法改革报告——中国的检察院、法院改革》，法律出版社 2005 年版。

[233] 孙业群：《法院司法行政事务管理权研究》，载于《中国司法》2004 年第 7 期。

[234] 孙业群：《论司法行政权》，载于《中国司法》2005 年第 10 期。

[235] 孙振庆、赵贵龙、刘峥：《关于行政民事交叉案件的调研报告》，载于《法律适用》2008 年第 6 期。

[236] 孙宗虎：《组织结构设计实务与范例》，人民邮电出版社 2014 年版。

[237] 谭世贵、梁三利：《法院管理模式研究》，法律出版社 2010 年版。

[238] 谭世贵、梁三利：《构建自治型司法管理体制的思考——我国地方化司法管理的问题与出路》，载于《河北法学》2009 年第 2 期。

[239] 谭世贵、孙玲：《法官责任豁免制度研究》，载于《政法论丛》2009 年第 5 期。

[240] 汤能松、张蕴华、王清云、阎亚林：《探索的轨迹——中国法学教育发展史略》，法律出版社 1995 年版。

[241] 唐华彭：《司法行政权的合理配置与地方"两院"省级统管——以南京国民政府时期为例》，载于《法学》2015 年第 5 期。

[242] 田成有：《关于法院文化建设的基本思考》，载于《人民法院报》2007 年 5 月 1 日。

[243] 田欢忠、秦天宁：《论合理构造动态的检察案件管理》，载于《法学》2010 年第 5 期。

[244] 佟季、袁春湘：《美国和加拿大司法绩效评估的实践及启示》，载于《人民法院报》2011 年 1 月 5 日。

[245] 佟金玲：《中国语境下司法仪式研究》，中国社会科学出版社 2013 年版。

[246] 汪翰章：《法律大辞典》，大东书局 1934 年版。

[247] 汪习根：《司法权论——当代中国司法权运行的目标模式、方法与技巧》，武汉大学出版社 2006 年版。

[248] 汪习根：《司法权论》，武汉大学出版社 2006 年版。

[249] 王晨光：《法律运行中的不确定性与错案追究制的误区》，载于《法学》1997 年第 3 期。

[250] 王富强：《司法行政管理体制改革的若干思考》，载于《北京政法职业学院学报》1999 年第 3 期。

[251] 王公义：《中外司法体制比较研究》，法律出版社 2013 年版。

[252] 王桂五：《人民检察制度概论》，法律出版社 1982 年版。

[253] 王桂五：《中华人民共和国检察制度研究》，中国检察出版社 2008 年版。

[254] 王健运：《浅析司法改革背景下法官考评制度之重构》，载于《中国法院网》2015 年 4 月 1 日。

[255] 王静、李学尧、夏志阳：《如何编制法官员额——基于民事案件工作量的分类与测量》，载于《法制与社会发展》2015 年第 2 期。

[256] 王乐龙：《刑事错案：症结与对策》，中国人民公安大学出版社 2011 年版。

[257] 王利明：《负面清单：一种新的治国理政模式》，载于《北京日报》2014 年 9 月 22 日。

[258] 王利明：《司法改革研究》，法律出版社 2000 年版。

[259] 王利荣、娄永涛：《规制量刑权的路径探析》，载于《中国刑事法杂志》2013 年第 5 期。

[260] 王禄生：《论现代型法官考评机制的建立——以四川省若干法院为实证依据》，载于《理论与改革》2012 年第 3 期。

[261] 王禄生：《司法大数据与人工智能开发的技术障碍》，载于《中国法律评论》2018 年第 2 期。

[262] 王禄生：《相马与赛马：中国初任法官选任机制实证研究》，载于《法制与社会发展》2015 年第 2 期。

[263] 王琦：《国外法官遴选制度的考察与借鉴——以美、英、德、法、日五国法官遴选制度为中心》，载于《法学论坛》2010 年第 5 期。

[264] 王琦：《我国法官遴选制度的检讨与创新》，载于《当代法学》2011 年第 4 期。

[265] 王琼，万伟岭：《浅谈检察管理》，载于《人民论坛》2011 年第 2 期。

[266] 王申：《中国近代律师制度与律师》，上海社会科学出版社 1994 年版。

[267] 王秀红：《法官的品格与素养》，载于《人民司法》2006 年第 5 期。

[268] 王迎龙：《司法责任语境下法官责任制的完善》，载于《政法论坛》2016 年第 5 期。

[269] 韦群林：《司法管理内涵的多维考察》，载于《南通职业大学学报》2007 年第 21 期。

[270] 韦群林：《司法人力资源体制性浪费的成因与对策》，载于《中国人力资源开发》2007 年第 5 期。

[271] 魏治勋：《法律解释：在对象与目标的张力中探寻规范含义》，载于《南开大学学报（社会科学版）》2017 年第 1 期。

[272] 吴玲：《俄罗斯司法体制概述》，载于《中国司法》2004 年第 4 期。

[273] [希] 亚里士多德著，吴寿彭译：《政治学》，商务印书馆 1965 年版。

[274] 习近平：《坚持严格执法公正司法深化改革　促进社会公平正义保障人民安居乐业》，载于《人民日报》2014 年 1 月 9 日，第 1 版。

[275] 习近平：《坚持中国特色社会主义法治道路与当代青年使命》，2017 年 5 月 8 日。

[276] 习近平：《决胜全面建成小康社会　夺取新时代中国特色社会主义伟大胜利》，2017 年 10 月 18 日。

[277] 习近平：《决胜全面建成小康社会　夺取新时代中国特色社会主义伟大胜利》，引自《党的十九大报告辅导读本》，人民出版社 2017 年版。

[278] 习近平：《习近平同志在哲学社会科学工作座谈会上的重要讲话精神》，2016 年 5 月 20 日。

[279] 习近平：《以提高司法公信力为根本尺度　坚定不移深化司法体制改革》，载于《人民日报》2015 年 3 月 26 日，第 1 版。

[280] 习近平：《在新一届中央政治局就全面推进依法治国进行的第四次集体学习时的讲话》，2013 年 2 月 23 日。

[281] 习近平：《在中央政法工作会议上的讲话》，2014 年 1 月 7 日。

[282] 习近平：《增强改革定力保持改革韧劲　扎扎实实把改革举措落到实处》，载于《人民日报》2015 年 8 月 19 日，第 1 版。

[283] 习近平：《中共中央关于全面推进依法治国若干重大问题的决定》，人民出版社 2014 年版。

[284] 香港政府编：《律政司 1996》，香港政府印务局 1996 年版。

[285] 向泽选：《检察管理与检察权的公正行使》，载于《政法论坛》2015 年第 33 期。

[286] 萧文哲：《现代德国司法制度》，载于《中德法学论坛》2007年第5期。

[287] 肖扬主编：《当代司法体制》，中国政法大学出版社1998年版。

[288] 肖扬：《最高人民法院工作报告》（2000年），第九届全国人民代表大会第三次会议，2000年3月10日。

[289] 肖扬：《最高人民法院工作报告》（2003年），第十届全国人民代表大会第一次会议，2003年3月11日。

[290] 肖扬：《最高人民法院工作报告》（2004年），第十届全国人民代表大会第二次会议，2004年3月10日。

[291] 肖扬：《最高人民法院工作报告》（2008年），第十一届全国人民代表大会第一次会议，2008年3月10日。

[292] 谢鹏程：《司法行政事务省级统管路径研究》，载于《人民检察》2014年第8期。

[293] 徐翀：《法官责任制度的合理构建》，载于《四川理工学院学报》（社会科学版）2006年第6期。

[294] 徐汉明等著：《当代中国检察文化研究》，知识产权出版社2013年版。

[295] 徐汉明：《发展完善中国特色社会主义检察制度》，载于《人民检察》2014年第22期。

[296] 徐汉明、何大春著：《中国现代司法（检察）保障体制改革研究》，中国检察出版社2009年版。

[297] 徐汉明：《检察文化建设的主体性、规制性和创新性》，载于《光明日报》2013年6月30日。

[298] 徐汉明：《检察文化建设：理念更新与实践创新》，载于《法学评论》2011年第3期。

[299] 徐汉明、金鑫等：《主办检察官负责制的框架设计与核心要素——关于湖北省检察机关试行检察长领导下主办检察官负责制的考察》，载于《人民检察》2013年第19期。

[300] 徐汉明、金鑫、姚莉：《检察官职务序列研究》，中国检察出版社2017年版。

[301] 徐汉明、李满旺、刘大举等著：《中国检务保障理论与应用研究》，知识产权出版社2013年版。

[302] 徐汉明：《论司法权和司法行政事务管理权的分离》，载于《中国法学》2015年第4期。

[303] 徐汉明：《深化司法体制改革的理念、制度与方法》，载于《法学评

论》2014 年第 4 期。

[304] 徐汉明、王玉梅：《司法管理体制改革研究述评》，载于《现代法学》2016 年第 5 期。

[305] 徐汉明、王玉梅：《我国司法职权配置的现实困境与优化路径》，载于《法制与社会发展》2016 年第 3 期。

[306] 徐汉明：《文化创新是检察事业科学发展的动力》，载于《检察日报》2010 年 12 月 7 日。

[307] 徐汉明：《习近平社会治理法治思想研究》，载于《法学杂志》2017 年第 10 期。

[308] 徐汉明：《在"四个全面"战略布局中加快推进法律监督体系和法律监督能力现代化》，载于《人民检察》2016 年第 Z1 期。

[309] 徐汉明主编：《问题与进路：全面深化司法体制改革》，法律出版社 2015 年版。

[310] 徐汉明：《转型社会的法律监督理念、制度与方法（三）》，知识产权出版社 2013 年版。

[311] 徐顺欣、陈健鸿：《中国司法文化递嬗之建筑学观照——以古代衙署和现代法院的立面图像为分析基点》，引自贺荣主编：《公正司法与行政法问题研究（上）》，人民法院出版社 2014 年版。

[312] 徐显明等：《外国司法体制若干问题概述》，法律出版社 2005 年版。

[313] 徐显明：《司法改革二十题》，载于《法学》1999 年第 9 期。

[314] 许昌：《论澳门特别行政区法院设置及其特点》，载于《中外法学》1994 年第 1 期。

[315] 薛梅卿主编：《中国监狱史》，群众出版社 1986 年版。

[316] 杨继绳：《中国当代社会阶层分析》，甘肃人民出版社 2006 年版。

[317] 杨凯：《审判管理理论体系的法理构架与体制机制创新》，载于《中国法学》2014 年第 3 期。

[318] 杨一凡、曲英杰、宋国范点校：《中国珍稀法律典籍集成》乙编第一册《洪武法律典籍》，科学出版社 1994 年版。

[319] 杨永、方克勤：《陕甘宁边区法制史稿》（诉讼狱讼篇），法律出版社 1987 年版。

[320] 姚莉：《反思与重构——中国法制现代化进程中的审判组织改革研究》，中国政法大学出版社 2005 年版。

[321] 叶修：《司法改革视野下审判辅助事务管理模式初探》，载于《东方法学》2015 年第 3 期。

[322] 殷明胜：《德法两国的司法行政体制》，载于《中国司法》2005 年第 2 期。

[323] 尹忠显：《司法能力研究》，人民法院出版社 2006 年版。

[324] 应松年、薛刚凌：《论行政权》，载于《政法论坛》2001 年第 4 期。

[325] [英] P. S. 阿蒂亚、R. S. 萨默斯著，金敏、陈林林、王笑红译：《英美法中的形式与实质——法律推理、法律理论和法律制度的比较研究》，中国政法大学出版社 2005 年版。

[326] [英] 彼得·蒙代尔等著，胡代光等译：《经济学解说》，经济科学出版社 2000 年版。

[327] [英] 弗里德里希·冯·哈耶克著，邓正来译：《自由秩序原理》，生活·读书·新知三联书店 1997 年版。

[328] [英] 萨迪奇著，王晓刚、张秀芳译：《权力与建筑》，重庆出版社 2007 年版。

[329] 尤少华：《香港司法体制沿革》，知识产权出版社 2012 年版。

[330] 于飞：《论诚实信用原则与公序良俗原则的区别适用》，载于《法商研究》2005 年第 2 期。

[331] 于连涛、许国忠：《中国监狱文明的进程研究》，中国社会科学出版社 2007 年版。

[332] 袁世凯：《袁世凯奏议》第四十四卷，天津古籍出版社 1987 年版。

[333] 张从容：《部院之争：晚清司法改革的交叉路口》，北京大学出版社 2007 年版。

[334] 张福森：《各国司法体制简介》，法律出版社 2006 年版。

[335] 张国香、辛九慧：《司法改革视域中的文化建设》，载于《人民法院报》2014 年 9 月 5 日。

[336] 张洪松：《论美国州初审法院经费保障体制及其借鉴意义》，载于《四川大学学报》（哲学社会科学版）2010 年第 4 期。

[337] 张洪松：《司法经费省级统管改革的政治分析》，载于《理论视野》2015 年第 4 期。

[338] 张建伟：《超越地方主义和去行政化——司法体制改革的两大目标和实现途径》，载于《法学杂志》2014 年第 3 期。

[339] 张俊伟：《极简管理：中国式管理操作系统》，机械工业出版社 2013 年版。

[340] 张淑秋：《减官削权加责浴火重生产吉林省检察机关改革首创内设机构"大部制"》，载于《法制日报》2016 年 7 月 14 日。

[341] 张思卿：《最高人民检察院工作报告》（1998 年），第九届全国人民代表大会第一次会议，1998 年 3 月 10 日。

[342] 张卫平等：《司法改革的分析与展开》，法律出版社 2003 年版。

[343] 张卫平、郭翔等著：《外国司法体制若干问题概述》，法律出版社 2005 年版。

[344] 张玮：《法官独立审判与程序性司法——关于审判管理体制改革的两个主要问题》，载于《山东法学》1999 年第 5 期。

[345] 张文显：《联动司法：诉讼社会境况下的司法模式》，载于《法律适用》2011 年第 1 期。

[346] 张文显：《人民法院司法改革的基本理论与实践进程》，载于《法制与社会发展》2009 年第 3 期。

[347] 张文显：《张文显法学文选卷七：司法理念与司法改革》，法律出版社 2011 年版。

[348] 张希坡主编：《革命根据地法制史》，法律出版社 1994 年版。

[349] 张兆凯：《中国古代司法制度史》，岳麓书社 2005 年版。

[350] 张正印：《宋代狱讼胥吏研究》，中国政法大学出版社 2012 年版。

[351] 章武生、吴泽勇：《司法独立与法院组织机构的调整》（上），载于《中国法学》2000 年第 2 期。

[352] 章武生、吴泽勇：《司法独立与法院组织机构的调整》（下），载于《中国法学》2000 年第 3 期。

[353] 赵典明：《浅析法院人员分类管理》，载于《法制与社会》2012 年第 20 期。

[354] 赵俊梅：《人民法院报评出 2016 年度人民法院十大关键词》，载于《人民法院报》2017 年 1 月 5 日。

[355] 赵喜臣：《宪法学词典》，山东大学出版社 1989 年版。

[356] 赵元松：《司法管理省级统管背景下法院管理模式选择与运作路径研讨》，载于《法制与经济》2015 年第 9 期。

[357] 郑戈：《如果人工智能全面使用，70% 律师会失业》，载于《澎湃新闻》2017 年 9 月 17 日。

[358] 郑金雄：《易读性传播：法律传播中的语言解码与理解》，载于《政法论坛》2011 年第 6 期。

[359] 郑昆白主编：《司法行政工作人员职业道德》，中国政法大学出版社 2010 年版。

[360] 郑秦：《清代司法审判制度研究》，湖南教育出版社 1988 年版。

[361] 中共中央办公厅、国务院办公厅：《保护司法人员依法履行法定职责规定》，2016 年 7 月。

[362] 《中共中央关于全面深化改革若干重大问题的决定》，中国共产党第十八届中央委员会第三次全体会议，2013 年 11 月 12 日。

[363] 《〈中共中央关于全面推进依法治国若干重大问题的决定〉辅导读本》，人民出版社 2014 年版。

[364] 中共中央文献研究室编：《改革开放三十年重要文献选编》（上），中央文献出版社 2008 年版。

[365] 中共中央文献研究室编：《改革开放三十年重要文献选编》（下），中央文献出版社 2008 年版。

[366] 中共中央文献研究室编：《十八大以来重要文献选编》（上），中央文献出版社 2014 年版。

[367] 中共中央文献研究室编：《习近平关于全面依法治国论述摘编》，中央文献出版社 2015 年版。

[368] 中共中央宣传部编：《习近平总书记系列重要讲话读本》，人民出版社 2014 年版。

[369] 中共中央宣传部：《习近平总书记系列重要讲话读本》，学习出版社 2016 年版。

[370] 中国社会科学院：《现代汉语词典》，商务印书馆 2002 年版。

[371] 中国政法大学法律古籍整理研究所编：《中国古代法律文献研究》（第七辑），中国科学文献出版社 2013 年版。

[372] 中国政法大学司法理念与司法制度研究中心编：《首届"司法管理学"获奖论文汇编》，中国政法大学 2014 年版。

[373] 中华人民共和国国务院新闻办公室：《中国的司法改革》白皮书，2012 年 10 月。

[374] 中央司法体制改革领导小组：《中央司法体制改革领导小组关于司法体制和工作机制改革的初步意见》，2004 年 12 月。

[375] 中央政法委员会：《关于深化司法体制和工作机制改革若干问题的意见》，2008 年 11 月。

[376] 周大强：《变革组织，管理下沉》，载于《创新时代》2011 年第 11 期。

[377] 周道鸾：《法官法——现行法官制度的重大改革》，载于《中国法学》1996 年第 2 期。

[378] 周强：《坚持问题导向，强化管理监督》，载于《人民日报》2014 年 10 月 30 日。

［379］周强:《最高人民法院工作报告》,第十三届全国人民代表大会第一次会议,2018年3月9日。

［380］周强:《最高人民法院关于人民法院全面深化司法改革情况的报告》,第十二届全面人民代表大会常务委员会第三十次会议,2017年11月1日。

［381］周永坤:《错案追究制与法制国家建设——一个法社会学的思考》,载于《法学》1997年第9期。

［382］朱力宇:《依法治国论》,中国人民大学出版社2004年版。

［383］朱顺:《论司法惩戒与司法职业保障》,载于《广西政法管理干部学院学报》2014年第29期。

［384］朱孝清等:《检察学》,中国检察出版社2011年版。

［385］滋贺秀三、王亚新、梁治平等主编:《明清时期的民事审判与民事契约》,法律出版社1998年版。

［386］宗会霞:《法院行政事务管理权的路径探幽》,载于《社会科学辑刊》2011年第9期。

［387］邹瑜、顾明主编:《法学大辞典》,中国政法大学出版社1991年版。

［388］最高人民法院办公厅编:《最高人民法院历任院长文选》,人民法院出版社2010年版。

［389］最高人民法院:《关于深入做好司法改革政策解读工作的通知》。

［390］最高人民法院:《人民法院第二个五年改革纲要(2004～2008)》,2005年10月。

［391］最高人民法院:《人民法院工作人员处分条例》,2009年12月31日。

［392］最高人民法院:《人民法院五年改革纲要》(1999～2003),1999年10月20日。

［393］最高人民法院政治部:《域外法院组织和法官管理法律译编》,人民法院出版社2017年版。

［394］最高人民法院:《中华人民共和国法官职业道德基本准则》,2010年5月20日。

［395］最高人民检察院:《检察改革三年实施意见》,2000年1月。

［396］最高人民检察院:《检察人员纪律处分条例》(2016修订),2016年10月20日。

［397］最高人民检察院:《中华人民共和国检察官职业道德基本准则》,2016年12月5日。

［398］最高人民检察院:《最高人民检察院关于进一步深化检察改革的三年实施意见》,2005年9月。

［399］《最高人民检察院工作报告》（第九届全国人民代表大会第三次会议 韩杼滨 2000 年 3 月 10 日）中华人民共和国最高人民检察院官网，https：//www.spp.gov.cn/spp/gzbg/201210/t202121018_16364.shtml。

［400］《最高人民检察院工作报告》（第十届全国人民代表大会第一次会议 韩杼滨 2003 年 3 月 11 日）中华人民共和国最高人民检察院官网，http：//www.spp.gov.cn/spp/gzbg/200602/t20060222_16373.shtml。

［401］Ben F. Overton. Grounds for Judicial Discipline in the Context of Judicial Disciplinary Commissions［J］. Chicago‐Kent Law Review，1977，59.

［402］Diana. Woodhouse，United Kingdom the Constitutional Reform Act 2005—Defending Judicial Independence the English Way［J］. International Journal of Constitutional Law，2007，5（1）.

［403］Fish P. Graham. The Politics of Federal Judicial Administration［M］. Princeton University Press，2015.

［404］Kenneth Culp Davis，Discretionary Justice：A Preliminary Inquiry［M］. Baton Rouge：Louisiana State University Press，1969.

［405］Kissel，Mayer. Gerichtsver Fassungsgesetz Kommentar［M］. 4. Auflage，Verlag C. H. München 2005.

［406］Richard T. Boylan and Cheryl X. Long. Salaries，Plea Rates，and the Career Objectives of Federal Prosecutors［J］. The Journal of Law and Economics，2005，48（2）.

后　记

本课题自 2014 年底开题以来，正值以"员额制、司法人员分类管理、司法责任制、省以下人财物统一管理"为主要内容的司法管理四项改革自上而下在上海、广东、吉林、湖北、海南、贵州、青海七个省（直辖市）试点推开，随后分两批在全国整体推进的关键阶段，至 2018 年底，历时 4 年整终于完成教育部交付的哲学社会科学研究重大课题攻关项目"司法管理体制改革研究"。

本课题由徐汉明教授主持，负责写作大纲的策划、执行与统编定稿工作；并负责撰写第一章第三节、第五节，第二章第一节、第二节，第三章第四节，第四章第一节、第二节、第三节，第五章第一节、第二节、第三节，第六章第一节、第二节、第三节，第七章第一节、第三节，第八章第一节、第三节。

汪习根教授负责撰写第一章第一节、第二节、第四节，第二章第三节，第四章第四节，第七章第二节，第八章第二节。

武乾副教授负责撰写第三章第一节、第二节、第三节。

周凌副教授、刘代华讲师、侯伟博士负责撰写第四章第一节、第二节。

参与撰写人员为：杜人杰博士参与撰写第一章第一节、第二节、第四节；舒晓辉博士参与撰写第二章第三节；徐晶研究员、王玉梅博士参与撰写第三章第四节、第四章第三节；张乐博士参与撰写第四章第三节；刘露博士参与撰写四章第四节；崔四星博士参与撰写第八章第二节；孙逸啸博士参与撰写第五章第一节、第二节、第三节；邵登辉博士参与撰写第七章第一节；余敏博士参与撰写第七章第二节。

从司法管理体制改革进路及成效看，其顶层制度设计之精细，实施路径之精准、整体推进力度之深入、实施效果之显著，为改革开放以来未曾所见。本课题组全体成员坚持"问题导向，紧贴地气，关注前沿，理论转化"的思路，聚焦司法管理体制改革"制度设计、典型试验、基层样本、点面结合"的改革实践，对这场宏大的改革成效做了初步估计及判断，概括起来是：以"员额制"改革为重心，促使法官检察官回归办案本位的目标任务基本实现；以"司法责任制"为抓手，符合审判权检察权运行规律的办案责任制体系基本建立；以监督制约为关键,全方位的司法监督体系运行良好;以"人财物省级统管"改革发力,司法保障体系建设有序发展;以法官检察官和司法辅助人员的职务工资、绩效奖励、综合考评为切入点,激励约束相容的职业保障制度改革运行基本到位;以财物省级统管目标为取向,"类型化"的财物省级保障体系初步建立;以跨行政区划法院检察院改革试点为抓手,司法组织体系建设发展完善;以人大授权与修法为保障,司法管理体制改革成果制度化、定型化、法律化建设取得明显成效。有关司法管理体制改革之理论问题,国内既有研究学者不多,所形成的理论成果偏少。课题组成员以"马克思主义经典作家"关于"国家与法""人民司法"的基本原理,毛泽东思想、邓小平理论、"三个代表"重要思想、科学发展观、习近平新时代中国特色社会主义思想中的司法改革理论为指导,以当代中国经济社会发展为背景,以保证公正司法,提高司法公信力,加快建设公正高效权威的社会主义司法制度为主题,以保障和促进国家治理体系和治理能力现代化为根本目标,以丰富而生动的司法管理体制改革恢弘实践为研究对象,以涉及"司法管理体制改革基础理论""司法人员管理""司法组织管理""司法责任制""司法案件管理""司法财物管理""司法伦理管理""域外司法管理制度比较"为研究重点,以破解司法管理体制性障碍、机制性困扰、保障性束缚为抓手,以揭示司法管理权运行规律,构建科学完备的司法管理体系为切入点,以司法管理体制与公共管理体制及经济体制、政治体制、文化体制、社会体制、生态体制相互关系研究为厚重支撑,以我国数千年传统司法管理文化创新性挖掘为优质资源,以域外不同类型国家司法管理文化创新性转化为借鉴材料,以辩证唯物主义和历史唯物主义的立场、观点和方法及其他分析方法为梳理各种材料的基本工具,试图构建现代司法管理制度的理论体系。这包括:现代司法管理体制的法理基础,现代司法管理权的性质及其构成;从司法管理制度历史演进与域外司法管理制度比较过程中寻找理论启示,为检视本轮司法管理体制改革在创新性挖掘与创新性转化过程中存在的"短板"现象,试图剖析其产生的根源而加深对司法管理制度创新规律的挖掘与发现。保障服务新时代全面建成富强、民主、文明、和谐、美丽的社会主义现代化强国目标,发展完善中国特色社会主义制度、推进国家治理体系和治理能力现代化,给推进司法体系和司法能力现代化提出了新的任务与要求。与之相适应,需要深化司法体制综合配套改革,司法管理体系和管理能力现代化的加速推进被提上了重要议程。为此,课题组在学习领会习近平新时代中国特色社会主义思想的基础上,对习近平关于司法改革的重要论述做了初步的梳理,提出须以这一理论体系为导引,发展完善现代司法管理体系,即相对独立、协调统一的司法管理体系;结构科学、功能完善的司法组织体系;系统完备、科学合理的司法职能体系;权责统一、规范有序的司法权运行体系;综合配套、机制健全的司法保障体系；激励约束、严密规范的司法监督体系，以为新一轮司法体制综合配套改革提供些许思考。事实上，现代司法管理体制改革作为一个新的理论命题，是需要有现代司法管理学的学术体系、学科体系、话语体系的型构才能回答的。为此，课题组试将司法管理体制改革基础理论研究为主题，相应地划分"司法人员管理体制改革研究""司法组织体系完善研究""司法责任制研究""司法案件管理体制研究""司法财物管理体制改革研究""司法伦理研究""域外司法管理比较研究"等分论题，以型构司法管理体制改革的理论体系，为推进司法管理体系与管理能力现代化，推动司法体系和司法能力现代化，促进国家治理体系和治理能力现代化的加速推进提供些许理论见解。

感谢分课题组执行人长江学者、联合国发展权咨询专家、华中科技大学法学院院长汪习根教授，及其领衔的团队成员杜人杰、舒晓辉、夏军、刘露、刘玉、常琼、余敏、崔四星；最高人民检察院检察理论研究所所长谢鹏程研究员，及其领衔的团队成员邓思清研究员，葛琳研究员、李先伟副研究员；教育部社会治理创新团队首席专家、中南财经政法大学蔡虹教授，法制史知名专家武乾教授，周凌副教授，刘代华讲师；全国检察业务专家、法学博士、湖北省人民检察院副检察长金鑫，湖北省人民检察院副检察长冯新华，中国法学会法治研究基地研究员、湖北省人民检察院周泽春、苏永胜、许强、刘尧成、肖伟；中国法学会法治研究基地首席研究员、法学博士、武汉海事法院研究室主任侯伟；中国法学会法治研究基地首席研究员、法学博士、湖北省襄阳高新技术产业开发区人民检察院副检察长简乐伟；中国法学会法治研究基地研究员、湖北省黄冈市检察院政治部主任邹才发；教育部社会治理法治建设创新团队首席研究员、法学博士、海南师范大学学科带头人、法学院副院长林必恒副教授；中南财经政法大学法治发展与司法改革研究中心副主任、法学博士、湖北省武汉市人民检察院法律政策研究室主任刘国媛；教育部社会治理法治建设创新团队首席研究员、东湖学院张荣副教授；教育部社会治理法治建设创新团队首席研究员、副教授徐晶；湖北省社科院科研人员、博士杨中艳，湖北大学农村社区研究中心研究员、湖北省财政厅省级绩效管理专家、湖北省人民检察院原副厅级干部曹永新；教育部社会治理法治建设创新团队研究员、法学博士、武汉学院副教授王玉梅；教育部社会治理法治建设创新团队研究员、法学博士、郑州航空工业管理学院副教授杨新元；教育部社会治理法治建设创新团队研究员、中南财经政法大学社会治理法学博士生、中南民族大学讲师李少波；教育部社会治理法治建设创新团队研究员、法学博士、武汉体育学院讲师张乐；中南财经政法大学社会治理法学博士生姜锵；教育部社会治理法治建设创新团队研究员、法学博士、中南大学讲师张新平；教育部社会治理法治建设创新团队研究员、法学博士申政；教育部社会治理法治建设创新团队、中国法学会法治研究基地、中南财经政法大学法治发展与司法改革研究中心科研部部长胡婷，综合管理部副部长谢陈；中南财经政法大学诉讼法博士生史可，社会治理法学博士生徐凯、邵登辉、孙逸啸。对他们在本课题攻关所做出的努力和奉献致以诚挚的谢意。

本课题得到了教育部原社会科学司司长张东刚、高等教育司副司长徐青森；中南财经政法大学资深教授吴汉东，第二批国家"万人计划"领军人才、中南财经政法大学校长杨灿明教授，第三批国家"万人计划"哲学社会科学领军人才、副校长姚莉教授，原中南财经政法大学党委副书记齐文远教授的悉心指导，特表示谢忱。

本课题得到了最高人民法院、最高人民检察院的支持，最高人民检察院原副检察长、中国法学会副会长朱孝清，最高人民法院原副院长、中国法学会副会长江必新，最高人民检察院原政治部主任王少峰，最高人民法院原政治部主任王光辉，最高人民检察院原政治部副主任张巍，上海市人民检察院检察长张本才，广东省人民检察院原检察长郑红、常务副检察长陈武，海南省人民检察院原检察长贾志宏，贵州省人民检察院原检察长何冀的鼎力支持。上海、广东、安徽、吉林、湖北、海南、贵州等地的相关部门给予了大力协助，为课题调研选点观察、模本分析、数据资料提供了帮助。最高人民检察院政治部宣传部部长陈有贤，最高人民检察院原公诉厅副厅长张相军博士，最高人民检察院计划财务装备局局长于洪演，副局长许泽虎、李满旺；最高人民法院司法行政装备管理局副局长唐虎梅；湖北省人民检察院司法行政事务管理局局长刘大举等提供素材并给予支持，在此一并致谢！

本课题承担期间，正值原配妻子高慧芳身患癌症，仍无私地支持我担当主持人，为直接从事研究工作、参与指导各分论题的研究而分担家务，为课题成果完成贡献了特殊的力量。我代表课题组全体人员以这厚重的研究成果向她敬挽止泣！

2017年，是我人生起伏转折的新起点，感谢张荣同志让我走出了人生的低谷，对她开朗的性格，厚重的理科专业知识，与人为善的品质，使我增添了克服若干困难的勇气，并在我耳顺之年带来意外的礼物——新生命的降生，使我再次领悟了人生生命的价值，为此乐意以毕生的精力率领团队奉上这些成果，以供专家学者评点赐教！

由于本人学识单薄、学力火候不够，本课题序列研究存在诸多缺陷和疏漏，敬请各位专家学者斧正。

徐汉明
2018年12月30日于武汉市东湖高新技术开发区
南湖大道绣球山庄

教育部哲学社会科学研究重大课题攻关项目成果出版列表

序号	书　名	首席专家
1	《马克思主义基础理论若干重大问题研究》	陈先达
2	《马克思主义理论学科体系建构与建设研究》	张雷声
3	《马克思主义整体性研究》	逄锦聚
4	《改革开放以来马克思主义在中国的发展》	顾钰民
5	《新时期　新探索　新征程——当代资本主义国家共产党的理论与实践研究》	聂运麟
6	《坚持马克思主义在意识形态领域指导地位研究》	陈先达
7	《当代资本主义新变化的批判性解读》	唐正东
8	《当代中国人精神生活研究》	童世骏
9	《弘扬与培育民族精神研究》	杨叔子
10	《当代科学哲学的发展趋势》	郭贵春
11	《服务型政府建设规律研究》	朱光磊
12	《地方政府改革与深化行政管理体制改革研究》	沈荣华
13	《面向知识表示与推理的自然语言逻辑》	鞠实儿
14	《当代宗教冲突与对话研究》	张志刚
15	《马克思主义文艺理论中国化研究》	朱立元
16	《历史题材文学创作重大问题研究》	童庆炳
17	《现代中西高校公共艺术教育比较研究》	曾繁仁
18	《西方文论中国化与中国文论建设》	王一川
19	《中华民族音乐文化的国际传播与推广》	王耀华
20	《楚地出土戰國簡册〔十四種〕》	陈　伟
21	《近代中国的知识与制度转型》	桑　兵
22	《中国抗战在世界反法西斯战争中的历史地位》	胡德坤
23	《近代以来日本对华认识及其行动选择研究》	杨栋梁
24	《京津冀都市圈的崛起与中国经济发展》	周立群
25	《金融市场全球化下的中国监管体系研究》	曹凤岐
26	《中国市场经济发展研究》	刘　伟
27	《全球经济调整中的中国经济增长与宏观调控体系研究》	黄　达
28	《中国特大都市圈与世界制造业中心研究》	李廉水

序号	书　名	首席专家
29	《中国产业竞争力研究》	赵彦云
30	《东北老工业基地资源型城市发展可持续产业问题研究》	宋冬林
31	《转型时期消费需求升级与产业发展研究》	臧旭恒
32	《中国金融国际化中的风险防范与金融安全研究》	刘锡良
33	《全球新型金融危机与中国的外汇储备战略》	陈雨露
34	《全球金融危机与新常态下的中国产业发展》	段文斌
35	《中国民营经济制度创新与发展》	李维安
36	《中国现代服务经济理论与发展战略研究》	陈　宪
37	《中国转型期的社会风险及公共危机管理研究》	丁烈云
38	《人文社会科学研究成果评价体系研究》	刘大椿
39	《中国工业化、城镇化进程中的农村土地问题研究》	曲福田
40	《中国农村社区建设研究》	项继权
41	《东北老工业基地改造与振兴研究》	程　伟
42	《全面建设小康社会进程中的我国就业发展战略研究》	曾湘泉
43	《自主创新战略与国际竞争力研究》	吴贵生
44	《转轨经济中的反行政性垄断与促进竞争政策研究》	于良春
45	《面向公共服务的电子政务管理体系研究》	孙宝文
46	《产权理论比较与中国产权制度变革》	黄少安
47	《中国企业集团成长与重组研究》	蓝海林
48	《我国资源、环境、人口与经济承载能力研究》	邱　东
49	《"病有所医"——目标、路径与战略选择》	高建民
50	《税收对国民收入分配调控作用研究》	郭庆旺
51	《多党合作与中国共产党执政能力建设研究》	周淑真
52	《规范收入分配秩序研究》	杨灿明
53	《中国社会转型中的政府治理模式研究》	娄成武
54	《中国加入区域经济一体化研究》	黄卫平
55	《金融体制改革和货币问题研究》	王广谦
56	《人民币均衡汇率问题研究》	姜波克
57	《我国土地制度与社会经济协调发展研究》	黄祖辉
58	《南水北调工程与中部地区经济社会可持续发展研究》	杨云彦
59	《产业集聚与区域经济协调发展研究》	王　珺

序号	书　名	首席专家
60	《我国货币政策体系与传导机制研究》	刘　伟
61	《我国民法典体系问题研究》	王利明
62	《中国司法制度的基础理论问题研究》	陈光中
63	《多元化纠纷解决机制与和谐社会的构建》	范　愉
64	《中国和平发展的重大前沿国际法律问题研究》	曾令良
65	《中国法制现代化的理论与实践》	徐显明
66	《农村土地问题立法研究》	陈小君
67	《知识产权制度变革与发展研究》	吴汉东
68	《中国能源安全若干法律与政策问题研究》	黄　进
69	《城乡统筹视角下我国城乡双向商贸流通体系研究》	任保平
70	《产权强度、土地流转与农民权益保护》	罗必良
71	《我国建设用地总量控制与差别化管理政策研究》	欧名豪
72	《矿产资源有偿使用制度与生态补偿机制》	李国平
73	《巨灾风险管理制度创新研究》	卓　志
74	《国有资产法律保护机制研究》	李曙光
75	《中国与全球油气资源重点区域合作研究》	王　震
76	《可持续发展的中国新型农村社会养老保险制度研究》	邓大松
77	《农民工权益保护理论与实践研究》	刘林平
78	《大学生就业创业教育研究》	杨晓慧
79	《新能源与可再生能源法律与政策研究》	李艳芳
80	《中国海外投资的风险防范与管控体系研究》	陈菲琼
81	《生活质量的指标构建与现状评价》	周长城
82	《中国公民人文素质研究》	石亚军
83	《城市化进程中的重大社会问题及其对策研究》	李　强
84	《中国农村与农民问题前沿研究》	徐　勇
85	《西部开发中的人口流动与族际交往研究》	马　戎
86	《现代农业发展战略研究》	周应恒
87	《综合交通运输体系研究——认知与建构》	荣朝和
88	《中国独生子女问题研究》	风笑天
89	《我国粮食安全保障体系研究》	胡小平
90	《我国食品安全风险防控研究》	王　硕

序号	书　名	首席专家
91	《城市新移民问题及其对策研究》	周大鸣
92	《新农村建设与城镇化推进中农村教育布局调整研究》	史宁中
93	《农村公共产品供给与农村和谐社会建设》	王国华
94	《中国大城市户籍制度改革研究》	彭希哲
95	《国家惠农政策的成效评价与完善研究》	邓大才
96	《以民主促进和谐——和谐社会构建中的基层民主政治建设研究》	徐　勇
97	《城市文化与国家治理——当代中国城市建设理论内涵与发展模式建构》	皇甫晓涛
98	《中国边疆治理研究》	周　平
99	《边疆多民族地区构建社会主义和谐社会研究》	张先亮
100	《新疆民族文化、民族心理与社会长治久安》	高静文
101	《中国大众媒介的传播效果与公信力研究》	喻国明
102	《媒介素养：理念、认知、参与》	陆　晔
103	《创新型国家的知识信息服务体系研究》	胡昌平
104	《数字信息资源规划、管理与利用研究》	马费成
105	《新闻传媒发展与建构和谐社会关系研究》	罗以澄
106	《数字传播技术与媒体产业发展研究》	黄升民
107	《互联网等新媒体对社会舆论影响与利用研究》	谢新洲
108	《网络舆论监测与安全研究》	黄永林
109	《中国文化产业发展战略论》	胡惠林
110	《20世纪中国古代文化经典在域外的传播与影响研究》	张西平
111	《国际传播的理论、现状和发展趋势研究》	吴　飞
112	《教育投入、资源配置与人力资本收益》	闵维方
113	《创新人才与教育创新研究》	林崇德
114	《中国农村教育发展指标体系研究》	袁桂林
115	《高校思想政治理论课程建设研究》	顾海良
116	《网络思想政治教育研究》	张再兴
117	《高校招生考试制度改革研究》	刘海峰
118	《基础教育改革与中国教育学理论重建研究》	叶　澜
119	《我国研究生教育结构调整问题研究》	袁本涛 王传毅
120	《公共财政框架下公共教育财政制度研究》	王善迈

序号	书　名	首席专家
121	《农民工子女问题研究》	袁振国
122	《当代大学生诚信制度建设及加强大学生思想政治工作研究》	黄蓉生
123	《从失衡走向平衡：素质教育课程评价体系研究》	钟启泉 崔允漷
124	《构建城乡一体化的教育体制机制研究》	李　玲
125	《高校思想政治理论课教育教学质量监测体系研究》	张耀灿
126	《处境不利儿童的心理发展现状与教育对策研究》	申继亮
127	《学习过程与机制研究》	莫　雷
128	《青少年心理健康素质调查研究》	沈德立
129	《灾后中小学生心理疏导研究》	林崇德
130	《民族地区教育优先发展研究》	张诗亚
131	《WTO主要成员贸易政策体系与对策研究》	张汉林
132	《中国和平发展的国际环境分析》	叶自成
133	《冷战时期美国重大外交政策案例研究》	沈志华
134	《新时期中非合作关系研究》	刘鸿武
135	《我国的地缘政治及其战略研究》	倪世雄
136	《中国海洋发展战略研究》	徐祥民
137	《深化医药卫生体制改革研究》	孟庆跃
138	《华侨华人在中国软实力建设中的作用研究》	黄　平
139	《我国地方法制建设理论与实践研究》	葛洪义
140	《城市化理论重构与城市化战略研究》	张鸿雁
141	《境外宗教渗透论》	段德智
142	《中部崛起过程中的新型工业化研究》	陈晓红
143	《农村社会保障制度研究》	赵　曼
144	《中国艺术学学科体系建设研究》	黄会林
145	《人工耳蜗术后儿童康复教育的原理与方法》	黄昭鸣
146	《我国少数民族音乐资源的保护与开发研究》	樊祖荫
147	《中国道德文化的传统理念与现代践行研究》	李建华
148	《低碳经济转型下的中国排放权交易体系》	齐绍洲
149	《中国东北亚战略与政策研究》	刘清才
150	《促进经济发展方式转变的地方财税体制改革研究》	钟晓敏
151	《中国—东盟区域经济一体化》	范祚军

序号	书　名	首席专家
152	《非传统安全合作与中俄关系》	冯绍雷
153	《外资并购与我国产业安全研究》	李善民
154	《近代汉字术语的生成演变与中西日文化互动研究》	冯天瑜
155	《新时期加强社会组织建设研究》	李友梅
156	《民办学校分类管理政策研究》	周海涛
157	《我国城市住房制度改革研究》	高　波
158	《新媒体环境下的危机传播及舆论引导研究》	喻国明
159	《法治国家建设中的司法判例制度研究》	何家弘
160	《中国女性高层次人才发展规律及发展对策研究》	佟　新
161	《国际金融中心法制环境研究》	周仲飞
162	《居民收入占国民收入比重统计指标体系研究》	刘　扬
163	《中国历代边疆治理研究》	程妮娜
164	《性别视角下的中国文学与文化》	乔以钢
165	《我国公共财政风险评估及其防范对策研究》	吴俊培
166	《中国历代民歌史论》	陈书录
167	《大学生村官成长成才机制研究》	马抗美
168	《完善学校突发事件应急管理机制研究》	马怀德
169	《秦简牍整理与研究》	陈　伟
170	《出土简帛与古史再建》	李学勤
171	《民间借贷与非法集资风险防范的法律机制研究》	岳彩申
172	《新时期社会治安防控体系建设研究》	宫志刚
173	《加快发展我国生产服务业研究》	李江帆
174	《基本公共服务均等化研究》	张贤明
175	《职业教育质量评价体系研究》	周志刚
176	《中国大学校长管理专业化研究》	宣　勇
177	《"两型社会"建设标准及指标体系研究》	陈晓红
178	《中国与中亚地区国家关系研究》	潘志平
179	《保障我国海上通道安全研究》	吕　靖
180	《世界主要国家安全体制机制研究》	刘胜湘
181	《中国流动人口的城市逐梦》	杨菊华
182	《建设人口均衡型社会研究》	刘渝琳
183	《农产品流通体系建设的机制创新与政策体系研究》	夏春玉

序号	书名	首席专家
184	《区域经济一体化中府际合作的法律问题研究》	石佑启
185	《城乡劳动力平等就业研究》	姚先国
186	《20世纪朱子学研究精华集成——从学术思想史的视角》	乐爱国
187	《拔尖创新人才成长规律与培养模式研究》	林崇德
188	《生态文明制度建设研究》	陈晓红
189	《我国城镇住房保障体系及运行机制研究》	虞晓芬
190	《中国战略性新兴产业国际化战略研究》	汪 涛
191	《证据科学论纲》	张保生
192	《要素成本上升背景下我国外贸中长期发展趋势研究》	黄建忠
193	《中国历代长城研究》	段清波
194	《当代技术哲学的发展趋势研究》	吴国林
195	《20世纪中国社会思潮研究》	高瑞泉
196	《中国社会保障制度整合与体系完善重大问题研究》	丁建定
197	《民族地区特殊类型贫困与反贫困研究》	李俊杰
198	《扩大消费需求的长效机制研究》	臧旭恒
199	《我国土地出让制度改革及收益共享机制研究》	石晓平
200	《高等学校分类体系及其设置标准研究》	史秋衡
201	《全面加强学校德育体系建设研究》	杜时忠
202	《生态环境公益诉讼机制研究》	颜运秋
203	《科学研究与高等教育深度融合的知识创新体系建设研究》	杜德斌
204	《女性高层次人才成长规律与发展对策研究》	罗瑾琏
205	《岳麓秦简与秦代法律制度研究》	陈松长
206	《民办教育分类管理政策实施跟踪与评估研究》	周海涛
207	《建立城乡统一的建设用地市场研究》	张安录
208	《迈向高质量发展的经济结构转变研究》	郭熙保
209	《中国社会福利理论与制度构建——以适度普惠社会福利制度为例》	彭华民
210	《提高教育系统廉政文化建设实效性和针对性研究》	罗国振
211	《毒品成瘾及其复吸行为——心理学的研究视角》	沈模卫
212	《英语世界的中国文学译介与研究》	曹顺庆
213	《建立公开规范的住房公积金制度研究》	王先柱

序号	书　名	首席专家
214	《现代归纳逻辑理论及其应用研究》	何向东
215	《时代变迁、技术扩散与教育变革：信息化教育的理论与实践探索》	杨　浩
216	《城镇化进程中新生代农民工职业教育与社会融合问题研究》	褚宏启 薛二勇
217	《我国先进制造业发展战略研究》	唐晓华
218	《融合与修正：跨文化交流的逻辑与认知研究》	鞠实儿
219	《中国新生代农民工收入状况与消费行为研究》	金晓彤
220	《高校少数民族应用型人才培养模式综合改革研究》	张学敏
221	《中国的立法体制研究》	陈　俊
222	《教师社会经济地位问题：现实与选择》	劳凯声
223	《中国现代职业教育质量保障体系研究》	赵志群
224	《欧洲农村城镇化进程及其借鉴意义》	刘景华
225	《国际金融危机后全球需求结构变化及其对中国的影响》	陈万灵
226	《创新法治人才培养机制》	杜承铭
227	《法治中国建设背景下警察权研究》	余凌云
228	《高校财务管理创新与财务风险防范机制研究》	徐明稚
229	《义务教育学校布局问题研究》	雷万鹏
230	《高校党员领导干部清正、党政领导班子清廉的长效机制研究》	汪　曦
231	《二十国集团与全球经济治理研究》	黄茂兴
232	《高校内部权力运行制约与监督体系研究》	张德祥
233	《职业教育办学模式改革研究》	石伟平
234	《职业教育现代学徒制理论研究与实践探索》	徐国庆
235	《全球化背景下国际秩序重构与中国国家安全战略研究》	张汉林
236	《进一步扩大服务业开放的模式和路径研究》	申明浩
237	《自然资源管理体制研究》	宋马林
238	《高考改革试点方案跟踪与评估研究》	钟秉林
239	《全面提高党的建设科学化水平》	齐卫平
240	《"绿色化"的重大意义及实现途径研究》	张俊飚
241	《利率市场化背景下的金融风险研究》	田利辉
242	《经济全球化背景下中国反垄断战略研究》	王先林

序号	书 名	首席专家
243	《中华文化的跨文化阐释与对外传播研究》	李庆本
244	《世界一流大学和一流学科评价体系与推进战略》	王战军
245	《新常态下中国经济运行机制的变革与中国宏观调控模式重构研究》	袁晓玲
246	《推进21世纪海上丝绸之路建设研究》	梁 颖
247	《现代大学治理结构中的纪律建设、德治礼序和权力配置协调机制研究》	周作宇
248	《渐进式延迟退休政策的社会经济效应研究》	席 恒
249	《经济发展新常态下我国货币政策体系建设研究》	潘 敏
250	《推动智库建设健康发展研究》	李 刚
251	《农业转移人口市民化转型：理论与中国经验》	潘泽泉
252	《电子商务发展趋势及对国内外贸易发展的影响机制研究》	孙宝文
253	《创新专业学位研究生培养模式研究》	贺克斌
254	《医患信任关系建设的社会心理机制研究》	汪新建
255	《司法管理体制改革基础理论研究》	徐汉明
……		